Prozessanthropologie. Ein transdisziplinärer pastoralpsychologischer Entwurf

PASTORALPSYCHOLOGIE UND SPIRITUALITÄT

Begründet von Karl Frielingsdorf (†)
Herausgegeben von Klaus Kießling

BAND 22

Zu Qualitätssicherung und Peer Review der vorliegenden Publikation

Die Qualität der in dieser Reihe erscheinenden Arbeiten wird vor der Publikation durch einen Herausgeber der Reihe geprüft.

Notes on the quality assurance and peer review of this publication

Prior to publication, the quality of the work published in this series is reviewed by one of the editors of the series.

Matthias Fritz

Prozessanthropologie

Ein transdisziplinärer pastoralpsychologischer Entwurf

PETER LANG

Bibliografische Information der Deutschen Nationalbibliothek
Die Deutsche Nationalbibliothek verzeichnet diese Publikation in der Deutschen Nationalbibliografie; detaillierte bibliografische Daten sind im Internet über http://dnb.d-nb.de abrufbar.

Zugl.: Frankfurt (Main), Phil.-Theol. Hochschule Sankt Georgen, Diss., 2020

Gedruckt auf alterungsbeständigem, säurefreiem Papier.
Druck und Bindung: CPI books GmbH, Leck

F 42
ISSN 1437-6679
ISBN 978-3-631-81888-6 (Print)
E-ISBN 978-3-631-82883-0 (E-PDF)
E-ISBN 978-3-631-82884-7 (EPUB)
E-ISBN 978-3-631-82885-4 (MOBI)
DOI 10.3726/b17244

Peter Lang – Berlin · Bern · Bruxelles ·
New York · Oxford · Warszawa · Wien

Dieses Buch erscheint in der Peter Lang Edition
und wurde vor Erscheinen peer reviewed.

www.peterlang.com

Geleitwort

Die Entwicklung einer Pastoralanthropologie gehört zu den Desideraten der deutschsprachigen Pastoralpsychologie schon seit ihren Anfängen, ausdrücklich vertreten insbesondere von Joachim Scharfenberg evangelischerseits und von Heinrich Pompey katholischerseits. Beide haben als Mitherausgeber und Autoren zu jenem Praktischen Wörterbuch der Pastoral-Anthropologie beigetragen, das im Jahr 1975 erschienen ist. Dieses Anliegen greift Matthias Fritz mit der vorliegenden Arbeit auf.

Anliegen einer pastoralpsychologischen Anthropologie

Nach der Einleitung (*Kapitel 1*) macht Matthias Fritz mit dem Vorhaben einer pastoralpsychologischen Anthropologie (*Kapitel 2*) und seiner Absicht vertraut, Alfred North Whiteheads Prozessphilosophie und Carl Gustav Jungs Analytische Psychologie aufeinander zu beziehen und beide – nicht zuletzt vor dem Hintergrund ihrer jeweils auf eigene Weise prägenden religiösen Sozialisation – transdisziplinär mit der Theologie Karl Rahners und Pierre Teilhard de Chardins so zu vernetzen, dass sich eine pastoralpsychologische Prozessanthropologie konturieren lässt.

Prozessphilosophie Alfred North Whiteheads

Kapitel 3 bildet das erste von vier umfangreichen Kapiteln und gilt der Prozessphilosophie Alfred North Whiteheads. Er lehrte zunächst in seiner britischen Heimat angewandte Mathematik und Physik, und zwar über vier Jahrzehnte hin in Cambridge und in London. In diesen Zeitraum fiel das Erscheinen der *Principia Mathematica* (1910–13), eines Standardwerks, das er gemeinsam mit seinem Schüler Bertrand Russell verfasste und in dem die beiden Autoren maßgeblich zur Entwicklung einer mathematischen Logik beitrugen. Im Jahr 1924 wechselte Whitehead an die Harvard University, wo er für 13 Jahre als Philosoph wirkte. In dieser Zeit entstand sein philosophisches Hauptwerk *Process and Reality* (1929), das zu einem der bedeutendsten naturphilosophischen Entwürfe des 20. Jahrhunderts werden und einem neuzeitlichen Dualismus von Mensch und Natur entgegenwirken sollte. Damit legte er in Gestalt einer Kosmologie ein Kategoriensystem vor, das zentrale Erfahrungen von Menschen in ihrer Welt zum Thema macht und diese untereinander verbunden weiß. Whitehead wendet sich gegen jede Atomisierung, etwa durch das traditionelle Substanzdenken, und seine Metaphysik der Wirklichkeit konzentriert sich nicht auf Gegenstände und ihre Eigenschaften, sondern umfasst Wahrnehmende und (eben nicht allein) Wahrgenommenes. Darum spielen in seinem Denken auch ästhetische Erfahrungen, ethische Orientierung und Ziele menschlicher Existenz wichtige Rollen. Prozesscharakter kommt dabei nicht nur einer Welt zu, in der immer wieder Neues wächst, sondern auch der Kosmologie als Metaphysik selbst, die sich nicht als letztbegründetes System versteht, sondern auf die fortwährende Integration gänzlich neuer Erfahrungen angelegt ist. In der Erkenntnis wie in der Welt vollzieht sich der Aufbau von wachsender Komplexität (*concrescence*). Auf diese philosophische Kosmologie bezieht sich Matthias Fritz, wenn er zunächst in Whiteheads Denken einführt und daraus sodann anthropologische und für seine Zielsetzung relevante Einsichten gewinnt.

Analytische Psychologie Carl Gustav Jungs

Carl Gustav Jung, dem *Kapitel 4* gilt, war Schüler und Assistent des Züricher Psychiaters Eugen Bleuler, schließlich Oberarzt an dessen Klinik Burghölzli sowie außerordentlicher Professor für Psychiatrie an der Universität Zürich. Er pflegte einen langjährigen intensiven Austausch mit Sigmund Freud. Die ihnen gemeinsame tiefenpsychologische Ausrichtung täuschte jedoch nicht über wachsende inhaltliche Differenzen hinweg, etwa in der Einschätzung parapsychologischer und religiöser Phänomene, insbesondere aber in ihren sexualtheoretischen Überzeugungen, wenn Freuds Libidobegriff eng mit Biografie und insbesondere Kindheit verkoppelt war, Jung dabei hingegen kollektive, ja kulturübergreifende Muster zur Geltung brachte. Nach dem Zerwürfnis der beiden Pioniere im Jahre 1913 konzentrierte sich Jung auf seine eigene Praxis und auf Reisen in fremde Kulturräume – sowie auf die Entwicklung seiner Analytischen Psychologie. Nachdem sich der österreichische Physiker und Nobelpreisträger Wolfgang Pauli angesichts seiner reichhaltigen Träume und ihrer archetypischen Motive hilfesuchend an Carl Gustav Jung gewandt hatte, entspann sich zwischen beiden ein Briefwechsel (1932–1958), der Jungs Forschungsarbeit insbesondere zum kollektiven Unbewussten weiter vorantrieb und ihn auch in seiner Konzeption von

Synchronizität stark inspirierte, die sich Doppelereignissen widmet, bei denen ein Traum oder eine andere seelische Wirklichkeit in der sozialen Welt ihre Entsprechung findet. Solche Spiegelungen wirken wie sinnvolle Zufälle, weil sie zeitlich korrelieren, sind aber nicht durch Kausalbeziehungen miteinander verknüpft. Als Schlüsselbegriff kann in Jungs Psychologie die Individuation gelten, Matthias Fritz präsentiert diese zunächst in Grundzügen, bevor er – analog zur Auseinandersetzung mit Whitehead – anthropologische Einsichten vorbringt und etwa die Seele als *naturaliter religiosa* kennzeichnet.

Theologie der Jesuiten Pierre Teilhard de Chardin und Karl Rahner

Kapitel 5 kommt eine Doppelfunktion zu, indem es zum einen eine Gegenüberstellung von Whitehead und Jung bietet – erste Vergleiche liegen schon vor, etwa von Chae Young Kim, worauf auch Matthias Fritz verweist – und zum anderen eine theologische Weiterführung ankündigt. Dabei kommen zwei Jesuiten ins Spiel, zum einen der Paläontologe, Anthropologe und Philosoph Pierre Teilhard de Chardin, dessen Hauptwerk *Le Phénomène humain* (1955) Kosmologie und Heilsgeschichte so aufeinander bezieht, dass sich die Schöpfung als evolutionärer Prozess erweist, und zum anderen Karl Rahner, der als Dogmatiker auch pastorale Anliegen vorantrieb und zu einer theologischen Anthropologie inspirierte.

Prozesstheologischer Exkurs zu Charles Hartshorne, John Boswell Cobb, Joseph Bracken und Catherine Keller

Kapitel 6 bildet unter den umfangreichen Kapiteln im Zentrum dieser Arbeit das vierte und letzte. Es versteht sich als Exkurs und erwächst der Einsicht, dass die maßgeblich von Alfred North Whitehead inspirierte Prozess*theologie*, wie sie sich vorrangig im englischen Sprachraum etablierte, auf eigene Weise zu christlicher Anthropologie beiträgt. Wie Gottesbilder und Menschenbilder miteinander verwoben sind, wird exemplarisch an vier Autorinnen und Autoren deutlich: Der Philosoph Charles Hartshorne entwickelte, inspiriert und geprägt von Alfred North Whitehead, eine panentheistisch geprägte Prozesstheologie. John Boswell Cobb studierte als Theologe bei Hartshorne. Auch Joseph Bracken steht als Philosoph und

Theologe in der von Whitehead und Hartshorne begründeten Tradition. Schließlich arbeitet Catherine Keller – ebenfalls unter Rückgriff auf Whitehead – an einer relationalen und prozessorientierten politischen Theologie. Mit ihrer *tehomic theology* stellt sie der Idee einer *creatio ex nihilo* ihren Entwurf einer *creatio ex profundis* entgegen.

Konturen einer tiefenpsychologisch orientierten Prozess-Anthropologie

Es folgen Konturen einer tiefenpsychologisch orientierten Prozess-Anthropologie (*Kapitel* 7) in Stichworten, darunter die Phänomene von Scheitern und Vergehen im Kontext der Ko-Kreativität von Entitäten, Kosmos und Gott sowie die Symbolfähigkeit, sodann daraus resultierende pastoralpsychologische Optionen (*Kapitel 8*), zu denen Transdisziplinarität und Fragen religiöser Entwicklung, Symbol- und Ritualkompetenz zählen, und ein Nachwort (*Kapitel 9*).

Würdigung

In den *Kapiteln 1 und 2* präsentiert Matthias Fritz ganz klar sein Anliegen, das die Pastoralpsychologie seit ihren Anfängen begleitet. Er erläutert nicht nur die Zielsetzung seiner Arbeit, sondern skizziert auch ihren Weg, sodass Leserinnen und Leser die nötige Orientierung finden, die es bei einer derart breit angelegten Studie in besonderem Maße braucht. Schließlich bewegt er sich in und zwischen verschiedenen Welten und Disziplinen, und die dafür einschlägigen Vertreter lassen sich zwar jeweils vorrangig der Philosophie, der Psychologie und der Theologie zuordnen, verstehen sich aber auf je eigene Weise als *boundary leaders*, die ihrerseits transdisziplinäre Anliegen verfolgen. Diese Konstellation macht das Vorhaben besonders komplex und herausfordernd, aber auch spannend und insofern leistbar, als sich auch die maßgeblichen Vertreter von Philosophie und Psychologie als religiös geprägt und theologisch gebildet erweisen, sodass die theologischen und pastoralpsychologischen Absichten, die Matthias Fritz mit seiner Arbeit verbindet, sich auch für die gewählten philosophischen und psychologischen Traditionen als anschlussfähig erweisen.

Besondere Attraktivität gewinnt die Entscheidung von Matthias Fritz, sich zugunsten einer pastoralpsychologischen Anthropologie mit prozessphilosophischem Denken (*Kapitel 3*) auseinanderzusetzen, zum einen dadurch, dass Whitehead sich schon in seiner Londoner Zeit als Naturwissenschaftler pädagogischen und philosophischen Fragestellungen zuwandte, bedingt wohl durch die mit dem Ersten Weltkrieg einhergehenden existenziellen Erschütterungen und sozialen Umbrüche, und zum anderen durch seine Religionsphilosophie, die – vorrangig in Nordamerika, aber nicht allein dort – die Entwicklung einer Prozesstheologie begünstigte und prägte, wonach der Weltprozess, gleichwohl nicht determiniert, zur Verwirklichung der Urnatur (*primordial nature*) Gottes als dem Grund alles Möglichen tendiere. Diese Ausrichtung seiner organismischen Philosophie korrespondiert mit dem Aufwachsen Whiteheads in einem anglikanischen Pfarrhaus.

Zumal Whitehead nicht auf eine Anthropologie zielte, sondern auf eine Kosmologie, erweist sich die Zweiteilung von Kapitel 3 in eine Hinführung zu Whiteheads Denken und eine dann folgende Konzentration auf seine prozessanthropologischen Züge als sinnvoll und zielführend. Entsprechendes gilt für die abschließenden informativen Hinweise auf die Weite der Rezeption der Philosophie Whiteheads, insbesondere in psychologischen Traditionen.

Ähnlich vielfältige Interessen und Kompetenzen zeigt auch Carl Gustav Jung (*Kapitel 4*), der in einem reformierten Pfarrhaus aufwuchs und auch als Psychiater und Forscher seine religiöse Sozialisation zur Geltung brachte. Diese greift Matthias Fritz in geeigneter Weise auf, sowohl in seiner Einführung in Grundzüge Analytischer Psychologie als auch in der Erarbeitung anthropologischer Optionen, die sich bei Jung implizit oder explizit finden. Auch hier folgen wichtige Hinweise zur breiten und auch kritischen Rezeption seines Denkens – in der Psychologie, in der Theologie und in anderen Wissenschaften. Auf diese Weise sind die weiteren Schritte im Gang dieser Forschungsarbeit, also die theologische Weiterführung und ihre Zuspitzung auf eine pastoralpsychologische Prozessanthropologie hin, gut vorbereitet.

Zum nächsten Schritt gehört maßgeblich die Entscheidung für Pierre Teilhard de Chardin und Karl Rahner, die nicht nur einem und demselben Orden angehören, sondern mit ihrem Denken offenlegen, dass der Ältere den Jüngeren inspiriert hat. Um nun der *Kapitel 5* schon zugeschriebenen Doppelfunktion im Gefüge dieser Arbeit gerecht zu werden, fokussiert Matthias Fritz sieben Themen, die sich in den beiden vorausgehenden Kapiteln als zentral erwiesen haben. Er bietet dazu jeweils eine Synopse – etwa anhand der Begriffe *concrescence* und Individuation zum Prozesscharakter des Lebens bei Whitehead und Jung – und eine daran anschließende theologische Reflexion an.

Der Exkurs zur Prozesstheologie in *Kapitel 6* konzentriert sich auf Charles Hartshorne, John Boswell Cobb, Joseph Bracken und Catherine Keller. Die Präsentation ist inspirierend und treffend, auch im Zueinander ihrer Positionen. Als konstruktiv erweist sich die Fokussierung auf anthropologische Gehalte prozesstheologischen Denkens, wonach Gott den Menschen zu einem *co-creator* seiner *consequent nature* macht.

Als für das Gesamtgefüge der Arbeit wichtig und inhaltlich orientierend erweist sich auch jener Zwischenstand zur theologischen Diskussion, in dem Matthias Fritz die Ergebnisse dieses Exkurses mit den Einsichten in Beziehung setzt, die er in den vorausgehenden drei Kapiteln gewinnen konnte. Dieser Abschnitt fungiert als Scharnier und eignet sich zugleich als Ort, an dem sich der Autor dieser Untersuchung nicht allein rezipierend und vergleichend zeigt, sondern sich auch selbst positioniert, indem er kritisiert, dass sich interdisziplinäres Arbeiten für prozesstheologisches Denken nicht oder noch nicht als konstitutiv erwiesen habe, und die These formuliert, „dass der kirchlichen Tradition eine Würdigung der Sexualität als Dimension des einzelnen Menschen eine zu große Zusage an die Menschlichkeit wäre".

Matthias Fritz greift in den abschließenden *Kapiteln 7–9* die einleitend formulierte Zielsetzung seines Vorhabens explizit auf und bündelt die Ergebnisse seines Forschungsgangs in Stichworten, die er jeweils in wünschenswert knapper Weise erläutert.

Das Desiderat einer pastoralpsychologischen Anthropologie begleitet diese Disziplin seit ihrer beginnenden Etablierung. Schon in den 70er Jahren des letzten Jahrhunderts wurde dieses Anliegen vorangetrieben und seither immer wieder aufgegriffen, aber noch nicht in eine eigenständige Konzeption gegossen – schon gar nicht in jener originellen Quellenkonstellation, mit der Matthias Fritz auf weitem Feld umsichtig und beherzt zu Werke ging. Dem damit verbundenen Anspruch wurde er auf zielstrebige und qualifizierte Weise gerecht. Darum wünsche ich ihm für seine Arbeit eine konstruktive, kreative und möglichst breite Rezeption.

Frankfurt am Main, im Februar 2020

Klaus Kießling

Danksagung

Aus dem Oberseminar der Philosophisch-Theologischen Hochschule Sankt Georgen in Frankfurt nehme ich die unablässige Nachfrage mit, was diese Arbeit mit meinem Leben zu tun hat. Sie folgt meiner Überzeugung, dass Biografie Theologie und Theologie Biografie ist. Außerdem spiegelt sie Lebengefühl und -deutung wieder, die mit Gunderson als „boundary leader" beschrieben werden kann. Letztlich ist für mich der pastoralpsychologisch fühlende, denkende und handelnde Mensch ein solcher Grenzgänger.

Deshalb möchte ich zuerst ausdrücklich meinen Eltern für ihre Unterstützung und ihren steten Zuspruch danken. Ihr Vertrauen in mich war mir immer wieder Ansporn und Entdeckerfreude, die Idee dieser Arbeit und mein eigenes Werden zu betrachten.

Klaus Kiessling sei als Doktorvater und Mentor in diesem Prozess gedankt. Mit unermüdlichem Interesse und unablässiger Sorge hat er dieses Projekt begleitet, mit Idee und Fragen inspiriert und mich unterstützt es zu einem guten Abschluss zu bringen. Von ihm stammt auch die Idee Thomas Beelitz zu kontaktieren und zu besuchen. Auch ihm gilt mein Dank für einen spannenden Halbtag zu Whitehead, Pastoralpsychologie und dem Entwurf einer Psychotherapie Hiltners und Loomers aus Prozessgedanken heraus.

Reinhard Feiter danke ich für sein Gutachten, kritische Rückfragen und die Bereitschaft den Abschluss dieser Arbeit samt Prüfungen zu begleiten.

Den Kommilitoninnen und Kommilitonen aus dem Frankfurter Oberseminar, den Mitarbeiterinnen und Mitarbeitern der Hochschule und allen Dozentinnen und Dozenten im Aufbaustudium für Pastoralpsychologie und Spiritualität bin ich in Dank verbunden für jedwede Unterstützung, kritische Anmerkung, freundschaftliche oder auch kollegiale Stunde und eine begeisternde gegenseitige Begleitung in der Zeit des Studiums. Aus der Defensio für diese Arbeit geht mir noch die Bemerkung eines Prüfers nach, dass diese Arbeit den behandelten Autoren vielleicht nicht gerecht wird. Whitehead wird durch Jung anthropomorphisiert und ich möchte antworten, dass Chardin Jung und Whitehead auf seine Weise in dieser Arbeit theologisiert. Die Hochschule hat mir dankenswerterweise auch immer vor Augen gehalten wie begrenzt das Sprachprojekt dieser Arbeit ist. Es steckt für mich aber auch ein großes Maß an Lebenshaltung und -ahnung, -verständnis und -freude darin.

In der Zeit der Abfassung dieser Arbeit hat mich mein damaliges Team in der Berufungspastoral im Bistum Aachen immer wieder gefordert und gefördert und gerade die Frage eines Menschenbildes konnte ich hier vertiefen und diskutieren.

Namentlich erwähnt sollen auch die sein, die mich in den Korrekturen und Überarbeitungen dieser Arbeit und der Prüfungsvorbereitungen nicht allein gelassen und viele blinde Flecken aufgedeckt haben: Anne, Christian, Holger, Lukas, Maylin, Renate, Theresa und Verena.

Danke, Georg, für deine geistliche Begleitung!

Diese Arbeit wäre ohne einen steten interdisziplinären Diskurs nicht gewachsen und hätte ihre Prägung so nicht bekommen. Danke, Andreas, für deine fachfremde Perspektive, intensive Gespräche und deine besondere Verbundenheit!

Viele Freunde mussten auf mich in den letzten Jahren verzichten. Danke für das, vermutlich nicht immer leichtgefallene, Verständnis!

Zuletzt danke ich dem Bistum Aachen für die Möglichkeit das Studium in Frankfurt aufgreifen zu dürfen, meine Theologie und mein Menschenbild hinterfragen, vertiefen und ansatzweise in Worte fassen zu können. Ich hoffe, dass ich davon auch etwas in meine alltägliche Arbeit einfließen lassen kann und hier ein Funke von Reich Gottes spürbar und erfahrbar wird.

Inhaltsverzeichnis

1. Einleitung

Wenn wir wirklich Freude an dir hätten, o Herr,
Könnten wir dem Bedürfnis zu tanzen nicht widerstehen,
Das sich über die Welt hin ausbreitet.
Und wir könnten sogar erraten,
Welchen Tanz du getanzt haben willst,
Indem wir uns den Schritten deiner Vorsehung überließen. [...]
[G]anz mit dir eins sein – und lebendig pulsierend
Einschwingen in den Takt des Orchesters, den du auf uns überträgst. [...]
Herr, lehre uns den Platz,
Den in dem endlosen Roman,
Der zwischen dir und uns begonnen hat,
Der Tanz einnimmt, dieser seltsame Tanz unseres Gehorsams. [...]
Gib, dass wir unser Dasein leben [...] wie ein Fest
ohne Ende, bei dem man dir immer wieder begegnet.
Wie einen Ball,
Wie einen Tanz,
In den Armen deiner Gnade,
Zu der Musik allumfassender Liebe.
Herr, komm und lade uns ein.[1]

Das Gedicht von Madeleine Delbrêl beschreibt in poetischer Sprache, was die Prozessphilosophie unter Alfred North Whitehead philosophisch und theologisch zu erfassen sucht. Ausgehend von dem Whiteheadschen Entwurf einer Kosmologie und einer impliziten Theologie soll diese Arbeit, im Sinne Hans-Joachim Sanders, ein „Sprachprojekt“[2] sein, ein theologisches

---

1 Madeleine Delbrêl, Der Ball des Gehorsams, in: Ders., Gott einen Ort sichern. Texte, Gedichte, Gebete, Ostfildern 2002, 71–74.

2 Hans-Joachim Sander, Gott in den Fragmenten der Zeit. Systematische Theologie vor der Macht von Gottes und des Menschen Tod, in: Rainer Bucher (Hg.), Theologie in den Kontrasten der Zukunft. Perspektiven des theologischen Diskurses, Graz – Wien – Köln 2001, 51.

Sprachprojekt. Diese Arbeit nimmt sich die neuentworfene Welt der Whiteheadschen Prozessphilosophie zur Grundlage, um die Sprache der Theologie und der Pastoralpsychologie zu hinterfragen, und um Impulse in diesen Disziplinen zu setzen.[3]

Ein Ziel dieser Arbeit soll es sein, die Theologie und Pastoralpsychologie sprach-reicher zu machen und für den Dialog mit anderen Wissenschaften zu öffnen. Darin verfolgt diese Arbeit mit Hilfe eines philosophischen Projektes den Versuch zu einem transdisziplinären Ansatz von Anthropologie.

Delbrêl hat in Gott eine andere Sprache als die der Theologie entdeckt, eine Sprache der Musik und des Tanzes, eine Sprache, die lockt und die befremdet. Diese Sprache tönt in unserer Welt und soll erkannt werden. Oder ist sie schon längst die Sprache der Menschen und die Theologie hat es noch nicht erkannt?

Psychologie und Theologie sprechen auch unterschiedliche Sprachen. Sind diese kompatibel? Können beide Disziplinen eine gemeinsame Sprachebene finden? Kann die Philosophie eine Hilfe dabei sein?

In meinen Augen ist dies mit Hilfe der Prozessphilosophie möglich und es werden sogar gemeinsame Impulse verbunden und vernetzt, so dass die gemeinsame Sprachebene eine Erweiterung des ursprünglichen Sprachschatzes sein kann.

Das zweite Kapitel geht der Frage nach, wie sich die Pastoralpsychologie heute, nach vielen Versuchen, sie zu definieren, und aus verschiedenen Traditionen zu entwickeln, versteht und wird in dieser Erörterung auf die Frage eingehen, wie anthropologische Aussagen für die Disziplin zwischen Theologie und Psychologie zu finden sind. Dafür wird der wissenschaftliche Ansatz der Transdisziplinarität aufgegriffen.

Im dritten Kapitel wird die Sprach- und Gedankenwelt Alfred North Whiteheads eröffnet. Diese soll die Grundlage des weiteren Vorgehens in dieser Arbeit sein und als diese Grundlage das Fundament der These dieser Arbeit bilden.

---

3 Whitehead selber sah die Philosophie als „attempt to express the infinity of the universe in terms of the limitations of language.“ (Alfred North Whitehead, Essays in Science and Philosophy, New York – Melbourne – Sydney – Cape Town 1948, 15.)

Das vierte Kapitel dieser Arbeit hebt Kernpunkte der Analytischen bzw. Komplexen Psychologie Carl Gustav Jungs hervor und beleuchtet diese in ihrer Relevanz für die Anthropologie.

Ein fünftes Kapitel versucht sowohl in einer Gegenüberstellung wie auch im Modus einer Synopse Gemeinsamkeiten und auch Unterschiede zwischen Whiteheads Organistischer Philosophie und Jungs Tiefenpsychologie zu benennen. Diese werden in theologischen Reflexionen in den Diskurs der theologischen Anthropologie, hier repräsentiert durch die Entwürfe der beiden Jesuiten Karl Rahner und Pierre Teilhard de Chardin, eingebracht.

In einem weiteren Kapitel (Kapitel 6) soll dann die Genese der sogenannten Prozesstheologie, die sich auf die Entwürfe der Whiteheadschen Prozessphilosophie beruft, skizziert, deren Kerngedanken herausgearbeitet und an einzelnen Forschern[4] dieser theologischen Richtung und zentralen Motiven der prozesstheologischen Anthropologie dargestellt werden. Dieses Kapitel versucht eine Übersicht zentraler Linien dieser theologischen Denkrichtung ausführen.

Die beiden letzten Kapitel (Kapitel 7 und 8) führen schließlich zum ersten Kapitel und der Ausgangsfrage, welche Ergebnisse ein transdisziplinärer pastoralpsychologischer Forschungsversuch der Pastoralpsychologie und damit auch der Theologie und der Psychologie bieten kann, zurück. Mit Konturen einer in dieser Arbeit entworfenen Prozess-Anthropologie und den daraus resultierenden Optionen für die Pastoralpsychologie wird diese Arbeit zu ihrem Ziel geführt.

---

4 Aus Gründen der Lesbarkeit wurde in dieser Arbeit die männliche Form zur Beschreibung von Personen und Gruppen gewählt, nichtsdestoweniger beziehen sich die Angaben auf Angehörige aller Geschlechter.

2. Desiderat einer pastoralpsychologischen Anthropologie

2.1. Standortsuche der Pastoralpsychologie

Mit der *Verlautbarung der pastoralen Konstitution über die Kirche in der Welt von heute (Gaudium et spes)* hat eine bedeutende Öffnung der römisch-katholischen Theologie für andere Wissenschaften stattgefunden: „[D]ie neuen Forschungen und Ergebnisse der Naturwissenschaften, aber auch der Geschichtswissenschaft und Philosophie stellen neue Fragen, die sogar für das Leben Konsequenzen haben und auch von den Theologen neue Untersuchungen verlangen. [...] In der Seelsorge sollen nicht nur die theologischen Prinzipien, sondern auch die Ergebnisse der profanen Wissenschaften, vor allem der Psychologie und der Soziologie, wirklich beachtet und angewendet werden, so daß auch die Laien zu einem reineren und reiferen Glaubensleben kommen.“[5] Unter diesen nichttheologischen Wissenschaften wird u.a. der Wert der Psychologie als gesellschaftsfördernd und als Hilfe zur Selbsterkenntnis des Individuums verstanden: „In ihrem Fortschritt geben Biologie, Psychologie und Sozialwissenschaften dem Menschen nicht nur ein besseres Wissen um sich selbst; sie helfen ihm auch, in methodisch gesteuerter Weise das gesellschaftliche Leben unmittelbar zu beeinflußen.“[6] Seit der Entwicklung der Pastoralpsychologie als eigenständige Fachrichtung herrscht „über das Selbstverständnis der Pastoralpsychologie [...] keine grundsätzliche Einigkeit“[7]. Viera Pirker stellt in ihrer Arbeit die Entwicklung der Pastoralpsychologie zu einer eigenständigen Disziplin dar, baut aber auch auf der Offenheit dieser Forschungsrichtung auf. In drei Schritten sucht sie nach dem Standort der Pastoralpsychologie „zwischen

5 Die pastorale Konstitution über die Kirche in der Welt von heute „Gaudium et spes“, 449–552, 515, GS 62, in: Karl Rahner, Herbert Vorgrimler (Hrsg.), Kleines Konzilskompendium. Sämtliche Texte des Zweiten Vatikanums, 26. Auflage, Freiburg im Breisgau – Basel – Wien 1994.

6 Ebd., 453 (GS 5).

7 Viera Pirker, fluide und fragil. Identität als Grundoption zeitsensibler Pastoralpsychologie, Ostfildern 2013, 276.

Theorie und Praxis [...], zwischen Theologie und Psychologie [...] sowie in Abgrenzung zur Religionspsychologie."[8]

Der Versuch einer solchen Standortbestimmung der Pastoralpsychologie ist auch konfessionell unterschiedlich zu bewerten. Jürgen Ziemer verortet sie deutlich in der evangelischen Theologie und hierin wiederum im Kontext der Seelsorgelehre bzw. Poimenik. Er beschreibt die „Pastoralpsychologie als Grunddimension in der gegenwärtigen Seelsorge"[9]. Dabei hält er fest, dass der „Begriff Pastoralpsychologie [...] nicht eindeutig definiert und geschützt"[10] ist. Als eine „Handlungswissenschaft"[11], im Sinne einer Seelsorgelehre, ermöglicht die Pastoralpsychologie nach Ziemer einen Brückenschlag zwischen der Lebensrealität der Menschen, sowie der Erfahrung der Seelsorger und auch der theologisch-wissenschaftlichen Erkenntnis. Mit Ziemer kann die Pastoralpsychologie als eine neue Teildisziplin der Theologie verstanden werden.

Diese Entwicklung einer neuen Teildisziplin theologischen Denkens und Handelns birgt aber auch Herausforderungen. Das Einbeziehen neuer Erkenntnisse stellt auch eine Provokation bisheriger wissenschaftlicher Thesen dar. Die Ausfaltung von Wissen und die Aufteilung von Inhalten auf mehrere Teildisziplinen der Theologie kann bedeuten, dass der Überblick

8 Ebd. Diese Abgrenzungen haben vor Pirker schon weitere Wissenschaftler versucht, so u.a. Heinrich Pompey (Heinrich Pompey, Religionspsychologie, Pastoralpsychologie und Moralpsychologie. Eine wissenschaftstheoretische Ortsbestimmung, in: Wege zum Menschen 24 (1972), 385–388.), Ottmar Fuchs (Ottmar Fuchs, Stand und Perspektive der Pastoralpsychologie, in: Klaus Kießling (Hg.), In der Schwebe des Lebendigen. Zum theologischen Ort der Pastoralpsychologie, Ostfildern 2012, 33ff.), Heribert Wahl (Heribert Wahl, Was ist und wozu brauchen wir heute die Pastoralpsychologie?, in: Klaus Kießling (Hg.), In der Schwebe des Lebendigen. Zum theologischen Ort der Pastoralpsychologie, Ostfildern 2012, 47ff.) oder Maria Elisabeth Aigner (Maria Elisabeth Aigner, Wut, Mut und Verletzlichkeit. Zur gegenwärtigen Lage der Pastoralpsychologie in Theologie und Kirche, in: Praktische Theologie 46 (2011), 219–224.). Zudem sind hier Michael Klessmann, Klaus Kießling, Andreas Wittrahm oder Isidor Baumgartner zu nennen.

9 Jürgen Ziemer, Seelsorgelehre. Eine Einführung für Studium und Praxis, 4. Auflage, Göttingen – Bristol 2015, 74.

10 Ebd.

11 Ebd., 110.

über die Vielfalt an Wissen bzw. eine Zielrichtung dessen verloren gehen kann. Bereits 1988 warnte Heribert Wahl mit Blick auf die gesamte Theologie als Wissenschaft, dass die Theologie die „Wahrung des Lebensbezugs"[12] verlieren könnte. Bezogen auf die Psychoanalyse sieht er in der Möglichkeit des Einbezugs psychologischen Wissens in die Theologie eine Möglichkeit, den „Aufspaltungsprozeß auf allen Gebieten der Theologie bewußt zu reflektieren, sie dadurch für den Verlust an Lebens- und Erfahrungsbezug zu sensibilisieren und die christliche Glaubenswissenschaft insgesamt wieder mit dieser Praxisdimension in Verbindung zu bringen."[13] Damit wird ein „gegenseitiger Beziehungs- und Verständigungsprozeß"[14] entworfen. Dieser ist nach Wahl für die Theologie von großer Bedeutung, nicht zuletzt weil sie auf diese Weise die Lebensrelevanz der Menschen, welche er verloren gehen sieht, wieder in den Blick nehme. In dieser Funktion kann die Pastoralpsychologie eine Quelle der Theologie und des Dialogprozesses innerhalb der Theologie sein.[15]

Diese Behauptung stellt Andreas Wittrahm 2001 jedoch mit Blick auf innerpastoralpsychologische Unsicherheiten in Frage. Denn in seiner Studie *Seelsorge, Pastoralpsychologie und Postmoderne* geht er so weit zu behaupten, er könne keine „notwendige Gemeinsamkeit im wissenschaftstheoretischen Grundverständnis"[16] pastoralpsychologischer Forscher erkennen. Inhalt und Sinn der Pastoralpsychologie seien so weit offen, dass es keine „gemeinsame[n, M.F.] Vorstellungen über die Innen- und Außenbeziehungen

---

12 Heribert Wahl, Pastoralpsychologie – Eine Grunddimension praktischer Theologie. Ein Dialogvorschlag zum Streit um Eugen Drewermanns „tiefenpsychologische" Remythisierung christlicher Lehre und Praxis, in: Münchner Theologische Zeitschrift 39 (1988), 23–46, 43.

13 Ebd., 24.

14 Ebd., 25.

15 Isidor Baumgartner sieht in der Pastoralpsychologie sich eine Praxisreflexion der Theologie entwickeln, die diese bereichern kann: „Es ist Kennzeichen der Pastoralpsychologie, zu einer besseren Praxis anzustiften und die Praxis für eine bessere Theorie zu nutzen." (Isidor Baumgartner, Pastoralpsychologie. Einführung in die Praxis heilender Seelsorge, Düsseldorf 1990, 35.)

16 Andreas Wittrahm, Seelsorge, Pastoralpsychologie und Postmoderne. Eine pastoralpsychologische Grundlegung lebensfördernder Begegnungen angesichts radikaler postmoderner Pluralität, Stuttgart – Berlin – Köln 2001, 209.

in der Pastoralpsychologie“[17] gebe. Damit scheint die Verortung der Pastoralpsychologie als Disziplin zwischen Psychologie und Theologie, die Zuordnung zur Theologie in der Praktischen Theologie oder die Zuordnung in die Angewandte Psychologie der psychologischen Wissenschaft komplett offen. Die Pastoralpsychologie kann Wittrahm in ihrem Gegenstand lediglich, wie Michael Klessmann es weiter unten in diesem Kapitel ebenfalls erklären wird, als „*Kommunikationsprozess*[*e*]“[18] beschreiben. Wittrahm erkennt eine Pastoralpsychologie mit Schlagseite hin zur Diskussion von Konfliktsituationen und verweist dafür u.a. auf Studien von Joachim Scharfenberg, Isidor Baumgartner und Heinrich Stenger.[19] Im Kontrast dazu wünscht er sich die Beschäftigung mit der „positive[n, M.F.] Seite der Postmoderne mit ihren vielfältigen Möglichkeiten und Entscheidungsräumen, die von vielen Zeitgenossen geschätzt und deren Akzeptanz von der sozialwissenschaftlichen Forschung gut dokumentiert wird.“[20] Neben der Sorge um die Defizitorientierung der Pastoralpsychologie fordert Wittrahm eine Weitung der pastoralpsychologischen Perspektive von der Ausrichtung auf das Individuum zu einer tieferen „Kenntnis von interaktionell initiierten Veränderungen“[21]. Die Pastoralpsychologie ist in der Analyse Wittrahms eine liquide und disparate (theologische) Disziplin, der die Unsicherheit über das eigene Wesen zutiefst eingeschrieben ist.

Aus theologischer Perspektive darf der Standort der Pastoralpsychologie zwischen Theologie und Psychologie, in der Sorge um den Dialog

---

17 Ebd.

18 Ebd., 210. Joachim Scharfenberg spricht von der Pastoralpsychologie als „‚narrative Wissenschaft‘“ (Joachim Scharfenberg, Einführung in die Pastoralpsychologie, 2. Auflage, Göttingen 1994, 7.).

19 Vgl. Wittrahm 2001, 214. Baumgartner schreibt aber auch von der Dimension, dass „das Ziel christlichen Handelns in einem umfassenden, ganzheitlichen Heilwerden“ besteht. „Der Mensch soll sich mit allem, was zu ihm gehört – Körperliches und Geistiges, Leibliches und Seelisches, Individuelles und Soziales, Gesundes und Krankes, Starkes und Schwaches – annehmen als einen, den Gott angenommen hat. Heilung hat mit *Heil* zu tun.“ (Baumgartner 1990, 39.) „Pastoralpsychologie [ist, M.F.] zwar nicht erschöpfend wiederzugeben […] mit ‚Einführung in eine heilende Seelsorge‘, […] damit [ist jedoch, M.F.] eine ihrer wesentlichen Zielrichtungen getroffen“ (Ebd., 41.).

20 Wittrahm 2001, 214.

21 Ebd., 220.

zwischen den einzelnen theologischen Disziplinen, nicht verloren gehen, so sehr der innertheologische Diskurs wie oben skizziert dieses Verhältnis auch belastet. Diese beiden Ebenen sind bei allen Autoren der Pastoralpsychologie die Grundbausteine dieser theologischen Disziplin. Aus theologischer Perspektive wird die Pastoralpsychologie zumindest als Grundmuster, Teilgebiet[22] oder auch Teildisziplin der Praktischen Theologie anerkannt. Pirker verortet die Pastoralpsychologie sogar weiter von der Praktischen Theologie, als reine Teildisziplin, weg und ordnet sie „zwischen der Praktischen Theologie und der Psychologie“[23] ein. Klaus Kießling bezeichnet sie *„als Grundmuster Praktischer Theologie* [...], auch wenn ihre Bezeichnung als Pastoral*psychologie* andere Assoziationen weckt.“[24] Er verwehrt sich

---

22 Vgl. Bernhard Körner, Für eine psychologisch sensible Seelsorge und eine theologisch verantwortete Psychologie, in: Maria Elisabeth Aigner/Rainer Bucher/Ingrid Hable/Hans-Walter Ruckenbauer (Hg.), Räume des Aufatmens.Pastoralpsychologie im Risiko des Aufatmens (Festschrift zu Ehren von Karl Heinz Ladenhauf), Wien/Münster 2010, 43–56, hier: 46. Als Teilgebiet bietet die Pastoralpsychologie der Seelsorge *„alle relevanten psychologischen Kenntnisse“* (Ebd.), die diese für ihr Handeln braucht. Als solche trägt sie ein „dem christlichen Glauben [...] spezifisches Menschenbild“ (Ebd., 48) in sich.

23 Pirker 2013, 286.

24 Klaus Kießling, Interdisziplinär empirisch und mitleidenschaftlich spirituell. Pastoralpsychologie als Grundmuster Praktischer Theologie, in: Maria Elisabeth Aigner/Rainer Bucher/Ingrid Hable/Hans-Walter Ruckenbauer (Hg.), Räume des Aufatmens.Pastoralpsychologie im Risiko des Aufatmens (Festschrift zu Ehren von Karl Heinz Ladenhauf), Wien/Münster 2010, 9–31, hier: 14. Kießling begründet dies im gleichen Artikel mit der „compassio-Kultur“ (Vgl. ebd., 25ff.), da diese eindeutig in die Kompetenz der Theologie fällt und nicht in das Arbeiten der Psychologie. Hubert Findl betont die Pastoralpsychologie in der gleichen Festschrift als eine „*Glaubende* und *gläubige Wissenschaft*“, da diese die „*Offenheit für Transzendenz*“ in sich trage, immer unter christlicher Perspektive (Hubert Findl, Religion, Psychologie – und Pastoralpsychologie: Wohin geht die Reise?, in: Maria Elisabeth Aigner/Rainer Bucher/Ingrid Hable/Hans-Walter Ruckenbauer (Hg.), Räume des Aufatmens.Pastoralpsychologie im Risiko des Aufatmens (Festschrift zu Ehren von Karl Heinz Ladenhauf), Wien/Münster 2010, 32–42, hier: 39). Dies betont Karl Rahner auch für die Theologie in seinem Beitrag *Die Theologie im Interdisziplinären Gespräch der Wissenschaften* (Karl Rahner, Die Theologie im interdisziplinären Gespräch der Wissenschaften, in: Ders., Schriften zur Theologie, Band 10, Zürich – Einsiedeln – Köln 1972, 89–103.) Hier beschreibt er ebenfalls die Theologie als Garantin für die Transzendenz, für die Zuordnung auf das Geheimnis Gottes im interdisziplinären

dagegen, diese allein der Psychologie zuzurechnen.[25] Für Michael Klessmann ist die Pastoralpsychologie hingegen ein „*Zweig der Psychologie*", der „sich auf religiöse bzw. pastorale Kommunikation […] bezieht."[26] So hat die Pastoralpsychologie die Möglichkeit frei, „aus der komplexen Vielfalt der Psychologie als Wissenschaft wiederum das auszuwählen, was ihr im Blick auf den zur Debatte stehenden Gegenstand als plausibel und weiterführend erscheint."[27] Diese Freiheit baut darauf auf, dass die Pastoralpsychologie im respektvollen Umgang mit der Psychologie von dieser auch als Teilgebiet psychologischer Praxis und Theorie anerkannt wird. Heinrich Pompey setzt dies in seinem Beitrag *Pastoralpsychologie – die Entwicklung der ältesten Teildisziplin der Angewandten Psychologie* schlichtweg voraus, wenn er schreibt, dass bereits ab dem 18. Jahrhundert Wissenschaftler pastoraltheologischer Provenienz „die damaligen Kenntnisse der Charakterologie, der Entwicklungspsychologie, der Sozialpsychologie und der Allgemeinen Psychologie für die Seelsorge nutzbar […] machen, im Sinne einer von Theologen Angewandten Psychologie."[28] In diese Richtung einschlagend

---

Gespräch (Vgl. Ebd., 99). Weitere Ausführungen dazu folgen im Verlauf dieses Kapitels.

25 Vgl. ebd., 16. Kießling unterscheidet zwischen „*empirischer und konzeptioneller Praktischer Theologie*" (Ebd., 18) und rechnet die Pastoralpsychologie mehrheitlich zu der empirische Ausrichtung (Vgl. ebd., 19), auch wenn diese konzeptionelle Anteile in sich trägt (Vgl. ebd., 28). Ihr Wissen erwächst interdisziplinär (Vgl. ebd., 18f.), wie später noch zu diskutieren ist.

26 Michael Klessmann, Pastoralpsychologie. Ein Lehrbuch, Neukirchen-Vluyn 2004, 27. Er negiert keineswegs, dass die Pastoralpsychologie „auch ein Teilbereich der Theologie" (Ebd., 30.) ist. Dennoch betont er, dass es in dieser theologischen Sicht auf die Welt bzw. den Glauben und die Religion um eine „psychologische Perspektive" geht, die die Pastoralpsychologie „gezielt in ein interdisziplinäres Gespräch mit Religion, Kirche, Theologie ein[bringt, M.F.]." (Ebd., 26.)

27 Ebd., 27f. Vgl. ebd., 27: „Pastoralpsychologie kann sich nur entfalten, wenn sie theologische oder ethische Vorentscheidungen zeitweise suspendiert und in diesem Sinne so weit wie möglich unvoreingenommen aus psychologischer Sicht analysiert und fragt – und die Ergebnisse dann wiederum mit theologischen Deutungsansätzen in Beziehung setzt."

28 Heinrich Pompey, Pastoralpsychologie – die Entwicklung der ältesten Teildisziplin der Angewandten Psychologie, in: Psychologie und Praxis 16 (1972), 168–175, 174.

formulieren u.a. Wahl und Klessmann, dass die Pastoralpsychologie heute „*interdisziplinär*“[29] zu verstehen sei, was bedeute, dass sie sich „nicht bloß selektiv und rezeptiv, sondern produktiv am wissenschaftlichen Streit um die Wirklichkeit beteiligen“[30] soll. Joachim Scharfenberg formuliert es mit eigenen Worten über pastoralpsychologisches Arbeiten so, „daß man bei der Klärung psychologischer Zusammenhänge Theologie treibt und bei der Klärung theologischer Zusammenhänge Psychologie.“[31]

Während Uneinigkeit über die Frage, wo genau die Pastoralpsychologie im Horizont zwischen Theologie und Psychologie anzusiedeln sei, zu herrschen scheint, ist bei vielen Pastoralpsychologen jedoch der Konsens zu finden, die Pastoralpsychologie brauche einen erfahrungsorientierten Ansatz für und mit den wissenschaftlichen Disziplinen von Theologie und Psychologie.[32] Im Sinne der Seelsorgelehre setzt Pirker die Pastoralpsychologie deshalb in den „Horizont der Praxisreflexion“[33]. Ziemer erkennt in der Seelsorgelehre einen ersten „Aspekt[e]“[34] dieser Disziplin. Für Klessmann geht es in der Pastoralpsychologie um die Untersuchung von „Kommunikationsprozesse[n, M.F.] im Bereich von Religion und Kirche“[35]. Wahls Sorge um den Realitätsverlust der Theologie wurde diesbezüglich bereits weiter oben aufgezeigt. Pompey hingegen erklärt die Pastoralpsychologie zu „einer

29 Heribert Wahl, Pastoralpsychologie – Teilgebiet und Grunddimension Praktischer Theologie, in: Isidor Baumgartner (Hg.), Handbuch der Pastoralpsychologie, Regensburg 1990, 45. Vgl. auch Klessmann 2004, 26.

30 Ebd., 45.

31 Scharfenberg 1994, 53.

32 Johannes Panhofer betont dies mit der Aussage, dass „[d]er Austausch mit anderen verhindert […] eigene Erfahrungen absolut“ zu setzen (Johannes Panhofer, Pastoralpsychologische Bildung – Pflicht, Kür oder Luxus? Eine unverzichtbare theologische Disziplin und ihre neuen Herausforderungen, in: Maria Elisabeth Aigner/Rainer Bucher/Ingrid Hable/Hans-Walter Ruckenbauer (Hg.), Räume des Aufatmens.Pastoralpsychologie im Risiko des Aufatmens (Festschrift zu Ehren von Karl Heinz Ladenhauf), Wien/Münster 2010, 57–79, hier: 60.). Dann wird die Selbsterfahrung des Einzelnen die Referenzgröße für den gemeinsamen Austausch von Personen und Disziplinen.

33 Pirker 2013, 291.

34 Ziemer 2015, 111.

35 Klessmann 2004, 17.

Teildisziplin der Pastoralanthropologie"[36] und hebt damit den Bezug auf den Menschen hervor.

Der Ansatz Klessmanns über die Pastoralpsychologie als Reflexion von Kommunikationsprozessen zwischen Individuen und Organisationen, Gruppen bzw. Institutionen nachzudenken, soll hier als Ansatz der Forschungsarbeit eines Theologen hervorgehoben werden, denn er nimmt diese Perspektiven bzgl. der Ausrichtung der Pastoralpsychologie auf. Klessmanns These, dass die Pastoralpsychologie darin bestehe, als Teildisziplin Praktischer Theologie, eine „Wissenschaft von der Wahrnehmung gelebter Religion"[37] aus psychologischer Perspektive zu sein, nimmt Kommunikation in einem ganzheitlichen Sinn mit Blick auf den Menschen wahr. Hierbei geht es ihm, anders als Ziemer es vertritt, „nicht nur [um, M.F.] die Seelsorge, wie es weithin angenommen wird"[38]. Die Pastoralpsychologie bekommt somit eine Bedeutung für die gesamte Theologie in ihrer Theorie und Praxis, wie auch für das Gesamt der Psychologie zugesprochen und holt darin Scharfenbergs These (s.o.) ein. Zudem wendet Klessmann sich mit Blick auf die *gelebte Religion* von der Defizitorientierung, die Wahl bei unterschiedlichen Pastoralpsychologen kritisiert, im Sinne von *Gaudium et Spes*[39] ab und erfasst den Menschen als kommunikatives Wesen, auch im Kontext von Religion und Glauben, aber vor allem als relationales, interpersonales, ein „Wesen der Gemeinschaft"[40]. Auf Grund dieser Überlegungen zum Wesen des Menschen und der Fokussierung der Pastoralpsychologie ausgehend vom Menschen, stellt sich die Frage, wie die Pastoralpsychologie das Wesen des Menschen denkt bzw. denken kann. Die Pastoralpsychologie ist somit eine Disziplin, die Vielfalt kommunikativer Prozesse des Menschen mit seiner Umwelt untersucht und folglich aus den Erfahrungen mit und am

36 Heinrich Pompey, Aufgaben und Möglichkeiten einer Pastoralpsychologie, in: Diakonia 3 (1972), 378–385, 378.

37 Klessmann 2004, 19.

38 Ebd.

39 „Freude und Hoffnung, Trauer und Angst der Menschen von heute, besonders der Armen und Bedrängten aller Art, sind auch Freude und Hoffnung, Trauer und Angst der Jünger Christi." (Rahner/Vorgrimler 1994, 449, GS 1.). Gaudium et Spes hat beide Seite des Lebens, die positiv- wie auch negativempfundenen, im Blick.

40 Ebd., 467, GS 21.

Menschen entwickelt wird. Durch die unterschiedlichen Traditionen aus Theologie und Psychologie, die sich in der Pastoralpsychologie treffen und zu gemeinsamen Wegen finden, muss man wohl mit Panhofer davon sprechen, dass es „nicht *die* Pastoralpsychologie“ gibt, „sondern eine legitime und bereichernde Vielfalt an Zugängen, Themenfeldern, Methoden und Stilen, die einander ergänzen.“[41]

2.2. Pastoralpsychologische Anthropologien

Der interdisziplinäre Ansatz der Pastoralpsychologie kann nur im Respekt vor den Werten und Traditionen der je eigenständigen Disziplinen von Theologie und Psychologie und deren eigenen Fachrichtungen erfolgen. Die Pastoralpsychologie ist in diesem Verständnis und ihrem Eigenwert als eine Konstruktion auf Grundlage unterschiedlicher Wissenschaften zu verstehen. Als Brückendisziplin zweier getrennter Forschungszweige sucht sie im Respekt vor der Geschichte der Theologie und der Psychologie nach Erkenntnissen, welche der einen oder der anderen wissenschaftlichen Disziplin in ihrem theoretischen Denken und praktischen Handeln helfen.

Für Ziemer tritt diese interdisziplinäre Haltung besonders in der Verbundenheit mit „empirischen Wissenschaften, den Menschen und seine Kontexte betreffend“[42] hervor. Darunter erwähnt er vor allem die „Anthropologie, Soziologie, Psychologie“[43]. In diesem Sinne hebt Klessmann hervor, dass die Pastoralpsychologie als „eine subjekthafte Wissenschaft“[44] anzusehen sei, die den Blick auf den einzelnen Menschen richtet. Dabei fällt auf, dass Scharfenberg die „Notwendigkeit zur Entwicklung einer pastoralpsychologischen Anthropologie [...] aus der Schwierigkeit des Auseinanderbrechens von Theorie und Praxis“[45] postuliert. Er würdigt, dass „Theologie und Anthropologie, die Rede von Gott und die Rede vom Menschen, immer

41 Panhofer, Pastoralpsychologische Bildung, 60.

42 Ziemer 2015, 113.

43 Ebd.

44 Klessmann 2004, 30.

45 Scharfenberg 1994, 206. Auch Isidor Baumgartner sieht mit der Pastoralpsychologie die Möglichkeit aufziehen, dass durch ihr Auftreten „der *Diskurs über den Menschen* [noch intensiver, M.F.] geführt wird, wie sie in Theologie und Psychologie implizit und explizit begegnen.“ (Baumgartner 1990, 27.)

so beieinander [sind, M.F.], daß sie sich wechselseitig bedingen und auslegen. Aussagen über Gott sind durch Erfahrung abgedeckt, und Aussagen über den Menschen haben immer eine theologische Dimension."[46] In dieser Haltung ist die Wende der Theologie hin zur Anthropologie zu erkennen, die die römisch-katholische Theologie vor allem mit Theologen wie Karl Rahner oder die protestantische Theologie mit Wolfhart Pannenberg in Verbindung bringt.[47]

Mit Blick auf die Seite der Psychologie erhebt Sara Harkness den Vorwurf, dass sich die Psychologie nicht genügend um die Frage der Anthropologie gekümmert habe. Im Bereich der psychologischen Forschung sei ein eigener Zweig, die „psychological anthropology"[48] entstanden, die für die gesamte Psychologie die Erforschung der anthropologischen Frage übernommen habe. Antrieb für diese Entwicklung sei vor allem das Interesse „to advance our understanding of culture" gewesen. Wie Scharfenberg, so fordern und erkennen Harkness und auch Theodore Schwartz, dass gemeinsame anthropologische Wissensinhalte „should not be ignored and yet are largely ignored in mainstream academic psychology, psychoanalysis and psychiatry. The consequence is an incomplete and misconceived psychology that undershoots its mark – fully human nature."[49]

46 Ebd., 197.

47 Rahner arbeitet das anthropologische Denken als Zugang zur Rede von Gott (im Sinne von Theo-logie) deutlich in seinem Beitrag zum Lexikon für Theologie und Kirche heraus, indem er die theologische Anthropologie als „das Ganze der Theologie" beschreibt (Karl Rahner, Anthropologie. Theologische Anthropologie, in: Josef Höfer, Karl Rahner (Hrsg.) Lexikon für Theologie und Kirche, Band 1, 2. Auflage, Freiburg im Breisgau 1957, 618–627, 620.). Pannenberg sieht das „Zeitalter der Anthropologie [aufziehen, M.F.], gerade darin, dass sich ein neues, umfassendes Verständnis des Menschen herausbildet." (Wolfhart Pannenberg, Was ist der Mensch?. Die Anthropologie der Gegenwart im Lichte der Theologie, 8. Auflage, Göttingen 1995, 5.)

48 Sara Harkness, Human development in psychological anthropology, in: Theodore Schwartz, Geoffrey White, Catherine Lutz, New directions in psychological anthropology, Cambridge – New York – Melbourne 1995, 102.

49 Theodore Schwartz, Anthropology as psychology: an unrequited relationship, in: Ders., Geoffrey White, Catherine Lutz, New directions in psychological anthropology, Cambridge – New York – Melbourne 1995, 324. Schwartz erklärt die Psychologie für so lange als unvollständig, wie die Frage der „culture for

Folgt man der Richtung, die Scharfenberg in der theologisch-anthropologischen Diskussion aufgreift, dann ist jede pastoralpsychologische Forschung in der Formulierung theologisch-anthropologischer oder psychologisch-anthropologischer Thesen eine wechselseitige Aussage über anthropologische Erkenntnisse für die je andere Disziplin, die die Pastoralpsychologie mit ausmacht.[50] Theologie und Psychologie helfen sich darin zu einem ganzheitlicheren Bild in der Frage der Anthropologie zu kommen und führen sich gegenseitig zu einem tieferen Verständnis dieses Gegenstandes.[51]

---

the understanding of human nature and psychology" nicht in deren Forschung aufgegriffen wird (Vgl. ebd.).

50 Pirkers Ausarbeitung der Identität als „Grundoption zeitsensibler Pastoralpsychologie" (Vgl. Pirker 2013.) ist ebenso wie die Frage nach dem Diakonischen in der Pastoralpsychologie (Vgl. Klaus Kießling, Heinz Schmidt (Hrsg.), Diakonisch Menschen bilden. Motivationen – Grundierungen – Impulse, Stuttgart 2014.) die Generierung sowohl theologischen wie auch psychologischen Wissens. Alle Arbeiten im Bereich der Pastoralpsychologie stellen folglich anthropologische Forschungen dar. Dass die jeweilige theologische und auch die psychologische Richtung ein eigenes Wertesystem darstellt und als solche eine eigene anthropologische Tradition mitbringt, wird in dem von Michael Schlagheck herausgegebenen Band *Theologie und Psychologie im Dialog über ihre Menschenbilder* anhand der biblisch-theologischen und der psychoanalytisch-interaktionellen Theorie diskutiert. Die Autoren kommen hier auf Gemeinsamkeiten in den Konzeptionen der Theorien, finden aber auch weiterhin Differenzen zwischen beiden Denksystemen der theologischen und der psychologischen Disziplin vor (Michael Schlagheck, (Hg.), Theologie und Psychologie im Dialog über ihre Menschenbilder, Paderborn 1997.). Aus der Perspektive der Theologie formuliert Körner entsprechend, es ginge um die „*Frage, ob und wie das Menschenbild des Glaubens mit dem expliziten oder impliziten Menschenbild einer konkret ins Spiel gebrachten Psychologie vereinbar ist*" (Bernhard Körner, Für eine psychologisch sensible Seelsorge und eine theologisch verantwortete Psychologie, 52).

51 Aus Perspektive der Theologie attestiert Gottfried Griesl diesen Mangel der Theologie bereits 1975 mit dem Vorwort zu der Publikation *Praktisches Wörterbuch der Pastoralanthropologie* (Gottfried Griesl (Hrsg.), Praktisches Wörterbuch der Pastoralanthropologie. Sorge um den Menschen, Wien/Freiburg/Basel/Göttingen 1975.). Für Griesl hat die Theologie „einen starken *anthropologischen Nachholbedarf*" und erkennt in den „Humanwissenschaften [...] unabdingbare Dialogpartner im neuen Selbstverständnis einer Praktischen Theologie." (Ebd., V.) Bereits 1975 beschreibt Griesl eine „wachsende Dialogbereitschaft" in „[i]nterdisziplinäre[n, M.F.] Gespräche[n, M.F.]." (Ebd.) In seinem Artikel unter dem Titel „Anthropologie" in genanntem Wörterbuch erkennt Griesl, dass die Frage nach dem Wesen des Menschen und den vielen Versuchen Anthropologien

Generell muss Scharfenberg, Harkness und Schwartz aber entgegengehalten werden, dass es nicht die *eine* psychologische, theologische und pastoralpsychologische Anthropologie geben kann.[52] Kenneth und Mary Gergen betonen, dass neues Wissen erst durch die Begegnung in Beziehungen entsteht. Sie formulieren so eine konstruktivistische Grundorientierung für die Wissenschaft: „Unsere Äußerungen und Auftritte sind […] Komponenten von Beziehungen."[53] Das Zusammentreffen theologischer und psychologischer Aussagen erwirkt in dem Sinn eine Beziehung, die zu neuen Erkenntnissen für die Rede vom Menschen führt. Theorie und Praxis können nur noch relational gedacht werden. Hier erfüllt sich die Forderung, die von Wahl weiter oben bereits zitiert wurde. Die Herausforderung für die Theologie, wie auch für die Psychologie liegt dabei darin, dass Wahrheit lediglich relational formuliert werden kann. Gerade in der Herausforderung der Theologie durch die Naturwissenschaften beharrte die lehramtliche Theologie stets auf dem offenbarungstheologischen Wahrheitsgehalt ihrer

---

zu erarbeiten, eine „noch unerfüllte Forderung" darstellen (Gottfried Griesl, Art. „Anthropologie" in: Ders., Praktisches Wörterbuch der Pastoralanthropologie. Sorge um den Menschen, Wien/Freiburg/Basel/Göttingen 1975, 55.). Er vermutet sogar die „Unmöglichkeit einer abschließenden Antwort" (Ebd.) und spricht so von einer naturwissenschaftlichen, einer kulturwissenschaftlichen, einer philosophischen und einer theologischen Anthropologie, da „die unterschiedl. Dimensionen des Menschseins unterschiedl. Methoden verlangen" (Ebd., 56f.). Das Wörterbuch ist insgesamt als ein Versuch interdisziplinären Denkens zu betrachten (Vgl., ebd., VII).

52 Schwartz würdigt gerade die Tradition der psychoanalytischen bzw. tiefenpsychologischen Schule als „still the only game in town when we look to psychological theories with specifically human content having some articulation with culture" (Schwartz 1995, 336.), aber diese hat keinen Eingang in die Weite der psychologischen Forschung gefunden und formuliert lediglich „culture as epiphenomenal" (Ebd., 337.). Dennoch soll der Impuls der Tradition Carl Gustav Jungs in dieser Arbeit eine Stimme gegeben werden, einen Aspekt zum Entwurf einer Anthropologie geben zu können und selber an anderen Traditionen aus der Philosophie und der Theologie Anthropologie neu kennenzulernen. Darin wird die Tiefenpsychologie lernen, was Schwartz als Kulturverständnis formuliert. Er versteht Kultur nicht als „confined to the structure of commonality" (Ebd., 342.), sondern als eine „culture with an individualized texture" (Ebd., 343.).

53 Kenneth J. Gergen, Mary Gergen, Einführung in den sozialen Konstruktivismus, Heidelberg 2009, 45.

Lehren. Diese Stoßrichtung darf die Theologie aber mutig abwenden und auch in die Ausrichtung der Psychologie ableiten, die ebenfalls Wahrheiten zu formulieren versucht. Jedes Zusammenspiel theologischer und psychologischer Ideen fördert so *einen* neuen Akzent zu *einer* Deutung pastoralpsychologisch-anthropologischen Denkens.

2.3. Eine interdisziplinär-pastoralpsychologische Anthropologie

Was aber passiert, wenn man zu den beiden Disziplinen Theologie und Psychologie noch eine weitere wissenschaftliche Disziplin hinzunimmt? Für Gergen/Gergen ist dies nur eine weitere Form der Konstruktion von Wissen: „Die konstruktionistische Herausforderung besteht dann darin, die disziplinären Grenzen zu verwischen. Dialoge über Disziplinen hinweg, in denen multiple Wirklichkeiten zugelassen und geschätzt werden, fördern letztlich unser Wohlbefinden.“[54] Da die Welt, gemäß dem Ansatz konstruktivistischer Theorien, pluriform erfahren wird, hat sich gerade dieser Forschungsansatz, auf seine Art und Weise, die „Enthüllung des Charakters dieser Welt“[55] zum Thema gemacht. Sozialer Konstruktivismus will kein Nihilismus sein und Wahrheiten für falsch erklären. Diese existieren lediglich im Rahmen einer wissenschaftlichen Disziplin und haben für diese dort eine Geltung. Sozialer Konstruktionismus fordert aber unterschiedliche wissenschaftliche Forschungsrichtungen zu einem Dialog auf, der versucht, wissenschaftliche Aussagen im inter- bzw. transdisziplinären Raum zu formulieren.[56]

---

54 Ebd., 75.

55 Ebd., 77.

56 Klessmann teilt diese Haltung, wenn er ausgehend von der Kommunikation als anthropologischer Beschreibung „Kommunikationsprozesse und Wirklichkeitsdeutungen […] so vielfältig und komplex [beschreibt, M.F.], dass es eine Fülle von Verstehenszugängen und entsprechend eine Vielfalt an Hermeneutiken gibt.“ (Klessmann 2004, 41.) Ein transdisziplinärer Ansatz ist somit im Denken des Autors dieser Arbeit eine Form „ganz unterschiedliche Wirklichkeitsdimensionen ab[zubilden, M.F.] und […] im Verstehensprozess neue“ (Ebd.) zu generieren.

Ob im interdisziplinären Raum zwischen Theologie und Psychologie für die Pastoralpsychologie oder im Raum zwischen Theologie, Psychologie und einer weiteren wissenschaftlichen Fachrichtung – immer entsteht nur *eine* gemeinsame Formulierung anthropologischer Erkenntnisse aus diesem gemeinsamen Weg. Jürgen Mittelstraß greift den Gedanken einer Interdisziplinarität als Transdisziplinarität im Sinne eines „*Forschungs- und Wissenschaftsprinzip*“[57] auf, die erst eine richtig verstandene Interdisziplinarität darstellt. Weil sie „fachliche und disziplinäre Engführungen“[58] aufhebt und „nicht zwischen den Fächern oder den Disziplinen hin und her [geht, M.F.] oder schwebt“[59], ist eine richtig verstandene *Inter*disziplinarität besser als *Trans*disziplinarität zu verstehen. Eines der besonderen Ziele dieser Neudefinition des Prinzips ist die „Kooperation zu einer *andauernden*, die fachlichen und disziplinären Orientierungen selbst verändernden wissenschaftssystematischen Ordnung“[60]. Die Idee der *andauernden* Kooperation ist genuines Merkmal der Pastoralpsychologie als wissenschaftliche Disziplin. Darin ist die Pastoralpsychologie Zeugin dafür, „daß ein Denken in größeren disziplinären Einheiten offenbar verlorengegangen ist“[61], wie Mittelstraß es für seine Wissenschaftstheorie der Transdisziplinarität formuliert. Die Idee transdisziplinärer Forschung entdiszipliniert das Wissen einer bzw. mehrerer Disziplinen und stellt dieses in den Horizont einer gemeinsamen Frage. Sie steht damit einer „Partikularisierung der Disziplinen und Fächer“[62] entgegen und „hebt […] Engführungen auf“ und ist „integrativ“[63] ohne den Anspruch allwissend zu sein, da sie die teilhabenden Fächer an einer transdisziplinären Frage in ihrem eigenen Wissen nicht ersetzen kann.[64]

57 Jürgen Mittelstraß, Transdisziplinarität – wissenschaftliche Zukunft und institutionelle Wirklichkeit, Konstanz 2003, 22.
58 Ebd., 9.
59 Ebd.
60 Ebd. Kursive Hervorhebung durch M.F.
61 Ebd., 7.
62 Ebd.
63 Ebd., 10.
64 Vgl., ebd. „Disziplinäre Kompetenzen bleiben also die wesentliche Voraussetzung für transdisziplinär definierte Aufgaben, aber sie allein reichen nicht mehr aus, um Forschungsfragen, die aus den klassischen Fächern und Disziplinen herasuwachsen, erfolgreich zu bearbeiten.“ (Ebd., 12.)

Mittelstraß betont weiterhin, dass die Fokussierung der Interdisziplinarität auf dem transdisziplinären Arbeitsgedanken und auf den disziplinären Kompetenzen der jeweiligen Wissenschaftler aufbaut. Er räumt „[p]hilosophische[n, M.F.] Reflexionen“[65] einen besonderen Raum – auch in naturwissenschaftlichen Debatten – ein. Diese Ausrichtung der Wissenschaftlichkeit führt zu einer geweiteten *„Perspektivität* des Wissens“[66]. Pastoralpsychologie atmet, wenn man Mittelstraß folgt, bereits die Luft, die dieser Ausrichtung von Wissenschaftlichkeit einen neuen Antrieb geben kann.[67]

Erweitert wird der Gedanke der *Trans*disziplinarität der Pastoralpsychologie durch die Erläuterung von Martina Schaefer „gesellschaftliche Akteure mit einbinden“[68] zu müssen. Der wissenschaftliche *inter*disziplinäre Diskurs

65 Ebd., 19.

66 Ebd., 21.

67 Karl Rahner reflektiert in *Die Theologie im Interdisziplinären Gespräch der Wissenschaften* die Stellung und die Aufgabe der Theologie, wenn diese in den interdisziplinären Austausch mit anderen Wissenschaften tritt. Wie Mittelstraß von der je eigenen Perspektive der teilnehmenden Wissenschaftler spricht und damit dem Subjekt in der Wissenschaft eine Bedeutung gibt, so erkennt auch Rahner die Haltung der Kritik und des Zuspruches, dass „das interdisziplinäre Gespräch sich auf ein Gespräch von Menschen als solchen […] reduzieren [lasse, M.F.], die verschiedene Wissenschaften betreiben und sich glücklicherweise noch für etwas anderes interessieren als für ihre eigene Wissenschaft“ (Karl Rahner, Die Theologie im interdisziplinären Gespräch der Wissenschaften, 90f.). Die Theologie könne faktisch als eine „Hilfswissenschaft für eine andere Disziplin fungieren“ (Ebd., 95), ist aber „Anwalt des unbegreiflichen Geheimnisses“ (Ebd., 99) und hält damit den Diskurs offen für die Freiheit des Diskurses, dass keine Wissenschaft oder Disziplin sich selbst absolut setze (Vgl. ebd., 98f.). Die Theologie bietet dem interdisziplinären Diskurs die Haltung an, dass „jeder Mensch im Grunde gar nicht vermeiden könne, ein Theologe zu sein, mindestens unthematisch“ (Ebd., 97) und erinnert die anderen Wissenschaften zudem daran, dass es aus Sicht der Theologie ein Verbindendes zwischen allen Wissenschaften gibt, das für sie das Geheimnis Gottes und darin das Bewusstsein um die Unzulänglichkeit allen wissenschaftlichen Wissens ist. Damit spricht er zugleich von der Theologie als „Verteidiger eines […] Pluralismus der Wissenschaften“ (Ebd., 99). Gerade von Naturwissenschaften habe die Theologie noch zu lernen (Ebd., 101), wie es auch der Ansatz der Pastoralpsychologie ist.

68 3 sat, Unterschied zwischen Trans- und Interdisziplinarität, https://www.3sat.de/wissen/scobel/unterschied-zwischen-trans-und-interdisziplinaritaet-100.html, 01:28 Minuten (Stand: 05.10.2019).

reicht für „komplexe[n] gesellschaftlichen Probleme“[69] nicht mehr aus und wird für die Gesellschaft geöffnet. Dies gilt für alle Wissenschaften, die interdisziplinär arbeiten und Probleme lösen wollen. Wissenschaft öffnet sich hier dem gesellschaftlichen Diskurs. Die Frage der Anthropologie wird in dieser Forschungsarbeit als eine komplexe, nie abschließbare betrachtet, wie bereits mit Griesl festgestellt werden konnte.[70]

Transdisziplinarität wird in dieser Arbeit als *andauernde* Form der Interdisziplinarität als Wissenschaftsdiskurs im *Diskurs mit gesellschaftlichen Akteuren* definiert.

Abbildung 1: Definition "Transdisziplinarität" dieser Arbeit

Diese Arbeit fühlt sich als pastoralpsychologischer Forschungsbeitrag gemäß der Definitionen von Mittelstraß und Schaefer der oben gestellten Definition von Transdisziplinarität (s. Abb. 1) verbunden und fokussiert in ihren Ausführungen die Frage Scharfenbergs nach Generierung weiterer anthropologischer Wissensgewinnung für die Pastoralpsychologie und darin auch für die Theologie und die Psychologie, weiß aber auch darum, dass es nur *eine* Richtung anthropologischer Erkenntnisgewinnung sein kann. Rahner spricht in diesem Sinne wissenschaftstheoretisch davon, „daß jede Wissenschaft per definitionem eine regionale Erkenntnis des Menschen ist“[71]. Dem entsprechend sei jede Wissenschaft „eine regionale, eine kategoriale Erkenntnis.“[72] Dies ist folgerichtig auch auf die Akteure des gesellschaftlichen Diskurses zu beziehen.

---

69 Ebd, 00:58 Minuten.

70 Vgl. Griesl, „Anthropologie“, 55.

71 Karl Rahner, Zum Verhältnis zwischen Theologie und heutigen Wissenschaften, in: Ders., Schriften zur Theologie, Band 10, Zürich – Einsiedeln – Köln 1972, 105.

72 Ebd. Die Theologie hingegen sei eine Wissenschaft mit „transzendentale[r, M.F.] Erfahrung“ (Ebd., 106), die aber aufgrund der Selbstoffenbarung Gottes in Jesus von Nazareth „selbst wieder ihre kategoriale Geschichte“ (Ebd., 111) erkennen und zu dieser stehen muss. So wird die Theologie fähig an die kategoriale Wissenschaftlichkeit aller anderen Disziplinen anzuknüpfen und sich zu und mit diesen ins Gespräch zu bringen. Allein die Theologie könne dann erkennen, dass der Punkt der Kulmination von Erkenntnis „nur Gott selbst“ (Ebd., 112) ist.

Der hier gewählte Ansatz, drei wissenschaftliche Disziplinen (Philosophie, Psychologie und Theologie) zusammenzubringen, fordert diese drei Forschungsrichtungen heraus, sich aufeinander einzulassen, und baut auf die grundlegende und andauernde Kooperation von Theologie und Psychologie im pastoralpsychologischen Forschen auf.[73] Die Besonderheit dieser Arbeit ist es, dass dafür drei Vertreter dieser Wissenschaften herangezogen werden, die als Grenzgänger zu verstehen sind: Alfred North Whiteheads Philosophie, Carl Gustav Jungs Analytische Psychologie und Pierre Teilhard de Chardins Theologie. Sie können keinesfalls als Mainstream ihrer Wissenschaften betrachtet werden. In ihren empirischen Zugängen zur Wirklichkeit sind sie aber leicht zugängliche Gesprächspartner für die empirische Grundausrichtung der Pastoralpsychologie.

Der Versuch, diese drei Denker hier zusammenzubringen, kann deshalb als ein *inter*disziplinärer Ansatz in der Pastoralpsychologie betrachtet werden. Er ist keinesfalls im Anschluss an den alten Vorwurf an die Psychologie gedacht, nach dem diese ohne philosophische Grundhaltung auskommt, die die Theologie sich (immer noch) gibt.[74] Vielmehr ist das naturwissenschaftliche

---

Die Theologie ist damit alleinige Trägerin transzendentaler und kategorialer Wissenschaftlichkeit.

73 Letztlich holt diese Arbeit damit vor allem das „*Modell ‚philosophische*[*r*, M.F.] *Vermittlung*'" ein, von dem Baumgartner u.a. als eine mögliche Form des Dialogs der wissenschaftlichen Disziplinen in der Pastoralpsychologie spricht (Baumgartner 1990, 61.). Hier schreibt er: „Der Austausch findet auf einer akademischen, also *theoretischen Ebene* statt. Hier kommt zwar ein Dialog über die eine gemeinsame Wirklichkeit sowie über die unterschiedlichen Prämissen und Menschenbilder zustande, das Ganze droht jedoch theoretisch zu bleiben ohne Konsequenz für die Praxis der Seelsorge und Psychotherapie." (Ebd.) Mit Rahner bleibt zu betonen, dass die Theologie in diesem Diskurs immer nach dem Geheimnis Gottes suchen und es betonen wird (Vgl. Fußnote 64).

74 Klaus Kießling erhebt diesen Vorwurf in seinem Aufsatz *Der Mensch – Leibeigener seines Hirns? Psychologische Anthropologien im Widerstreit*. Hier formuliert er deutlich: „Was die Auseinandersetzung mit Menschenbildern angeht, attestiere ich wissenschaftlicher Psychologie großen Nachholbedarf." (Klaus Kießling, Der Mensch – Leibeigener seines Hirns? Psychologische Anthropologien im Widerstreit, in: Ders., Heinz Schmidt (Hrsg.), Diakonisch Menschen bilden. Motivationen – Grundierungen – Impulse, Stuttgart 2014, 91.) Diesen Vorwurf baut er weiter aus, indem er in der Psychologie diesen wie folgt benennt: „[D]as Interesse des *mainstreams* der wissenschaftlichen Psychologie an der Klärung ihrer eigenen philosophischen und anthropologischen Grundlagen

Fundament der Whiteheadschen Philosophie, auf dem diese als Kind ihrer Zeit entwickelt wurde, dem Autor dieser Forschungsarbeit ein spannender Ansatz, Theologie und Psychologie in einen größeren, eben transdisziplinären, Diskurs für die Pastoralpsychologie zu führen. *Ziel ist es, drei Theorien prozessualen Denkens vom Leben bzw. Menschen zu gemeinsamen Thesen prozessanthropologischen Denkens zu führen.*[75]

2.4. Zur weiteren Methodologie dieser Forschungsarbeit

2.4.1 Der *inter*disziplinäre Ansatz wissenschaftlicher Pastoralpsychologie und dieser Forschungsarbeit

Die Impulse der Pastoralpsychologie werden in der Literatur in den Kontexten von Theologie und Psychologie gefunden, an den Schnittstellen beider Disziplinen im wechselseitigen Diskurs (vgl. Abb. 2).

[hält sich, M.F.] in engen Grenzen." (Ebd., 92.) Er belegt das Interesse an philosophischen Fragen innerhalb der wissenschaftlichen Psychologie lediglich für einzelne Personen (Ebd., s. dort Fußnote 4.). In seiner Analyse, die dieser Artikel erbringt, erkennt er dennoch „Spuren einer cartesianischen Wirkungsgeschichte [...] und auch zahlreiche andere philosophisch-anthropologische Quellen [...], wenn implizite Anthropologien exemplarisch aufgespürt und metaphorisch vorgebracht werden." (Ebd., 102.)

75 Diese Arbeit grenzt sich von der Haltung Willy Obrists ab, dass die Tiefenpsychologie allein Grundlage der Humanwissenschaften sein soll. In seinem Beitrag *Tiefenpsychologie als Basisdisziplin einer integralen Humanwissenschaft* versteht er gerade die Tiefenpsychologie als Hauptdimension einer „*transdisziplinär*[en, M.F.]" Humanwissenschaft (Willy Obrist, Tiefenpsychologie als Basisdisziplin einer integralen Humanwissenschaft, in: Wolfgang Mertens, Willy Obrist, Herbert Scholpp, Was Freud und Jung nicht zu hoffen wagten... Tiefenpsychologie als Grundlage der Humanwissenschaften, Gießen 2004, 55–120, 118.). Da er diese aber im transdisziplinären Diskurs in ihrer Bedeutsamkeit über jede andere Wissenschaft stellt, ist sein Konzept, trotz vieler guter Ansätze, nicht akzeptabel. Sein Beitrag ist kein neutrales Angebot eines *interdisziplinären* und, damit in der Annahme zwischen den eingebrachten wissenschaftlichen Richtungen, eines darin gleichberechtigten Diskurses. Die Frage nach der *Syn*these, im Sinne des Präfixes, kann im Rahmen dieser Arbeit nur im Raum des gleichberechtigten *inter* der *Interdisziplinarität* gefunden werden. Der Ansatz dieser Arbeit zielt somit vielmehr auf tiefenpsychologisch orientierte Impulse für die Pastoralpsychologie, die im gleichrangigen Diskurs mit Philosophie und Theologie in einer *Syn*opse erbracht werden.

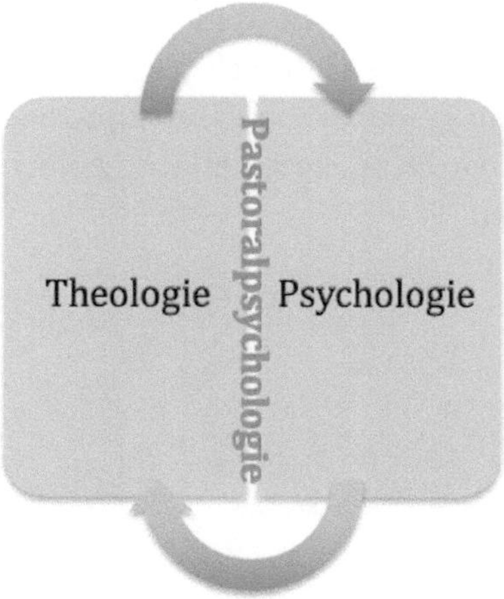

Abbildung 2: Interdisziplinarität der Pastoralpsychologie

Der interdisziplinäre Ansatz soll für beide Disziplinen neue Erkenntnisse bringen, aber vor allem auch der Theologie und dem seelsorglichen Handeln von Theologen neue Perspektiven eröffnen. In diesem Sinne wird die Generierung interdisziplinären Wissens auf Grundlage der Diskussion anthropologischer Annahmen von Whiteheads Philosophie und Jungs Psychologie ansetzen und die Synopse dieser Erkenntnisse in das Gespräch mit den theologischen Gedanken Teilhard de Chardins bringen. Chardins Theologie dient darin als Übersetzungshilfe neuer Erkenntnisse in den allgemeinen Horizont der Theologie.

Gesucht sind dabei lediglich gemeinsame Themen aus allen drei Forschungsrichtungen, die einen wirklichen *gemeinsamen* Zugewinn darstellen. Ergebnisse, die lediglich zwischen zwei der drei Denkweisen erfasst werden können, werden in Kapitel 5 ebenfalls aufgegriffen, für den folgenden pastoralpsychologischen Diskurs in Kapitel 7 und 8 aber nicht erneut rezipiert. Hier sind unter dem *trans*disziplinären Ziel dieser Arbeit nur die allen drei wissenschaftlichen Richtungen gemeinsamen Ergebnisse als *tiefenpsychologisch orientierte Impulse* von Bedeutung.

Letztlich geht ein starker Impuls zu der Frage nach Annahmen prozessanthropologischen Wissens zuerst von Whiteheads philosophischem und weiterhin Jungs psychologischem Denken aus (vgl. Abb. 3). Dies kann an dieser Stelle klar formuliert werden. Zudem wird der Theologie schon mit der Rezeption Whiteheads als Gesprächspartner und den Ideen einer Prozesstheologie (Kapitel 6) eine Möglichkeit zu prozessualem Denken nahegelegt, andererseits Chardin als ein wichtiger theologischer Wissenschaftler dieses Denkens betont.

Abbildung 3: Der interdisziplinäre Ansatz dieser Arbeit

2.4.2. Der *trans*disziplinäre Auftrag der Pastoralpsychologie und dieser Forschungsarbeit

Da der Autor dieser Forschungsarbeit Theologe ist, ist es ihm ein Anliegen, theologisches Denken und Arbeiten zu vertiefen, durch transdisziplinär gewonnene Impulse herauszufordern und der praktischen Seite der Theologie neue Möglichkeiten und Verstehenshorizonte vom Menschen zu eröffnen, die sie in die anderen theologischen Disziplinen empfehlen kann.[76]

76 Der Autor diese Arbeit versteht dieses Forschungsprojekt als pastoralpsychologisches Projekt in dem Sinne, wie Klessmann die Pastoralpsychologie definiert: „Pastoralpsychologie will kritische Wissenschaft sein, indem sie theologisch-kirchlich selbstverständlich gewordene Denkmuster und Verhaltensgewohnheiten (Klischees) aufdeckt, Unbewusstes, Verdrängtes und Marginalisiertes ans Licht holt und zu neuen Fragen, veränderten Sichtweisen und letztlich auch veränderten Verhaltensweisen anregt." (Klessmann 2004, 30.) Alle drei hier rezipierten Autoren stellen gerade Marginalisiertes in ihren wissenschaftlichen Bereichen, wie auch besonders in der Theologie dar, und erlauben eine kritische Reflexion theologischen Denken und Handelns. Denn Pastoralpsychologie ist auch Praxisreflexion, wenn sie eine „veränderte Praxis" (Ebd., 34.) einfordert. Parallel zu dieser Definition der Pastoralpsychologie durch Klessmann, kann auch die Motivation transdisziplinären Arbeitens von Mittelstraß gelesen werden: „Transdisziplinarität [ist, M.F.] ein forschungsleitendes Prinzip und eine wissenschaftliche Organisationsform, allerdings in der Weise, daß

Wenn die Pastoralpsychologie wirklich *trans*disziplinär denken und handeln will, bedarf es aber nicht allein des wissenschaftlichen Diskurses. In der Begleitung von Menschen kann die Theologie über die Praktische Theologie und insbesondere über die Pastoralpsychologie theoretische Zugewinne erfassen, die ihre praktische Dimension u.a. in der Seelsorge schärfen.[77] *Inter*disziplinarität ist deshalb als Offenheit der Kirche und der wissenschaftlichen Theologie, auch im *inter*disziplinären Austausch mit anderen, nicht-theologischen Wissenschaften, zu verstehen, sowie immer die Perspektive der Lebens- und Glaubensrealität der Individuen einzubeziehen. *Inter*disziplinarität der Kirche, der Theologie und der Pastoralpsychologie ist die Haltung der Wertschätzung und Aufnahme der individuellen Lebenserfahrungen eines jeden Menschen, der diese für den fortlaufenden wissenschaftlichen Diskurs, das Sein und Handeln der Kirche und die Zukünftigkeit der Theologie und Pastoralpsychologie anbietet.[78] Theologie und Pastoralpsychologie leben damit aus dem angebotenen Lebens-, Glaubens- und Offenbarungswissen eines jeden Menschen oder mit Rahner gesprochen, der Weite „kategorialer und transzendentaler Erfahrung“[79] eines Menschen. Das Ziel eine tiefenpsychologisch begründete interdisziplinär entstandenen Prozessanthropologie für die Pastoralpsychologie und die Theologie zu formulieren, mündet in dieser Arbeit in Pastoralpsychologische Optionen (s.

Transdisziplinarität fachliche und disziplinäre Engführungen aufhebt, die sich eher institutionellesn Gewohnheiten als wissenschaftlichen Notwendigkeiten verdanken.“ (Mittelstraß 2003, 22.).

77 In diesem Sinne ist auch die Idee des *sensus fidei* aller Gläubigen zu verstehen, wie LG 12 diesen beschreibt. Ein wirklich *trans*disziplinärer Ansatz aber beginnt damit in den Determinanten von GS 2 und 3 zu denken und zu handeln. Einem *trans*disziplinären Ansatz von Pastoralpsychologie entspricht die Haltung „die Welt der Menschen, das heißt die ganze Menschheitsfamilie mit der Gesamtheit der Wirklichkeit, in denen sie lebt“ (Rahner/Vorgrimler 1994, 450, GS 2) zu betrachten und ihr eine Bedeutung zu geben. Nur so ist die praktische Umsetzung der Aussage von GS 3 und dem Menschenbild und Aufrag der Kirche zu verstehen: „Die Heilige Synode bekennt darum die hohe Berufung des Menschen, sie erklärt, daß etwas wie ein göttlicher Same in ihm eingesenkt ist, und bietet der Menschheit die aufrichtige Mitarbeit der Kirche an zur Errichtung jener brüderlichen Gemeinschaft aller, die dieser Berufung entspricht“ (Ebd., 450f., GS 3).

78 Vgl., ebd.

79 Rahner, Verhältnis, 110.

Kapitel 8), die sich in der Praxis der pastoralpsychologisch denkenden und handelnden Menschen als *inter*disziplinär sinnig erworben und *trans*disziplinär sinnig anwendbar erweisen müssen. Diesen Beweisschritt kann diese Arbeit in seiner Länge jedoch nicht nachkommen und verbleibt damit als These einer *trans*disziplinär anwendbaren Sicht auf den Menschen bzw. Anthropologie. Die „aufrichtige Mitarbeit der Kirche [und der Theologie, M.F.] […] zur Errichtung jener brüderlichen Gemeinschaft aller, die dieser Berufung [aller, M.F.] entspricht“[80] wird das Maß sein, an dem sich die Pastoralpsychologischen Optionen von Kapitel 8 bemessen lassen müssen.

Jungs Psychologie in dieser Arbeit heranzuziehen wird darin noch einmal, untermauert durch die Diskussion und die Impulse aus Whiteheads Denken, als ein wichtiger Gesprächspartner für die Theologie betont. Die Erkenntnisse dieser Arbeit dienen damit der tiefenpsychologischen Ausrichtung der Pastoralpsychologie, die durch die sogenannte Sektion T wie folgt formuliert wird: „Grundlage ist das Verständnis für die Bedeutung unbewußter Prozesse und zwischenmenschlicher Konflikte. Ausgehend von den Konzepten der Psychoanalyse seit S. Freud und der Analytischen Psychologie seit C. G. Jung liegen Schwerpunkte auf der vertieften Wahrnehmung und Klärung unbewußter Beziehungsprozesse, der Aneignung der eigenen Lebensgeschichte und der Ermöglichung und Reflexion symbolischer Erfahrungen.“[81]

---

80 Rahner/Vorgrimler 1994, 451, GS 3.

81 http://www.pastoralpsychologie.de/sektion-t.html (Stand: 03. Februar 2018). Sigmund Freud trennte im Bereich des Gedächtnisses und der Kognition vorbewusste, unbewusste und bewusste Anteile voneinander. Jedem Anteil wies er eine eigene Aufgabe in der Dynamik des Geistes und der Psyche zu. Die heutige Neurophysiologie und Kognitionspsychologie unterscheidet nur zwei Anteile „bezüglich der Aufgaben und Leistungen […], nämlich das so genannte implizite/prozedurale und das explizite/deklarative Gedächtnis. Letzteres ist bewusst. […] Inhalte des impliziten Gedächtnisses sind unbewusst oder – richtiger ausgedrückt – sie bleiben ungewusst.“ (Lotte Köhler, Psychoanalyse und menschliche Entwicklung. Was Freud entdeckte und was er noch nicht wusste, in: Michael Ermann (Hg.), Was Freud noch nicht wusste. Neues über Psychoanalyse, 2. Auflage, Frankfurt am Main 2009, 50.). Diesem Duktus der neueren Forschungsrichtungen folgend, wird in dieser Arbeit vereinfachend lediglich zwischen unbewussten und bewussten Anteilen des Geistes bzw. der Psyche unterschieden.

3. Prozessphilosophie – Alfred North Whiteheads Versuch einer Kosmologie

Die Aufgabe, aus dem Gesamtwerk von Alfred North Whitehead einen Blick auf den Menschen herauszuarbeiten, der die Grundlage für Impulse in der Pastoralpsychologie geben soll, ist ein schwieriges Unterfangen. Whitehead hat über die Jahre seiner Lehr- und Schrifttätigkeit zahlreiche Aufsätze und Bücher veröffentlicht, die teilweise auf Vorlesungen und gehaltene Vorträge zurückgehen. Manche dieser Werke sind ins Deutsche übersetzt worden, andere wiederum nicht. Im Folgenden werden deshalb vor allem die englischsprachigen Begriffe seiner Schriften wiedergegeben. Liegen Schriften in deutscher Sprache vor, so werden diese hier zitiert. Gibt es Schriften nur in englischer Sprache, so werden diese im Original angeführt. Dadurch, dass die englischsprachigen Begriffe für bestimmte Inhalte des Whiteheadschen Denkens zitiert und verwendet werden, soll die Verwirrung zwischen den unterschiedlich ausfallenden Übersetzungen in der deutschen Sprache möglichst vermieden werden.

Erschwert wird die Arbeit weiterhin dadurch, dass Whitehead in seinen Werken sprachlichen Kontexten und Wörtern eine neue Bedeutung gibt. Worte werden inhaltlich neu belegt und Whitehead erklärt unregelmäßig, wie er diese im Duktus seiner Darstellungen versteht.[82] Er geht sogar davon aus, dass Sprache nur als „Metapher“[83] zu verstehen ist. Kline hebt gerade den problematischen Gebrauch von Neologismen hervor, die Whitehead

82 Auch Robert Mesle erkennt dieses Problem. Er schreibt: „He [Whitehead, M.F.] notes the problem of language:,Words and phrases must be stretched towards a generality foreign to their ordinary usage; and however such elements of language be stabilized as technicalities, they remain metaphors mutely appealing for an imaginative leap' (PR 4). The problem of language is one reason that it is so difficult to read Whitehead. He was trying to express a new vision that fundamentally challenged many ‚common sense‘ ideas. […] Words and actions can have meanings we never imagined.“ (Robert Mesle, Process-Relational Philosophy. An introduction to Alfred North Whitehead, West Conshohocken 2008, 17f.)

83 Vgl. ebd. und Michael Hauskeller, Alfred North Whitehead zur Einführung, Hamburg 1994, 29.

verwendet. Diese ist in Klines Betrachtung von „key whiteheadian terms [...] much less consistent [... than, M.F.] his use of such traditional philosophical terms as 'actual', 'determination', and 'constitute/constitution'."[84]

Weiterhin ist das große Spektrum seines wissenschaftlichen Interesses eine Herausforderung. Betrachtet man seine Lebensgeschichte, so lassen sich verschiedene Phasen des Schaffens unterscheiden. Jede Phase hatte einen eigenen Fokus, aber in der Gesamtübersicht des Opus von Whitehead sind Verbindungen und rote Fäden zu erkennen. Sein Hauptwerk *Prozess und Realität* schließlich bündelt viele der vorher schon veröffentlichen Gedanken in einer metaphysischen, physischen und logischen Sichtweise.[85] Allerdings erstreckt sich das Interessensspektrum von A. N. Whitehead von der Mathematik über die Physik zur Erziehungswissenschaft, Soziologie, Psychologie bis hin zur Theologie.[86] Nicht ohne Grund ist das oben genannte Spät- und Hauptwerk auch der Entwurf einer Kosmologie geworden, die diese Aspekte zu bündeln versucht. Diese Bündelung kann in der Retrospektive sogar als Ziel von Whiteheads philosophischer Tätigkeit verstanden werden.

---

84 George L. Kline, The systematic ambiguity of some key whiteheadian terms, in: Ernest Wolf-Gazo (Hg.), Whitehead und der Prozessbegriff. Erstes Internationales Whitehead-Symposion in Bonn (August, 25.-28. 1981), Bonn 1981, 23.

85 Seine philosophischen Hauptwerke sind vor allem in der Zeit seiner Lehrtätigkeit in Harvard entstanden. *Process and Reality* gehen andere Werke, vor allem aus naturwissenschaftlicher Perspektive voraus, die die später entworfene Kosmologie vorbereiten.

86 Whitehead wollte, Michael Hampe zur Folge, kein „Symbolsystem [...] privilegieren, sondern sie in ihren manifesten Formen des Denkens und Erfahrens gleichberechtigt als ‚Daten' seines Philosophierens [...] betrachten." (Michael Hampe, Alfred North Whitehead, München 1998, 181). Alle wissenschaftlichen Disziplinen versteht Whitehead also als Symbolsysteme mit eigenen Sprachen und Begriffen, die alle ein eigenes Bild auf die identische Wirklichkeit werden: „die ‚Sprachen' der Kunst, der Religion und der verschiedenen Wissenschaften als autonome Symbolisierungformen" (Hampe 1998, 182). Diese werden alle von der *spekulativen* Philosophie untersucht, die „einen Szientizismus, der allein die wissenschaftliche Erfahrung zu der kulturell relevanten erklärt und damit eine Verarmung der ästhetischen und religiösen Kultur befördert" kritisiert (Hampe 1998, 189). Er resümiert: „Es ist nötig, die ganze Vielfalt der menschlichen Erfahrungsformen zu studieren und philosophisch-spekulativ zu interpretieren [...]." (Hampe 1998, 190).

Bei dem Versuch, einen roten Faden in den vorliegenden Schriften Whiteheads zu finden, lassen sich allerdings auch Schwankungen in der Verwendung von Begrifflichkeiten erkennen. Begriffe wie „object" oder „actual" erfahren über verschiedene Schriften hinweg eine Klärung, die vor allem in *Prozess und Realität* aufgeht. Whiteheads Forschung und Schriften sind zudem elementar mit seiner eigenen Biografie verbunden: Ob es um die Pädagogik geht, die er durch die Lehrertätigkeit seines Großvaters und seines Vaters kennengelernt hat[87], um die Frage nach Gerechtigkeit in der Gesellschaft, oder wenn es um die Rechte der Frauen in den Kämpfen der Suffragetten geht[88]. Entwicklungen seines Denkens und Forschens sind folglich auch biografisch motiviert. So soll zu Beginn dieses Kapitels ein Blick auf die Biografie Whiteheads versucht und in einem zweiten Teil das philosophische Werk nach Spuren anthropologischer Aussagen und Dimensionen untersucht werden[89]. Dass dabei Grundzüge seines Gesamtwerkes dargestellt werden müssen, erklärt sich aus den oben genannten Herausforderungen.

3.1. Einführung in ein System

3.1.1. Biografische Notizen zu A. N. Whitehead

„I was born in 1861, February 15, at Ramsgate in the Isle of Thanet, Kent. My family, grandfather, father, uncles, brothers engaged in activities concerned with education, religion and Local Administration [...]."[90] So eröffnet Whitehead den Beitrag *Autobiographical Notes* in der Aufsatzsammlung *Essays in Science and Philosophy*. Whitehead war Brite, genauer Engländer, aus einer ländlichen Gegend, aufgewachsen in einer Tradition

87 Whitehead 1948, 7.

88 Vgl. Whitehead, Liberty and the Enfranchisement of Women, http://www.religion-online.org/showarticle.asp?title=2442 (Stand: 12.01.2017).

89 Whitehead verweist selber darauf, dass seine letzten drei großen Werke *Science and the Modern World*, *Process and Reality* und *Adventures of Ideas* eine Trilogie bilden, aber auch getrennt gelesen werden können: „aber in gewisser Weise ergänzen sie sich so, daß die Auslassungen und Verkürzungen des einen in einem der beiden anderen ausgeglichen werden." (Whitehead 1971, vii/75). Auf Grund dieser Feststellung Whiteheads werden die folgenden Ausführungen sich vor allem auf diese drei Werke beziehen.

90 Whitehead 1948, 7.

von Männern, die in Erziehung bzw. Bildung, in der anglikanischen Kirche und in der lokalen Verwaltung Aufgaben hatten. Seine Biografie scheint immer wieder in seinen Schriften auf, wobei gerade die Whiteheads in schulischen bzw. bildungstechnischen Einrichtungen seine Biografie geprägt haben. Bedeutend für die kurze Untersuchung bzw. Zusammenstellung seiner Lebensgeschichte ist vor allem, neben seinen eigenen Schriften, die Aufzeichnung von Dialogen, die Lucien Price herausgegeben hat: *Dialogues of Alfred North Whitehead.*[91]

Gerade weil Whitehead in seinem Aufsatz *Memories* die Unterdrückung der Geschichten der individuellen Persönlichkeiten durch die generalisierte Geschichte beklagt[92], soll im Folgenden seine Lebensgeschichte dargestellt werden. Er selbst trat aus der ländlichen Gegend Kents hervor und bereicherte fortan die Welt mit seinem Denken und ist für Hampe „Teil einer Bewegung der Renaissance des spekulativen Denkens."[93]

Bis zu seinem vierzehnten Lebensjahr unterrichtete sein Vater den jungen Alfred in Latein und Griechisch, danach wurde er nach Sherborne an eine alte englische Schule geschickt, wo er sein Interesse an Geschichte und Mathematik vertiefen bzw. entdecken konnte. Mit seinem Wechsel an das renommierte Trinity College in Cambridge ging er den Studien der Mathematik nach. Hier wurde er auch Mitglied des Debattierclubs *The Apostles* und intensivierte sein Wissen und seine Studien in den Bereichen Religion, Politik, Literatur und Philosophie.[94] 1885 konnte er schließlich als Lehrer am College arbeiten und beendete diese Tätigkeit in Cambridge erst mit dem Umzug nach London im Jahr 1910.

---

91 Lucien Price, Dialogues of Alfred North Whitehead, Boston 1954. Eine ausführliche Biografie Alfred North Whiteheads hat Victor Lowe in zwei Bänden bereits 1985 und 1990 unter dem Titel *Alfred North Whitehead. The Man and His Work* vorgelegt (Victor Lowe, Alfred North Whitehead.The Man and His Work, Volume I: 1861–1910, Baltimore 1985 und Lowe, Victor, Alfred North Whitehead.The Man and His Work, Volume II: 1910–1947, Baltimore 1990.).

92 Vgl. Whitehead 1948, 17f.: „For this reason the generalized history of an epoch sadly misreprensents the real individual feelings of the quiet people in back streets and in country towns."

93 Hampe 1998, 14.

94 Whitehead 1948, 10.

Vor diesem Wechsel der Hochschule fand die Heirat von Whitehead mit seiner Frau Evelyn statt, die gemeinsam drei Kinder bekamen. Vor allem im Dialogband von Price zeigt sich, wie wichtig Evelyn für Whiteheads Forschen und Denken war. Sie beteiligte sich rege an den Dialogen zugrundeliegenden Gesprächen und fordert ihn dabei mit ihren Ansichten und Beiträgen zu fokussierten Formulierungen heraus.

Da Whitehead sich in den Jahren zwischen 1885 und 1910 in den Bereichen der Mathematik, zusammen mit Bertrand Russell, einen Namen machte, erhielt er einen Ruf in einen naturwissenschaftlichen Fachbereich in London, wo er jedoch nie richtig glücklich wurde. Während er Vorlesungen in Angewandter Mathematik, sprich Physik, hielt, beschäftigte er sich intensiver mit den Fragen der Erziehung und Bildung, vor allem auch unter dem Eindruck einer wachsenden Metropole mit all deren sozialen Problemen. Whitehead erkannte mehrere Herausforderungen für das Bildungssystem einer wachsenden Zivilisation: „[t]he seething mass of artisans seeking intellectual enlightenment, of young people from every social grade craving for adequate knowledge […].“[95] In *Aims of Education* legt er 1916 ein Konzept für Erziehung und Bildung zwischen der Strenge der damaligen Zeit und der Freiheit des Forschergeistes von Kindern, Jugendlichen und jungen Erwachsenen vor. Der Wechsel von einem klassischen, teilweise noch recht mittelalterlich wirkenden, Bildungssystem in Cambridge an die Hochschullandschaft von London gleicht einer Befreiung auch des Denkens von Whitehead selbst.

Erstmals wandte er sich in seinen Schriften von der logischen Mathematik ab und untersuchte die aufkommenden neuen Lehren der Naturwissenschaft. Er erkannte die Probleme, die Newton in seinem statischen Denken von Naturgesetzen den neuen Naturwissenschaften bereitet hatte. Das Aufkommen der Quantenphysik fragte die gegebenen Lehrinhalte an. Sein Interesse und seine ersten Theorien zur Naturphilosophie legte Whitehead in *Concept of Nature* und *An Enquiry Concerning the Principles of Natural Knowledge* dar. Seine Kritik an den bisherigen naturwissenschaftlichen

95 Ebd., 13. Die Entwicklungen, die Bildung und Erziehung in den Lebensjahren Whiteheads in England genommen haben, stellt er als einen Aufbruch in der Bildung einer ganzen Nation dar. Diese Ereignisse sind ihm eine seiner „most precious memories“ (Ebd., 22.).

Annahmen zu Materie, Raum und Zeit und vor allem auch an der Substanzmetaphysik werden in diesen Schriften deutlich.

In den Jahren vor 1924 machte sich Whitehead einen Namen mit der Erforschung philosophischer Fragestellungen und auf dem Gebiet der Wissenschaftstheorie. Obwohl er bereits 63 Jahre alt war, erhielt er einen Ruf in die USA an die philosophische Fakultät der Harvard Universität. Die Jahre bis zu seiner Emeritierung im Wintersemester 1936/37 scheinen besondere für ihn gewesen zu sein, denn er beschreibt diese in überschwänglichen Tönen.[96]

In seiner letzten Vorlesung unter dem Titel *Immortality* fasste Whitehead viele Züge seines Denkens und Lehrens unter dem Einfluss religiöser und philosophischer Gedankengänge zusammen und führt hier die drei großen Werke seiner späten Lehrzeit in Harvard zu einer Synthese: *Science and the Modern World*, *Process and Reality* und *Adventures of Ideas*.

Im Alter von 86 Jahren starb Alfred North Whitehead am 30. Dezember 1947 an den Folgen einer Erkrankung. Im letzten Dialog, den Lucien Price am 11. November 1947 aufgezeichnet hat, diskutierten er und das Ehepaar Whitehead verschiedene politische und gesellschaftliche Fragen. Der Dialog zeigt aber auch die Kernmomente von Whiteheads wissenschaftlichem Denken auf. So betont er, dass er Naturgesetze ablehnt und vielmehr „temporary habits of nature“[97] annimmt. Er kritisiert erneut die Fixierung der Philosophie auf eine exakte Sprache, wobei Sprache für ihn immer defizient ist, und hebt Platon als den Philosophen hervor, der dies erkannt und in seinen philosophischen Dialogen dargestellt habe.[98] In den Dialogen, die Price festgehalten hat, erklärt Whitehead häufiger sein Interesse an den Schriften der Bibel und besonders an den Lebens- und Glaubenswelten der Hebräer und Griechen. Seine Schriften stellen eine Synthese des hebräischen und griechischen Denkens dar, wenn er die theologischen Lehren der *creatio ex nihilo* und der *creatio continua* verbindet und diese These zu den Ergebnissen seiner späten Studien zählt. Der gesamte Kosmos ist ein kreativer

96 Vgl. Whitehead 1948, 15.
97 Price 1954, 367.
98 Vgl. ebd., 368.

Schöpfungsprozess, der fortwährend passiert, und der Mensch trägt seinen Teil dazu bei.[99]

Vielleicht lässt sich seine Lebensgeschichte aus folgender Erfahrung am ehesten zusammenfassen: „We think in generalities, but we live in detail. To make the past live, we must perceive it in detail in addition to thinking of it in generalities."[100] Eben in dieser Spannung zwischen dem Detail und dem Generellen, dem Einzelnen und dem Vielen, wird sich auch die folgende Darstellung von Whiteheads philosophischem Denken bewegen und dieser verpflichtet fühlen.

3.1.2. Auf dem Weg zu einer Kosmologie: Einzelwesen und Gesellschaften – Bausteine der Welt

3.1.2.1. Ursprünge der Organistischen Philosophie

Whiteheads Ansatz, eine Kosmologie[101] bzw. „organistische Philosophie"[102] zu entwerfen, beruht auf der radikalen Zuwendung zum Empirismus. Whitehead schließt sich darin den Theorien der Weltwahrnehmung und –erfahrung amerikanischer Empiristen, wie bei William James grundgelegt[103],

99 Ebd., 370f.: „God is *in* the world, or nowhere, creating continually in us and around us. This creative principle is everywhere, in animate and so-called inanimate matter, in the ether, water, earth, human hearts. But this creation is a continuing process [...]. Insofar as man partakes of this creative process does he partake of the divine, of God, and that participation is his immortality, reducing the question of whether his individuality survives death of the body to the estate of an irrelevancy. His true destiny as cocreator in the universe is his dignity and his grandeur."

100 Whitehead 1948, 26.

101 Kosmologie ist für Whitehead „the effort to frame a scheme of the general character of the present stage of the universe." (Alfred North Whitehead, Function of Reason, Princeton 1929, 61.) Sein Entwurf einer Kosmologie soll einer sein, der „seeks to build a cosmology expressing the general nature of the world as disclosed in human interests." (Ebd., 68)

102 Alfred North Whitehead, Prozeß und Realität, Frankfurt am Main 1987, 21.

103 Ebd., 23 und 141. Bereits in seiner Schrift *Die Ziele von Erziehung und Bildung und andere Essays* betont Whitehead im Bezug auf die Wahrnehmung eines Stuhls, dass diese „einfach das Konzept von all den zusammenhängenden Erfahrungen, die mit jenem Stuhl verbunden sind" (Alfred North Whitehead, Die Ziele der Erziehung und andere Essays, Berlin 2012, 159.) darstellen.

an.[104] Allerdings bezieht sich Whitehead auch immer wieder auf Philosophen der Jahrhunderte und -tausende vor ihm. Sölch stellt deswegen die Kosmologie Whiteheads in den Kontext anderer Philosophien und konstatiert, dass die Kosmologie Whiteheads „Licht auf die eigenen Abhängigkeiten […] werfen [soll, M.F.], indem der Geschichte der Zivilisationen nachgespürt wird, die unsere Vorstellungen geprägt haben.“[105] Mit Blick in die Schrift *Process and Reality* fällt auf, dass er sich gerade kritisch mit den Gedanken von Aristoteles, Descartes, Locke, Newton und Kant auseinandersetzt, diese aber vielmehr versucht kritisch reflektierend in sein Denken einzubauen. Gerade eine „historisch-kritische oder hermeneutische“[106] Auseinandersetzung, wie Hampe meint, scheint nicht sein Ziel gewesen zu sein.

Whitehead betont, dass die Vernunft ihre volle Aufmerksamkeit „to the empirical evidence, and to the whole of that evidence“[107] geben muss. Das Maß der Wahrnehmung der Welt stellt für ihn die zentrale Erkenntnisquelle dar. Er sieht sich selbst in dieser Annahme in Verbindung mit philosophischen Entwürfen vor ihm.[108] In seinem Entwurf fühlt er sich der Metaphysik

---

104 Dass die Kosmologie Whiteheads nicht als letztgültiger Entwurf bestehen soll, betont er mit dem Untertitel seines Hauptwerkes „Process and Reality. An Essay in Cosmology“. Als Essay verbleibt in dem Werk eine Offenheit, die von Whitehead entwickelte Konzeption weiterzudenken und zu kritisieren. Deswegen spricht er von diesem Werk als Werk der spekulativen Philosophie: „Spekulative Philosophie ist das Bemühen ein kohärentes, logisches und notwendiges System allgemeiner Ideen zu entwerfen, auf dessen Grundlage jedes Element unserer Erfahrung interpretiert werden kann.“ (Whitehead 1987, 31.). Zudem erkennt Sölch in *Adventures of Ideas* eine Kontextualisierung der Whiteheadschen Theorie „in einen zivilisatorischen und historischen Rahmen“ (Dennis Sölch, Prozessphilosophien. Wirklichkeitskonzeptionen bei Alfred North Whitehead, Henri Bergson und William James, Freiburg – München 2014, 217).

105 Ebd., 210.

106 Michael Hampe, Whiteheads Metaphysik und das philosophische Selbstverständnis der Gegenwart, in: Michael Hampe, Helmut Maaßen, Prozeß, Gefühl und Raum-Zeit. Materialien zu Whiteheads ‚Prozeß und Realität‘ (Band 1), Frankfurt am Main 1991, 30.

107 Whitehead 1929, 3.

108 Lotter reiht Whiteheads Entwurf knapp in die philosophische Geschichte ein: „Während für die einen (Descartes) das Denken entscheidendes Kriterium war, war es für die anderen (Hume) die sinnliche Erfahrung und für die dritten (Kant) die Verbindbarkeit beider. Die Pragmatisten (James) schließlich nahmen

verpflichtet, wobei er dieser ein eigenes Verständnis gibt: „Unter ‚Metaphysik‘ verstehe ich die Wissenschaft, die die allgemeinen Ideen zu entdecken sucht, welche für die Analyse von allem, was geschieht, unabdingbar relevant sind.“[109] Beelitz subsumiert Whiteheads Entwurf einer Kosmologie im metaphysischen Raum der Philosophie, indem er festhält, dass Whitehead nicht zwischen „spezieller Metaphysik (Theologie, Kosmologie, Psychologie) und allgemeiner Metaphysik (Ontologie)“[110] unterscheidet. Vielmehr will Whiteheads Philosophie im Diskurs mit anderen Forschern die „Harmonie der Harmonien“ mit den „Grundqualitäten [...]: die Wahrheit, die Schönheit, das Abenteuer und den Frieden“[111] fördern. Lotter fasst mit den Worten Whiteheads zusammen, dass dieser „seiner Metaphysik ein sogenanntes ‚reformiertes subjektivistisches Prinzip‘ zugrundelegt [...].“[112] Damit klingt bereits an, in welche grundlegende philosophische Diskussion Whitehead mit seinem Denken eintaucht. Er beschreibt im Feld der Metaphysik eine Neuformulierung der Subjekt- bzw. Substanzfrage. Seinen Zugang leitet er dafür aus der Frage nach der Erfahrung ab. Wiehl sieht in der Kosmologie Whiteheads den Versuch Theologie und Psychologie zusammenzubringen, indem er beide in einen Dialog führt. So kommt Whitehead zu einer „neuartigen Verknüpfung von Rationalismus und Empirismus“[113].

---

als Kriterium, daß jeder sinnvolle Begriff und jede sinnvolle Aussage sich auf einen ‚praktischen Unterschied‘ jedoch (mit Ausnahme von Peirce) so weit, daß (genauso wie bei Whitehead) eigentlich alles darunter fällt, was ein Subjekt in irgendeiner Hinsicht unterscheiden kann.“ (Maria-Sibylla Lotter, Die metaphysische Kritik des Subjekts. Eine Untersuchung von Whiteheads universalisierter Sozialontologie, Hildesheim – Zürich -New York 1996, 154f.) Dennoch scheint es ihr, dass man Whitehead nicht komplett einer dieser Richtungen zuordnen kann (Vgl. ebd., 158).

109 Alfred North Whitehead, Wie entsteht Religion?, Frankfurt am Main 1986, 66.

110 Thomas Beelitz, Die dynamische Beziehung zwischen Erfahrung und Metaphysik. Eine Untersuchung der Spekulativen Philosophie von Alfred North Whitehead im Interesse der Theologie, Frankfurt am Main – Bern – New York – Paris 1991, 18.

111 Alfred North Whitehead, Abenteuer der Ideen, Frankfurt am Main 1971, 492f.

112 Lotter 1996, 7.

113 Reiner Wiehl, Prozesse und Kontraste als Kategorien der philosophischen Ästhetik und Kunsttheorie, in: Ernest Wolf-Gazo (Hg.), Whitehead und der Prozessbegriff. Erstes Internationales Whitehead-Symposion in Bonn (August, 25.-28. 1981), Bonn 1981, 32.

Hampe schließlich sieht die Metaphysik Whiteheads als „quer zu allen […] Kategorisierungen der Metaphysik liegen und [diese, M.F.] fordert deshalb dazu heraus, sie entweder als etwas, was nicht in unser Bild der modernen Philosophie paßt, zu ignorieren oder sie zum Anlaß für die Revision dieses Bildes zu nehmen."[114]

Wenn Whitehead in seinen Werken von Erfahrung spricht, wird seine Verbindung zum Empirismus nachdrücklich deutlich, da er die „unmittelbare[n] Erfahrungen" als „aktual"[115] erklärt und dies auch auf vergangene Erfahrungen bezieht.[116] Die Welt ist mehr als das, was die Physik erklären kann[117]: „Die Erfahrungen, auf die sich exakte Wissenschaft stützt, sind vollkommen oberflächlich."[118] Im Rückbezug auf die Physik wird aber

---

114 Hampe 1991, 19. Bisher habe die „Merkwürdigkeit von Whiteheads *Prozeß und Realität*" dazu geführt, „daß dieser Text bisher weder historisch eingeordnet worden ist noch je wirklich bestimmender Teil einer philosophischen Gegenwart war". (Ebd., 10.)

115 Whitehead 2012, 222.

116 „Die einzige einsehbare Lehre von Verursachung basiert auf einer Theorie der Immanenz. Jedes Ereignis setzt die vorausgegangene Welt als wirksam in seiner eigenen Natur voraus. Das ist der Grund, warum Ereignisse einen bestimmenden Status in bezug aufeinander haben. Dies ist auch der Grund, warum die qualitativen Energien der Vergangenheit in ein Muster qualitativer Energien in jedem gegenwärtigen Ereignis eingewoben werden. Dies ist die Lehre der Verursachung. Sie ist der Grund, warum es zum Wesen jedes Ereignisses gehört, *wo* es stattfindet. Sie ist der Grund für die Übertragung von Charakteristika von Ereignis zu Ereignis. Sie ist der Grund für die relative Stabilität der Naturgesetze, […].Wir sind in der Welt und die Welt ist in uns." (Alfred North Whitehead, Denkweisen, Frankfurt am Main 2001, 195.)

117 „Whitehead entwickelt seine Position in der Krise einer zerbrochenen Sicherheit: Inwiefern – wenn überhaupt – sind Zeit, Raum und Materielles die grundlegenden Daten für die (Natur-)Wissenschaften?" (Beelitz 1991, 19.) „Die veränderte Situation besteht darin, daß seit den Entwicklungen in der Philosophie und in den Naturwissenschaften um die Jahrhundertwende [vom 19. zum 20. Jahrhundert, M.F.] und am Anfang dieses Jahrhunderts sowohl das ‚cartesische Ich' als auch die ‚newtonsche Materie' in einer Weise in Frage gestellt sind, daß eine grundlegende Verständigung über deren Realität überhaupt zunehmend nötiger geworden ist." (Ebd., 27.)

118 Whitehead 2001, 72. Exakte Wissenschaft ist für Whitehead möglich, aber immer unter der Prämisse, dass diese nur einen Teil der Wirklichkeit erfassen kann.

Whiteheads eigener Werdegang vom theoretischen Mathematiker hin zum Philosophen deutlich.[119] Er gibt sich mit der physikalischen Erklärung der Welt nicht zufrieden[120], sondern stellt klar: „Die Basis des Erlebens und der Erfahrung ist emotional; allgemeiner gesagt: das fundamentale Faktum ist das Aufkommen einer affektiven Tönung, die von Dingen ausgeht, deren Relevanz bereits gegeben ist."[121] Erfahrung ist für die Empiristen mehr als reine Erkenntnis, sie geht tiefer: Die Erfahrungen sind die grundlegenden Fakten unserer Wahrnehmungen, auch wenn sie nur fragmentarisch sind.

---

119 Als Zwischenschritt, zwischen seiner Tätigkeit als Mathematiker und als Philosoph, ist die Brücke über die Naturphilosophie in seinen Schriften zu betrachten. Zwischen 1919 und 1922 veröffentlichte Whitehead die Schriften *An Enquiry Concerning the Principles of Natural Knowledge*, *Concept of Nature* und *The Principle of Relativity*. Nach Lotter versuchte Whitehead sich von der Naturphilosophie ausgehend um eine Neuorientierung des metaphysischen Denkens, weil ihm besonders die „bifurcation of nature" ein Dorn im Auge war (Vgl. Lotter 1996, 264). Whitehead schreibt in *Concept of Nature*: „What I am essentially protesting against is the bifurcation of nature into two systems of reality, which, in so far as they are real, are real in different senses. One reality would be the entities such as electrons which are the study of speculative physics. This would be the reality which is there for knowledge; although on this theory it is never known. For what is known is the sort of reality, which is the byplay of the mind. Thus there would be two natures, one is the conjecture and the other is the dream. [...] namely [...] the nature apprehended in awareness and the nature which is the cause of awareness." (Alfred North Whitehead, The Concept of Nature, Cambridge 1964, 30f.) Dieses Projekt, eines rein naturphilosophischen Entwurfes, gelingt Whitehead allerdings nicht und er muss zu einer „Synthese von ‚Empirismus' und ‚Rationalismus' " (Lotter 1996, 265) übergehen, um die „Zweiteilung der Natur in einen materiellen Bereich der Atome und einen Bereich geistiger Erscheinungen" aufzuheben (Ebd., 79).

120 „Wissenschaft kann kein individuelles Erleben in der Natur ausmachen: Sie kann kein Ziel in der Natur finden, sie kann keine Kreativität in der Natur finden; sie findet bloß Sukzessionsregeln. Diese Negationen sind als solche wahr für die Naturwissenschaft. Sie sind ihrer Methodologie inhärent. Der Grund für die Blindheit der Physik liegt in der Tatsache, daß die Wissenschaft nur mit der halben Wahrheit umgeht, die von der menschlichen Erfahrung bereitgestellt wird. Sie teilt den nahtlosen Mantel, oder, um die Metapher etwas glücklicher zu wählen, sie untersucht den Mantel, der oberflächlich ist, und negiert den Körper, der fundamental ist." (Whitehead 2001, 184.)

121 Whitehead 1971, 326.

Vor jedem reinen Erkennen muss aber die Emotionalisierung einer Erfahrung liegen, sonst kann diese nicht Beziehung zur Realität aufbauen: „A merely inert idea, contemplated with absolute calm, will never serve as a stimulus, or lure, to action."[122] Zudem erleben wir, „daß alle aufeinander bezogene Erfahrung dieselbe Textur aufweisen muß. Daher sollte das philosophische Schema in dem Sinne ‚notwendig' sein, an sich schon Universalität für alle Erfahrung zu gewährleisten, solange wir uns auf das beschränken, was mit den unmittelbaren Sachverhalten in Verbindung steht. Was sich außerhalb dieser Verbindung befindet, ist unerkennbar, und das Unerkennbare ist unbekannt [...]"[123]. Whitehead ist sich selber bewusst, dass er sich mit dieser Haltung von einem bedeutenden Strang philosophischen Denkens abwendet.[124] Seine Metaphysik wird sich zwischen der Erfahrung von Fragmenten und dem Gefühl von Uniformität ausspannen und Natur in einem neuen Verständnis begründen, welches nicht mehr mit dem der Physik vereinbar ist. In seinen Schriften ist vielmehr eine Nähe zu Spinoza erkennbar.[125]

Whitehead rechnet in *Science and the Modern World* mit der naturwissenschaftlichen Entwicklung der vergangenen drei Jahrhunderte ab. Seiner Meinung nach entsteht mit dem 17. Jahrhundert eine fatale Entwicklung im wissenschaftlichen Blick auf das Leben.[126] Erst im 19. Jahrhundert sieht er

122 Allison Johnson, Whitehead's Philosophy of Civilisation, New York 1962, 27.

123 Whitehead 1987, 32.

124 „Die Substanzphilosophien setzen ein Subjekt voraus, das einmal auf ein Datum trifft und einmal auf ein Datum reagiert. Die organistische Philosophie geht von einem Datum aus, das mit Empfinden verbunden wird und in zunehmendem Maße die Einheit des Subjekts erreicht. Aber im Zusammenhang mit dieser Lehre wäre ‚Superjekt' ein besserer Terminus als ‚Subjekt'." (Ebd., 290)

125 „Whiteheads Natur ist nicht das tote, wenn auch notwendige Exkrement eines lebendigen Geistes oder – sofern sie organisch ist – das bloß vollkommene Symbol autonomer Subjektivität, sondern sie ist der *Ursprung*, der direkte, aber nie durch die Erfahrung eines einzelnen in seiner Vielfalt ausschöpfbare Gegenstand menschlischer Erfahrung und übertrifft als solche die menschliche Subjektivität immer an Komplexität." (Hampe 1991, 24.)

126 Alfred North Whitehead, Wissenschaft und moderne Welt, Frankfurt am Main 1998, 71f.: „Das siebzehnte Jahrhundert hatte schließlich ein Schema wissenschaftlichen Denkens hervorgebracht, das von Mathematikern für Mathematiker geschaffen war. Die wichtigste Eigenschaft des mathematischen Geistes ist seine Fähigkeit, mit Abstraktionen zu arbeiten und aus ihnen klar umrissene

eine neue Strömung in der Naturwissenschaft aufkommen, mit deren Hilfe das Leben neu verstanden werden kann. Der Gedanke des Organismus ist weder „rein physikalisch noch rein biologisch“[127] und regt zu einer neuen Perspektive an. Während das materialistische Denken und Erfassen der Welt eine falsche Engführung der Wissenschaft darstellte, hebt die organistische Theorie hervor, dass „die Strukturen der Aktivität das einzig Dauerhafte [sind, M.F.], und die Strukturen sind das Produkt der Evolution.“[128] Nach außen, auf der materiellen Ebene, erscheint Leben Permanenz aufzuweisen. Nach innen ist das Leben jedoch ein Prozess.

Whitehead ist deshalb für Lotter auch der Philosoph, der im Gegensatz zu einer Substanzmetaphysik mit seiner „alternativen Subjektivitätsmetaphysik […] Individualität und Solidarität als sich gegenseitig bedingende und steigernde Aspekte der Wirklichkeit aufgreift“ und für den „Individualisierung und Ausbildung eines universalen ‚Weltbewußtseins‘ [Universalität, M.F.] zusammengehören.“[129]

---

beweiskräftige Gedankenketten zu ziehen, die so lange völlig hinreichend sind, wie man eben nur über genau diese Abstraktionen nachdenken will. Der gewaltige Erfolg der wissenschaftlichen Abstraktionen, die einerseits der *Materie* mit ihrer *einfachen Lokalisierung* in Raum und Zeit, andererseits dem wahrnehmenden, leidenden, denkenden, aber nicht eingreifenden *Geist* Rechnung tragen, hat der Philosophie die Aufgabe zugeschoben, sie als die konkreteste Darstellung des Tatsächlichen anzuerkennen.
Das war der Ruin der modernen Philosophie. Sie hat auf komplexe Art zwischen drei Extremen geschwankt. Da sind die Dualisten, die Materie und Geist als gleichbegründet anerkennen, und die beiden Spielarten von Monisten: Jene, die den Geist in die Materie stecken, und jene, die die Materie in den Geist verlegen. Aber dieses Jonglieren mit Abstraktionen kann niemals die innere Verwirrung überwinden, die dadurch aufkam, daß man dem wissenschaftlichen Schema des siebzehnten Jahrhunderts die *unzutreffende Konkretheit* zugeschrieben hat.“

127 Ebd., 125.

128 Ebd., 131.

129 Lotter 1996, 9. Nimmt man Whitehead ernst, so kann man seinen Entwurf einer Kosmologie nicht mehr eine Metaphysik nennen. Er selbst wendet sich davon ab und gibt der Kosmologie den Namen „pan-physics“ (Alfred North Whitehead, Principle of Relativity, New York 2005, 4).

3.1.2.2. Actual entities

Ausgehend von dieser Haltung spricht Whitehead von *actual entities* als den basalen Grundbausteinen des Kosmos und der Erfahrung in der Welt[130], „die in ihren unterschiedlichen Zwecken sich nicht gegenseitig auf[heben, M.F.], sondern [...] in ihrer Gesamtheit die enge Verschränkung von Natur und menschlicher Erfahrung zum Ausdruck [bringen, M.F.].“[131] Alles Lebendige ist erfahrbar und damit braucht die Wissenschaft und alles Denken die Grundannahme, dass Leben nur im Kosmos der erfahrbaren Realtität erfasst werden kann: „[N]either physical Nature nor life can be understood unless we fuse them together as essential factors in the composition of ‚really real‘ things whose interconnections and individual characters constitute the universe.“[132]

Trotz seiner Ablehnung einiger Auswirkungen der Newtonschen Physik auf die Naturwissenschaft gesteht er dem „atomisierte[n, M.F.] Ausdehnungsquantum“[133] eine große Relevanz für die Lehre der *actual entities* zu: Sie muss man mit „Newtons absolutem Ort und seiner absoluten Dauer identifizieren [...]. [...] Daher bewegt sich ein wirkliches Einzelwesen niemals: Es ist, wo es ist und was es ist.“[134]

Somit sind *actual entities* zwar ein Modell und ein Gedankenkonstrukt, aber auch „die letzten realen Dinge, aus denen die Welt zusammengesetzt ist. Man kann nicht hinter die wirklichen Einzelwesen zurück, um irgend etwas Realeres zu finden.“[135] Sie sind „komplexe und ineinandergreifende

---

130 „Es gibt acht Kategorien der Existenz: (i) Wirkliche Einzelwesen [...]. (ii) Erfaßte Informationen [...]. (iii) Nexūs [...]. (iv) Subjektive Formen [...]. (v) Zeitlose Gegenstände [...]. (vi) Aussagen [...]. (vii) Vielheiten [...]. (viii) Kontraste [...]. Unter diesen acht Kategorien der Existenz nehmen die wirklichen Einzelwesen und die zeitlosen Gegenstände aufgrund ihrer extremen Endgültigkeit eine Sonderstellung ein.“ (Whitehead 1987, 63f.)

131 Sölch 2014, 199. S. auch ebd., 211: „Heraklits Diktum, dass alles fließt, ist als ‚erste vage Verallgemeinerung' (Whitehead 1987, 208/385.) immer noch gültig [...].“ Heraklit gilt Whitehead sozusagen als erster Prozessphilosoph (Vgl. ebd., 385.).

132 Alfred North Whitehead, Nature and Life, New York 1968, 25.

133 Whitehead 1987, 149.

134 Ebd.

135 Ebd., 57f.

Erfahrungströpfchen."[136] Die *actual entities* bleiben von den traditionellen metaphysischen Substanzen bzw. Subjekten[137] unterschieden. Als Naturwissenschaftler definiert Whitehead, in Abgrenzung zur Newtonschen Physik und cartesianischen Metaphysik (s.o.), die Umstände der fühlenden *actual entities* als Bausteine der Welt folglich neu und bietet mit diesen „ein Interpretament *in* der Beschreibung von Erfahrung und Wirklichkeit."[138]

3.1.2.3. Actual entities im Prozess

Whitehead bringt die *actual entities* direkt mit dem Begriff des Prozesses in Verbindung. Im Rahmen von Prozessen wird und vergeht eine solche Einheit. In einer Umkehrung von Descartes' *cogito ergo sum* versteht Whitehead die kleinste Einheit der Erfahrung bzw. die *actual entities* als durch „Raum und Zeit ebenso wie Subjekt-Objekt-Relationen"[139] konstituiert.[140] „Die wirklichen Ereignisse (*actual entities*, M.F.) sind die werdenden Geschöpfe, und sie begründen eine kontinuierlich ausgedehnte Welt."[141] Die Definition der Welt als kontinuierlich und ausgedehnt führt in Whiteheads Raum-Zeit-Verständnis ein. In diesem ist die Zeit atomistisch zu betrachten, ohne die *actual entities* mit den realen Atomen zu verwechseln. Eine *actual entity*, die sich aktualisiert und Teil einer neuen Einheit wird, tut dies in einem atomistischen Quantum an Zeit. Erst die Folge von *actual entities* kann ein Maß an Zeit ermöglichen, denn „[w]irkliche Einzelwesen vergehen, aber

---

136 Ebd., 58.

137 Whitehead ist mit dem Begriff „Subjekt" generell unzufrieden und entwickelt die Bezeichnung des „Superjekts": „Der Terminus ‚Subjekt' wurde beibehalten, weil er der Philosophie in diesem Sinne bekannt ist. Aber er ist irreführend. Der Terminus ‚Superjekt' wäre besser." (Ebd., 406.)

138 Beelitz 1991, 115.

139 Sölch 2014, 243.

140 „Descartes faßt den Denker in seiner eigenen Philosophie als den Schöpfer seiner zufälligen Gedanken auf. Die organistische Philosophie dreht den Spieß um und bestimmt das Denken als eine für die Erschaffung des zufälligen Denkens konstitutive Tätigkeit. Der Denker ist das abschließende Ziel, aufgrund dessen es das Denken gibt. In dieser Umkehrung haben wir den endgültigen Kontrast zwischen einer Substanz-Philosophie und einer organistischen Philosophie." (Whitehead 1987, 283.)

141 Ebd., 87.

sie verändern sich nicht; sie sind, was sie sind."[142] Darin ist der Prozess hin zum Vergehen die kleinstmögliche Einheit der Zeit im Raum – atomistisch eben. Dieser Zeitraum ist auch nicht in einer Maßeinheit zu fassen, sondern ist „eine affektive Tönung"[143]. Hier klingt die Dimension der Emotionalität im Prozess der Erfahrung an. Nach Sölch bilden die *actual entities* „die Grundlage für die Konstruktion von kontinuierlicher physikalischer Zeit und geometrischem Raum."[144] Erst mit ihnen kann die Zeit im Kosmos berechnet werden.[145]

Auch die Dimension des Raumes versucht Whitehead neu zu verstehen. Er wirft den Naturwissenschaften vor, dass sie alle rund um „the concept of absolute space"[146] geformt sind. Raum wird in Whiteheads Denken aber nicht sukzessiv wahrgenommen. Raum entsteht nicht aus der Beobachtung von Momenten in der Zeit. Raum ist in der Atomizität von Zeit als „instantaneous" zu bezeichnen: „The theory demands that there should be an instantaneous space corresponding to each instant."[147] Whitehead sieht den Kosmos aufgebaut aus *actual entities*, die einem neuen physischen Denken unterworfen sind und die Momente von Raum und Zeit in Atomizität und *instantaneousness* neu definieren.[148] Der gängigen Annahme der Sukzession von Raum und Zeit erteilt Whitehead eine Absage und definiert

142 Ebd., 86.

143 Whitehead 1971, 327.

144 Sölch 2014, 288.

145 Vgl. ebd., 289: „Jedes Einzelwesen repräsentiert, insofern es objektiviert wird, ein unteilbares Quantum an Raum und Zeit."

146 Alfred North Whitehead, Meaning, in: Ruth Nanda Anshen (Hg.), Alfred North Whitehead. His Reflections on Man and Nature, New York 1961, 36.

147 Ebd., 37.

148 Ivor Leclerc betont, dass Whitehead diese Erkenntnis selber erst gewinnen musste. Leclerc vergleicht die Idee der *actual entities* in *The Concept of Nature* und *Process and Reality*. Erst mit *Process and Reality* bringt Whitehead Kontinuität als Potential und Aktualität als Atomizität zusammen. So erst kann Whitehead, in den Augen Leclercs, mit der Rezeption Leibniz' zu dem Punkt kommen, dass eine *actual entity* nicht extensiv ist, sondern nur die Beziehung zwischen zwei *actual entities*: „Whitehead insists, like Leibniz, that extensiveness *qua* extensiveness must be potential, for extensiveness implies continuity, and continuity pertains to potentiality, not to actuality." (Ivor Leclerc, Whitehead and the Problem of Extension, in: George L. Kline, Alfred North Whitehead. Essays on His Philosophy, Englewood Cliffs 1963, 122.)

die Grundlage der Wissenschaft prinzipiell neu: „[…] science is in the minds of men. […] Science therefore is nothing but a confident expectation that relevant thoughts will occasionally occur.“[149]

3.1.2.4. Concrescence als Kern des Prozesses

Diese raum-zeitliche Dimension wird ergänzt durch den Prozess, der die *actual entity* ausmacht: die Subjekt-Objekt-Relation. Whitehead nennt diese auch *concrescence.* Hierunter versteht er einen aktiv-dynamischen Prozess, in dem ein Subjekt einem Objekt im Moment der Atomizität als Grundlage der Erfahrung begegnet und in einer Synthese ein neues Subjekt, ein Subjekt-Superjekt/*subject-superject* entsteht.[150] „Das Erfasste wird zu einem Element des Erfassenden, das als Subjekt erst aus diesem Vollzug des Erfassens entsteht.“[151] Nach Sölch kann man eine *actual entity* folglich als „rudimentär psychische Wesenheit“[152] bezeichnen. Mit Whitehead gesprochen bedeutet dies: „Dem Erlebnisvorgang als Subjekt geht es also

---

Wiehl spricht lieber in der Form des Kunstwortes von *actual entities* als Zeitwelten, die „*subjektive Eigenwelten*“ sind. (Reiner Wiehl, Zeitwelten. Philosophisches Denken an den Rändern von Natur und Geschichte, in: Ders., Zeitwelten. Philosophisches Denken an den Rändern von Natur und Geschichte, Frankfurt am Main 1998, 7.) Eine Eigenwelt hat dann auch eine Eigenzeit, die sich von „der gemeinsamen Zeit und von der geschichtlichen Zeit“ unterscheidet (Ebd., 11).

149 Ebd., 41.

150 „Ein wirkliches Einzelwesen ist zugleich das erfahrende Subjekt und das Superjekt seiner Erfahrungen. Es ist Subjekt-Superjekt, und keine Hälfte dieser Beschreibung kann auch nur für einen Augenblick außer acht gelassen werden. Der Terminus ‚Subjekt‘ wird meistens dann verwendet, wenn das wirkliche Einzelwesen im Hinblick auf seine eigene reale innere Beschaffenheit untersucht wird. Aber ‚Subjekt‘ muß immer als eine Abkürzung von ‚Subjekt-Superjekt‘ ausgelegt werden.“ (Whitehead 1987, 76.) „Das Subjekt-Superjekt ist das Ziel des Prozesses, der die Empfindungen hervorbringt. Die Empfindungen sind untrennbar mit dem Ziel verknüpft, auf das sie sich richten; und dieses Ziel ist der Empfindende. Die Empfindungen zielen auf den Empfindenden als ihre Zweckursache. Sie sind, was sie sind, damit ihr Subjekt sein kann, was es ist.“ (Ebd., 406.) „Mein Prozeß ‚ich selbst zu sein‘, ist mein Entstehen aus meinem Besitz der Welt.“ (Ebd., 164)

151 Sölch 2014, 246.

152 Ebd., 247.

‚um das Objekt', und dieses ‚Gehen um' gibt dem Objekt sogleich seinen Platz als Bestandteil im Erleben des Subjekts, mit einer affektiven Tönung, die vom Objekt ausgeht und auf es zurückgerichtet ist. So interpretiert ist die Subjekt-Objekt-Beziehung die Fundamentalstruktur des Erlebens bzw. der Erfahrung."[153] Dieses Empfinden wird aber nicht nur animalischen oder menschlichen Wesen zugesprochen, es gilt für die ganze Welt.

Dem *feeling* unterstellt Whitehead eine größere Subjektivität im Erfassen eines Objektes.[154] In der Dynamik der *concrescence* bilden „Akte des Fühlens (*feelings*) [...] den positiven Typ des Erfassens (*prehension*). In den Akten des positiven Erfassens bleibt das ursprünglich ‚Gegebene' als ein Teil des abschließenden komplexen Objekts erhalten, das den Prozeß der Selbstgestaltung (*self-formation*) ‚erfüllt' und zu etwas Vollständigem macht."[155] Whitehead rückt in seiner Annahme, dass *feeling* eine grundlegende Bedeutung in der Erfahrung der Welt hat, von den Haltungen Humes und Lockes ab, in denen „emotionale Empfindungen notwendig von Sinneswahrnehmungen herstammen."[156] Er dreht diese Haltungen um und setzt die „emotionale Stimmung" als Auslöser für die „Objektivierung" voraus. Erst „bei außergewöhnlichen Organismen tritt die Objektivierung über die Sinneswahrnehmung mit nennenswerter Wirkung *hinzu*."[157] So beschreibt er die „Lehre von der *bloßen* Sinneswahrnehmung"[158] als Grundlage allen Erfahrens, denn die „energetische Aktivität, so wie sie in der Physik begriffen wird, [ist, M.F.] identisch mit der emotionalen Intensität [ist], so wie sie im Leben vorkommt."[159] Hier verbindet Whitehead Physik und Erfahren, um seiner Metaphysik als Entwurf einer Kosmologie einen ganzheitlichen Ansatz zu geben. Schon in *Science and the Modern World* hatte er diese Annahme beschrieben.[160] Die Lehre von der *prehension* stellt eine Aktion einer *actual entity* mit anderen *actual entities* und *eternal objects* dar.

153 Whitehead 1971, 326.
154 Ebd., 413.
155 Ebd., 415.
156 Whitehead 1987, 267.
157 Ebd. (Hervorhebung M.F.)
158 Ebd., 295.
159 Whitehead 2001, 198.
160 Vgl. Whitehead 1988, 177f.

3.1.2.5. Elemente des Prozesses der concrescennce

Der Prozess der concrescence umfasst mehrere Elemente und Entwicklungsmomente, bis aus einer *actual* entity ein *subject-superject* geworden ist. In der ersten Phase der *concrescence* erfasst eine bestehende *actual entity* eine andere und nimmt diese als Faktum, Whitehead spricht von *datum*, wahr. Diese *actual entity* ist der anderen ein physisches *datum* und wird deswegen mit dem *physical pole* der Entität erfasst. Dem gegenüber steht der *mental pole* der *actual entity*, wenn er „mit der begrifflichen Erfassung des physischen Pols“[161] beginnt und das begrifflich Erfasste dann mental verarbeitet wird. Dabei entsteht ein Wert/*value* im Prozess der subjektiven *valuation* dieser begrifflichen Erfassung. Der Prozess, wie eine *actual entity* entsteht, ist immerzu untrennbar mit dieser Dynamik verbunden.[162]

Eine *actual entity* kann aus verschiedenen Quellen etwas erfahren: sich selbst, der Umwelt, also anderen Entitäten, und der *subjective form*[163]. Die Anzahl der Quellen denkt Whitehead numerisch nicht klein. Er schreibt den Entwurf zu einer Kosmologie. Deswegen kann er davon sprechen, dass der „process is always a process of [...] the numberless avenues of supply.“[164] Die *concrescence* einer *actual* entity bedient sich folglich einer Vielfalt unterschiedlicher Quellen.

161 Whitehead 1987, 453.

162 Vgl., ebd. Gerade an dieser Stelle der Prozessphilosophie kamen häufig Missverständnisse auf. Wenn Whitehead hier von einem *mental pole* spricht, dann meint er nicht Mentalität in ihrer heute verstandenen Vollform. Es ist quasi eine Vorform von Mentalität gemeint, die er aber mit diesem Begriff beschrieben wissen will. „Geistige Tätigkeit [*mentality*, M.F.] ist in all diesen Ereignissen, wie sie so untersucht werden, nur latent vorhanden. Im Falle der anorganischen Natur ist alles sporadische Aufblitzen unwirksam, soweit unser Erkenntnisvermögen betroffen ist. Die niedrigsten Stadien wirksamer geistiger Tätigkeit, die durch die Vererbung eines physischen Musters reguliert werden, beinhalten eine schwache Richtungsbetonung durch ein unbewußtes ideales Ziel.“ (Whitehead 2001, 197)

163 „[...] die subjektive Form ist das unmittelbar Neue; sie besteht darin, wie *dieses* Subjekt jenes objektive Datum empfindet.“ (Whitehead 1987, 424)

164 Whitehead 1968, 44.

Im Anschluss an die platonische Philosophie spricht Whitehead von einer dieser Quellen als den *eternal objects*.[165] Diese entspringen der Urnatur Gottes[166] und haben zwei Seiten, einen Wert und ein Faktum, sind aber auch als Entitäten zu erfassen.[167] Diese reinen Potentialitäten[168] müssen für Whitehead für den Werdeprozess der *actual entities* aus Gott kommen. Whitehead braucht in seinem philosophischen Denken Gott, um einen Einfluss in seiner Kosmologie erklären zu können: Die Dynamik zur stetigen Fortentwicklung, zum Prozess, des Kosmos.

Solange die *eternal objects* reines Potential sind, sind sie noch nicht Teil der Natur.[169] Sobald sie allerdings in der *concrescence* zur *ingression*[170] werden, sind sie aktual und Teil der naturhaften Welt der *actual entity*.[171] *Eternal objects* geben dem *datum* einer *actual entity* sozusagen die Form, da sie allein beschreiben, was die Farbe, fühlbare Qualität, Zahl, moralische

---

165 „Jedes Einzelwesen, das begrifflich erkannt werden kann, ohne daß hierzu ein Rückgriff auf irgendwelche bestimmten wirklichen Einzelwesen der zeitlichen Welt erforderlich wäre, wird ‚zeitloser Gegenstand' genannt." (Whitehead 1987, 99f.)

166 „[...] er [Gott, M.F.] ist dadurch nicht auf den gegebenen Geschichtsverlauf bezogen [... und ein, M.F.] zeitloser Gegenstand ist immer eine Potentialität für wirkliche Einzelwesen." (Ebd., 100) Die Naturen Gottes werden weiter unten noch ausführlicher dargestellt werden.

167 „[...] each ‘idea' has two sides: namely, it is a shape of value and a shape of fact. When we enjoy ‘realized value' we are experiencing the essential junction of the two worlds." (Whitehead 1948, 64)

168 Whitehead bezeichnet sie auch als Potentiale. Sie sind „reine Potentiale für die spezifische Bestimmung von Tatsachen, *oder* Formen der Abgegrenztheit." (Whitehead 1987, 63)

169 „Daß ein zeitloser Gegenstand nur mit Hilfe seiner Potentialität des ‚Eintretens' in das Werden wirklicher Einzelwesen beschrieben werden kann [...]." (Ebd., 65)

170 Diese Form der *ingression* stellt nur eine von zwei Möglichkeiten dar, wie ein Objekt präsent sein kann. Ein Objekt kann physisch an einem Ort erfahrbar sein, es ist aber auch an anderen Orten möglich, selbst wenn es dort nicht physisch erfahrbar ist. Eine Köchin ist in der Küche physisch erfahrbar, aber wenn man sich an sie in einem anderen Raum erinnert, ist sie auch dort präsent (vgl. Whitehead 1964, 148). *Objects* sind also für Whitehead auch jenseits ihrer physischen Erfahrbarkeit präsent.

171 Vgl. Sölch 2014, 274.

Qualität, Form etc. eines *datums* sind. Sie geben den Charakter der neu entstandenen *actual entity*.

Alle *objects* werden, gemäß der obigen Beschreibung der beiden Erfassungspole einer Entität, physisch und begrifflich erfasst. Whitehead spricht daher von *physical prehensions* und *conceptual prehensions*, die an den Polen der Entität entstehen. Mit diesen Worten beschreibt Whitehead die zwei Formen des Vorgangs der *prehension* auch als *physical* und *mental pole* (s.o.). Die oben beschriebenen *eternal objects* werden allerdings nur mental erfasst, da diese reine Potentiale sind.[172]

Auf die *actual entity* treffen dann neben den *eternal objects* aber auch verschiedene *objects*, die zudem die Wahrnehmung der Welt beeinflussen: „Objects enter into experience by recognition and without recognition experience would divulge no objects."[173] Lotter fasst, Whitehead folgend[174], drei „Klassen von Gegenständen" zusammen: *Erstens* Empfindungsgegenstände (*sense objects*) wie Farben und Gerüche, die wir direkt wahrnehmen, *zweitens* Wahrnehmungsgegenstände (*perceptual objects*) wie Tische, die uns durch die Sinne ‚vermittelt' werden, und *drittens* wissenschaftliche Gegenstände (*scientific objects*) wie Elektronen, die nicht mehr direkt oder unvermittelt ‚erscheinende', sondern ‚kausale' Faktoren von Ereignissen darstellen."[175] Sie gelten der *actual entity*, neben dem eigenen *subjective aim*, als Wert. Jede *actual occasion*, die auf eine andere *actual occasion* trifft, hat noch vor der Erfassung durch diese einen Wert: „Unser Erleben der Wirklichkeit ist eine Wertrealisierung, ins Gute oder ins Schlechte. Es ist eine Werterfahrung. Ihr Hauptausdruck ist: Paß gut darauf auf, hier ist etwas, das wichtig ist. Ja – das ist der beste Satz –, das erste Aufblitzen von Bewußtsein deckt etwas auf, das wichtig ist."[176] Der Wert ist im „Grund unserer Existenz [...] verankert. Nun setzt Wert unabdingbar etwas voraus, das wertvoll ist. [...] Es ist der Sinn der Existenz um ihrer selbst willen,

172 Wenn die *eternal objects* göttlichen Ursprungs sind, wird Gott selber auch nur mental erfasst.

173 Alfred North Whitehead, An Enquiry concerning the Principles of Natural Knowledge, London – New York – Bombay – Calcutta – Madras – Toronto – Tokyo 1919, 62.

174 Vgl. Whitehead 1964, 149f.

175 Lotter 1996, 88.

176 Whitehead 2001, 151.

von Existenz mit ihrer eigenen Rechtfertigung und ihrem eigenen Charakter."[177] Schon der „Hauptausdruck", wie Whitehead den Eindruck der *actual entity* nennt, wirkt auf die *actual entity* als subjektive Wahrnehmung der physischen Erfahrung. Die *actual entity* erfährt eine andere *entity* zuerst emotional.[178]

Alle diese Einflüsse bieten sich als subjektive Erfahrung der *actual entity* an und geben erst in der Integration bzw. nach dem Ausschluss/der Negation einer Anzahl von Objekten der *actual entity* Objektivität wieder.[179] Whitehead spricht deswegen von der „perspektivische[n, M.F.] Auffassung (*apprehension*) von der Welt […], die sein [die der *actual entity*, M.F.] eigenes Erleben transzendiert"[180], also objektiviert. Weiterhin haben auch die *actual entities* auf die erfahrende *actual entity* einen Einfluss, die nicht in den Entwurf eines *subject-superjects* übernommen werden. Hauskeller stellt heraus, dass „wirkliche Einzelwesen […] Synthesen *all* ihrer Erfassungen"[181] sind. Dies hat Auswirkungen auf die *consequent nature* Gottes, wie wir später noch sehen werden. Allerdings heißt das nicht, dass wenn *actual entity* A *actual entity* B erfasst hat/prehendiert hat, das auch wechselseitig passiert. *Actual entity* B kann auch völlig unbeeinflusst von der *prehension* durch *actual entity* A bleiben.

Damit die *actual entity* aber eine Perspektive zwischen allen Einflüssen einnehmen kann, braucht es ein eigenes, ein subjektives Ziel (*subjective aim*). Whitehead zufolge ist das *subjective aim* auch der Grund für die Rede von der „Selbst-Erschaffung"[182] des Subjektes. Darin liegt für das Subjekt

177 Whitehead 2001, 145.

178 „Die Basis des Erlebens und der Erfahrung ist emotional; allgemeiner gesagt: das fundamentale Faktum ist das Aufkommen einer affektiven Tönung, die von Dingen ausgeht, deren Relevanz bereits gegeben ist." (Whitehead 1971, 326)

179 Eine *actual entity* wählt aus zwischen den einzelnen Daten, die auf sie einströmen. „[…] the World of Activity is modified by the World of Value. It receives pleasure or disgust from the Evaluations. It receives acceptance or rejection: It receives its perspective of the past, and it receives its purpose for the future." (Whitehead 1948, 63)

180 Whitehead 1971, 404. Wie das Subjekt ein Objekt erfasst, wird weiter unten unter „Textur der Erfahrung" noch beschrieben werden.

181 Hauskeller 1994, 35. [Hervorhebung M.F.]

182 Whitehead 1987, 170: „In seiner Selbst-Erschaffung wird das wirkliche Einzelwesen von seinem Ideal seiner selbst als individuelle Erfüllung und als transzendenter Schöpfer geleitet. Das Erleben dieses Ideals ist das ‚subjektive Ziel',

sein Maß an Freiheit, sich selbst zu entwerfen bzw. zum erneuten Subjekt/Subjekt-Superjekt zu werden.[183] Quelle eines *subjective aims* ist bei Whitehead „der elementarste Begriff von höchster Allgemeinheit, auf dem Wirklichkeit basiert“[184]: Kreativität. Diese „kann nicht charakterisiert werden, da alle Eigenschaften spezieller sind als sie.“[185] Sie ist den *actual entities* immanent und kein Additum, sie ist sozusagen die Triebfeder des Prozesses. Die Kreativität eint die vielen *actual entities* in einem Prozess, verbunden mit der Whiteheadschen Vision, dass „die vielen, die das Universum als trennendes verkörpern, zu dem *einen* wirklichen Ereignis, in dem sich das Universum als verbindendes darstellt“[186] werden. Die Kreativität ist frei, sich zu entfalten, und es gibt keinerlei Vorgabe, wie sich die Kreativität in den *actual entities* zu verwirklichen hätte. Der Einfluss des *subjective aim* gibt die Richtung in der Entwicklung einer *actual entity* vor.[187] Eine *actual entity* ist folglich als eine Einheit des Lebens zu betrachten, die sowohl selektiv als auch kreativ und konstruktiv mit der Wirklichkeit umgeht und diese und sich selbst gestaltet. Sie ist kein Immer-Seiendes und damit eine Substanz, sie ist vielmehr ein Potential für Neuheit und Kreativität.

3.1.2.6. *Phasen der concrescence*

Unter *concrescence* versteht Whitehead den Prozess, in dem eine *actual entity* ein Objekt aufnimmt und so zu einem neuen Subjekt-Superjekt wird. Die letzte Phase dieser Entwicklung stellt für ihn den Höhepunkt dar, aber nur darin, dass eine *actual entity* unterscheiden kann, wie sie sich zu ihrer

---

aufgrund dessen das wirkliche Einzelwesen ein bestimmter Prozess ist.“ „Es erschafft sich selbst; und in seinem Erschaffungsprozeß transformiert es seine verschiedenen Rollen in *eine* kohärente Rolle. Daher ist ‚Werden‘ die Transformation von Inkohärenz in Kohärenz und endet in jedem Einzelfall mit Erreichen dieses Ziels.“ (Ebd., 70)

183 Whitehead nennt es „die Entscheidung inmitten der ‚Potentialität‘ “. (Ebd., 98)

184 Ebd., 80.

185 Ebd. Whitehead spricht deswegen von der Kreativität auch als „Universalie der Universalien“. (Ebd., 62)

186 Ebd., 62. Damit liegt es für Whitehead „in der Natur der Dinge, daß sich die vielen zu einer komplexen Einheit verbinden.“ (Ebd.)

187 Vgl. Ebd., 104.

Erfahrung verhalten soll. „Der Prozeß selbst liegt in den beiden früheren Phasen.“[188] So unterscheidet er drei Phasen.[189]

Die *initial phase* ist die „reine Rezeption der wirklichen Welt in ihrer Gestalt als objektives Datum für die ästhetische Synthese.“[190] Die Empfindung wird noch nicht als *actual occasion* aufgenommen bzw. integriert. Sie wird lediglich empfunden. Die Empfindung ist dabei Teil der Welt als „eine Vielfalt privater Empfindungszentren“[191]. Das Empfundene gehört hier noch ganz der äußeren Welt und wird nur wahrgenommen, es ist noch nicht in seinem *datum* in das Wesen der empfindenden *actial entity* aufgenommen worden. Dieser Punkt wird später noch als *causal efficacy* näher ausgeführt werden, wenn es um die Textur der Erfahrung geht.

Zwischen der ersten und der zweiten Phase findet ein Übergang statt, der in der veränderten Wahrnehmung des Erfahrenen und dem Zuwachs an Emotion besteht. So muss man in der ersten Phase vom *initial datum* sprechen und in der zweiten Phase vom *objective datum* des erlebten Objektes. „Das ursprüngliche Datum ist ein wirkliches Einzelwesen, das objektive Datum ist eine von dessen Empfindungen. Der Übergang vom ursprünglichen zum objektiven Datum geschieht mittels Aussparung durch negative Erfassungen aufgrund der gegenseitigen Beeinflussung der subjektiven Formen […].“[192] Dazu werden negativ bzw. durch Ausschluss *eternal objects* als Formen des *datums* ausgeschlossen, die dem *datum* ein Gesicht geben. Eine *actual entity* wählt aus den *eternal objects* aus, die es erfährt, um durch diese das *datum* konkret werden zu lassen, so wie die *actual entity* es erfahren kann und will. Für andere Einflüsse bzw. andere *datums* ist die *actual entity* jetzt verschlossen.

Die zweite Phase, die *supplementary phase*, ist folglich auch von Emotionen geprägt. Was die *actual entity* erfährt, wird durch Ausschluss bzw. Negation jetzt „der individuellen Erfahrung untergeordnet.“[193] Im

---

188 Ebd., 392.

189 „Die Analyse der formalen Beschaffenheit eines wirklichen Einzelwesens hat drei Phasen im Prozeß des Empfindens ergeben: (i) die reaktive Phase, (ii) die ergänzende Phase und (iii) die Erfüllung.“ (Ebd., 392)

190 Ebd.

191 Ebd.

192 Hauskeller 1994, 47.

193 Whitehead 1987, 392.

Englischen nennt Whitehead diese Erfahrungsstufe *appetition* und es entsteht eine *vision*. Diese Emotionsbestandteile füllen die erste Phase an und geben dem ersten Eindruck weitere Erfahrungen mit dem *object* hinzu bzw. geben diesem Eindruck durch subjektiv ausgewählte *eternal objects* eine Richtung. Diese zweite Phase baut auf der vorherigen auf, ohne diese in Frage zu stellen.[194]

Die letzte Phase ist die *satisfaction* der Erfahrung: „Was als das höchste Ziel erreicht wird, ist die ‚Erfüllung'. Dies ist die abschließende Charakterisierung der Einheit des Empfindens des *einen* wirklichen Einzelwesens, des ‚Superjekts', das gewöhnlich als das ‚Subjekt' bezeichnet wird."[195]

Whitehead ist es ein wichtiges Anliegen, diese Phasen nicht als Ablauf in „physical time" zu verstehen.[196] Erst nach Abschluss der *concrescence* kann von der entstandenen *actual entity* als „Erleben eines bestimmten Quantums physikalischer Zeit"[197] gesprochen werden.

Dieser dreistufige, quasi genetische, Prozess vom Subjekt zum Subjekt-Superjekt wird von Whitehead nicht statisch, sondern dynamisch verstanden. „Subjekt und Superjekt sind keine aufeinanderfolgende Zustände eines wirklichen Einzelwesens, sondern unterschiedliche Funktionen."[198] Damit

---

194 Ebd., 308.: „Es gehört zum Wesen des ergänzenden Empfindens, daß es seine Anfangsphase des konformen Empfindens nicht durch irgendeinen Bezug auf Unverträglichkeit in Frage stellt. [...] Der Prozeß offenbart eine unvermeidbare Kontinuität des Wirkens. Jede Stufe kündigt bereits ihren Nachfolger an, und jede nachfolgende Stufe trägt den Vorgänger in sich, aus dem sie hervorging."

195 Ebd., 310.

196 „Mit der Zeit wird eine komplexe Einheit des objektiven Datums erreicht, und zwar in Gestalt eines Kontrastes von wirklichen Einzelwesen, zeitlosen Gegenständen und Aussagen [...]. Dieser genetische Übergang von Phase zu Phase erfolgt nicht in der physikalischen Zeit [...]. Kurz gefaßt, kann man sagen, das physikalische Zeit einige Merkmale des Wachstums zum Ausdruck bringt, aber *nicht* das Wachstum der Merkmale. [Denn] jede Phase in dem genetischen Prozeß setzt das gesamte Quantum voraus, und so verhält es sich auch mit jedem Empfinden in jeder Phase." (Ebd., 513) Es scheint also so zu sein, dass weil die Empfindung einen Zusammenhang hat, dass auch die Phase und damit auch die Zeit der Entwicklung zu einer neuen *actual entity* so verstanden werden muss. Denn, so Whitehead, „die den Prozeß beherrschende subjektive Einheit verbietet die Teilung des extensiven Quantums [...]." (Ebd.)

197 Ebd., 513.

198 Sölch 2014, 261.

entwickelt sich die *actual entity* nicht allein zu einem Subjekt-Superjekt, „sondern besteht in dem Moment, in dem sie selbst als Subjekt ihres Entstehungsprozesses charakterisiert werden kann, immer schon für andere – darin besteht ihre öffentliche Dimension.“[199] Whitehead spricht zwar von atomistischen Einheiten, wichtiger ist ihm aber der Prozess, so dass jede Einheit immer nur eine Einheit/*actual entity* im Vorübergang ist.[200] Eine *actual entity* wird sich selbst im Entwurf zum Subjekt, der Umwelt aber zum Objekt, es wird „insofern passiv, als es nicht mehr auf andere *actual entities* als Entstehungsbedingungen zurückgreift.“[201] Whitehead nennt diesen Zustand dann *objective immortality*.[202] Ein neues Subjekt ist entstanden, das in den Prozess zur Entstehung neuer *actual entities*/Subjekte beitragen wird. Die *actual entities* „tauschen ihre subjektive Unmittelbarkeit (‚subjective immediacy‘) und tauschen sie gegen objektive Unsterblichkeit (‚objective immortality‘) ein. [...] Die Lebensspanne eines wirklichen Einzelwesens währt nur einen Augenblick und ist ganz Gegenwart [...].“[203]

Diese Dynamik fasst Whitehead als „elementares[s] metaphysische[s] Prinzip“ wie folgt zusammen: „[D]as Fortschreiten von der Getrenntheit zur Verbundenheit, wobei ein neues Einzelwesen erschaffen wird.“[204]

---

199 Ebd., 261.

200 Vgl. Whitehead 1987, 416. „In der organistischen Philosophie ist das wirkliche Einzelwesen mit seiner Vollendung ‚vergangen‘. Der pragmatische Nutzen des wirklichen Einzelwesens, der sein statisches Leben begründet, liegt in der Zukunft. Das Geschöpf vergeht und ist unsterblich.“ (Ebd., 164.).

201 Sölch 2014, 262.

202 „Alles Bezogensein hat seine Grundlage im Bezogensein von Wirklichkeiten; und dieses Bezogensein betrifft voll und ganz die Aneignung des Toten durch das Lebendige – anders gesagt, die ‚objektive Unsterblichkeit‘, durch welche das, was seine eigene lebendige Unmittelbarkeit verliert, ein realer Bestandteil in anderen lebendigen Unmittelbarkeiten des Werdens wird. Das ist die Lehre, wonach das kreative Fortschreiten der Welt das Werden, das Vergehen und die objektive Unsterblichkeit derjenigen Dinge ist, die gemeinsam die *eigensinnigen Tatsachen* ausmachen.“ (Whitehead 1987, 25.).

203 Hauskeller 1994, 83f.

204 Whitehead 1987, 63f.

3.1.2.7. Nexus und Gesellschaften

Der Prozess der Whiteheadschen Kosmologie ist aber nicht auf unsere Erfahrungswelt umzusetzen, wenn er, wie oben bereits in der *concrescence* dargestellt, rein atomistisch gedacht wird. Wir erfahren unsere Welt zudem auf einer „molekularen" Ebene, einer Makroebene, als Verbundenheit (s.o.). Diese sieht Whitehead in der Pluralität der Nexūs und von Gemeinschaften verwirklicht. Gemeinsame Ziele/Werte halten einen Nexus stabil.[205] So sind *actual entities* miteinander verbunden.[206] Hauskeller definiert folglich die Welt selbst als „größte[n] Nexus [...], und alle übrigen Nexūs sind im Vergleich zu ihr ‚untergeordnete Nexūs' (subordinate nexus)."[207]

Kommt allerdings eine größere Intimität mit ins Spiel, dann spricht Whitehead von *societies.*[208] Keine *society* kann aber, ihrem Wortursprung gemäß, ohne einen „sozialen Hintergrund"[209] existieren. Deswegen ist keine *society* als isolierte Gesellschaft zu verstehen. Jede Gesellschaft ist an ihren Objektivierungen zu erkennen, die auf andere Gesellschaften wirken. Jede Objektivierung ist aber das Identitätsmerkmal dieser *society.* Als

205 „Die Elemente der Gesellschaft gleichen sich, weil sie aufgrund ihrer gemeinsamen Eigenschaften anderen Elementen der Gesellschaft die Bedingungen auferlegen, die zu dieser Ähnlichkeit führen. Diese Ähnlichkeit besteht in der Tatsache, daß (i) ein gewisses ‚Form'-Element enthalten ist, das zur individuellen Erfüllung jedes Elements der Gesellschaft beiträgt; und daß (ii) der Beitrag, den dieses Element zu der Objektivierung jedes einzelnen Elements der Gesellschaft für das Erfassen durch andere Elemente leistet, seine entsprechende Reproduktion in der Erfüllung dieser anderen Elemente fördert." (Whitehead 1987, 177)

206 Ebd., 67: „Daß ein Nexus eine Menge wirklichen Einzelwesen in der Einheit des Bezogenseins ist, die durch ihre wechselseitig erfaßten Informationen voneinander begründet wird oder – umgekehrt formuliert – die auf ihren Objektivierungen ineinander beruht."

207 Hauskeller 1994, 48.

208 „Das Entscheidende an einer ‚Gesellschaft', wie der Terminus hier verwendet wird, ist, daß sie sich selbst trägt; mit anderen Worten, daß sie ihre eigene Grundlage bildet. Daher ist eine Gesellschaft mehr als eine Menge von Einzelwesen, auf die dieselbe Klassenbezeichnung anwendbar ist. [...] die Klassenbezeichnung [muss sich, M.F.] auf jedes Element anwenden lassen, da es genetisch von den anderen Elementen dieser selben Gesellschaft abgeleitet ist." (Whitehead 1987, 177)

209 Whitehead 1987, 178.

Identitätsmerkmal muss es positiv von allen involvierten *actual entities* subjektiviert werden. So kann Whitehead folgern, dass es „keine isolierte[n] Gesellschaft“[210] gibt.

Drei Arten der *society* beschreibt er in *Process and Reality*, die hier von Bedeutung sind und als *structured societies* beschrieben werden:[211]

- *material bodies with the lowest grade of structured societies*, wie etwa „Kristalle, Felsen, Planeten und Sonnen“[212],
- *lower organisms* mit einer „gewissen Originalität in der Reaktion einer Zelle auf einen äußeren Reiz.“[213] und
- *higher organisms* mit einer „Festigkeit, die dem stets wiederholten Charakter eigen ist.“[214]

Mit Blick auf den menschlichen Körper, einem *higher organism*, unterscheidet er dienende und lebende Nexūs, die diesen ausmachen: „Es muss daran erinnert werden, daß eine vollständige Gesellschaft, wie wir sie kennen, nicht nur den dienenden, anorganischen Apparat mit einschließt, sondern auch viele lebende Nexūs, und zwar mindestens einen für jede ‚Zelle‘.“[215] Äußere Einflüsse sorgen auch dafür, dass Gesellschaften nur eine bestimmte Dauer haben. Es liegt an den Einflüssen, dass eine Gesellschaft „ihre Elemente […] nicht mehr [reproduziert, M.F.], und schließlich verschwindet sie nach einer Phase des Zerfalls von der Bildfläche.“[216]

3.1.3. Textur der Erfahrung

3.1.3.1. Vertiefende Erklärung der concrescence

Whitehead selber spricht recht physisch von der „Textur der von uns beobachteten Erfahrung“[217]. Im Blick auf die Textur aller Erfahrung bricht Whitehead mit dem bisherigen Verständnis der Natur und erklärt die

---

210 Ebd., 178.
211 Vgl. Ebd., 193–200.
212 Ebd., 198.
213 Ebd., 202.
214 Ebd., 208.
215 Ebd., 201.
216 Ebd., 180.
217 Ebd., 32.

Naturgesetze, im Verständnis dauerhafter Gesetzmäßigkeiten, für irrelevant: „People make the mistake of talking about ‚natural laws'. There *are* no natural laws. There are only temporary habits of nature […].“[218] Erfahrung wurde bei Whitehead bereits in einem basaleren Verständnis als Erkenntnisform beschrieben.

Hinter der Whiteheadschen Vorstellung von Erfahrung liegt die Theorie des extensiven Kontinuums[219], welche nach Hampe in den folgenden Diagrammen (s. Abb. 4) dargestellt werden kann.

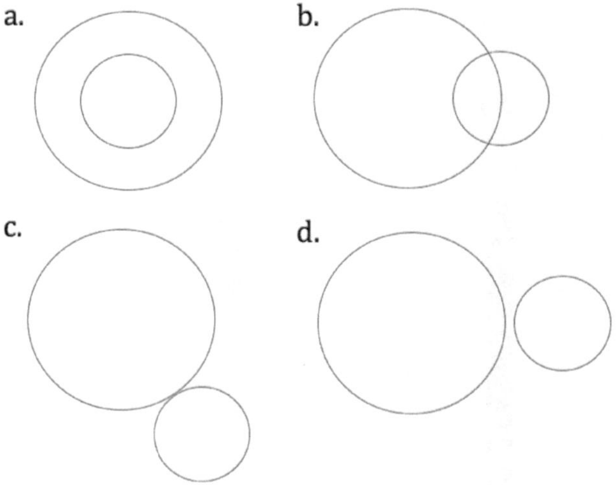

Abbildung 4: Kontakte der actual entities (MF nach Hampe 1998, 79.)

Während die Diagramme I-III Kontaktpunkte bzw. (Teil-)Integration zwischen den beiden dargestellten Kreisen aufweisen, haben die beiden Kreise in Diagramm IV keinen Kontakt. Hampe möchte damit verdeutlichen, dass Erfahrung immer nur zwischen *actual entities* möglich ist, die

218 Price 1954, 367. Hier klingt der Einfluss von Quantenphysik und Chaostheorie an.

219 Whitehead 1987, 528ff. „Das extensive Kontinuum ist dieses spezialisierte Ordnen der konkreten Ereignisse und der erfaßten Informationen, in die sie teilbar sind.“ (Ebd., 530)

miteinander in Berührung/Kontakt kommen. Wo kein Kontakt besteht, erfolgt auch keinerlei Erfahrung. Konkret benennt er die Möglichkeiten von Erfahrungen als Berührung (Typ III), Überlappung (Typ II) und Einschluss (Typ I).[220]

Drei Stufen bilden die Dimensionen des Whiteheadschen Erkenntnis- bzw. Erfahrungsbegriffs. Diese nennt er *causal efficacy*, *presentational immediacy* und *symbolic reference*.[221] Riffert hat diese drei Dimensionen in einem Schaubild (s. Abb. 5) zusammengefasst, welches Aufschluss über die Formen bzw. die Abläufe der Whiteheadschen Erfahrungsdimensionen geben kann.

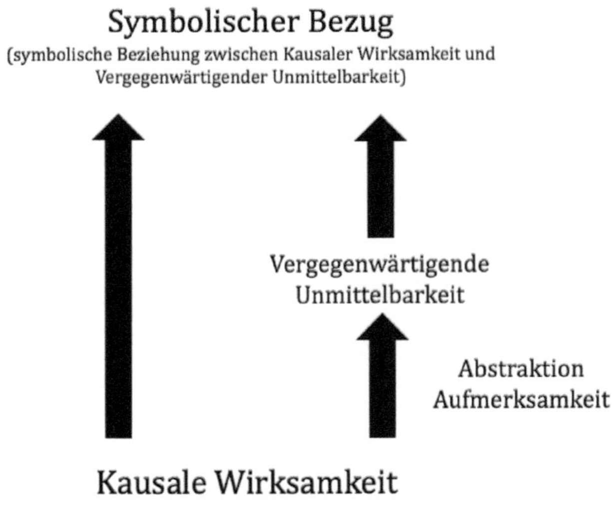

Abbildung 5: Prozess der Erfahrung in Whiteheads Organistischer Philosophie (MF nach Riffert 2007, 187.)

Symbolic Reference/Symbolischer Bezug bildet den Abschluss der *concrescence* und kann als die Synthese der beiden anderen Erfahrungsdimensionen

220 Hampe 1998, 79.

221 Diese Theorie stellt Whitehead bereits in *Symbolism* vor, arbeitet sie aber besonders in *Process and Reality* aus.

verstanden werden. Whitehead bezeichnet diesen Vorgang als „Lehre von der Konformität im Ansatz des Fühlens“[222] und betont damit das *feeling* einer *actual occasion*.

Auf der ersten Stufe, der *causal efficacy*/kausale Wirksamkeit, muss man gemäß Whitehead noch von „Sinnes-Rezeption“[223] sprechen. Diese unterscheidet er von der Sinneswahrnehmung und bezeichnet die Sinnes-Rezeption als „primitiveren Typen der Erfahrung“[224]. Dieser ist „steril“ und nach Whitehead im „Leben der primitiv lebenden Organismen“[225] zu finden. Er ist der Grundmodus, den alle *actual entities* erfahren. Hier kommt „unsere Kenntnis von unserer eigenen unmittelbaren Vergangenheit“[226] auf. Whitehead sieht diese allein in dem „Teil unserer Vergangenheit, der etwa eine Zehntel- bis eine halbe Sekunde zurückliegt“[227], gegeben. Alle anderen Erfahrungen sind bereits interpretiert bzw. vergangen, die oben beschriebenen Erfahrungen aber sind „zwar schon vorbei, gleichzeitig aber noch voll gegenwärtig. [...] ganz unzweifelhaft mit uns selbst identisch [...].“[228] Kausal ist diese Stufe, da unterschiedliche Personen „einen gleichzeitigen Stuhl [sehen, M.F.], aber wir sehen ihn *mit* unseren Augen; und wir berühren den gleichzeitigen Stuhl, aber wir berühren ihn *mit* unseren Händen. [...] die Berührung [objektiviert, M.F.] den Stuhl in einer Weise und die Hände in einer anderen als Elemente in der Erfahrung des Subjekts. Aber die Augen und die Hände sind in der Vergangenheit (der fast unmittelbaren Vergangenheit), und der Stuhl ist in der Gegenwart.“[229] Die Aufeinanderfolge von Berühren und Erfahren des Stuhls ist minimal, aber bei Whitehead zu unterscheiden und bildet das Fundament zeitlicher Unterscheidung. Der menschliche Körper reagiert auf seine Umwelt und fördert durch „Nervenreize, viscerale Funktionen

222 Whitehead 1971, 337.
223 Whitehead 1987, 219.
224 Ebd.
225 Alfred North Whitehead, Kulturelle Symbolisierung, Frankfurt am Main 2000, 103.
226 Whitehead 1971, 334.
227 Ebd.
228 Ebd.
229 Whitehead 1987, 132.

und Veränderungen in der Zusammensetzung unseres Blutes [...] Einbrüche in die dominante Vererbungslinie unseres Erlebens, und es kommt auf diese Weise zu Emotionen, Hoffnungen, Ängsten, Hemmungen und Sinneswahrnehmungen, die [...] ihre Ursache in körperlichen Vorgängen haben."[230] Die Sprache des Menschen trennt hier gemäß Whitehead nicht mehr zwischen Körper und Seele, die Lehre von der Erfahrung muss dies aber tun.[231] Wichtigste und dominanteste Wahrnehmung des Körpers ist aber „die Wahrnehmung der verschiedenen körperlichen Organe"[232]. Nicht das Gehörte ist die erste Wahrnehmung, sondern das Ohr und nicht das Geschmeckte ist die erste Wahrnehmung, sondern die Zunge und ihre Geschmackspunkte. Vor jeder bezogenen Wahrnehmung liegt die Wahrnehmung des eigenen Körpers und seiner Organe. Diese Selbstwahrnehmung als Teil der ersten Phase der *causal efficacy* ist für den Prozess der *concrescence* fundamental. Riffert listet „Charakteristika der Kausalen Wirksamkeit"[233] auf:

- stark emotionsgeladen (gefühlsartig)
- vage, diffuse und ungenügend definierte Inhalte
- sub- oder unbewußte Inhalte und Prozesse
- prä-attentiver Prozess
- passiver Prozess (Empfindung von sich kausal aufdrängenden äußeren Einflüssen, denen man sich kaum entziehen kann)
- begleitet von körperlichen Reaktionen und Empfindungen.

Die *presentational immediacy*/vergegenwärtigende Unmittelbarkeit, dem entgegengesetzt, ist die gegenwärtige und unmittelbare Wahrnehmung eines Gegenübers. Dies ist die „Sinnes-Wahrnehmung"[234], die Whitehead von der Sinnes-Rezeption unterscheidet. Es tritt eine *actual entity*

230 Whitehead 1971, 346.
231 Vgl. ebd.
232 Whitehead 1987, 228.
233 Franz Riffert, Whiteheads Wahrnehmungstheorie im Lichte empirischer Befunde der Mikrogenese und Perzeptgenese-Forschung, in: Spyridon Koutroufinis (Hg.), Prozesse des Lebendigen. Zur Aktualität der Naturphilosophie A. N. Whiteheads, Freiburg 2007, 183–216, 189.
234 Whitehead 2000, 80.

wirklich als *actual* in den Kontext einer anderen *actual entity* ein, wenn ihr hier ein Raum gegeben wird. Beide Dimensionen der Wahrnehmung sind über den Raum miteinander verbunden. Es beginnt nach Whitehead die Wahrnehmung von Räumlichkeit und die „gleichzeitige Welt [wird, M.F.] bewußt als ein Kontinuum von extensiven Relationen“[235]. Diese Eigenschaft gehört Whitehead gemäß den „komplexen Organismen, die die Gemeinschaft der gleichzeitigen Welt ausmachen.“[236] Im Prozess der Umwandlung (*transmutation*) wird „die irrelevante Vielheit der Details [...] eliminiert und das Schwergewicht auf die Elemente der wirklichen Welt gelegt, die eine systematische Ordnung aufweisen.“[237] Die Sinnesdaten werden auf Grund von Erfahrungen aus der Vergangenheit der *actual entity* bzw. des *superjects* und auf Grund von Erfahrungen von *eternal objects* vereinfacht und es gelten der Raum und die Aktualität/*immediacy* als wichtigste Faktoren für diese Erkenntnisdimension.[238] Dennoch nimmt die *actual entity* in der Organistischen Philosophie mehr wahr, als letzten Endes in die *symbolic reference* überführt werden und schon in der *presentational immediacy* erfasst werden kann. Der größte Teil unserer Wahrnehmung besteht darüber hinaus noch im „Erfassen der physiologischen Wirkung der Umwelt auf uns.“[239] Eisendrath fasst den Gedanken der *transmutation* in einem Beispiel zusammen: „A stone

235 Whitehead 1987, 129.
236 Whitehead 2000, 81.
237 Whitehead 1987, 464.
238 „Die Sinnesdaten werden dann als Körpergefühle bezeichnet. Die körperlichen Organe und jene anderen Dinge, die wichtige Beiträge zu diesem Modus der Wahrnehmung liefern, bilden zusammen die gegenwärtige Umgebung des wahrnehmenden Organismus. Die wichtigsten Punkte über die präsentative Unmittelbarkeit sind: (1) daß die einbezogenen Sinnesdaten von dem wahrnehmenden Organismus und seinen räumlichen Relationen zu den wahrgenommenen Organismen abhängen, (2) daß die gleichzeitige Welt als ausgedehnt und als ein Plenum von Organismen erscheint und (3) daß die präsentative Unmittelbarkeit ein wichtiger Faktor in der Erfahrung nur weniger hochentwickelter Organismen ist und daß sie für die anderen nur in rudimentärer Form vorhanden oder sogar völlig vernachlässigbar ist.“ (Whitehead 2000, 82).
239 Sölch 2014, 225.

is made of atoms and molecules packed together which send countless individual emissions. The stone is what Whitehead calls a nexus. Transmutation makes us feel a fairly simple predicate or quality as characterizing a nexus, that is, transmutation makes it possible for us to feel the stone, or patch, as grey or rough. [...] When the transmuted sense data are integrated with these feelings of strain, we have feelings of roughness characterizing a region *out there*.“[240]

Eine *actual entity* muss hier über die Fähigkeit verfügen, Empfindungen aus der eigenen Vergangenheit mit der wahrgenommenen *actual entity* in Verbindung zu bringen.[241] Whitehead kehrt die Annahme um, dass das Psychische im Menschen nach „Tiefe und Subtilität“ sucht, dabei entsteht vielmehr eine „unglaublich simplifizierte Version der Wirklichkeit“[242]. Er konstatiert: „Das bewußt Psychische ist ein Agens der Simplifikation[...].“[243]

Treffen *causal efficacy* und *presentational immediacy* aufeinander, entsteht folglich eine *prehension*, die aus einem objektiven *datum* und einer subjektiven Erfassung dieses *datums* besteht. Cobb bezeichnet beide wie folgt: „The objective datum is *what* it [die *actual entity*, M.F.] prehends. The subjective form is *how* it prehends it.“[244] Ein Gegenüber tritt jetzt in die *actual entity* ein und beginnt mit dem Veränderungsprozess der bestehenden *actual entity*, worin dieses Gegenüber „immer unwissend [ist, M.F.] über die Art, wie sie erinnert werden wird.“[245] Diese *prehension* kann als Herzstück bzw. Kernmoment der Organistischen Philosophie betrachtet werden. Damit ist der Kernzyklus der Organistischen Philosophie als Kreisdynamik dreier Momente/Instanzen zu verstehen (s. Abb. 6).

---

240 Craig Eisendrath, The Unifying Moment. The Psychological Philosophy of William James and Alfred North Whitehead, Cambridge 1971, 79f.

241 Vgl. ebd., 463f.

242 Whitehead 1971, 380.

243 Ebd.

244 John B. Cobb, Whitehead Word Book. A glossary with alphabetical index to technical terms in *Process and Reality*, Anoka 2015, 29.

245 Charles Hartshorne, Das metaphysische System Whiteheads, in: Ernest Wolf-Gazo (Hg.), Whitehead, Freiburg – München 1980, 28–44, 32f.

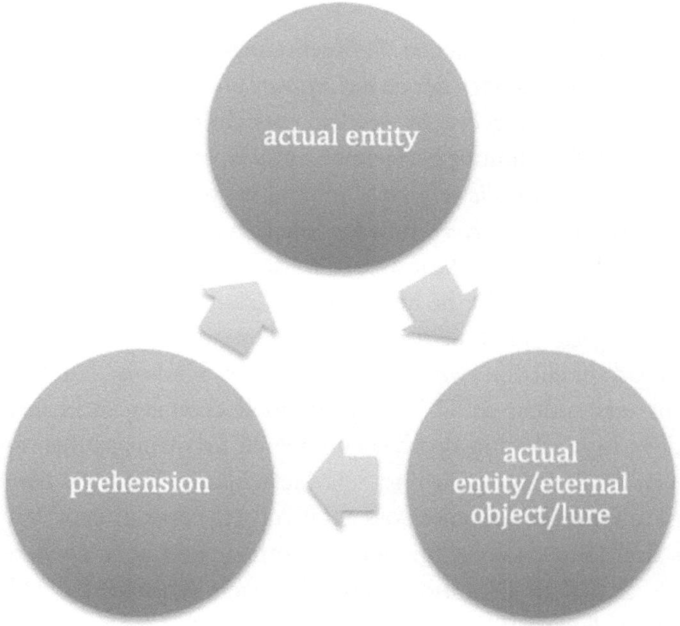

Abbildung 6: Kernmomente der Entwicklung im Entwurf einer actual entity

Diese beiden Modi der Erfahrung werden zusammengefasst als *symbolic reference*. Was in der *presentational immediacy* wahrgenommen wird, muss mit dem Gefühl der *causal efficacy* in Verbindung gebracht werden.[246] Da diese Form der Wahrnehmung aus den beiden vorher erklärten zusammengefasst entsteht, „gehört der symbolische Bezug einer der späteren schöpferischen Phasen der Erfahrung an“ und ist „im allgemeinen dem Irrtum ausgesetzt; denn hinsichtlich derjenigen Bestandteile, die im Bewußtsein am klarsten hervortreten, verhält sie sich interpretierend.“[247] Die Interpretation bezeichnet Whitehead auch als „synthetische Aktivität“[248], worin der Irrtum sogar als „Kennzeichen der höheren Organismen“[249] bezeichnet wird.

246 Vgl. Sölch 2014, 228.
247 Whitehead 1987, 314f.
248 Whitehead 2000, 77.
249 Whitehead 1987, 315.

Zwei Wege kann die *symbolic reference* gehen: Identifikation bzw. Korrelation der beiden ursprünglichen Wahrnehmungsdimensionen.[250] Wenn aber die beiden Wahrnehmungen der *causal efficacy* und der *presentational immediacy* in eine Synthese gebracht werden, entsteht etwas Neues, das wir als die wirkliche Wahrnehmung bezeichnen müssen. In einem Beispiel erklärt er die Funktion der *symbolic reference* anhand des Sehens. Die „Augen-Spannung“ (hier für *causal efficacy*) und das Sehen (hier für *presentational immediacy*) werden korreliert.[251] Eine zweite Weise, wie die *symbolic reference* ein Symbol entstehen lässt, ist die Identität auf Grund eines *eternal objects*, das in die *causal efficacy* und die *presentational immediacy* eintritt.[252]

Whitehead spricht von *symbolic reference*, weil Symbole „handlich, definit und leicht verwendbar sind.“[253] „Die Symbole erzeugen nicht ihre Bedeutung“, diese liegt schon in den beiden anderen Erfahrungsdimensionen. Sie „entdecken die Bedeutung für uns.“[254] Maclachlan stellt zudem heraus, dass „this type of symbolic reference does not involve the operation of thought“[255].

Diese drei Dimensionen für sich genommen sind aber noch rein kausal. Mit Blick auf die Evolutionstheorie kritisiert Whitehead die klassische Beschreibung dieser Erfahrungstheorie: „The problem set by the doctrine of evolution is to explain how complex organisms with such deficient survival power ever evolved. [... C]ertainly the struggle throws no light whatever upon the emergence of such a general type of complex organism, with faint survival power.“[256] Whitehead sieht die Entwicklung des Universums anders begründet: „The material universe has contained in itself, and perhaps still contains, some mysterious impulse for its energy to run upwards. This impulse is veiled from our observation, so far as concerns its general operation.“[257] Whitehead möchte folglich die Evolution bzw. die Entwicklung

---

250 Vgl. Whitehead 2000, 78f.
251 Vgl. Whitehead 1987, 318.
252 Vgl. ebd., 318f.
253 Whitehead 2000, 115f.
254 Whitehead 2000, 116. Die Symbolisierung ist „[...] nur ein Beispiel für die Tatsache, daß die Einheit der Erfahrung aus dem Zusammenfluß vieler Komponenten entsteht.“ (Ebd., 144.)
255 Lorne Maclachlan, Whitehead's Theory of Perception, http://www.religion-online.org/showarticle.asp?title=2839 (Stand: 02.01.2017).
256 Whitehead 1929, 2f.
257 Ebd., 19.

des Lebens und des Universums in seinem Entwurf zu einer Kosmologie mit noch einer weiteren Quelle im Bereich der Erfahrungen ergänzt sehen: Ziele, Ideen bzw. Werte. In *Modes of Thought* schreibt er: „Alle Letztbegründungen existieren nur in bezug auf das Erzielen von Wert. Eine tote Natur zielt auf nichts ab. Das Wesen des Lebens liegt darin, daß es um seiner selbst willen existiert, um seinen Wert im Inneren zu erlangen."[258] Die rein physische Welt wird ergänzt durch die Ziele, Ideen, Werte. Diesem Ansatz widmet Whitehead sein Werk *Adventure of Ideas* und verbindet dort beide Welten der Erfahrung des Menschen: „Die Menschen werden von ihren Gedanken ebenso bewegt wie von den Molekülen ihres Körpers, von der Intelligenz nicht weniger als von völlig sinnlosen Kräften. [...] Die physischen Umstände bilden lediglich den Hintergrund, der bis zu einem gewissen Grade den Strom der Erlebnisweisen und der Stimmungen unter seinem Einfluß hat. Unsere Funktionen werden *nicht* durch unser Bewußtsein initiiert. Wir wachen auf, um uns mitten in unserem Lebensprozeß zu finden, der von Befriedigung und Ungenügen durchtränkt ist, und den wir aktiv – durch Intensivierung oder Dämpfen und durch das Aufgreifen neuer Zwecke – modifizieren."[259] Mit Bezug auf die Ideen, im Zitat als Zwecke bezeichnet, unterscheidet Whitehead zwei Stufen, eine animalische und eine menschliche.[260] Erst durch die Ideen/Werte kommen Veränderungen in die Welt, so dass diese eine Dynamik in der Welt eröffnen und die drei Erfahrungsdimensionen von *causal efficacy*, *presentational immediacy* und *symbolic reference* erweitern. Bezogen auf den Menschen werden höhere Formen der Erfahrung hier noch eine Rolle spielen. Zugleich lässt sich erkennen, dass Whitehead im Denken der Erfahrungsdynamik über den rein szientistischen Gedanken eines Kausalitätsdenkens letztlich hinausgeht.[261]

---

258 Whitehead 2001, 167.

259 Whitehead 1971, 141f.

260 „Die Primärfaktoren der Erfahrung sind also zunächst die animalischen Strebungen (*animal passions*), wie Liebe, Sympathie, Kampflust und ähnliche Begierden und Befriedigungen, und danach dann die spezifisch menschlichen Erlebnisse des Schönen und der bewußt genossenen intellektuellen Präzision [...]." (Ebd., 90)

261 Vgl. Staschа Rohmer, Einführung, in: Whitehead, Denkweisen, Frankfurt am Main 2001, 7.

3.1.3.2. *Exkurs: Concrescence und Perception*

Die dreistufige Unterteilung von *concrescence* und Erfahrung legen es nahe, eine Parallelität zwischen beiden Dynamiken zu suchen. Während Whitehead die Theorie der *perception* in seiner Schrift *Symbolism* darlegt, wird die Frage nach der *concrescence* vor allem in *Process and Reality* erörtert. Verschiedene Autoren haben den Versuch gemacht, beide Formen des Umgangs einer *actual entity* mit der Welt zu vergleichen.

David Roy stellt heraus, dass *concrescence* und *perception* unterschiedliche Herangehensweisen an die Wirklichkeit sind, da *concrescence* nach dem „‚how' of becoming" und *perception* nach dem „‚what' of the subject's perceptive experience"[262] fragt. In Roys Analyse besteht *concrescence* aus sieben Stufen, die aufeinander folgen und die Entwicklung einer *actual entity* vom Subjekt zum *subject-superject* aufweisen. Diese Phasen sind[263]:

1.) The phase of physical feelings.
2.) The phase of conceptual feelings.
3.) The phase of physical purposes.
4.) The phase of propositional feelings.
5.) The phase of intellectual feelings.
6.) The entire subject.
7.) The satisfaction of the subject's becoming.

Zusammen mit Wiliam Cobb erkennt Roy die Möglichkeit, diese sieben Stufen bzw. Phasen auf die drei Momente der Wahrnehmungslehre Whiteheads zu übertragen. Allerdings sind zwischen beiden Systemen Brüche festzustellen, die zwischen den beiden Beiträgen in *Symbolism* und *Process and Reality* keine klare Verbindung bekommen.[264] So ergibt sich eine grobe Parallelität zwischen

262 David Roy, Toward a Process Psychology. A Model of Integration, Fresno – Cedar Grove 2000, 137.

263 Ebd., 111. Diese Phasen stellen bei Roy eine komplexere Darstellung dar, als ihnen in dieser Arbeit gegeben wurde.

264 Vgl. ebd., 143.

causal efficacy	physical feelings physical purposes
presentational immediacy	propositional feelings
symbolic reference	intellectual feelings

Tabelle 1: Momente der Whiteheadschen Wahrnehmungslehre und ihre Stufen

Auffällig ist, dass die Ebene der *conceptual feelings* aus der Verbindung zur *perception* herausfällt. Roy lässt diese *conceptual feelings*, die in seinem Verständnis aus den *eternal objects* bestehen, aus der Gegenüberstellung beider Systeme heraus, da diese in „the feeling or perception of them is not given a specific term.“[265]

Für Gerdes ist deutlich zu erkennen, dass die „eine Theorie der ‚physical feelings‘, ‚causal feelings‘, der Wahrnehmungen im Modus der kausalen Wirksamkeit“[266], also der *causal efficacy* entsprechen. Hier findet für Gerdes „*die* elementare Transaktion“[267] statt, die die Grundlage der *prehension* bzw. *concrescence* ausmacht. *Prehension* wird hier als eine Dynamik der *concrescence* betrachtet.

Bis zur Stufe 5 „the phase of intellectual feelings“, liegen alle Stufen im unbewussten Bereich des menschlichen Bewusstseins. Erst auf der sechsten Stufe nimmt das Bewusstsein die Synthese der vorherigen Stufen bewusst als Welterfahrung wahr. Erst wenn die *prehension* und die Ebene der *feelings* zusammenkommen, kann das gesamte Bild von etwas Wahrgenommenen entstehen. Jetzt ist das ganze Subjekt gefragt, wie es mit dieser Gesamtschau einer wahrgenommnen Tatsache, bestehend aus einer Vielfalt von *feelings*, umgehen wird.

3.1.4. Gottesbegriff und Unsterblichkeit

Grundsätzlich gilt bei Whitehead, dass „nichts Neues in die Welt kommen [kann, M.F.], das nicht schon in Gott aktual ist, dessen ‚vollständige

265 Ebd., 142. „There is no phase or mode in perception which is explicitly comparable to conceptual feelings.“ (Ebd., 141.)

266 Adele Gerdes, Die Selbstorganisation dynamischer Systeme. Whiteheads Beitrag zur Philosophie des Geistes, Berlin 2013, 137.

267 Ebd., 136.

Wesensschau von den zeitlosen Gegenständen‘ (PR, 44/100) seine uranfängliche Natur darstellt.“[268] Gott „[...] ist Anfang und Ende. Er ist nicht in dem Sinne Anfang, allen Elementen vorauszuliegen. Er ist die vorausgesetzte Wirklichkeit der begrifflichen Operationen und befindet sich im Einklang des Werdens mit jedem anderen kreativen Akt.“[269] Whitehead versteht Gott auch als *actual entity*, der „etwas Individuelles verkörpert“ und „*causa sui* ist“[270], aber unterscheidet Gott und die *actual entities* aufgrund der zwei Naturen Gottes: „Daher ist die Natur Gottes, analog zu der aller wirklichen Einzelwesen, bipolar. Er hat eine uranfängliche und eine folgerichtige Natur“[271]. Die im oben genannten Zitat enthaltene Urnatur Gottes/*primordial nature*, wurde bereits zusammen mit den *eternal objects* erwähnt, die aus ihr entspringen.[272] Mit allen *actual entities*, die auf seine *eternal objects* reagieren, steht Gott folglich in einer Verbindung. Seine *eternal objects* bzw. er in ihnen wird Teil der Welt. Die Erfahrungen, die Gott auf Grund dieser Verbindung mit der Welt macht, verändern seine Urnatur nicht. Allerdings wirken sie in seiner Folgenatur/*consequent nature* fort.[273] Alles, was in der Welt passiert, lebt in Gott selber fort und ist damit

268 Sölch 2014, 214. Gott selbst wird von Whitehead aktual genannt: „Gott ist ebenso ein wirkliches Einzelwesen [...].“ (Whitehead 1987, 58.)

269 Whitehead 1987, 616.

270 Ebd., 175.

271 Ebd., 616.

272 „Die uranfängliche erschaffene Tatsache ist die unbedingte begriffliche Wertung der ganzen Vielfalt von zeitlosen Gegenständen. Dies ist die ‚Urnatur‘ Gottes. Aufgrund dieser vollständigen Wertung führt die Objektivierung Gottes in jedem abgeleiteten wirklichen Einzelwesen zu einer Abstufung der Relevanz zeitloser Gegenstände für die Konkretisierungsphasen dieses abgeleiteten Ereignisses.“ (Ebd., 79.)

273 Beelitz beschreibt, dass Whitehead nicht nur von den beiden Naturen Gottes in der dargestellten Form spricht. In *Adventures of Ideas* umschreibt er diese: „Was Whitehead über einen Gottesbegriff sagt, kann er auch unabhängig von dem Wort ‚Gott‘ in nicht explizit theistischen Formulierungen aussagen. In ‚Abenteuer der Ideen‘ erscheint die ‚uranfängliche Natur Gottes‘ als ‚der Eros des Universums‘ (AI 11, 253, 277/ d90, 444, 481) und die ‚folgerechte Natur Gottes‘ als ‚Abenteuer in dem Universum als Eines‘/‘die Einheit des Abenteuers‘ (AI 295/d 511). Die Verbindung beider wird als ‚die große Tatsache‘, ‚das oberste Abenteuer‘ bezeichnet und dessen Erfahrung als ‚Friede‘ interpretiert (AI 284ff/d 491ff).“ (Beelitz 1991, 184.)

unsterblich.[274] Kern dieses Gedankens über die Unsterblichkeit der *actual entities* ist der Gedanke der Werte, der oben bereits dargestellt wurde. Für Whitehead sind die Werte zeitlos/ewig, auch wenn diese mit Eintritt in die Welt diese verändern.[275] Zu welchem Zeitpunkt und in welcher Stufe der Erfahrung die *eternal objects* auf die *actual entities* wirken, scheint unterschiedlich zu sein. Wie oben bereits dargestellt, kann im Modus der *symbolic reference* schon eine Identifikation von *eternal objects* erfolgen.

In seinem Aufsatz *Immortality* betont Whitehead erneut, dass alle Existenzweisen im Universum nicht unter den Duktus der unabhängigen Existenz fallen dürfen – anderenfalls wäre eine Existenz nicht „interwoven with the rest of the Universe“[276]. Diese Annahme muss in seinem Denken auch für Gott und die Ideen bzw. *eternal objects* gelten. Da Gott mit seinen *eternal objects* einen Wert für die Welt hat, müssen er und die *objects* im Dialog mit der Welt gedacht werden.

Zusätzlich gibt Gott einen „Anreiz für das Empfinden“[277] in die Welt hinein. Dieser Anreiz (*lure for feeling*) wird von Whitehead als „die Zweckursache, nach der sich die Konkretisierung von Empfindungen richtet“[278] bezeichnet. Für Hauskeller ist hier eine Parallele zwischen dem Gott in der Whiteheadschen Vorstellung und dem Gott des Aristoteles zu sehen. Gott stößt eine Bewegung in der Welt an, die alle werdenden *actual entities* antreibt, nach Empfindungen (*feelings/emotions*) zu streben.[279] Whitehead

---

274 Vgl. Whitehead 1987, 625. Für Beelitz zeigt sich in der Kosmologie von Whitehead kein Gottesbeweis, sondern vielmehr „eine rationale Erklärung von Funktionen Gottes.“ (Beelitz 1991, 193.)

275 Vgl. Whitehead 1948, 63: „Thus the two sides of the Universe are the World of Origination and the World of Value. And the Value is timeless, and yet by its transformation into Evaluation it assumes the function of a modification of events in time. Either World can only be explained by reference to the other world […]. This statement is a summary of the endeavour throughout this chapter to avoid the feeble Platonic doctrine of ‘imitation’ and the feebler modern pragmatic dismissal of ‘immortality’.“

276 Ebd., 64.

277 Ebd., 344.

278 Ebd.

279 Hauskeller 1994, 100f. Vgl. Whitehead 1987, 103: „Es ist ein terminologischer Widerspruch anzunehmen, daß irgendeine Tatsache aus dem Nichtsein in die wirkliche Welt fließen kann. Nichtsein ist nichts.“

kann diesen Gott allerdings nicht als Gott vor der Schöpfung denken, sondern als Gott „*mit* aller Schöpfung“[280]. Denn Gott lebt mit seiner Schöpfung und seine *consequent nature* lebt aus dieser. „Man muß sich den göttlichen Eros als ein aktives Gegenwärtighaben *aller* Ideale vorstellen, das von dem Drang begleitet wird, jedes von ihnen zu seiner Zeit in einer endlichen Form zu realisieren. Das Wesen Gottes ist nicht ohne einen solchen Prozeß vorstellbar, in dem seine Unendlichkeit zur endlichen Verwirklichung kommt.“[281]

Alle Ideale für einen guten Entwurf der Welt existieren in Gott und er bringt diese in den Prozess der Welt ein.[282] Sie sollen einen Ort in den *actual entities*, eine endliche Form, finden. Gott ist für Whitehead ohne Prozess nicht vorstellbar und damit auch ohne die Welt nicht zu denken. Dieser Prozess ist in den Augen Hauskellers ein unendlicher, wie auch „das göttliche Werden ein unendliches“[283] ist und „jedes zeitliche Ereignis [verkörpert, M.F.] Gott und wird in Gott verkörpert.“[284] Whitehead nennt dies eine „Vergottung der Welt“[285]. Da dieser Prozess unendlich ist, ist er auch davon geprägt, dass es immer eine Zukunft geben muss, deren die *actual entity* sich bewusst werden muss, denn „was in der Gegenwart objektiv gegeben ist, ist die Notwendigkeit einer Zukunft, die aus realen Vorgängen besteht, und zwar aus Vorgängen, die sich den Bedingungen anpassen, die ihnen im Wesen des gegenwärtigen Vorgangs vorgegeben sind. Die Zukunft gehört zum Wesen des gegenwärtigen Faktums, besitzt aber keine Aktualität, die über die Aktualität dieses Faktums selbst hinausginge.“[286] *Actual entities* müssen sich auf Grund der Rhythmisierung des Prozesses einer Zukunft gewiss sein. Gott ist der Grund dieser Zukunft, der Unsterblichkeit einer *actual entity* garantiert. Wie die Zukunft aussieht, das ist ungewiss, aber

280 Ebd., 101.
281 Whitehead 1971, 481 (Hervorhebungen, M.F.)
282 Gott selbst ist das Ideal: „Die Macht, mit der Gott die Welt bewahrt, ist die Macht seiner selbst als das Ideal. Er trägt sich selbst zu dem wirklichen Grund bei, von dem jeder schöpferische Akt seinen Ausgang nimmt.“ (Whitehead 1986, 116)
283 Hauskeller 1994, 103.
284 Whitehead 1987, 622.
285 Ebd.
286 Whitehead 1971, 354.

man könnte von einem Gefühl von Zukunft qua Prozesshaftigkeit der Welt sprechen.

3.1.5. Identität der *actual entity*

Eine *actual entity* nimmt im Prozess der *concrescence* eine andere *actual entity* in sich auf und vergeht mit deren Informationen, um so eine neue *actual entity* zu werden. Dies ist die Kurzfassung des Prozessgedankens Whiteheads. Die *actual entity* nimmt dann Informationen der Vergangenheit dieser anderen *actual entity* und seiner eigenen Vergangenheit auf, um daraus einen präsentischen Entwurf für die Zukunft, für eine neue *actual entity*, das *superject*, zu entwerfen.[287] Dies ist für Whitehead „the realization of personal identity“[288]. Er greift in seinen Schriften vor Ende seines Lebens auf die Beschreibung einer Trias zurück, um seine Philosophie einzuordnen. Er möchte die Dynamik des Prozesses nicht nur als Sein oder als Werden verstanden wissen. Vielmehr ist der Prozess in seinem Denken geprägt von drei Zügen: Sein, Werden und Vergehen.[289]

Wie aber entsteht aus einzelnen *actual entities* ein Zusammenhang, eine Sukzession? Whitehead spricht diese Frage im Blick auf die Identität an und löst diese über die Werte. Weil der Einfluss von einer *actual entity* auf eine andere Bedeutung hat, entsteht eine Verbundenheit von der Vergangenheit in die Gegenwart.[290] Identität hat für Whitehead somit zwei Rollen zu erfüllen: Die Rolle des Entwurfs einer neuen *actual entity* und dann noch die Rolle der Umsetzung eines Wertes.[291] Die Persönlichkeit zeigt darin die „sustained realization of a type of value“[292] an. Whitehead denkt groß von

287 „[...] each occasion embodies in its own being the antecedent members of that sequence with an emphatic experience of the self-identity of the past in the immediacy of the present.“ (Whitehead 1948, 65)

288 Ebd., 65.

289 Vgl. ebd., 89: „a trinity of three notions: being, becoming, and perishing. [...] Almost all of *Process and Reality* can be read as an attempt to analyse perishing from the same level as Aristotle's analysis of becoming.“

290 „‚Significance‘ is the relatedness of things. To say that significance is experience, is to affirm that perceptual knowledge is nothing else than an apprehension of the relatedness of things, namely, of things in their relations and as related.“ (Whitehead, Meaning, 1961, 42)

291 Vgl. Whitehead 1948, 66.

292 Ebd.

dieser Integration von Wert, denn er sieht die *actual entity* in der Konfrontation der Begrenzheit der aktualen Welt mit der Fülle der Möglichkeiten an Entwürfen. Allein das Durchhalten von Werten garantiert in dieser Konfrontation das Gleichbleiben einer Persönlichkeit. Dass eine Persönlichkeit aber auch Charakter zeigen kann, liegt wiederum an den „gradations of generality."[293] Eine *actual entity* kämpft mit der Fülle an Möglichkeiten, um diese zu einer Einheit zu führen. Die Werte stehen dabei für die Fülle der Möglichkeiten, die Identität für die „realization of this unity"[294]. Wie eine *actual entity* dann mit den *eternal objects* aus Gottes Urnatur umgeht, wird Teil von Gottes Folgenatur, als Teil der Identität Gottes, und der Identität der *actual entity*, ebenso wie das Zusammenwirken der Vergangenheit der *actual entity* in der Auseinandersetzung mit dem *eternal object*. Die *actual entity* kann den *objects*, die auf es einwirken eine Graduierung geben, die dann den speziellen Charakter dieser *actual entity* ausmachen wird. Gott vereint die Persönlichkeiten mit gradiertem Charakter als „the multiple personalities received from the active World"[295] in sich. Die Vielfalt der Identitäten hat so einen Platz in Gottes Folgenatur. Whitehead scheint sogar Gottes emotionales Empfinden beim Anbieten von möglichen *eternal objects* beschreiben zu wollen, wenn er schreibt: „Such co-ordination involves Harmony and Frustration, Beauty and Ugliness, Attraction and Aversion."[296] Gott selber geht in die Auseinandersetzung mit seiner Welt, die sich in Freiheit auf ihn beziehen kann. Sein Angebot der *eternal objects* wird von Whitehead als *lure*, als lockendes Verlangen, Gottes verstanden. Gott kann nicht mehr als die *actual entities* durch seine *objects* zu locken, wenn er die Welt zur Einheit führen möchte.[297]

---

293 Ebd., 67.
294 Ebd., 68.
295 Ebd., 69.
296 Ebd., 71.
297 Whitehead betont, dass dies nicht das klassische Gottesbild der christlichen Theologie beschreibe. Er siedelt dieses Gottesbild zwischen dem klassisch christlichen und einem hindu-buddhistischen Gottesbild an: „But it is not the God of the learned tradition of Christian Theology, nor is it the diffused God of the Hindu Buddhistic tradition. The concept lies somewhere between the two." (Ebd., 69.)

3.2. Konzentration auf den Menschen

In *Nature and Life* fasst Whitehead die Dynamik des Lebens wie folgt zusammen: „Thus, the characteristics of life are absolute self-enjoyment, creative activity, aim."[298] Was bedeutet diese Zusammenfassung und der Blick auf den Entwurf seiner Philosophie für den Menschen als eine *society* aus *actual entities*? Vor allem *aim*, also die Zielrichtung von Leben, ist für Whitehead von Bedeutung.[299] *Aim*, als Form von Subjektivität, kann aber nur in der Natur eine Rolle entwickeln.[300] Denn alle „functionings of nature" beeinflussen sich ja gegenseitig und führen zu weiteren Formen von Aktivität.[301] Leben ist für Whitehead zentral die Freude an Emotion und darin der Zielgerichtetheit, aus der Vergangenheit für die Zukunft zu leben.[302] Die Verbindung des Menschen mit der Natur, sein Leben in der Welt und das Sein der Welt im Menschen bedeutet, dass der Kontext des Menschen immerzu das Universum ist und nicht nur ein kleiner Teil der Welt.[303] Leben ist als Synthese aus Begegnung, aus Prozessen, aufzufassen.

---

298 Whitehead 1968, 27f.

299 „All explanations of the sociological functionings of mankind include 'aim' as an essential factor in explanation." (Ebd., 31.)

300 „The points that I would emphasize are: First, that this sharp division between mentality and Nature has no ground in our fundamental observation. We find ourselves living within Nature. Second, I conclude that we should conceive mental operations as among the factors which make up the constitution of Nature. Third, that we should reject the notion of idle wheels in the process of Nature. Every factor which emerges makes a difference, and that difference can only be expressed in terms of the individual character of that factor. Fourth, that we have now the task of defining natural facts, so as to understand how mental occurences are operative in conditioning the subsequent course of Nature.
A rough division can be made of six types of occurences in Nature. The first type is human existence, body and mind. The second type includes all kind of animal life […]. The third type includes all vegetable life. The fourth type consists of all living cells. The fifth type consists of all large-scale inorganic aggregates […]. The sixth type is composed of the happenings on an infinitesimal scale […]." (Ebd., 32f.)

301 Ebd.

302 Vgl. ebd., 29.

303 Vgl. ebd.

Die Freiheit des Menschen in diesen Prozessen ist bedingt[304], aber „überall, wo Ideen überhaupt wirksam sind, gibt es auch Freiheit“[305], so dass „jedoch immer ein Rest verbleibt, über den das Subjekt-Superjekt dieser Konkretisierung selbst entscheidet“[306].

Will man Leben im Sinne Whiteheads verstehen, so muss man mit ihm sagen, dass „a biological organism is a unity with a spatiotemporal extension which is of the essence of its being.“[307] Auf den Menschen bezogen heißt das: „Erst in der Anerkennung des göttlichen Ideals also *lebt* der Mensch seine Freiheit, weil er erst dann seine ureigenen Möglichkeiten auszuschöpfen vermag.“[308] Die Organistische Philosophie vertritt somit auch ein Bildungsideal, das als Fortschritt in die Zukunft, aber auch als Bildung des Individuums zur Bildung von Gesellschaft gefasst werden kann. Im Rhythmus von Freiheit und Festlegung, Freiheit und regelhaftem Lernen in Zyklen (s. Textur der Erfahrung) muss die Entwicklung des Kosmos gedacht werden. Dies schlägt sich aber auch nieder in der Entwicklung und das Leben des Menschen als hochentwickelte *society*. Im Folgenden soll der Blick gezielt auf den Menschen gerichtet werden, der als *society* aus *actual entities* im Kosmos der Weiterentwicklung steht und sich als biologisches, naturhaftes Wesen in der Umwelt entwickelt. Dabei unterstellt Whitehead allen Prozessen, auch den menschlichen, eine ethische Grundausrichtung: „I now state the thesis that the explanation of this active attack on the environment is a three-fold urge: (i) to live, (ii) to live well, (iii) to live better.“[309]

Zudem wird die Materie, das Materielle in der Welt, konkret neu beschrieben. Allem Materiellen liegt eine eigene Form des Bewusstseins zu Grunde, die als psychischer Anteil der Materie verstanden werden kann. Im Folgenden muss damit auch die Frage nach dem Verständnis von

---

304 „Es gibt aber nicht so etwas wie absolute Freiheit; jedes wirkliche Einzelwesen besitzt nur die Freiheit, die in der primären Phase angelegt ist, welche durch seinen relativen Standpunkt zu seinem wirklichen Universum ‚gegeben‘ ist. Freiheit, Gegebensein und Potentialität sind Begriffe, die einander voraussetzen und einander begrenzen.“ (Whitehead 1987, 253)

305 Whitehead 1971, 171.

306 Whitehead 1987, 73.

307 Whitehead, Meaning, 1961, 34.

308 Hauskeller 1994, 125.

309 Whitehead 1929, 5.

Bewusstsein in unserer Zeit hinterfragt werden. Grundsätzlich kann aber gesagt werden, dass „physical characteristics" der Materie „are at the same time the protopsychical ones", weshalb Evolution nach Rensch auch als „psychogenesis" verstanden werden muss.[310]

„Each actual entity is a center of novelty – hence adventure."[311] Whiteheads Analyse des Gesamtzusammenhangs alles Lebendigen führt zu Neuheiten und Erfahrungen, die das Leben als Abenteuer verstehen lassen. Für den Menschen selbst bildet der Mensch das primäre Zentrum dieser Erfahrungen. Er muss als Synthese von „Zusammenhang, Zusammenwachsen, Zusammenfinden, Selbstfindung und Selbsterkenntnis"[312] beschrieben werden. Dem soll jetzt vertieft nachgegangen werden.

3.2.1. Höhere Formen der Erfahrung

Gegenüber des oben dargestellten Prozesses der Erfahrung muss mit Whitehead und Berve auf den Menschen bezogen gesagt werden, dass die menschliche Erfahrung ein „Sonderfall eines allgemeinen metaphysischen Erfahrungsbegriffs"[313] darstellt. Berve bezieht sich dafür auf Whiteheads Darstellungen in *Adventures of Ideas*: „Mit Ausnahme Platons haben alle Philosophen stillschweigend angenommen, daß die fundamentalen Faktoren des Erlebens mit besonderer Klarheit zu erkennen seien. Das ist eine Annahme, die hier bestritten werden soll."[314]

Die Erfahrung des Menschen als *society* stellt eine höhere Form als die Erfahrung einer alleinigen *actual entity* dar. In *Process and Reality* wurde schon betont, dass bewusste Erfahrung ein Sonderfall der Erfahrung ist und diese nur die Spitze des Eisberges an Erfahrung verdeutlichen würde. Der Großteil des Eisbergs, der hier Erfahrung sein soll, findet unbewusst statt

---

310 Bernard Rensch, The meaning of panpsychistic identism for a universal evolutionary picture, in: Ernest Wolf-Gazo (Hg.), Whitehead und der Prozessbegriff. Erstes Internationales Whitehead-Symposion in Bonn (August, 25.-28. 1981), Bonn 1981, 45.

311 Johnson 1962, 180.

312 Rohmer 2001, 35.

313 Aljoscha Berve, Die Struktur des Politischen bei Whitehead, in: Dennis Sölch (Hg.), Erziehung, Politik und Religion. Beiträge zu A. N. Whiteheads Kulturphilosophie, Freiburg – München 2014, 143.

314 Whitehead 1971, 325.

oder ist nur eine Vereinfachung der Wirklichkeit, keine Vertiefung dieser im Erleben.[315] In gewisser Weise ist der Mensch auf Grund dieser Möglichkeit von höherer Erfahrung erst zur Wahrheit fähig, auch wenn Whitehead den Begriff der Wahrheit relativiert und von unterschiedlichen Kontexten abhängig macht, wie z.B. von den *eternal objects*.[316] Wahrheit als ein Whiteheadsches Ideal für die *actual entity* bzw. den Menschen bleibt als Ideal ein Potential und muss erst realisiert werden. Als Ideal unterliegt Wahrheit immer der Gefahr des Umsetzungsverlustes. Ideale büßen immer etwas von ihrem Potential in der Umsetzung in der Realität ein. Was schon für das eine Potential gilt, muss aber auch auf die Fülle aller Möglichkeiten bezogen sein, die als Erfahrung auf die *actual entity* einwirken: „Alles, was in einem Erlebnisvorgang verwirklicht wird, schließt mit Notwendigkeit eine Fülle mit ihm unverträglichen Möglichkeiten von der Verwirklichung aus."[317]

Notwendig für höhere Erfahrungen sind für Lotter in der Whiteheadschen Theorie aber „sehr spezielle[n] soziale[n] Umgebungen"[318]. Das „Zielen auf Komplexität [gilt, M.F.] als *eine*[*r*] Bedingung für Intensität."[319] Während in der oben dargestellten Theorie von der Textur der Erfahrung zwischen *causal efficacy*, *presentational immediacy* und *symbolic reference* die Erfahrungswerte auf Identifikation bzw. Korrelation hin aufeinander angepasst werden, können höhere *societies* auch mit Diskrepanzen zwischen den Erfahrungswerten umgehen. Sie übersteigen damit die Möglichkeiten der einzelnen *actual entities*. Diese Möglichkeit ist für Whitehead

315 Vgl. Whitehead 1987, 88 „[...] in beiden Fällen gehören diese Elemente, nämlich Bewußtsein, Denken und Sinneswahrnehmung, zu den abgeleiteten, ‚unreinen' Phasen der Konkretisierung, sofern sie überhaupt in irgendeinem effektiven Sinne daran beteiligt sind." und Whitehead 1971, 380 „Es wäre ein Fehler, wenn man annehmen wollte, daß die Rolle der psychischen Funktionen auf dem Niveau des menschlichen Intellekts darin bestünde, den Erfahrungs- bzw. Erlebnisinhalten größere Tiefe und Subtilität zu verleihen. Genau das Gegenteil ist der Fall. Das bewußt Psychische ist ein Agens der Simplifikation; und aus diesem Grunde handelt es sich bei der Erscheinung um eine unglaublich simplifizierte Version der Wirklichkeit."

316 Vgl. Whitehead 1987, 467ff.

317 Whitehead 1971, 481.

318 Lotter 1996, 242.

319 Whitehead 1987, 506.

die Fähigkeit einer *complex entity*, die er *contrast* nennt.[320] Grundlage für das Handeln von *complex entities* ist Geistestätigkeit.[321] Können bestimmte Details der Umwelt nicht mehr aus dem Erfahren einer *society* ausgeschlossen werden, so muss ein Umgang mit diesen Daten gesucht werden. Wieder sind *feelings* der Schlüssel zu dieser Leistung, denn es gilt der Grundsatz, dass nur das in die Existenz einer *actual entity* bzw. *society* aufgenommen werden kann, was auch über *feeling* vermittelt wird: „Der Zweck dieser Initiative ist es, die neuen Elemente der Umgebung in eindeutige Empfindungen aufzunehmen, deren subjektive Formen dafür sorgen, daß diese mit den komplexen Erfahrungen, die den Elementen der strukturierten Gesellschaft eigen sind, in Einklang gebracht werden."[322] Dazu braucht es das, was bei Whitehead die Selbstbeschreibung einer *complex entity* ist: *contrast*. „Die subjektive Form wird nur dann Bewußtsein enthalten, wenn der Kontrast zwischen Affirmation und Negation in sie eingegangen ist."[323] Im Original bezeichnet Whitehead diesen Kontrast als *affirmation-negation contrast*. Auch wird hier deutlich, was Whitehead unter Bewusstsein versteht. Begegnet ein *nexus* einem anderen und entzieht dieser sich der Integration, so wird die Freiheit des ersten *nexus* nicht erfüllt. *Feeling* wird negiert. Bewusstsein ist die Erfahrung, dass das „reale Ding" und „die Vorstellung" davon je ihre Bedeutung haben.[324] Diese „Zweigleisigkeit"[325] ist „der Kontrast zwischen ‚*tatsächlich*' und ‚*könnte sein*', bezogen auf besondere Fälle in *dieser* wirklichen Welt."[326] Je höher die Negation als *feeling* ausfällt, desto komplexer ist das Bewusstsein der *society*.[327]

---

320 Vgl. ebd., 417. Whitehead geht auch davon aus, dass es *societies* gibt, die durch *transmutation*, durch die Bildung von *symbolic reference*, entstehen können. Dann sind diese aber ausschließende *societies*. (Vgl. ebd., 197)

321 Vgl. ebd., 198.

322 Ebd., 199.

323 Ebd., 476.

324 Vgl., ebd.

325 Ebd., 485.

326 Ebd., 485f.

327 „Der Triumph des Bewußtseins geht einher mit dem negativen intuitiven Urteil. In diesem Fall kommt es zu einem bewußten Empfinden dessen, was sein könnte, aber nicht ist. Das Empfinden betrifft unmittelbar die abgegrenzten negativ erfaßten Informationen, die sein Subjekt aufnimmt. Es ist das Empfinden von Abwesenheit, und es empfindet diese Abwesenheit als verursacht

Diese neue Form von *feeling* bekommt bei Whitehead auch eine neue Bezeichnung: *propositional feelings*. Da der *contrast* keine volle Realität erreicht bzw. Integration in die *society*, bleibt das *feeling* von diesem *contrast* noch der Form der Möglichkeit überlassen und trägt den Charakter „*propositional*". Weil diese aber höheren Formen des Lebens zugewiesen werden bzw. *contrast* nur höheren Formen möglich ist, gilt das *propositional feeling* als *intellectual feeling*.[328]Lotter hält fest, dass „[d]urch ‚propositionale Empfindungen' […] der Bereich des Möglichen gegenüber dem Bereich des Wirklichen eine besondere Relevanz und Komplexität"[329] erhält.

3.2.2. Bewusstsein /Seele (soul)

William James fragte Anfang des 20. Jahrhunderts: „Gibt es das ‚Bewußtsein'?"[330] In Ablehnung der Haltung der Neukantianer spricht er davon, dass das Bewusstsein eine persönliche Dimension des Menschen ist. Wie Whitehead rechnet er der Erfahrung ein sachliches Faktum zu und zugleich einen Gemütszustand. Der Mensch erfährt einen Gegenstand und ein Gegenüber als objektiv und subjektiv und die wahrgenommene Seite des Gegenstandes ist für James generell als „‚Bewußtseinsfeld' "[331] zu bezeichnen.

Für Whitehead ergibt sich aus den obigen Ausführungen, dass höhere Formen der Erfahrung gerade mit der Frage nach Bewusstsein zusammenhängen. Wie James betont er den Zustand, den er selber *feeling* nennt. Für James sind Bewusstsein und Inhalt einer Erfahrung eine Addition[332], für Whitehead die Form des *contrast*. Christian führt aus, dass mehrere Formen von *feeling* und *perception* unter die höheren Erfahrungen fallen. Einige

---

durch die endgültige Ausschließlichkeit dessen, was tatsächlich gegeben ist. Daher erreicht die Ausdrücklichkeit der Negation, die das besondere Charakteristikum des Bewußtseins ausmacht, hier ihren Höhepunkt." (Ebd., 497.)

328 Ebd., 484.

329 Lotter 1996, 245.

330 William James, Gibt es das ‚Bewußtsein'?, in: Michael Hampe, Helmut Maaßen (Hrsg.), Prozeß, Gefühl und Raum-Zeit. Materialien zu Whiteheads „Prozeß und Realität", Frankfurt am Main 1991, 191ff.

331 Ebd., 195.

332 „*Ich glaube, daß die Erfahrung keine derartige innere Zwiefalt aufweist; und ihre Aufspaltung in Bewußtsein und Inhalt kommt nicht auf dem Wege der Subtraktion, sondern auf dem Wege der Addition zustande* […]." (Ebd., 193)

davon sind oben dargestellt worden: „We leave to one side the 'higher phases of experience', including propositional feelings, physical purposes, intellectual feelings, conscious perceptions, and judgements."[333] Diese werden alle in *Prozess und Realität* in Teil Drei, Kapitel V „Die höheren Phasen der Erfahrung" ausgeführt.[334]

Vorweg soll noch einmal kurz festgehalten werden, dass für Whitehead alles Bewusstsein immer im Raum von Natur und folglich als Prozess stattfindet. Einher geht damit, dass Natur nur in Raum und Zeit erfasst werden kann und dieser Prozess auch nur in Raum und Zeit stattfinden kann. Bewusstsein ist somit selber als eine *actual entity* aufzufassen. Whitehead fasst dies wie folgt zusammen: „[…] that nature, as apprehended in consciousness, is constituted as a process, and that the analysis of this constitution is expressed by the properties of space-time."[335]

Selbst Träume verortet er in diesem Prozess, denn auch diese finden im Kontext von Raum und Zeit statt. Er bezeichnet diese Erkenntnis bzw. Feststellung als „new relativity doctrine"[336], weil der Raum für die Träume bisher nicht als wirklicher Raum anerkannt wurde. Wenn aber, wie in Whiteheads Theorie, Raum und Zeit untrennbar von einander sind, dann sind Träume auch Realitäten. Finden alle Ereignisse im körperlichen Kontext statt, so auch die Träume. Die Wahrnehmung der Natur beruht auf „projections of sense-objects"[337]. Parallel erfahren sich das *sense-object*, der Körper und die Raum-Zeit-Erfahrung. Diese drei sind die Grundkonstanten einer *actual entity*, wenn diese erfahren wird. So auch der Traum, der als natürlich aufgefasst werden muss. Er ist keine Erfahrung einer jenseitigen Welt, sondern im Hier und Jetzt verfasst. Träume sind Momente des Bewusstsein und der Natur und können mit Hampe als „‚Hier-Jetzt-Ereignis'"[338] bezeichnet werden. Träume wie das Bewusstsein drücken sich darin aus, dass sie aktual sind, ein Ereignis.[339]

---

333 William Christian, An Interpretation of Whitehead`s Metaphysics, Westport 1977, 212.
334 Vgl. Whitehead 1987, 484–510.
335 Whitehead 1948, 102.
336 Ebd.
337 Ebd., 104.
338 Hampe 1998, 68.
339 Vgl., ebd.

Im Kontext von Träumen führt Whitehead auch kurz den Begriff der Seele ein. Dieser hat in der religionstheoretischen Schrift *Wie entsteht Religion?/Religion in the Making* keine besondere Stellung eingenommen. Whitehead verwendet den Begriff hier nur zwei Mal und ohne Vertiefung des Inhaltes darüber, was die Seele ist.[340] In *Nature and Life* ist es die Seele, die die „gaps in time“[341] überspringen muss. „[…] we doze; we dream; we sleep with a total lapse of the stream of consciousness.[342]“ Es ist zu vermuten, dass Whitehead – ohne hier den Begriff *consciousness* zu erwähnen – die Seele als Zusammenfassung des Bewusstseins denkt. Denn „the world is in the soul“[343]. Alle Erfahrungen, alle Reaktionen und alle Emotionen sind „nothing other than the soul's reactions to this experienced world which lies at the base of the soul's existence.“[344] Müller betont, dass die Seele „in ihrer Entstehung zunächst auf eine hinreichend komplexe Umwelt, wie z.B. Strukturen des Gehirns, angewiesen“ ist, aber durch „eine geordnete Reihe von aktualen Entitäten, die von den Gehirnzellen unterschieden und zumindest relativ unabhängig sind, bestimmt ist.“[345]

Die Seele ist Garant der Selbstidentität des Ich, denn sie ist „nothing else than the succession of my occasions of experience, extending from birth to the present moment“[346]. Im Vergleich seiner Kosmologie mit den Philosophien von Hume und Locke kann Whitehead sogar sagen: „Der Verdienst von Humes Darstellung liegt darin, daß der beschriebene Prozeß innerhalb ‚der Seele‘ stattfindet. In der Organistischen Philosophie werden ‚die Seele‘, wie es bei Hume heißt, und ‚der Geist‘, der bei Locke und Hume vorkommt, durch die Ausdrücke ‚das wirkliche Einzelwesen‘ [*actual entity*, M.F.] und ‚das wirkliche Ereignis‘ ersetzt, wobei diese beiden Ausdrücke synonym sind.“[347] Als *actual entity* ist die Seele aber nicht mehr als ein Stein. Whitehead vergleicht die Seele mit einem Stein in Bezug auf die Originalität, die

---

340 Whitehead 1986, 66 und 104.
341 Whitehead 1968, 38.
342 Ebd., 39.
343 Ebd., 40.
344 Ebd.
345 Tobias Müller, Gott – Welt – Kreativität. Eine Analyse der Philosophie A.N. Whiteheads. Paderborn – München – Wien – Zürich 2009, 273.
346 Whitehead 1968, 40.
347 Whitehead 1986, 266.

beide hervorbringen können. Die Seele kann, muss aber nicht origineller sein als ein Stein.[348] Würde die Seele nicht als *actual entity* gedacht werden, dann stände sie außerhalb aller Erfahrung von Natur. Die Seele muss Grunderfahrung des Kosmos sein.[349]

Mit Bewusstsein als Fähigkeit der Seele geht auch Wissen einher: „My own position is that consciousness is a factor within fact and involves its knowledge. Thus apprehended nature is involved in our consciousness."[350] Denn reines Leben muss vom Bewusstsein unterschieden werden.[351] Dem Bewusstsein stehen dafür folgende Möglichkeiten zur Verfügung, die die Möglichkeiten von höheren Erfahrungen ausmachen. Bewusstsein ist dann nur ein Teil der Seele[352], die *gaps in time* überbrückt und niedrige und höhere Formen der Erfahrung in sich als *actual entity* erfasst:

- *Propositional feelings* sind noch nicht vollends in das Bewusstsein einer *actual entity* integriert: „Aber zwischen Anfang und Ende der Integration

348 Vgl. Whitehead 1986, 203.

349 Während Whitehead hier in *Process and Reality* die Seele noch als *actual entity* bezeichnet und darstellt, wird er diese in *Adventures of Ideas* als „personale Gesellschaft" (Whitehead 1971, 373.) beschreiben. Warum er zu dieser veränderten Annahme kommt, wobei die erstere Beschreibung der Seele noch auf seine frühere Schrift *Nature and Life* zurückgeht, kann nicht nachgewiesen werden. In der Beschreibung des Körpers als eine weitere Dimension des Menschen wird dann, gemäß der später erschienenen Schrift *Abenteuer der Ideen*, von der Seele als *society* gesprochen.

350 Whitehead 1948, 107.

351 „[...] we must distinguish life from mentality. Mentality involves conceptual experience, and is only one variable ingredient in life. The sort of functioning here termed 'conceptual experience' is the entertainment of possibilites for ideal realization in abstraction from any sheer physical realization. [...] Life lies below this grade of mentality. Life is the enjoyment of emotion, derived from the past and aimed at the future." (Whitehead 1968, 44)

352 Whitehead geht sogar davon aus, dass es eine besondere Form des Bewusstseins, die „full awareness" gibt. Höher als die *full awareness* ist *perception* zu betrachten, da hier hinzukommt, dass die hinzutretende *actual entity* auch als eine solche wahrgenommen wird. *Full awareness* erscheint als ein Zustand der Wahrnehmung, der vor der *perception* liegt, denn hier sind nur „intrinsic characters and mutual relations [are] jointly apparent." (Alfred North Whitehead, The Relatedness of Nature, in: Ruth Nanda Anshen (Hg.), Alfred North Whitehead. His Reflections on Man and Nature, New York 1961, 51.)

ins Bewußtsein liegt die Entstehung eines ‚aussageartigen Empfindens' [*propositional feeling*, M.F.]."[353] Sein „Datum [ist M.F.] eine Aussage"[354], bleibt aber sozusagen unbewusst. Wie oben dargestellt, bildet es sich aus dem *contrast* zwischen dem *feeling* und der Realität einer *actual entity*, die noch nicht korreliert oder für identisch erklärt werden können. Das *propositional feeling* wartet sozusagen noch auf seine Integration, ist aber der *actual entity* durchaus präsent. Aktualität und Ideal fallen noch auseinander. *Propositional feelings* geben der *actual entity* den Eindruck, dass erstens etwas *actual* ist, aber nicht sein wird, oder dass zweitens etwas noch nicht *actual* ist, aber noch sein kann.

- *Comparative feelings* sind ebenfalls *contrasts*, erweitern aber den Bereich der bereits dargestellten *contrasts*. Whitehead nennt sie *intellectual feelings* und *physical purposes*.[355]
- *Intellectual feelings* sind der *contrast* zwischen einem *nexus* und einer Aussage der *actual entities*, die zu diesem *nexus* gehören. Hier finden wir wieder den Aspekt der „Zweigleisigkeit"[356] vor, der bereits oben erklärt wurde. Im *intellectual feeling* entsteht für Whitehead Bewusstsein durch ein *feeling*, im Gegensatz zu den *propositional feelings*. Er unterscheidet beide Formen des *feelings* mit einem Vergleich: „Das Bewußtsein flackert; und selbst wo es am hellsten ist, gibt es ein kleines Brennpunktgebiet klarer Erleuchtung und ein großes Gebiet im Halbschatten liegender Erfahrungen, das in dunklem Erahnen von intensiver Erleuchtung berichtet. […] Auch dieser Charakter unserer Erfahrung läßt vermuten, daß Bewußtsein die Krone der Erfahrung ist, die nur gelegentlich erreicht wird, keineswegs aber deren notwendige Grundlage."[357]
- Wiederum primitiver als *intellectual feelings* sind bei Whitehead die *physical purposes*.[358] Denn diese liegen noch vor der Möglichkeit einer Tatsache. Der *physical purpose* kommt auch im *contrast* eines *nexus'*

353 Whitehead 1986, 467.
354 Ebd.
355 Vgl. ebd., 484.
356 Ebd., 485 und vgl. „Höhere Formen der Erfahrung".
357 Whitehead 1986, 486.
358 Ebd., 501.

und der zu dem *nexus* gehörenden *actual entities* auf. Aber er verbleibt noch im *nexus*. Der *nexus* fühlt etwas, das noch nicht bis zu den *actual entities* dieses *nexus*' weitergegeben wurde. Das „physische Empfinden [des *nexus*, M.F.] empfindet eine reale Tatsache“[359], gibt diese aber noch nicht an die sie konstituierenden *actual entities* weiter. Es kann noch nicht begrifflich/*intellectual* werden.

Wolf-Gazo erklärt die Theorie Whiteheads von Bewusstsein so, dass er „does not actually have a theory of mind in the standard sense of the meaning“[360]. Bei Whitehead gibt es nicht das eine Bewusstsein, sondern eine ganze Reihe von Bewusstseinszuständen, die aufeinander aufbauen, aber auch eigene Stufen von Bewusstsein in die Existenz einer *actual entity* einbringen können. Klassisches Denken von Bewusstsein wird so um Längen überstiegen. Seine Theorie des Bewusstseins umfasst eine neue Terminologie und bisher unbekannte Formen von Bewusstseinszuständen.[361] Aufbauend auf der Theorie der *feelings* kann Whitehead eine Fülle von *feelings* annehmen, die das menschliche Bewusstsein ausmachen und bereichern. Nur ein geringer Teil davon erlangt das volle Bewusstsein, ein großer Teil bleibt sozusagen unbewusst. Wolf-Gazo möchte deswegen auch nicht mehr allein von „mind“ als Bewusstsein, sondern vielmehr von „mindness“ als „larger process“ sprechen.[362] *Mind* ist dann die „Entity“ oder, wie Whitehead sagen würde, *actual entity*, während *mindness* den Prozess darstellen würde.[363] Allerdings ist *mindness* für Wolf-Gazo kein Seelenanteil, sondern „psychic experience“, welcher aber durch „states of mind“ aufgebaut wird.[364] Der Tod beendet dann *mind*, *mindness* geht weiter: „Mindness does not know death – it is a phylogenetic process of infinitude called ‘Psyche’.“[365]

---

359 Ebd., 502.

360 Ernest Wolf-Gazo, Mind and Mindness as actual entity and experienced process. Notes towards a Process Theory of Mind based on A. N. Whitehead and Samuel Alexander, in: Ders. (Hg.), Whitehead und der Prozessbegriff. Erstes Internationales Whitehead-Symposion in Bonn (August, 25.-28. 1981), Bonn 1981, 26.

361 Vgl., ebd, 27.

362 Ebd., 29.

363 Ebd.

364 Ebd., 29f.

365 Ebd.

Schaut man auf Whiteheads Theorie, dass jede *actual entity* in Gott Unsterblichkeit findet, dann gilt das als Zusammenfassung aller Formen von Bewusstsein einer *actual entity*, *society* oder eines *nexus* auch für die Seele. Wolf-Gazo unterstützt diese These, wenn er *mind* als vergänglich, Prozess von *mindness* aber als unsterblich darstellt.

Gerade die Vorstellung, die Seele sei eine *actual entity*, die, wie der Prozess des *mindness* im Bezug auf *mind*, selber einem Prozess unterliegt, muss dieser Prozess bzw. die Fähigkeit zu und die Erfahrungen von *mind* Teil der *actual entity* namens Seele in ihrem Prozess der *soulness* sein. Dieser Gedanke der Prozessualität von *mind* und Seele bewahrt in ihnen die höchste Form von Identität, die in der Organistischen Philosophie Whiteheads möglich ist. Warum Whitehead diesen Gedanken in der Entwicklung seines Denkens zwischen den beiden Schriften *Abenteuer der Ideen* und *Prozeß und Realität* verwirft, ist nicht auszumachen.[366] Denn wenn dem Gedanken von *Nature and Life* und *Prozeß und Realität* gemäß *mind* und Seele keine Form von *societies* sind, können diese auch auf Grund von Werteveränderung der sie erbauenden *actual entities* nicht zerbrechen. Nur Einflüsse anderer *actual entities* im Prozess von *concrescence* können diese beeinflussen. Seele und *mind* sind folglich erst durch gemeinsame Wertevorstellungen Teil der *society*, die den Menschen als Organismus und Individuum ausmachen.

3.2.3. Körper

Whitehead stellt immer wieder den physischen Pol der Erfahrung heraus und betrachtet die Natur und darin den Körper als unumgänglich, damit

366 Um dieses Problem mit der Auslegung zu Seele und Bewusstsein zu umgehen, folgert David Skrbina, dass „‚consciousness‘ is highly anthropocentric, and its meaning is too closely associated with specifically human mental status to serve as a general attribution of reality“ (David Skrbina, Panpsychism in the West, Cambridge – London 2007, 16f.). Er bevorzugt die Rede von der „mentality“ (Ebd., 17.) und besteht darauf, dass „along with ‚consciousness‘ and ‚soul‘, it is best to avoid such terms when speaking of properties of mind in general“ (Ebd., 18.). Dieser Vorschlag stellt für diese Arbeit auf der Suche nach einer anthropologischen Antwort keine suffiziente Lösung dar. Für die Darstellung der Organistischen Philosophie muss die Frage des Verhältnisses von Seele und Bewusstsein, trotz der hier gemachten Gedanken, offen bleiben.

Erfahrung gemacht werden kann. Wie sieht er aber den Körper? Kann seine Rolle genauer betrachtet werden?

Grundsätzlich muss gesagt werden, dass er die These aufstellt: Das „[...] Eingehen körperlicher Funktionen in den Vererbungsprozeß unseres Erlebens ist uns so geläufig und so selbstverständlich, daß die Umgangssprache überhaupt nicht zwischen dem Körper und der Person des Menschen trennt. Leib und Seele sind für sie zu einer Einheit verschmolzen [...].“[367] Der Körper muss aber auch von der Seele getrennt werden, denn er stellt ein Faktum der Natur dar, ein „Komplex von Vorgängen“, deren „Erbschaft in verschiedene Regionen des Gehirns einströmt“[368].

Beelitz hebt schon die „Körperbetonung, die dieser Kosmologie eignet,“[369] hervor und bezieht sich auf Whitehead, der den Körper als „die Basis unserer emotionalen und zielgerichteten Erfahrungen“[370]beschreibt. Der Körper verhält sich zu den Sinneserfahrungen und ist Teil der Natur. Whitehead erkennt im Körper „eine dreifache Evidenz: der Körper ist Teil der Natur; der Körper stellt die Basis emotionaler und sensorischer Aktivitäten bereit; und die Erregungen in menschlicher Erfahrung gehen über in nachfolgende körperliche Funktionsweisen.“[371]

Causal efficacy hat ihren Ursprung in der körperlichen Dimension der Erfahrung und wird in Fortführung der Erfahrung in „räumliche[n] Beziehung der Körperorgane des Beobachters zum Ort der ‚projizierten‘ Sinnesdaten“[372] gesetzt. Mit dem Beispiel des Hörens verdeutlicht Whitehead die Bedeutung der *causal efficacy* die mit *presentational immediacy* zusammen eine erste, körperliche Sinneserfahrung ausmacht.[373] Der Körper nimmt die

367 Whitehead 1971, 346.
368 Ebd.
369 Beelitz 1991, 101.
370 Whitehead 2001, 149.
371 Ebd., 150.
372 Whitehead 2000, 115.
373 „Zum Beispiel sind im Falle des Hörens eines Geräuschs physikalische Wellen in die Ohren gelangt, und die Aktivitäten der Nerven haben das Gehirn erregt. Das Geräusch wird dann als aus einer bestimmten Region der äußeren Welt kommend gehört. Daher enthüllt die Wahrnehmung im Modus der kausalen Wirksamkeit [*causal efficacy*, M.F.], daß die Daten im Modus der Sinnes-Wahrnehmung durch sie bereitgestellt werden. [...] Jedes solche Datum konstituiert

ihn umgebende Natur wahr und bildet „the projection of sense-objects – such as colours, shades, sounds, smells, touches, bodily feelings“[374]. Die Verbindung zum Tier stellt er mit einem Beispiel aus dem Bereich des Geruchs heraus.[375] Bewusstsein scheint in diesem letzten Beispiel die Fähigkeit des Menschen zu sein, die ihn vom Tier unterscheidet. Dieses Bewusstsein sieht er beim Menschen je nach Lebensalter noch in der Entwicklung. Erst mit dem „entwickelte[n] Intellekt des Erwachsenen“[376] tritt eine neue Qualität hinzu. „Wahrnehmungen der Stimmungen“ der Mutter kann das Kind schon erkennen, „subtile[n] Gedankengänge“ aber nicht.[377] Dafür hat das Kind bereits Sinne entwickelt bzw. hat Erfahrungen aus der Vergangenheit, die es mit der Wahrnehmung der Stimmungen in Verbindung bringen kann. Denn die Sinneswahrnehmung ist noch nicht ideal ausgeprägt: „Divest consciousness of its ideality, such as its logical, emotional, aesthetic and moral apprehensions, and what is left is sense-awareness. Thus sense-awareness is consciousness minus its apprehensions of ideality.“[378]

Whitehead bringt Körper und Seele jenseits der Entwicklung des Menschen und der animalischen Anteile in seinem Wahrnehmungsapparat wieder miteinander in Verbindung, wenn er in *Adventures of Ideas* plötzlich von der Seele als „personale Gesellschaft“ spricht, die der Mensch ist.[379] Der Mensch ist eine Hierarchie von *societies*, die *living societies* oder *personal living societies* sein können. Erstere sind auf einem niedrigen Niveau des Bewusstseins zu verorten, letztere in einem höheren Niveau. Sie weisen

ein Bindeglied zwischen den zwei Wahrnehmungsmodi. […] Man kann sich die Sinnesdaten so vorstellen, daß sie zwischen den Organismen der vergangenen Umgebung und jenen der gegenwärtigen Welt eine vielstellige Beziehung konstituieren.“ (Ebd., 112)

374 Whitehead 1948, 104.

375 „Unser hochentwickeltes Bewußtsein macht aus den Sinnesqualitäten rein objektive Gegebenheiten, eben Daten; aber unser in seinen Grundlagen animalisches Erleben faßt die als Typen subjektiven Fühlens auf. Das Erlebnis beginnt als ‚dieser geruchsartige Eindruck‘ und wird vom Bewußtsein zum ‚Eindruck von diesem bestimmten Geruch‘ weiterverarbeitet.“ (Whitehead 1971, 431f.)

376 Ebd., 432.

377 Ebd.

378 Whitehead, The Relatedness of Nature, 1961, 52.

379 Whitehead 1971, 373.

„einen hohen Grad psychischer Entfaltungen“[380] auf. Ist der Mensch eine personale Gesellschaft, so ist dieser „die Seele, von der Platon gesprochen hat.“[381] Seele ist hier nicht mehr ein Bestandteil des Individuums Mensch, wie noch in *Nature and Life* und *Prozess und Realität* statuiert wurde, sondern umfasst in *Adventures of Ideas* nun den ganzen Menschen. Als höchste Form von *society*, die in der Organistischen Philosophie Whiteheads zu denken bzw. möglich ist, ist diese für ihn die Zusammenfassung aller Erfahrungselemente und Wirklichkeiten des Individuums Mensch geworden. Warum Whitehead zu dieser, gegenüber *Nature and Life* und *Prozess und Realität*, veränderten Annahme im Bezug auf die Seele kommt, bleibt ungeklärt.

3.2.4. Gehirn

Als einen Anteil am Leben des Menschen zwischen Bewusstsein und körperlichen Funktionen muss man besonders das Gehirn hervorheben. Busch hat in seiner Arbeit versucht, eine Hirntheorie im Werk von Whitehead herauszuarbeiten.[382] Auf ihn soll im Folgenden vor allem zurückgegriffen werden. Wie viele andere Darstellungen, so hat „Whitehead seine Vorstellungen zum Gehirn nie selbst zusammenfassend vorgelegt“[383]. Mit den Worten Whiteheads kann das Gehirn aber als „eine lebende, höchst komplex strukturierte Gesellschaft“[384] verstanden werden. Die wichtigsten Referenzstellen finden sich bei ihm in *Process and Reality*.

Whitehead betrachtet das Gehirn als ein „sehr hochgradiges Steuerungsorgan“[385]. Das Gehirn wird von ihm als solches vom Geist unterschieden. Whitehead unterscheidet seine Organistische Philosophie von Thomas von Aquin, der als Steuerung den Geist betrachtet. Whitehead bleibt hier in seiner kosmologischen, naturalistischen Philosophie und kann sich kein Leben außerhalb der Welt vorstellen bzw. welches nicht auf *actual entities*

380 Ebd.
381 Ebd.
382 Elmar Busch, Viele Subjekte, eine Person. Das Gehirn im Blickwinkel der Ereignisphilosophie A. N. Whiteheads, Würzburg 1993, 109–160.
383 Ebd., 111.
384 Ebd., 113.
385 Whitehead 1987, 211.

begründet ist. „Der lebende Körper ist eine Koordination hochgradiger wirklicher Ereignisse […]“[386], so Whitehead. Das Gehirn selber wirkt nicht als Ganzes, sondern als eine *society* aus *actual entities*, die je nach Situation angesprochen werden. Im Gehirn scheint für Whitehead aber die Persönlichkeit des Menschen angesiedelt zu sein, da er den Einfluss von *actual entities* auf einen je unterschiedlichen „Teil [des Gehirns, M.F.] einen besonderen Reichtum der Vererbung erlebt; und auf diese Weise wird im jeweiligen Moment die führende Persönlichkeit im Körper hervorgebracht.“[387] Whitehead scheint eine dominierende Persönlichkeit je nach Einfluss auf eine Hirnregion zu vermuten. Dies hat dann Auswirkungen auf den Rest des Körpers, da der Einfluss auf einen Teil des Gehirns „seinen Ursprung in dem führenden Ereignis hat und die späteren Ereignisse überall im Rest des Körpers modifiziert“[388]werden. Zusammenfassend hält er fest, dass „eine zentrale personale Vorherrschaft [ist] immer nur teilweise gegeben“[389] ist.

Es gibt aber auch die andere Richtung, die wie der Körper auf das Gehirn wirkt. Berührt die Hand einen Stein, so wird das „Berührungsempfinden in der Hand mit diesem Vektor-Ursprung im Stein [wird] in das Gehirn des Wahrnehmungssubjekts übertragen.“[390] Diese Richtung der Wahrnehmung wurde bereits an verschiedenen Stellen oben ausgeführt: Die Physiologie des Körpers entscheidet über den Wahrnehmungskontext der *society* sowie des Gehirns und die *presentational immediacy* wird hier ausgeprägt.[391] Klar wird hier, dass auch bewusstseinsverändernde Mittel und Situationen eine direkte Auswirkung für einen ganzen Organismus haben.

Das Gehirn muss in der Theorie Whiteheads wohl ganz in den körperlichen Kontext des Lebens verortet werden. Es besteht selber aus einem

386 Ebd.
387 Ebd.
388 Ebd.
389 Ebd.
390 Ebd., 230.
391 „Ein bestimmter Zustand des geometrischen Entwicklungsstrangs im Körper und eine gewisse qualitative physiologische Erregung in den Körperzellen beherrschen den ganzen Prozeß der vergegenwärtigenden Unmittelbarkeit.“ (Ebd., 242) „Wie das Gehirn erregt wird, ob durch visuelle Reize über das Auge oder durch akustische Reize über das Ohr, durch Alkoholmißbrauch oder durch hysterische Anwandlungen, ist völlig gleichgültig […].“ (Ebd., 583)

Netzwerk von *actual entities*, die vom Körper beeinflusst werden und selber Einflüsse an den Körper weitergeben. In beiden Richtungen wird der Körper mit Whitehead als „komplexer ‚Verstärker' aufgefasst"[392], der in der *concrescence* bereits Werte umsetzt. Nicht allein dem Bewusstsein oder dem Gehirn ist dieser Prozess überlassen, so dass es auf den Körper wirken kann. Jede *actual entity* im Körper ist eine Quelle im Wertschöpfungsprozess des Lebens und lässt ihre Entwicklung in die *society* des Körpers und letztlich des Gehirns einfließen. Jede *actual entity* im Körper des Menschen ist kreativ und in verschiedene Stufen von *nexūs* eingebunden.[393] Der Körper „ist das Organ des Neuen"[394] und nicht allein das Gehirn.

Mit Blick auf die Biologie und Physiologie des Körpers geht Whitehead von einer erweiterten Theorie, jenseits von reiner Physik und Chemie, aus. Whitehead vermutet in den Möglichkeiten zwischen Protonen, Neutronen, Elektronen, Atomen und Molekülen einer Zelle Zwischenräume. Auch hier muss es Ereignisse geben, die als Zwischenraum auf eine Zelle und den durch sie aufgebauten Organismus wirken.[395] Diese Theorie ist auch auf

---

392 Ebd., 229.

393 „Es muß daran erinnnert werden, daß eine vollständige lebende Gesellschaft, wie wir sie kennen, nicht nur den dienenden anorganischen Apparat mit einschließt, sondern auch viele lebende Nexūs, und zwar mindestens einen für jede ‚Zelle'." (Ebd., 201)

394 Ebd., 608. Vgl. „Der Körper mit seiner wunderbaren Ordnung ist dafür verantwortlich, daß die Schätze der vergangenen Umgebung in das lebende Ereignis ausgeschüttet werden. Der abschließende Wahrnehmungsweg der Ereignisse ist vielleicht irgendein Faden von Vorkommnissen, die im ‚leeren' Raum der Zwischenzonen des Gehirns wandern. Er arbeitet nicht, auch spinnt er nicht. Er empfängt von der Vergangenheit; er lebt in der Gegenwart. Er wird durchgerüttelt von der Intensität seines privaten Empfindens, von Zuneigung oder Abneigung. Dieses Kulminieren des körperlichen Lebens überträgt sich seinerseits als ein Element des Neuen auf den großen Avenuen des Körpers. Sein einziger Nutzen für den Körper ist seine lebhafte Originalität: Es ist das Organ des Neuen." (Ebd., 607f.)

395 Vgl. Whitehead 1988, 179f. Diese Theorie kann Whitehead noch nicht voll und ganz erklären. Er sieht sie durch die Lehre des Elektromagnetismus belegt. In *Adventures of Ideas* hält er fest: „Die chemischen Gesetze treffen nur auf die Reaktionen unter Molekülen zu. Im leeren Raum müssen wir auf die fundamentalen Gesetze des elektromagnetischen Feldes zurückgreifen, die dort den Energiefluß kontrollieren. Und weiter können wir nicht zurückgehen, einfach,

das Gehirn als Organismus, der aus Zellen besteht, zu übertragen: „Das Leben liegt in den Zwischenräumen jeder lebenden Zelle und in den Zwischenräumen des Gehirns verborgen."[396] Leerer Raum ist für Whitehead unvorstellbar, denn jeder Raum muss mit dem Erleben von *actual entities* gefüllt sein.

Was das Gehirn aber besonders auszeichnet, ist, dass es als *society* aus *nexūs* verschiedener Grade bestehen kann. Manche davon sind für das Bewusstsein im Menschen verantwortlich, letztlich gibt es aber nur einen Aufschluss darüber, wer wir sind: Es „bildet jedes dieser dauernden Objekte [...] selber so etwas wie ein untergeordnetes Universum, das untergeordnete dauernde Objekte in sich enthält. Die einzige im strikten Sinne personale Gesellschaft, von der wir eine unmittelbare und deutliche Anschauung haben, ist die Gesellschaft, die von unseren eigenen Erlebensvorgängen gebildet wird."[397] Hier kommt wieder die Whiteheadsche Theorie von der Seele als „eine lebende personale Gesellschaft [...], deren Vorgänge einen hohen Grad psychischer Entfaltung erreichen"[398] vor. Nimmt Whitehead die Seele als eine übergeordnete *society* an, dann sind unter ihr mehrere Ereigniszusammenhänge möglich, denn wie Busch in seiner Arbeit festhält, können *actual entities* „nichts voneinander wissen. Nur vergangene Subjekte können objektiviert werden. Ein Subjekt kann immer nur sich selbst als Subjekt erfahren."[399] Die Seele kann sich selbst nur als eine Vielzahl von *actual entities* erfahren, die zum *contrast* fähig sind. Die Existenz der Vergangenheitserfahrungen der *actual entities* in dieser *society*, binden diese *actual entities* zusammen. Für Busch ist es die ihnen „gemeinsame Körpergeschichte", die die „Identitätserfahrung des Menschen als EINE Person"[400] ausmacht. „Viele Gehirnereignisse"[401] machen eine Person aus, die Seele hält diese im *contrast* zusammen.

---

weil wir über diesen Punkt noch nicht hinausgekommen sind." (Whitehead 1971, 134)

396 Whitehead 1987, 206.

397 Whitehead 1971, 371.

398 Ebd., 373.

399 Busch 1993, 171.

400 Ebd., 203.

401 Ebd.

3.2.5. Vernunft

Kann ein solcher Mensch noch als vernünftig betrachtet werden?

Mit Whitehead muss man diese Frage durch Belegstellen in *Process and Reality* bejahen. Vernunft ist nicht einfach so im Menschen vorhanden, sie entsteht: „Die Entstehung der Vernunft entspricht der gesteigerten Bedeutung des kritischen Urteils für die Disziplin des phantasievollen Empfindens."[402] Der Mensch *wird* also erst vernünftig. Vernunft steht in Verbindung mit der Fähigkeit höherer Gesellschaften *contrasts* zu bilden. „[B]linde Erfahrung durch Vergleich mit der phantasievollen Realisierung reiner Potentialität"[403] in Verbindung zu bringen, schafft Vernunft. Wenn Realismus und Idealismus einer erfahrenen *actual entity* einander nicht identifizierbar oder korrelierbar gegenüber stehen, bildet sich Vernunft heraus. An anderer Stelle schreibt Whitehead: „Die Aufgabe der Vernunft besteht darin, die tieferen Tiefen der Vielseitigkeit von Dingen auszuloten."[404]

Zeitlich nah zu *Process and Reality* veröffentlichte Whitehead eine kleine Schrift mit dem Titel *The Function of Reason*. Auch wenn große Teile dieser Schrift vor allem der Frage nach einer praktischen und einer theoretischen Vernunft nachgehen, so finden sich hier auch Aussagen, die die Funktion der Vernunft im Leben des Menschen allgemeiner betrachten.[405]

Anorganische Existenz bezeichnet Whitehead hier als „vacuous existence"[406]. Vernunft füllt Existenz, da sie „enlightenment of purpose" ist, und „when it has rendered purpose effective, it has fulfilled its function and lulls itself with self-satisfaction."[407] Vernunft hat die „promotion of the art

402 Whitehead 1987, 332.

403 Ebd.

404 Ebd., 611.

405 Es wird an dieser Stelle auf eine genauere Darstellung der praktischen und der theoretischen Vernunft bei Whitehead verzichtet, weil diese nicht einfach voneinander in *The Function of Reason* zu trennen sind. Schon Berve stellt dies fest und hält die Schwierigkeit einer getrennten Darstellung fest (vgl. Aljoscha Berve, Spekulative Vernunft, symbolische Wahrnehmung, intuitive Urteile. Höhere Formen der Erfahrung bei A. N. Whitehead, Freiburg – München 2015, 106.)

406 Whitehead 1929, 24.

407 Ebd., 29.

of life“[408] zur Aufgabe, die Lebenskunst zu fördern, und tut dies in dreifacher Weise: „In fact the art of life is *first* to be alive, *secondly* to be alive in a satisfactory way, and *thirdly* to acquire an increase in satisfaction.“[409] Damit dies geschehen kann, „directs and criticizes [Reason, M.F.] the urge towards the attainment of an end realized in imagination but not in fact.“[410] Grundsätzlich gibt es die evolutionäre Dynamik in der Welt nur, weil es Vernunft gibt. Ziele werden gegeneinander abgewogen und Prioritäten werden gesetzt. Einen Wandel in der Vernunft erkennt Whitehead aber erst bei den Griechen, denn ihre „discovery of mathematics and of logic introduced method into speculation“[411]. Evolution, Entwicklung von Leben, zeitliche Weiterentwicklung alles Lebendigen ist grundsätzlich vernunftbegabt, sonst würde es kein teleologisches Element im Leben geben. Aber eine qualitative Weiterentwicklung gibt es erst mit dem griechischen Einfluss auf das, was Vernunft genannt wird. Erst ab diesem Zeitpunkt wurde die Vernunft „freed from its sole dependence on mystic vision and fanciful suggestion. Its method of evolution was derived from itself. It ceased to produce a mere series of detached judgments. It produced systems instead of inspirations.“[412] Die evolutionäre Vernunft unterscheidet sich als reines Streben von der analytischen Vernunft durch die Fähigkeit zum Denken. Ein Denken von Systemen und Kategorien geht in der Entwicklungsgeschichte von Leben über ein reines teleologisches Streben hinaus. Whitehead bringt mit dieser entwickelten Form der Vernunft, er spricht auch von der Philosophie als dieser Form der Vernunft, auch das zivilisierte Leben in Verbindung: „Solch eine Denkgewohnheit ist das eigentliche Wesen der Zivilisation. [...] Zivilisierte Wesen sind diejenigen, welche die Welt mit einer gewissen weiten Allgemeinheit des Verstehens überblicken.“[413]

Wie genau aber die Vernunft nun auf die Wahrnehmung und den Erlebniskontext von Menschen in der Welt wirkt, macht Whitehead nicht deutlich. Auch für Berve spielt die Vernunft „in der systematischen Ausarbeitung

408 Ebd., 5
409 Ebd.
410 Ebd.
411 Ebd., 32.
412 Ebd.
413 Whitehead 2001, 48.

der Theorie des Empfindens in *Prozeß und Realität* überhaupt keine Bedeutung."[414] Klar ist aber, dass der Mensch bei Whitehead das einzige Lebewesen ist, das zur Vernunft beider Formen fähig ist. Beide Formen bedingen einander und können nicht hierarchisch einander über- bzw. untergeordnet werden.[415]

3.2.6. Überredung und ethisches Verhalten

In Whiteheads Ausführungen zur Ethik lässt sich grundsätzlich erkennen, dass er aus einem christlichen bzw. anglikanischen Elternhaus kommt. Sein Vater war anglikanischer Vikar und in Verbindung mit seinen Erinnerungen an die Kindheit in England kann vermutet werden, dass Werte dieser Tradition in seiner Erziehung und im alltäglichen Leben eine Rolle gespielt haben.[416] So berichtet er auch von zahlreichen Begegnungen mit dem zuständigen Erzbischof, der eine Sommerresidenz in der Pfarrei des Vaters hatte.[417]

Auch wenn Whitehead keine praktische Philosophie entwickelt hat[418], so liegen in seiner Organistischen Philosophie doch Möglichkeiten, Grundlagen zum ethischen Verhalten des Menschen zu entdecken.[419] Wie oben gezeigt ist eine praktische Vernunft lediglich auf ein Zielstreben im evolutiven Prozess beschränkt. Die spekulative/theoretische Vernunft bezieht sich vor allem auf die Leistungen der Mathematik und der Logik bei den griechischen Philosophen. Deswegen scheint es logisch, dass Whitehead sich dem Christlichen als Hilfe in der Entwicklung einer Ethik zuwendet.

Grundsätzlich geht es Whitehead weiterhin um die *actual entities*, die in ihrem Kern nach *feeling* streben und damit Wertschöpfung umsetzen.

---

414 Berve 2015, 115.

415 Vgl. Whitehead 1929, 34f.

416 Whitehead 1948, 7.

417 Ebd.

418 Vgl. Helmut Maaßen, Ontologie, Ethik und Politik bei Gandhi und Whitehead, in: Dennis Sölch (Hg.), Erziehung, Politik und Religion. Beiträge zu A. N. Whiteheads Kulturphilosophie, Freiburg – München 2014, 167.

419 Riffert betont die Herausforderung, dass diese Ethik bzw. Prozessethik aus dem Gesamtwerk erschlossen werden, einerseits weil es um die dort entwickelte Organistische Philosophie als Grundlage der Prozessethik geht, andererseits, weil Whitehead Gedanken zum ethischen Verhalten nie gezielt in einer Schrift entwickelt hat. Vgl. Franz Riffert, Whiteheads Prozessethik, in: Freiburger Zeitschrift für Philosophie und Theologie (Separatum) 50 (2003), 171–187, 171.

Diese wird für Whitehead aber im Miteinander von *actual entities* schon als ethisch verstanden. Er unterstellt diesem Miteinander ein Sorgen, er spricht im Englischen von „*concern*"[420]. Das subjektive Streben nach *feeling* und Intensivierung des eigenen Selbst ist nicht frei von einem Sorgen um die andere *actual entity*. Wertschöpfung und Evolution sind kein Kampf um Eliminierung einer anderen *actual entity*, sondern Whitehead geht es hier um die „substantivische Wendung für ‚es geht ernstlich um' "[421] etwas, was wohl mit der Verwirklichung von Leben beschrieben werden kann. So wie er es in *Process and Reality* beschreibt: „Nach dieser Theorie des ‚Lebens' ist die erste Bedeutung von ‚Leben' das Hervorbringen einer begrifflichen Neuheit – Neuheit des Strebens [*novelty of appetition*, M.F.]."[422]

Die hohe Wertschätzung christlicher Werte scheint hier eine Lücke zu füllen, und ihren Vorteil für die Zivilisation sieht er vor allem darin, wenn diese für den alltäglichen Gebrauch nutzbar gemacht werden: „Der Fortschritt der Menschheit kann definiert werden als *der* Umwandlungsprozess der Gesellschaft, der für ihre einzelnen Mitglieder die ursprünglichen christlichen Ideale in zunehmendem Maße praktikabel macht."[423] Ziel ist ihm das „stoisch-christliche[n] Ideal demokratischer Brüderlichkeit"[424]. Die Betonung liegt hier auf den Einzelnen in der Gesellschaft, denn Whitehead sieht das Organistische Prinzip der Natur bzw. der Welt auch in den Formen der Ethik wiederkommen. So hat die Gesellschaft in ihren großen oder auch kleinen Teilen, z.B. der Familie, die Aufgabe, dass der Einzelne die Möglichkeit der Entfaltung findet. Whitehead lehnt jede Form eines Sieges des Darwinismus oder der Genetik ab. Eine „Ausrottung der Untüchtigen" ist nur ein Aspekt, den er „direkter Angriff auf das Humanitätsideal"[425] nennt.

Grundsätzlich besteht in der Übernahme des Organistischen Prinzips für Whitehead auch die Annahme, dass es in der Gesellschaft, ebenso wie im Leben der Organismen, zu *lures* kommen muss. Diese nennt er Überredung/Überzeugung. Gesellschaften entwickeln sich durch „zweierlei Arten von

420 Whitehead 1971, 326.
421 Ebd.
422 Whitehead 1987, 200.
423 Whitehead 1971, 97.
424 Ebd., 126.
425 Ebd.

Zwang"[426]. Der erste ist das naturhafte Bedürfnis nach „Nahrung, Wärme und Behausung"[427]. Dieser Zwang wird heute als Überlebenstrieb und als ein Grundbedürfnis verstanden. Der zweite Zwang hat aber nicht nur eine individuelle, sondern vor allem eine soziale Komponente. Whitehead nennt ihn „den Zwang, das soziale Handeln zu koordinieren"[428]. Den Menschen scheint ein Zwang innezuwohnen, der den Menschen antreibt. Er erkennt ihn aber auch in der Macht zur Einflussnahme, die die Gesellschaft auf das Individuum hat. Diese Macht ist die Überredung.[429]

Das Göttliche ist auch fundamentaler Bestandteil des Kosmos, der Gesellschaft(en) und deren *concrescence*, die ohne Endpunkt zur höheren, weiteren Entwicklung streben, weil Gott das Prinzip der nie endenden Teleologie ist. Damit ist das Göttliche für Whitehead auch ein Aspekt der Überredung. Er bezieht sich hier auf Platon, der für ihn als „weiseste[r, M.F.] aller Menschen gelehrt [hat, M. F.], daß die göttliche Überredungskraft die Quelle aller Ordnung in der Welt ist. [...] Für mein Empfinden hat Platon hier [...] die christliche Gnadenlehre schon vorweggenommen."[430]

---

426 Ebd., 176.

427 Ebd.

428 Ebd.

429 An anderer Stelle in *Adventures of Ideas* zählt Whitehead sogar vier Faktoren auf, die über „Aufstieg und Verfall der Zivilisation" entscheiden und „entscheidenden Einfluß auf das Schicksal menschlicher Gesellschaften haben." (Ebd., 200) Hier führt er zum Ende ebenfalls die Überredung als höchstes Gut auf, er betont aber besonders drei „Formen menschlicher Betätigung [...], die das Wachstum dieser Gewohnheit begünstigt haben: die Familienzuneigung, die auf sexuellen Beziehungen und der gemeinsamen Sorge für die Kinder beruht, die intellektuelle Neugier, die Freude am Austausch von Ideen findet, und – von einer gewissen Wachstumsstufe der Gesellschaft ab – die Gepflogenheit des Handelsaustauschs. Aber über diese spezielle Betätigungen hinaus hat sich ein umfassendes Band der Sympathie gebildet, durch die zunehmende Ehrfurcht vor jener Macht, die bewirkt hat, daß es in der Natur Raum für ideale Zwecke gibt, und Individuen, die diese Zwecke bewußt erkennen können. Diese Ehrfurcht ist die Grundlage der Achtung vor dem Menschen als Menschen und garantiert so jene Freiheit des Denkens und Handelns, die für das Abenteuer der Höherentwicklung des Lebens auf der Erde die unumgängliche Voraussetzung ist." (Ebd.)

430 Ebd., 306.

Ein besonderes Beispiel dafür, wie Überredung/Überzeugung als Grundprinzip des Göttlichen im Kosmos und im Menschen konkret auftreten, findet er in Mahatma Gandhi und dem damaligen Vizekönig Lord Irwin, „zwei Männer[n, M.F.], deren Handeln von der moralischen Kraft ihrer religiösen Überzeugung geprägt ist, dem gewaltsamen Streit zwischen Herrschern und Beherrschten [...] wenigstens für den Augenblick Einhalt gebieten zu können [...].“[431] Vor jeder personellen Wertschätzung hält Whitehead das Milieu der Überredung als „Milieu, in dem die höheren Geistestätigkeiten und die subtileren Gefühle entfaltet und genossen werden können“[432], fest. Ist Überredung ein Element der Vernunft? Whitehead legt dies nahe, wenn er diese als mit der „Entfaltung des Intellekts“ und dem „Abnehmen der naturgegeben Zwänge“ in Verbindung bringt.[433] Ziel ist dann ein „Aufschwung der Entwicklung“[434].

Für Whitehead ist aber auch klar, dass der Mensch sich gegen die Überredung und die *lures* des Göttlichen verhalten kann. Denn es gehört zu seinem Bild des Göttlichen, dass es „niemals Macht aus[übt, M.F.].“[435] Er definiert das Böse als „die nackte Triebkraft der zersplitterten Zwecksetzung, die nichts mit der zeitlosen Vision [des Göttlichen, M.F.] gemein hat.“[436] Die Religion hält die Vision des Göttlichen wach, ritualisiert diese und erinnert daran. Sollte die Religion untergehen, so ist für Whitehead auch die Weiterentwicklung von Leben nicht mehr Ziel des Lebens.

Kann zwischen dem Erleben zweier *actual entities* „durch innere[n] Konformität [...] ein Maximum an Effektivität“ erreicht werden, dann ist dies für Whitehead Schönheit.[437] Alle Zweckrichtung des Lebens und des Universums ist auf das Erreichen von Schönheit ausgerichtet. Deswegen

---

431 Ebd. Johnson führt eine gute Zusammenfassung sogenannter „Great Men“ auf, die in den Werken Whiteheads auftauchen. „Plato, the Stoics, the Hebrew prophets, Jesus of Nazareth, Galileo, Newton, Locke, Lord Shaftesbury, Dewey“ sind alles Beispiele die „ideas into action“ übersetzt haben. (Johnson 1962, 27ff.)

432 Whitehead 1971, 176.

433 Ebd.

434 Ebd.

435 Whitehead 1988, 223.

436 Ebd.

437 Whitehead 1971, 462.

muss folgerichtig auch in allem Erleben ein Kern von Schönheit enthalten sein. Wenn aber ein neues Maß an Schönheit verhindert wird, dann tritt in seinen Augen Übel auf.[438] Übel ist aber nur dann erreicht, wenn ein neues Maß an Schönheit, das das schon vorhandene Maß an Schönheit übersteigen kann, nicht verwirklicht wird. Generell gilt: Wird Schönheit erreicht, dann „ist ein positives Fühlen, in dem sich unser Streben plötzlich von der Schalheit einer verbrauchten Vollkommenheit auf ein noch frisches Ideal verlagert“[439], verwirklicht.

In den Ausführungen Whiteheads scheint das Übel aus verschiedenen Quellen zu kommen. Einmal, wenn eine *actual entity* dem göttlichen *lure* nicht folgt und diese somit ein Schönheitsniveau, das bereits unter dem schon in ihr existierenden Schönheitsniveau liegt, umsetzt.[440] Zudem kann auch die Individualität in Entscheidungen einer *actual entity* Übel hervorrufen. Setzt eine *actual entity* etwas mit „individueller Bedeutung“ um, entsteht ein „Mißklang [...], der die lebhafte Unmittelbarkeit im Dunkel versinken läßt“[441]. *Feeling* als Grundkategorie Whiteheadscher Kosmologie ist ebenso als Risiko zu verstehen. Individuelles *feeling* bzw. das *feeling* einer *actual entity* kann auch in eine absteigende Richtung verlaufen, denn es „verlangen die Tiefen des Lebens nach einem Selektionsprozess.“[442] Soll Leben sich weiterentwickeln, braucht es die Freiheit, dies in alle Richtungen tun zu können. Diese Idee von Freiheit bzw. einem Selektionsprozess birgt folglich zwei Dynamiken in sich, denn „Selektion ist zugleich der Maßstab des Übels und der Prozeß, der aus ihm hinausführt“[443]. Das Individuelle in den Kontext des Sozialen zu setzen, scheint die einzige Möglichkeit zu sein, Übel zu verhindern. Überredung oder die „Einführung vermittelnder Elemente, über die Verwendungsweisen in einer komplexen Harmoniestruktur erreicht werden“[444] können, sind durch die Gesellschaft gegeben,

438 Vgl. ebd.
439 Ebd., 450.
440 Müller sieht das in einer Unvereinbarkeit von *contrasts* gegeben. Diese sorgt dafür, dass „die schöpferische Aktivität gehemmt [wird, M.F.], was als eine Art des Übels angesehen wird. (Müller 2009, 264.)
441 Whitehead 1987, 610.
442 Ebd., 609.
443 Ebd.
444 Ebd.

die das Individuelle zum höheren Streben rufen. Die Gesellschaft hält dabei die Erinnerung an die Vergangenheit wach, die in allen *actual entities* individuell existiert. Die Reduktion der Vergangenheit als Abstraktion birgt die Gefahr des Verlustes an Erinnerung in sich.[445] Quelle von Übel scheint letztlich die Unvereinbarkeit zweier Sichtweisen zu sein, ob im *contrast*, der aufrechterhalten wird, in einer Intensitätsminderung der Schönheit oder in der Missachtung der göttlichen *lures*. Äußere und innere Dynamiken vermischen sich, Wahrnehmung und *feeling* sind beide auch für die Erfahrung von Übel grundlegend für diese.

Eine Gesellschaft ist nur so gut, wie es ihre einzelnen Elemente sind. Gut ist aber die Realität, der „eine Selbsterhaltungskraft inne“[446] wohnt.

Übel entsteht in der Whiteheadschen Perspektive folglich in Beziehungsdynamiken. Im Bezug auf Gott und seine *lures* oder in der Gefahr der Individualisierung als Abwendung von der Gesellschaft kann Übel ein Resultat sein. Whitehead selbst gibt in *Religion in the Making* einen Merksatz vor, der Übel von Gutem unterscheiden lässt: „Übel ist positiv und zerstörerisch; das Gute ist positiv und schöpferisch.“[447] Diese Tatsachen lassen auch erkennen, dass selbst das Göttliche nur ein Ruf nach Höherem und Whiteheads Gott letztendlich machtlos ist. Hauskeller sieht Gott aber dennoch „für die Hoffnung verantwortlich“[448]. In der Dramatik des Kosmos, die ohne zeitliche Begrenzung verläuft, geht Gott nicht unter und es bleibt durch ihn und seine *lures* eine Hoffnung auf die Überwindung von Übel lebendig.

Zentral neben diesem Gottesgedanken ist Whitehead aber, dass eine *actual entity* als „Selbstgenuß ihrer eigenen Wertrealisierung“[449] zu bezeichnen ist. Der Wert, der einer *actual entity* innewohnt, macht die Grundlage des ethischen Verhaltens dieser *actual entity* aus. Riffert bezeichnet die „gesamte Realität“ deswegen als „intrinsisch werthaft“[450]. Realisiert die *actual entity* einen Wert, so realisiert sie ein *lure* Gottes und einen ihr

445 Vgl., ebd.
446 Whitehead 1986, 75.
447 Ebd. Beide sind als positiv zu betrachten, da sie Erfahrungen sind, die prinzipiell in Whiteheadscher Denkweise etwas Positives sind.
448 Hauskeller 1994, 162.
449 Riffert 2003, 177.
450 Ebd., 178.

eigenen Wert. Nur die Intensität des subjektiven Wertes bzw. die Gutheit des Wertes entscheidet, ob dieser Wert der intendierten Intensität des *lure* Gottes entspricht. Das *feeling* und die *satisfaction* haben im ethischen Denken Whiteheads eine zentrale Rolle. Alles Leben in der Organistischen Philosophie, jede Erfahrung, ist ein ethisches Handeln. Im Rahmen des neuen Denkens Whiteheads, in Bezug auf sein Verständnis der physikalischen Raum-Zeit-Struktur, ist eine ethische Handlung immer zeitlich-räumlich-situativ zu verstehen, in dem diese Handlung nach Höherentwicklung strebt.

3.2.7. Gesellschaft und Zivilisation

Berve subsumiert, dass Whitehead in allen Schriften „kaum normative Bestimmungen zur Gestaltung einer Zivilisation oder zur Natur des Menschen“[451] macht. Allerdings gibt Whitehead in den autobiografischen Anteilen seiner Schriften persönliche Einblicke zur politischen Situation von Bildung und Erziehung, Politik und Gesellschaft, sowie auf das Zeitgeschehen. Man kann hier zumindest erahnen, wie er auf die Entwicklung des Menschen und seiner Geschichte in der Welt sieht. Eine mögliche Theorie der menschlichen Gesellschaft entwickelt Whitehead tiefgehend erst in *Adventures of Ideas* zum Ende seines Lebens. Dabei müssen die menschliche Gesellschaft, Whitehead spricht hier von Zivilisation, und die Gesellschaft als Form eines *nexus* voneinander unterschieden werden.[452] Zugleich gilt für die Zivilisation, was auch für den *nexus* als Zusammenschluss von

---

451 Berve 2015, 148.

452 Die Fülle von dem was Whitehead unter *society* versteht, wird in *Adventures of Ideas* deutlich: „Wir müssen hier noch einmal auf den ungemein weiten Umfang des Begriffs ‚Gesellschaft‘ aufmerksam machen. Die Transzendenz beginnt schon mit dem Sprung von der unmittelbaren Wirklichkeit des gegenwärtigen Erlebens zur Vorstellung einer personalen Existenz, bei der es sich um eine Gesellschaft von Erlebnisvorgängen handelt. Unter dem Gesichtspunkt des menschlichen Erlebens ist schon die Seele eine Gesellschaft. […] Und neben der Seele gibt es all die anderen Gesellschaften und Gesellschaften von Gesellschaften: den animalischen Organismus, der der Seele untergeordnet ist, Familien, Gruppen von Familien, Nationen, Spezies, Gattungen, innerhalb derer eine Vielzahl von Spezies dem Geschäft nachgeht, sich am Leben zu erhalten. […] Die absolute Realität, in der sich jedes Individuum vollendet, steht gleichberechtigt neben jener Relativität, aus der es entstanden ist und in die es wieder vergeht.“ (Whitehead 1971, 504f.)

actual entities gilt: der Prozess der Organistischen Philosophie ist auch hier zu beobachten. Die Gedanken dieser sind auch hier, lediglich auf einer anderen Ebene, anzuwenden. Grundlegend sind dafür die Ausführungen über die höhere Erfahrung und der Blick auf den Menschen, wie sie oben ausgeführt worden sind.

Fast biblisch spricht Whitehead vom Frieden, ähnlich dem biblischen shalom, als „Harmonie der Harmonien“[453], der eine Art Klammer um die weiteren vier Grundqualitäten der Gesellschaft bildet: Wahrheit, Schönheit, Kunst und Abenteuer.[454] Nur an der Fähigkeit des Menschen zum Frieden ist die Zivilisation von den anderen *societies* zu unterscheiden. Der Mensch bleibt für Whitehead das Leben mit der höchsten Bedeutung im Kosmos.[455]

Zivilisation bildet sich nach Whitehead graduell heraus.[456] Jede Generation und jedes Jahrhundert entdeckt neue Qualitäten und strebt nach neuen Zielen, damit sich Zivilisation entwickeln kann. Hier kann man eine Parallele zu den *actual entities* erkennen, die auch in einem fortschreitenden Prozess nach höherer Entwicklung streben. Für die Zeit, in der Whitehead lebte, nahm er an, dass weniger als ein Menschenleben Zeit sei, um das Leben möglichst ohne Veränderung zu erleben. Leben im Prozess wird für ihn hier noch deutlicher und diese Deutlichkeit drängt ihn dazu, Zivilisationen, ja das ganze Leben, im Prozess zu betrachten.[457]

---

453 Whitehead 1971, 492.

454 Vgl. ebd., 492 ff.

455 Vgl. ebd., 110. „Die Bedeutung, die der Mensch als der höchstentwickelte lebende Organismus hat, steht außer Frage.“

456 Diese Annahme kann nach Whitehead noch bis zum Ende des 19. Jahrhunderts stimmen. Danach hat sich in seinen Augen das Weltgeschehen verändert: „Die Folgerung [...] ist höchst bedeutsam: Unsere Gesellschaftstheorien, unsere politische Philosophie, unsere praktischen Geschäftsmaximen, unsere politische Ökonomie und unsere Erziehungsgrundsätze leiten sich aus einer ungebrochenen Tradition von großen Denkern und praktischen Vorbildern her, die bei Platon im fünften vorchristlichen Jahrhundert angefangen und sich bis zum Ende des letzten Jahrhunderts fortgesetzt hat. [...] Wir leben in der ersten Periode der Menschheitsgeschichte, wo diese Annahme schlechthin falsch ist.“ (Ebd., 210.)

457 Ebd., 211.

Grundqualität einer Gesellschaft, die als Zivilisation im Whiteheadschen Sinn gelten kann, besteht dann, wenn „die Mitglieder sich wechselseitig als Individuen an[erkennen, M. F.], die je für sich Emotionen und Leidenschaften, Behagen und Unbehagen, Wahrnehmungen, Hoffnungen, Ängste und Absichten haben, und außerdem gewisse intellektuelle Fähigkeiten, die die Erkenntnis von Charakteren im Detail und Urteile über ‚wahr oder falsch', ‚schön oder häßlich' und ‚gut oder schlecht' ermöglichen. Wir verbringen unser Leben damit, gewisser Kombinationen solcher Erlebnisse auf eine mehr oder minder vage flüchtige Weise innezuwerden und schreiben die gleiche Existenzweise auch den anderen Menschen zu."[458] Gleich-Wertigkeit aller Individuen scheint das Maß einer Zivilisation zu sein und zudem die Wertschätzung des *feelings* der Individuen. Was das Individuum erfährt und durchlebt, muss dieses auch einem anderen zugestehen. Zentrales Merkmal des Menschen ist seine Fähigkeit und die Annahme der Emotionalität seiner selbst und anderer Menschen.

Diese Emotionalität ist auch gefragt, wenn Zivilisation sich fortentwickeln soll. Es scheint so, dass der Friede bzw. die *Harmonie der Harmonien* erst erreicht wird, wenn alle Individuen diese auch spüren.[459] Friede darf nicht nur eine Idee oder ein Ideal sein, Friede muss existentiell und im Sinne Whiteheads dann emotional erfahrbar werden. Wobei diese Erfahrung immer in einem Maß passiert, in dem sie nie vollständig verwirklicht wird. Es muss ein Streben danach bleiben, denn „menschliche Gesellschaft ist im Vollbesitz ihrer Lebenskraft, solange es in ihr zu realen Kontrasten zwischen dem kommt, was geschehen ist, und dem, was sein könnte, und solange sie sich vom Sinn für das Abenteuer über die Grenzen des Gewohnten und Gesicherten hinausbewegen lässt. Eine Zivilisation, in der es keine Abenteuer mehr gibt, muß verfallen."[460] Für Berve ist deswegen die Rede von der *Harmonie der Harmonien* auch viel emotionaler als der bloße Begriff vom Frieden.[461]

458 Ebd., 88.
459 Vgl. ebd., 492ff.
460 Ebd., 485.
461 Berve 2015, 148.

3.2.8. Bildung

Als zentrales Element in der Gestaltung von Zivilisation als *society* gilt Whitehead die Bildung und Erziehung. In zahlreichen Schriften hat er sich mit konkreten Bildungsfragen, aber auch mit Fragen zur allgemeinen Sicht auf Bildung auseinandergesetzt.[462] Diese werden im folgenden Absatz behandelt.

Auch Whiteheads Bildungsbegriff unterliegt dem Denken seiner Organistischen Philosophie. Am Beispiel des Schülers führt er diesen Gedanken in *The Aims of Education and Other Essays* aus: „Wir kommen nun auf meinen vorherigen Punkt zurück, dass theoretische Ideen immer mit wichtigen Anwendungen im Curriculum des Schülers einhergehen sollen. [… Ziel ist es, M. F.] Wissen lebendig zu halten, zu verhindern, dass es passiv wird, was das zentrale Problem jeglicher Erziehung und Bildung ist.“[463] Inhalt wird erst begriffen, wenn dieser erlebbar bzw. emotional erfassbar ist. Bleibt Wissen rein ideell, unvermittelt, so ist es als tot zu betrachten.[464] Das gilt nicht nur für aktuelles Wissen, das gilt auch für das Wissen aus der Vergangenheit, die Whitehead als reichen Schatz betrachtet.[465] Zudem geht Whitehead mit dem Prüfungssystem der damaligen Zeit ins Gericht und kritisiert die vorgenommene Abnahme von Prüfungen. Auch erkennt er, dass es an der Beziehung zwischen Schüler und Lehrer liegt, ob es zu einem Lernerfolg kommt oder nicht.[466] Bildungseinrichtungen müssen die Bildungsinhalte „in Beziehung [zu] setzen zu dem Strom aus Sinneswahrnehmungen, Gefühlen, Hoffnungen, Wünschen und geistigen, die Gedanken einander anpassenden Aktivitäten, die unser Leben bilden.“[467] Der Mensch soll schließlich dahin geführt werden, dass er Selbstentwicklung als Triebkraft für sein Leben entdeckt.

---

462 Sein Verständnis von Bildung gewinnt Whitehead aus dem „Ergebnis praktischer Erfahrung, Reflexionen über die Praxis von Erziehung und einige Kritikpunkte zu der Bedeutung der Themen, die ihren Inhalt ausmachen.“ (Whitehead 2012, 37.)

463 Ebd., 44.

464 Vgl. ebd., 43. „Die Schüler müssen dazu gebracht werden, zu fühlen, dass sie etwas studieren und nicht lediglich intellektuelle Menuette aufführen.“ (Ebd., 49)

465 Vgl. ebd., 55.

466 Vgl. ebd., 48.

467 Ebd., 41.

Deswegen muss man Whitehead auch als Verteidiger der Freiheit in Bildungsprozessen betrachten. So wie alle *actual entities* in seinem organistischen Denken frei sind, Entscheidungen zu treffen, Erfahrungen zu erleben und Erlebnisse zu spüren, so ist auch Bildung dieser Whiteheadschen bzw. organistischen Maxime unterworfen.[468] Das „vollständige Stadium des Wachstums ist eine organische Struktur“[469] Diese bildet auch die Grundlage von Bildung. Bildung kann in rhythmischen Einheiten dargestellt werden. Jeder Bildungsrhythmus besteht nach Whitehead aus drei Perioden[470]:

- Stadium der Schwärmerei,
- Stadium der Präzision und
- Stadium der Verallgemeinerung.

Diese können in einem Schaubild (Abb. 7) dargestellt werden.

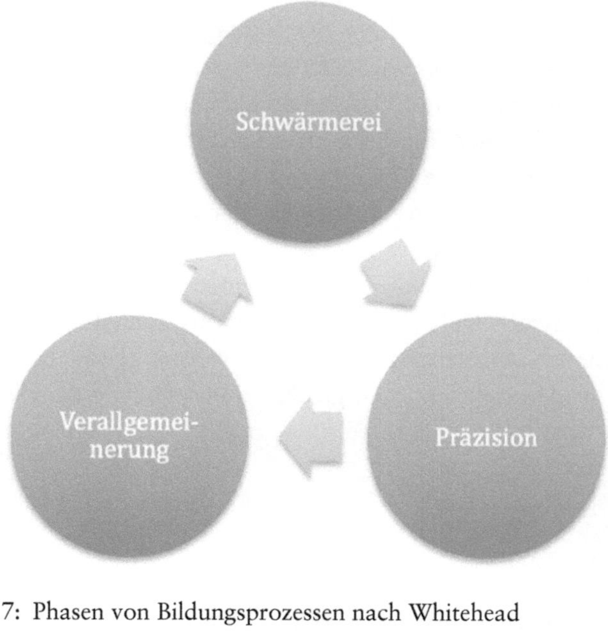

Abbildung 7: Phasen von Bildungsprozessen nach Whitehead

468 Vgl. ebd., 75.
469 Ebd., 75.
470 Vgl. ebd.

Das *Stadium der Schwärmerei* wird von der Freiheit des lernenden Individuums geprägt. Es ist die Phase des Entdeckens, des Staunens, von Wahrnehmen und Erfahren. Gepaart mit der Freude am Leben und der Freude zu entdecken, hält Whitehead die Freude für einen „normale[n], gesunde[n] Ansporn“[471], der den Menschen in seiner Natürlichkeit darstellt.

Im *Stadium der Präzision* ist die Aufgabe, „weiter vorzustoßen, den Gegenstand genau zu kennen und seine hervorstechenden Merkmale im Gedächtnis zu behalten.“[472] Die Schwärmerei der vorherigen Phase tritt zurück. Die Frage nach Wahrheiten spielt eine Rolle. Disziplin ist gefragt, Strukturen und Wissen über den Gegenstand werden gesucht und gewonnen. Zudem werden diese Erkenntnisse in Verknüpfungen und Verbindungen gebracht. Whitehead spricht von der Grunddynamik dieses Stadium als Tempo bzw. Konzentration. Zielführend ist die Frage, wie der lernende Mensch das hier erworbene Wissen einsetzen kann.[473]

Die dritte Phase, das *Stadium der Verallgemeinerung*, ist für ihn so geprägt: „Etwas Definitives wird jetzt gewusst; Eignungen wurden erworben; allgemeine Regeln und Gesetzmäßigkeiten werden sowohl in ihrer Formulierung als auch in ihren detaillierten Exemplifikationen klar erfasst.“[474] Das erworbene Wissen kann und soll jetzt gebraucht werden. Details des Gegenstandes treten zurück, der Einsatz des neuen Wissens dominiert.[475]

Inhaltliches Ziel von Bildungsprozessen ist es „Menschen hervorzubringen, die sowohl Kultiviertheit besitzen als auch Expertenwissen in einer bestimmten Ausrichung.“[476] Den Schwerpunkt für die Ausbildung von diesen beiden sieht er „zum größten Teil zwischen dem sechzehnten

---

471 Ebd., 76.
472 Ebd., 78.
473 Ebd., 82.
474 Ebd.
475 Vgl. ebd., 83: „Wir laufen nicht herum und behalten dabei explizit im Kopf, dass zwei und zwei vier ergibt, obwohl wir es einst auswendig lernen mussten. Wir vertrauen auf die Gewohnheit, wenn es um unsere elementare Arithmetik geht. Aber das Wesen dieses Stadiums ist das Heraustreten aus der verhältnismäßigen Passivität des Geschultwerdens in die aktive Freiheit der Anwendung.“
476 Ebd., 39.

und dem dreißigsten Lebensjahr“[477]. Hinter Kultiviertheit versteckt sich für Whitehead „gedankliche Aktivität, Empfänglichkeit für Schönheit und Gefühle“[478], und u.a. zeigt sich ein ethischer Schwerpunkt in Whiteheads Betonung der Schönheit. Dem vorausgehend sind die oben dargestellten Stadien zu betrachten. Wenn der Schritt von der Kindheit zur Jugend gemacht wird, werden die „Charakterzüge geprägt“[479]. Zwischen dem achten und dem zwölften/dreizehnten Lebensjahr bildet die Schwärmerei die Grunddynamik der Bildung. Genaue Sprache bildet sich zwischen dem zwölften und fünfzehnten Lebensjahr aus und baut auf das Stadium der Präzision auf. „Mit ungefähr fünfzehn neigt sich das Alter der Präzision in der Sprache und der Schwärmerei in der Naturwissenschaft seinem Abschluss zu, um durch eine Periode der Verallgemeinerung in der Sprache und der Präzision in der Naturwissenschaft abgelöst zu werden.“[480] Was für einzelne Bildungprozesse gilt, ist für Whitehead auch auf die menschliche Entwicklung im Jugendalter und die Ausbildung an Universitäten zu beziehen.[481]

Letztendlich ist Whitehead darin auch ein Anwalt für ein lebenslanges Lernen, da er den Geist in stets lebendiger Auseinandersetzung mit dem Leben betrachtet. Bildung ruft nach der Auseinandersetzung im Hier und Jetzt.[482] Dies nennt er die „goldene Regel der Erziehung, und sie ist eine

477 Ebd.

478 Ebd.

479 Ebd., 63.

480 Ebd., 66.

481 „Die gesamte Periode des Wachstums von der Kindheit bis zum Erwachsenenalter bildet einen großartigen Zyklus. Sein Stadium der Schwärmerei erstreckt sich über das erste Dutzend von Lebensjahren, sein Stadium der Präzision umfasst die gesamte Periode der Erziehung und Bildung an weiterführenden Schulen und sein Stadium der Verallgemeinerung ist die Periode des Eintritts ins Erwachsenenalter. […] Der Geist der Verallgemeinerung sollte an einer Universität dominieren.“ (Ebd., 68f.)

482 „Es ist der Gedanke, dass die Entwicklung des Menschen sich als ein Rhythmus darstellt, der eine Verflechtung von Zyklen beinhaltet, wobei der gesamte Prozess von einem größeren Zyklus dominiert wird, der den gleichen allgemeinen Charakter hat wie seine kleineren Wirbel.“ (Ebd., 71.) Diese Verflechtung besteht nach Whitehead aus Zelleinheiten bzw. Bausteinen, die einen Organismus an Wissen aufbauen: „Solch ein Zyklus ist eine Zelleinheit, oder ein Baustein; und das vollständige Stadium des Wachstums ist eine organistische Struktur solcher Zellen.“ (Ebd., 75.)

schwer zu befolgende Regel.“[483] Riffert hat versucht, die Dynamik der drei Stadien für Bildungsprozesse zu aktualisieren. Für Schulen gibt er Anregungen, wie diese den Stadien entsprechend Räume und Gelegenheiten für ein gutes Lernen der Schüler schaffen können.[484]

Zusammenfassend muss der lernende Mensch im Whiteheadschen Denken wohl als *causa sui* betrachtet werden. Whitehead führt diesen Begriff im Rückgriff auf Spinoza in *Process and Reality* selber ein.[485] Er versteht darunter, „daß der Konkretisierungsprozeß seine eigene Grundlage für die Entscheidung über die qualitative Ausstattung der Empfindungen ist“[486]. Eine *actual entity* entwirft sich in Freiheit selbst, bildet sich selbst. Wenn die *actual entity* die Umwelt als „Potentiale für das Empfinden“[487] betrachtet, so trägt sie auch die Verantwortung für die Intensität der Erfahrung. Das Maß der Selbstverwirklichung im Sinne einer *causa sui* ist im Whiteheadschen Denken die Kreativität, die in der Entwicklung der *actual entity* umgesetzt wird.[488]

3.2.9. Identität, Beruf und Berufung

Whitehead spricht in *Process and Reality* nie von Identität im Sinne von personaler Identität. Identität ist bei ihm nur im Sinne von *personal order*/ personaler Ordnung[489] denkbar. Eine *personal order* ist eine höhere Stufe

---

483 Ebd., 45.

484 Franz Riffert, Whitehead on Cycles of Learning and on Cycles of Research – A Synopsis and Two Consequences, in: Dennis Sölch (Hg.), Erziehung, Politik und Religion. Beiträge zu A. N. Whiteheads Kulturphilosophie, Freiburg – München 2014, 78ff.

485 Vgl. Whitehead 1987, 37.

486 Ebd., 175.

487 Ebd., 176.

488 Lowe hebt deswegen die Ebene des *feeling* hervor und betont den Begriff *self-enjoyment*. Es geht um das Gefühl Eins unter Vielen und Eins aus Vielen zu sein: „[...T]he subjective term ‚self-enjoyment‘ also names an essential element in this concept. Whitehead does not say that experience consists in being one among many, and arising out of the composition of many; he says it is the self-enjoyment thereof.“ (Victor Lowe, The Concept of Experience in Whiteheads's Metaphysics, in: George L. Kline, Alfred North Whitehead. Essays on His Philosophy, Englewood Cliffs 1963, 124–133, 128.)

489 Vgl. Whitehead 1987, 84.

der *social order*, die eine besondere Form erreicht hat.[490] Diese ist erreicht, wenn „das genetische Bezogensein seiner Elemente diese ‚seriell' anordnet."[491] Wird seriell etwas innerhalb eines solchen *nexus* vererbt, ist das Erbe für Whitehead ein „dauerhafter Gegenstand"/*enduring object*, welchen er auch als Person versteht.[492]

Den Begriff der *personal identity* führt Whitehead prominent in seinem Aufsatz *Immortality* ein. Er bewundert das „survival of personal identity" geradezu als „partial negation of its [the world's, M. F.] transitory character."[493] Der Rhythmus des Prozessualen im Kosmos wird erstmalig durch dieses Faktum unterbrochen. Plötzlich scheint es in der Organistischen Philosophie doch ein Element der Stabilität zu geben, das aber durch den „influence of value"[494] charakterisiert wird. Für Hampe wird hier deutlich: „Intensive Werterfahrung ist immer *Selbst*erfahrung."[495]

Wenn Werte/*values*, wie oben besprochen, eine solche Bedeutung in der Prozessphilosophie spielen, wird auf der Ebene der *personal order* bzw. *personal identity* wohl eine finale Stufe der Wertverwirklichung erreicht. Eine *actual entity* auf dieser Stufe vermag es, die „self-identity of the past in the immediacy of the present"[496] zu halten.

Die Möglichkeit der Erhaltung der *personal order*/*personal identity* scheint einem transzendierenden Verhalten gleich zu kommen.[497] Wenn die Werte letztlich der Garant einer *personal identity* sind und diese ihren

---

490 „Die Begriffe ‚soziale Ordnung' und ‚personale Ordnung' dürfen in dieser vorgreifenden Skizze nicht unerwähnt bleiben. Eine ‚Gesellschaft' [society, M.F.] in dem hier gemeinten Sinne ist ein Nexus mit sozialer Ordnung; und ein ‚dauerhafter Gegenstand' oder ein ‚dauerhaftes Geschöpf' ist eine Gesellschaft, deren soziale Ordnung die besondere Form ‚personaler Ordnung' angenommen hat." (Whitehead 1987, 84.)

491 Ebd., 85.

492 Vgl. ebd.

493 Whitehead 1948, 65.

494 Ebd.

495 Hampe 1998, 131.

496 Whitehead 1948, 65.

497 „In each personality, the large infinitude of possibility is recessive and ineffective; but a perspective of ideal existence enters into the finite actuality." (Ebd., 67.)

Ursprung in Gott haben[498], so wird die *personal identity* zum Bezugspunkt zwischen *actual entity* und Gott. Für Whitehead sind Bewusstsein, Erinnerung und Sinneswahrnehmung im Gegensatz zur *personal identity* lebendig. Durch die Werte ist die Identität der *actual entity* unsterblich.[499]

Für lange Zeit war für die Identität eines Menschen gerade der Beruf, seine Arbeit, von Bedeutung. Lange Zeit wurde sogar dieser als die Berufung eines Menschen verstanden. Whitehead beobachtete in seiner Analyse der Entwicklungen zwischen den letzten Jahrhunderten eine Entwicklung der Berufswelt hin zum *professional*.[500] Erkenntnis, Technik und genaue Wissenschaft fördern den Menschen weg von *amateurs* hin zu Menschen mit beruflich spezifischen Kenntnis und Fähigkeiten.[501] Diese Entwicklung führt zu einer Vielfalt von menschlichen Gemeinschaften, die selber „wesentlich

---

498 Vgl. ebd., 69.

499 Lotter geht noch davon aus, dass „Whitehead keine letzte, irredizible Identität der Person annimmt." (Lotter 1996, 259.) Es fällt auf, dass in ihrer Untersuchung *Immortality* von Whitehead nicht in der Literaturliste auftaucht, ebensowenig der Sammelband *Essays in Science and Philosophy*. Hat sie diese Beiträge übersehen oder noch nicht gekannt? Berve fragt diese Haltung an und sucht im Whiteheadschen Werk nach einem Anhaltspunkt, was als die personale Identität eines Menschen gelten kann. (Berve 2015, 297ff.) Da Whitehead in Abgrenzung zu anderen Philosophen „das unbestreitbare Phänomen der dauernden Einheit menschlicher Identität nicht als eine Art Seelensubstanz zu deuten" bereit ist und diese „nicht als Transzendentalie verstehen" will (Ebd.), muss man bei dieser Suche letztlich auf der Erfahrungsebene verharren (Vgl. ebd., 300.). Für Berve ist klar, dass dieser „Personenbegriff der organistischen Philosophie in seiner einfachen Struktur alleine kein hinreichendes Instrumentarium [ist, M.F.], das es ermöglichte, mit ihm die besondere Erfahrungseinheit, die der Mensch unserer Alltagserfahrungen nach ist, in Abgrenzung von anderen Objekten personaler Dauer zu beschreiben." (Ebd., 301.) Whiteheads Philosophie und Kosmologie betont deswegen in seinen Augen vielmehr die Gegebenheiten des Universums als die „Diskussion exklusiver Details der *condition humaine*". (Ebd., 302.)

500 Vgl. Whitehead 1988, 118.

501 „Es hat immer Menschen gegeben, die ihr Leben bestimmten Denkgebieten widmeten. Besonders Juristen und Geistliche [...] bilden augenfällige Beispiele für solches Spezialistentum. Aber die vollends selbstbewußte Realisierung der Macht des Professionalismus in allen Bereichen der Erkenntnis [...] wurde erst im neunzehnten Jahrhundert umfassend erreicht; und von den verschiedenen Ländern hauptsächlich in Deutschland." (Ebd.)

für die Bereitstellung des Anreizes und des Materials für die Odyssee des menschlichen Geistes“[502] sind. In einer Vielfalt von Anreiz und Material liegt letztlich eine Chance für Potentialität in der Weiterentwicklung von Leben. Beelitz betrachtet deshalb die Möglichkeit, Entscheidungen treffen zu können, als „Kriterium der Wirklichkeit“[503] im Whiteheadschen Denken. Denn „Formen der Bestimmtheit beschreiben keine Wirklichkeit.“[504]

Whitehead nennt es: „The exactness is a fake.“[505] Die Welt entfaltet sich immer mehr zu einer Welt der Potentiale und der Möglichkeiten. Auch der Mensch sieht sich immer mehr der Herausforderung der Entfaltung gegenübergestellt. Für Whiteheads Organistische Philosophie ist dies in der Evolution der Wirklichkeit enthalten – es ist das teleologische Element in der Welt der Wirklichkeit, dem alle *actual entities* und auch Gott unterworfen sind. In diesem Denken kann es nicht die eine Berufung des Menschen geben. Der Mensch entwirft sich fortlaufend im Prozess des Lebens und entdeckt immer neue Berufungsmomente, die fern von Determinismus stehen. Dieser Verweis auf Identität des Einzelnen in der Beziehung zu Gott führt zu Whiteheads allgemeinem Verständnis von Religion.

3.2.10. Religion im Werden: Die Entdeckung Gottes

Der Titel von Whiteheads Schrift *Religion in the Making* von 1926 legt eine historische Sicht, quasi auf die Evolution, der Religion nahe.[506] In *Process and Reality* von 1929 wird Gott Bestandteil seines metaphysischen und kosmologischen Denkens. Dieser kurze Vergleich legt nahe, dass sich in nur wenigen Jahren die Sicht Whiteheads im Bereich der Religion gewandelt hat. Letztendlich belegen auch die Ausführungen in *Adventures of Ideas* von 1933, dass Gott bzw. die Religion nicht aus der Perspektive eines

---

502 Ebd., 240f.

503 Beelitz 1991, 198.

504 Ebd.

505 Whitehead 1948, 74.

506 An dieser Stelle soll auf eine Analyse der Entwicklung der monotheistischen und fernöstlichen Religionen verzichtet werden. Whitehead beschreibt in einigen seiner Bücher eine generelle Evolution der Religion, die zudem Anklänge an die christliche Religion gibt. Für den Grundgedanken dieser Arbeit reicht ein genereller Blick auf die Bedeutung der Entwicklung der Religion für die Menschen, wie Whitehead diese erfasst.

historischen Auftretens bzw. einer Evolution betrachtet werden kann. Gott wird erfahren.

Drei Stufen führen den Menschen laut *Religion in the Making* zu einer Ebene des Glaubens bzw. zur Religion. Auf einer ersten Stufe gibt es Rituale, die den Alltag der Lebewesen strukturieren. Rituale werden auf Emotion/ Gefühl gegründet, sind aber nicht nur eine Fähigkeit des Menschen, sondern auch der Tiere. Mit der Gestaltung von Mythen wird als zweite Stufe der Mensch allein fähig, Geschichten zu erzählen, die vom religiösen Bereich handeln. Als letzte Stufe gilt Whitehead der Bereich von Glauben und rationalem Denken, wenn Mythen durchdacht werden und „das Denken über die unmittelbar sichtbaren Gegenstände hinausgeführt“[507] wird. Whitehead beschreibt in dieser dreistufigen Entwicklung die religiöse Erfahrung als Dynamik in der Welt, die den Kosmos durchwirkt und selbst in der animalischen Welt eine Bedeutung hat. Durchdringt das rationale Denken den Glauben bzw. die religiöse Erfahrung, dann ist „auf dieser Stufe des Glaubens eine neue formgebende Instanz im Aufstieg des Menschen“[508] erreicht. Die Bibel gilt ihm als das „vollständigste Zeugnis für das Eindringen des Rationalismus in die Religion“ und entsprechend der Organistischen Philosophie hat der Einzelne den „Zug des fortschreitenden Solitärseins in der Idee des Religiösen“ erreicht.[509] Dies ist in seinen Augen die abschließende Erfüllung/*final satisfaction*[510], die nur wenige erreichen, da viele auf der mythenhaften Stufe der religiösen Entwicklung verhaftet bleiben.[511] Bis zu dieser Stufe der *final satisfaction* durchläuft der Mensch die Phasen von „Ritual, Gefühl, Glaube und Rationalisierung“[512].

507 Whitehead 1986, 23.
508 Ebd.
509 Ebd., 25.
510 Vgl. ebd., 15.
511 Vgl. ebd., 24f.
512 Ebd., 16. „Es gibt ein fest organisiertes Verfahren, das Ritual; es gibt fest umgrenzte Typen des emotionalen Ausdrucks; es gibt eindeutig ausgedrückte Glaubensformen; und es kommt zu einer Anordnung dieser Glaubensformen zu einem System, das in sich folgerichtig ist und mit anderen Glaubensformen übereinstimmt.“ (Ebd., 16f.)

Auch das Gottesbild wandelt sich in den oben beschriebenen drei Stufen. Der Blick auf Gott entwickelt sich von der Leere als Gott, zu Gott als Feind und zu Gott als Gefährte.[513]

In *Science and the Modern World* wehrt sich Whitehead noch gegen ein bestimmtes Bild bzw. eine bestimmte Beschreibung Gottes, z.B. in christlicher Sicht. Aristoteles gilt ihm hier noch als letzter Philosoph, der sich von einer theologischen Richtung frei macht.[514] Er versucht, zwischen einer bestimmten Beschreibung Gottes als Theologie und einer Metaphysik der freien Rede über das Göttliche bzw. Gott zu unterscheiden. Deshalb kritisiert er Philosophen, die die Metaphysik missbrauchen, um ein bestimmtes Gottesbild bzw. ihr Gottesbild mit der Metaphysik zu beschreiben.[515] „Religion ist […] für Whitehead keine Frage der Metaphysik, sie ist eine Frage der Erfahrung“[516] und damit säkularisiert Whitehead Gott letztlich in *Process and Reality*, während Aristoteles ihn im Transzendenten hält.[517] Religion ist und bleibt für Whitehead in der Sphäre der Erfahrung und muss damit im Sinne seiner Kritik der Naturwissenschaften im Newtonschen Erbe als eine erfahrungsbasierte betrachtet werden. Umgekehrt kann man auch

513 Vgl. ebd., 15.

514 Vgl. Whitehead 1988, 202. „Aristoteles hielt es für notwendig, seine Metaphysik durch die Einführung eines ersten Bewegers zu vervollständigen – Gott. […]“ Er war „bei seiner Untersuchung dieser metaphysischen Frage völlig leidenschaftslos; und er ist der letzte europäische Metaphysiker von erstrangiger Bedeutung, dem man das attestieren kann. Nach Aristoteles begannen ethische und religiöse Interessen, die metaphysischen Schlußfolgerungen zu beeinflussen. Die Juden zerstreuten sich […]. Dann schaltete sich das Christentum ein, dicht gefolgt vom Islam. Die griechischen Götter, die Aristoteles umgeben hatten, wurden zu untergeordneten metaphysischen Entitäten, die in der Natur gut aufgehoben waren.“

515 Vgl. Whitehead 1988, 209. „Unter den mittelalterlichen und modernen Philosophen, die ängstlich darauf bedacht waren, Gott eine feste religiöse Bedeutung zu geben, hat sich die Unsitte breit gemacht, ihm mit metaphysischen Komplimenten zu schmeicheln. Er wurde aufgefaßt als die Grundlegung der metaphysischen Situation mit ihrer elementaren Aktivität.“

516 Melanie Seghal, Zur Bedeutsamkeit religiöser Erfahrung. A. N. Whiteheads zivilisationstheoretische Perspektive auf Religion, in: Dennis Sölch (Hg.), Erziehung, Politik und Religion. Beiträge zu A. N. Whiteheads Kulturphilosophie, Freiburg – München 2014, 195.

517 Vgl. ebd., 196.

sagen, dass die religiöse Erfahrung uns daran erinnert, dass in der Interpretation des Newtonschen Verständnisses von Materie ein Fehler liegt.[518]

Ein Erstarken des naturwissenschaftlichen Weltverständnisses, dass vor allem auf einer radikalen Zuwendung zur Materie besteht, ruht für Whitehead nicht nur auf der Stärke der naturwissenschaftlichen Welterklärung, sondern auch auf dem immer unverständlicher werdenden Gottesbild des Christentums auf. Dieses hat im Lauf der Jahrhunderte eine Schlagseite erfahren: „Alles in allem wurde das Evangelium der Liebe in ein Evangelium der Furcht verkehrt.“[519] Religion als „soziale Tatsache“[520] geht für Whitehead verloren.

Wenn Religion und religiöse Erfahrung so in den Kontext der Erfahrung gesetzt werden, dann ist die Aussage Whiteheads von der Religion als „Solitärsein“[521] berechtigt. Jedes Individuum macht eine religiöse Erfahrung für sich und muss dann schauen, wie diese in den Kontext von *nexus* oder *society* passt. Deswegen ist die Entwicklung der Religion auch eine „Geschichte der rationalen Religion [...] voll von Berichten über die Loslösung von der unmittelbaren sozialen Routine.“[522] Positiv liegt der individuellen Erfahrung von Religion voraus, dass diese in der Form von *nexus* oder *society* mit anderen *actual entities* Gemeinsamkeiten entdecken kann, allerdings in dieser gemeinschaftlichen Form individuelle Rationalität verliert, die das Individuum in der persönlichen religiösen Erfahrung gewinnen konnte.[523] Religion sieht Whitehead im Werden (vgl. *Religion in the Making*)[524], in einem Werden der „Individualität in der Gemeinschaft“[525]. Es

518 „Die Religion leistet also doch ihren eigenen Beitrag an unmittelbarer Erfahrung, [...]. Dieser Beitrag ist vor allem die Anerkennung, daß unsere Existenz nicht in einer Abfolge nackter Tatsachen aufgeht.“ (Whitehead 1986, 61f.)

519 Ebd., 58.

520 Ebd., 15.

521 Ebd.

522 Ebd., 33.

523 Vgl. Johnson 1962, 47.

524 „Die Tatsache der religiösen Vision und die Geschichte ihrer beständigen Expansion ist unser einziger Grund zum Optimismus.“ (Whitehead 1988, 223.) Whitehead bezieht sich hier auf die *lures*, die von Gott ausgehen und die *actual entities* zu einem Streben nach mehr Frieden und Harmonie locken.

525 Whitehead 1986, 68.

macht den Anschein, als ob die Religion für Whitehead und hier besonders die rationale Religion die höchste Entwicklungsstufe des Menschen darstellt. Selbst die Zivilisation, wie oben beschrieben, ist nur eine Vorstufe in der Entwicklung des Menschen. Beide werden von der Entwicklung zum Solitär, zum Individuum begründet, der nach Rationalität strebt. Sogar das Gottesbild Whiteheads bezieht sich in der Idealform auf den Begleiter des Solitärs. Wenn er Gott auf der höchsten Stufe der religiösen Entwicklung in der Menschheitsgeschichte und für das Individuum in *Religion in the Making* als Begleiter beschreibt[526], nimmt er diesen Gedanken in *Process and Reality* wieder auf: „Was in der Welt getan wird, verwandelt sich in eine Realität des Himmels, und die Realität des Himmels geht wieder über in die Welt. […] In diesem Sinne ist Gott der große Begleiter – der Leidensgefährte, der versteht."[527] Wenn sich Himmel und Erde wechselseitig durchdringen und keinerlei Trennung zwischen diesen beiden besteht, dann ist die Endstufe der religiösen Entwicklung des Menschen erreicht. Er lebt mit seiner individuellen Gotteserfahrung als Begleiter/*companion*.

Als Grundproblem der religiösen Frage erkennt Whitehead die Frage nach dem Leid, die Theodizeefrage. Diese spricht er sowohl in *Religion in the Making* als auch in *Process and Reality* an.[528] Das Leid wird in der *consequent nature* Gottes aufgenommen und erhält dort einen neuen Wert, und Gott gibt mit seinen *lures* die Möglichkeit, auf der Erde das Übel zu wandeln, „weil die umfassende Natur Gottes [*consequent nature*, M.F.] die ideelle Vision von jedem wirklichen Übel einschließt, dem so mit einer neuen Folge begegnet wird, was zur Wiederherstellung des Guten beiträgt."[529] In diesem Sinne kann Whitehead mit den Worten der Bibel von Gott als Liebe sprechen[530], der der Welt weder immanent noch transzendent ist. Er trägt die deutlichen Züge eines erinnernden Gottes jüdischer Tradition und eines (mit)leidenden Gottes der christlichen Tradition, der ohne die Welt

526 Vgl. ebd., 15.
527 Whitehead 1987, 626.
528 Vgl. Whitehead 1986, 42 und Whitehead 1987, 609.
529 Whitehead 1986, 115.
530 Vgl. ebd., 58.

nicht zu denken ist. Er ist kein Gott der Metaphysik, sondern ein Gott der Erfahrung.[531] Einer, der als Begleiter erfahren wird.

3.2.11. Geographie und Herkunft in Verbindung mit dem menschlichen Alltagserleben

Whitehead beschreibt in biografischen Notizen immer wieder seine Herkunft und die Erfahrung der Landstriche Englands bzw. Großbritanniens. Diese verbinden sich mit der Geschichte des Landes und seiner eigenen Geschichte. Will man den Menschen besser verstehen, darf dies nie getrennt von Historie und Geografie versucht werden. Johnson fasst dies ganz elementar in „such phenomena as rain, floods, trees, coal, iron"[532] zusammen. Die deutsche Übersetzung von *Adventure of Ideas* verstellt den Sinn der Aussage Whiteheads, wenn sie von der „sinnlose[n, M.F.] Seite der Geschichte"[533] spricht. Denn nach Whitehead hat diese Seite der Geschichte eine große Bedeutung: „Aber selbst diese sinnlose Seite der Geschichte widersetzt sich der Einordnung unter die Kategorie der Sinnlosigkeit. [...] schließlich und letzten Endes [...] müssen [...] wir doch bei der Feststellung bleiben, daß es sich beim Regen, bei den Hunnen und bei der Dampfmaschine um rohe Notwendigkeiten [...] handelt, die die Menschheit vorangetrieben haben, ohne auf irgendwelche von Menschen vorgestellte oder artikulierte Zwecke Rücksicht zu nehmen. Es waren nur ganz fragmentarische intellektuelle Agentien, die in blinder Kooperation [...] mitgewirkt haben."[534] Auch wenn diese Einflüsse auf die Geschichte und Entwicklung des Menschen sinnlos sein mögen, so haben sie doch einen ungeahnten Einfluss auf die gesamte Entwicklung des Einzelnen und der Menschheit. Der große Kontext von Geschichte und Geografie macht deutlich, dass die Theorie der *actual entities* im kosmologischen Kontext als sinn*voll* betrachtet werden muss. Zudem versteckt sich dahinter noch die gesamte

---

531 Vgl. ebd., 61f. Für Seghal liefert „Religion [...] als ein *Modus von Erfahrung*, der Aufschluss gibt über die konkrete Natur der Erfahrung" einen Hinweis darauf, dass Erfahrung erst Metaphysik begründet (Seghal 2014, 206.).

532 Johnson 1962, 34.

533 Whitehead 1971, 85.

534 Ebd., 85f.

Verborgenheit der wirklichen kosmologischen Einflüsse auf den Einzelnen und die Gesamtheit der Welt.

3.2.12. Zusammenfassung

„Träume, Affekte, Wahrnehmungen und Gedanken betrachten wir traditionell als *weniger wirklich* als Tische und Stühle.“[535] Nach der Whiteheadschen Organistischen Philosophie dürfen wir dies nicht mehr tun. Sein Entwurf ist ganzheitlicher und umfassender als die rein szientistische Auffassung der Welt. Whitehead rehabilitiert die Ganzheitlichkeit des Lebens und erklärt alle Erfahrungen als bedeutsam für die *actual entity* und für den gesamten Kosmos. Dadurch legt er die Grundlage für einen holistischen Blick auf die Welt.

Für die Theologie erweist sich als fundamental, dass die religiöse Sichtweise Whiteheads, da Gott, auch wenn das Gottesbild seiner Schriften vor allem jüdisch-christlich inspiriert scheint, für seine Kosmologie unerlässlich ist. Gott ist als die Quelle aller Werte, alles Guten und als Potential zur Wandlung der Frage nach dem Leid in Gutes untrennbar von Whiteheads Philosophie. Dieser Gott lebt in einer Beziehung zu jeder *actual entity* und versucht, in ihr Gutes zu wecken.

Der Mensch erscheint in Whiteheads Kosmologie als höchste Form der Entwicklung von Leben. Er ist zur Zivilisation fähig und strebt nach *satisfaction* und Weiterentwicklung seiner selbst. Auch ist er als Mensch geradezu auf die Solidarität anderer Menschen verwiesen, wie auch die einzelne *actual entity* nur im Wachsen mit und an anderen *actual entities* denkbar ist.

Whiteheads Bild des Lebens und sein Verständnis der Kosmologie und jedweder Existenz ist eine Bereicherung für den heutigen Diskurs zwischen Philosophie, Religion/Theologie und Naturwissenschaft. In seiner eigenen Sprache und seiner mikro- und makrokosmischen Auffassung des Lebens schafft er es, zwischen unterschiedlichen Ansätzen zu vermitteln und einen Zusammenhang zwischen vielen Ansichten und Theorien über das Leben zu postulieren. Auch setzt er neue Akzente, wenn es um das Miteinander von Bewusstsein und Seele oder der Begründung von Körper und Gehirn in einer Vielzahl von *actual entities* in einer Vielzahl von *societies* geht – manche

535 Hampe 1998, 110.

Unklarheiten führen allerdings auch zu neuen Fragestellungen.[536] Generell gilt für den Entwurf der Whiteheadschen Organistischen Philosophie aber: Die Ebene der Erfahrung neu zu definieren und die Emotionalität des Lebens als Grundstruktur des Lebens zu erfassen, schafft neue Zugangswege zu den Humanwissenschaften und ermöglicht einen freieren Blick auf die Ganzheitlichkeit des Menschen.[537] Vielleicht ist dies auch schon eine Brücke

536 Hier muss auch festgehalten werden, dass er zum Beispiel gerade mit Blick auf seine ungeklärte Zweiteilung im Verständnis der Seele (s.o.) im Entwurf seiner Organistischen Philosophie der Wirklichkeit heutiger Forschung gegenüber inkonsequent erscheint. So hält Whitehead wohl die Möglichkeit offen, in seiner Beschreibung der Wirklichkeit mit einem starken Anklang an naturalistische Traditionen, dass die Seele lediglich eine Form von Bewusstseinszustand geistiger bzw. von Funktionen des Gehirns ist. Genau in diesem Sinne ignoriert Gerhard Roth die Seele generell und auch in der Beschreibung der Funktionen des Gehirns als Beitrag für die Anthropologie und spricht lediglich von den „drei grundlegend verschiedenen Erlebnisbereichen […] Geist-Gefühl, Körper und Umwelt“ (Gerhard Roth, Persönlichkeit, Entscheidung und Verhalten. Warum es so schwierig ist, sich und andere zu ändern, 10. Auflage, Stuttgart 2015, 95.). Roth kann mit seiner Theorie zur Funktion des Gehirns in der Neurobiologie zu Belegen seiner Ansätze einer Neurophilosophie kommen, die alle vor-, un- und bewussten Prozesse mit Aktivitäten des Gehirns zu erklären versucht. In der Beschreibung dieser Prozesse als „*dynamisch*“ (Ebd., 98.) und des Bewusstseins als „ein Bündel inhaltlich sehr verschiedener Zustände“ (Ebd., 101.) kommt er der Formulierungen der Organistischen Philosophie Whiteheads sehr nahe und gibt der philosophischen These „Bewusstsein ist […] etwas ‚rein Geistiges‘“ eine Absage, da diese „in den letzten beiden Jahrzehnten durch Untersuchungen von Psychologen und Neurobiologen dramatisch an Anerkennung verloren“ (Ebd., 106.) habe.

537 Allerdings bleibt auch hier unklar, woher die Emotionen stammen und ob diese auch veränderlich sind. Roth geht auch hier von einem Entwicklungsprozess aus, der die Emotionen des Menschen einem „Prozess der *emotionalen Konditionierung*“ (Ebd., 183.) unterwirft. Emotionen sind hier nicht Teil der körperlichen bzw. materiellen Dimension des Menschen, sondern sie „entstehen ausschließlich im Gehirn […]“ (Ebd., 186.). Das „Gehirn ‚projiziert‘ […] sozusagen die Empfindungen in den Körper zurück.“ (Ebd.). „Gefühle sind in diesem Sinne *Kurzberichte aus dem emotionalen Gedächtnis*“ (Ebd., 189.). Eine solche Ursprungstheorie der Emotionen kann für die *actual entities*, die nicht Teil einer *society* mit Gehirn sind, nicht angenommen werden. Folgt man Roth, so ist die Emotionalität der einzelnen *actual entity* im Prozess ihrer *concrescence* nicht im Sinne seiner Entstehungshypothese der Emotionen zu

zu der postfaktischen Gesellschaftsentwicklung, die in dieser Zeit immer mehr diskutiert wird.

Letztlich ist der Ansatz Whiteheads auch eine Korrektur des heutigen Strebens nach einem „immer jünger, immer schöner, immer mehr Leben", welches in der Gesellschaft Einzug gehalten hat. Jede *actual entity* ist nicht nur Leben, sie ist auch Vergangenheit und ein Synonym für Vergänglichkeit. Auf einem Symposium zu Ehren von Whiteheads 70. Geburtstag hielt er einen Vortrag zu seinem philosophischen Hauptwerk *Process and Reality* mit gleichnamigem Titel. In diesem stellt er deutlich heraus, dass es im Grundsatz um Leben geht, um eine wechselseitige Hilfe, damit andere mit und an allem Lebendigen zum Leben finden.[538] Eine ganzheitliche, holistische und kosmologische Welt- und Lebensauffassung ist zugleich eine Auffassung des globalisierten Lebens, in dem niemand zu sich selbst kommen kann, wenn er von anderen unabhängig ist. Die *solitariness* gibt es eben auch nur im Miteinander.

Damit diese Auffassung aber Realität werden kann, muss der Einzelne sich bis zur Hingabe einsetzen, bis zum Vergehen/*perishing*.[539] Deswegen subsumiert Whitehead seine Kosmologie unter einer Trias von „being, becoming, and perishing"[540]. Das Vergehen ist elementarer Bestandteil des Lebens. Damit eine *actual entity* leben kann, muss sie etwas von sich, besser: sich selbst, ganz einsetzen und damit sich selbst dem Risiko des *perishing* aussetzen. Es gibt kein Leben ohne *perishing*, das aber in der Erinnerung an die Vergangenheit der vergangenen *actual entity* und in der entstehenden Verbundenheit zweier vergangener *actual entities*, im Entstehen einer neuen *actual entity*, nicht verloren geht, „because as we perish we are immortal."[541] Im *perishing* zeigt sich, dass Leben relational, prozessual, nicht körperlich-geistig-dual, sondern transzendental ist. Leben

beschreiben und dieser Ansatz der Organistischen Philosophie als unlogisch und rein spekulativ zu verwerfen.

538 Whitehead 1948, 90: „The key to metaphysics is this doctrine of mutual immanence, each side lending to the other a factor necessary for its reality."

539 Vgl. ebd., 89.

540 Ebd.

541 Ebd.

ist synthetisch im Sinne der Synthese der *actual entities* aus Dynamik von Erfahrungen.[542]

Der Entwurf einer Organistischen Philosophie, so wie ihn Whitehead vertritt, ist und bleibt ein Entwurf bzw. Modell der spekulativen Philosophie und der metaphysischen Tradition der Philosophie. Dies darf in den weiteren Forschungsgängen dieser Arbeit nicht vergessen werden.

3.3. Exkurs: Whitehead-Rezeption in Philosophie und Psychologie

Die Philosophie Whiteheads hat auf Grund des Rückbezugs auf einen Gott und die Nähe des Whiteheadschen Gottes zum Christentum bald eine Rezeption im Bereich der christlichen Theologie gefunden. Diese und ihre Weiterentwicklung über eine Whiteheadsche Theologie hinaus wird im sechsten Kapitel dargestellt werden. Whitehead wurde aber auch in der Philosophie und anderen Wissenschaften aufgegriffen, teils als Fortschreibung einer aristotelischen Philosophie, teils als philosophische Begründung einer neuen Naturwissenschaft.[543] Weiterhin ist das Denken einer Organistischen Philosophie Whiteheads in anderen Wissenschaften, die nicht zur Philosophie gehören, schon als Rezeption interdisziplinären Denkens zu werten. Der Diskurs mit Whitehead soll im Folgenden mit Blick auf eine positive Rezeption seiner Idee einer Organistischen Philosophie kurz im Bereich Philosophie und ausführlicher im Bereich der Psychologie und

542 „Das Leben des Menschen von der Geburt bis zum Tod ist eine historische Route solcher Ereignisse. Diese konkreten Momente sind durch eine partielle Identität ihrer Form und durch die eigentümlich volle Zusammenfassung ihrer Vorgänger, welche jeder Moment der Lebensgeschichte in sich selbst versammelt, in eine Gesellschaft zusammengebunden. Der Mensch-in-einem-Moment konzentriert sich selbst die Farbe seiner eigenen Vergangenheit, und er ist ihr Ergebnis. Der ‚Mensch in seiner gesamten Lebensgeschichte' ist im Vergleich zu dem ‚Mensch in einem solchen Moment' eine Abstraktion." (Whitehead 2000, 86.)

543 Spannungen zwischen Whiteheads Organistischer Philosophie und anderen Wissenschaften sind auch festzuhalten, sollen hier aber keine direkte Rezeption finden. Beispielhaft wurde dies schon weiter oben in der Auseinandersetzung mit den neurobiologischen und -philosophischen Gedanken Gerhard Roths angedeutet.

einiger ihrer Schulen beschränkt bleiben, da dies die weitere Wissenschaft für den Ansatz einer transdisziplinär begründeten Prozessanthropologie dieser Arbeit darstellt.

Müller hebt hervor, dass Whiteheads Ethik, die wie oben festgehalten nicht systematisch und nur rudimentär erfasst werden kann, mehr als gefragt ist: „Die Vorteile eines prozessmetaphysischen und prozessethischen Ansatzes liegen gerade in einem Zeitalter der ökologischen Krise auf der Hand: Die Whiteheadsche Metyphysik ist nicht anthropozentrisch in dem Sinn, dass der Mensch – obwohl er selbst einen sehr hohen Wert besitzt – die Welt nur unter einer Verzwecklichungsperspektive sehen und behandeln dürfte“[544]. Es kommt im Whiteheadschen Ansatz schon auf die kleinste Dimension der Existenz an, die sich entwirft. Eine Ethik kann nicht nur vom Menschen ausgehend und zum Wohl des Menschen allein gedacht und gelebt werden.

Rugel hingegen betont Whitehead in seiner Rezeption aristotelischer Philosophie und setzt ihn in einen Vergleich mit anderen Philosophen, die von einem Panpsychismus bzw. Panexperientialismus überzeugt sind. Darin ist Whitehead, gemäß Rugel, eine Überleitung zu Rosenberg, der die Frage nach dem Bewusstsein neu stellt.[545] Ein neues Verständnis von Bewusstsein kann mit Whitehead aufkommen, weil dieser die „Materie nicht als rein ‚passive Rezeptivität‘ auffasst“[546].

Für die Erforschung des Bewusstseins stellt Rosenberg einen Rezipienten des Whiteheadschen Denkens dar. Bewusstsein beginnt für Rosenberg nicht erst auf einer höheren Ebene in der Evolution oder gar beim Menschen. Weil eine *actual entity* eine Bewegung von der Möglichkeit zur Aktualität darstellt, ist diese mit Bewusstsein verhaftet. Sie handelt selbst und lässt nicht etwas über sich ergehen. Eine *actual entity* gestaltet ihr Sein selber

544 Tobias Müller, Die ethische Dimension von Alfred North Whiteheads Prozessphilosophie, in: Joachim Heil (Hg.), Dimensionen Praktischer Philosophie. Texte zur philosophischen Ethik und Anthropologie, London – Kirchtellinsfurt 2004, 183–206, 206.

545 Matthias Rugel, Materie – Kausalität – Erleben. Analytische Metaphysik des Panpsychismus, Münster 2013, 256.

546 Ebd., 257.

aktiv mit und ist „a coming into being“[547]. Bewusstsein ist für Rosenberg im Anschluss an Whitehead „something like a degree of determinateness.“[548] Damit sind die *actual entities* „experiential events.“[549]

Mit Blick auf Identitätstheorien kann man Züge Whiteheadschen Denkens bei Mead und Kohlberg auffinden. Fetz hält fest, dass Meads Buch *Mind, Self, and Society* in Grundsätzen nur ein Jahr nach Whiteheads *Religion in the Making* entstanden ist. Auffällig ist dabei, dass Mead den Whiteheadschen Neologismus von den *prehensions* bzw. *prehend* verwendet, und zwar in deutlicher Nähe zu Whiteheads Verständnis dieses Begriffes – allerdings ohne Whitehead als Quelle anzugeben.[550] Nicht mehr die *actual entity* prehendiert hier, sondern „all selves [...] are individual reflections [...] of this organized behavior pattern which it exhibits, and which they prehend in their respective structures“[551]. Eine Organisation bringt laut Mead zudem nur selbstständige Individuen hervor, wenn es „prehends [...] organized social attitudes and activities“[552]. Kohlberg hingegen hält ausdrücklich fest, dass Whitehead als spekulativer Philosoph für ihn Vorbild seines Denkens einer moralischen Entwicklung war.[553]

Als letzter Rezipient soll Bohm als Forscher im Bereich der Naturwissenschaften bzw. der Quantentheorie genannt sein. Er sagt von seinem Denken,

---

547 Gregg Rosenberg, A Place for Consciousness. Probing the Deep Structure of the Natural World, Oxford – New York – Auckland – Bangkok – Buenos Aires – Cape Town – Chennai – Dar es Salam – Delhi – Hong Kong – Istanbul – Karachi – Kolkata – Kuala Lumpur – Madrid – Melbourne – Mexico City – Mumbai – Nairobi – Sao Paulo – Shanghai – Taipei – Tokyo – Toronto 2004, 210.

548 Ebd.

549 Ebd., 299.

550 Vgl. Reto Luzius Fetz, Whiteheads Begriff einer Religion im Werden und die Theorie der Moderne. Eine Interpretation Whiteheadscher Religionstheorie im Kontext gegenwärtiger Sozialwissenschaft, in: Helmut Holzhey, Alois Rust, Reiner Wiehl (Hrsg.), Natur, Subjektivität, Gott. Zur Prozeßphilosophie Alfred N. Whiteheads, Frankfurt am Main 1990, 281.

551 George Herbert Mead, Mind, Self, and Society. From the Standpoint of a social Behaviorist, 18. Auflage, Chicago – London 1972, 201.

552 Ebd., 262.

553 Vgl. Lawrence Kohlberg, The Philosophy of Moral Development, San Francisco 1981, 359.

dass er bei Whitehead ursprüngliche Gedanken für seine Theorie findet, in der Fortschreibung aber in eine andere Richtung gehen wird.[554] Für seine Erklärung der Wirklichkeit und der Quantentheorie stellt er Whitehead und Leibniz einander gegenüber und betont den Whiteheadschen Ausgangspunkt „whereas our basic elements are only moments and are thus not permanent.“[555]

Ausführlicher soll an dieser Stelle noch auf die Rezeption Whiteheads im Bereich der Psychologie eingegangen werden. Schon zu seinen Lebzeiten war das Interesse groß, die Organistische Philosophie auch für die unterschiedlichsten Richtungen der Psychologie anwendbar zu machen. Einige Studenten wollten in seinen Schriften und besonders in der Ausrichtung der *actual entities* mit einem *mental* und einem *physical pole* einen Panpsychismus erkennen, gegen den sich Whitehead laut Victor Lowe wehrte: „Whitehead did not call his pluralistic metaphysics a panpsychism, and was not altogether happy when his students – myself, for one – did so.“[556]

Dennoch suchten Forscher schon früh nach Zügen psychologischen Inhaltes in Whiteheads Schriften. Bernard Loomer und Seward Hiltner erarbeiteten 1952 für ein Seminar in Chicago ein unveröffentlichtes Manuskript mit dem Titel *Some Implications of Process Philosophy for Psychotherapeutic Theory*. Als Zeitzeugen Whiteheads waren sie von seinen Ideen einer Organistischen Philosophie angetan. Sie untersuchten in diesem Manuskript die aktuelle Situation der Psychotherapie zu Beginn der 50er Jahre des letzten Jahrhunderts und stellten fest, dass es in den Schriften Whiteheads keinen direkten Bezug zu irgendeiner psychologischen Schule gibt. Anhand der Tiefenpsychologie halten sie fest, dass dieses Wissen zur Lebzeit Whiteheads „were not readily available until quite recently. [...T]his reference is not conscious in Whitehead's system [...].“[557] Allerdings betonen sie, dass „every discipline involves either philosophical assumptions or

---

554 David Bohm, Wholeness and the Implicate Order, London – New York 1980, 61.

555 Ebd., 263.

556 Lowe 1963, 126.

557 Bernard Loomer, Seward Hiltner, Some Implications of Process Philosophy für Psychotherapeutic Theory, Chicago 1952, unveröffentlichtes Manuskript, 1. Vgl. ebd., 61: „The aspects of experience and knowledge upon which process philosophy, especially Whitehead, drew for data did not in any significant

implications or both"[558]. Diese möchten sie mit dem Manuskript ausgehend von der Prozessphilosophie mit Bezug auf die Psychotherapie darstellen und greifen u.a. die Themen des Selbst, die Frage nach Inhalt und Emotion in der Therapie, wie auch die Frage nach der Bedeutung des Intellektes für den therapeutischen Prozess auf. Die Prozessphilosophie bieten sie für diese Reflexion an, da diese „has an interest in evaluating the method and principles of therapeutic psychology"[559]. Denn „process psychology can be interpreted as a generalized psychology where basic psychological elements descriptive of human experience are metaphysically generalized so as to apply to all individuals at all levels of existence."[560] Die Prozessphilosophie bietet in ihrem systemischen Denken ein Konzept an, wie alle Erkenntnis in ein Handlungssystem gebracht werden kann und dieses auslegt. Whiteheads Philosophie ist ein holistischer Ansatz, der in seiner Erkenntnislehre grundlegend für jede psychologische Theorie sein kann.

Loomer und Hiltner wenden sich gegen die ursprüngliche Annahme der psychoanalytischen Tradition, dass das Selbst einen „epiphenomenal character"[561] habe. Alles Sein entsteht aus dem Werden und der grundlegende Prozess des Lebens und aller Erkenntnis ist das, was konkret ist im Sinne der Whiteheadschen *concrescence*. Deswegen kann sich ein therapeutischer Prozess nur auf den konkreten Prozess zwischen Therapeut und Klient beziehen. Auch das Selbst erwächst aus Beziehung und den therapeutischen Prozess haben beide Akteure in der Hand.[562] Das Selbst, welches aus Beziehungen erwächst, wird im therapeutischen Prozess aus unterschiedlichen Perspektiven betrachtet: „from that of the patient […] from that of the therapist […], from that of the therapeutic relationship; from that of the social interactive situation in which the person lives; and so on."[563] Das

---

way include psychology. No doubt this was due mainly to the lesser maturity of development in psychology at the time when the basic concepts and approach of process philosophy were being formed."

558 Ebd.

559 Ebd., 2.

560 Ebd.

561 Ebd., 13.

562 „Both therapist and client hold some control, witting or not, over the emergent possibilities." (Ebd., 19.)

563 Ebd., 66f.

Individuum entwickelt sein Selbst in Freiheit in einem Netzwerk und trifft dafür individuelle Optionen „and this selectiveness is what gives rise to individuality, or is why we speak of an organism as the focus of a field.“[564] Der dem zugrundeliegende Beziehungsansatz bzw. soziale Kommunikationsansatz der *actual entities* bedeutet auch, dass Therapeut und Klient in einen Prozess treten, der ein „‚real self‘ of the relationship“[565] entstehen lässt. Dieses Selbst, das im Prozess entsteht, führt jeden der beiden Akteure „out of his old perspective, broadens him, and by implication makes him feel that he is reaching more deeply than would be true of his old perspectival structure“[566]. Für Loomer und Hiltner ist der Patient der kreative Pol von Neuheit in diesem Prozess, während der Therapeut den Empfänger von Neuem darstellt. Der psychotherapeutische Prozess ist unter Whiteheadscher Perspektive ein Prozess von Werden, Empfangen und Neues erschaffen. Der Patient hingegen entdeckt für sich neu, wohin sein Lebensentwurf ihn geführt hat. Die erste Zugangsweise ist die der „bodily feelings“[567], die für Whiteheads Erkenntnistheorie die grundlegende Erfahrung darstellen. Hier beginnt das Konkrete im Prozess der *concrescence*. Dieses Konkrete trägt alle vergangenen „[r]elationships and meanings and structures“[568] in sich und stellt diese in der Bedeutung noch vor den Intellekt, der in seiner Veranlagung zur Rationalität abstrakt und nicht konkret ist.

Die Idee der *concrescence* greift auch Riffert in seinem Beitrag *Towards a process-psychology – Convergencies between Whitehead and Piaget* auf. Als Beitrag für die Kognitions- und Entwicklungspsychologie erklärt er, dass Whiteheads Ideen eine Vertiefung der Lerntheorien Jean Piagets darstellen. Riffert erkennt im Prozess der *concrescence* die von Piaget herausgearbeiteten Modi von Akkommodation und Assimilation wieder, denn jede *actual entity* „is (1) radically relational and second it is (2) active.“[569] Durch die *living personal society* kann eine *society* im Denken Whiteheads Identität

564 Ebd., 69.
565 Ebd., 70.
566 Ebd., 72.
567 Ebd., 80.
568 Ebd., 90.
569 Franz Riffert, Towards a Process-Psychology – Convergencies between Whitehead and Piaget, https://www.sbg.ac.at/erz/salzburger_beitraege/fruheling99/riffert1_99.htm (Stand: 31.10.2016).

erwerben und fortführen, auch wenn die *actual entities* der gleichen *society* vergehen. Hier sieht Riffert Parallelen zum „(human) subject [which, M.F.] is characterized as (1) radicaly relational and (2) as essentially active“[570] wie auch Whiteheads Entitäten und Gesellschaften. Die Gründung einer Prozesspsychologie kann mit Piaget als wissenschaftliche Referenz rechnen, da beide Denksysteme Parallelen aufweisen. Piaget kann als empirische Referenz für das philosophische Denkmodell Whiteheads herangezogen werden. Die kognitive Entwicklungspsychologie Piagets und der „process-view [of, M.F.] the human person has to be conceived of as unique, for the person's interactions with the very special environments from birth on (and even before birth) lead to the development of idiosyncratic personality patterns. And on the basis of these unique pattern the person construes *his/her situations* i.e. s/he gives psychological meaning to it.“[571]

Einen engen Zusammenhang zwischen der Prozessphilosophie und der Gestalttherapie arbeitet David Roy heraus. Neben generellen Beiträgen, die Verbindungen von Prozessphilosophie und Psychologie suchen[572], erarbeitet Roy eine wissenschaftliche Grundierung der Gestalttherapie auf dem philosophischen Denken Whiteheads. Wie Whitehead, so ist auch die Gestalttherapie grundsätzlich an einem Prozessgeschehen des Individuums interessiert.[573] Weiterhin stellt Roy fest, dass es Parallelen in den Theorien zu den *actual occasions* und der Gestalt in der Gestalttherapie, wie auch zwischen den drei Modi der Wahrnehmung Whiteheads und den *„stages of gestalt formation“*[574] gibt. Die *concrescence* korreliert mit diesen Stufen, wie auch „Gestalt Therapy's three modes of the self“[575] mit Whiteheads Wahrnehmungskategorien korrelieren.

Roy betont weiterhin, dass der holistische Ansatz der Erkenntnislehre Whiteheads einen Beitrag zur pluralistischen Situation der Psychotherapie

---

570 Ebd.

571 Ebd.

572 Vgl. David Roy, The clinical use of Whitehead's anthropology, http://ww.religion-online.org/showarticle.asp?title=3009 (Stand: 14.11.2016).

573 Vgl. Roy 2000, 12.

574 David Roy, The Value of the Dialogue Between Process Thought and Psychotherapy, http://www.religion-online.org/showarticle.asp?title=2594 (Stand: 26.06.2016).

575 Roy 2000, 160.

leisten kann. Selbst jenseits der direkten Parallelen zur Gestalttherapie, „[i]t can promote creative yet systematic connections among these various schools by viewing several approaches from a common perspective, thus furthering the quest for a metatheory."[576] Hier ist ein paralleles Verständnis der Prozessphilosophie und ihrer wissenschaftlichen Hilfe zwischen dem Manuskript von Loomer und Hiltner, wie auch dem Artikel von Roy zu finden. Die Prozessphilosophie fordert die unterschiedlichen Schulen der Psychotherapie zu einer Fokussierung auf die *creativity*, kosmologische Ideen und „*fundamental relatedness of all of reality*"[577] heraus. Jenseits des bisherigen Fokus vieler Schulen der Psychotherapie würden diese letztlich eine Metatheorie erhalten, die auch zu „an emerging understanding of the role of the spiritual dimension of reality for psychotherapy"[578] führen kann. Wenn die Prozessphilosophie als eine Metatheorie aller psychotherapeutischen Schulen anerkannt würde, kann diese „further the evolution of psychotherapy"[579].

576 Roy, The Value.
577 Ebd.
578 Ebd.
579 Ebd.

4. Individuation des Individuums – Schlüsselbegriff der Tiefenpsychologie Carl Gustav Jungs

4.1. Einführung in das System

Die Organistische Philosophie Alfred North Whiteheads zeigt eine große Nähe zu den Gedanken Carl Gustav Jungs und seiner Komplexen bzw. Analytischen Psychologie, auch wenn Loomer und Hiltner diese nicht direkt in den Schriften Whiteheads erkennen können. Die Gründe dafür erklären sie in ihrem Manuskript.[580] Andere Forscher, Theologen, Philosophen und Psychologen, haben bereits versucht, Whitehead und psychologische Theorien miteinander zu vergleichen und Nähe und Distanz dieser zwei Denkrichtungen zu beschreiben. David Roy brachte z.B. Whitehead und die Gestalttherapie zusammen.[581]

Der Ansatz dieser Arbeit hingegen ist es, Whitehead und Jung in Verbindung miteinander zu setzen und zu überprüfen, ob es zu einem Dialog zwischen diesen beiden Modellen der jeweiligen Forschungstradition kommen kann. Um diese Verbindung aufbauen und Nähe und Distanz der Organistischen Philosophie und der Analytischen Psychologie erkennen zu können, soll im Folgenden die Lehre Jungs in den für den Vergleich notwendigen Grundgedanken dargestellt werden. Dabei soll nicht auf die Gesamtheit der Darstellung der Psychologie Jungs geachtet werden, sondern die Dynamik seines Denkens für die Anthropologie aufgefasst und für das darauf folgende Kapitel der Synopse von Whitehead und Jung im Dialog untereinander und mit einer Tradition der theologischen Anthropologie aufbereitet werden.

4.1.1. Biografie von C. G. Jung

Wie im zweiten Kapitel dieser Arbeit über Whitehead, soll auch hier die Biografie des Vertreters der rezipierten Lehre vorweg kurz dargestellt werden.

---

580 Loomer/Seward 1952, 1.
581 Vgl. Roy 2000.

Wichtigste Grundlage dafür ist ein Interview Jungs mit Georg Gerster[582] und der autobiografische Sammelband *Erinnerungen, Träume, Gedanken von C. G. Jung*[583].

Carl Gustav Jung wurde am 26. Juli 1875 in Keßwil in der Schweiz geboren. Er war der Sohn eines reformierten Pfarrers. Seine Mutter kam ebenfalls aus einem theologisch gebildeten Haushalt.[584] Die Familie Jung zog in Carl Gustavs viertem Lebensjahr nach Basel. Die Stadt sollte fortan das Zentrum seines Bildungsweges sein. Hier ging Carl Gustav Jung zur Schule und studierte auch Medizin. Für ihn war es ein langes und intensives Ringen, welches Studium er aufgreifen sollte.[585] Im Studium war die Richtung, die er nach dem Staatsexamen einschlagen würde, auch noch nicht klar.[586] Letztlich sollte ihm ein Lehrbuch den Anstoß geben, mit dem er sich entschied, in die Fachrichtung der Psychiatrie einzusteigen. Jung wurde 1900 Assistent an der Kantonalen Irrenanstalt und psychiatrischen Klinik der Universität Zürich. Seine zentrale Frage definiert er in *Erinnerungen, Träume und Gedanken von C. G. Jung* so: „[W]as geht in den Geisteskranken vor?“[587] In den kommenden Jahren vertiefte Jung seine Kenntnisse im Bereich der Psychiatrie und publizierte eigene Schriften zu diesem Forschungsbereich. 1905 wurde er Dozent für Psychiatrie an der Universität Zürich, in dessen Folge er 1907 Sigmund Freud kennenlernen sollte. Carl Gustav Jungs *Erinnerungen* zeugen von einer tiefen Verbundenheit der beiden Pioniere im Bereich der Psychiatrie und Psychologie und berichten von einem regen Briefverkehr und wechselseitigen Besuchen.[588] Mit Jungs Publikation *Wandlungen und Symbole der Libido* trennten sich die Wege der beiden Forscher.[589] Um seine Psychologie von der Freuds zu

---

582 Georg Gerster, Eine Stunde mit…, Frankfurt am Main 1956, 7ff.

583 Aniela Jaffé (Hg.), Erinnerungen, Träume, Gedanken von C. G. Jung, 2. Auflage, Sonderausgabe, Olten – Freiburg im Breisgau 1984.

584 Vgl. Gerster 1956, 9.

585 Vgl. ebd., 89f.

586 Vgl. ebd., 115: „Als ich mich auf das Staatsexamen vorbereitete, war daher bezeichnenderweise das psychiatrische Lehrbuch das letzte, das ich mir vornahm.“

587 Ebd., 121.

588 Vgl. ebd., 134, 161 und 370ff.

589 Vgl. ebd., 171.

trennen, nannte er seinen Ansatz schließlich *Analytische Psychologie*, blieb aber der tiefenpsychologischen Tradition verbunden. Grundlegendes Kennzeichen seiner Praxis ist eine anthropologische Grundannahme, der er sich in der Therapie und seinen Analysen verpflichtet fühlte: „Die Psychotherapie und die Analysen sind so verschieden wie die menschlichen Individuen. Ich behandle jeden Patienten so individuell wie möglich. [...] Natürlich muss der Arzt die sogenannten ‚Methoden' kennen. [...] Für jeden Patienten brauchte man eine andere Sprache. [...] Der entscheidende Punkt ist, daß ich als Mensch einem anderen Menschen gegenüberstehe. Die Analyse ist ein Dialog [...]."[590]

Jung blieb, ebenso wie Freud, der Forschung am Unbewussten verbunden und entwickelte die Theorie des Individuationsprozesses als Theorie eines ergebnisoffenen psychischen Entwicklungsweges. Zentrale Elemente sind dabei u.a. die Integration der Schatten, die Aufdeckung der Persona, die Archetypen, das Selbst und die Traumdeutung, zu der Jung schon seit seinen Kindertagen durch persönliche Erlebnisse eine Verbindung hatte. Rückerinnerungen und Erlebnisse von Träumen führten Jung zur Annahme der Archetypen, die er im Lauf seines Forschens im Querschnitt durch verschiedene Kulturen und Kulturkreise zu bestimmen versuchte.[591] Zahlreiche Reisen führten ihn zu indigenen Völkern in Nordamerika, Asien und Afrika. Auch die Erforschung seiner eigenen kulturellen Wurzeln im Christentum, in der Gnosis und der Alchemie gaben seiner Theorie weitere Impulse.[592]

Jung wirkte als Psychotherapeut und Forscher. So brachte er Erkenntnisse beider Praktiken Zeit seines Arbeitens zusammen und nahm vor allem auch sein eigenes Traum- und Seelenleben zur Grundlage seines wissenschaftlichen Arbeitens. Bis zum Ende seines Lebens verfasste Jung „insgesamt mehr als 120 größere und kleinere Schriften"[593]. Jung starb am 06. Juni 1961.

590 Ebd., 137.

591 Ebd., 196: „Alle meine Arbeiten, alles, was ich geistig geschaffen habe, kommt aus den Initialimaginationen und -träumen."

592 Besonders die Alchemie hatte einen tiefgehenden Einfluss auf das Werk Jungs. Er erklärt es zu seinem Ziel, „in vollem Umfang zu zeigen, inwiefern meine Psychologie eine Entsprechung der Alchemie ist [...]." Vgl. ebd., 216.

593 Jolande Jacobi, Die Psychologie von C. G. Jung, 7. Auflage, Olten 1976, 243.

C. G. Jung entwickelte in seinen Schriften ein teils mythologisches Weltbild mit einem holistischen Ansatz. Der seiner Theorie zugrundeliegende Individuationsprozess kann den Menschen in die Ganzheit seines Lebens führen, indem Bewusstes und Unbewusstes, negative (Schatten) und positive Seiten, individuelle und kollektive Ansichten, sowie Natur und Geist miteinander verbunden werden. Die Leugnung der einen oder der anderen Seite im Menschen führt zu schweren Beeinträchtigungen des menschlichen Lebens. Jung definiert den Sinn des Lebens so, „daß das Leben eine Frage an mich hat. Oder umgekehrt: ich selber bin eine Frage, die an die Welt gerichtet ist, und ich muß meine Antwort beibringen, sonst bin ich bloß auf die Antwort der Welt angewiesen."[594]

Die Schriften Jungs zeugen in diesen Themen und Fragen von einem tiefen philosophischen Ringen, wobei Jung sich stets wehrte, als Philosoph betrachtet zu werden. In einem *Brief an einen jungen Gelehrten* schreibt er: „Ich definiere mich selbst als Empiriker [...]. Ich bin – noch spezieller – nur ein Psychiater, denn meine wesentliche Fragestellung, der mein ganzes Streben gilt, ist die seelische Störung, ihre Phaenomenologie, Aetiologie und Teleologie. Alles andere spielt bei mir eine auxiliäre Rolle. [...] Ich betreibe keine Philosophie [...]."[595] Gerade die Nähe zur philosophischen Theologie und seine biografisch begründete und in der Forschung fortgeführte Rede von Gott bzw. den Göttern, versucht er als rein empririsches Interesse zu erklären: „*ich* spreche als Psycholog, als Empiriker, der sich keine Meinung darüber anmaßt, was Gott und was Abgott ist."[596] Dennoch wird seine Nähe zum philosophischen Denken stets ein Angriffspunkt und Kritikpunkt vieler Forscher sein, die Jung vorwerfen, kein sauberer Empiriker zu sein bzw. Selbsterfahrungen als Theorie darstellen zu wollen.[597]

4.1.2. Die Tiefenpsychologie

Jolande Jacobi, langjährige Mitarbeiterin von C. G. Jung, fast den Auftrag des Menschen im Bezug auf seine Psyche wie folgt zusammen: „solange der

594 Jaffé 1984, 320f.
595 Ebd., 375.
596 Gerster 1956, 7.
597 Vgl. Heinrich Balmer, Die Archetypentheorie von C. G. Jung. Eine Kritik, Berlin – Heidelberg – New York 1972, 7f.

Mensch nicht anfängt, in sich selbst Ordnung zu machen, wird er immer nur haltloses, wiederstandloses Opfer, gehorsamer Diener einer Masse, niemals aber freies Glied einer Gemeinschaft werden können."[598] Hier klingen bereits viele zentrale Themen der Analytischen Psychologie Jungs an: Individuationsprozess, Individuum und Kollektiv, Persona, Animus und Anima, Archetypen, Ich und Selbst, Komplexe und Symbole. Diese Begriffe sollen im Folgenden erläutert werden, so dass eine kurze und verständliche Darstellung der Lehre dieser Arbeit dienen kann.

4.1.2.1. Grundlegendes

C. G. Jungs Lehre von der Psyche und der ihr innewohnenden Dynamik wurde über viele Jahre bzw. Jahrzehnte seines Leben entwickelt und erstreckt sich über zahlreiche Aufsätze, Bücher und Vorlesungen, die in der Reihe *Gesammelte Werke* herausgegeben worden sind. Mit seiner fortschreitenden Forschung wurde Jungs Lehre immer komplexer. Grundlegend ist für die Entwicklung der Psyche aber ihre Naturverhaftetheit zu betrachten. Alle psychischen Dynamiken sind der Welt innig, stehen aber auch in Verbindung mit einem Transzendenten, das Jung nie genau definiert hat.[599] Da er sich selber nie als Theologe verstanden hat, aber durch die Religion seiner Eltern und seines Kulturraumes geprägt wurde, kommt er lediglich zu der Annahme eines Geheimnisvollen in der Welt.[600] Seine Forschung hat stets die Frage nach der Ganzheit des Menschen getrieben und so fallen „Tun des Einzelnen [...,] Ergriffenheit des Körpers [...,] Ergriffenheit des Geistes [... und, M.F.] lebendige Ganzheit"[601] in seiner Theorie zusammen.

598 Jacobi 1976, XII.
599 Carl Gustav Jung, Über die Archetypen des kollektiven Unbewussten, in: Ders., Die Archetypen und das kollektive Unbewußte (Gesammelte Werke 9/I), 4. Auflage, Olten – Freiburg im Breisgau 1980, 41: „[I]n allem Chaos ist Kosmos und in aller Unordnung geheime Ordnung, in aller Willkür stetiges Gesetz, denn alles Wirkende beruht auf dem Gegensatz."
600 „Der Mensch muß spüren, daß er in einer Welt lebt, die in einer gewissen Hinsicht geheimnisvoll ist, daß in ihr Dinge geschehen und erfahren werden können, die unerklärbar bleiben, und nicht nur solche, die sich innerhalb der Erwartung ereignen." (Jaffé 1984, 358.)
601 Carl Gustav Jung, Yoga und der Westen, in: Ders., Zur Psychologie westlicher und östlicher Religion (Gesammelte Werke XI), Zürich – Stuttgart 1963, 575.

Auf Grund dieser naturhaften Erfahrung zählt Jung seine Forschung und Theorie zu den Naturwissenschaften. Ausgangspunkt dieser Verbundenheit zur Naturwissenschaft mag vor allem auch sein Studium der Medizin gewesen sein. Entgegen einer modernen naturwissenschaftlichen Haltung gibt Jung mehr „Charakteristiken" als Definitionen seines Denkens, „die bestimmten Aspekten der jeweiligen psychischen Wirklichkeit entsprechen, sie umschreiben, so auch die Wirklichkeit [...]."[602]

In einer Auseinandersetzung mit Martin Buber und dessen Kritik an Jungs Thesen als Gnostizismus, grenzt Jung sein Forschen von der Aufgabe der Theologie deutlich ab. Jung sammelt „Tatsachenmaterial"[603] im Rahmen einer „Erfahrungswissenschaft"[604], während die Theologie erörtert, „inwiefern ein solcher seelischer Inhalt vom Dasein einer metaphysischen Gottheit bewirkt und bestimmt ist."[605]

Mit Blick auf den Begriff der Individuation, der später noch erläutert werden soll, fällt auf, dass Jung fast ausschließlich vom Individuum bzw. *psychologischen Individuum* spricht.[606] Dieser Rede vom Individuum soll in den hier folgenden Darstellungen seiner Theorie gefolgt werden.

4.1.2.2. Bewusstes und Unbewusstes

Die Entwicklung der Psyche wird bei Jung als ein prozessuales Geschehen betrachtet, „welcher in der Integration der bewußtseinsfähigen Inhalte besteht. [...] Wenn unbewußte Teile der Persönlichkeit bewußt gemacht werden, so ergibt sich darauf nicht etwa nur eine Assimilation derselben

---

602 Gerhard Wehr, Der Begriff der Individuation bei Jung, in: Dieter Eicke (Hg.), Die Psychologie des 20. Jahrhunderts. Freud und die Folgen (II) ... bis zur allgemeinärztlichen Psychotherapie, Band III, Zürich 1977, 790.

603 Carl Gustav Jung, Antwort an Martin Buber, in: Ders., Zur Psychologie westlicher und östlicher Religion (Gesammelte Werke XI), Zürich – Stuttgart 1963, 660.

604 Ebd., 661.

605 Ebd.

606 Carl Gustav Jung, Bewusstsein, Unbewusstes und Individuation, in: Ders., Die Archetypen und das kollektive Unbewußte (Gesammelte Werke 9/I), 4. Auflage, Olten – Freiburg im Breisgau, 1980, 293: „Ich gebrauche den Ausdruck ‚Individuation' im Sinne jenes Prozesses, welcher ein psychologisches ‚Individuum', das heißt eine gesonderte, unteilbare Einheit, ein Ganzes, erzeugt."

an die schon längst bestehende Ichpersönlichkeit, sondern vielmehr eine Veränderung letzterer."[607] Jung statuiert zwei Dynamiken im Menschen: das *Unbewusste* und das *Bewusste*. Beide bestehen aus Inhalten, die das Leben des Menschen beeinflussen und ausmachen. Das oben wiedergegebene Zitat zeigt, dass es eine Verschiebung von unbewussten Inhalten in den Bereich des Bewusstseins geben kann. Diese Verschiebung ist ein Grundprozess der Psyche, die u.a. daraus lebt, unbewusste Inhalte im Bereich des Bewusstseins zu verankern, denn diese Inhalte werden nicht einfach nur assimiliert. Zwischen beiden Bereichen steht das *Ich* des jeweiligen Individuums, das zwischen beiden Bereichen zu vermitteln versucht, Anteil an beiden hat und unbewusste Inhalte, die bewusst geworden sind, in sich integrieren kann. Unbewusste Inhalte nimmt es nur wahr, wenn diese den Grad des Bewusstseins erreichen. Dadurch verändert sich nicht nur das Unbewusste, sondern auch das Ich des Individuums. Das Ich muss über die Lebensjahre hinweg gefestigt werden, damit es mit dem Zufluss an Inhalten aus dem Unbewussten gut umgehen kann, denn diese werden in der Regel als feindlich wahrgenommen. Das Ich muss aber zugleich auch so offen sein, dass „der Zustrom an unbewußten Inhalten die Persönlichkeit belebt und bereichert und eine Gestalt aufbaut, welche an Umfang und Intensität das Ich irgendwie überragt."[608] Die Inhalte des Unbewussten werden bei Jung nicht generell negativ verstanden und müssen nicht unterdrückt oder sublimiert werden, sie dienen dem Wachstum des Individuums, da sie zu seiner Existenz gehören. Dies wird klar, wenn weiter unten die Inhalte bzw. Ebenen des Unbewussten erklärt werden. Hier grenzt er sich in seiner Theorie von Sigmund Freud ab, der eine viel negativere Sicht auf diesen Anteil im Individuum hatte. Vielmehr erkennt er im Unbewussten eine Energie, die die Persönlichkeit des Individuums wachsen und reifen lässt. In der Integration der unbewussten Anteile des Individuums wird die Persönlichkeit reicher und offener.

Für Jung reicht die Entwicklung des Ich aber nicht aus. Das Ich ist nur ein Teil einer größeren Ordnung. Bisher kann das Ich mit den

---

607 Carl Gustav Jung, Theoretische Überlegungen zum Wesen des Psychischen, in: Die Dynamik des Unbewussten (Gesammelte Werke VIII), Zürich – Stuttgart 1967, 255.

608 Ebd., 256.

Bewusstseinsinhalten lediglich vom Unbewussten abgegrenzt werden. Jung definiert das Ich folglich als „einen Komplex von Vorstellungen, der mir das Zentrum meines Bewußtseinsfeldes ausmacht und mir von hoher Kontinuität und Identität mit sich selber zu sein scheint. Ich spreche daher von *Ich-Komplex.*“[609] Jung nennt das Ich einen Komplex, da es alle bewussten Inhalte der Persönlichkeit enthält und sich daraus aufbaut. Das Ich und das Unbewusste sind aber zugleich Teile einer größeren Ordnung, die Jung das *Selbst* nennt. Denn „das Ich [ist, M.F.] nur das Zentrum meines Bewußtseinsfeldes […,] das Subjekt meines Bewußtseins, das Selbst aber [ist, M.F.] das Subjekt meiner gesamten, also auch der unbewußten Psyche […].“[610] Beide Bereiche gehören im Denken Jungs zusammen und es wäre fatal, diese voneinander zu trennen. Alle Inhalte des Unbewussten sind damit Teil der Persönlichkeit eines Individuums. Das Selbst aber ist weitaus größer als das Ich, das in „bloßem Egozentrismus und Autoerotismus“[611] existiert. „Das Selbst aber begreift unendlich viel mehr in sich als bloß ein Ich [… und M.F.] schließt die Welt nicht aus, sondern ein.“[612]

Das Unbewusste besteht aus verschiedenen Inhalten, die in die Tiefe des Unbewussten führen. Klar ist, dass das Unbewusste in der Regel keine bewussten bzw. Inhalte des Ich enthalten kann. Dass es ein Unbewusstes gibt, leitet Jung aus der Empirie bzw. aus der „psychopathologischen Erfahrung“[613] ab. Welchen Inhalt das Unbewusste hat, tritt nur hervor, wenn dieser an die Schwelle des Bewusstseins tritt. Wie groß der Inhalt des Unbewussten ist, sieht Jung als „unmöglich anzugeben“[614] an. Es gibt allerdings nicht nur eine Richtung zwischen dem Unbewussten und dem Bewussten. Bisher wurde hier der Vorgang der Bewusstmachung beschrieben. Das Vergessen bewegt sich in die entgegengesetzte Richtung. Dieses *persönliche Unbewusste* kann noch nach Jahren erinnert werden und die Schwelle zwischen diesen beiden Bereichen erneut überschreiten. Darunter

609 Carl Gustav Jung, Definitionen, in: Ders., Psychologische Typen (Gesammelte Werke VI), 9. Auflage, Olten – Freiburg im Breisgau 1971, 471.
610 Ebd.
611 Jung 1967, 258.
612 Ebd.
613 Jung 1971a, 525.
614 Ebd.

liegt eine andere Art an Unbewusstem, welches Jung das *kollektive Unbewusste* nennt. Es enthält „andere Inhalte, die nicht aus persönlicher Acquisition, sondern aus der ererbten Möglichkeit des psychischen Funktionierens überhaupt, nämlich aus der ererbten Hirnstruktur stammen. Das sind die mythologischen Zusammenhänge, die Motive und Bilder, die jederzeit und überall ohne historische Tradition oder Migration neu entstehen können."[615] Aus ihnen bestehen die Träume und Phantasien des Individuums. Für Jung besteht ein großer Teil des Unbewussten aus kollektiven Erinnerungen der gesamten Menschheit, die jedem Individuum vererbt werden. Weiterhin sammeln sich hier verdrängte und vergessene Inhalte des Individuums. Das Unbewusste ist somit ein Ort der Psyche, der (1) Zeugnis von der Geschichte der Menschheit sowie (2) des Individuums in den Ausdrucksformen von Unbewusstem für das Bewusstsein eröffnet.[616] Jung rekurriert hier bei Ersterem lediglich auf die Erfahrung der Menschheit, die sich als historische Erinnerung im Unbewussten fermentiert. Die religiöse Sprache bzw. die Vergottung des Unbewussten lässt aber fragen, ob es nicht noch andere Quellen geben kann, die das Unbewusste mit Inhalt füllen. Jung war nie unberührt von philosophischen und theologischen Fragen. Ob das Unbewusste auch Offenbarungen Gottes enthalten kann, die dieses auf einem

---

615 Ebd., 527.

616 Einen Überhang zum kollektiven Anteil des Unbewussten kann Jung jedoch nicht leugnen: „Könnte man das Unbewußte personifizieren, so wäre es ein kollektiver Mensch, jenseits der geschichtlichen Besonderheit, jenseits von Jugend und Alter, von Geburt und Tod, und würde über die annähernd unsterbliche menschliche Erfahrung von ein bis zwei Millionen Jahren verfügen. Dieser Mensch wäre schlechthin erhaben über den Wechsel der Zeiten. Gegenwart würde ihm ebensoviel bedeuten wie irgendein Jahr im hundertsten Jahrhundert vor Christi Geburt, er wäre ein Träumer säkularer Träume, und er wäre ein unvergleichlicher Prognosensteller aufgrund seiner unermeßlichen Erfahrungen. Denn er hätte das Leben des Einzelnen, der Familien, der Stämme und Völker unzählige Male erlebt und besäße den Rhythmus des Werdens, Blühens und Vergehens im lebendigsten inneren Gefühle." (Carl Gustav Jung, Das Grundproblem der gegenwärtigen Psychologie, in: Die Dynamik des Unbewussten (Gesammelte Werke VIII), Zürich – Stuttgart 1967, 398f.) Diese Erfahrungen sind „im Archetypus um so deutlicher, je häufiger und je intensiver sie waren." (Carl Gustav Jung, Allgemeine Beschreibung der Typen, in: Ders., Psychologische Typen (Gesammelte Werke VI), Olten – Freiburg im Breisgau 1971, 436.)

anderen Weg anreichern, dieser Hypothese geht Alfred Etheber in seiner fundamentaltheologisch ausgerichteten Arbeit nach. Er summiert: „Die Tiefenpsychologie ermöglicht eine Rückbindung des in christlicher Theologie als Offenbarung bezeichneten Geschehens an anthropologische Voraussetzungen."[617] Somit eröffnet die Theorie Jungs bereits für das Unbewusste die mögliche Prägung durch die menschliche Geschichte, wie auch durch ein höheres Wesen, welches theologisch Gott genannt werden kann.

Zwischen diesem Unbewussten und dem Bewussten konstatiert Jung sodann ein *kompensatorisches Verhältnis*. Was am bewussten Zustand fehlt, gibt das Unbewusste dazu.[618] Über diese Kompensationsleistung der Psyche wird deutlich, dass nicht allein der Zustand des Bewusstseins menschlich bzw. definitiv ist. Gerade das Miteinander von Unbewußtem und Bewusstem sind grundlegend für das Leben und die Entwicklung des Individuums. Jung beschreibt die Dynamik zwischen beiden wie folgt: „Nach meinen Erfahrungen kann das Bewusstsein nur eine relative Mittellage beanspruchen und muß dulden, daß es gewissermaßen auf allen Seiten von der unbewußten Psyche überragt und umgeben ist. Es ist durch unbewußte Inhalte rückwärts verbunden mit physiologischen Bedingungen einerseits und archetypischen Voraussetzungen andererseits. Es ist aber auch nach vorwärts antizipiert durch Intuitionen [...]."[619]

Nach dieser Darstellung kann der Eindruck entstehen, dass das Individuum allein aus den Eindrücken des Unbewussten besteht und das Ich auf diese zu reagieren hat. Das Individuum lebt in der Theorie Jungs zudem in

617 Alfred Etheber, Offenbarung und Psyche. Eine fundamentaltheologische Untersuchung des tiefenpychologischen Verständnisses der Offenbarung bei C. G. Jung, Paderborn – München – Wien – Zürich 1998, 314.

618 Vgl. ebd.: „Die kompensatorische Funktion des Unbewußten tritt um so deutlicher zutage, je einseitiger die bewußte Einstellung ist [...]."

619 Carl Gustav Jung, Traumsymbole des Individuationsprozesses, in: Ders., Psychologie und Alchemie (Gesammelte Werke XII), 3. Auflage, Olten – Freiburg im Breisgau 1980, 165. Für Jacobi gehören in diesen Bereich des *Unbewussten* Erinnerungen und Verdrängtes als Stufen des *Persönlichen Unbewußten* und Emotionen, Invasionen und jene Teile des Unbewußten, der nie bewußt gemacht werden kann, als Stufe des *Kollektiven Unbewussten*. (Vgl. Jacobi 1976, 46f.) „Die dem kollektiven Unbewußten zugeordneten Inhalte stellen den überpersönlichen Mutterboden des persönlichen Unbewußten und des Bewußtseins dar [...]." (Ebd., 50f.)

seiner Umwelt aus Raum und Zeit, die ebenfalls Einfluss auf seine Psyche nimmt. Jung nennt es einen „paradoxen Schluß“, aber in seiner Theorie gibt es *„keinen Bewußtseinsinhalt* […], *der nicht in einer anderen Hinsicht unbewußt wäre.*“[620]

4.1.2.3. Entwicklung der Persönlichkeit: Individuation

Die Entwicklung der Persönlichkeit ist im Denken Jungs ein lebenslanger Prozess, der als „Zentrierungs- und Wachstumsprozeß“[621] verstanden werden kann, wie auch „zum Einzelwesen werden, und, insofern wir unter Individualität unsere innerste, letzte und unvergleichbare Einzigartigkeit verstehen, zum *eigenen Selbst werden.* Man könnte ‚Individuation‘ darum auch als ‚Verselbstung‘ oder als ‚Selbstverwirklichung‘ übersetzen.“[622]. Ziel dieses Prozesses ist demnach die mögliche Ganzheit der Psyche, in der Unbewusstes und Bewusstes im Selbst eine ausgewogene Form der Kompensation gefunden haben und in dem kollektiv Unbewusstes, wie auch persönliche Erfahrungen des Individuums in einen Einklang kommen. Darin ist die Entwicklung der Persönlichkeit ein zutiefst kreativer Prozess, den Jung den Individuationsprozess nennt.[623] In der Entwicklung der Theorie des Individuationsprozesses lehnt Jung eine „rein kausalistische Psychologie“ ab. Jedes Individuum „ist eine schöpferische Neugestaltung […] ein in sich selbst ruhender, lebendiger, schöpferischer Prozeß […].“[624] Letztlich

620 Jung 1967, 217f.
621 Jacobi 1976, 30.
622 Jung 1964, 191.
623 Carl Gustav Jung, Die Erlösungsvorstellungen in der Alchemie, in: Ders., Psychologie und Alchemie (Gesammelte Werke XII), 3. Auflage, Olten – Freiburg im Breisgau 1980, 549: „Der wissenschaftliche Terminus ‚Individuation‘ will uns keineswegs bedeuten, daß es sich dabei um einen restlos bekannten und aufgeklärten Tatsachenbestand handle. Er bezeichnet bloß das noch sehr dunkle und erforschungsbedürftige Gebiet der persönlichkeitsbildenden Zentrierungsvorgänge im Unbewußten.“
624 Carl Gustav Jung, Über die Beziehungen der analytischen Psychologie zum dichterischen Kunstwerk, in: Ders., Über das Phänomen des Geistes in Kunst und Wissenschaft (Gesammelte Werke XV), Olten – Freiburg im Breisgau 1971, 83.

mündet der Individuationsprozess „nicht in die *Vereinzelung*, sondern in einen intensiveren und allgemeineren Kollektivzusammenhang."[625]

Die Bezeichnung des kollektiven Unbewussten deutet schon an, dass die Entwicklung des Menschen nicht losgelöst von seiner Umwelt ablaufen kann. Jung sieht den Menschen keineswegs allein durch die innerpsychischen Dynamiken bestimmt. Auch der Individuationsprozess hat einen holistischen Ansatz: Der „natürliche Individuationsprozeß [bringt, M.F.] eine Bewußtheit menschlicher Gemeinschaft hervor, weil er eben das alle Menschen verbindende und allen Menschen gemeinsame Unbewußte zur Bewußtheit führt. Die Individuation ist ein Einswerden mit sich selbst und zugleich mit der Menschheit, die man ja auch ist."[626] Deswegen reagiert das Individuum auf seine Umwelt, auf Grund seiner innerpsychischen Erfahrungen. Auch kann die Umwelt innerpsychische Prozesse auslösen bzw. begleiten. So gehört es zur Entwicklung eines Individuums dazu, dass es sich an die Realität anpasst und bewusste Anteile ins Unbewusste verdrängt bzw. nicht wahrhaben will.

Autoren zu Jungs Theorie arbeiten verschiedene Stufen bzw. Phasen der Entwicklung der Persönlichkeit heraus.[627] Jung hält generell zur Stufenfolge der Entwicklung fest, dass „[w]enn aber das Bewußtsein aktiv Anteil nimmt und jede Stufe des Prozesses erlebt und wenigstens ahnungsweise versteht,

---

625 Jung 1971a, 477.

626 Carl Gustav Jung, Die Psychotherapie in der Gegenwart, in: Ders., Praxis der Psychotherapie.Beiträge zum Problem der Psychotherapie und zur Psychologie der Übertragung (Gesammelte Werke XVI), 3. Auflage, Olten – Freiburg im Breisgau 1979, 115.

627 Jacobi hält mindestens drei Stufen fest, Tewes Wischmann spricht von zwei Lebenshälften (Vgl. Tewes Wischmann, Der Individuationsprozess in der analytischen Psychologie C. G. Jungs – eine Einführung, 2. Auflage, Heidelberg 2006.) und Wehr schreibt ebenfalls von Lebenshälften (vgl. Wehr 1977, 793ff.). Jung spricht in seinem Vortrag *Die Lebenswende* von der „kindliche[n, M.F.] Stufe des Bewußtseins", vom „*Jugendalter*" und einer „Lebensphase, zwischen fünfunddreißig und vierzig" (Carl Gustav Jung, Die Lebenswende, in: Ders., Die Dynamik des Unbewussten (Gesammelte Werke VIII), Zürich – Stuttgart 1967, 446ff.). Später spricht er ebd. von einer „zweite[n] Lebenshälfte" (Ebd., 456.).

so setzt das nächste Bild jeweils auf der dadurch gewonnenen höheren Stufe an, und so entsteht Zielrichtung."[628]

In einer ersten Entwicklungsstufe erfährt sich das Kind seinen Träumen und Phantasien ausgesetzt. Aus dem Unbewussten steigen diese empor und begegnen dem wachsenden Bewusstsein des Kindes. Mit seinen Träumen und Phantasien, mit der Erfahrung von Geschlechtlichkeit und eigenen Bedürfnissen begegnet das Individuum dem Kollektiv und der Umwelt in der es aufwächst. Zwei Prozesse nehmen hier ihren Ursprung. Einerseits bildet sich zwischen dem Unbewussten und dem Bewussten das Ich heraus, wie oben bereits dargestellt wurde. Andererseits legt das Individuum sich eine Art Maske auf, die Jung *Persona* nennt. Die Persona ist „ein Funktionskomplex, der aus Gründen der Anpassung oder der notwendigen Bequemlichkeit zustande gekommen, aber nicht identisch ist mit der Individualität."[629] Der Aufbau der Persona ist ein natürlicher Prozess der Psyche und wird zu Beginn der Entwicklung der Psyche durchlaufen, um dem Ich eine Art Schutzschild vor dem Kollektiv und der Umwelt zu geben. Die Persona kann mit Jacobi als „Kompromiß zwischen den Forderungen der Umwelt und der strukturellen inneren Bedingtheit des Individuums"[630] bezeichnet werden. Sie ist Anpassung an die Umwelt und zugleich die Instanz, die dafür sorgt, dass das Individuum geschützt mit den Anfragen und Einflüssen der Umwelt und den Wirkungen des Unbewussten umgehen kann. Negativ würde es für das Individuum ausfallen, wenn es sich von der Umwelt abgrenzt bzw. komplett mit seiner Persona identifiziert. Denn hinter der Persona liegen auch die *Schatten*, Anteile der Persönlichkeit eines Individuums, die es nicht ertragen kann, mit denen es in Konflikt zwischen eigener Psyche und Umwelt geraten ist und nicht offenlegen möchte. Ebenso wie das Unbewusste können die Schatten nach Jacobi in *persönliche Schatten* und *kollektive Schatten* unterteilt werden, da sie aus dem Konflikt des Unbewussten mit der Umwelt erwachsen.[631] Folglich enthalten das Persönliche, wie auch der kollektive

628 Carl Gustav Jung, Die Beziehungen zwischen dem Ich und dem Unbewußten, in: Ders., Zwei Schriften über Analytische Psychologie (Gesammelte Werke VII), Zürich – Stuttgart 1964, 254.

629 Jung 1971a, 505.

630 Jacobi 1976, 39.

631 Vgl. ebd., 171.

Anteil eines Individuums, Teile, die dieses nicht wahrhaben möchte. Um den Prozess der Individuation gehen zu können, benötigt es jedoch gerade die Auseinandersetzung mit diesen Teilen der Persönlichkeit. „[D]er Schatten ist in der Regel nur etwas Niedriges, Primitives, Unangepaßtes und Mißliches, und nicht absolut böse. Er enthält kindische oder primitive Eigenschaften, die in gewisser Weise die menschliche Existenz beleben und verschönern würden; aber man stößt sich an hergebrachten Regeln“[632] der Umwelt. Die Schatten müssen für die Persönlichkeit erarbeitet und in diese integriert werden. Für Gerhard Wehr ist dies „das Eingangstor zum Unbewußten“ und „bedeutet somit den Anfang des analytischen Werks“[633]. Den Wechsel zwischen der ersten und der zweiten Lebenshälfte vollzieht der Mensch, wenn er sich mit den Anfragen der Sozietät befasst und die Persona in ein lebendiges Verhältnis, sowie die Schatten erarbeitet hat. Für Jacobi ist klar, dass diese Wende zeitlich nicht festzuschreiben ist.[634]

Die zweite Lebenshälfte ist der „psychische[n, M.F.] coniunctio vorbehalten.“[635] Darin erscheint es ebenfalls wie ein kompensatorischer Moment, wenn das Seelenbild zu Tage tritt und das Individuum sich mit dem jeweils „komplementär-geschlechtlichen Anteil der Psyche“[636] befasst. Diese benennt Jung als komplementär mit den Bezeichnungen *Animus* für die Frau bzw. *Anima* für den Mann. Nach der Bearbeitung des persönlichen Unbewussten tritt in Animus und Anima das kollektive Unbewusste erneut hervor. Für Jung ist „[k]ein Mann nämlich […] so ganz nur männlich, daß er nichts Weibliches in sich besäße. […] Die Verdrängung weiblicher Züge und Neigungen führt natürlich zu einer Anhäufung dieser Ansprüche im Unbewußten. […] So setzt das ganze Wesen des Mannes die Frau voraus, körperlich sowohl wie geistig.“[637] Dieses Bild der Frau kommt dem Mann

632 Carl Gustav Jung, Psychologie und Religion, in: Ders., Zur Psychologie westlicher und östlicher Religion (Gesammelte Werke XI), Zürich – Stuttgart 1963, 85.

633 Wehr 1977, 794.

634 Jolande Jacobi, Der Weg zur Individuation, Olten 1971, 54.

635 Ebd.

636 Jacobi 1976, 176.

637 Carl Gustav Jung, Die Beziehungen zwischen dem Ich und dem Unbewußten, in: Ders., Zwei Schriften über Analytische Psychologie (Gesammelte Werke VII), Zürich – Stuttgart 1964, 208f.

als Ererbtes zu, „mit dessen Hilfe er das Wesen der Frau erfaßt"[638]. Da der Psyche im Denken Jungs der Grundsatz der Kompensation innewohnt, ist die Anima die Kompensation zur Persona, die der Mann in Verbindung mit seiner Umwelt aufgebaut hat.[639] Der Mann muss in diesem Fall lernen, seine Anima zu assimilieren, sich mit ihr anzufreunden. In der Regel hat er gelernt, die Dynamik der Anima auf seine Mutter oder später auf seine Ehefrau zu projizieren. Damit wendet er sie aber, im Gegensatz zum Grundsatz der Kompensation, von sich ab. Ziel ist es, die eigene Anima anzunehmen und ins Leben zu integrieren – zu einem Teil des Selbst zu machen. Für die Frau gilt die gleiche Aufgabe im Bezug auf den Animus.[640]

Auf einer letzten Stufe dringt das Individuum zur vollen Verwirklichung des Selbst vor. Es trifft nach Jung auf den *Alten Weisen* bzw. die *Große Mutter*.[641] Beides sind Bezeichnungen für alte rituelle Persönlichkeiten, die einen transzendenten Bezug aufweisen. Angekommen bei diesem Archetyp des Unbewussten baut sich der *„Mittelpunkt der Persönlichkeit"* auf, wenn „das Zentrum der totalen Persönlichkeit nicht mehr mit dem Ich zusammenfällt, sondern ein Punkt in der Mitte zwischen Bewußtsein und Unbewußtem ist. Dies wäre der Punkt des neuen Gleichgewichts, eine neue Zentrierung der Gesamtpersönlichkeit, ein vielleicht virtuelles Zentrum, welches der Persönlichkeit wegen seiner zentralen Lage zwischen Bewußtsein und Unbewußtem eine neue sichere Grundlage gewährt."[642] Durch die Integration von Animus bzw. Anima und der damit verbundenen Einsicht in die Dynamik des Unbewussten, hat das Individuum schließlich in der Psyche ein Verständnis vom Unbewussten erlangt. Es versteht jetzt, dass die Kompensation Grundzug des Miteinanders von Bewusstem und Unbewusstem ist. Das Individuum kommt in dieser Spannung dem tiefsten Punkt seines Seins näher, dem Selbst. Es „könnte ebensowohl als ‚der Gott in uns'

---

638 Ebd., 209.

639 Ebd., 214: „Die Persona, das Idealbild des Mannes, wie er sein sollte, wird innerlich kompensiert durch weibliche Schwäche, und wie das Individuum außen den starken Mann spielt, wird es innerlich zum Weibe, zur Anima, denn es ist die Anima, die der Persona gegenüber tritt."

640 Vgl. ebd., 226.

641 Jung findet eine Vielzahl an Beschreibungen für die zwei Archetypen. Er umschreibt sie alle mit dem Begriff der „Mana-Persönlichkeit" (Ebd., 250.).

642 Ebd., 243.

bezeichnet werden."[643] Die Grundhaltung des Selbst ist für Jung auch kein Wissen und kein Festhalten an diesem, sondern vielmehr eine „Empfindung des Selbst"[644], denn allein das Ich kann vom Individuum bewusst erkannt werden. Erkenntnis und Empfindung sind hier zwei unterschiedliche Wahrnehmungsmöglichkeiten der Psyche des Individuums. Das Ganze des Lebens kann das Individuum nur erahnen bzw. empfinden und nicht erkennen. Das Erahnen erscheint als Form des richtigen Umgangs mit Äußerungen des Bewussten und des Unbewussten zugleich. Dieses „transzendente[s] Postulat"[645] ist für Jung der letztmögliche Erkenntnispunkt in der Dynamik zwischen Unbewusstem und Bewusstem.

Dieser Prozess, der hier in unterschiedlichen Stufen und Abfolgen dargestellt wurde, ist keine Erlösung vom Leiden des Menschen an den Einflüssen des Unbewussten bzw. an seiner Umwelt. Für Jung gehören diese Realitäten zum Leben dazu und müssen stets im Lauf des Lebens erkannt und in dieses integriert werden. Die Öffnung zu den Archetypen und dem tiefsten Selbst in der Psyche kann nur das Individuum selber gehen, welches die „Schicht des persönlichen Unbewußten" abbaut, die „dem kollektiven Unbewußten aufgelagert[e]" ist.[646] Letztlich trägt jedes Individuum das Selbst schon in sich, muss aber zu ihm lebenslang vordringen.[647]

---

643 Ebd., 261. Jung trifft hier keine metaphysische Aussage, vielmehr geht es ihm um ein Bild für die Tiefe der Erkenntnis des Selbst im Individuum. Generell nimmt ein Individuum das Selbst nur in Form eines Symbols wahr (Vgl. Verena Kast, Die Dynamik der Symbole. Grundlagen der Jungschen Psychotherapie, Olten – Freiburg im Breisgau 1990, 14.). An anderer Stelle beschreibt Jung das Selbst als „der runde, d.h. vollkommene Mensch der Ur- und Endzeit, Anfang und Ziel des Menschen". (Carl Gustav Jung, Spezielle Probleme der Psychotherapie, in: Ders., Praxis der Psychotherapie. Beiträge zum Problem der Psychotherapie und zur Psychologie der Übertragung (Gesammelte Werke XVI), 3. Auflage, Olten – Freiburg im Breisgau 1979, 229.)

644 Ebd., 263.

645 Ebd.

646 Ebd., 196.

647 Vgl. ebd., 195: „Ich gebrauche ausdrücklich das Wort ‚kompensatorisch' und nicht das Wort ‚kontrastierend', weil Bewußt und Unbewußt nicht notwendigerweise in einem Gegensatz zueinander stehen, sondern sie ergänzen sich gegenseitig zu einem Ganzen, zum *Selbst*. Gemäß dieser Definition ist daher das Selbst eine dem bewußten Ich übergeordnete Größe. Es umfasst nicht nur die bewußte, sondern auch die unbewußte Psyche und ist daher sozusagen

Der Vorgang der Individuation trägt bei Jung auch eine Bedeutung für das Heil bzw. die Heilung des Individuums. Er beschreibt den Vorgang als „*Selbstheilungsversuch der Natur*“[648] und versteht diesen als psychologisches Äquivalent zum theologischen Begriff des Heils. Beide Vorgänge müssen immer unter dem Gedanken der Ganzwerdung des Individuums betrachtet werden.

Dennoch behält sich Jung auch einen Realismus in der Theorie von der Individuation vor: „Schließlich bleibt ja jeder einmal irgendwo stecken, denn wir sind alle sterblich und bleiben ein Teil dessen, was wir als Ganzes sind. Die Ganzheit, die wir erreichen können, ist sehr relativ.“[649] Womit das Individuum umgehen lernen bzw. sich auseinandersetzen muss, um sich zu individuieren, das soll im Folgenden unter *Symbole und Komplexe* sowie *Archetypen* ausgeführt werden.

4.1.2.4. Symbole und Komplexe

Grundlegend für den Lebensprozess des Individuums sind Symbole und Komplexe. Das Symbol bzw. Symbolisierungen stehen für Jung in einer engen Verbindung mit dem Individuationsprozess. Symbolisierung ist sozusagen das Ergebnis eines lebendigen Individuationsprozesses und ist die Form des Umgangs der Psyche mit den Impulsen, die den Austausch zwischen Bewusstem und Unbewustem füllen: „Der wissenschaftliche Terminus ‚Individuation‘ will nun keineswegs bedeuten, daß es sich dabei um einen restlos bekannten und aufgeklärten Tatbestand handle. Er bezeichnet bloß das noch sehr dunkle und erforschungsbedürftige Gebiet der persönlichkeitsbildenden Zentrierungsvorgänge im Unbewußten. Es handelt sich um Lebensvorgänge, welche von jeher, ihres numinosen Charakters wegen,

---

eine Persönlichkeit, die wir *auch* sind.“ An anderer Stelle schreibt Jung: „*Der Sinn und das Ziel des Prozesses sind die Verwirklichung der ursprünglich im embrionalen Keim angelegten Persönlichkeit* mit allen ihren Aspekten. Es ist die Herstellung und Entfaltung der ursprünglichen, potentiellen *Ganzheit.*“ (Jung 1964, 120.)

648 Carl Gustav Jung, Mandalas, in: Ders., Die Archetypen und das kollektive Unbewußte (Gesammelte Werke 9/I), 4. Auflage, Olten – Freiburg im Breisgau 1980, 412.

649 Carl Gustav Jung, An Rudolf Jung (1956), in: Ders., Briefe III.1956–1961, 3. Auflage, Olten – Freiburg im Breisgau 1990, 24.

den bedeutendsten Anstoß zur Symbolbildung gegeben haben."[650] Symbole treten in Träumen, Phantasien, Poesie und Kunst oder auch in Märchen und Mythen auf. Mit Jungs Verständnis vom Symbol ist dieses als eine Verbindung zu einer transzendenten Wirklichkeit zu verstehen und berührt die Ganzheitlichkeit des Individuums. Ein Symbol ist in diesem Verständnis ein Unkonkretes, da es einer Sprache gleich die Übersetzung eines Inhaltes des Unbewussten für das Bewusstsein ist.

Jung hat in seinen Schriften diese eigene Auffassung vom Begriff des Symbols mehrmals vertreten.[651] Er unterscheidet zwischen Zeichen und Symbol bzw. einer semiotischen und einer symbolischen Bedeutung. Eine „Analogie oder abgekürzte Bezeichnung einer bekannten Sache [...] ist *semiotisch*"[652], etwas Unklares oder Uncharakteristisches wird als *symbolisch* verstanden. Eine Sache ist solange als symbolisch zu erfassen, wie sie nicht deutlicher charakterisiert bzw. bestimmt werden kann. Das Symbol verliert seine Bedeutung, wenn „die gesuchte, erwartete oder geahnte Sache noch besser als das bisherige S. formuliert [ist, M.F.]."[653] So weit wie in psychischen Belangen noch eine Hypothese formuliert wird, kann nach Jung von einem Symbol gesprochen werden. Es ist zudem eine „höchst komplexe[r] Natur", da es aus „Daten rationaler Natur [... und, M.F.] irrationalen Daten der reinen inneren und äußeren Wahrnehmung zusammengesetzt ist."[654] Das Symbol ist an sich für Jung eine *transzendente Funktion*, da es nicht metaphysisch ist, sondern eine Übergangsfunktion zwischen zwei Bereichen, dem Unbewussten und dem Bewussten, beschreibt. Es kann folglich auch als vereinigendes Symbol verstanden werden, da es kompensatorisch verschiedene Funktionen zusammenführt, die bislang noch unverbunden waren. Jedes Symbol ist demnach für Jacobi eine Funktion der Psyche, die „das Gleichgewicht zwischen dem Ich und dem Unbewußten immer wieder"[655] herstellt. In jedem Symbol verwirklicht sich das Selbst in kleinen Schritten und tritt

---

650 Jung 1980b, 549.
651 Ein Beispiel dafür ist bei Jung 1971a, 515 ff. zu finden.
652 Ebd.
653 Ebd., 516.
654 Ebd., 520.
655 Jacobi 1976, 208. Kast erklärt dazu: „Bewußte und unbewußte Inhalte vereinigen sich in den Symbolen." (Kast 1990, 9.)

als Auswirkung der Archetypen und in den Prozessen der Individuation immer deutlicher hervor. Der Individuationsprozess kann deshalb auch als symbolischer Prozess verstanden werden, in dem das Unbewusste versucht, via Symbole kompensatorische Dynamiken zu initiieren, worauf das Bewusstsein diese zu semiotischen Assimilationen und Deutungen für das individuelle Verständnis führt. Das Symbol ist zugleich ein Hinweis, dass in der Psyche des Individuums ein Ungleichgewicht bzw. ein „Stauungsphänomen“[656] besteht, wie Jacobi es nennt. Denn Äußerungen des Unbewussten müssen immer unter der Annahme einer Kompensation verstanden werden.

Das Symbol kann zwischen dem Unbewussten und dem Bewussten in beide Richtungen hin semiotisiert werden. Erlebnisse des Alltags können auch nach ihrem symbolischen Kern befragt werden. Träume oder Phantasien können nach ihrem Aussagegehalt für den Alltag untersucht werden. Alle Dimensionen des Symbols haben dann eine Bedeutung und es wird von einer Fülle an Assoziationen bestimmt. „Im Symbol“ wird für Kast „der Individuationsprozeß erlebbar und sichtbar“[657].

Als ein weiteres Phänomen bzw. ein psychisches Problem kann auch der Komplex beschrieben werden. Er bewegt sich in der Sphäre des Unbewussten, stammt aber ursprünglich aus dem Bereich des Bewusstseins und tritt in einem Symbol erneut in das Bewusstsein des Individuums. Die Komplexlehre bezeichnet Jung als „psychische[n] Phänomenologie“[658] und definiert die Komplexe als „psychische Größen, die sich der Kontrolle des Bewußtseins entzogen haben und, von letzterem abgespalten, ein Sonderdasein in der dunklen Sphäre der Seele führen, von wo aus sie jederzeit bewußte Leistungen hemmen oder fördern können.“[659] Darin sind sie „in erster Linie affektbetonte Inhalte“[660].

Ein Komplex besteht aus „Erinnerungen, Wünsche[n, M.F.], Befürchtungen, Verpflichtungen, Notwendigkeiten oder Einsichten, mit denen man irgendwie nicht recht fertig werden kann, weshalb sie sich immer

656 Ebd., 52.
657 Ebd., 40.
658 Carl Gustav Jung, Psychologische Typologie, in: Ders., Psychologische Typen (Gesammelte Werke VI), 9. Auflage, Olten – Freiburg im Breisgau 1971, 572.
659 Ebd.
660 Ebd.

störend und meist auch schädlich in unser bewußtes Leben einmischen."[661] Komplexe müssen jedoch nicht ausgeschaltet werden, sondern sie sind lebensnotwendig für die Psyche des Individuums. Sie sind aber als eine „Niederlage" zu verstehen, wo das Individuum „etwas nicht *ver*winden oder *über*winden"[662] konnte. Der Komplex kann als Scheitern einer Verarbeitung bzw. einer Kompensationsleistung betrachtet werden. Dort, wo das Individuum einen Ausgleich zwischen Bewusstem und Unbewusstem nicht erbringen konnte, scheitert dieser Versuch der Kompensation und ein Komplex entsteht. Dieser sinkt ins Unbewusste ab und sucht, wie ein ungelöstes Gespenst aus dem Unbewussten, immer neu den Weg ins Bewusste des Individuums. Darin ist der Komplex zudem eine höchst individuelle Angelegenheit des spezifischen Individuums und ist durch sein Verständnis allein zu betrachten. Auch wenn der Auslöser im kollektiven Unbewussten gelegen haben mag, so ist der Komplex die Umgangsform des Individuums mit diesem Inhalt im Bewussten und prägt der gescheiterten Kompensation das Merkmal des Individuums auf.[663]

Der Komplex erhält in der Verdrängung seines Kernmomentes eine Eigendynamik, die sich fortan auf das Bewusstsein des Individuums auswirken kann. Für Jung ist eindeutig, dass das Auftreten des Komplexes ein „gestörter Bewußtseinszustand"[664] ist. Der Komplex nimmt das Individuum so sehr in Anspruch, dass das Individuum die Kontrolle über sich selbst verliert und von der Macht des Komplexes ergriffen wird. Darin hat es eine vielleicht größere, zumindest aber andere Macht als der Schatten, der von der Persona verdrängt werden kann. Der Komplex kann das Individuum aus dem psychischen Gleichgewicht bringen.

Der Komplex ist eine „*abgesprengte Teilpsyche[n]*"[665] und kann sich als solche im Individuum selbstständig machen. „Furcht und Widerstand"[666] sind nach Jung Hinweise auf einen Komplex und sein Wirken in der Psyche,

661 Ebd., 572f.
662 Ebd., 573.
663 Jung nennt den Komplex auch das „diagnostisch wertvolle[n] Symptom einer individuellen Disposition." (Ebd., 573.)
664 Carl Gustav Jung, Allgemeines zur Komplextheorie, in: Ders., Die Dynamik des Unbewussten (Gesammelte Werke VIII), Zürich – Stuttgart 1967, 111.
665 Ebd., 113.
666 Ebd., 117.

denn ihr Ursprung ist „ein sogenanntes Trauma, ein emotionaler Schock und Ähnliches, wodurch ein Stück Psyche [...] abgespalten wurde."[667] Komplexe deuten sich folglich in starken Gefühlen, Affekten und Emotionen an.

Wie das Symbol ein Ausdruck eines Archetypen ist, so steht auch der Komplex in Verbindung mit diesen beiden Ebenen der Psyche. Kast definiert die Komplexe als Symbole, in denen „sich die Komplexe sozusagen aus[phantasieren, M.F.]"[668]. Der Komplex ist damit die affektbeladene Seite eines Symbols, das einem Archetyp entspringt. Der Komplex hat über die affektbeladene Seite einen deutlichen Bezug zum Körper des Individuums. Komplexe äußern sich deutlich in der Physis des Individuums.

Die Entstehung von Komplexen beginnt bereits im frühen Kindesalter. Ein erster Komplex kann als Elternkomplex bezeichnet werden. Dieser Komplex kann als besondere individuelle Leistung eines Individuums betrachtet werden und ist darin elementarer Teil seines Individuationsprozesses, der gerade der Weg zur Einzigartigkeit des jeweiligen Individuums ist. Ein Individuum kann z.B. die Verbindung zwischen dem eigenen Vater und dem Vater-Archetyp mangelhaft verarbeiten. Dann bildet sich hier ein Vater-Komplex, der das Individuum schon früh beeinflussen kann. Der Komplex kann so bearbeitet werden bzw. es kann sich ein positives Verhältnis zu diesem entwickeln, wenn das Individuum sich z.B. an den Vater-Archetyp heranwagt und diesen bis zur symbolischen Ebene zu assimilieren versucht: „Indem aus den von den Komplexen erzeugten Symptomen wieder lebendige Symbole werden, werden das psychische Gleichgewicht und die innere Balance wieder hergestellt, und der Mensch fühlt sich gesund."[669] Die „Krankheitserkennung in der Psychotherapie"[670] ist für Jung, gerade auf Grund der Frage nach Balance und Kompensation, eine Frage nach

667 Jacobi 1976, 55.

668 Kast 1990, 45.

669 Helmut Hark (Hg.), Lexikon Jungscher Grundbegriffe. Mit Originaltexten von C.G. Jung, 5. Auflage, Zürich – Düsseldorf 2003, 103.

670 Carl Gustav Jung, Medizin und Psychotherapie, in: Ders., Praxis der Psychotherapie. Beiträge zum Problem der Psychotherapie und zur Psychologie der Übertragung (Gesammelte Werke XVI), 3. Auflage, Olten – Freiburg im Breisgau 1979, 93.

den Komplexen im Menschen.[671] Hier leitet sich sodann die Benennung der von Jung begründeten Richtung der Tiefenpsychologie als *Komplexe Psychologie* ab. In der Analyse wird nach dem Grunderleben des Komplexes gesucht. Im oben genannten Beispiel wird in der Analyse nach dem Grundkonflikt zwischen der leiblichen Vatererfahrung und dem Vater-Archetyp gesucht. Wird dieses Grunderleben nicht gelöst, kann sich der Komplex lebenslang in unterschiedlichen Tönungen immer wieder in das Bewusstsein des Individuums drängen.

Neben allen Beispielen von negativen Komplexen in den Schriften Jungs betont Kast, dass es nicht nur negative Komplexe geben kann. Sie sieht vielmehr auch „Komplexe mit förderndem Einfluß“[672] im Individuum aktiv, wenn Individuen auch positiv affektiv auf Situationen reagieren.[673] Warum diese Komplexe in das Unbewusste verdrängt werden, lässt Kast offen.

4.1.2.5. Archetypen

Alle bisher dargestellten Verläufe und Dynamiken des Individuationsprozesses sind im Kern Momente der Auseinandersetzung mit den Archetypen, die ihren Sitz im Unbewussten des Individuums haben. Der Schatten, Animus und Anima sowie das Selbst sind nur drei Archetypen, die diesen Prozess ausmachen. Die Archetypen stehen hinter allen Symbolen und kompensatorischen Äußerungen des Unbewussten und damit auch hinter den Komplexen. Jung stellt deutlich dar, dass die Archetypen dem Unbewussten

---

671 Für die Entstehung von Komplexen bereits im frühkindlichen Lebensalter gibt Jung zahlreiche Beispiele in der Vielzahl der Schriften, die im siebzehnten Band der Gesammelten Werke erschienen ist. Vgl. dort u.a. Carl Gustav Jung, Über Konflikte der kindlichen Seele, in: Ders., Über die Entwicklung der Persönlichkeit (Gesammelte Werke XVII), 6. Auflage, Olten – Freiburg im Breisgau 1988, 34ff.

672 Kast 1990, 63.

673 „Gelegentlich freut man sich auf gewisse Ereignisse so unheimlich, daß man alles andere vergißt. Man denkt nur noch daran, was man eigentlich tun möchte, und verbindet in der Phantasie die zukünftigen, ersehnten Erlebnisse mit Erinnerungen, wie schön es schon einmal war. Auch das ist die Wirkung von Komplexen, die uns aber nur dann stört, wenn Erwartung und Erfahrung zu weit auseinanderklaffen. Normalerweise beschwingen uns diese Komplexe eher, deshalb nehmen wir sie als Komplexe auch nicht ernst.“ (Ebd., 65.)

entspringen und kollektiv sind.[674] Allerdings ist auf den ersten Blick unklar, ob diese einen biologisch-genetischen oder einen seelischen Ursprung haben. Für einen biologisch-genetischen Ursprung der Archetypen finden sich zahlreiche Textstellen, wie z.B. die in den *Definitionen*: „Das urtümliche B. [ild, M.F.], das ich auch als ‚Archetypus' bezeichnet habe, ist immer kollektiv, d.h. es ist mindestens ganzen Völkern oder Zeiten gemeinsam. Wahrscheinlich sind die hauptsächlichsten mythologischen Motive allen Rassen und Zeiten gemeinsam; so konnte ich eine Reihe von Motiven der griechischen Mythologie in den Träumen und Phantasien [...] nachweisen. Von einem naturwissenschaftlich-kausalen Gesichtspunkt aus kann man das urtümliche Bild als einen mnemischen Niederschlag, ein *Engramm* [...] auffassen, das durch Verdichtung unzähliger, einander ähnlicher Vorgänge entstanden ist."[675] Andererseits beschreibt Jung sie auch als „in jedermann vorhandene, allgemeine seelische Grundlage überpersönlicher Natur."[676] Ob die Archetypen biologisch-genetisch vererbt werden oder bzw. zugleich durch einen anderen Vorgang schon vorhanden sind, kann an dieser Stelle nicht weiterführend geklärt werden. Jung spekuliert zumindest, dass die Archetypen „psychischer Ausdruck einer physiologisch-anatomisch bestimmten Anlage"[677] sind. Allein der Problemhorizont soll an dieser Stelle angesprochen werden.[678]

Archetypen bilden sich, wenn sie aus der Erfahrung der Menschen erwachsen, in zwei Prozessen: Anordnen und Assimilieren. Die Archetypen werden von Jung als ordnende Prinzipien des Unbewussten dargestellt, indem „sie Vorstellungen *anordnen*, was jeweils unbewußt geschieht" und

674 Vgl. Jung 1971a, 453: Das inhaltliche Bild des Archetyps drückt „einerseits überwiegend *kollektiv-unbewußte* [...] Materialien aus, und andererseits weist es darauf hin, daß die momentane Bewußtseinslage weniger persönlich als vielmehr kollektiver beeinflußt ist."

675 Ebd.

676 Jung 1980a, 14.

677 Jung 1971a, 453.

678 Bereits weiter oben wurde mit Verweis auf die Studie Ethebers angedeutet, dass Jung auch von, theologisch gesprochen, Offenbarungen ausgeht. Diese sind dann nicht historischen Ursprungs aus dem Erleben des Menschen, sondern scheinen einen anderen Zugang in das kollektive Unbewusste bzw. in die Archetypen gefunden zu haben.

diese „assimilieren [...] und [...] dadurch sichtbar und *psychisch*“ werden.[679] Archetypen tragen in diesen beiden Fähigkeiten einen informationsverarbeitenden Charakter, indem sie Eindrücke sammeln, sortieren und in ihre Strukturen integrieren.

Über die Archetypen kann zumindest mit Jung gesagt werden, dass diese universal verbreitet und für das Individuum charakteristisch sind sowie als dynamische Prinzipien verstanden werden. Sie verbinden Geist und Natur, indem sie „den Geist auf die Natur“ verweisen und den „bloßen Naturtrieb in geistige Formen“ führen.[680] Der Archetyp ist für Jung der „Mutterboden [...] als ein aller Erfahrung zugrundeliegendes Prinzip“[681]. Wie schon weiter oben beschrieben erlebt das Individuum nicht den Archetyp an sich, der ein eigener „lebender Organismus“[682] ist, sondern dessen Symbol, das sich in Träumen und Phantasien Zugang zum Bewusstsein des Individuums verschafft.

Was das religiöse Prinzip in der Psyche ausmacht, schlägt sich nicht nur allgemein in Archetypen nieder, sondern findet seinen künstlerischen Ausdruck in den Mythen, Erzählungen und Religionen der Menschheit. Jung beschreibt die Archetypen davon ausgehend als „*numinos*“[683].

Das Selbst als Archetypus stellt die höchste Form eines Archetypus dar, wenn Jung diesen als *inneren Gott bzw. Christus*[684] versteht. Daneben besteht auch ein Archetyp *Gott*, der dem Menschen eine „Beziehung der Seele zu dem äußerlich Vorgezeigten und Gepredigten“[685] mit diesem ist. Der Endpunkt der Individuation scheint somit in den Bereich des Metaphysischen

---

679 Jung 1967, 263.

680 Jung 1971a, 455.

681 Ebd.

682 Ebd., 457.

683 Carl Gustav Jung, Über die Psychologie des Unbewussten, in: Ders., Zwei Schriften über Analytische Psychologie (Gesammelte Werke VII), Zürich – Stuttgart 1964, 75.

684 Vgl. Carl Gustav Jung, Versuch einer psychologischen Deutung des Trinitätsdogmas, in: Zur Psychologie westlicher und östlicher Religion (Gesammelte Werke XI), Zürich – Stuttgart 1963, 170.

685 Carl Gustav Jung, Einleitung in die religionspsychologische Problematik der Alchemie, in: Ders., Psychologie und Alchemie (Gesammelte Werke XII), 3. Auflage, Olten – Freiburg im Breisgau, 1980, 28.

bzw. der Religion hineinzugreifen. Der Archetyp des Selbst ist laut Kast von einer „besonderen Emotion begleitet, einer Emotion der Ergriffenheit, der absoluten Sinnhaftigkeit, verbunden mit dem Lebensgefühl des selbstverständlichen In-sich-Stehens, und darin auch das Verbundensein mit einem größeren Ganzen.“[686]

Bernhard Wingenfeld unterscheidet in seiner Studie *Die Archetypen der Selbstwerdung bei Carl Gustav Jung* drei Gruppen von Archetypen.[687] Eine erste Gruppe trägt Züge von Personen, wie die Archetypen des Vaters, der Mutter, des Helden oder des Alten Weisen. Die zweite Gruppe stellt Dinge dar, wie der Baum, das Tier oder das Vaterland. Die dritte und letzte Gruppe sammelt alle anderen Archetypen, die nicht unter einer gemeinsamen Überschrift zusammenzufassen sind, wie die Wandlung, die göttliche Geburt oder der Inzest. Alle diese Gruppen von Archetypen binden in ihren Erscheinungsweisen das Individuum an das Unbewusste und geben dem Unbewussten eine Struktur. Die Archetypen ordnen das Erleben des Unbewussten und bieten dem Bewussten durch ihre Erscheinung in Symbolen eine Möglichkeit der Erfahrung an.

Archetypen dürfen nicht mit den Instinkten von Lebewesen verwechselt werden. Der Archetyp ist vielmehr mit einem „zum Instinkt korrelativen Begriff“[688] zu beschreiben. In Parallelität zu der Idee des Archetypen an sich und der konkreten Archetypen beschreibt Jung das Urbild in der Sprache des Instinktes als „*Anschauung des Instinktes von sich selbst* oder als *Selbstabbildung des Instinktes.*“[689].

4.1.2.6. Synchronizität

Auf der Basis seiner Praxis und weiterer empirischer Forschungen gelangt Jung zu der Zusammenarbeit mit dem Physiker Wolfgang Pauli, da beide auf Phänomene trafen, die für das bestehende naturwissenschaftliche Weltbild unerklärlich schienen. Allerdings beschäftigte der Gedanke der

---

686 Kast 1990, 135.

687 Vgl. für die folgende Darstellung Bernhard Wingenfeld, Die Archetypen der Selbstwerdung bei Carl Gustav Jung, Pfullendorf 1955, 11f.

688 Carl Gustav Jung, Instinkt und Unbewusstes, in: Ders., Die Dynamik des Unbewussten (Gesammelte Werke VIII), Zürich – Stuttgart 1967, 157.

689 Ebd.

Synchronizität Jung schon eine lange Zeit vor der Begegnung beider.[690] Gemeinsam entwickeln sie die Idee der Synchronizität[691] als Ergänzung zur bestehenden Grundannahme der Physik, deren naturwissenschaftlichen Gesetzmäßigkeiten entsprechend alles Materielle von Raum, Zeit und Kausalität begründet wird (vgl. Abb. 8). Parallel zur Entstehung und Entwicklung der Gedanken und Theorien der Quantenphysik ergänzen Jung und Pauli diesen Ansatz der Synchronizität als Theorie der A-Kausalität bzw. als „eine gewisse psychoide Eigenschaft"[692], welche letztlich für Jung die Archetypen darstellen. Beide kritisieren mit ihrer Theorie das bisherige Bild der Naturwissenschaften, welches sich seit den Theorien Newtons auf den Versuch eingelassen hat, sämtliche Vorgänge der Natur erklären zu können, und darin allein auf Kausalität in Raum und Zeit setzt. Dieses Vorhaben der modernen Naturwissenschaften erklärt Jung zur „psychologisch präjudizierte[n, M.F.] Teilansicht"[693]. Absolute Naturgesetze sind für Jung eine Illusion. Pauli und Jung stellen dieses Denken in Frage und erklären die Synchronizität zu einem *Prinzip*[694], das das Denken der Physik und letztendlich auch der Psychologie erweitern soll.[695]

---

690 Vgl. Carl Gustav Jung, Synchronizität als ein Prinzip akausaler Zusammenhänge, in: Ders., Die Dynamik des Unbewussten (Gesammelte Werke VIII), Zürich – Stuttgart 1967, 477. Ebd., 496f.: „Das Problem der Synchronizität hat mich schon lange beschäftigt, und zwar ernstlich seit der Mitte der zwanziger Jahre, wo ich bei der Untersuchung der Phänomene des kollektiven Unbewußten immer wieder auf Zusammenhänge stieß, die ich nicht mehr als zufällige Gruppenbildung oder Häufung zu erklären vermochte. Es handelte sich nämlich um ‚Koinzidenzen', die sinngemäß derart verknüpft waren, daß ihr ‚zufälliges' Zusammentreffen eine Unwarscheinlichkeit darstellt, welche durch eine unermeßliche Größe ausgedrückt werden müßte."

691 Ebd., 500f.: „Es ist wohl angebracht, auf die Möglichkeit eines Mißverständnisses hinzuweisen, das durch den Ausdruck Synchronizität veranlaßt werden könnte. Ich habe diesen Terminus gewählt, weil mir die Gleichzeitigkeit zweier sinngemäß, aber akausal verbundener Ereignisse als ein wesentliches Kriterium erschien. Ich gebrauche hier also den allgemeinen Begriff Synchronizität in dem speziellen Sinne von zeitlicher Koinzidenz zweier oder mehrerer nicht kausal aufeinander bezogener Ereignisse, welche von gleichem oder ähnlichem Sinngehalt sind."

692 Ebd., 562.

693 Ebd., 480.

694 Carl Gustav Jung, Über Synchronizität, in: Ders., Die Dynamik des Unbewussten (Gesammelte Werke VIII), Zürich – Stuttgart 1967, 590.

695 Vgl. Jung 1967, 570ff.

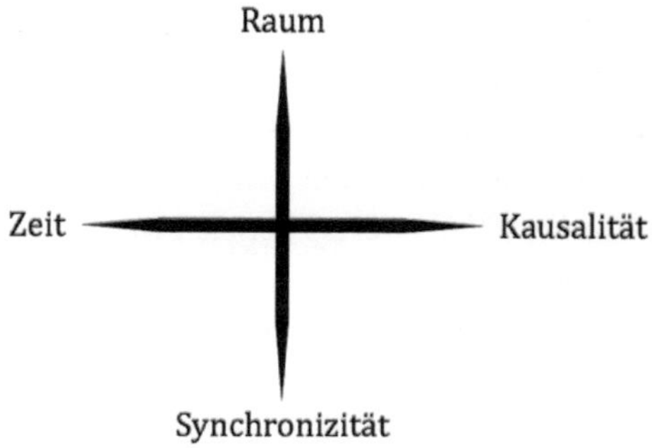

Abbildung 8: Synchronizität als Ergänzung bisheriger Annahmen der Physik (MF nach Jung 1967, 570.)

Jung führt in seinen Gedanken zu diesem Thema verschiedene Beispiele an, die alle darauf basieren, dass zwei Ereignisse zeitgleich passieren, ohne dass sie in einer direkten Verbindung miteinander stehen: „Die synchronistischen Phänomene beweisen das simultane Vorhandensein von sinngemäßer Gleichartigkeit in heterogenen, kausal nicht verbundenen Vorgängen, oder mit anderen Worten die Tatsache, daß ein vom Beobachter wahrgenommener Inhalt *ohne kausale Verbindung* zugleich auch durch ein äußeres Ereignis dargestellt sein kann.“[696] Besonders hebt er die *Gleichzeitigkeit* dieser beiden Ereignisse hervor: „Der eine ist der normale, wahrscheinliche (d.h. kausal zureichend erklärbare) und der andere der kausal aus dem ersteren nicht ableitbare Zustand, nämlich das kritische Erlebnis.“[697] Sie stellen für ihn aber keinesfalls Zufälle dar, denn Jung führt diese auf die Archetypen zurück, die unbewusst in die Welt alles Lebendigen hineinwirken und ihren Dynamiken einen Ausdruck geben. Damit ist die Theorie der Synchronizität als „Kritik unseres Raum- und Zeitbegriffes“ zu verstehen und hat „beim Unbewußten einzusetzen“.[698]

Jung stellt die Theorie der Synchronizität in einen weiten historischen Horizont bekannter Wissenschaftler, die sich in den letzten Jahrtausenden

696 Ebd., 590.
697 Ebd., 504.
698 Ebd., 494.

auch der Frage des A-Kausalen angenähert haben. Besonders hebt er in seinen Darstellungen Schopenhauer hervor, der seine Theorie formulierte, als „der ungeheure Vorstoß der Naturwissenschaften alle Welt davon überzeugte, daß einzig und allein die Kausalität als letzthinniges Erklärungsprinzip in Frage komme."[699] Weitere Theorien für die A-Kausalität in der Welt bzw. für die Synchronizität findet Jung u.a. in der chinesischen Lehre des Tao, bei Philo, Plotin, Pico della Mirandola, Johannes Kepler und Gottfried Wilhelm Leibniz.

Ein Beispiel für Synchronizität ist das Gefühl eines Déjà-Vus. Jung erklärt das Déjà-Vu beispielsweise durch den Einfluss von Träumen, die archetypische Bilder und Symbole vorwegnehmen und dann im Bewusstsein einen Wiederklang finden.[700] Sodann liegt für Jung ein Sinn hinter diesen Zusammenkünften unbewussten, archetypischen Materials und dem Bewusstsein. Synchronizität ist für ihn entsprechend geprägt von einem „zeitlichen und sinngemäßen Parallelismus"[701] und „besteht also aus zwei Faktoren: 1. *Ein unbewußtes Bild kommt direkt* (wörtlich) *oder indirekt* (symbolisiert oder angedeutet) *zum Bewußtsein als Traum, Einfall oder Ahnung.* 2. *Mit diesem Inhalt koinzidiert ein objektiver Tatbestand.* Man kann sich gleichermaßen über das eine wie über das andere wundern."[702] Eine Begleiterscheinung der Synchronizität ist für Jung der Affekt bzw. die Emotion, da diese parallel zur Wahrnehmung eines a-kausalen Erlebnisses die größte Auswirkung auf das Individuum hat. Mit dieser Annahme schließt er sich den Ausführungen von Albertus Magnus zu Fragen *magischen Geschehens* an.[703]

Jung kommt nicht nur zur Formulierung zweier Faktoren, die in Fällen von Synchronizität auftreten. Er stellt diese auch in drei Kategorien zusammen, die auf Erfahrungen mit Patienten beruhen:

> „1. Koinzidenz eines psychischen Zustandes des Beobachters mit einem gleichzeitigen, objektiven, äußeren Ereignis, welches dem psychischen Zustand oder Inhalt entspricht [...], wobei zwischen psychischem Zustand und äußerem Ereignis kein Kausalzusammenhang ersichtlich und, unter Berücksichtigung der oben

699 Ebd., 488. Vgl. auch Jaffé 1984, 307f.
700 Jung 1967, 581.
701 Ebd., 590.
702 Ebd., 507.
703 Ebd., 509.

festgestellten psychischen Relativierung von Raum und Zeit, auch nicht einmal denkbar ist.

2. Koinzidenz eines psychischen Zustandes mit einem entsprechenden (mehr oder weniger gleichzeitigen) äußeren Ereignis, welches aber außerhalb des Wahrnehmungsbereiches des Beobachters, also räumlich distant, stattfindet und erst nachträglich verifiziert werden kann […].

3. Koinzidenz eines psychischen Zustandes mit einem entsprechenden, noch nicht verhandenen, zukünftigen, also zeitlich distanten Ereignis, das ebenfalls erst nachträglich verifiziert werden kann.“[704]

Für die Psyche leitet sich daraus eine Frage an deren Konstanten ab, die Jung zu Spekulationen über die Unsterblichkeit der Psyche bzw. Teile der Psyche führen. Dieses Thema wird weiter unten noch einmal aufgegriffen werden. Allerdings scheint die Seele, wenn sie mit einem Parallelismus definiert werden kann, „räumlich nicht lokalisierbar“ zu sein oder „der Raum [ist, M.F.] psychisch relativ“[705]. Für die Zeit stellt Jung die gleiche Frage, so dass die Psyche dann zeitlich nicht fassbar oder die Zeit relativ ist. Die Synchronizität eröffnet Fragen, die folglich an die Grenzen der bisherigen Physik und den Bereich der Metaphysik reichen. Die Psyche muss gemäß Jung „von einem lebenden Gehirn“[706] getrennt gedacht werden. Die Theorie der Synchronizität ist folglich eine Theorie, die „für die Erklärung des Leib-Seelenproblems möglicherweise in Betracht kommen“[707] kann. Diese Frage ist in dieser Arbeit bereits bei Whitehead aufgetaucht und wird in der verbindenden Darstellung von Whitehead und Jung wieder eine Rolle spielen, denn beide gehen von Vorgängen aus, die von Raum und Zeit getrennt ablaufen bzw. dort ihren Ursprung haben und, wie Jung schreibt, „nicht durch biologische Substratvorgänge erklärt werden können.“[708] Jung verwendet dafür auch den Begriff der „‚Schöpfungsakte‘“[709], die die

704 Ebd., 585.
705 Ebd., 590.
706 Ebd., 562.
707 Ebd., 563.
708 Ebd., 567.
709 Ebd., 574f. Vgl. ebd., 576: „Ich neige in der Tat der Annahme zu, daß *die Synchronizität im engeren Sinne nur ein besonderer Fall des allgemeinen ursachelosen Angeordnetseins* ist“ und die „Physik […] von jeher und regelmäßig vorgefunden [… ist, M.F.], während erstere [die Archetypen, M.F.] *Schöpfungsakte in der Zeit* darstellen.“ „Gibt es sie aber, so müssen wir sie als *Schöpfungsakte* ansprechen im Sinne einer creatio continua, einesteils von

Archetypen und die Synchronizität in die Nähe der Prozesstheologie und die Nähe der Theorien Catherine Kellers (s. Kapitel 6) rücken.

Zusammenfassend kann a-kausales Verhalten bzw. Synchronizität als schöpferischer Akt, Parallelismus akausaler Natur oder als Zusammentreffen mehrerer kausal nicht miteinander verbundener Ereignisse mit gemeinsamem Sinnhorizont verstanden werden. Ist der Ursprung des Auftretens von Synchronizität aus den Archetypen heraus zu verstehen und bleibt die Grundannahme Jungs bestehen, dass die Psyche stets eigendynamisch nach einen Äquilibrium zwischen unbewussten und bewussten Inhalten sucht, muss Synchronizität als Versuch der Psyche verstanden werden, der Wandlung bzw. Veränderung und Gleichgewicht zwischen den Anteilen der Psyche sucht.[710] Synchronizität ist sodann ein Prozess des Unbewussten an der Gesamtpsyche des Individuums und ein Prinzip der Individuation. Psyche und Synchronizität erweisen sich damit als prozessuale Prinzipien im Leben des Individuums.

4.2. Konzentration auf den Menschen

Vergleichbar mit dem Kapitel über die Organistische Philosophie Whiteheads, sollen im Folgenden zentrale Begriffe und Inhalte anthropologischen Denkens bei C.G. Jung aufgegriffen werden, die sich sowohl in den Werken Whiteheads als auch in den Werken Jungs finden. Im fünften Kapitel sollen diese dann miteinander in einen Dialog gebracht werden.

Auch wenn viele der hier aufgeführten Begriffe bereits in den vorherigen Darstellungen zu Jungs Theorie angeklungen sind, so sollen diese hier einen eigenen Raum bekommen und aus der Gesamttheorie Jungs herausgearbeitet

---

jeher, teils sporadisch sich wiederholenden Angeordnetseins, das aus keinerlei Antezedentien abgeleitet werden kann."

710 Diese Annahme stützt auch Kast, wenn sie Synchronizität vor allem in „emotionell betonte[n, M.F.] Lebenssituation[en, M.F.]" erkennt und ihr gemäß sich diese „oft im Zusammenhang mit Tod" zeigen. (Kast 1990, 157.) Sie stellt Synchronizität in einen größeren Zusammenhang des Lebens und wünscht sich einen selbstverständlicheren Umgang mit diesem Denken. „[D]ann würden wir immer in Umbruchssituationen mit einem dynamischen Ungleichgewicht rechnen […]." (Ebd., 166.)

werden. Auf Grund des Umfangs der Werke Jungs kann dies hier nur selektiv bzw. mit einer kleinen Auswahl an Belegstellen erfolgen.

4.2.1. Psyche und Seele

„Alles, was ich erfahre, ist psychisch."[711], schreibt Jung in seiner Schrift *Das Grundproblem der gegenwärtigen Psychologie*. Die Psyche ist in der Theorie Jungs die eine alles erfüllende Größe eines Individuums. Alle Wahrnehmung findet scheinbar allein in der Psyche statt. Was aber ist die Psyche?

Jacobi fasst Jungs grundlegende Annahmen zur Psyche in zwei Grundsätzen zusammen. Sie nennt diese „Der Grundsatz der psychischen Totalität" und „Der Grundsatz der psychischen Energetik".[712] Der erste Grundsatz über die Ganzheit der Psyche im Unbewussten und Bewussten, der Entwicklung von Ich-Bewusstsein, der Individuation und der Entstehung des Selbst, wurde oben bereits wiedergegeben. Der zweite Grundsatz, welcher weiter unten noch genauer dargestellt werden soll, bezieht sich auf die Fähigkeit der Psyche zur Kompensation und dem Wechselspiel zwischen Psyche und Körper. Dass aber Psyche und Körper nicht voneinander zu trennen sind, soll für die Theorie Jungs bereits hier erwähnt werden.[713] Jung hält klar fest, dass die Psyche niemals als eine Erscheinung der Gehirnfunktion und dennoch stets als eine Ganzheit aus Unbewusstem und Bewusstsein verstanden werden muss.

Die Psyche kann nach Jung als ein Abbild der Evolution verstanden werden. Selbst beim Tier muss deshalb ein Teil des Unbewussten angenommen werden. Für Jung bilden „[d]ie Instinkte und die Archetypen [...] das *kollektive* Unbewußte."[714] Die Instinkte des Unbewussten sind seiner Theorie nach einfacher bei den Tieren zu beobachten.[715] Damit ist

711 Jung 1967, 402.
712 Jacobi 1976, 3.
713 „[D]as Psychische und das Körperliche [sind, M.F.] nicht zwei nebeneinander herlaufende Prozesse, sondern durch Wechselwirkung verknüpft [...], obschon deren eigentliche Natur sich unserer Erfahrung sozusagen noch gänzlich entzieht." (Carl Gustav Jung, Über die Energetik der Seele, in: Ders., Die Dynamik des Unbewussten (Gesammelte Werke VIII), Zürich – Stuttgart 1967, 19.)
714 Jung 1967, 154.
715 Vgl. ebd., 155.

auch das Tier in gewisser Weise als psychisch zu betrachten und die Psyche ein Auftreten in der Biologie bzw. der gesamten Evolution. Für den Menschen gilt, dass das Bewusstsein sich zusätzlich über den Verlauf des Lebens bzw. im Individuationsprozess immer weiter aus dem Unbewussten evolviert[716], im Ich seinen ersten Standpunkt im Miteinander beider Dynamiken bekommt und im weiteren Verlauf des Lebens zu einer neuen Ganzheit im Selbst findet.

Ganz neutral und ausgewogen stellt Jung dieses Miteinander allerdings nicht immer dar. In seiner Schrift *Medizin und Psychotherapie* bezeichnet er das „Ich-Bewußtsein nur als temporäres Epiphänomen“[717] des Unbewussten. Letztlich ist das sich evolvierende Selbst des Individuums auch im Ursprung ein Archetyp und damit dem Unbewussten entwachsen. Auf Grund dessen spricht Jung vom Individuationsprozess als Schöpfungsprozess, für den gilt: „*Nicht ich schaffe mich selbst, ich geschehe vielmehr mir selber.*“[718] Eine Dominanz des Unbewussten in der Theorie Jungs ist auf Grund dieser Aussage und ihrer Parallelen in den Schriften Jungs nicht zu leugnen.

Neben der Erfahrungsebene des Körpers, als äußere Erfahrung von Umwelt eines Individuums, erhält das Individuum zudem Eindrücke aus seiner Psyche. Diese werden in den Symbolen der Archetypen verstanden und verarbeitet. Dieser Teil der Theorie Jungs wurde bereits weiter oben dargestellt.

---

716 „Unser Bewußtsein schafft sich ja nicht selber, sondern es quillt auf aus unbekannter Tiefe. Es erwacht allmählich im Kinde, und es erwacht jeden Morgen aus der Tiefe des Schlafes aus einem unbewußten Zustand. Es ist wie ein Kind, das täglich aus dem mütterlichen Urgrunde des Unbewußten geboren wird. Ja, eine genauere Erforschung des Bewußtseinsprozesses ergibt die Tatsache, daß es nicht nur vom Unterbewußten beeinflußt wird, sondern sogar in Form zahlloser spontaner Einfälle überhaupt beständig dem Unbewußten entquillt.“ (Carl Gustav Jung, Zur Psychologie östlicher Meditation über den indischen Heiligen. Einführung zu H. Zimmer: Der Weg zum Selbst, in: Ders., Zur Psychologie westlicher und östlicher Religion, Zürich – Stuttgart 1963, 616.)

717 Jung 1979, 97.

718 Carl Gustav Jung, Das Wandlungssymbol in der Messe, in: Ders., Zur Psychologie westlicher und östlicher Religion (Gesammelte Werke XI), Zürich – Stuttgart 1963, 283.

Die Psyche ist in allen Beschreibungen Jungs als ein energetisches Geschehen zu verstehen. Die Bewegungen zwischen dem Bewussten und dem Unbewussten, die Fähigkeit zur Kompensation zwischen beiden Größen und auch die Krankheitsbilder der Psyche, wie z.B. die Neurose, sind energetische Prozesse. Ob dies auch für den Teil der Psyche gilt, den Jung in seinem Denken der Synchronizität vermutet, kann hier nicht geklärt werden.

Von der Psyche unterscheidet Jung die Seele, und zwar als eine ihrer Funktionen. Die Seele weist innerhalb der Psyche eine „Beziehungsfunktion" auf, die eine Brücke zwischen den individuellen Anteilen und dem Kollektiven des Individuums ist.[719] In einer Beschreibung der unterschiedlichsten historischen Betrachtungsweisen der Seele sieht er sich selbst und sein Denken über diese in einem neuen Verständnis jener. Die Seele ist weder als materieller Körpersaft noch als neuzeitlich vom Körper gänzlich getrennte Größe zu betrachten.[720] Jung möchte die Seele nicht allein der Metaphysik überlassen, sondern diese, aus der Empirie seiner Praxis und Forschung, als Teil der Psyche verstehen können.[721] Damit setzt er sich auch von der Definition der Seele als das Prinzip ab, welches alle psychischen Dynamiken und Vorgänge beschreibt. Sein Begriff der Seele entspricht der Theorie der Analytischen Psychologie, aber nicht dem anderer geisteswissenschaftlicher Thesen.[722]

Die Psyche ist für ihn als übergeordnete Größe zur Seele zu verstehen, besonders, wenn Jung die Seele mit der Anima gleichsetzt, dem

---

719 Carl Gustav Jung, Das Typenproblem in der Dichtkunst, in: Ders., Psychologische Typen (Gesammelte Werke VI), 9. Auflage, Olten – Freiburg im Breisgau 1971, 179.

720 Jung erkennt eine Verbindung zwischen Körper und Seele, die ihm zufolge eine „Einheit bilden" (Jung 1971a, 592.). Dennoch haben beide eine „Eigengesetzlichkeit" (Ebd.), was ermöglicht, Seele und Körper getrennt von einander zu untersuchen. Nur so ist die Seele nicht mehr eine materiell körperliche Funktion. Auf Grund dieser Trennung, die sich historisch entwickelt hat bzw. im Verlauf der wissenschaftlichen Forschung der vergangenen Jahrhunderte gezeigt hat, kann Jung Gesetzmäßigkeiten der Seele beschreiben.

721 Ebd., 587ff.

722 Ebd., 265.

Geschlechtscharakter[723], bzw. als „die innere Einstellung"[724] des Individuums bezeichnet. Die Anima wurde bereits weiter oben als ein Moment in der Individuation des Einzelnen beschrieben. Die Vermutung liegt nahe, dass das Individuum im Denken Jungs im Laufe seiner Individuation lernen muss, die Seele in sein Selbst zu integrieren. Die Seele kann folglich als Anima von der Persona abgegrenzt werden, besonders dadurch, dass die Seele nach Jung eine „‚Persönlichkeit'"[725] ist. In dieser Abgrenzung ist die Seele nicht kollektiv, sondern individuell, verfügt aber über eine „genau so fest gefügt[e]"[726] Struktur wie die Persona.

Während die Persona den äußeren Haltungen eines Individuums entspricht, ist die Seele das komplementäre innere Prinzip und „pflegt erfahrungsgemäß alle diejenigen allgemein menschlichen Eigenschaften zu enthalten, welche der bewußten Einstellung fehlen."[727] Jung versteht die Seele als Komplementärprinzip zur Persona und kommt so zu der Gleichsetzung mit der Anima, die „stark von dem Unbewußten und dessen Qualitäten geformt"[728] ist. Der Seele kann damit das „‚Schöpferische'"[729] zugeschrieben werden, welches in die Bereiche des Bewussten hineinwirkt und dieses durch „Spontaneität"[730] durchwirkt.

Neben diesen Beschreibungen der Seele als Gegen- bzw. Ausgleichsprinzip der Psyche zur Persona, verwendet Jung den Begriff der Seele auch im Zusammenhang mit religiösen Bezügen. Da Gott für Jung ein unbewusster Inhalt bzw. Archetyp ist, kann dieser mit der Instanz der Psyche korrespondieren, welcher unbewusste Bilder enthält und in der Kommunikation mit dem Bewussten unterhält, der Seele. Mit Reden von Meister Eckhart

723 Zu dieser Gleichsetzung kommt Jung auf Grund unterschiedlicher Forschungen und Erkenntnisse, die an diesem Punkt nicht weiter ausgeführt werden können. Es kann an dieser Stelle nur kurz darauf hingewiesen werden, dass Jung die Seele als Funktion der Psyche in ihren energetischen Anteilen mit der Libido in Verbindung bringt und im Bezug auf Schriften von Meister Eckhart diese zu einer religiösen Qualität des Inneren des Individuums wird (Vgl. ebd., 262ff.).

724 Ebd., 507.

725 Ebd., 503.

726 Ebd., 508.

727 Ebd.

728 Ebd., 509.

729 Ebd.

730 Ebd., 264.

versucht Jung, die Dynamik zwischen der Seele, den unbewussten Anteilen der Psyche und dem Archetyp Gott zu beschreiben, der als Personifikation eines unbewussten Inhalts erfasst werden kann.[731] Gott, als „höchste Lebensintensität“[732] des Individuums, muss in der Seele aufgehen, so dass er zu einem „autonomen psychologischen Komplex“[733] werden kann. Darin ist er für Jung „nur zum Teil *bewußt*“, was bedeutet, „daß das Ich ihn [nie, M.F.] ganz umfassen könnte“[734].

Wird den Archetypen und somit auch Gott als dem Unbewussten immanenter Archetyp im Jungschen Denken eine Eigendynamik zugesprochen, so ist es dieser Archetyp bzw. die Personifikation Gottes, die die Seele „*vergottet*“[735]. Es ist an dieser Stelle reine Spekulation, dass Jungs Rede von der „Unräumlichkeit der Seele“[736] dieser ein unsterbliches Prinzip zuspricht.[737] Ob die Seele unsterblich wird durch die Vergottung, ob sie es ursprünglich ist oder ob die Seele lediglich der Ort der Gottesoffenbarung ist, Jung spricht der Seele „die Dignität eines Wesens“ zu, „dem es gegeben ist, einer Beziehung zur Gottheit bewußt zu sein.“[738] Die Seele hat im Denken Jungs eine hohe Autonomie, die unbewusste Inhalte der Psyche zugänglich macht bzw. „transzendentale[n] Vorgänge[n]“[739] äußert. Dennoch sieht er die Erforschung der Seele in der analytischen Tradition der Psychologie noch ganz am Anfang. Eine Vertiefung der Thematik des Religiösen in der Seele erfolgt weiter unten.

---

731 Vgl. ebd., 265.
732 Ebd., 266.
733 Ebd.
734 Ebd.
735 „Man hat mir ‚Vergottung der Seele‘ vorgeworfen. *Nicht ich – Gott selbst hat sie vergottet!* Nicht ich habe der Seele eine religiöse Funktion angedichtet, sondern ich habe die Tatsachen vorgelegt, welche beweisen, daß die Seele ‚naturaliter religiosa‘ ist, das heißt eine religiöse Funktion besitzt: eine Funktion, die ich nicht hineingelegt oder -gedeutet habe, sondern die sie selber von sich aus produziert, ohne durch irgendwelche Meinungen oder Suggestionen dazu veranlaßt zu sein.“ (Jung 1980b, 27.)
736 Jung 1971a, 571.
737 Jung beschreibt ebd., dass die Frage nach „elementare[n, M.F.] seelische[n, M.F.] Tatbestände[n, M.F.]“ noch nicht beantwortet werden kann (Ebd., 569).
738 Jung 1980b, 24.
739 Carl Gustav Jung, Antwort auf Hiob, in: Ders., Zur Psychologie westlicher und östlicher Religion (Gesammelte Werke XI), Zürich – Stuttgart 1963, 388.

4.2.2. Körper

Der Körper ist für Jung ein fundamentaler Bestandteil individueller Charaktereigenschaften. Im Zusammenspiel von Körper und Seele entsteht der Charakter des Einzelnen.[740] Beide können nicht voneinander getrennt sein, so dass Rückschlüsse über Körper bzw. Seele aus dem jeweils anderen gezogen werden können.[741] Die Seele gilt Jung allerdings immer noch als die „Unbekannte“, welche durch den Körper entschlüsselt werden kann: „Der Körper sagt uns nichts ohne die Seele, wie uns auch – vermöchten wir es, uns auf den Standpunkt der Seele zu stellen – die Seele ohne den Körper nichts bedeuten kann.“[742] Darin wird deutlich, dass Jung keineswegs ein Anwalt einer rein geistigen bzw. einer rein materialistischen Anthropologie ist.[743] Vielmehr spricht er gesamt vom „lebendigen Organismus“[744], vom „lebenden Wesen“[745] und vom Körper als „lebenden Körper“[746]. Als solchen

740 Vgl. Jung 1971a, 568.

741 Eine Trennung beider hält Jung für eine „künstliche Operation, eine Diskrimination, die sicherlich weniger im Wesen der Dinge als vielmehr in der Eigentümlichkeit des erkennenden Verstandes begründet ist.“ (Ebd., 568.) In beiden, Körper und Seele, erkennt Jung eine „phylogenetische Entwicklung“ (Carl Gustav Jung, Allgemeine Gesichtspunkte zur Psychologie des Traumes, in: Ders., Die Dynamik des Unbewussten (Gesammelte Werke VIII), Zürich – Stuttgart 1967, 282.).

742 Ebd., 569. Diese Deutung geht auf seinen Grundsatz „*Die Psyche hängt vom Körper ab, und der Körper hängt von der Psyche ab.*“ zurück (Carl Gustav Jung, Grundsätzliches zur Praktischen Psychotherapie, in: Ders., Praxis der Psychotherapie. Beiträge zum Problem der Psychotherapie und zur Psychologie der Übertragung (Gesammelte Werke XVI), Dritte Auflage, Olten – Freiburg im Breisgau 1979, 2.).

743 Er sieht sich nicht in der Lage, zu einer der beiden beschriebenen Denkrichtungen zu tendieren, da diese für ihn eine philosophische Frage darstellen, er sich aber als Empiriker versteht. Dies macht er noch einmal deutlich in der schriftlich protokollierten Diskussion nach einer Vorlesung in London (Vgl. Carl Gustav Jung, Über Grundlagen der Analytischen Psychologie, in: Ders., Das symbolische Leben. Verschiedene Schriften (Gesammelte Werke XVIII.1), Olten – Freiburg im Breisgau 1981, 49.).

744 Jung 1971a, 588.

745 Carl Gustav Jung, Geist und Leben, in: Ders., Die Dynamik des Unbewussten (Gesammelte Werke VIII), Zürich – Stuttgart 1967, 365.

746 Ebd., 364.

beschreibt er den Körper als „ein dem Zwecke des Lebens angepaßtes, innerlich zusammenhängendes System stofflicher Einheiten und als solches eine den Sinnen erfaßbare Erscheinung des lebenden Wesen [ist], oder, einfacher ausgedrückt, eine, lebendes Wesen ermöglichende, zweckmäßige Anordnung des Stoffes [...,] ein lebensbereites, lebensermöglichendes stoffliches System [...].“[747] Diese Verbundenheit im lebendigen Organismus ist Jung die Grundlage zur Heilung von Krankheitssymptomen im Individuum, wie er mit Verweis auf Schriften der Alchemie, von der er zutiefst fasziniert war, belegt.[748] Diese Faszination beruht gerade auf der alchemistischen Suche nach dem „verklärten Auferstehungsleib, [...] nämlich einen Körper, der zugleich Geist ist.“[749]

Die Verbindung zwischen Körper und Psyche beschreibt Jung, bezogen auf das Kind, als die eines Organismus. Die tiefsten Schichten der Psyche, die Jung bisher als die Schichten des kollektiven Unbewussten benannt hat, wirken sich so auf den Körper aus, dass sie „in den chemischen Körpern, universal [...] werden und zugleich [...] erlöschen.“[750] Weiter unten wird in der Frage nach der Vernunft im Prozess der Psyche die Kette Archetyp – Bild – rationale Idee aufgebaut werden. In diesen Prozess gehört für Jung auch der Körper mit seinen chemischen Prozessen hinein, der darin Träume bzw. Phantasien[751] entwickelt.[752] Die Bildwerdung eines Archetypen

747 Ebd.

748 Vgl. Carl Gustav Jung, Aion. Beiträge zur Symbolik des Selbst (Gesammelte Werke IX.2), 8. Auflage, Olten – Freiburg im Breisgau 1992, 193.

749 Jung 1980b, 487. Vgl. auch Carl Gustav Jung, Mysterium Coniunctionis. Untersuchungen über die Trennung und die Zusammensetzung der seelischen Gegensätze in der Alchemie (Gesammelte Werke XIV.2), 3. Auflage, Olten – Freiburg im Breisgau 1978, 321ff. Die Alchemie wird hier mit dem Ziel der „*Wiederbelebung*, d.h. der Wiedervereinigung der Seele mit dem entseelten Körper“ beschrieben (Ebd., 299.).

750 Carl Gustav Jung, Zur Psychologie des Kinderarchetypus, in: Ders., Die Archetypen und das kollektive Unbewusste (Gesammelte Werke IX.1), 4. Auflage, Olten – Freiburg im Breisgau 1980, 187.

751 Ebd., 186: „‚Phantasien‘ sind die natürlichen Lebensäußerungen des Unbewußten.“

752 „Je archaischer und je ‚tiefer‘, das heißt je physiologischer das Symbol, desto kollektiver und universaler, desto ‚stofflicher‘ ist es. Je abstrakter, differenzierter und spezifischer es ist, desto mehr nähert es sich der Natur bewußter Einzigartigkeit und Einmaligkeit und desto mehr hat es sein universales Wesen

vollzieht sich demnach sowohl psychisch als auch physisch.[753] In der weiter oben dargestellten Idee, dass Jungs Archetypen im Sinne einer Vererbungslehre Lamarcks verstanden werden können, sind diese auch nicht allein psychisch bzw. physisch zu erklären. Als psychische Inhalte einer physischen Vererbungslehre ist auch hier die Vermischung beider Ebenen erkennbar. Einen konkreten Bezug dafür baut Jung in seiner Spekulation über den Archetypus der Anima auf. Dieser sei „wahrscheinlich eine Darstellung der Minderheit weiblicher Gene in einem männlichen Körper."[754] Auch für den im Weiblichen korrespondierenden Archetyp des Animus nimmt Jung dies an gleicher Stelle an. Damit haben die Archetypen für Jung untrennbaren Anteil an beiden Grundlagen menschlichen Lebens.

Für das Ich bzw. das Bewusstsein des Individuums in der Psyche ist der Körper ebenfalls von fundamentaler Bedeutung. Das Ich definiert Jung als „eine komplexe Gegebenheit, die vor allem aus der allgemeinen Wahrnehmung des Körpers […] besteht, und sodann aus den Gedächtnisinhalten […]."[755] Im Ich verbinden sich demnach Inhalte des Unbewussten wie auch des Bewussten. Sinneseindrücke des Körpers wirken sich ebenso auf das Ich aus wie auch Archetypen und Regungen des Unbewussten. Jedoch scheint der Körper auch eine eigene Potenz zur Selbstständigkeit zu haben, denn das Ich hat laut Jung nicht die Möglichkeit, den Körper zu beherrschen. Der Körper ist dem Ich gegenüber autonom und scheint seine Eindrücke selbstständig an das Ich weiterzugeben.[756] Ein Beispiel dafür, dass das Ich nicht Herr der körperlichen Eindrücke des Individuums ist, können Emotionen sein, die „im Stoff des Körpers verwurzelt sind" und zugleich „unwillkürliche Vorgänge sind, welche die Absichten des Ich überrennen."[757] Für den Bereich der Emotionen scheint der Körper in direkter Verbindung mit dem

abgestreift. Im Bewußtsein vollends läuft es Gefahr, […] wo es dann auch allen möglichen rationalistischen Erklärungsversuchen ausgesetzt ist." (Ebd., 187.)

753 Mit Bezug auf christlich-theologische Terminologie beschreibt Jung diesen Prozess in seiner Schrift *Aion* als Befreiung des Symbols aus der „Gefangenschaft im ‚Körper'". (Jung 1992, 174f.)

754 Jung 1963, 31.

755 Jung 1981a, 27.

756 Vgl. ebd., 89.

757 Ebd., 155.

Unbewussten zu stehen.[758] Ebenso wirken Schmerzen vom Körperlichen direkt in die Psyche ein. Das Ich als Vertreter des Bewusstseins in der Psyche erfährt diese Verbindung zwischen Körper und Unbewusstem, welches sich als Bild im Bewusstsein äußert.[759]

Jung hat den Bereich der Religion untersucht, um Belege für seine Theorie zu finden. Mit Bezug auf die Erklärung des Dogmas zur leiblichen Aufnahme Mariens in den Himmel erkennt Jung in dieser christlichen Glaubensbotschaft „eine Anerkennung der Materie, die nur infolge einer überwiegenden pneumatischen Tendenz schließlich mit dem Bösen schlechthin identifiziert worden war." Er sieht darin ein „kompensierendes Symptom, das dem Streben in der Naturwissenschaft nach einem einheitlichen Weltbild entspricht."[760] Ebenfalls kompensiert dies die theologischen Ansichten, die über Jahrhunderte hinweg zu einer Spaltung in die positiv zu bewertende Seele und den negativ zu betrachtenden Körper führten. Ursprünge dieses Denkens erkennt Jung in den Schriften Platons.[761] Jung geht dieser Dichotomie auch in seiner Schrift *Aion* nach. In dieser Publikation kommt Jung zu abstrakten Theorien, wie der Christus des Christentums mit dem Archetyp des Christus zusammenhängt und der Individuationsprozess durch diesen Archetyp beeinflusst wird. Da dieser Christus, in Verbindung mit dem Heiligen Geist, für das Körperliche im Denken Jungs eine Bedeutung hat, für die weiteren Ausführungen dieser Arbeit allerdings unwichtig ist, soll darauf nicht näherhin eingegangen werden.[762]

Für Etheber belegt der Briefwechsel zwischen Jung und Pauli, dass Jung stets „eine Einheitsformel in der Gesamtbetrachtung von Psyche und Physis"[763] und damit im Gesamtprozess der Individuation gesucht hat. Wie Jung den Körper, auf Grund seiner Forschung im alchemistischen, empirischen und theologischen Bereich, aufwertet und ihm eine Stellung auf

758 Darauf verweist auch Kast in ihrem Buch, wenn sie von Komplexen spricht (Vgl. Kast 1990, 44f.). Die Jungsche Theorie der Komplexe wurde bereits weiter oben dargestellt.

759 Vgl. Jung 1967, 402.

760 Jung 1980a, 122.

761 Jung 1963, 136f.

762 Vgl. ebd., 145.

763 Etheber 1998, 37.

Augenhöhe mit der Psyche erarbeitet, ist hier noch einmal hervorzuheben.[764] Eine Lösung, wie Psyche und Körper miteinander im Kontakt stehen und sich wechselseitig beeinflussen, ist aus den Schriften Jungs für ein heutiges Forschungsinteresse nicht genau herauszuarbeiten. Die Ansätze, dass die biologische Verwurzelung und Vererbung der Archetypen als zugleich grundlegend psychisches Prinzip ausreichen, können in den Augen des Autors dieser Arbeit nur als unzureichend betrachtet werden. Eine Antwort über die damit offenliegende Frage bei Jung zu der Verbundenheit beider Ebenen des Individuums, muss in der moderneren Forschung nach dem Tod Jungs und der Auslegung seiner Interpretatoren gesucht werden.

4.2.3. Vernunft

Jung trennt sich in Bezug auf die Vernunft von einem Weltbild, das diese über die Psyche setzt bzw. jede Vernunftbegabtheit als höchstes Gut im Menschen betrachtet. Die Psyche mit ihrer Qualität der Kompensation besteht zugleich aus Unbewusstem und Bewusstem, wenn auch bei Jung dem Unbewussten eher eine dominante Position in der Psyche zugesprochen wird. Dennoch ist für ihn klar: „Es ist dem frühen Standpunkt natürlich nicht beigekommen, daß seine Lehrmeinungen nichts anders als psychische Phänomene sind, insofern die naive Annahme bestand, daß mittels des Verstandes, beziehungsweise der Vernunft, der Mensch gewissermaßen aus seiner psychischen Bedingtheit herauszuklettern und sich in einen überpsychischen, rationalen Zustand zu versetzen vermöge."[765]

Die Vernunft kann nicht mit allen Vorgängen der Psyche gleichgesetzt werden, da sie im Denken Jungs „unfähig [ist, M.F.], das Bild, das Symbol

---

764 In *Erinnerungen, Träume, Gedanken*, betont Jung vor allem die diachrone Bedeutung des Körpers. Wie die Seele, so besteht auch der Körper „aus Einzelheiten, die alle schon in der Ahnenreihe vorhanden gewesen sind. […] Körper und Seele haben daher einen eminent historischen Charakter […]." (Jaffé 1984, 239.) Demnach sind es nicht nur die Archetypen, die das Individuum diachron mit den Ahnen und der Evolution verbinden, auch Teile des Körpers tragen diese Inhalte in sich. Jung hält an einer genetischen Theorie der Weitergabe von ge- bzw. erlernten Informationen fest und erhebt den Körper zu einer Form diachroner Würde im Leben eines jeden Individuums.

765 Jung 1967, 188.

zu erschaffen“[766]. Sie ist vielmehr eine psychische Funktion neben anderen[767] und wird in seiner Schrift *Mysterium Coniunctionis* mit dem Ich-Bewusstsein gleichgesetzt[768]. Die Bilder bzw. Symbole entstammen im Denken Jungs dem Unbewussten bzw. den Archetypen und sind darin „irrational“[769]. Die Vernunft ist die Fähigkeit des Individuums, das in der Folge von Archetyp – Bild – rationaler Idee der Idee einen Begriff gibt. Sie vermittelt archetypische Bilder in eine Sprachform, die dem Bewusstsein des Individuums zugänglich ist.[770] Die Vernunft ist darin zudem der Individuation unterzuordnen bzw. als Teil dieser Dynamik zu betrachten. Die Lösung für den Weg der Individuation erkennt Jung auch nur im Irrationalen, aus dem Ursprung des Unbewussten.

Von dieser Haltung aus ist auch die Frage nach Wahrheit neu zu stellen. Wenn vernünftige Aussagen immer auch der Wahrheit des Unbewussten und damit des Irrationalen gegenüberstehen, kann „jede intellektuelle Formel nur eine beschränkt gültige Wahrheit sein“[771]. Kontrastierend zu diesem Wahrheitsverständnis der Vernunft spricht Jung der Religion positiv den Standpunkt des „intellektuellen Aberglauben[s, M.F.]“[772] zu. Diese Bewegung zwischen wissenschaftlicher Vernunft und Religion ist äquivalent zu beschreiben in der Auseinandersetzung, ob ein Individuum allem Objektiven oder auch dem Irrationalen Realität zuspricht. Alles Rationale ist gemäß Jung „beschränkte[s, M.F.] Objekt[e], indem sie [die

766 Jung 1971a, 279.

767 Vgl. Carl Gustav Jung, Die psychologischen Aspekte des Mutterarchetypus, in: Ders., Die Archetypen und das kollektive Unbewusste (Gesammelte Werke IX.1), 4. Auflage, Olten – Freiburg im Breisgau 1980, 93.

768 Carl Gustav Jung 1978 b, 115: „Die einander widerstrebenden Elemente des urweltlichen Chaos entfesseln ihren Kampf, wie wenn sie nie gebändigt gewesen wären. Darin wird der Konflikt zwischen der Dominante des Ich-Bewußtseins einerseits und den Inhalten des Unbewußten andererseits ausgetragen und zwar zunächst so, daß die Vernunft ihrem Gegenteil Fesseln anzulegen versucht.“

769 Ebd. Irrational definiert Jung „nicht im Sinne des *Widervernünftigen*, sondern im Sinne des *Außervernünftigen*“ (Jung, Definitionen, 482.).

770 Vgl. Jung 1971a, 455.

771 Jung 1971a, 381.

772 Ebd.

empirische Wissenschaft, M.F.] durch beabsichtigten Ausschluß des Zufälligen das wirkliche Objekt als Ganzes nicht in Betracht kommen läßt, sondern immer nur einen für die rationale Betrachtung desselben hervorgehobenen Teil.“[773]

Diese Haltung bemängelt Jung mit Blick auf die Erziehung von Kindern bzw. mit Blick auf das Bildungssystem. Er fordert „irrationale [n] introvertierte[n] Typen“, denen die „Vernunft und die Ethik der Vernunft“[774] fehlt, die aber in den Bildungsprozess von Menschen die andere Dimension der Wirklichkeit einbringen. Der Bildungsprozess von Individuen bleibt mit der Vernunft allein auf die Erfahrung des *Kulturmenschen* bezogen. „Rationalismus“ schadet dem Individuum und gilt Jung „als schwerstes Hindernis für reibungslose Energieumsetzungen“[775]. Unter der Regel der Kompensation als Grundannahme für alle psychischen Prozesse im Denken Jungs sind allerdings stets Bewegungen des Irrationalen in den Bereich des Rationalen anzunehmen, um ein Gleichgewicht zu erreichen.[776] Der Mensch kann nicht allein als „animal rationale“[777] verstanden werden.

---

773 Jung 1971a, 482. Vgl. dazu ebenfalls Jung 1964, 77.

774 Jung 1971a, 440.

775 Jung 1967, 27.

776 Vgl. Carl Gustav Jung, Psychologische Determinanten des menschlichen Verhaltens, in: Die Dynamik des Unbewussten (Gesammelte Werke VIII), Zürich – Stuttgart 1967, 143. In seiner Erklärung der Gegensätze nimmt er auch an, dass es die gegenteilige Bewegung geben kann, wenn das Irrationale versucht, die Oberhand in der Psyche des Individuums zu gewinnen. Sodann muss die Psyche den Ausgleich in die entgegengesetzte Richtung suchen und die Vernunft „des anerkannten und bewährten Guten gegen den reißenden Strom [des Irrationalen, M.F.] […] verteidigen“ (Carl Gustav Jung, Mysterium Coniunctionis. Untersuchungen über die Trennung und Zusammensetzung der seelischen Gegensätze in der Alchemie (Gesammelte Werke XIV.1), 3. Auflage, Olten – Freiburg im Breisgau 1978, 114).

777 Carl Gustav Jung, Psychotherapie und Weltanschauung, in: Ders., Praxis der Psychotherapie. Beiträge zum Problem der Psychotherapie und zur Psychologie der Übertragung (Gesammelte Werke XVI), 3. Auflage, Olten – Freiburg im Breisgau 1979, 84. „Der schließliche Appell an die Vernunft wäre ja ganz schön, wenn der Mensch von Natur ein animal rationale wäre; er ist es aber nicht; er ist im Gegenteil mindestens ebenso unvernünftig.“

4.2.4. Ethisches Verhalten

Ethik und Vernunft stehen für Jung in einer engen Verbindung, wie oben bereits ausgeführt wurde.[778] Die Vernunft ist allerdings nur die eine Seite auf dem Weg der Individuation und der Frage nach Wahrheit. Deshalb muss Jung formulieren: „Der Zeitgeist ist mit den Kategorien der menschlichen Vernunft nicht zu erfassen."[779] Denn wenn hier nach Ethik im Leben des Individuums gefragt werden soll, dann wurzelt das „ethische Problem" für Jung „in den tiefsten Triebvorgängen"[780]. Dieses ethische Problem ist vielmehr Kern der Individuation, die Jung auch als „Pflichtenkollision"[781] beschreibt. Ethik gibt als vernünftiger Anteil im Individuum und deren Herausforderung durch das Irrationale des Unbewussten einen tiefen Sinn für die Individuation des Individuums. Zu einer „Formulierung ethischer Grundsätze" möchte Jung allerdings nicht kommen.[782]

Mit Verweis auf die Lehre Freuds gelangt Jung allerdings zu der Aussage, dass „[d]er Zusammenstoß von infantiler Triebhaftigkeit und Ethos [...] nie vermieden werden kann."[783] In der bereits oben aufgewiesenen Kette, wie aus einem Archetyp ein Bild und dann eine rationale Idee entsteht, so ist ethisches Verhalten für Jung eine von der Vernunft bewegte „Reflexion"[784], die neben anderen Möglichkeiten dem Triebverhalten einen vernünftigen Ausdruck gibt.

Zieht man den Begriff der Moral hinzu, so baut Jung eine Verbindung zu Fragen der Schatten als „moralischen Minderwert"[785] auf. In *Aion* beschreibt er den Schatten als moralisches Problem, der nur mit einem großen Maß an Entschiedenheit ans Licht gebracht werden kann.[786] Verborgene, verdrängte

778 Vgl. dazu ebenfalls Jung 1963, 85. Hier beschreibt Jung die „*Vernunft als eine Instanz ethischer Entscheidung*".

779 Jung 1967, 389.

780 Jung 1964, 201f.

781 Jung 1963, 215.

782 Carl Gustav Jung, Geleitwort zu Neumann „Depth Psychology and a new Ethic", in: Ders., Das symbolische Leben. Verschiedene Schriften (Gesammelte Werke XVIII.2), Olten – Freiburg im Breisgau 1981, 659.

783 Jung 1967, 61.

784 Ebd., 136.

785 Jung 1992, 281.

786 Vgl. ebd., 17f.

bzw. verschüttete Anteile der Persönlichkeit ruhen als Schatten in der Psyche des Individuums und drängen stets an die Grenze zwischen Unbewusstem und Bewusstem. Moral und Ethik scheinen Funktionen des Bewussten zu sein, die Inhalte, die nicht in das Gesamtkonzept des Ich vom Individuum passen, verdrängen.[787] Kommt ein unbewusster Inhalt bzw. ein Schatten im psychischen Prozess an die Ebene des Bewussten heran, kann dies für das Ich-Bewusstsein die Erfahrung einer „moralischen Niederlage"[788] sein, denn „Tugenden, wie Aufmerksamkeit, Gewissenhaftigkeit, Geduld usw."[789] werden verletzt. Diese Tugenden beschreibt Jung auch als *objektive Werte*, die „auf einem allgemeinen consensus beruhen"[790], die das Individuum durch seine Kontakte mit der Umwelt erlernt. Jung betrachtet sie allerdings lediglich als „Zwischenlösungen"[791], denn die ethische Frage ist eine zutiefst individuelle, sowohl in der Analyse als auch im allgemeinmenschlichen Verhalten.

Denn weiterhin werden ethische Werte von „*emotionalen Wert*[en]"[792] begleitet. Konsensus und Emotion scheinen zusammenzukommen, damit ein ethischer Wert eine Bedeutung für das Individuum erlangt. In der Analyse werden bewusst Konflikte mit den Werten gesucht, damit der Analysand durch die „direkte Provokation der ethischen Funktion"[793] zu einer

---

787 In dieser Beziehung zu den Schatten und allem Verdrängten sind Moral und Ethik notwendige Dynamiken der Psyche bzw. des Bewussten. Denn Moral und Ethik, obwohl sie als Konsens von der Umwelt erlernt und vom Individuum auf die eigene Entwicklung hin angewandt sind, bewirken, dass das Individuum „*den eigenen Weg* wählt" (Carl Gustav Jung, Vom Werden der Persönlichkeit, in: Ders., Über die Entwicklung der Persönlichkeit (Gesammelte Werke XVII), 6. Auflage, Olten – Freiburg im Breisgau 1988, 198.). In die Frage der Moral spielt sodann immer die Wertung nach dem besten persönlichen Weg hinein.

788 Ebd., 25.

789 Ebd., 33.

790 Ebd., 38.

791 Jung 1981b, 661.

792 Carl Gustav Jung, Memorandum für die UNESCO, in: Ders., Das symbolische Leben. Verschiedene Schriften (Gesammelte Werke XVIII.2), Olten – Freiburg im Breisgau 1981, 650.

793 Carl Gustav Jung, Die praktische Verwendbarkeit der Traumanalyse, in: Ders., Praxis der Psychotherapie. Beiträge zum Problem der Psychotherapie und zur Psychologie der Übertragung (Gesammelte Werke XVI), 3. Auflage, Olten – Freiburg im Breisgau 1979, 156.

näheren Ganzheitlichkeit seiner Individuation geführt wird. Darin zeigt sich der Prozess, den Jung in seinem Geleitwort für eine Publikation von Erich Neumann herausarbeitet. Eine *alte Ethik* der Gleichschaltung aller ethischen Forderungen an alle Menschen muss einer *neuen Ethik* weichen, die für das Individuum eine Bedeutung hat und den steten Dialog von Unbewusstem und Bewusstsein sucht und darin beide zu einer „verantwortliche[n, M.F.] Beziehung“[794] führt.

Mit Blick auf die Moral des Christentums kommt Jung nicht umhin, diese zu kritisieren und die „christliche Psychologie“ als „moralische[n] Zuspitzung“[795] der alten Ethik zu verurteilen. Darin bleibt das Christentum lediglich der alttestamentlichen Gesetzesmäßigkeit verhaftet, entwickelt aber nicht die ihm schon eigene Freiheit, Moral anders zu betrachten. Christliche Ethik weiß Jung aber ebenso zu schätzen, da diese in die schon oben beschriebene Pflichtenkollision führt. Jung führt dies auf die Erkenntnis zurück, dass eine solche Kollision auf eine Gegensatznatur in Gott verweist.[796] Gerät der Mensch in eine Kollision von Moral, Ethik und Irrationalem, so kommt er Gott nahe bzw. so „hat Gott mit seiner Gegensätzlichkeit von ihm Besitz ergriffen, d.h. sich inkarniert. Der Mensch wird erfüllt vom göttlichen Konflikt.“[797] (Christliche) Ethik muss sich, wie wir anhand der kurzen Darlegung zum Christentum gesehen haben, aus der Verankerung der alten Kollektivethik lösen, um zu einer neuen, einer individuellen, Ethik zu gelangen, die das Prinzip der Pflichtenkollision nicht abgibt, aber das Individuum und sein ethisches und moralisches Verhalten vor die Verallgemeinerung des Kollektivs stellt.

4.2.5. Religion im Werden

4.2.5.1. Die religiöse Veranlagung des Menschen

Jungs Arbeiten werden von ihm als Grenzübergänge in den Bereich der Philosophie und Theologie verstanden. Aus seiner Biografie heraus wurde

---

794 Jung 1981b, 663.
795 Jung 1992, 80.
796 Das Jungsche Denken zur Gegensatznatur Gottes wird weiter unten erklärt werden.
797 Jung 1963, 447.

bereits angedeutet, dass er schon in seinem Elternhaus stark theologisch bzw. geisteswissenschaftlich geprägt wurde und in diesen Richtungen selber versucht hat, Bezüge zu seinem Entwurf einer Komplexen Psychologie zu erbringen. Diesen Übergang zwischen den Wissenschaftszweigen hat er durchaus auch mit Sorge wahrgenommen.[798]

Jung lernte Religiosität bzw. Konfessionalität über seinen Vater kennen. Johann Paul Achilles Jung war reformierter Pfarrer und lebte diesen Glauben im Haushalt der Jungs. Carl Gustav Jung lehnte aber den individuellen Glauben seines Vaters ab, da dieser in seinen Augen nicht über ein lebendiges Gottesbild verfügte.[799] Gespräche mit seiner Mutter bildeten in ihm ein weiteres Verständnis von Religion aus. Als bahnbrechend bzw. wegweisend schildert Jung in *Erinnerungen, Träume, Gedanken von C.G. Jung* einen Traum, den er mit Gott in Verbindung bringt und der die Infragestellung und die Reflexion seines bisherigen Gottesbildes initiiert.[800] Für seinen persönlichen Glauben gewinnt Jung eine neue Ansicht Gottes und bezeichnet ihn auch als „Weltschöpfer“[801], wobei er alle Aussagen über Gott als allein menschliche Aussagen ansah.[802] Gott ist ein Modell, „ein Bild oder ein Wortbegriff, der im Laufe der Zeit viele Wandlungen erlebt

---

798 Jung bezeichnet diesen Übergang zwischen Geistes- und Naturwissenschaft als „bedenkliche[n] Übergriff“ und deutet ihn in seinen Untersuchungen an: „Die Problematik der komplexen Psychologie, die ich hier zu schildern versuche, war für mich selber ein erstaunliches Ergebnis. Ich glaubte, Naturwissenschaft im besten Sinne zu treiben, Tatsachen festzustellen, zu beobachten, zu klassifizieren, kausale und funktionelle Zusammenhänge zu beschreiben, um zum Schlusse zu entdecken, daß ich mich in einem Netzwerk von Überlegungen verfangen hatte, welche weit über alle Naturwissenschaft hinaus in das Gebiet der Philosophie, der Theologie, der vergleichenden Religionswissenschaft und der Geistesgeschichte überhaupt reichen. Dieser ebenso unvermeidliche wie bedenkliche Übergriff hat mir nicht geringe Besorgnis verursacht.“ (Jung 1967, 247.)

799 „Aber er kannte nicht den lebendigen unmittelbaren Gott, der allmächtig und frei über Bibel und Kirche steht, den Menschen zu seiner Freiheit aufruft und ihn zwingen kann, auf seine eigenen Ansichten und Überzeugungen zu verzichten, um Seine Forderung unbedingt zu erfüllen.“ (Jaffé 1984, 46.)

800 Vgl. ebd., 42f.

801 Jung 1967, 254.

802 Vgl. Jung 1963, 661.

hat"[803]. Hinter den Ausdrucksformen, die er durch das Unbewusste findet, muss, vergleichbar zu den Archetypen, ein *Urbild* liegen, welches nie erfasst werden kann. Dieses Bild, das das Bewusste dann als Gott in Träumen[804] oder Mythen erfährt, kann nur ein Symbol für die dahinterliegende Realität sein. Die größte archetypische Erfahrung von Gott findet das Individuum im Selbst. In der Beschreibung dieses Archetyps wurde es bereits als *Gott in uns* beschrieben, denn für Jung ist jede Selbsterfahrung eine Gotteserfahrung[805], ja sogar eine Erfahrung der Trinität.[806]

Auf Grund eigener Erfahrungen und der Analyse von Träumen lehnte Jung generell das Denken von Religion in Konfessionen ab. Er selber hielt sich für einen Christen, sieht aber vor jeder Form von Glauben die religiöse Erfahrung liegen[807], und bezeichnete die Seele als *naturaliter religiosa.* Von der Religion konnte Jung sich Zeit seines Lebens nicht lossagen und beschrieb seine Haltung und den Einfluss der Religion auf sein Arbeiten als „eine Angelegenheit erster Ordnung"[808]. Darin war die Seele für ihn letztlich in ihrem religiösen Empfinden die Möglichkeit, mit Gott in Beziehung zu treten.[809]

Religion ist für Jung grundlegend die Kraft der Seele, die dem Menschen die eigene Sterblichkeit erträglich machen soll. Er nennt Religionen „Systeme der Vorbereitung des Todes"[810]. Darin hat die Religion eine therapeutische Funktion[811] und wird in ihrer Heilsdimension besser verstanden als

803 Ebd., 388.
804 Vgl. Jung 1980b, 24.
805 Vgl. Carl Gustav Jung, Ein moderner Mythus: Von Dingen, die am Himmel gesehen werden, in: Ders., Zivilisation im Übergang (Gesammelte Werke X), Olten – Freiburg im Breisgau 1974, 462.
806 Vgl. Jung 1963, 173ff.
807 Vgl. Carl Gustav Jung, To Hugh Burnett (1959), in: Ders., Briefe III. 1956–1961, 3. Auflage, Olten – Freiburg im Breisgau 1990, 275.
808 Carl Gustav Jung, Zu *Antwort auf* Hiob, in: Ders., Zur Psychologie westlicher und östlicher Religion (Gesammelte Werke XI), Zürich – Stuttgart 1963, 687.
809 Vgl. Jung 1980b, 24.
810 Carl Gustav Jung, Seele und Tod, in: Ders., Die Dynamik des Unbewussten (Gesammelte Werke VIII), Zürich – Stuttgart 1967, 467. Dies begründet Jung damit, dass die Psyche etwas Natürliches sei und alles Natürliche immer dem Tod entgegengehe (Vgl. ebd., 469f.).
811 „Die Religion ist ein ‚geoffenbarter' *Heilsweg.* Ihre Anschauungen sind Produkte eines vorbewußten Wissens, das sich wie immer und überall in Symbolen

etwas grundlegend Natürliches.[812] Das Unbewusste bzw. die Archetypen sind die Quelle der Religiosität und der Bewältigung des Weges zum Tod im Individuum. Sie sind „aus dem Urstoff der Offenbarung geschaffen und bilden die jeweils erstmalige Erfahrung der Gottheit ab."[813] Jung lässt offen, ob die Archetypen im Unbewussten nur zu Beginn des „Ur-Unbewussten" von Gott angestoßen wurden und er diese danach der Freiheit der Entwicklung überlässt oder ob er auf diese im Lauf der Evolution wieder Einfluss genommen hat. Sollte Gott die Möglichkeit bzw. die Existenzbedinungen der Archetypen nur initial eingesetzt und danach ihrer Entwicklung überlassen haben, wäre es denkbar, dass Gott allein der Ursprung von religiöser Erfahrung ist und der Mensch diese mit Erfahrungen in den Archetypen angereichert hat. Sollte Gott die Archetypen von Beginn an auch schon mit Inhalt gefüllt haben, so ist die Anreicherung dieser mit den Erfahrungen der Menschheit ein Erkenntnisprozess dessen, was Gott in sie bereits hineingelegt hat.[814]

---

ausdrückt. Wenn auch unser Verstand sie nicht erfaßt, so wirken sie doch, weil unser Unbewußtes sie als Ausdrücke universaler psychischer Tatbestände anerkennt." (Jung 1963, 216.)

812 „Dieser Meinung steht aber die psychologische Tatsache gegenüber, daß die religiösen Symbole mit dem Kopf eben gerade sehr schlecht gedacht werden können. Sie stammen auch gar nicht aus dem Kopfe, sondern irgendwo anders her, vielleicht aus dem Herzen, jedenfalls aus einer psychischen Tiefenschicht, die dem Bewußtsein, das immer nur Oberfläche ist, wenig ähnelt. [...] sie sind vielmehr im Laufe der Jahrtausende allmählich gewachsen [...], als natürliche Offenbarungen der Menschheitsseele. [...] Auf alle Fälle beweist die Erfahrung, daß die Religionen keineswegs bewußter Erklügelung, sondern dem natürlichen Leben der bewußten Seele entstammen und dieses irgendwie adäquat ausdrücken. [...] Eine solche Wirkung wäre unverständlich, wenn die religiösen Symbole nicht zum mindesten psychologische Naturwahrheiten wären." (Jung 1967, 468.)

813 Jung 1980a, 18.

814 Jung legt sich in seinen Schriften letztendlich nicht fest, ob es für die Archetypen und ihre Symbole eine außerpsychische Quelle gibt. Er beschreibt die Archetypen in allen seinen Werken als Bilder für ein „Original", dieses ist „uns nicht zugänglich" (Carl Gustav Jung, Jung und der religiöse Glaube, in: Ders., Das symbolische Leben. Verschiedene Schriften (Gesammelte Werke XVIII.2), Olten – Freiburg im Breisgau 1981, 758.). In der Erklärung keine metaphysischen Aussagen treffen zu können und dennoch ein Original für alle archetypischen Bilder psychologisch zu konstatieren, lässt er die Frage nach

Neben einem sterblichen Anteil am Individuum geht Jung zudem noch von einem unsterblichen Teil aus. In seinem Aufsatz *Seele und Tod* spekuliert er, dass „der uns unbewußten Psyche Eigenschaften [zu]zukommen, welche ein ganz merkwürdiges Licht auf deren Verhältnis zu Raum und Zeit werfen."[815] Er leitet dies aus dem größer werdenden Zweifel der Wissenschaft an einer „Gehirnverhaftung der Psyche" ab.[816] Wenn die Psyche nicht mehr materiell gedacht werden kann, muss sie außerhalb von Raum und Zeit stehen. Das Bewusstsein stirbt mit dem physischen Leben des Menschen, aber ein Teil der Psyche könnte, laut seinen Gedanken zur Synchronizität, darüber hinaus (weiter)leben.

Ein Sinn der Archetypen ist es, dass das Individuum in seinem Individuationsprozess die Möglichkeit von Heilung bzw. Ganzwerdung im Modus der Kompensation erfahren kann. Ihr Ausdruck bzw. die Erfahrung Gottes findet im Gottesbild/-symbol statt und ist für Jung „keine Erfindung, sondern ein *Erlebnis*."[817] „Seit urältesten und primitivsten Zeiten ist sich der Mensch dieser Gefahr bewußt, der Gefahr der Seele, und hatte darum religiöse und magische Bräuche, um sich vor der Bedrohung zu schützen oder um entstandenen seelischen Schaden zu heilen [...] und die Religionen sind Heilssysteme für die Leiden der Seele."[818] Er diagnostiziert, dass viele Menschen diese wichtige Bedeutung verloren haben und Religion in ihrem heilsamen Wert für die Seele und die Gesundheit des Individuums nicht mehr akzeptieren.[819] Die Seele erscheint, nicht nur wie weiter oben definiert als Beziehungsfunktion der Psyche, sondern als existentieller Erlebnisort des Individuums und seines Sterbens.

Mit Jung muss man sagen, dass Religion bzw. eine Veranlagung zur Religion in jedem Individuum einen Platz hat, denn Religion ist in den

---

einem wissenschaftlichen Argument für einen Schöpfer allen Seins offen. Wie bereits gezeigt, sind seine persönlichen Erfahrungen eines solchen auf Ebene der eigenen Psyche andere.

815 Jung 1967, 472.

816 Ebd., 471.

817 Jung 1992, 208.

818 Carl Gustav Jung, Über die Beziehung der Psychotherapie zur Seelsorge, in: Ders., Zur Psychologie westlicher und östlicher Religion (Gesammelte Werke XI), Zürich – Stuttgart 1963, 372.

819 Vgl. Jung 1963, 216.

Archetypen des Unbewussten jedes Individuums verankert. Hans Bänziger[820] folgert aus seiner Lektüre Jungs sogar, dass eine verlorene Haltung zum Glaubenkönnen wieder erlernt werden kann. So deutlich ist die Haltung des Glaubens in der psychischen Wirklichkeit des Individuums immanent, dass dieser „profan[er] und religiös[er]" verstanden werden kann.[821] Für Jung ist Religion als Glaubenshaltung (über-)lebenswichtig und darin ist es ihm ein zentrales Anliegen, dass der Mensch in seinem Prozess der Ganzwerdung bzw. Individuation auch an die religiösen Ebenen des Unbewussten geführt wird, da Religion von Natur aus zum Menschen gehört und im Archetyp des Selbst eine Entsprechung Gottes erfahrbar wird.[822]

Die Frage nach einer Religion bzw. der religiösen Haltung im Werden des Menschen ist für Jung die entscheidendste Frage. Dass diese nicht einfach ist, beschreibt er in *Erinnerungen, Träume, Gedanken von C.G. Jung*: „Es ist der Sinn meiner Existenz, daß das Leben eine Frage an mich hat. Oder umgekehrt: ich selber bin eine Frage, die an die Welt gerichtet ist, und ich muß meine Antwort beibringen, sonst bin ich bloß auf die Antwort der Welt angewiesen. Das ist die überpersönliche Lebensaufgabe, die ich nur mit Mühe realisiere."[823] Theologisch ist hier von einer Frage nach der Berufung des Menschen zu sprechen, die sich zwischen dem Individuum in seinen psychischen und physischen Prozessen in Korrespondenz mit der Welt und ihren Einflüssen abspielt. Denn im Miteinander des Unbewussten und des Bewussten ist der Mensch in der religiösen Sprache Jungs „der zweite Weltschöpfer selber, welcher der Welt erst das objektive Sein gibt [...]."[824]

820 Vgl. für die folgenden Gedanken Hans Bänziger, Der Glaube als archetypische Haltung. Versuch einer Amplifikation, in: Olga Fröbe-Kapteyn (Hg.), Eranos-Jahrbuch 18 (1950), 377–412, 377ff.

821 Ebd., 386.

822 Eindrücklich arbeitet Dan Merkur die Natur der Religion im Individuum bzw. im Werk Jungs heraus. Er betont die religiöse Veranlagung des Individuums als „innate and inalienable" (Dan Merkur, Jung's Ethics. Moral Psychology and his Cure of Souls, London – New York 2017, 68.). Für ihn ist aus Jungs Werken erkennbar, dass die Archetypen Götter entwickelt haben, im Sinne von Bildern, die „a corrective for inhibitions imposed by consciousness" (Ebd., 71.) sind. Religion ist in seinen Ausführungen ein „defense mechanism[s]" (Ebd., 72.).

823 Jaffé 1984, 320f.

824 Ebd., 259.

Seine Fähigkeit zum Bewusstsein, die sich erst in der Evolution durchsetzen musste, „hat objektives Sein und den Sinn geschaffen, und dadurch hat der Mensch seine im großen Seinsprozeß unerläßliche Stellung gefunden.“[825] Wie in Jungs religiöser bzw. psychologischer Sprache über den Mensch als Weltschöpfer bzw. Gott und das Selbst zusammenfinden, dies wird im folgenden Exkurs weiter ausgeführt werden. Mit Goldbrunner kann die Frage nach der Religion im Werden und der Blick auf Gott bei Jung aber zusammengefasst werden als *„Religionsbildung individueller Natur“*[826] und *„symbolische Psychologien“*[827].

4.2.5.2. Exkurs: Gott

Auch wenn Jung in vielen seiner Schriften schlichtweg von Gott spricht, muss auch an diesen Stellen ernstgenommen werden, dass er sich nicht als Philosoph oder Theologe, sondern als Empiriker und Psychologe verstanden hat.[828] Die Rede von Gott muss somit eher als eine verkürzte Sprachweise verstanden werden, denn in einem Brief an Martin Buber legt er offen, was er wirklich meint: „Das Bild, das wir von Gott haben oder uns machen, ist doch nie losgelöst vom Menschen.“[829]

Als ein Bild bzw. Gottesbild muss dieses letztlich im Denken Jungs auf einen oder mehrere Archetypen zurückzuführen sein, da er diese als

825 Ebd., 260. Ebd., 341.: „Der Mensch ist vermöge seines reflektierenden Geistes aus der Tierwelt herausgehoben und demonstriert durch seinen Geist, daß die Natur in ihm eine hohe Prämie eben gerade auf die Bewußtseinsentwicklung gesetzt hat. [...] Hier schiebt sich das Wunder des reflektierenden Bewußtseins ein, der zweiten Kosmogonie.“

826 Josef Goldbrunner, Individuation.Selbstfindung und Selbstentfaltung. Die Tiefenpsychologie von Carl Gustav Jung, 3. Auflage, Freiburg im Breisgau 1964, 175.

827 Ebd., 176.

828 Carl Gustav Jung, „Religion und Psychologie“. Eine Antwort auf Martin Buber, in: Ders., Das symbolisch Leben.Verschiedene Schriften (Gesammelte Werke XVIII.2), Olten – Freiburg im Breisgau 1981, 713. Jung gibt in *Erinnerungen, Träume, Gedanken* zu bedenken, dass „Gott, für mich wenigstens, eine der allersichersten, unmittelbaren Erfahrungen war.“ (Jaffé 1984, 67.) Im Gegensatz zu „den Philosophen“ (Ebd.) ist für ihn Gottes Existenz nicht zu diskutieren.

829 Jung 1981b, 714.

Ursprung von Bildern und Symbolen in der Psyche des Individuums betrachtet. Helmut Hark ergänzt, dass ein Individuum die eigene Vorstellung von Gott aus mehreren Quellen speist, „den theologischen und kollektiven Vorstellungen über Gott“, sowie „das persönliche GB [Gottesbild, M.F.]“[830]. Dieses persönliche Gottesbild setzt sich zusammen aus persönlichen Erfahrungen und muss von einer Definition, wie der der Kirchen, abgegrenzt werden.

In fast allen seinen Schriften begegnet dem Leser die Frage nach Gott bzw. dem Gottesbild. Seine vielleicht persönlichste Schrift im Ringen mit der Frage nach Gott ist *Antwort auf Hiob*.[831] Gleich einer biografischen Aufarbeitung setzt er sich hier mit der Frage nach einem grausamen Gott der Bibel anhand der Person des Hiob auseinander. Dabei deckt er sein persönliches, aber auch eine mögliche Interpretation des christlichen Gottesbildes auf, welches für diese Arbeit interessant erscheint.[832]

Der wohl zentrale Passus für die Beschreibung des Gottesbildes und seiner Funktionen bzw. Wirkungen kann in eben dieser Schrift Jungs gefunden werden: „Daß die Gottheit auf uns wirkt, können wir nur mittels der Psyche feststellen, wobei wir aber nicht zu unterscheiden vermögen, ob diese Wirkungen von Gott oder vom Unbewußten kommen, d.h. es kann nicht ausgemacht werden, ob die Gottheit und das Unbewußte zwei verschiedene Größen seien. Beide sind Grenzbegriffe für transzendentale Inhalte. Es läßt sich aber empirisch mit hinreichender Wahrscheinlichkeit feststellen, daß im Unbewußten ein Archetypus der Ganzheit vorkommt, welcher sich

---

830 Hark 2003, 66.

831 In *Erinnerungen, Träume, Gedanken* beschreibt er *Aion* als ersten Zugang zur Gottesfrage und der weiter unten zu behandelnden Gegensatznatur Gottes (Vgl. Jaffé 1984, 220ff.). Dass er seine Schriften sowohl als Wissenschaft, wie auch als persönliche Auseinandersetzung mit anderen wissenschaftlichen Erkenntnissen betrachtet, führt er hier ebenfalls aus: „Meine Werke können als Stationen meines Lebens angesehen werden, sie sind Ausdruck meiner inneren Entwicklung, denn die Beschäftigung mit den Inhalten des Unbewußten formt den Menschen und bewirkt seine Wandlung. [...] Alle meine Schriften sind sozusagen Aufträge von innen her [...].“ (Ebd., 225.)

832 Jung geht in vielen seiner Schriften auch auf andere religiöse Traditionen ein. Da diese Arbeit eine christlich-theologische Arbeit ist, wird hier der Forschungsblick vor allem auf Jungs Auseinandersetzung mit dem jüdisch-christlichen Gott gelenkt.

spontan in Träumen etc. manifestiert, und daß eine vom bewußten Willen unabhängige Tendenz besteht, andere Archetypen auf dieses Zentrum zu beziehen. Es erscheint daher nicht unwahrscheinlich, daß ersterer auch an sich eine gewisse zentrale Position besitzt, welche ihn dem Gottesbild annähert. Die Ähnlichkeit wird insbesondere noch dadurch unterstützt, daß der Archetypus eine Symbolik hervorbringt, welche von jeher schon die Gottheit charakterisierte und versinnbildlichte. [...] das Gottesbild koinzidiert, genau gesprochen, nicht mit dem Unbewußten schlechthin, sondern mit einem besonderen Inhalt desselben, nämlich mit dem Archetypus des Selbst. Dieser ist es, von dem wir empirisch das Gottesbild nicht mehr zu trennen vermögen. [...] Gewiß hat der Glaube recht, wenn er dem Menschen die Unermeßlichkeit und Unerreichbarkeit Gottes vor Augen und zu Gemüte führt; aber er lehrt auch die Nähe, ja die Unmittelbarkeit Gottes, und es ist gerade die Nähe, die empirisch sein muß, soll sie nicht völlig bedeutungslos sein. Nur das, was auf mich wirkt, erkenne ich als wirklich. [...] Das religiöse Bedürfnis verlangt nach Ganzheit und ergreift darum die vom Unbewußten dargebotenen Ganzheitsbilder, die, unabhängig vom Bewußtsein, aus den Tiefen der seelischen Natur aufsteigen.“[833]

Jung erklärt sich erneut als Empiriker bzw. Psychologe, der allein aus der Psyche Bilder bzw. Ideen einer Gottheit bzw. eines Gottesbildes gewinnen kann. So kann er auch nicht festlegen, ob es sich real um eine Gottheit oder um eine psychische Erscheinung dieser aus dem Unbewußten handelt, die sich bis zum Bewussten des Individuums Bahn bricht. Spekulativ hält er offen, ob beide auch in eins fallen können bzw. identisch sind. Auf Grund empirischer bzw. psychologischer Betrachtungen kann er aber Gottesbild und Archetypus des Selbst zusammenbringen, denn beide führen das Individuum aus dessen Unbewussten heraus zur Ganzheit. Religiöses Empfinden und Selbstwerdung zielen auf Ganzwerdung des Individuums und somit auch auf den Prozess der Individuation. Das Gottesbild kann nach Jung nicht als Allgemeinbegriff aus dem Unbewussten evolvieren, sondern tritt aus diesem singulär hervor. So wie der Archetyp des Selbst, umfasst dieses aber viele Prozesse anderer Archetypen im Großprozess der Individuation eines Individuums. Wie das Selbst das Ziel eines Individuationsprozesses

833 Jung 1963, 502f.

ist, so ist das Gottesbild als paralleler Begleiter des Selbst in diesem Prozess zu verstehen. Die der Psyche eigenen Ganzheits- bzw. Ganzwerdungsprozesse sind für Jung ohne diese beiden Archetypen nicht zu denken, letztlich erscheinen sie als eine Art innerpsychischer Bindeinstanzen, um alle psychischen Prozesse zu einer Ganzheit zu bringen.

Zwei weitere Begriffe sind für das Verständnis vom Gottesbild in den Schriften Jungs von zentraler Bedeutung: Quaternität und Gegensatznatur Gottes.

Die Quaternität ist für Jung ebenfalls ein Symbol der Ganzheitlichkeit des Individuums. Neben allen trinitarischen Darstellungen und Ganzheitswerdungen bzw. -bildern, erkennt Jung durch die Jahrhunderte hinweg das Vierfache als ebenso dominantes Bild in Träumen und Phantasien. Jung kommt zu dem Schluss: „Die Quarternität ist ein Archetypus, der sozusagen universell vorkommt. Sie ist die logische Voraussetzung für jedes *Ganzheitsurteil.*“[834] In der Auseinandersetzung mit dem christlichen Trinitätsdogma als Ausdruck des archetypischen Gottes- bzw. Ganzheitsbildes erkennt Jung, dass die Dreiheit nicht komplett ist. Auf der Ebene der Ethik kann das schlechthin Gute, was mit der Gottheit gleichgesetzt wird, nicht ohne ein Böses existieren.[835] Ob das Böse ethisch als Gegenposition zum Guten oder personal in der Gestalt eines Teufels o.ä. gedacht wird, beide Seiten können nicht ohne einander existieren, so Jung. Seine logische Schlussfolgerung ist, dass der Teufel bzw. das Böse „[a]ls Widerpart Christi […] eine äquivalente Gegenposition einnehmen und ebenfalls ein ‚Gottessohn‘ sein [muss, M.F.]. […] Eine andere logische Folge wäre die Aufhebung der Trinitätsformel und ihre Ersetzung durch die *Quaternität.*“[836] Das Böse würde dann Teil des Gottesbildes werden und die Dreifaltigkeit auf eine Vierfaltigkeit erweitern. Die dogmatische Erklärung bzw. Erhöhung Mariens als Gottesgebärerin erkennt Jung als einen Versuch der Verdrängung des Bösen aus dem Gottesbild des Christentums, aber auch als Erkenntnis, dass es der Quaternität bedarf und die Trinitäts-

834 Ebd., 182.
835 Vgl. ebd., 183.
836 Ebd., 185.

formeln unzureichend für eine ganzheitliche Darstellung des Gottesbildes sind.[837]

Der Einbezug des Bösen in das Gottesbild bedeutet für Jung eine Erweiterung, die der Realität am nächsten kommt.[838] In *Antwort auf Hiob* folgert er aus der Geschichte des Hiob deshalb „Jahwes Doppelnatur“[839]. Hiobs Ausweg aus seiner misslichen Lage ist die Erkenntnis der „innere[n, M.F.] Antinomie Gottes“[840], und er kann darin ein Gottesbild gewinnen, in dem er „der Gerechtigkeit und Güte Gottes ihren Platz anweisen konnte“[841]. Dieses neue Gottesbild hat für Jung eine zutiefst heilsame Bedeutung. Ein Gottesbild, das in sich selbst die Zerrissenheit des weltlichen Lebens trägt, kann dem Individuum Vorbild in der eigenen Individuation sein: „Der Gott wirkt aus dem Unbewußten des Menschen und zwingt diesen dazu, die beständigen gegensätzlichen Einflüsse, denen sein Bewußtsein von Seiten des Unbewußten ausgesetzt ist, zu harmonisieren und zu vereinen.“[842] In diesem Wirken Gottes ist sein urzeitlicher Plan enthalten, der für Jung in der Dynamik der Inkarnation des Geistes in Jesus Christus eine Fortführung findet: „Die Inkarnation in Christo ist das Vorbild, das durch den Heiligen Geist fortschreitend in die Kreatur übertragen wird.“[843] Die Gottesgeburt im Menschen ist der Schlüsselmoment zu dessen Ganzwerdung. Dass das Christentum dies ablehnt, beklagt Jung in seiner Schrift *Aion*: „Licht und Schatten bilden im empirischen Selbst eine paradoxe Einheit. In der christlichen Anschauung dagegen ist der Archetypus in zwei unvereinbare Hälften

837 Vgl. ebd., 186f. Hier führt Jung aus, dass die „Assumptio Mariae [...] nicht nur eine Vorbereitung zur Divinität der Gottesgebärerin [bedeutet, M.F.], sondern auch zur Quaternität.“ (Ebd., 187.)

838 Ideen dazu konnte Jung auf einer Indienreise vertiefen, deren Erfahrungen er in *Erinnerungen, Träume, Gedanken* beschreibt und grundsätzlich unter der „Frage nach der psychologischen Natur des Bösen“ (Jaffé 1984, 279.) verstanden sehen will. „Für den östlichen Menschen scheint das moralische Problem nicht an erster Stelle zu stehen wie bei uns. Das Gute und das Böse sind für ihn sinngemäß in der Natur enthalten und im Grunde genommen nur graduelle Unterschiede einer und derselben Sache.“ (Ebd.)

839 Jung 1963, 414.

840 Ebd., 404.

841 Ebd., 405.

842 Ebd., 489f.

843 Ebd., 490.

insofern hoffnungslos gespalten, als das Ende zu einem metaphysischen Dualismus führt […].“[844]

Der Individuationsprozess aber hat zum Ziel, dass „so viel Dunkles ans Licht [gefördert wird, M.F.], daß einerseits die Persönlichkeit durchleuchtet wird, andererseits das Bewußtsein unvermeidlich an Umfang und Einsicht gewinnt.“[845] Wie weiter oben beschrieben, ist die Integration der Schatten demnach ein Prozess, der im Verlauf der Individuation für die Ganzwerdung unerlässlich ist.[846] Ebenso müssen Archetypen in das psychische Selbst integriert werden, auch wenn sie der Umwelt widersprechen.

Diesen Mythos der Welt zu beweisen und gleichsam zu offenbaren, sieht Jung als Ziel an: „Es ist ein erklärender Mythus, der langsam im Lauf der Jahrzehnte in mir gewachsen ist. Es ist ein Ziel, das ich erkennen und würdigen kann, und das mich deshalb befriedigt.“[847] „Denn nicht ‚Gott ist ein Mythus‘, sondern der Mythus ist die Offenbarung eines göttlichen Lebens im Menschen. Nicht wir ersinnen ihn, sondern er spricht zu uns als ein ‚Wort Gottes‘.“[848]

4.2.6. Zusammenfassung

Carl Gustav Jungs Komplexe Psychologie ist als Entwicklung bzw. Offenbarung sowohl eines psychischen wie auch theologischen Prozesses bzw. Lebensweges zu betrachten. Im Prozess der Individuation erfährt ein

---

844 Jung 1992, 52.

845 Jung 1963, 502. Vgl. dazu auch Jaffé 1984, 327: „Die unbewußte Ganzheit erscheint mir daher als der eigentliche spiritus rector alles biologischen und psychischen Geschehens. Sie strebt nach totaler Verwirklichung, also totaler Bewußtwerdung im Fall des Menschen. Bewußtwerdung ist Kultur im weitesten Sinne und Selbsterkenntnis daher Essenz und Herz dieses Vorgangs.“

846 Auch ein Leben nach dem Tod kann Jung sich nicht ohne diese Gegensatznatur vorstellen. In *Erinnerungen, Träume, Gedanken* spekuliert er: „Im allgemeinen sind die Vorstellungen, welche die Menschen sich über das Jenseits machen, von ihrem Wunschdenken und ihren Vorurteilen mitbestimmt. […] Die Welt, in die wir nach dem Tode kommen, wird großartig sein und furchtbar, so wie die Gottheit und die uns bekannte Natur. Auch daß das Leiden gänzlich aufhörte, kann ich mir nicht vorstellen.“ (Jaffé 1984, 323.)

847 Ebd., 341.

848 Ebd., 343.

Individuum, dass es einen eingeschriebenen, unbewussten Auftrag hat, es *Selbst* zu werden. Zu diesem *Selbst* gehören natürliche Bestandteile, die im Lauf eines Lebens bewusst werden können. In der Tiefe der individuellen Psyche des Menschen sind kollektive, aber auch individuelle Strukturen enthalten, die das Leben des Einzelnen beeinflussen. Treten diese zutage, sind sie von der materiellen Dimension des Lebens, dem Körper nicht zu trennen und treten zugleich in den Dialog mit der Umwelt des ganzen Individuums. Letztendlich ist es das Ziel des Individuums, das Selbst als Gesamtheit der psychischen Person zu erkennen und aufzubauen. Dieses Selbst erhebt Jung zur Brücke zwischen dem Unbewussten und dem Bewusstsein des Menschen.

Jung versteht sich selbst dabei als „Moment der *religiösen Eigenerfahrung*"[849], wie Gerhard Wehr es formuliert. Für die Theologie bedeutsam ist Jungs religöse Erfahrung, die er außerhalb der Institution Kirche erfährt, die aus asiatischen Religionen vertieft inspiriert ist, ihn aber letztlich wieder zum Christentum führt bzw. ihn darin hält. Jungs Theorie und Praxiserfahrung des Göttlichen im Psychischen/Seelischen, muss mit Wehr als Ansatz einer „*Tiefentheologie*"[850] beschrieben werden. Die Idee einer Theologie, die einer anderen Disziplin, hier einer Teildisziplin psychologischer Praxis, entspringt und der klassischen wissenschaftlichen Theologie eine Unterstützung bietet, entspricht dem Ansatz transdisziplinären Denkens, wie diese Arbeit ihn sucht. Jungs Theorie einer komplexen Psychologie bzw. Tiefenpsychologie ist zugleich Ort einer Tiefentheologie, in der der Mensch werden darf was in ihm angelegt ist und woraufhin Gott mit diesem Menschen kommuniziert.

In diesen Prozess der Selbstwerdung des Menschen wirken die Archetypen hinein, die als Jungsche Entdeckung zu betrachten sind. In seiner

---

849 Gerhard Wehr, Tiefenpsychologie und Christentum. C.G. Jung, Augsburg 1990, 183.

850 Ebd., 180. „Wir verstehen darunter eine theologische Sichtweise, für die sich das religiöse Leben nicht allein in den nach wie vor unaufgebbaren historischen, soziologischen oder in sozialdiakonischen Aspekten erschöpft, sondern die ihr Augenmerk stets auch auf das richtet, was äußeren Ereignissen und Gegebenheiten als ‚wirkende Wirklichkeit' zugrunde liegt, was die sichtbaren Gestaltungen in der Gegenwart mitbestimmt und was Zukünftiges vorbereiten hilft." (Ebd.)

Profilierung des Unbewussten und der Ausarbeitung der Theorie über die Archetypen grenzt er sich von den Lehren Freuds und Adlers ab. Seine Theorie macht dadurch an zahlreichen Stellen auch den Eindruck, dass der Mensch bzw. das Individuum vor allem von der Seite des Unbewussten beherrscht und angetrieben wird. Die Kritik daran findet sich in zahlreichen Publikationen über die Tiefenpsychologie Jungs.

In seiner Theorie über die Archetypen und ihre Auswirkungen auf das Individuum zeichnet Jung allerdings eine Anthropologie, die den unbewussten Bereich des Lebens würdigt und versucht, diesen in eine von Naturwissenschaft und rationalem, vernünftigen Denken dominiertes Welt- und Wissenschaftsbild zu integrieren. Dieses Welt- und Wissenschaftsbild fordert er zuletzt auch in seinen Theorien zur *Synchronizität* zu einem Umdenken heraus.

Unter dem Gesamtkonzept der Individuation sieht sich Jung einem holistischen Bild vom Leben verpflichtet. Dies zeigt sich zuletzt bis in den Bereich der *persönlichen* Religion, des *persönlichen* Gottesbildes, einer *persönlichen* Ethik, ja schlicht der *persönlichen* Entwicklung des Menschen. Individuation ist der holistische Begriff für kollektiv-menschliche Grundlagen des Lebens unter dem Horizont eines individuellen Lebensentwurfes. Dieser wird als Selbstentwurf verstanden, der unter den Gegebenheiten von Psyche, Körper und Umwelt, sowie dem Gesetz der Kompensation zwischen Bewusstem und Unbewusstem stattfindet. Der Therapeut wird nötig, wenn das Selbst die Kraft bzw. die Perspektive verliert und sich auf Grund der Komplexität dieser Prozesse z.B. in Neurosen verstrickt. Der Therapeut begleitet dann den Weg des Individuums zurück in dessen weitere Selbstentfaltung.

Zuletzt ist in Jungs Theorie eine große Vision zu erkennen, denn Jungs lamarckistischer Grundzug in der Theorie der Archetypen sorgt dafür, dass die Erfahrung des Individuums wiederum Resonanz im Leben aller bzw. vieler anderer Individuen findet. Das Holistische im Denken Jungs wirft ein Netzwerk kollektiv-individueller Natur auf. Der Jungsche Holismus weist die Qualität eines transzendenten Plans auf, der Individuation nicht mit Individualismus verwechselt. Jungs Theorie der Individuation trägt noch heute das positiv zu bewertende Potential in sich, dass in Zeiten eines ausgeprägteren Individualismus‘ viele Lebensentscheidungen und -prozesse eben lediglich individuell erfahren werden, jedoch Teil eines größeren, holistischen Prozesses der Weltgeschichte sind. Die unbewusste Welt des Individuums, in der Symbolik der Archetypen, wird von Jung als großartiger Prozess aufgedeckt, der die Menschheitsgeschichte evolutionär immer schon begleitet hat. Dieser Verdienst der Theorie Jungs ist nicht zu unterschätzen und bedarf einer aktualisierten Rezeption.

4.3. Exkurs: Jung-Rezeption und Kritik

Jung hat unter vielen Wissenschaftlern Anerkennung für seine Theorie und Gedanken zur Frage der Individuation und ihren Implikationen erhalten. Diese finden Anklang und Rezeption in deren Schriften aus den unterschiedlichsten wissenschaftlichen Forschungszweigen.

4.3.1. Aus der Sicht der Psychologie

Ein grundlegendes Lob fasst Mario Jacoby zusammen: „Among depth psychologists, C.G. Jung was the first to try and demonstrate an inherent drive in people to seek and realize themselves, describing his finding under the term ‚the process of individuation'. Jung saw the real crisis of modern man as the danger of levelling and loss of individuality."[851] In seiner Publikation über den Narzissmus ahnt er eine Verbindung der Theorie Jungs mit dem Denken Heinz Kohuts.[852] Eine Spannung stellt sich ein, wenn Jacoby den eigenen Lebensprozess Jungs als Grundlage für die Entwicklung der Theorie zum Individuationsprozess darstellt: „In my opinion, these are generalizations of his own existential experience."[853] Jacoby gibt damit die Hauptwürdigung der Arbeit Jungs, aber auch eine der hauptsächlichen Kritiken am Werk Jungs wieder: Ist die Selbsterfahrung Jungs und deren Parallelsierung mit empirischen Befunden seiner Praxis und seines Forschens als wissenschaftlich einwandfreie Theoriebildung einer psychologischen Richtung zu betrachten?

851 Mario Jacoby, Individuation and narcissism. The psychology of the Self in Jung and Kohut, London – New York 2006, 2.
852 Vgl. ebd., 76.
853 Ebd., 96. Vgl. v.a. 92ff.

Auch Willy Obrist rezipiert das Denken Jungs zur Evolution des Bewusstseins und der Archetypen und sucht den Diskurs mit der Theologie.[854] Gerhard Wehr grenzt Jung positiv von Sigmund Freud ab[855], da Jung das Unbewusste in seinen Details aufgedeckt habe. Erich Neumann entwickelt auf Grundlage des Denkens Jungs eine Theorie der *Neuen Ethik*.[856] Mit dieser Schrift will er der psychischen Situation des Menschen nach den beiden Weltkriegen gerecht werden und das Böse bzw. die Individuation des Einzelnen als unerlässlichen Weg für eine gerechte Welt darstellen. Darin individualisiert er die Ethik und löst diese aus gegebenen theologischen Kontexten, um dem Denken Jungs hier eine Brücke für die aktuelle Situation des Menschen zu bauen. Seine jungianische Lösung ist es, „das Vollkommenheitsprinzip zugunsten der Ganzheit“[857] zu opfern.

Kritik und Kontroversen aus und zwischen den einzelnen (tiefen-)psychologischen Richtungen greifen unterschiedliche Autoren auf bzw. positionieren sich in diesem Feld.[858] Neben Fragen nach der oben angesprochenen Wissenschaftlichkeit der Theorie Jungs wird ihm vor allem die oben schon angedeutete mangelnde bzw. autobiografisch verwurzelte Empirie vorgeworfen. Ebenso wird die Frage nach Grenzüberschreitungen zwischen Natur- und Geisteswissenschaft gestellt. Auch einzelne Details seiner Theorie werden diskutiert. Als Beispiel soll hier Heinrich Balmer genannt werden, der die Archetypen in den Schriften Jungs hinterfragt und deren Herleitung untersucht.[859]

Die Analytische bzw. Komplexe Psychologie hat nach dem Tod Jungs viele Nachfolger gefunden und ist mit diesen in ihren Grundsätzen weiterentwickelt und zur Zeitgeschichte und den Bedürfnissen der Jahrzehnte

---

854 Vgl. Willy Obrist, Tiefenpsychologie und Theologie. Aufbruch in ein neues Bewußtsein. Eine Einführung, Olten 1993.

855 Gerhard Wehr, C. G. Jung in Selbstzeugnissen und Bilddokumenten, 9. Auflage, Reinbek bei Hamburg 1980, 131.

856 Erich Neumann, Tiefenpsychologie und neue Ethik, München 1964.

857 Ebd., 136.

858 Vgl. Ludwig J. Pongratz, Hauptströmungen der Tiefenpsychologie, Stuttgart 1983.

859 „Das schwierigste Problem der ganzen Untersuchung ist die Frage, ob JUNGs Archetypen-Theorien empirisch fundiert seien. Daß sie spekulative Züge aufweisen, kann nicht bestritten werden.“ (Balmer 1972, 7.)

entsprechend angepasst worden. Andrew Samuels unterscheidet deshalb drei Schulen, die die Grundsätze der Theorie Jungs je neu gewichten: „My hypothesis ist that there are indeed three main schools. We can call these the *Classical School*, the *Developmental School* and the *Archetypal School*."[860] Während die klassische Schule eher den Individuationsprozess als das wichtigste Faktum jungianischer Psychologie betrachtet, geht die archetypische Schule von der Prämisse der Archetypen und der inneren Bilder im Menschen aus. Die entwicklungspsychologische Schule fokussiert ihre Theorie und Praxis ausgehend von den Kindheitserfahrungen des Klienten und dem Prozess von Übertragung und Gegenübertragung zwischen Therapeut und Klient bzw. in Beziehungsprozessen.

4.3.2. Aus der Sicht der Theologie

Jung selber suchte den Dialog mit den Theologen seiner Zeit. In einem Brief von 1961 schildert er das Dilemma seiner eigenen Position in der psychologischen Fachrichtung und streckt in Richtung der Theologie gleichsam die Hand aus: „Ich stehe daher isoliert zwischen den Fakultäten und bin darauf angewiesen, daß sich jemand ernstlich mit dieser Forschungsrichtung beschäftigt, was bis jetzt nur in sehr wenigen Fällen geschehen ist."[861]

Diesen Diskurs haben Theologen wie Eugen Drewermann oder Alfred Etheber, aber auch der Psychologe Hans Bänziger aufgegriffen und das Denken Jungs in den Dialog mit der Theologie bzw. theologischem Denken gebracht und dessen Teilgebiete genauer auf ihre Kompatibilität mit der je aktuellen Theologie überprüft. Wegweisend war dabei für die biblisch-theologische Forschung der tiefenpsychologische Auslegungszweig des wichtigsten Glaubenszeugnisses der Christenheit. In seinem Kommentar zum Matthäusevangelium fasst Drewermann die Leistung des Evangelisten tiefenpsychologisch zusammen: „Daher kann er nicht anders, als die Geschichte des Jesus von Nazareth als ein immerwährendes Geschehen zu schildern, das uns erreicht, indem sich die Historie wandelt in den

860 Andrew Samuels, Jung and the Post-Jungians, London – New York 2005, 12.
861 Carl Gustav Jung, An Herrn G. Krüger (1961), in: Ders., Briefe III.1956–1961, 3. Auflage, Olten – Freiburg im Breisgau 1990, 380.

Mythos."[862] Tiefenpsychologische Bibelauslegung sucht nach dem Mythos hinter der Geschichte und entdeckt in Bildern, Symbolen und Träumen die Zusammenhänge zu einem großen Ganzen, das urmenschlich ist.

Etheber arbeitet in seiner Studie die Bedeutung der Werke Jungs für die Frage nach den Wegen von Offenbarungen Gottes in der Welt und im Menschen heraus. Sein Resümee legt offen, dass die Tiefenpsychologie Jungs eine Bereicherung für die Theologie darstellt. Sie ist eine „umfassende empirische Bestätigung der eigenen anthropologischen Grundannahmen"[863] der Theologie. Allerdings wird für Etheber „[i]m Vergleich des tiefenpsychologischen und des theologischen Offenbarungsdenkens [...] in vielen Punkten eine grundlegende Unvereinbarkeit deutlich, die in der Problematik des archetypischen Christus im Spannungsverhältnis zum realgeschichtlich menschgewordenen Gott in Jesus Christus gipfelt."[864]

Diese Spannung zwischen einer für die Theologie vertretbaren Anthropologie Jungs und einem Bruch zur systematischen Auslegung der christlichen Glaubensinhalte erkennen auch andere Theologen. Els Nannen z.B. wirft Jung und Neumann in ihren Forschungen „eine ‚ganzheitliche' Ignorierung des Wortes Gottes als höchster Autorität und absoluten Maßstabes"[865] vor. Im Bereich der Pastoralpsychologie findet die Lehre Jungs Würdigung und Kritik. Michael Klessmann beschreibt Jung als „Wegbereiter der humanistischen Psychologie"[866], betrachtet u.a. dessen „Entwirklichung der Außenwelt"[867], die Vernachlässigung der Sexualität und die Abwertung des Bewusstseins jedoch kritisch. Josef Goldbrunner resümiert in seiner Studie *Individuation*, dass es gerade eine Aufgabe des Seelsorgers sei, den von Jung aufgezeichneten „Weg der Individuation gehen zu helfen, damit religiöse ‚Urerfahrung' gemacht werde."[868]

---

862 Eugen Drewermann, Das Matthäusevangelium. Bilder der Erfüllung (Band 1), Olten – Freiburg im Breisgau 1992, 14.
863 Etheber 1998, 314.
864 Ebd., 315.
865 Els Nannen, Carl Gustav Jung. Der getriebene Visionär, Bielefeld 2003, 286.
866 Klessmann 2004, 170.
867 Ebd., 169.
868 Goldbrunner 1964, 209.

4.3.3. Weitere Rezeptionen

Für den Bereich des Coachings bzw. der Persönlichkeitsentwicklung sei der in dieser Arbeit nicht weiter ausgeführte Bereich der Typenlehre Jungs genannt. Die darin entwickelte Unterscheidung zwischen den Typen der Extraversion und der Introversion finden ihren Anklang in Publikationen wie der von Susan Cain, die „[d]ie Kraft der Introvertierten“[869] als Persönlichkeitswert für die heutige, meist extravertierte Arbeitswelt herausarbeitet.

Der Schweizer Biologe Adolf Portmann war ein Wegbegleiter und Zeitzeuge Jungs. Ihre Verbundenheit zeigt sich in ihrem gemeinsamen Engagement auf den sogenannten Eranos-Tagungen, die jährlich in Ascona stattfanden. Im Rahmen dieser Tagungen veröffentlichte Portmann einen Beitrag, der sich den Archetypen als *Das Problem der Urbilder in biologischer Sicht*[870] annähert. Er warnt Jung bzw. die Psychologen, „daß man im Feld der Psychologie mit der Annahme von Erblichkeit der erschlossenen psychischen Strukturen äußerst vorsichtig umgehen sollte.“[871] Dennoch weiß er die Forschung Jungs und seiner Kollegen zu schätzen, denn in Fragen zur Erforschung des Gehirns lässt er sich auf die Ergebnisse der Tiefenpsychologie ein, wie er auf der Eranostagung von 1946 deutlich macht.[872] Bedeutend ist allerdings Portmanns Warnung vor einer „cryptolamarckistische[n] Denkweise“[873].

869 Susan Cain, Still. Die Kraft der Introvertierten, 3. Auflage, München 2013, 1.

870 Vgl. Adolf Portmann, Das Problem der Urbilder in biologischer Sicht, in: Olga Fröbe-Kapteyn (Hg.), Eranos-Jahrbuch 18 (1950), 413–432.

871 Ebd., 427.

872 Adolf Portmann, Die Biologie und das Phänomen des Geistigen, in: Olga Fröbe-Kapteyn (Hg.), Eranos-Jahrbuch 14 (1946), 521–567, 566f.: „Wenn daher in diesem Kreise hier versucht wird, das unabsehbare Material der Erzeugnisse des beherrschten Ausdrucks, die Mythen und Symbole aller Zeiten, die Geschöpfe des unbewußt schaffenden Traumlebens und manche andere Werke der Symbolwelt zu untersuchen und auf solchen Wegen zur Einsicht in Strukturen unseres Führungssystems [= das Gehirn, M.F.] zu gelangen, so wird der Biologe in diesem Streben neue Wege zum alten Ziel erkennen und ihren Möglichkeiten gegenüber so offen bleiben, wie er das neuen Wegen gegenüber in seinem eigensten Arbeitsbereich sein soll.“

873 Portmann 1950, 430f.

Ritske Rensma möchte allen „post-Jungians“ Mut zusprechen, dass diese zu den lamarckistischen Zügen der Werke Jungs stehen: „I do not feel that this in any way disqualifies the work being done by post-Jungian scholars today [...].“[874] In seiner Studie *Analytical psychology and the ghost of Lamarck: did Jung believe in the inheritance of acquired characteristics?* nimmt Rensma als Philosoph und Religionswissenschaftler letztlich eine Haltung wie Etheber oder Klessmann unter den Theologen ein. Allen scheint es um eine grundsätzliche Wertschätzung der Leistungen Jungs zu gehen, die auch immer unter dem Kontext seiner zeitgeschichtlichen Verortung verstanden werden müssen. Dennoch kann in Jungs Werken ein Gewinn für die (psychologische) Anthropologie und deren Dialog mit den Wissenschaften gefunden werden.

874 Ritske Rensma, Analytical psychology and the ghost of Lamarck: did Jung believe in the inheritance of acquired characteristics?, in: The Journal of Analytical Psychology 58 (2013), 258–277, 274.

5. Gegenüberstellung und Synopse: Whitehead und Jung im Dialog mit der theologischen Anthropologie Karl Rahners und Pierre Teilhard de Chardins

Nach den ausführlichen Darstellungen der Theorien Alfred North Whiteheads und Carl Gustav Jungs sollen beide Theorien im folgenden Kapitel miteinander ins Gespräch gebracht werden. Dieser Austausch zwischen zwei Denksystemen wird jeweils mit einer theologischen Reflexion abgeschlossen werden. Die Grundfrage dieses transdisziplinären Diskurses ist die Suche nach beiden Denksystemen gemeinsamen anthropologischen Konstanten und deren Denkbarkeit in einer Richtung theologischer Anthropologie. Zugleich sollen auch die einzelnen Gedanken deutlich werden, die nicht zu einem gemeinsamen Ergebnis im Sinn einer Synopse zusammengeführt werden können.[875]

Der Autor dieser Arbeit ist Theologe und darin gerade dieser wissenschaftlichen Richtung verbunden. Im Aufbau dieses Kapitels bekennt er sich dazu, dass transdisziplinäre Gemeinsamkeiten des Denkens von Whitehead, Jung und den unten vorzustellenden Theologen vor allem in die Richtung gehen sollen, die theologische Verortung der Pastoralpsychologie zu ergänzen und Impulse für die Theologie zu generieren.

Im Folgenden dienen als theologischer Kontrast besonders zwei Theologen, die sich mit der Frage nach dem Menschen auseinandergesetzt haben. Karl Rahner spricht man die Fokussierung der Theologie auf eine anthropologische Wende hin zu.[876] Diese sehen unterschiedliche Theologen

875 Klaus Winkler begreift gerade auch diese als „Ambivalenzspannungen“ (Klaus Winkler, Ambivalenz als Grundmuster der Seele, in: Ders., Grundmuster der Seele. Pastoralpsychologische Perspektiven, Göttingen 2003, 100.) bezeichneten Zwischenstände zwischen unterschiedlichen Positionen als wertvoll und erfasst sie als wertvolle „prozeßhaft erworbene *Positionalität*“ (Ebd.) für die Pastoralpsychologie.

876 Vgl. hierzu Rahners *Grundentwurf einer theologischen Anthropologie* im Handbuch der Pastoraltheologie (Karl Rahner, Grundentwurf einer theologischen Anthropologie, in: Franz Xaver Arnold/Karl Rahner/Viktor Schurr/

theologisch in der Nähe der Werke von Pierre Teilhard de Chardin.[877] Deutlich ist dies in Rahners Konzeption der Evolution im Einklang mit der Christologie in seinem *Grundkurs des Glaubens* zu erkennen. Rahner lehnt die Herangehensweise von Chardin, der den Sachverhalt als Paläoanthropologe und Theologe betrachtet, an diese Fragestellung ab, da er selber rein philosophisch und theologisch Evolution und Christologie verbinden möchte, erkennt aber an, wie Chardin in Jesus Christus den Gottmenschen im Prozess der Selbsttranszendenz des Einzelnen als Ziel des Prozesses der Evolution betrachtet.[878] So bezeichnet er die Inkarnation als „der

---

Leonhard M. Weber, Handbuch der Pastoraltheologie. Praktische Theologie der Kirche in ihrer Gegenwart, Bd. II/1, Freiburg/Basel/Wien 1966, 20–38.). Rahner entwickelt hier sieben „Grundthesen einer Anthropologie“ (Ebd., 22), die im Sinne einer theologischen Anthropologie als „theologische Disziplin“ (Ebd.) kein Eigen der praktischen Theologie ist, aber von dieser bereichert werden kann. In seinem Beitrag *Theologie und Anthropologie* arbeitet er die Notwendigkeit einer „transzendental-anthropologisch ausgerichteten Theologie“ heraus (Karl Rahner, Theologie und Anthropologie, in: Ders., Schriften zur Theologie, Band 8, 1967, 61). Hier geht er der Frage nach, wie der Mensch Empfänger von Offenbarung sein kann. Die Frage der Anthropologie in der Theologie kommt nicht um das Subjekt des Empfangenden herum (Vgl., ebd., 50) und muss verstehen lernen wer der Mensch ist. Hier deutet sich bereits eine Brücke zwischen Rahner und Jung an, die in der Idee der *Tiefentheologie*, wie Wehr die *Komplexe Psychologie* Jungs nennt (vgl. Wehr 1990, 180), eine gemeinsamen Begriff findet. Die theologische Anthropologie ist als Tiefentheologie zu lesen, die im interdisziplinären Dialog zwischen Rahner und Jung eine Möglichkeit der Verbundenheit entdecken kann.

877 So z.B. Nikolaus Knoepffler, Teilhard de Chardin und Karl Rahner, in: Martin Leiner, Nikolaus Knoepffler, James Birx (Hrsg.), Teilhard de Chardin. Naturwissenschaftliche und theologische Perspektiven seines Werkes, Göttingen 2005, 29–43, 29ff. Vgl. auch Alexander Loichinger, Pierre Teilhard de Chardin (1881–1955). Zum 50. Todestag, in: Theologische Revue 101 (2005), 107–123, S. 119: „Vor allem aber Karl Rahners Transzendentaltheologie ist maßgeblich von Teilhardschem Gedankengut inspiriert, auch wenn Rahner das nirgendwo explizit kenntlich macht.“

878 Vgl. Karl Rahner, Grundkurs des Glaubens. Einführung in den Begriff des Christentums, 3. Auflage, Freiburg – Basel – Wien 1976, 182. Diese Richtung der wissenschaftlichen Arbeiten Teilhard de Chardins versucht Thomas Klibengajtis aus der Philosophie- und der Theologiegeschichte des Westens abzuleiten und aus dieser heraus zu erklären (Vgl. Thomas Klibengajtis, „Total in God – total in oneself.“. The Teilhardian vision of unification of the world and God and

notwendige, bleibende Anfang der Vergöttlichung der Welt im ganzen."[879] In dieser Wende der Theologie hin zu den anthropologischen Grundkonstanten des Kosmos mit dem Fokus auf einen neuen Blick auf die Christologie erscheint Chardin ebenfalls als interessanter Diskurspartner für die beiden vorher erarbeiteten Konzepte der Philosophie und der Psychologie.[880]

Rahner bleibt in seinen Darstellungen zu diesem Themenkomplex allgemeiner, während Chardin mit seinem naturwissenschaftlichen und paläoanthropologischen Blick auf den Menschen und die Evolution tiefergehend die Dimensionen der Anthropologie erfasst, die für den Diskurs mit Whitehead und Jung gebraucht werden. Rahner soll, wenn möglich, in der theologischen Reflexion als universeller Ansatz betrachtet, der Diskurs aber wo möglich mit Chardin in die Tiefe geführt werden.[881]

---

its roots in European philosophical-theological tradition, Norderstedt 2006.). Auch wenn er Teilhard de Chardin in dieser Tradition zuschreibt, dass das „postulate of synthesis [in de Chardin's opus, M.F.] is a postulate of the human mind" (Ebd., 4.), wird der Autor dieser Arbeit auch den Zusammenhang von Geist und Materie zur Entwicklung einer Prozess-Anthropologie betonen.

879 Ebd., 183.

880 Während Jung in seiner Schrift unerwähnt bleibt, geht Hans Jonas in *Materie, Geist und Schöpfung* kurz auf Chardin und Whitehead ein (Hans Jonas, Materie, Geist und Schöpfung, Frankfurt am Main 1988.). Allerdings kritisiert er Chardins Theorie als eine von mehreren theologischen und philosophischen „selbstgarantierte[n, M.F.] *success stories* vom Sein [...], die nicht fehlgehen können" (Ebd., 54.) und unterstellt Whitehead, dass seine Konzeption der *actual entities* mit der „Ausdehnung aktueller Innerlichkeit ins Vororganische und Allereinfachste, ihre Kongruenz also mit Stofflichkeit überhaupt [...] überkühn und ungedeckt durch irgendein Datum unserer Erfahrung" (Ebd., 72.) erscheint. Darin verkennt er das Potential, das in diesem Kapitel im Versuch der Synopse u.a. dieser beiden Autoren versucht werden soll. Führt man die *actual entities* in die Theologie Chardins als freiheitliche Einheiten des Selbstentwurfes ein, so zeichnet Chardin die Möglichkeit einer visionären Zielvorstellung für die Welt auf. Diese hängt aber qua Aufbau und Freiheit der Whiteheadschen Entitäten allein von deren Empfindungen ab. Nur so ist der Logos mit Chardins Christus denkbar, den Jonas in der Schöpfung nicht finden und erfassen kann.

881 Chardin sucht in seinen Schriften einen Neuansatz der Metaphysik, „eine höhere Metaphysik [...], in der eine weitere Dimension vorkommt" (Pierre Teilhard de Chardin, Christentum und Evolution. Anregungen für eine neue Theologie, in: Ders., Mein Glaube, Olten – Freiburg im Breisgau 1972, 213). An die Stelle einer Metaphysik des Seins möchte er eine „Metaphysik des *Unire*" (Ebd.) setzen. Die Frage nach einem Unire, anstelle des Sein, ermöglicht für den

5.1. Prozesscharakter des Lebens: Concrescence und Individuation

5.1.1. Synopse

Der prozessuale Charakter des Lebens im Denken beider Autoren wird in der konkreten Ausführung ihrer Thesen deutlich. Zur Betonung dieses prozessualen

---

Verlauf dieses Kapitels der Dissertation v.a. die Verbindung mit den Gedanken Whiteheads, der in seiner Organistischen Philosophie eine Metaphysik jenseits alles statischen Denkens in den Philosophien vor ihm sucht. Das Unire eröffnet zudem den Horizont des Prozessualen und Evolutiven in Chardins Theologie. Damit glaubt er, den „scheinbar so fremden Bereichen wie der Physik/Chemie und der Religion unerwartet eine Brücke geschlagen" zu haben. (Pierre Teilhard de Chardin, Die Kontingenz des Universums und die menschliche Lust zu überleben, in: Ders., Mein Glaube, Olten – Freiburg im Breisgau 1972, 264.) Michael Wrede hebt in seinem Aufsatz *Geist und Materie bei Teilhard de Chardin* hervor, dass Chardin keine klassische Metaphysik entwickelt habe, „da sie weder über Gott, noch über das Sein als solches handelt. Insofern sie jedoch das Zentralphänomen der Evolution im Licht Gottes und auf dem Hintergrund einer bestimmten Seinskonzeption betrachtet, könnte man von einer angewandten Metaphysik sprechen." (Michael Wrede, Geist und Materie bei Teilhard de Chardin, in: Münchener Theologische Zeitschrift 17 (1966), 267–276, 270.) Gerade diese Idee einer Metaphysik, die nicht mit der Theologie direkt in Verbindung zu bringen ist, kritisiert Leo Scheffczyk an Whitehead (Vgl., Leo Scheffczyk, Prozeßtheismus und christlicher Gottesglaube, in: Münchener Theologische Zeitschrift 35 (1984), 81–104, 81ff.). Scheffczyks Prämisse ist, dass alles Werden auch Momente des Seins darstellt und dem Sein darin nach klassischer Metaphysik die Priorität zu geben sei. Rahner ringt mit der „philosophischen Problematik des Werdebegriffs" und stellt das Werden eher als „Werden" des Seienden dar, gleich einer von dessen Funktion (Karl Rahner, Die Hominisation als theologische Frage, in: Paul Overhage, Ders., Das Problem der Hominisation, 3. Auflage, Freiburg im Breisgau 1965, 55 und 61.). Rahner kommt nicht über die klassische metaphysische Perspektive des Werdens als „zuwachsende[n] Seinswirklichkeit" (Ebd., 65.) hinaus, trägt in seinen Ausführungen jedoch bereits Züge von Chardins Thesen. Whitehead erfasst das Leben jedoch in seiner Deduktion auf die *actual entities* zu jedem Zeitpunkt allein dynamisch, wie Chardin es mit dem Modus des Unire beschreibt. Der Kritik Scheffczyks muss das atomistische Weltbild zugrunde gelegt werden, welches Whitehead in *Wissenschaft und moderne Welt* stets kritisiert hat. In der Überwindung des newtonschen Denkens ist jeder Zustand im Kosmos allein dynamisch bzw. prozessual. Jung verstand sich in seinen Ausführungen nicht als Philosoph, auch wenn er die Philosophie als Quelle seines Denkens verwendete.

Denkens[882] heben beide eine Abkehr von der Physik Newtons und eine Erfahrung mit der Schrift von William James[883] hervor. Sie fühlen sich beide der Empirie verbunden und entwickeln aus dieser Haltung heraus ihr Theorien.

Whitehead beschreibt in seiner Organistischen Philosophie einen sich perpetuierenden Grundprozess, die *concrescence*, der den lebenslangen Entwicklungsprozess von *actual entities* und den jedes einzelnen Menschen ausmacht. Dieser Prozess ist universal und „entspricht einer Individualisierung des gesamten Universums."[884] Er ist zudem einer, der unendlich in die Vergangenheit, bis zum Ursprung aller Entwicklung, und in eine unendliche Vielfalt von Einflüssen verweist[885], so wie es auch in der Theorie der Archetypen bei Jung zu finden ist. Die drei Schritte dieses Prozesses, der *concrescence*, die alle Entwicklung ausmachen, wurden weiter oben bereits ausführlich beschrieben.[886] Whitehead beschreibt sie auch als Eigenschaften, die er als die Vergangenheit der *actual entity*, die subjektive und die superjektive, erklärt.[887] Generell ist dieser Prozess als eine Entwicklung zu einem höheren, komplexeren Zustand zu erkennen. Sein Ziel, er nennt dieses auch Erfüllung, ist „eine komplexe

Da er sich als Naturwissenschaftler betrachtete, kann er in dieser grundlegenden Diskussion nicht herbeigezogen werden. Der Haltung Whiteheads und Chardins werden die folgenden Ausführungen folgen, damit u.a. die alte (theologische) Diskussion des Leib-Seele-Problems eine Antwortmöglichkeit erhält. Gemäß Beinert wäre die Antwortmöglichkeit eine Rückführung des Themas in den biblischen Kontext, den das Christentum mit dem Eingehen auf die griechische Philosophie verloren hat. Der Mensch wird sich in der Synopse von Whitehead, Jung sowie Rahner und Chardin wieder als „kommunikative, kommuniale, dialogische Existenz erweisen." (Wolfgang Beinert, Die Leib-Seele-Problematik in der Theologie, Köln 2002, 13.) Der Lösungsansatz dieses theologischen Problems stellt nach Beinert die Frage, ob der Mensch wirklich als Person, jenseits seiner Bestandteile Leib und Seele betrachtet wird. (Ebd., 33ff., bes. 41.) Diese Frage wird in diesem Kapitel auch besonders bei Whitehead und Chardin aufgegriffen werden. Personalität wird im Unire erfasst werden.

882 Vgl. Whitehead 1987, 64 und Jung 1980a, 307.

883 Vgl. Jung 1980a, 70 und Whitehead 1987, 22f. und 43.

884 Ebd., 309.

885 Vgl. ebd., 105: „Die These der organistischen Philosophie lautet, daß man bei der Bestimmung der Bestandteile einer Konkretisierung [...] die Sphäre der Wirkursachen beliebig weit ausdehnen kann, jenseits der Bestimmung dieser Bestandteile [...]."

886 Die Phasen werden von Whitehead in Ebd., 392f. kurz zusammengefasst dargestellt.

887 Ebd., 174.

Einheit des Empfindens“[888]. Dieses Empfinden ist „ein Übergang, der eine Konkretisierung bewirkt“[889]. Allerdings ist es keine Notwendigkeit, dass das Empfundene auch „analysiert“ wird, denn „Verstehen ist eine besondere Form des Empfindens.“[890] Man kann darin fünf Grundbausteine und -schritte erkenne, wie *concrescence* verläuft. Eine *actual entity* erfährt bzw. empfindet Objekte[891], als *datum*, schließt die *actual entity* die Objekte als negativ erfasste Informationen aus, die es nicht integrieren möchte, wozu auch die *eternal objects* gehören können[892], und erfasst das *datum*, welches es dann mit sich zu einem Superjekt überführt, welches wiederum eine neue *actual entity* ist. Besonders hervorzuheben ist, dass Whitehead die „Anfangsphase“ des Prozesses als „eine direkte Ableitung aus Gottes Urnatur“ betrachtet, denn Gott ist „das Organ des Neuen, das auf Intensivierung hinzielt“[893]. Die gesamte Entwicklung im Denken der Organistischen Philosophie ist ein großer Prozess der Verbundenheit aller Einzelwesen miteinander.

Das Individuelle ist in diesem Prozess ebenfalls zu betonen, denn „jedes wirkliche Einzelwesen, auch Gott, um seiner selbst willen [verkörpert, M.F.] etwas Individuelles“[894]. Die Erfüllung eines Einzelwesens stellt das Individuelle in Whiteheads Denken dar.[895] Alle diese Einzelwesen sind „ein Geschöpf [...], das von der Kreativität, die es qualifiziert, transzendiert wird“[896]. Einzelwesen zeichnen sich durch einen Antrieb aus, hier Kreativität genannt, der das Einzelwesen zur Superjektivierung treibt. Es setzt darin seinen ganz individuellen Entwicklungsweg um, der Einflüsse erfährt, die eine *actual entity* selber steuert. Deswegen kann er schreiben: „Jedes Ereignis zeigt sein eigenes Maß an kreativer Emphase im Verhältnis zu seinem Maß an subjektiver Intensität.“[897]

Für Jung stellt auch das gesamte Leben einen Prozess dar. Er denkt diesen nicht wie Whitehead in detaillierten Grundprozessen. Vielmehr

888 Ebd., 404.
889 Ebd.
890 Ebd., 288.
891 Diese sind für Whitehead „der objektive Inhalt, zeitlose Gegenstände und die selektive Konkretisierung von Empfindungen“ (Ebd., 287).
892 Vgl. ebd., 306.
893 Ebd., 140.
894 Ebd., 175.
895 Vgl. ebd., 168.
896 Ebd.
897 Ebd., 105.

erklärt er: „Individuation bedeutet: zum Einzelwesen werden, und, insofern wir unter Individualität unsere innerste, letzte und unvergleichbare Einzigartigkeit verstehen, zum *eigenen Selbst werden*. Man könnte ‚Individuation' darum auch als ‚Verselbstung' oder als ‚Selbstverwirklichung' übersetzen."[898] Individuation ist ein Integrationsprozess von Archetypen und Schatten, Bewusstem und Unbewusstem, mit dem Ziel, das Selbst in der Psyche zu entwickeln. Jungs Ansatz der Individuation ist einer, der sich auf die Psyche fokussiert, den Körper aber nicht ausschließt. Whitehead denkt holistischer bzw. kosmologischer. Dennoch sind Parallelen zwischen beiden Denkweisen zu finden, wenn es um die Entwicklung als *concrescence* bzw. Individuation geht.

Auch der Individuationsprozess bei Jung muss als universal beschrieben werden, sofern dieser in der Psyche derer stattfindet, die ein Bewusstsein entwickelt haben.[899] Individuation ist ein Prozess und passiert dort, wo Unbewusstes und Bewusstes aufeinandertreffen und Unbewusstes bewusst wird.[900] Das Hervortreten der Archetypen löst im Bewusstsein des Individuums eine Reaktion aus, die ein Verdrängen oder eine Annahme des archetypischen Inhaltes bewirkt. Dies ist ein Zugang zur Kollektivpsyche, der „angenehm oder unangenehm"[901] empfunden wird. Empfindung ist darin eine zentrale Kategorie, wie auch bei Whitehead. Ebenso scheint der Horizont erfasster Daten auf. Jedoch scheint Jung die Möglichkeit, dass Daten im Whiteheadschen Sinne negativ erfasst werden, so dass diese für den Entwicklungsprozess des Individuums als nicht relevant betrachtet werden,

---

898 Jung 1964, 191.

899 Vgl. Richard Evans, Houston Filme, in: Robert Hinshaw, Lela Fischli (Hrsg.), C.G. Jung im Gespräch. Interviews, Reden, Begegnungen, Zürich 1986, 147: „Es ist eine Tatsache, daß die seelische Entwicklung des Menschen auf demselben Prinzip beruht wie die körperliche. Warum sollten wir dahinter ein anderes Prinzip annehmen? Es handelt sich wirklich um dieselbe Art von evolutionären Abläufen, wie wir sie vom Körper kennen."

900 „Individuation ist ein natürliches Geschehen. […] Bewußtsein gehört […] dazu, […] aber das hängt davon ab, wieviel Bewußtsein naturgemäß schon vorhanden ist. Das Bewußtsein kann die Individuation blockieren, indem es den Entwicklungen im Unbewußten entgegensteht." (Ximena De Angulo, Ira Progoff, Kommentare zu einer Dissertation, in: Robert Hinshaw, Lela Fischli (Hrsg.), C.G. Jung im Gespräch. Interviews, Reden, Begegnungen, Zürich 1986, 66f.)

901 Ebd., 186.

nicht möglich. Die Psyche weiß auf jede Bewegung zwischen dem Unbewussten und dem Bewussten eine Reaktion. Dieser Prozess der Individuation ist als Assimilationsprozess bei Jung zu verstehen, in dem das Bewusstsein die Inhalte des Unbewussten „*zu verstehen und zu verarbeiten*“[902] weiß.

Während Whiteheads Entwicklungsprozess aus der Perspektive der *actual entities* verstanden wird, lösen bei Jung beide Instanzen der Psyche Reaktionen im Individuationsprozess aus. Nicht allein die Archetypen bzw. die Inhalte des Unbewussten drängen ständig in die Sphäre des Bewussten, auch das Bewusstsein löst Reaktionen des Unbewussten aus.[903] Whiteheads eindimensionale Idee des Empfangens von Daten zur Selbstverwirklichung bzw. -entwicklung der *actual entity* ist bei Jung ein zweidimensionaler Prozess, der auf seinem Grundprinzip der oben schon beschriebenen Kompensation aufbaut. Jedoch kann bei beiden Denksystemen erkannt werden, dass immer ein Datum in die Sphäre einer Gegebenheit bzw. die Wirklichkeit eines Wesens dringt und dadurch eine Reaktion auslöst, die mit einer Empfindung verbunden ist. Weiter unten muss deshalb noch geklärt werden, mit welchem Anteil der concrescence im Whiteheadschen Denken die Archetypen zu vergleichen sind und ob ein Vergleich generell erfolgreich zu lösen ist. Der Vorgang der Assimilation scheint in beiden Denkrichtungen Parallelen aufzuweisen. Allerdings muss die Vielfalt der Eindrücke auf eine *actual entity* im Prozess der *concrescence* größer gedacht werden, als die von unbewussten und bewussten Anteilen der Psyche aufeinander bei Jung.

Neben der Prägung durch die Umwelt und durch Archetypen bzw. andere *actual entities* hat die Frage nach der Individualität bei beiden Autoren eine hohe Bedeutung. Jung hebt die Individualität hervor, die in der Analyse zur Individuation so gefördert wird, dass Kollektives und Persönliches persönlich anzugleichen sind. Er nennt es „die Integrität der Persönlichkeit im Auge zu behalten“[904]. Generell beschreibt Jung das Unbewusste mit seinen kollektiven Inhalten als eine dominante Größe in der Psyche. Dennoch hebt er immer wieder das Individuelle als Ziel der Individuation, mit Integration der Archetypen, hervor.

---

902 Ebd., 178.
903 Vgl. ebd., 173.
904 Ebd., 169.

Die Frage nach dem Ziel der Selbstentwicklung kann man sich auch bei Whitehead stellen. Was eine *actual entity* erfährt und weitergibt, kann eine singuläre persönliche Erfahrung sein oder auch eine, die ein Kollektiv im Sinne einer *society* oder eines *nexus* teilt. Individuell ist der Einfluss bzw. die Auswahl zwischen den Daten, die eine *actual entity* erfährt. Bei Whitehead würde man vom Durchsetzen des Persönlichen, wie Jung es meint, sprechen, wenn die *actual entity* ein *datum* auswählt. Dann erst entsteht Persönlichkeit bzw. ein Charakter der superjektivierten *actual entity*. Jung beschreibt es ähnlich.[905] Bei Jung kann es hier aber zu Missverständnissen kommen, ob der bewussten Persönlichkeit überhaupt persönliche Erfahrungen in der Analyse zugegliedert werden, wenn er die bewusste Persönlichkeit als „Ausschnitt aus der Kollektivpsyche“[906] beschreibt.

Wenn wir einen Blick auf den Vorgang der Individuation werfen, kann man in einem gewissen Sinn bereits die Persona als Subjekt-Superjekt beschreiben, denn sie „ist ein Kompromiß zwischen Individuum und Sozietät“[907], wie auch die *actual entity* in der *concrescence* in sich ein Objekt aufnimmt und damit sich individuiert. Allerdings ist die Persona für Jung ein „Schein“[908], ein Trug, der das Subjekt-Superjekt bei Whitehead nicht ist, denn die darin neu entstandene actual entity ist nur als real zu denken. Jung gibt jedoch zu, dass in der Persona auch schon „etwas Individuelles liegt“[909]. Letztes Ziel in der Individuation bleibt für Jung jedoch die Entwicklung des Selbst, als „Herstellung eines neuen Persönlichkeitszentrums“[910]. Da dieses als „Umfang, der Bewußtsein und Unbewußtes einschließt“, verstanden wird, ist es wie ein Whiteheadscher Nexus zu betrachten, der wiederum aus vielen *superjects* besteht. An der Persona ist dennoch zu erkennen, dass es mehrere Einflüsse auf die Psyche eines Individuums gibt. Wenn die Umwelt Erwartungen an das Individuum richtet und das Bewusstsein zwischen diesen Erwartungen und den Einflüssen des Unbewussten einen Weg finden muss sich zu verhalten, tritt die Persona als „Konstruktion einer

---

905 Vgl. ebd., 166.
906 Ebd., 171.
907 Ebd., 173.
908 Ebd.
909 Ebd.
910 Jung 1980b, 59.

künstlichen Persönlichkeit"[911] auf. Diese Persönlichkeit kann mit Whitehead besser als weiterer Nexus verstanden werden, da in der Persönlichkeit ein Wertekontext unterschiedlicher Erfahrungen geteilt wird. Die Einflüsse des Unbewussten gegen diese Konstruktion aus den Erfahrungen des Individuums und den Erwartungen der Umwelt machen deutlich, dass diese für die Individuation nicht nur vorteilhaft ist.

Betrachten wir den Umgang der Psyche mit der Persona und schließlich auch mit der Anima, so sind diese präziser als Prozesse bzw. als *subordinate nexūs* in der *structured society* zu verstehen, die das Selbst darstellt. Das Selbst wächst im Individuationsprozess als *society* und integriert darin die Ergebnisse vorheriger Prozesse. Für Jung zentriert sich im Selbst die gesamte Persönlichkeit eines Individuums.[912] Für die Anima erklärt er, dass diese zu einer „Funktion der Beziehung von Bewußtsein und Unbewußtem"[913] wird. Das Selbst baut sich als *structured society* des Individuums auf. Hier stellt sich eine erste größere Gemeinsamkeit des Denkens von Whitehead und Jung dar.

Zusammenfassend kann gesagt werden, dass der Prozess der Individuation bei Jung auf Grund der Inhalte seiner Schriften und seiner Ausführungen zu diesem Prozess viel kürzer zu beschreiben ist als der Prozess der lebenslangen *concrescence* bei Whitehead. Es ist für ihn ein natürlicher Prozess, der problemlos, aber auch in der Analyse als tiefenpsychologische Methode, erfolgen kann. Unbewusstes Material drängt hier in die Ebene des Bewussten und bewirkt eine Reaktion und wird entweder wieder in die Sphäre des Unbewussten verdrängt oder wird vom Bewussten in seinem Symbolcharakter, in dem es erscheint, verarbeitet. Dem Symbol des Unbewussten gehört eine „tief emotionale Frage"[914] an. Werden die Inhalte des Unbewussten „erkannt", können sie „den Umfang des Bewußtseins vergrößern"[915]. Die Vielfalt der Inhalte des Unbewussten hat in ihrem kollektiven Charakter den gleichen Grundzug wie auch die Vielfalt der Daten, die eine *actual entity* bei Whitehead erfahren kann.

911 Jung 1964, 212.
912 Vgl. ebd., 243.
913 Ebd., 246.
914 Ebd., 201.
915 Ebd., 203.

Eine weitere Frage für den Prozesscharakter beider Theorien stellt die Frage nach dem Antrieb dar. Whitehead findet diesen in der *creativity* und erkennt in dieser ein hohes Gut bzw. den Antrieb der Wirklichkeit. Jung setzt diese Kraft in der „Unwillkürlichkeit“[916] bzw. im Unbewussten an. Griffin fasst diesen Gedanken Jungs so zusammen, dass die *creative power* allein im Unbewussten zu finden ist, aus dem sich das Bewusstsein entwickelt: „our own ‚psychic energy‘ [...] is evidently the highest embodiment of creativity on the planet“[917]. Wie der Übergang vom Unbewussten zum ersten Funken des Bewusstseins erfolgt, lässt auch er offen. Bei Jaffé ist die Entstehung des Bewusstseins als reflektierende Instanz im Individuum als zweite Kosmogonie zu betrachten.[918] Wenn bei Jung vor allem der Fokus auf das Unbewusste gelegt wird, vernachlässigt diese Theorie das Wirken der Umwelt, wie es noch bei der Bildung der Persona angenommen wurde. Hier erscheint der Ansatz Whiteheads ganzheitlicher, wenn er die Vielfalt der Einflüsse auf eine Entität beschreibt. Jung scheint diese nach der Integration der Persona, als Reaktion der Psyche auf die Umwelt, im Individuationsprozess zu verlieren. In der Entwicklung des Selbst erwähnt er die „Seele zwischen bedeutenden Wirkungen von innen und außen“[919]. Eine genauere Erklärung über diese Beschreibung bleibt er hier schuldig.

Ein letzter Zusammenhang zwischen *concrescence* und Individuation ist in der Frage nach Gott zu suchen. Für Whitehead stellte sich heraus, dass Gott Anteil an der Initialphase der *concrescence* trägt und damit an der Entwicklung einer jeden *actual entity* mitwirkt. Die Frage nach der Beteiligung Gottes am Individuationsprozess ist bei Jung nicht so leicht zu klären. Mehrmals wurde weiter oben schon auf die Schwierigkeit zwischen der Rede Jungs von Gott bzw. einem Gottesbild und der Ablehnung theologischer Aussagen hingewiesen. Dennoch waren auch hier Parallelen zwischen dem Selbst und einem Gottesarchetypen zu erkennen. Da das Selbst mit den Gottesarchetypen in eine enge Verbindung gebracht wird, kann ein

---

916 Ebd., 204.

917 David Ray Griffin, Archetypal Psychology and Process Theology. Complementary Postmodern Movements, in: David Ray Griffin (Hg.), Archetypal Process. Self and Divine in Whitehead, Jung, and Hillman, Evanston (IL) 1989, 33.

918 Vgl. Jaffé 1984, 341.

919 Jung 1964, 260.

Wirken zumindest eines mit dem Göttlichen identifizierten Archetyps auch bei Jung nicht geleugnet werden.

Parallelen zwischen den beiden Theorien Jungs und Whiteheads sind in der Frage nach dem Prozesscharakter des Lebens nicht zu leugnen. Selbst die Entwicklungsergebnisse wie das Selbst oder die Persona sind in den Konstrukten der Ausführungen von Whiteheads Organistischer Philosophie zu denken. Unklarheit stellt sich beim Umgang mit der Umwelt bzw. mit den Einflüssen, die von außerhalb des Individuums erfolgen, dar. Auch die Frage, wie aus dem Unbewussten ein erster bewusster Affekt entstehen kann, bleibt ungeklärt.

5.1.2. Theologische Reflexion

Biblisch betrachtet ist das Leben ein Weg des Einzelnen zusammen mit der Menschheitsgemeinschaft zu einer volleren Verbundenheit mit Gott. Auf diesem synchronen und diachronen Weg steht der Mensch stets vor der Herausforderung, sein Leben nach den Weisungen Gottes situativ neu auszurichten. Der jesuanische Aufruf zur Metanoia knüpft an die Botschaften der Väter, Mütter und Propheten des Alten Testaments an und setzt sich in den Verkündigungen der Apostel und der ersten Zeugen bis zu den aktuellen Verlautbarungen der Kirche fort. Dieser stete Aufruf zur Umkehr und zur Einstellung auf die Weisungen Gottes ist der bewusste Ausdruck göttlicher Impulse im Menschenwort, dass Menschen ihr Leben gemäß seinen Offenbarungen gestalten sollen.

Diese beiden Züge, ein lebenslanger Prozess mit kleineren (Sub-)Prozessen, lassen sich auch in den Theorien von Whitehead und Jung finden. Auch wenn es bei Whitehead für jede *actual entity* und bei Jung mit jedem Impuls der Archetypen kleinere Prozesse der Gesamtentwicklung eines Individuums gibt, so sind diese situativen Prozesse und der lebenslange Prozess des Individuums bzw. des Einzelnen nicht direkt mit denen der biblischen Botschaft gleichzusetzen. Parallel liegt allen Beschreibungen der Entwicklung aber die Dynamik zur Vervollkommnung des individuellen Lebens zu Grunde, wie auch die Möglichkeit die Impulse zur Entwicklung zu verweigern.

Das theologische Denken Teilhard de Chardins scheint das Denken Whiteheads und Jungs gut aufzugreifen bzw. verbinden zu können, ohne beide explizit zu erwähnen. Auch Chardin geht von einem evolutiven Grundzug im Universum aus. In *Der Mensch im Kosmos* beschreibt er, dass „der Kosmos, an den der Mensch gebunden ist, infolge der unversehrbaren Integrität seiner Gesamtheit ein *System*, ein *Totum* und ein *Quantum* bildet: ein System infolge seiner Vielheit – ein Totum infolge seiner Einheit – ein Quantum infolge seiner Energie."[920] Wie Whitehead konstatiert er, dass im Kosmos alles miteinander in einem Prozess bzw. einem Entwicklungsprozess steht. In diesem Prozess von der Vielheit zur Einheit steht für ihn fest: „Ein Höheres deutet sich an [...]."[921] In diesem Sinne kann er vom sogenannten Weltstoff sprechen, der sich im Lauf der Evolution entfaltet, Bewusstsein entwickelt und den Menschen hervorbringt. Um sowohl die Seite der Materie, wie auch die Seite des Geistes in sein Denken integrieren zu können, geht er von einer psychischen und einer physischen Energie aus, die „immer zusammen auf[treten, M.F.] und [...] irgendwie ineinander über[gehen, M.F.]."[922] Den Zusammenhang zwischen beiden Größen kann er, wie Jung und Whitehead auch, nicht erklären. Dennoch gleicht diese Beschreibung der Darstellung Whiteheads von den „bipolare[n, M.F.] Entitäten"[923], wie Regine Kather Whiteheads *actual entities* bzw. auch den Menschen nennt. Vergleichbar mit dem Begriff der *creativity* bei Whitehead spricht Chardin von einer „fundamentale[n, M.F.] und nicht meßbare[n, M.F.] Spontaneität"[924], die

---

920 Pierre Teilhard de Chardin, Der Mensch im Kosmos, 4. Auflage, München 1959, 17.

921 Ebd., 16.

922 Ebd., 39.

923 Regine Kathar, Person. Die Begründung menschlicher Identität, Darmstadt 2007, 44.

924 Chardin 1959, 36. Vgl. auch: „Die so begriffene Schöpfung [...] ist ein der ganzen Dauer des Universums *koextensiver* Akt. Gott *schafft* seit dem Ursprung der Zeiten, und *von innen her gesehen* hat seine Schöpfung [...] die Gestalt einer Transformation. [...] Es gibt wohlgemerkt entlang der vom Sein in seinem Wachstum verfolgten Kurve Schwellen, besondere Punkte, an denen das schöpferische Tun dominant wird." (Pierre Teilhard de Chardin, Über den Begriff der schöpferischen Transformation [Transformatio creatrix], in: Ders., Mein Glaube, Olten – Freiburg im Breisgau 1972, 31.) Im Gegensatz zu Whiteheads Gott, der neben der seinem Denken eigenständigen *creativity* durch *eternal objects* in den Lauf des Kosmos Einfluss nehmen möchte, formuliert Chardin einen dominanteren Gott, der der Freiheit der Selbstwerdung der Schöpfung absoluter gegenüber steht als der von Whitehead beschriebene Gott. Sprachlich zurückhaltender aber dennoch deutlich formuliert es Chardin in *Über die*

das Universum von einem Zustand zu einem nächsten überführt.[925] Darin entwickelt sich der gesamte Kosmos hin zu einer höheren Individualität, wie auch Jung es für das Individuum feststellt.[926] Wie dieser sieht Chardin den Menschen in seinen Theorien als Kern der Kosmogenese stehen, den er als „einziger und absoluter Parameter der Evolution“[927] bezeichnet. Im Menschen zeigt sich im Millionen von Jahren andauernden Prozess der Evolution, dass der Kosmos auf die Geburt der Noosphäre und des Denkens zusteuert. Was im Kern schon in allen Vorstufen zur Evolution des heutigen Menschen angelegt war, zeigt sich mit dem Auftreten des homo sapiens deutlich. So kann Chardin mit fünf Schritten die Entfaltung sämtlichen Lebens im Kosmos als Folge von Reproduktion, Vermehrung, Erneuerung, Konjugation und Additivität beschreiben.[928] „Alle diese Stadien dieses *noch*

Weisen des göttlichen Wirkens im Universum. Gott ist dem Kosmos immanent und hat „einen Zugriff auf ihr [des Kosmos, M.F.] verborgenstes Leben“, aber Gott hat hier lediglich „das Vermögen, sich individuell im Herzen eines jeden Elementes der Welt bemerkbar zu machen.“ (Pierre Teilhard de Chardin, Über die Weisen des göttlichen Wirkens im Universum, in: Ders., Mein Glaube, Olten – Freiburg im Breisgau 1972, 35.) Wie Whitehead formuliert er hier, dass die Gottheit „im Laufe ihres Schöpferwirkens genötigt [ist, M.F.], über eine ganze Reihe von Vermittlungen zu gehen und eine ganze Folge unvermeidbarer Risiken zu überwinden“ (Ebd., 41.). Diese Risiken sind auf die Freiheit der einzelnen Lebewesen bzw. Entitäten zu beziehen.

925 An anderer Stelle definiert er diese Spontaneität als Liebe, die die Schubkraft der Evolution darstellt. „Eine Liebe baut physisch das Universum.“ (Pierre Teilhard de Chardin, Skizze eines personalen Universums, in: Ders., Die menschliche Energie, Olten 1966, 95.) Diese Liebe kann, wie weiter unten dargestellt wird, auf dem Weg zum personalen Universum in drei Sinnen verstanden werden: in einem geschlechtlichen, einem menschlichen und einem kosmischen Sinn (Vgl. ebd., 96–113). Chardin versteht diese Liebe als ein „Physisch-Moralisches“ und es scheint eine Verbindung zur Identitätsentwickluung der *actual entities* zu bestehen, die auch auf Grund moralischer Urteile bzw. Werturteile ihren Selbstentwurf zum *superject* moralisch umsetzen.

926 Vgl. ebd.

927 Pierre Teilhard de Chardin, Die Entstehung des Menschen, 2. Auflage, München 1981, 12.

928 Vgl. Chardin 1959, 85ff. An anderer Stelle beschreibt er den Vorgang, in dem der Kosmos sich seiner immer weiter bewusst wird, in einem Dreischritt: Das Bewusstsein strebt danach „1. alles nacheinander um sich selbst zu zentrieren, 2. sich *immer mehr* in sich selbst zu zentrieren und 3. eben durch diese Überzentrierung *in Verbindung mit allen anderen Zentren* zu treten, die es

nicht beendeten Strebens nach Vereinigung oder Synthese"[929] streben einem gemeinsamen Ziel zu, das er den „Punkt Omega"[930] nennt. Den Begriff der Individuation, den auch Jung verwendet, lehnt Chardin ab, da er diesen mit der „Verselbständigung des Individuums"[931] in Verbindung bringt und mit dem Punkt Omega vielmehr ein kollektives Ziel der Menschen bzw. des Kosmos' erwartet.

Chardin erscheint an dieser Stelle bereits als eine gute theologische Referenzgröße, um dem Denken Whiteheads und Jungs eine Brücke in die Theologie zu bauen. Er akzeptiert den prozessualen bzw. evolutiven Gedanken des Kosmos, erkennt in allem Lebenden eine Energie bzw. eine Kraft, die das Individuum zu einem höheren Streben führt und deutet in *Der Mensch im Kosmos* auch die Dimension unbewusster Anteile im Leben des Individuums wie auch im gesamten Kosmos an, welche im folgenden Kapitel näher beschrieben werden sollen. Weiterhin sieht er den Prozess der Kosmogenese als Prozess der Entwicklung eines personalen Universums: „Zum Menschen hin, wenn man die Achse der Zeit emporsteigt, erwacht, organisiert und reflektiert sich schließlich die Spontaneität in sich selbst, indem sie in das ‚Personale' emergiert."[932] Der Drang der Evolution resultiert in der Personalität der einzelnen Lebewesen im Prozess der Kosmogenese und letztlich auch in der Personalität des gesamten Kosmos. Diese ist für Chardin „eine neue Pluralität, um eine höhere Synthese zu ermöglichen"[933]. Wie die Formen von *nexus* und *society* oder auch die Individuation des Individuums, so strebt jedes Lebewesen bzw. jedes Teilchen zur Existenz „des vollendeten *personalen Moleküls*."[934] Wie Whitehead und Jung strebt alles im Menschen und im Kosmos, dies mehr bei Whitehead als bei Jung, zu einem personalen

umgeben." (Ebd., 252.) Dieser Dreischritt kommt an das Denken Whiteheads nahe heran, in der Beschreibung der *concrescence* vom *subject* zum *subject-superject* auch einen Zentrierungsvorgang darstellt, der diese Dimension auf die einzelne Entität, aber auch in Verbundenheit mit dem gesamten Kosmos bezieht.

929 Ebd., 88.

930 Ebd., 250.

931 Chardin 1981, 98.

932 Chardin 1966, 74.

933 Ebd., 75.

934 Ebd., 79.

Werden der Welt. Ob es das *superject* oder das Selbst sind, beide werden personal in ihrem Selbstrealisieren bzw. in ihrer Verselbstung. Mit Chardin kann man den Prozess von *concrescence* und Individuation hin zu einem ganzheitlicheren Menschen bzw. Individuum als Prozess hin zum Personalen verstehen.

In der Fokussierung für diese Arbeit kann das Denken Karl Rahners mit Blick auf die Anthropologie vor allem unter dem Aspekt der Offenheit beschrieben werden. Diesen Begriff greift Rahner im *Grundkurs des Glaubens* auf. Philosophischer als Chardin formuliert er: „Der Mensch ist nicht die in sich fraglose, fraglos gegebene Unendlichkeit der Wirklichkeit; er ist die Frage, die leer, aber wirklich und unausweichlich vor ihm aufsteht und die von ihm nie überholt, nie adäquat beantwortet werden kann."[935] Den Menschen als unbeantwortbare Frage zu denken, ist eine grundsätzliche Überzeugung, die Rahner mit vielen Theologen teilt. Er sieht den Menschen mit der Unendlichkeit konfrontiert, die ihn ruhelos sein lässt. Leben bzw. Menschsein ist ein Prozess des Fragens und Antwortens und doch ohne ein Ende in diesem Prozess finden zu können. Diesen Zustand beschreibt Rahner als „Grundbefindlichkeit"[936], die jedem Menschen gemein ist. Darin „ist und bleibt [der Mensch, M.F.] das Wesen der Transzendenz [...], dem sich die unverfügbare und schweigende Unendlichkeit der Wirklichkeit als Geheimnis dauernd zuschickt."[937] Letztlich erkennt Rahner, wie Chardin, den Menschen als geschichtlich bedingtes Wesen, welches sich im Lauf des individuellen Lebens in der Geschichte seines Seins und der Geschichte der Menschheit entwickelt.[938] Das Werden des Menschen ist die Kategorie,

935 Rahner 1976, 43.

936 Ebd., 45.

937 Ebd., 46.

938 Rahner bezeichnet den ganzen Menschen als Leibhaftigkeit. Dies ist die reine Materie der Schöpfung, die von der Seele bzw. dem Geist erfüllt, ein Ganzes wird. Dieser Leib des Menschen steht in der Wirklichkeit von Raum und Zeit und entwirft sich Zeit seines Lebens in diesem: „Der Leib also ist nichts anderes als das raum-zeitliche Sich-selbst-Vollziehen des Geistes, aber so, daß dieser Selbstvollzug von allem außer Gott wesentlich zweideutig ist und in einem Daseinsraum geschieht, in dem von vornherein alle Menschen miteinander kommunizieren. Der Leib im engeren Sinne ist dasjenige, wodurch ich selber mich vollziehe in der einen Welt, in der alle geistigen Personen gegeben sind." (Karl Rahner, Der Leib in der Heilsordung, in: Ders., Schriften zur Theologie,

um Menschsein in seiner geschichtlichen Dimension zu beschreiben und darin auch die Qualität des Neuartigen bzw. der Freiheit zu erfassen.[939] Die Materie der Schöpfung wird durch den Geist fähig, Neues in der Welt hervorzubringen, weshalb Rahner auch von der „Selbstranszendenz des Materiellen“[940] sprechen kann. Die Materie der Schöpfung ist in ihrem Kern dynamisch, allerdings bildlich gesprochen „gewißermaßen gefrorener Geist [...], deren einziger Sinn die Ermöglichung wirklichen Geistes ist“[941]. Wie für Teilhard, so ist auch für Rahner das Auftreten des Geistes in der Schöpfung ein Novum, welches einen besonderen Schritt in der Evolution darstellt. Allerdings ist für Rahner dieser „höchste Grad“ der Endpunkt, „denn der Mensch ist das Ziel alles zeugenden Werdens.“[942] Teilhard sieht die Vollendung der Evolution in einem weiteren, finalen Schritt, wenn der kosmische Christus in allem aufgeht. Dennoch finden beide auf Grund der theologischen Annahme zum Geist bzw. durch Gottes Wirken in der Schöpfung eine Antwort auf die Frage, wie aus Unbewusstem Bewusstsein werden konnte.

Der Aspekt der Offenheit lässt sich auch bei Jung finden, der keinen finalen Endpunkt in der Entwicklung der Individuation beschreibt. Es ist der Individualität des Lebens eines Individuums überlassen, wie weit ein Mensch den Prozess der Individuation durchläuft. Diese Haltung Jungs ist mit der offen bleibenden Frage im Denken Rahners vergleichbar. Das

Band 12, Zürich – Einsiedeln – Köln 1975, 407–427, 427.). Deswegen betont Rahner in *Die Einheit von Geist und Materie im christlichen Glaubensverständnis* auch drei Aspekte, die alle von der diachronen Dimension des Lebens handeln: „Der christliche Glaube kennt eine Einheit von Geist und Materie von deren Ursprung her, in ihrer Geschichte und in ihrem Ziel.“ (Karl Rahner, Die Einheit von Geist und Materie im christlichen Glaubensverhältnis, in: Ders., Schriften zur Theologie, Band 6, Einsiedeln – Zürich – Köln 1965, 187.) Der Mensch ist ein grundsätzlich geschichtliches Wesen, das einen „Werdecharakter“ (Ebd., 207.) trägt. Rahner erkennt das evolutive Prinzip auch in der Verbindung von Geist und Materie, die sich zu etwas Neuem entwickeln. Dieser Werdecharakter definiert sich im Menschen als „weltlich-leibhaftig-geschichtliche[s, M.F.] Freiheitswesen“ (Karl Rahner, Grundentwurf, 28).

939 Vgl., Ebd., 29.

940 Rahner 1965 a, 213.

941 Ebd.

942 Ebd., 214.

evolutive Denken Whiteheads mit seinen Prozessen der *concrescence* lässt sich mit den zugrundeliegenden Darstellungen Rahners nicht direkt in Verbindung bringen, obwohl auch jede *actual entity* die Freiheit bzw. Offenheit hat, wohin sie sich im *superject* entwirft. Was bei Whitehead emotional in der *actual entity* verankert ist, findet sich so bei Rahner nicht wieder. Whitehead beschreibt sein holistisches Modell in den Einzelschritten der Entwürfe jeder *actual entity*, die auch den Menschen aufbauen. Ein Endpunkt in der Entwicklung, die die Organistische Philosophie beschreibt, ist nicht direkt zu erkennen.[943] Lediglich das Bergen der Erlebnisse aller *actual entities* in Gottes zweiter Natur kann ein Hinweis auf mögliche individuelle Endpunkte im Prozess des Werdens sein. Anders als mit Jung kann aber Whitehead deutlicher in den Prozess zwischen Materie und Geist eingeordnet werden. Es wird weiter unten noch verdeutlicht werden, wie die beiden Pole der Erfahrung einer *actual entity*, der mentale und der physische Pol, mit den Gedanken Rahners zu Materie und Geist in Verbindung zu bringen sind. Letztlich kann aber hier schon gesagt werden, dass es auch für Whitehead um einen begrifflichen Prozess geht, der dem mentalen Pol zuzuordnen ist. So wie Rahner den Weg der Evolution als ein dynamisches Geschehen betrachtet, greift auch Whitehead den Prozess des Kosmos auf.

In den folgenden Darstellungen wird sich zeigen, dass das Prozessuale bei Whitehead und Jung sich mit den Ideen einer theologischen Anthropologie im Denken Rahners und Chardins verbinden lässt. Nicht jeder Bereich, der Züge einer Anthropologie bei Jung und Whitehead trägt, ist genau in die Systeme der theologischen Vertreter einzubauen. Gemeinsame Linien sind jedoch nicht zu leugnen. Die jeweiligen Versuche von Gemeinsamkeiten werden einzelne Details für eine Ermöglichung, Whitehead und Jung theologisch zu denken, hervorheben.

---

943 Whiteheads Ansatz der Organistischen Philosophie kann ohne das christlich-theologische Eschaton auskommen. Angelehnt an biblische Sprache formuliert er in *Process and Reality*: „Was in der Welt getan wird, verwandelt sich in eine Realität des Himmels, und die Realität des Himmels geht wieder über in die Welt. Aufgrund dieser Wechselbeziehung geht die Liebe des Himmels über und flutet wieder zurück in die Welt.“ (Whitehead 1987, 626.) Der Prozess, den Whitehead beschreibt, kann man nur als Prozess des Ewigen betrachten, in den selbst Gott eingeordnet wird und damit eine eigene Verbindung von Transzendenz und Immanenz Gottes und der Welt entsteht.

5.2. Eternal objects, actual entities und societies – Archetypen und Komplexe

5.2.1. Synopse

Betrachten wir die Denksysteme von Alfred North Whitehead und Carl Gustav Jung auf der strukturellen Ebene, so erscheinen auf der Seite von Whiteheads Organistischer Philosophie die *eternal objects*, die *actual entities*[944] und ihr Zusammenschluss zu *societies*, sowie auf Seiten Jungs Komplexer Psychologie die *Archetypen* und ihr möglicher Zusammenschluss mit den Ebenen des Bewusstseins zu *Komplexen* als Grundbausteine des jeweiligen Prozesses.[945] Beide Denksysteme scheinen in diesem Punkt aber keineswegs in ein direktes Verhältnis zu bringen zu sein. Gehen wir einmal von den kleinsten, transzendenten Einheiten des Denkens aus. Diese stellen bei Whitehead die *eternal objects* bzw. die Archetypen bei Jung dar.

Sowohl die actual entities als auch die eternal objects sind bei Whitehead als *categories of existence* zu betrachten. Letztere sind als reine Potentiale oder *forms of definiteness* zu verstehen. Wie Whitehead sich am Denken Platons orientiert, so tut es auch Jung[946]. Die von ihm entdeckten Archetypen beschreibt er als „lebendige Bereitschaften, Formen, eben Ideen in Platonischem Sinne"[947]. Beide Autoren heben zudem den transzendenten Charakter dieser beiden Strukturelemente im Leben des Individuums hervor.

Taucht man weiter in die Sprache Whiteheads ein, so wird deutlich, dass diese Strukturelemente als *objects* verstanden werden, denn diese werden im Prozess der *concrescence* gespürt. Die *eternal objects* an sich fühlen sich selber nicht. Auch die Archetypen sind als emotionslos anzusehen. Erst ihre Begegnung mit dem Bewussten löst Emotionen im Bewusstsein aus und sie werden in bestimmten Situationen „mit intensivstem Widerstand unterdrückt"[948]. Für Jung bedeutet dies aber nicht, dass die Archetypen passive

---

944 Vgl. ebd., 69: „Daß die grundlegenden Typen von Einzelwesen wirkliche Einzelwesen und zeitlose Gegenstände sind [...]."

945 Vgl. Kast 1990, 63ff.

946 Vgl. Jung 1980a, 91.

947 Ebd., 95.

948 Carl Gustav Jung, Über den Archetypus mit besonderer Berücksichtigung des Animabegriffes, in: Ders., Die Archetypen und das kollektive Unbewußte (Gesammelte Werke IX.1), 4. Auflage, Olten – Freiburg im Breisgau 1980, 78.

Objekte sind. Ihnen liegt eine eigene Energie, eine Dynamik zu Grunde, die auf die Psyche und auf das gesamte Wesen des Individuums wirken und im Unbewussten aktiv sind.

Grundlegend erklären beide, dass sowohl die Archetypen, wie auch die *eternal objects* „für alle wirklichen Einzelwesen gleich“[949] sind bzw. „ein seelisches Organ [sind, M.F.], das sich bei jedem findet.“[950] Allerdings unterscheiden sich beide Autoren darin, dass es keine neuen *eternal objects* geben kann und sie bis zu einem bestimmten Zeitpunkt entstanden sind, Jung aber die Möglichkeit offen hält, dass *Archetypen* im Lauf der Evolution entstanden sind. Diese Haltung drückt er allerdings nur sehr undeutlich in seinen Schriften aus. In *Der Begriff des kollektiven Unbewußten* geht er davon aus, dass es „so viele Archetypen, als es typische Situationen im Leben gibt“[951], gibt. „Endlose Wiederholungen“ haben sie in die „psychische Konstitution eingeprägt“[952] und so in der Psyche bzw. im Unbewussten entstehen lassen. Eine These wäre, dass auch die Zahl der Archetypen festgelegt ist und das Kollektiv der Menschheit die Fülle erst im Lauf der Geschichte erkennt.

Vergleichbar ist bei beiden Autoren wiederum, dass sowohl die *eternal objects*, wie auch die Archetypen erst durch deren Eintritt in die Realität bzw. die Ebene des Bewusstsein konkret erfasst und beschrieben werden können. Ihr Inhalt formiert sich erst aus der Potentialität, wenn sie real werden.[953] Whitehead erklärt, dass sich dieses Potential „in einem besonderen wirklichen Einzelwesen realisiert“[954], für Jung ist es das Bewusstsein, welches auf den Archetyp reagiert. Im Vergleich kommt hier die Frage auf, ob das Bewusstsein bei Jung strukturell als ein Netzwerk aus Erfahrungen gedacht werden kann, welches durch die Begegnungen zwischen Realität/Bewusstsein und Archetypen entsteht. Vergleichbar wäre das Bewusstsein

949 Whitehead 1987, 65.

950 Carl Gustav Jung, Die Psychologie des Kinderarchetypus, in: Ders., Die Archetypen und das kollektive Unbewußte (Gesammelte Werke IX.1), 4. Auflage, Olten – Freiburg im Breisgau 1980, 174.

951 Carl Gustav Jung, Der Begriff des kollektiven Unbewußten, in: Ders., Die Archetypen und das kollektive Unbewußte (Gesammelte Werke IX.1), 4. Auflage, Olten – Freiburg im Breisgau 1980, 61.

952 Ebd.

953 Vgl. Whitehead 1987, 65 und Jung 1980a, 61.

954 Ebd.

im Whiteheadschen Sinne als „Nexus wirklicher Einzelwesen" zu betrachten, „als ‚die wirkliche Welt' in bezug auf diese Konkretisierung"[955]. Mit den Komplexen können diese nicht gleichgesetzt werden, da sie nach Jung aus dem Unbewussten aufsteigen bzw. in dieses verdrängt werden, obwohl gerade ihr emotionsgeladener Grundzug eine gute Ebene der Vergleichbarkeit wäre.[956] Hier deutet sich bereits an, dass es für die *actual entities*, als Bausteine der Realität in der Psyche des Individuums, keine direkt vergleichbare Größe im Denken Jungs gibt. Sowohl die *actual entities*, die *societies* als auch die *nexūs* sind in der Theorie Whiteheads Synthesen von Prozessen, auf Seiten Jungs kann lediglich das Bewusstsein als ein solches betrachtet werden. Elementarbestandteile des Bewusstseins kann Jung nicht benennen, wie er es in Relation zu den Archetypen als Grundelemente des Unbewussten tut. Die emotionsgeladenen Komplexe bzw. „*gefühlsbetonten Komplexe*"[957], wie Jung sie nennt, sind Bestandteil des persönlichen Unbewussten, da sie in dieses verdrängt werden. Da Whitehead aber die *actual entities* als realisierte bzw. bewusste Einzelwesen versteht, kann diese Verbindung nicht aufgebaut werden.

Eine Möglichkeit, die Archetypen in der Philosophie Whiteheads zu denken, wäre, diese gemäß der 19. Kategorie der Erklärung über die *actual entities*[958] generell als Einzelwesen/*entity* zu verstehen und sie zugleich wie Whiteheads *eternal objects* als zeitlose Gegenstände zu bestimmen. Auch wenn, wie oben bereits gezeigt, die Frage der Zeitlosigkeit mit Jung nicht final zu klären ist, so könnte man sie, unter Ignorieren einiger oben aufgezeigter Spannungen zu Whiteheads Denken, als transzendente Einzelwesen in das Denken der Organistischen Philosophie aufnehmen. Selbst die Auflage, dass ein Einzelwesen eine Bedeutung für sich haben muss[959], können die Archetypen erfüllen.

Weiterhin können die Archetypen selber nicht empfunden werden. Sie wirken in symbolischen Prozessen bzw. in Bildern auf das Bewusstsein und tauchen so aus dem Unbewussten in Träumen oder Phantasien als Symbole

955 Ebd.
956 Vgl. Jung 1967, 111.
957 Jung 1980a, 14.
958 Vgl. Whitehead 1987, 69.
959 Vgl. ebd.

auf. Wie oben bereits beschrieben, werden auch die *eternal objects* in symbolischen Prozessen erfasst und können sich so im Prozess der *concrescence* konkretisieren. Dieser symbolische Prozess beginnt im Denken Whiteheads mit dem *propositional character*, den ein *eternal object* für eine *actual entity* hat. Was hier noch als Vorschlag gilt, erfährt die Entität in Form eines Symbols, wie auch der Ausdruck des Archetyps symbolisch erfasst wird.

Zu unterscheiden wiederum sind die Archetypen und die *eternal objects* in ihrer Möglichkeit, immer auf den Prozess der Wahrnehmung zu wirken. Jung sieht die Psyche beständig nach einem Äquilibrium zwischen Unbewusstem und Bewusstem suchen. Darin ist klar, dass die Archetypen sich immer auf die Prozesse des Bewussten melden und so eine Wirkung hinterlassen. Whiteheads *eternal objects* sind auch ein ständiger Einfluss auf den Prozess der *concrescence* der *actual entities*, diese können aber durch die *actual entities* abgelehnt und negativ erfasst werden. In diesem Fall wird „sein Datum davon ab[gehalten, M.F.], Einfluß auf die fortschreitende Konkretisierung der erfaßten Information zu nehmen, aus der sich die Einheit des Subjekts ergibt."[960] Der Einfluss von *eternal objects* wiederum kann sich erhöhen, wenn sie, dem Prinzip der *concrescence* entsprechend, die Entwicklungen vom *subject* zum *superject* häufiger beeinflussen. Griffin spricht hier von einer „chain of contiguous transmission", in der sich die Wiederholung eines oder mehrerer *eternal objects* ereignet – diese/s „will be much stronger than forms that are perceived only once or a relatively small number of times."[961] Dieser Hinweis könnte in Verbindung mit der Whiteheadschen Philosophie eine Erklärungsmöglichkeit für ein evolutionäres Entstehen bzw. langsames Erkennen der Archetypen in der Entwicklung des Menschen im Jungschen System bieten. Darin könnte eine Lösung für die Frage Jungs und seiner Rezipienten bzw. der Kritiker seiner Theorie gefunden sein, wie Archetypen in das Unbewusste der Psyche gelangen bzw. ihre eigene Deutlichkeit gewinnen. Es wäre zugleich ein Ansatz im Denken einer evolutionären Prozesstheologie, der einen Hinweis für die Erklärung der Zusammenhänge der Welt gibt. Dann haben die Archetypen

---

960 Ebd., 67.
961 Griffin 1989, 43.

einen transzendenten Ursprung und sind nicht genuin kollektivmenschliche und damit rein weltliche Erfahrungen.

Blicken wir auf die Ursprünge der *eternal objects* und der Archetypen als mögliche Einflussmöglichkeiten Gottes auf die Welt, so wurde bereits weiter oben deutlich, dass Jung zumindest einen Gott-Archetyp annimmt, der aus dem Unbewussten auf das Bewusste des Individuums wirkt. In *Antwort auf Hiob* hat er sich mit der Frage auseinandergesetzt, ob es einen Gott gibt und wie dieser auf das Individuum wirkt. Zu einer klaren Antwort kommt er hier nicht. Dass die Archetypen von Gott geschaffen und dem Individuum sozusagen eingepflanzt worden sind, widerspricht der oben bereits zitierten Annahme der Evolution der Archetypen augenscheinlich. In aller Unklarheit über einen göttlichen Ursprung der Archetypen kann er sich von einem Gottesbezug in diesen jedoch nicht völlig trennen. Könnte ihr, wie Griffin es andeutet, „meaning and purpose of life […] to develop the psyche“[962] sein? Dann wäre die Psyche im Denken Jungs wiederum als Offenbarungsort Gottes zu qualifizieren.

Whitehead erklärt, wie es Cobb zusammenfasst, dass die „[e]ternal objects are ordered by God with a view to eliciting greater value in the world“[963]. So sind sie ein Angebot in Gottes *initial aim*, mit dem er die Welt begleitet, den *actual entities* aber nicht ihre Freiheit nimmt, sich selbstständig zu entfalten. Whitehead unterstellt Gott, dass diese Wirkung eine „Vergottung der Welt“[964] herbeiführen kann bzw. offen legt, die Jung für sich von Kritikern als negativen Vorwurf empfunden hat. Dennoch wären auch die *eternal objects* ein Zugang Gottes in der Psyche des Individuums, bzw. in die Gesamtschau und Ganzheitlichkeit des Menschen, wenn nach Whitehead der Mensch als bipolare Größe zu verstehen ist, in der Geist und Materie nicht zu trennen sind.

Bis zu diesem Punkt wird deutlich geworden sein, dass beide Denksysteme in ihren grundlegenden Strukturelementen nicht direkt vereinbar sind. Jung führt den Blick des Lebens in das Innere des Individuums, alles Soziale, Ethische und Moralische sind Auswirkungen der innerpsychischen Prozesse. Er nimmt eine Wechselwirkung von Körper und Psyche an, hat

962 Ebd., 39.
963 Cobb 2015, 72.
964 Whitehead 1987, 622.

aber auf der Ebene des Bewusstseins keine Größe oder kein beschreibbares Strukturelement, um den *actual entities* Whiteheads nahe zu kommen.[965] Beziehen wir in diesen Diskurs auch die mögliche Gottursprünglichkeit der Archetypen ein, so gibt Jung keine Antwort darauf, ob Gott auch durch die Umwelt und über den Körper auf ein Individuum wirken kann.

Whitehead denkt die Dynamik seiner Organistischen Philosophie viel intensiver und grundlegender zwischen der psychischen und der materiellen Ebene. Er löst sich sogar von dieser und denkt die Zusammenhänge der Welt in anderen Kategorien. Sein Denksystem erscheint größer, ja holistischer als das Jungsche.

Das Grundanliegen unbewusster Erfahrung ist bei Whitehead deutlicher ausgeprägt als bei Jung. Jung unterstellt mit den Archetypen sicherlich unbewusste Formen, die symbolisch auf das Individuum wirken. Gänzlich unbewusste Prozesse sind diese lediglich „im Seelenleben der Primitiven“[966]. Sobald der „Kulturmensch“ Vernunft entwickelt, „erweist sich der sonst so nützliche Rationalismus des Bewußtseins als schwerstes Hindernis für reibungslose Energieumsetzungen“[967] der archetypischen Energien. Im Sinne der Whiteheadschen Theorien ist Jungs Grundüberlegung wertzuschätzen, dass die Ratio die Symbolkraft der Archetypen nicht ausschließen darf, sondern sich diesen organisch öffnen und mit diesen existieren muss. Darin nähern sich Jung und Whitehead wieder an und können mit dem Whiteheadschen Prinzip, dass „Bewußtsein zwar Erfahrung voraussetzt, Erfahrung aber nicht Bewußtsein“[968], grundlegend zusammengedacht werden. Whitehead bezieht sich darauf, dass unbewusste Erfahrungen nicht zwingend die Ebene des Bewusstseins erreichen müssen und in jeder *society* bzw. jedem Lebewesen auch Prozesse ablaufen, die nie das Bewusstsein erreichen. Auch auf Jung bezogen gilt der Whiteheadsche Gedanke über die Existenz des Unbewussten vor allem Bewussten in der Evolution. Die Archetypen sind

965 Noch herausfordernder wird der Vergleich, wenn Whitehead erklärt, dass „Bewußtsein […] bei keinem der beiden Typen des Erfassens ein notwendiger Bestandteil der subjektiven Formen“ (Ebd., 66) sein muss. Mit den beiden Typen meint er Erfassung bzw. *prehensions* von anderen *actual entities* oder von *eternal objects*.

966 Jung 1967, 27.

967 Ebd.

968 Whitehead 1987, 115.

Formen eines durch die Evolution geprägten unbewussten Inhalts. J`nan Morse Sellery hebt in der Unterschiedlichkeit beider Denkrichtungen den Neuansatz in der Betonung unbewusster Prozesse für die Anthropologie hervor: „Jung and Whitehead had to stop willing knowledge and to let intuition or the creative instinct forge its way into their minds.“[969] Während Whitehead die Philosophie des Unbewussten denken kann, hat Jung Zugänge gefunden, dieses empirisch über die Archetypen zu erfassen.

5.2.2. Theologische Reflexion

Für die Väter des Zweiten Vatikanischen Konzils war deutlich, dass Gott „den Menschen jederzeit in den geschaffenen Dingen Zeugnis von sich“[970] gibt. „[D]arüber hinaus“[971], wie dort ebenfalls beschrieben wird, hat Gott sich einzelnen Menschen offenbart. Zum Glauben kann nur der Mensch gelangen, welchem Gott den Verstand dazu öffnet. Eine mögliche Quelle der Offenbarungen über das Wesen Gottes sind die „Eingebung“ oder die „Eingebung des […] Heilgen Geistes“[972]. Inspirierte Menschen haben Gott ihre „eigenen Fähigkeiten und Kräfte“[973] angeboten, sein Wort niederzuschreiben. Göttliche Offenbarung drückt sich sodann in menschlichen Worten und vor allem in seiner personalen Selbstoffenbarung in Jesus Christus aus. Er ist der Höhepunkt bzw. „[d]ie Tiefe“ dieser Selbstoffenbarung „in Tat und Wort“[974].

Auf der Suche nach der Möglichkeit, ob unbewusste Formen wie *eternal objects* oder Archetypen auch in der Theologie rezipiert bzw. erwähnt werden, wird man im Dokument über die Offenbarung des Zweiten Vatikanums nicht direkt fündig. Der anfängliche Hinweis, dass die geschaffenen Dinge

---

969 J`nan Morse Sellery, The Necessity for Symbol and Myth. A Literary Amplification, in: David Ray Griffin (Hg.), Archetypal Process. Self and Divine in Whitehead, Jung, and Hillman, Evanston (IL) 1989, 99.

970 Die dogmatische Konstitution über die Offenbarung „Dei Verbum“, 367–382, hier: 368, DV 3, in: Karl Rahner, Herbert Vorgrimler (Hrsg.), Kleines Konzilskompendium. Sämtliche Texte des Zweiten Vatikanums, 26. Auflage, Freiburg im Breisgau – Basel – Wien 1994.

971 Ebd.

972 Ebd., 370, DV 7.

973 Ebd., 373, DV 11.

974 Ebd., 368, DV 2.

und die Eingebung bzw. Inspiration Artikulationen Gottes im Geschaffenen sind, lassen zumindest solche unbewussten Zustände erahnen. Die Autoren dieser Konstitution erfassen die Ideen Whiteheads oder Jungs keinesfalls direkt. Dennoch wird deutlich ausgedrückt, dass jeder Mensch in sich die Offenheit für die Anrede Gottes trägt. Ob Jungs Archetypen einen göttlichen Ursprung haben oder ob jeder Mensch für den Gottes-Archetyp offen ist, der Grundzug der Anthropologie sowohl des Konzils als auch der beiden zuvor genannten Autoren, erscheint in die gleiche Richtung zu gehen. Der Mensch ist offen für Impulse, wie sie hier vereinfacht genannt werden sollen, die er erfährt, und verarbeitet diese bis hin zur Bewusstwerdung. In Whiteheads Sprache, so muss man an dieser Stelle formulieren, sind sogar alle *actual entities* und nicht nur die komplexesten Formen von *societies* für diese Impulse offen. Mit Jung kann man es sogar schicksalshafter ausdrücken, dass der Mensch archetypische Impulse in Bildern, Symbolen bzw. Träumen erfahren muss.

Diese, vage gesprochen, Andeutung unbewusster Erfahrung als Eingebung oder Inspiration kann nicht davon wegführen, dass sich in der Theologie und in der Lehre der Kirche die Haltung durchgesetzt hat, das Bewusstsein bzw. die Vernunft habe die höchste Autorität, um Gottes Weisungen zu verstehen. Das Konzil stellt sowohl die vernunftgeleitete Offenbarungserkenntnis wie auch die von der Vernunft getrennte nebeneinander.[975]

Ein kurzer Blick in den Bereich der Moralpsychologie zeigt, dass das Gewissen im Menschen und damit verbunden der Prozess der ethischen Identitätsbildung jedoch nicht an der Frage nach der ganzheitlichen Psyche vorbeikommt. Müncker erklärt bereits Mitte des letzten Jahrhunderts, dass „die Funktion der ganzen menschlichen Persönlichkeit“[976] von Bedeutung ist und in der Moralpsychologie „die Vorgänge des sittlichen Lebens in ihrem Sein und Werden sowie in ihren leiblich-seelischen Zusammenhängen erforscht“[977] werden. Letztlich geht es um die Persönlichkeit des Einzelnen, „in der die persönlich verpflichtende Forderung des sittlichen Sollens zum

975 Vgl. ebd., 370, DV 6.

976 Theodor Müncker, Die psychologischen Grundlagen der katholischen Sittenlehre, Band 2, 2. Auflage, Düsseldorf 1953, 30.

977 Ebd., 12.

Bewusstsein kommt“[978]. Diese Haltung moralpsychologischen Denkens eröffnet den Horizont ethischen Verhaltens, wie auch die Moraltheologie ihn untersucht. Als praktisch-theologische Disziplin deutet sie darin eine anthropologische Prämisse an, die dem Bewusstwerden zugrundeliegender, unbewusster Prozesse eine Daseinsberechtigung im Identitätsprozess des Individuums zugesteht und diese dem Sollen gegenüberstellt. Sautermeister beschreibt den Menschen wie Pannenberg[979] als Wesen mit der „bleibende[n, M.F.] Herausforderung der Weltoffenheit“[980] und zitiert in seinem Beitrag *Selbstgestaltung als Selbstbindung an das Gute* den Moraltheologen Josef Fuchs, der die „‚objektive Norm‘ und ‚Stimme Gottes‘ […] mit absoluter Sicherheit, wenigstens im vorreflexiven Gewissen“[981] wirksam sieht.

Ein theologischer Zeuge für evolutives Denken und die Frage nach grundsätzlichen Erfahrungen, auch von unbewussten, ist Teilhard de Chardin, wie im vorherigen Kapitel bereits angedeutet wurde. Chardin erkennt im Prozess „bewußter Synthese“[982] eine Fortentwicklung der Evolution, die „in den unteren Stadien“ den bewussten „Pol der Welt natürlich nur biologisch verhüllt in unpersönlicher Form“[983] auftreten sah. Die Evolution, so deutet Chardin es an, beginnt im Unbewussten bzw. in der ihrer selbst unbewussten Natur.[984]

---

978 Ebd., 30.

979 Vgl. Pannenberg, 1995, 5–13, besonders 9f.

980 Jochen Sautermeister, Selbstgestaltung als Selbstbindung an das Gute. Das Gewissen als praktische Orientierungsinstanz aus moralpsychologischer Perspektive, in: Internationale Katholische Zeitschrift Communio 46 (2017), 510–519, 518.

981 Ebd., 513.

982 Chardin 1959, 240.

983 Ebd., 287.

984 In einer seiner frühen Schriften beschreibt er das Auftreten des Geistes als eine Art Kampf zwischen Materie und Geist. Der Mensch legt in der Evolution seine Fokussierung auf die Materie ab und gibt dem Geist die höhere Bedeutung. Die Materie gibt in seinen Augen nicht leicht auf und der Geist erhält den Auftrag „dem Unbewußten und Zwangsläufigen wieder Boden abzugewinnen und (wer weiß?) alles neu zu beseelen.“ (Pierre Teilhard de Chardin, Das kosmische Leben, in: Ders., Frühe Schriften, Freiburg – München 1968, 43.). Das Unbewusste tritt hier als Teil der Materie auf, weil dem evolutionären Gedanken gemäß „ das weniger Bewußte […] in der phänomenalen Entwicklung zeitlich dem Erscheinen des Bewußteren voraufgegangen“ ist. (Ebd., 44.)

Das Aufsteigen von Bewusstsein bzw. der Noosphäre in der Kosmogenese findet ihren Ursprung in Gott bzw. dem Göttlichen, da dieser die Welt und Christus in sich selbst „in einer organischen Vereinigung mit sich selbst“[985] verbinden möchte. Aus „vorreflexiven Zonen“ entwickelt sich das „Ichbewußtsein“ aus „‚vorbedachten‘ und ‚erfundenen‘ “[986] Stufen, die dem Auftreten des homo sapiens vorausliegen. Gaetano Benedetti hebt hervor, dass er darin bei Chardin schon das Unbewusste entdeckt, welches alle Individuen miteinander verbindet und zugleich den Identitätsentwurf des Individuums bereichert.[987] Psyche und Materie sind aufeinander verwiesen und in Chardins Denken nicht von einander zu trennen.[988] Sie sind raumzeitlich konstituiert, aber immer untrennbar zusammen. Deshalb kann er materialistischen Erklärungsweisen der Welt entgegenhalten, „daß sich das ‚Psychische‘ als etwas erweist, was in verschiedenen Graden von Konzentration der Gesamtheit der Erscheinungswelt zugrunde liegt“[989]. Wrede fasst diesen Ausgangspunkt der Wirklichkeit des Kosmos bei Chardin wie folgt zusammen: „[D]erselbe Grundstoff besitzt nach ihm zwei Aspekte oder, dynamisch gefaßt, zwei Hauptphasen: Materie und Geist.“[990]

---

985 Chardin 1959, 289f.

986 Ebd., 298.

987 Gaetano Benedetti, Symbol, Traum, Psychose, Göttingen 2006, 44.

988 Thomas Becker arbeitet in seiner Studie *Geist und Materie in den ersten Schriften Pierre Teilhard de Chardins* dies deutlich heraus, dennoch denkt Chardin beide getrennt. Es geht Becker zufolge aber Chardin darum, einen fundamentalen Dualismus zwischen Geist und Materie zu vermeiden (Vgl. Thomas Becker, Geist und Materie in den ersten Schriften Pierre Teilhard de Chardins, Freiburg im Breisgau 1987, 216.). In seiner Schrift *Die Kontingenz des Universums und die menschliche Lust zu überleben* findet sich die folgende Zusammenfassung der Anthropologie im Sinne Chardins: „Der Mensch, der früher als eine Anomalie im Universum betrachtet wurde, will sich nunmehr als die äußerste Spitze darstellen, die im Bereich unserer Erfahrung derzeit von dem Doppelprozeß korpuskularer Anordnung und psychischer Verinnerlichung erreicht wird, der bisweilen […] einfach Evolution genannt wird.“ (Chardin 1972, 263.)

989 Chardin, Kosmos, 306. Die Entwicklung dieser Haltung Chardins arbeitet Becker aus dessen ersten Schriften heraus. Unter verschiedenen Begriffen, wie „Unterhalb der Dinge“ und „Innen“ der Materie, kommt Chardin schließlich an den Punkt, in aller Materie ein „Bewußtsein“ anzunehmen (Vgl. Becker 1987, 219ff.).

990 Wrede 1966, 272.

Materie und Geist sind die beiden Grundbestandteile, aus denen die Evolution des gesamten Kosmos entsteht und diese weiterführt. Chardin bezeichnet sie selber als Anziehungskräfte bzw. als Anziehung: „Der Prozess der Evolution bzw. der „Self-Evolution […] läßt sich letzten Endes auf die molekularen und atomaren *Anziehungskräfte*" und „von unserem Bewußtsein als *Anziehung* erfahren."[991] Unter dem Begriff der Self-Evolution erfasst Chardin die mit Whitehead gemeinsame Idee der Selbstwerdung des Kosmos. In den beiden Hauptphasen klingt die Dynamik in der Existenz der *actual entities* an, die sich mit den drei Modi der Erfahrung durch den mentalen und den psychischen Pol ihrer Existenz bzw. durch diese Existenzweisen superjektivieren.

Chardin greift sogar das Denken Whiteheads auf, dass die Idee der *concrescence* ein elementarer Bestandteil im Werden des Kosmos ist. Neben den beiden Polen der Existenz einer Entität, wie oben beschrieben, teilt er ebenfalls den Gedanken der Diachronie aller Entitäten.[992] Auch wenn Whitehead den Atomen im Beispiel der letzten Fußnote Beständigkeit zuspricht, die Whitehead in den einzelnen *actual entities* so nicht erkennt, die Parallelen in diesem Gedanken zwischen Whitehead und Chardin treten eindeutig hervor. Deswegen stellt er fest: „Das Universum in seiner Totalität und seiner Einheit zwingt sich unausweichlich heute unserem Bemühen auf."[993]

Der Grundprozess des Werdens schlüsselt sich bei Chardin in die theologischen Begriffe von „Schöpfung, Inkarnation oder Erlösung"[994] auf. Diese drei sind nach Chardin „keine an einem bestimmten Punkt der Zeit und des Raumes *lokalisierbare*[*n*] Fakten"[995]. Sie können mit Momenten

991 Chardin 1972, 264.

992 Vgl. Pierre Teilhard de Chardin, Pantheismus und Christentum, in: Ders., Mein Glaube, Olten – Freiburg im Breisgau 1972, 79. „Es gibt, dies begreifen wir jetzt, kein einziges Atom, das, um bis in seinen Kern erkannt zu werden, nicht immer weiter in seine Vergangenheit hinein durch die endlose Reihe seiner früheren Zustände hindurch verfolgt werden müßte. – In jeder Partikel der Welt hallt nicht nur die ganze gegenwärtige Welt wider, vielmehr mündet in gewisser Weise die ganze vergangene Welt in sie ein."

993 Ebd., 79.

994 Pierre Teilhard de Chardin, Einige allgemeine Ansichten über das Wesen des Christentums, in: Ders., Mein Glaube, Olten – Freiburg im Breisgau 1972, 160.

995 Ebd., 161.

im Leben des Jesus von Nazareth als Gottessohn in Verbindung gebracht werden, stellen aber auch den „privilegierte[n] Ausdruck des Prozesses“[996] dar. Als Teilelemente der Christogenese bzw. Kosmogenese allen Seins im Kosmos können diese als theologische Umschreibung aller Werdeprozesse des Kosmos erfasst werden. In spekulativer Manier wäre die Schöpfung mit den Whiteheadschen Modi von *causal efficacy* und *presentational immediacy*, die Inkarnation mit der *symbolic reference* und die Erlösung mit der Superjektivierung zu vergleichen. Während die *causal efficacy* den Selbsterkenntnismoment einer *actual entity* und die *presentational immediacy* den Offenbarungsprozess des an die Entität herantretenden Anderen darstellen, ist der Modus der *symbolic reference* die Inkarnation des Anderen in die Entität, der letztlich zur erlösenden Bewegung der Entität in das *superject* führt. Die Christogenese als Motor der Kosmogenese mündet damit in der Hominisation des Kosmos und ist Chardins Definition einer neuen Metaphysik, der Metaphysik des Unire.[997] Diese neue Metaphysik wendet sich vom alten, statischen Denken einer Metaphysik ab und definiert auch den Zugang zur oben bereits angedeuteten Christologie: „Schaffen heißt also für Gott per definitionem, sich mit seinem Werk vereinen, sich auf die eine oder andere Weise durch Inkarnation in die Welt hineinbegeben.“[998]

Mit Blick auf Gott und sein Wirken in der Welt kann er dies als „ein[en, M.F.] absolut legitimer Pantheismus“[999] beschreiben. Wie Whitehead Gott in allen Dingen findet und auch für Jung sich mit dem Gott-Archetyp ein Göttliches in das Leben des Individuums hinein offenbart, so erkennt

996 Ebd., 162.

997 Vgl. Chardin, 1972, 213.

998 Ebd., 281. „[…] daß Schöpfung, Inkarnation und Erlösung nur mehr als die drei komplementären Seiten eines einzigen und selben Prozesses erscheinen: Die Schöpfung bringt […] ein gewisses Eintauchen des Schöpfers in sein Werk mit sich, und zugleich […] eine gewisse erlösende Kompensation.“ (Ebd., 237.)

999 Chardin 1959, 307. Er betrachtet es sogar als seinen Auftrag „Pantheismus und Christentum einander“ näherzubringen, „indem ich herausarbeite, was man die christliche Seele des Pantheismus oder die pantheistische Seite des Christentums nennen könnte. […] Alles in allem geht es mir um folgendes: ich möchte sichtbar machen, daß der Pantheismus […] nur die mangelhafte Ausformung einer vollauf berechtigten […] Tendenz der menschlichen Seele ist, einer Tendenz, die im Christentum ihre volle Befriedigung finden muß.“ (Chardin 1972, 71f.)

Chardin, dass Gott sich in die Evolution gewissermaßen eingeschrieben bzw. eingewoben hat, ohne dem Kosmos die Freiheit des eigenen Entwerfens zu nehmen. Prinzip dieses Pantheismus ist die Liebe, die, gleich der Whiteheadschen *creativity*, den Kosmos dem Punkt Omega entgegenführt, wodurch Chardin von einer „evolutionistisch-schöpferische[n, M.F.] Funktion der Synthese"[1000] sprechen kann.

Chardin verwendet in seinen Darstellungen andere Begriffe als Whitehead oder Jung, beschreibt die Selbstwerdung des Individuums aber in beiden Autoren ähnlichen Bildern: „Um völlig wir selbst zu sein, müssen wir [...], im Sinne unserer Konvergenz mit allen übrigen, zum andern hin. Unser endgültiges Wesen, der Gipfel unserer Einzigartigkeit, ist nicht unsere Individualität, sondern unsere Person. Doch diese können wir, da die Evolution die Struktur der Welt bestimmt, nur in der Vereinigung finden. [...] Das wahre *Ego* wächst in umgekehrter Proportion zum ‚Egoismus'. Nur wenn es universell wird, gewinnt das Element Persönlichkeit, nach dem Vorbild und dank der Anziehungskraft von Omega."[1001] Wie die *actual entity* im Prozess der *concrescence* sie selbst wird, da sie sich mit eigener Freiheit versehen entwirft, so ist auch das Individuum in Jungs Prozess der Individuation hier wiederzufinden. Deutlicher als Jung stellt Chardin das Kollektive am Ende des gesamten Entwicklungsprozesses des Kosmos heraus. Jung verortet das Kollektive hingegen im Unbewussten am Beginn des Werdens der Psyche. Dennoch teilen, wenn man von der unterschiedlichen Bezeichnung absieht, Jung und Chardin die Idee, dass das Individuum es selbst werden soll. Wo Chardin vom wahren Ego spricht, erkennt Jung das Selbst, das aus dem Unbewussten heraus in der Psyche des Einzelnen entsteht. Beide lehnen die Fixierung auf einen reinen Egoismus ab. Bei Whitehead verliert die Entität sogar die Existenz, wenn sie sich dem Prozess der *concrescence* verweigert. Person zu werden, Selbst zu werden oder auch eine höhere Form von *society* zu werden, sind identische Prozesse in allen drei Konzeptionen von Identitätsentwicklung.

Die deutlichste Annäherung zwischen dem Denken Chardins, Jungs und Whiteheads findet sich im Anhang zu Chardins Aufsatz *Die menschliche*

1000 Chardin 1959, 262.
1001 Ebd., 257.

Energie[1002]. Hier definiert er drei Prinzipien, die im Aufstieg des Personalen im Prozess der Kosmogenese erhalten bleiben und nicht reversibel sind. Das erste Prinzip stellt die Unumkehrbarkeit der Entwicklung hin zum Bewusstsein bzw. zur Noosphäre in der Evolution dar. Das zweite Prinzip stellt die „Erhaltung [ohne Verlust] einer unbestimmten Masse an kosmischer Kraft oder kosmischen ‚Stoff' im Laufe der universellen Spiritualisation" dar, welche er auch prozessual als „Transformation des Impersonalen" benennt.[1003] Er schließt aus, dass dieses Impersonale „eine ‚ontologische' Identität zwischen dem Unbewußten und dem Selbstbewußten"[1004] ist. Das dritte Prinzip ist die Erhaltung jedes Personalen, welches einmal entstanden ist. Sie finden sich im Supra-Personalen wieder, was für Chardin die Existenz im Punkt Omega bzw. bei Gott darstellt. Die in diesen Prinzipien formulierten Thesen spiegeln auch die Haltungen Jungs und Whiteheads wieder, die den Prozess als unumkehrbar erkennen. Das zweite Prinzip stellt einen deutlicheren Bezug zu Jung her, wenn das Jungsche Selbst, hier vergleichbar mit Chardins Selbstbewusstem, das Unbewusste erst in sich aufnehmen muss, damit das Individuum nicht archaisch von den Archetypen getrieben wird. So ließe sich Jung durch Chardin neu verstehen bzw. interpretieren und von seinem Hang zu einem letztlich doch archetypisch geprägten Individuum befreien, indem das Selbst wirklich das personale Zentrum des Individuums wird. Das dritte Prinzip greift die eschatologische Vision Whiteheads auf, dass in Gottes Doppelnatur jede Entwicklungsstufe bzw. jede *actual entity* aufgenommen wird. Im Kleinen sind diese Prinzipien über die Erhaltung des Personalen in der Evolution bzw. im Kosmos eine Möglichkeit alle drei Theorien zusammenzuführen.

Chardins Konzept vom Menschen im Kosmos kann jedoch nicht im Detail als theologische Referenz für das Denken Whiteheads und Jungs dienen. Der Grundzug seines Denkens greift das Bestreben der beiden anderen Autoren aber trefflich auf, wie gerade beschrieben wurde. Bei Chardin fehlt dennoch ein explizites Verständnis für die detaillierte Beschreibung des Unbewussten, wie Jung diese gibt. Aber Chardin kann beide Konzepte

1002 Pierre Teilhard de Chardin, Die menschliche Energie, in: Ders., Die menschliche Energie, Olten 1966, 217ff.

1003 Ebd., 218.

1004 Ebd.

an diesem Punkt der Untersuchung in eine gemeinsame Konzeption überführen. Chardin gibt Jungs Ideen einer Evolution der Psyche vom Unbewussten zum Bewussten und deren fortwährenden Dialog im Prozess der Individuation zusammen mit den Ideen Whiteheads eine Zukunft, die in einem transzendenten bzw. theologisch denkbaren Finale endet. Damit wird unter Chardin ein Bogen vom evolutiven Ursprung des Lebens, mit Betonung eines vorreflexiven Bewusstseins, welches mit Jung auch kollektiv gedacht werden kann, hin zu einer Genese des Bewusstseins als Etappe auf dem Weg zu einer kollektiven Existenz in Gott, dem Punkt Omega, gespannt. Das Konzept Chardins kann mit den detaillierten Darstellungen Jungs wie Whiteheads zu einer größeren Konzeption ausgebaut werden. Die Anerkennung von Chardins Denken in jüngster Zeit, vor allem unter Papst Franziskus[1005], bietet auch die Möglichkeit, Jung und Whitehead dem theologischen Denken neu anzubieten. Chardin ist im Verständnis des Autors dieser Arbeit eine theologische Hilfe, die strukturalistischen Elemente der beiden Autoren evolutiven und organistischen Denkens in den Bereich der Theologie und der Pastoralpsychologie neu einzuführen.

5.2.3. Zwischenresümee: Versuch der Synopse von Chardins, Jungs und Whiteheads Theorien

Der folgende Versuch, die bisherigen Gedanken zu den drei genannten Autoren in eine Synopse zu bringen, kann nicht mehr als ein theoretischer Versuch sein, der über manche der den drei Theorien eigenen Details hinwegsieht. Vielmehr soll versucht werden, ein größeres und damit allgemeineres Bild der Anthropologie unter Einbezug der Organistischen Philosophie, der Tiefenpsychologie und der theologischen Anthropologie zu entwerfen. Dabei können keine gemeinsamen Aussagen über eine Erfahrung rein unbewusster Prozesse gemacht werden. Was die folgende Synopse versucht, ist eine Zusammenschau der Übergänge von unbewussten Inhalten in die Ebene des Bewusstseins. Damit wird die Frage nach den Archetypen,

---

1005 Vgl. Franziskus, Laudato si'. Über die Sorge für das gemeinsame Haus. Die Umweltenzyklika mit Einführung und Themenschlüssel, Stuttgart 2015, Nr. 83, 80.

den *eternal objects*, der Kraft der Symbolisierung des Bewusstseins und die Internalisierung unbewusster Inhalte aufgegriffen.

Chardin und Whitehead denken den Prozess der Entwicklung bis in die kleinsten Bausteine der Materie und erklären diese zugleich als sowohl physische wie auch psychische Entitäten. Beide Seiten des Lebens können nicht voneinander getrennt werden. Bei Jung findet sich jedoch eine solche explizite Aussage nicht.

Die kleinsten Entitäten des Lebens gewinnen aus den Erfahrungen an und mit anderen Entitäten neue Erkenntnisse, die sowohl psychisch wie auch physisch erfahren werden. Mit diesen Erfahrungen bereichert werden sie neu bzw. zu einem Neuentwurf auf Grund dieser Erfahrungsgewinne. Mit Whitehead gesprochen entsteht ein neues *superject*.

Ignorieren wir manche der oben aufgewiesenen Widersprüche über die Entstehung von *eternal objects* und Archetypen, können wir alle drei Autoren in einem System denken, das zudem offen ist für ein göttliches Wirken unter den Menschen, welches sich besonders auf die Psyche der Individuen bezieht.

Archetypen bzw. *eternal objects*, als Äußerungen Gottes, üben neben anderen *actual entities* ihren Einfluss, mit Whitehead gesprochen *lures*, auf eine Entität bzw. auf das Bewusstsein und die Persönlichkeit des Individuums aus. Diese Entität empfindet sich auf der Bewusstseinsebene zunächst selbst im Whiteheadschen Modus der *causal efficacy* und verfügt über ein bewusstes Selbstgefühl. Darauf trifft im Modus der *presentational immediacy* der *lure* des Archetyps bzw. des *eternal objects* und erzeugt ein *propositional feeling*, welches die Identität empfindet. Dieses Gefühl vom Einfluss des Archetyps bzw. des *eternal objects* adaptiert die Entität zu einer *prehension*, einer Wahrnehmung im eigenen Verstehens- und Gefühlshorizont, und übersetzt es zu einer *symbolic reference*, dem Symbol einer Phantasie, eines Traumes oder ähnlicher Erfahrung, wie Jung es beschreibt. Die Entität kann sich an dieser Stelle für das Symbol öffnen und es in den Prozess der Integration in sich selbst überführen und zu einem *superject*, einem Fortschritt des Bewusstseins machen, oder verdrängt es als Schatten oder Komplexstruktur in das Unbewusste. Nimmt die Entität das Symbol an, wandelt sie es aus der rein emotional behafteten symbolischen Erfahrung mit Hilfe der Vernunft in ein *intellectual feeling*, das als *datum*, inklusiv dessen gefühlter Struktur, in die Wesenheit der Entität seinen Eingang findet und dieses zu einem *superject* überführt.

Neben diesen Archetypen bzw. den *eternal objects* Gottes wirken auch *actual entitites*, zum Beispiel Erfahrungen mit der materiellen Welt, auf die Entität und üben ihre *lures* auf die Entität aus. Diese können ebenfalls bereits Spuren des Göttlichen aus vorherigen Momenten von *concrescence* in sich tragen und so weitere Eindrücke Gottes auf die Entität auswirken, wenn diese sie freiheitlich annimmt. Letztlich enthalten auch verdrängte bzw. negativ konnotierte Inhalte und so erfahrene *actual entities* in Form der Schatten oder Komplexe göttliche Spuren, die weiterhin das Individuum beeinflussen. Sie alle bieten weiterhin in der oben genannten Dynamik ihre *propositional feelings* an.[1006]

1006 Whitehead beschreibt diese als „hybrid feelings" (Whitehead 1987, 448ff.), die in „zwei Subspezies hybrider Empfindungen" zu unterteilen sind: „(i) Diejenigen, welche die begrifflichen Empfindungen zeitlicher wirklicher Einzelwesen empfinden, und (ii) diejenigen, welche die begrifflichen Empfindungen Gottes empfinden." (Ebd. 450.). Diese *feelings* werden von Whitehead als *hybrid* beschrieben, da sie nicht nur eine Empfindung im Modus ihres Erfassens in der *actual entity* erwirken, sondern ein mehr an Inhalt vermitteln. Sie sind *hybrid* auf Grund ihrer Verschränkung ihrer Empfindung und einer „Intensität des begrifflichen Empfindens, das nach der Kategorie der subjektiven Wertung daraus hervorgeht." Der Kern des begrifflichen Empfindes wird von Whitehead als identisch mit dem des vorausgehenden Subjektes beschrieben, auch wenn die sie ergreifende *actual entity* eine eigene subjektive Form davon bildet. (Vgl. ebd. 450.). Egal ob die Erfassung der hybriden Äußerung von einem *eternal object* ausgeht oder von einer *actual entity* herkommt, der Kern der göttlichen Botschaft bleibt unverfälscht erhalten, auch wenn die erfassende *actual entity* dieser eine eigene Färbung gibt. Das ist der hohe Wert hybrider Empfindungen, wenn sie ihren begrifflichen Kern nie verlieren. Eine Möglichkeit dies in die Sprache der Theologie zu übersetzen, wäre die Formulierung der Offenbarung in allen Menschen und Religionen gemäß dem Dokument Nostra Aetate des Zweiten Vatikanischen Konzils. In der Annahme einer göttlichen Erkenntnis in allen Religionen, kann diese Erkenntnis im Whiteheadschen Sinne als *hybrid feeling* verstanden werden, welches sich im Kern gleichbleibend erhält, aber subjektiv unterschiedlich Formen bildet. So heißt es in Nostra Aetate: „Von den ältesten Zeiten bis zu unseren Tagen findet sich bei den verschiedenen Völkern eine gewisse Wahrnehmung jener verborgenen Macht, die dem Lauf der Welt und den Ereignissen des menschlichen Lebens gegenwärtig ist, und nicht selten findet sich auch die Anerkenntnis einer höchsten Gottheit oder sogar eines Vaters." (Erklärung über das Verhältnis der Kirche zu den nichtchristlichen Religionen „Nostra

Diese Prozesse können in den Großprozess Chardins mit den Zielen von Konvergenz, Komplexisierung, Verinnerlichung und Zentrierung verbunden werden. Durch diesen Ablauf zwischen dem göttlichen Einfluss, den Elementen des Unbewussten und der Integrierung in das Bewusste kann der Prozess der Kosmogenese als ein komplexes Anwachsen von Bewusstsein in Teilelementen beschrieben werden. Während die Evolution im Wandel von der Hylosphäre über die Entwicklung der Atome und Moleküle hin zur Biogenese und der Entstehung der Zellen hin zum Stadium der Biosphäre noch im Jungschen Denken als Prozess des Unbewussten gedacht werden können, passiert mit der Entwicklung des menschlichen Bewusstseins die Noogenese bzw. Christogenese, wie Chardin sie auch bezeichnet. Der bewusste Mensch als evolutives Element der Noosphäre zielt dann mit der ganzen Schöpfung auf den Punkt Omega zu.

Streitpunkt zwischen Whitehead und Jung kann an dieser Stelle sein, ab wann das Bewusstsein in der Evolution entsteht. Durch die Jungsche Betonung des primitiven Menschen im Leben des Unbewussten muss Whiteheads Annahme eines Bewusstseins in allen Elementen der Evolution von der Jungschen Annahme unterschieden werden. Whitehead ist sogar deutlicher auf Chardins These des komplexen Anwachsens von Denken zu beziehen, wenn beide von einem kosmologischen Sinn in der Schöpfung sprechen. In seinem Aufsatz *Skizze eines personalen Universums* erklärt Chardin: „Kosmischen Sinn nenne ich die mehr oder weniger verworrene Affinität, die uns psychologisch an das All bindet, das uns umhüllt. Die Existenz dieses Gefühls ist nicht zu bezweifeln und offensichtlich ebenso alt wie der Ursprung des Denkens. [...] Und seither sind seine Spuren in allem offenkundig, was wir an Großem und Unbestimmtem verspüren [...]. Doch fehlt noch viel daran, daß die Psychologie dieser tiefen Anziehung einen klar definierten Platz gegeben hätte. [...] In einem personalen Universum findet nämlich der kosmische Sinn unmittelbar einen natürlichen Platz: er stellt das mehr oder weniger dunkle Bewusstsein dar, das jeder von uns von der reflektierten Einheit gewinnt, in der er sich mit allen anderen zusammenschließt. [...] Doch kommt zweifellos der Augenblick, da es sich mit dem

Aetate“, 355–359, 356, NA 2, in: Karl Rahner, Herbert Vorgrimler (Hrsg.), Kleines Konzilskompendium. Sämtliche Texte des Zweiten Vatikanums, 26. Auflage, Freiburg im Breisgau – Basel – Wien 1994.)

Aufstieg des universellen Zentrums über den Horizont unseres Bewußtseins als ein definiertes und grundlegendes Element der menschlichen Psychologie explizitieren wird."[1007] Über Chardins Annahmen eines kosmologischen Sinns in der Evolution ergibt sich sodann die Möglichkeit, Jungs Ideen der Archetypen in einen viel tiefer gehenden Prozess der Evolution zu integrieren, als Jung es sehen konnte oder wollte. Das Wirken des Unbewussten hat mit den Gedanken Whiteheads und Chardins eine Dynamik, die über das Entstehen des Menschen hinausgeht. Das Jungsche Unbewusste ist ein Teilelement der Evolution seit Beginn des Kosmos. Chardin fordert diese Erkenntnis regelrecht von der Psychologie im oben genannten Zitat ein. Auch seine Betonung des Spürens bzw. der Emotion bildet eine Brücke zu den Darstellungen Whiteheads und Jungs. Die Evolution wird als Faktum erfahren und durchdacht, in ihren grundsätzlichen Bewegungen wird sie allerdings zuerst gespürt.

Die Entwicklung des Menschen kann im Zusammendenken dieser drei Theorien als Prozess-Anthropologie und damit als Teil der kosmologischen Dynamik verstanden werden. Prozess-Anthropologie ist dann als eine ganzheitliche Erfahrung, die jenseits eines Leib-Seele-Dualismus und jenseits einer rein den Menschen betreffenden Erfahrung steht, zu beschreiben. Mit der Sprache der Prozesstheologie ist es das Geschehen, welches Catherine Keller in ihrer *tehomic theology*[1008] beschreibt. Für die Lücke in Jungs Theorie über den Ursprung der Archetypen muss in dieser Zusammenschau die These vom göttlichen Ursprung der Archetypen aufrechterhalten werden. Die Archetypen sind dann von Gott her ewig, eben als *eternal* zu denken. Der Punkt Omega in Chardins Theorie zeigt sich bereits in ihnen.

In der dargestellten Bewegung zwischen dem göttlichen Bereich, dem Unbewussten und dem Bewusstsein des Individuums stellt sich der Mensch als komplexe und teil-bewusste *society* dar. Whitehead und Jung, und in Einschränkung auch Chardin, erkennen in ihren Theorien an, dass der Mensch nicht nur in bewussten Prozessen zu verstehen ist, wie es auch neuere neurobiologische Forschungen erklären. Wobei Chardin die Entwicklung des Bewusstseins als *die* evolutionäre Errungenschaft auffasst.

1007 Chardin 1966, 109f.

1008 Vgl. Catherine Keller, Face of the deep. A Theology of Becoming, London – New York 2004, 157.

Daneben kann er alleinige unbewusste Prozesse neben den Prozessen hin zur Noosphäre nicht als den bewussten Prozessen gleichgültig auffassen. Die hier erarbeitete Synopse kann somit nur als Teilprozess der Menschwerdung im Bereich einer möglichen Prozess-Anthropologie gedacht werden. Um den Gedanken Whiteheads und Jungs gerecht zu werden, müssen auch unbewusste Prozesse Anteil an der Menschwerdung haben, welche den Ansatz Chardins ergänzen müssen.[1009]

5.3. Symbol

5.3.1. Synopse

Einer der Kernmomente im Prozess der Individuation und auch der *concrescence* kann mit Symbolen in Verbindung gebracht werden. Wahrnehmung bzw. Erfahrung braucht in beiden Denksystemen von Entwicklung Symbole, damit der jeweilige Prozess seinen Verlauf finden kann. In *Adventures of Ideas*[1010] machte Whitehead deutlich, dass Erfahrung nur via Symbole geschieht. Eine klare Sicht auf den Erfahrungsgegenstand gibt es nicht. Ein Objekt bzw. *datum* wird nur als Symbol erfahren. Diese Eigenschaft, Symbole zu verstehen, gehört in seiner Theorie „den höheren Formen des Lebens“[1011] zu. Whitehead zweifelt auf Grund dieser These auch an der Behauptung, dass ein Individuum wirkliche Wahrheit erfahren kann: „Die menschliche Erfahrung geht so oft mit symbolischem Bezug einher, daß es kaum übertrieben ist zu sagen, die eigentliche Bedeutung von Wahrheit sei pragmatisch.“[1012]

Ebenso spricht Jung von der Erfahrung der Archetypen. Nicht der Archetyp an sich wird erfahren, sondern er drückt sich dem Bewusstsein gegenüber in einem Symbol aus. Dieses Symbol erfährt das Individuum in einem Traum oder einer Phantasie und muss erkennen, welcher Archetyp sich hier ausdrückt. Es unterscheidet sich für Jung vom Zeichen, da es keine „bekannte

1009 Diese Prozesse sollen weiter unten unter dem Kapitel „Bewusstsein“ aufgegriffen werden.
1010 Vgl. Whitehead 1971, 325.
1011 Whitehead 1987, 342.
1012 Ebd., 338. Als Beispiel für Symbolik gibt er die gesprochene Sprache an (Vgl. ebd., 339).

Sache“ verdeutlicht, und ist im Denken Jungs als „lebendig“ zu erfassen, da es „der Ausdruck einer sonstwie nicht besser zu kennzeichnenden Sache“[1013] ist. Jung betont, dass „jede psychologische Erscheinung ein S.[ymbol ist, M.F.] unter der Annahme, daß sie noch ein mehreres und anderes besage oder bedeute, das sich der gegenwärtigen Erkenntnis entziehe.“[1014] Dafür braucht es, in seiner Logik, allerdings auch ein Bewusstsein, welches für eine tiefere Bedeutung offen ist. Diesen Zusammenhang zwischen einem symbolischen Ausdruck und einem Bewusstsein, das offen ist für die symbolische Artikulation einer Wirklichkeit, überträgt Jung auf die Beziehung zwischen dem Unbewussten und dem Bewusstsein. In *Definitionen* setzt er das *lebendige Symbol* in direkte Verbindung mit einem unbewussten Etwas, das sich durch das lebendige Symbol ausdrückt. Ist dieses Symbol universell verständlich, in einer größeren Gruppe von Menschen, kann es als *lebendiges soziales Symbol* betrachtet werden.[1015] Daneben gibt es auch individuelle Symbole, die „individuelle psychische Produkte“[1016] sind. Da das Symbol vom Unbewussten ausgeht und vom Bewusstsein erfasst wird, „setzt [es, M.F.] sich zusammen aus den Daten aller psychischen Funktionen. Es ist infolgedessen weder rationaler, noch irrationaler Natur.“[1017] Das Symbol „spricht ebensowohl das Denken wie das Fühlen an“[1018]. Aus dieser gegensätzlichen Veranlagung des Symbols für beide Naturen drängt es auf eine „neue vereinigende Funktion“[1019]. Das Symbol erscheint wie etwas psychisch Ganzheitliches, wenn es die rationale und die irrationale sowie die Ebene von Denken und Fühlen erfasst. Daraus eine Verbindung für Bewusstes und Unbewusstes zu erschließen, liegt der Whiteheadschen Verwendung des Symbols ebenfalls nahe.

Was Jung als „Formungsprozeß“ eines „Rohstoffes“[1020] bezeichnet, ist bei Whitehead als Wahrnehmungsmodus der *symbolic reference* zu verstehen.

1013 Jung 1971a, 516.
1014 Ebd.
1015 Vgl. ebd., 518.
1016 Ebd., 519.
1017 Ebd., 520.
1018 Ebd., 521.
1019 Ebd., 521.
1020 Ebd., 522.

Für ihn ist auch Sprache symbolisch zu erfassen.[1021] Aber gerade die Sinneswahrnehmung bzw. „Sinnes-Präsentationen“ sind für ihn „der am weitesten verbreitete aller symbolischen Modi“[1022]. Der menschliche Verstand hat bei Whitehead die Aufgabe, die Symbole in eine Bedeutung zu überführen. Der Mensch nimmt symbolische Wirklichkeiten wahr und hat die Aufgabe der „Aktivität in der Erzeugung seiner eigenen Erfahrung“[1023], welche fehlerhaft sein kann[1024]. Auch sieht er die Notwendigkeit einer „Gemeinsamkeit zwischen der Natur des Symbols und der Natur der Bedeutung“[1025]. Der Mensch nimmt symbolisch ein *datum*, Gefühle, Emotionen und Aktionen wahr.[1026] Diese versucht er dann in begriffliche Wahrheiten zu überführen.

Gleichfalls deutet sich bei Whitehead ein Prozess der Übersetzung eines *datums* an, das sich symbolisch erfassen lässt als Gefühl oder Gegebenheit und dann durch das Bewusstsein in einen Begriff überführt wird. Das Symbol ist dabei eine Repräsentanz für ein Wahrgenommenes, das nie in sich zu erfassen ist. Zu betonen bleibt, wie bei Jung, dass das Bewusstsein und die Quelle des Symbols miteinander in Verbindung stehen. Sie sind beide konstitutiv für die Symbolarbeit. So wie die Psyche sich bei Jung aus der symbolischen Kommunikation zwischen Unbewusstem und Bewusstem aufbaut, so ist auch bei Whitehead die *actual entity* eine Synthese ihrer Vergangenheit und die Erfassung von Wahrnehmung. Sinnesdaten und Körpergefühle gehören weiterhin für Whitehead zum Prozess der Selbstwerdung einer Entität dazu.[1027]

Eine besondere Gemeinsamkeit scheint die Bedeutung von Gefühlen bzw. Emotionen im Prozess der Wahrnehmung von Symbolen zu sein. Sowohl Jung als auch Whitehead betonen in ihrer Wahrnehmungslehre der Psyche bzw. der *actual entity* diese Ebene. Ob in der *causal efficacy* als Stufe der Wahrnehmung hin zu *symbolic reference* oder das Fühlen im Prozess zwischen Unbewusstem und Bewusstem, immer taucht diese Ebene mit auf. Bei

1021 Vgl. Whitehead 2000, 61.
1022 Ebd., 64.
1023 Ebd., 69.
1024 Ebd., 78.
1025 Ebd., 68.
1026 Vgl. ebd.
1027 Vgl. ebd., 81.

beiden Autoren ist darin zu erkennen, dass Prozesse der Wahrnehmung und der Entwicklung nicht nur auf der rationalen Ebene des Geistes oder des Bewusstseins aufbauen, sondern auch auf der Ebene der Emotionen. Die Daten der Emotionen fließen ebenso in die Wahrnehmung ein, sogar deutlich zu Beginn des Prozesses, wie die rationale Begriffsbildung auf diesen aufbaut. Beide Theorien deuten hier eine Perspektive für die (psychische) Wahrnehmung an, die sich von der Entwicklung der Wahrnehmungslehren der letzten Jahrhunderte abhebt. Wie Jung die Archetypen als wichtige Erkenntnis für die psychischen Prozesse betont, so hebt Whitehead die Bedeutung der Symbole für die allgemeine Wahrnehmung und die menschliche „Abneigung gegenüber der Symbolisierung“[1028] hervor.

Es klingt wie eine Übersetzung Jungscher Beschreibungen über den Entwicklungsprozess des Bewusstseins und der Vernunft aus dem kollektiven Urstoff der unbewussten Anteile der Psyche, wenn Whitehead erklärt: „Die Gesellschaft hat anstelle der Macht des Instinkts, der die Individualität unterdrückt, die Wirksamkeit der Symbole gewonnen.“[1029] „Symbolischer Ausdruck“ ist für die Entwicklung der „Vernunft eine Ausgangsbasis“[1030], fasst Whiteheads und Jungs Denken zusammen. Verschlüsselt kann man aus Whiteheads Thesen über die Symbole auch eine parallele Deutung zu Jung bezüglich deren Ursprung in den Archetypen erkennen: „Tatsächlich ruft das Symbol Loyalitäten zu vage vorgestellten Ideen hervor, die für unsere geistigen Naturen grundlegend sind.“[1031]

Es ist nicht bekannt, ob Whitehead und Jung wechselseitig von den Theorien des jeweils Anderen wussten. An diesem Punkt ihrer Theorien sind eindeutige Parallelen zu erkennen. Ihr empirischer Zugang zur Welt und zur Wahrnehmung bringt beide zu der Erkenntnis, dass Entwicklung grundlegend durch symbolische Repräsentation funktioniert. Der Mensch bzw. das Individuum erfährt seine Welt nicht in ihren realen Tatsachen, sondern durch die emotionale Wahrnehmung seiner selbst und durch die Erfahrung des symbolischen Ausdrucks realer Daten. Diese werden durch die Vernunft/das Denken und auf der Ebene des Gefühls in eine Verarbeitung

1028 Ebd., 119.
1029 Ebd., 125.
1030 Ebd., 129.
1031 Ebd., 133.

gebracht. Einen Unterschied scheint es lediglich an der Stelle zu geben, wo Emotionen in diesem Prozess vorkommen. Bei Whitehead sind diese in der Selbstwahrnehmung der Entität beschrieben, bevor das wahrgenommene Datum verarbeitet wird. Hier kann auch ein solches Datum eine Emotion der Entität darstellen. Bei Jung taucht das Fühlen auf gleicher Ebene wie das Denken auf. Dennoch ist die Betonung der emotionalen Ebene eine klare Ablehnung für eine rein rational begründete Wahrnehmungslehre. Die Frage nach den Symbolen betont aber, was Whitehead trefflich für beide Autoren ausdrückt: „Daher ist die Symbolisierung [...] nur ein Beispiel für die Tatsache, daß eine Einheit der Erfahrung aus dem Zusammenfluß vieler Komponenten entsteht."[1032] Diese Wirklichkeit ist für das theologische Denken, das pastorale Handeln und für die Praxis der Pastoralpsychologie hervorzuheben.

5.3.2. Theologische Reflexion

Biblisch-theologisch grenzt Söding Symbole vom grundlegenden Verständnis Whiteheads und besonders Jungs ab.[1033] Symbole entstehen nicht als Aufstieg aus dem Unbewussten, sondern finden in der Schöpfung ihren Ausdruck. Nach Söding ist der Mensch das Symbol Gottes, welches Gottes

---

1032 Ebd., 144.

1033 Thomas Söding, Symbol IV. Biblisch-theologisch, in: Walter Kasper, Konrad Baumgartner, Horst Bürkle, Klaus Ganzer, Karl Kertelge, Wilhelm Korff, Peter Walter (Hrsg.), Lexikon für Theologie und Kirche, Band 9, Sonderausgabe, 3. Auflage, Freiburg im Breisgau 2009, 1156–1158, 1157: „Entscheidend ist das theol. Verständnis. Von S.en ist biblisch-theologisch weder im myth. Sinn als Manifestation, Wiederholung u. Erneuerung eines weltbegründenden Göttergeschehens zu sprechen, das sie repräsentieren, noch im tiefenpsycholog. Sinn als Ausdr. des individuellen od. kollektiven Unbewußten (C.G. Jung), sondern als „Zeichen", die Gott in seiner Schöpfung u. der v. ihm beherrschten Gesch. gesetzt hat, um sich den v. ihm angesprochenen Menschen als Schöpfer u. Vollender, als Richter u. Retter in Erfahrung zu bringen. So wenig S.e nach biblisch-theol. Grundverständnis auf gesellschaftl. Übereinkunft beruhen od. durch persönl. Erfahrung kreiert werden, zielen sie doch nach Gottes Offenbarungswillen (ähnlich wie seine inspirierten Worte, die Heiligen Schriften u. die Sakramente) darauf, daß die Gemeinschaft des Gottesvolkes ihren Glauben auf elementare Weise kommunizieren u. daß sich personal wie ekklesial rel. Identität ausbilden kann."

Wirken in der Welt besonders deutlich macht. Es mag das Unwissen der Menschen biblischer Zeit sein, dass Symbole nicht mit der Psyche in Verbindung gebracht wurden, sondern mehr von der materiellen Ebene der Welt her gedacht wurden.

Die Frage nach der Bedeutung von Symbolen kann als die grundlegende Frage der Interpretation göttlicher Offenbarung in der Theologie betrachtet werden. Marie-Dominique Chenu zeigt in *Die Theologie als Wissenschaft im 13. Jahrhundert* den Wandel des theologischen Denkens auf und stellt dar, dass vom Ausgangspunkt der Heiligen Schrift mit der Integration platonischen Denkens in die Methodik theologischen Arbeitens das Interpretieren theologischer Texte durch die Autoren individualisiert und damit symbolischer wird.[1034] Der sogenannte Universalienstreit verdeutlicht die weitere Entwicklung und Frage, inwieweit Sprache und Begriffe Symbole sind und die Sprache ein Weg zur Wahrheit darstellt. Hierin erkennt Karl-Heinz Menke den „Grund für den reformator. Ikonoklasmus u. die Verwerfung schol. Begriffsmetaphysik."[1035] Einen Zwischenstand hat die katholische Theologie in der Formulierung vom Realsymbol gefunden. Rahner erklärt das Plurale der Schöpfung von der Trinität her begründet. Wie diese sich „entfaltet, das Plurale also aus einem ursprünglichen ‚Einen' in einem Entsprungs- und Abfolgeverhältnis herkommt, die ursprünglichste Einheit, die auch die das Plurale einende Einheit bildet, sich selbst behaltend in eine Vielheit sich entläßt und ‚ent-schließt', um dadurch gerade sich selbst zu finden"[1036], gibt die Trinität dem Einzelnen in der Pluralität der Welt eine Bedeutung, die auf sie verweist. Das Gemeinsame aller Teile der Welt ist bereits „die Konstitution des Herkommenden *als* eines *Ausdrucks*."[1037] Rahner betont weiterhin, dass „das ‚Symbol' (so verstanden, wie sich das

1034 Vgl. dazu besonders Marie-Dominique Chenu, Die Theologie als Wissenschaft im 13. Jahrhundert, Ostfildern 2008, 43–67.

1035 Karl-Heinz Menke, Symbol V. Theologiegeschichtlich u. systematisch-theologisch, in: Walter Kasper, Konrad Baumgartner, Horst Bürkle, Klaus Ganzer, Karl Kertelge, Wilhelm Korff, Peter Walter (Hrsg.), Lexikon für Theologie und Kirche, Band 9, Sonderausgabe, 3. Auflage, Freiburg im Breisgau 2009, 1158–1160, 1158.

1036 Karl Rahner, Zur Theologie des Symbols, in: Ders., Schriften zur Theologie, Band 4, Zweite Auflage, Einsiedeln – Zürich – Köln 1961, 282.

1037 Ebd., 283.

Wort jetzt durch die vorausgehenden Überlegungen ergeben hat) [...] die Weise der *Selbst*erkenntnis, der Selbstfindung [...]"[1038] ist. Einen Hinweis zur Anthropologie formuliert er in der Frage nach dem leiblichen Denken bzw. der leiblichen Verortung des Symbols im Individuum.[1039] Der ganze Mensch in der Dimension des Leibes ist Symbol für das Symbolisierte. Auch wenn er den einzelnen Teilen des Leibes unterschiedliche Symbolkraft für das Symbolisierte zumisst, so haben sie doch alle Anteil an dem Ursprung des Symbols. Höchsten Anteil am Ursprung hat für Rahner die Seele, wobei kein Teil des Leibes frei ist von Symbolkraft des Symbolisierten. Das Realsymbol bzw. die reale Symbolisierung des Göttlichen in der Welt erkennt Rahner als „Wirklichkeit und ihre Erscheinung im Fleisch [...] im Christentum unvermischt und untrennbar für immer eins. Die Wirklichkeit der göttlichen Selbstmitteilung schafft sich gerade dadurch ihre göttliche Unmittelbarkeit, daß sie sich im Symbol gegenwärtig setzt, das nicht trennend vermittelt, sondern unmittelbar eint, weil das eigentliche Symbol mit dem Symbolisierten dadurch real geeint ist, daß dieses jenes als seinen eigenen Selbstvollzug setzt."[1040]

Greift man diese Theologie des Symbols bei Rahner im Sinne des Whiteheadschen *datums* auf, ist das Symbol aus den *eternal objects* kommend ein Ausdruck des Göttlichen, welches in der *actual entity* ihren physischen und zugleich psychischen Wiederklang findet. Auch das Symbolverständnis von Jung kann in der Rahnerschen Interpretation wiedergefunden werden. Das Symbol als Ausdruck des Archetyps wird ganzheitlich erfahren, wenn es (auch physische) Emotionen auslöst, die dessen Integration in das Bewusstsein begleiten. Denn sowohl jedes *eternal object* als auch jeder Archetyp geben der jeweilig anteilnehmenden Entität eine symbolische Botschaft weiter, wenn *eternal object* und Archetyp göttlichen Ursprungs sind.

1038 Ebd., 285.

1039 Ebd., 306: „In dieser Einheit vom Symbol und Symbolisiertem, die durch den Leib und die Seele gebildet werden, sind die einzelnen Teile des Leibes mehr als bloß quantitativ addierte Stücke des ganzen Leibes; sie snd vielmehr in einer eigentümlichen Weise immer so Teile, daß sie auch das Ganze noch in sich befassen, wobei dieses freilich von den einzelnen Teilen in verschieden strengem Maß gelten mag."

1040 Ebd., 311.

Rahner arbeitet mit der Dimension des Leibes eine ganzheitliche Dimension des Symbols als Ausdruck Gottes in der Welt heraus, der bei Whitehead ebenfalls zu erkennen ist. Bei Jung kann diese Wirkung des Archetyps lediglich über die gerade aufgeworfene Dimension der Emotion angenommen werden. Die weiter oben aufgeworfene offene Frage nach dem genauen Zusammenspiel zwischen Körper und Psyche bei Jung könnte somit über die Frage des Symbols gelöst werden, wenn dieses vom Archetyp her aus dem Unbewussten der Psyche aufsteigend in der Physis des Bewusstseins im Gehirn einen Anklang findet. Neurobiologische Forschungen suchen gerade diesen Übergang zwischen Psyche und Gehirn zu entschlüsseln, der die Diskussionen rund um die Leib-Seele-Debatte weiter anheizt. In der Whiteheadschen Annahme, dass Materie und Geist gar nicht zu trennen sind, könnte sich eine Lösung anbieten, die allerdings unter den gegebenen Vorstellungen von Physik und Biologie in den Naturwissenschaften, die noch nicht in allen Bereichen auf der Wissenschaftlichkeit der newtonschen Wende aufbauen, nicht zu greifen vermag. Rahners Theologie des Symbols steht in ebendieser Spannung, wenn er das Symbol den ganzen Menschen ergreifen sieht und dennoch von unterschiedlichen Maßen der Symbolisierung des Göttlichen in den verschiedenen Teilen des Leibes ausgeht. Eine Gleichwertigkeit von Geist und Materie ist hier nicht zu erkennen.

Dennoch stellt die Rahnersche Auffassung des Symbols einen Weg zwischen der katholischen Theologie und den Symbolsverständnissen Whiteheads und Jungs dar, um deren Auffassung vom Symbol für den Bereich der Theologie zu eröffnen. So gibt Rahner im hier zitierten Aufsatz selber zu bedenken, dass heutige Theologen die Frage nach dem Symbol als „Grundstruktur des Christentums überhaupt“ als „die eine Theologie des Symbols herausarbeiten müßte[n, M.F.] […].“[1041] Anregung dazu können auch die Symbolverständnisse Whiteheads und Jungs sein.

An dieser Stelle mag bereits aufgefallen sein, dass Teilhard de Chardin nicht erwähnt wurde – denn eine explizite Symboltheorie ist bei ihm nicht zu finden.[1042] Als Beispiel sei genannt, dass Chardin in *Das Herz der Materie*

1041 Ebd.

1042 Vgl. Adolf Haas, Teilhard de Chardin-Lexikon. Grundbegriffe – Erläuterungen – Texte, Freiburg im Breisgau 1971b: Haas greift den Begriff des Symbols in keinem seiner Beiträge des *Teilhard de Chardin-Lexikon* auf. Die Frage des

den Begriff des Symbols im Sinne des „‚Sacré Coeur'"[1043] aufgreift und darin ein grundsätzliches Verständnis für Symbole im Leben zeigt. Eine eigene Theorie im oben genannten Sinne ist hier nicht abzuleiten. Es klingt realsymbolisch an, wenn er über die Andacht vom Herzen Jesu und der darin für ihn bedeutsamen Spiritualität und persönlichen Prägung schreibt, dass diese „mit [...] Vehemenz und mit [...] Kontinuität [...] mein religiöses Leben [...] entwickelte"[1044].

5.4. Bewusstsein

5.4.1. Synopse

Sowohl bei Jung als auch bei Whitehead hat sich herausgestellt, dass das Bewusstsein für Entwicklungs- und Wahrnehmungsprozesse wichtig ist. In der Frage nach Religion und Gott zeigte sich ebenfalls, dass es beiden um ein neues Verständnis von Bewusstsein geht.[1045] Darum stellt sich die Frage, ob ihr Verständnis von diesem auch vergleichbar ist. In der vorherigen Analyse zu Symbolen konnte das Bewusstsein bereits als Quelle für die Erfassung und Verarbeitung von Symbolen auf der begrifflichen Ebene aufgedeckt werden. Teilweise benutzt Whitehead synonym zum Bewusstsein auch den Begriff der Vernunft.

Beide Autoren gehen von einer Entwicklung des Bewusstseins aus, der an einem bestimmten Moment in der Entwicklung des Kosmos liegt. Wie Jung das Bewusstsein aus dem Unbewussten entstehen sieht und ihm eine Bedeutung für die Individuation des Individuums aus der Kollektivpsyche

---

Symbols kann hierauf folgend nicht zu einem der Grundbegriffe des Denkens Chardins gezählt werden.

1043 Pierre Teilhard de Chardin, Das Herz der Materie, Olten/Freiburg im Breisgau 1990, 64.

1044 Ebd., 66.

1045 Chae Young Kim, A comparison of Alfred North Whitehead's and Carl Gustav Jung's idea of religion. Special reference to their lectures on religion, in: Journal of Dharma 27 (2002), 417–428, 425: „In a word, even though Whitehead and Jung understood religion in terms of different academic tradition, they have the same opinion that the essence of religion is not in the memory of doctrines but the experience of solitariness and *numinosum* which is always refreshing and extending the human's consciousness."

gibt, so bringt Whitehead die „Entwicklung der Vernunft [... mit, M.F.] der gesteigerten Bedeutung des kritischen Urteils“[1046] zusammen, obwohl er den Entstehungsprozess des Bewusstseins nicht näher erörtert.

Ausgehend von Bergson sieht er das Bewusstsein nicht als rein geistigen oder materiellen Prozess, sondern vielmehr in beiden Dimensionen des Lebens verankert. Darin führt Bergson „die organische Konzeption der Physiologie in die Philosophie ein“[1047]. Allerdings sieht er das Bewusste als einen Prozessanteil im Individuum an, der viel seltener erfolgt als alles unbewusste Erfassen: „Die organistische Philosophie behauptet, daß Bewußtsein erst in einer späten, abgeleiteten Phase komplexer Integration entsteht. Wenn ein wirkliches Ereignis so beschaffen ist, daß Phasen dieser Art in seiner Konkretisierung unbedeutend sind, dann gibt es in seiner Erfahrung keine Erkenntnis [...]”[1048]. Erst die Inhalte der *presentational immediacy* erfasst das Individuum „mit lebhaftestem Bewußtsein“, den Modus der *causal efficacy* erfasst das Bewusstsein „nur schwach, weil sie primitive Elemente in unserer Erfahrung sind“[1049]. Für Whitehead folgt daraus, dass „die Ordnung des erwachenden, klaren und deutlichen Bewußtseins nicht die Ordnung metaphysischer Priorität ist“[1050], denn sonst würde dieses in allen Wahrnehmungs- bzw. Erlebnisstufen der Wirklichkeit eine intensive Bedeutung haben. Alles Emotionale bleibt damit im Ansatz vom Bewusstsein und vom Rationalen getrennt und kann auch ohne in die Wahrnehmung bewusster Prozesse zu gelangen eine berechtigte Existenz und Wandlung in und an der *actual entity* bewirken. Bewusstsein wird zu einer Form der Verarbeitung bzw. Integration emotionaler Grundbausteine der Wirklichkeit, und „[e]in unabhängiger Geist wird im Konzept der organistischen Philosophie aufgegeben.“[1051] Der Prozess des Bewusstseins in der Prozessphilosophie Whiteheads ist der der „negativen[n, M.F.] Wahrnehmung“[1052]. Was eine

1046 Whitehead 1987, 352.
1047 Whitehead1988, 173.
1048 Whitehead 1987. 302. Vgl. auch „Bewußtsein ist bei keinem der beiden Typen des Erfassens ein notwendiger Bestandteil der subjektiven Formen.“ (Ebd., 66.)
1049 Ebd., 303.
1050 Ebd.
1051 Busch 1993, 115.
1052 Whitehead 1987, 302.

Entität noch nicht kennt bzw. von ihr abweicht, wird bewusst erfasst und begrifflich als Gegenüber einer Tatsache gebildet und darin Potentialität für die *actual entity*. Durch die Möglichkeit der Empfindung aller Eindrücke auf eine Entität hin erhält das Bewusstsein eine deutlich geringere Bedeutung für die Erfassung der Welt, und darin wendet sich Whitehead vom sonst gängigen Modus der Philosophie ab, die die Welt erst durch das Bewusstsein zu beschreiben verstanden hat. Welt ist bei Whitehead schon vor jeder bewussten Erfassung vorhanden und aktiv schon auf Basis der Empfindung zu erfassen.

Jung definiert das Bewusstsein wie folgt: „Unter B. verstehe ich die Bezogenheit psychischer Inhalte auf das Ich, soweit sie als solche vom Ich empfunden wird. Beziehungen zum Ich, sowie sie von diesem nicht als solche empfunden werden, sind *unbewußt*. Das Bewußtsein ist die Funktion oder Tätigkeit, welche die Beziehung psychischer Inhalte zum Ich unterhält. B. ist nicht identisch mit Psyche, indem Psyche die Gesamtheit aller psychischen Inhalte darstellt, welche nicht notwendigerweise alle mit dem Ich direkt verbunden, d.h. dermaßen auf das Ich bezogen sind, daß ihnen die Qualität der Bewußtheit zukäme. Es gibt eine Vielheit von psychischen Komplexen, die nicht alle notwendigerweise mit dem Ich verbunden sind."[1053]

Bewusstsein ist eine Art Beziehungsmodus zwischen dem Unbewussten und dem Ich, der über Empfindung stattfindet. Die Auswirkungen des Unbewussten, die auf das Ich wirken, werden bewusst empfunden. Darin ist das Bewusstsein lediglich ein Teilbereich bzw. eine Teilfunktion der Gesamtpsyche des Individuums. Was das Ich somit als innerpsychische Instanz wahrnimmt, das ist bewusst. Das Ich in seiner Empfindungsfunktion unterscheidet sich grundlegend von Whiteheads Idee, dass Empfindungen schon dem Prozess des Bewusstseins vorausliegen. Empfindungen sind nach Jung Teil des Bewusstseinsprozesses. In der Weite der Psyche finden beide Autoren aber wieder zusammen, wenn Jung erklärt, dass es mit dem Unbewussten ein „unvermeidlicherweise [...] unbegrenzbares und undefinierbares, zusätzliches Etwas zu jeder Persönlichkeit [gibt, M.F.], insofern als letztere aus einem bewußten, beobachtbaren Teil besteht, welcher gewisse Faktoren nicht enthält, deren Existenz wir dennoch gezwungen sind anzunehmen, um

1053 Jung 1971a, 451.

gewisse Tatsachen zu erklären."[1054] Das Bewusstsein ist somit eine grundlegende Funktion der Psyche, die Whitehead dieser in der Deutlichkeit Jungs nicht zuerkennt, auch wenn beide diese als wichtige Stufe der Evolution hin zum Individuum betrachten.

Da Jung keine direkten Aussagen über das Sein des Unbewussten an sich aufstellt, können im Versuch der Synopse mit Whitehead auch für Jung Prozesse angenommen werden, die die Psyche prägen und im innerunbewussten Teil der Psyche verbleiben. Spekulativ wäre dann zu formulieren, dass eine Kommunikation im Innerunbewussten emotional verläuft. Allerdings kommt hier das Problem auf, dass *eternal objects* sich nicht fühlen und lediglich „ein reines Potential"[1055] sind. Auf der Ebene des rein Unbewussten kann dann im Sinne Whiteheads lediglich ein Prozess des emotionalen Austauschs zwischen den Archetypen vorgeschlagen werden, wenn diese wie Whiteheads *eternal objects* als reine Potentiale und den Komplexen vergleichbar verstanden werden, die Jung wie autonome Seelenanteile betrachtet. In ihrer Selbstständigkeit als *„abgesprengte Teilpsychen"*[1056] stehen sie den Archetypen als Potentialitäten gegenüber. Jung erklärt sogar, dass es über die Komplexe „eine ausgesprochene Unbewußtheit gibt [...], was diesen natürlich umso größere Aktionsfreiheit gewährt."[1057] Der Mensch als *nexus* kann in seiner *social order* auch Anteile enthalten, die den Jungschen Komplexen vergleichbar sind, die unbewusst auf den *nexus* wirken, und wird darin von diesen geprägt.

Der oben dargestellte Weg ist eine Hypothese, um beide Denkrichtungen in Bezug auf das Unbewusste und Bewusstsein in einen Dialog zu bringen und darin Whiteheads Philosophie in die Prozesse der Jungschen Darstellung der Psyche zu integrieren. Diese Annäherung in Form der Hypothese kann an dieser Stelle nicht tiefergehend weitergeführt werden als über den Versuch, beide Systeme über die Jungschen Komplexe zusammenzuführen. Eine deutlichere Verbindung beider Bewussteinstheorien ist nicht möglich. Auch lässt diese Gegenüberstellung offen, dass es hier um eine Dynamik zwischen wirklich Unbewusstem und Bewusstem gehen kann, wie die

1054 Jung 1963, 42.
1055 Whitehead 1987, 65.
1056 Jung 1967, 113.
1057 Ebd.

Psychologie sie heute annimmt. Der Begriff des Vorbewussten ist jedoch bei beiden Autoren nicht zu finden, weshalb er in dieser Synopse, gemäß der neueren Forschung und ihrer Unterscheidung, zwischen einem impliziten/prozeduralen (unbewussten und vorbewussten) und einem explizit/deklarativen (bewussten) Gedächtnis vernachlässigt wird.[1058]

5.4.2. Theologische Reflexion

Bewusstsein in seiner griechischen Bedeutung trägt die Übersetzung des Mit-Wissens, syneidesis, und ist ein Begriff, der besonders unter philosophischen Autoren eine schillernde Entwicklung genommen hat. Whitehead positioniert sich mit seiner Organistischen Philosophie in diesem Diskurs.

Auch die Theologie erkennt das Bewusstsein als eine anthropologische Grundkonstante an, geht aber mehr auf die Frage nach der Vernunft ein. Teilhard de Chardin, der bereits in vorherigen theologischen Reflexionen zum Denken Jungs und Whiteheads eine Brücke in die Theologie darstellte, kann hier nur schwerlich hinzugezogen werden. Auch wenn er das Bewusstsein als Entwicklung hin zur Noosphäre vor allem im Menschen erkennt, erhält das Bewusstsein eine so grundlegende Bedeutung in seinem Denken einer theologischen Kosmologie und Evolution, dass dies für Whitehead und Jung nicht in gleicher Form angenommen werden kann. Zu groß sind die Differenzen zwischen diesen beiden und Chardin, um das Bewusstsein als einzigen Schlüssel in der Entwicklung zum Punkt Omega anzunehmen. Mit Chardin können beide die Annahme teilen, dass die Entstehung bzw. das Auftreten des Bewusstseins eine qualitative Veränderung in der Evolution bedeutet. Chardin hat zu wenige Belegstellen über unbewusste Prozesse, um diesen einen breiteren Raum in seiner Theorie beimessen zu können. Das oben dargestellte Zwischenresümee der Theorien von Chardin, Whitehead und Jung stellt nur eine mögliche Situation im Prozess der Menschwerdung dar. Mit Whitehead und Jung muss es unter dieser Entwicklung der Noosphäre mehr Subprozesse unbewussten Agierens in der Evolution geben. Lediglich im Hinweis Chardins, dass in der Biosphäre unbewusste Prozesse liegen, die der Mensch mit seinem Auftreten zur Noosphäre in das neue Sein von Leben integrierend überwindet, kann eine Parallele zu Jung und

1058 Vgl. Fußnote 60.

Whitehead erkannt werden.[1059] Diese Form des Bewusstseins, die Chardin in der reinen Materie sieht, kann als ein aktuales Bewusstsein erfasst werden – es ist keinesfalls als Selbstbewusstsein der Materie zu erfassen. Diese Qualität kommt erst dem Erwachen des Geistes in der Materie zu.[1060]

Für Karl Rahner stellt das Bewusstsein eine begrenzte Größe dar, da es „unweigerlich mehr gegenständliche unreflexe Momente besitzt als durchreflektierte“[1061]. Das Bewusstsein gehört damit zu den Anteilen des Menschen, die zu seiner endlichen Konstitution gehören. Dieses bzw. die „letzte Ausrichtung des Bewußtseins wird durch die Gnade verändert.“[1062] Ähnlich wie Jung und Whitehead betrachtet er das Bewusstsein als ein evolutives Element im Werden des Kosmos, welches für die Daseinsstruktur des Kosmos Erklärungen finden kann[1063], erklärt es aber nicht zu dieser Größe und gibt ihm nicht die Bedeutung, die Chardin ihm beimisst.[1064] Bewusstsein ist bei Rahner ein schillernder Begriff, der unzählige Dimensionen erfasst bzw. ein „unendlich vieldimensionaler Raum“ ist: „es gibt reflex Bewußtes und Randbewußtes, Bewußtes und ausdrücklich Bemerktes, ein gegenständlich begriffliches Bewußtsein und ein transzendental und unreflex am subjektiven Pol des Bewußtseins angesiedeltes Wissen, es gibt Gestimmtheit und satzhaftes Wissen, es gibt zugelassenes und verdrängten Wissen, es gibt seelische Vorkommnisse im Bewußtsein und deren reflexe Interpretation,

1059 Chardin 1966, 136.

1060 „Im Falle des Menschen, so werden wir später darlegen, scheint es möglich, die ganze Reihe neuer Eigenschaften, welche die Bildung der Noosphäre kennzeichnen, mit einer Revolution psychischer Art in Zusammenhang zu bringen (Auftreten der Fähigkeit des Denkens).“ (Chardin 1981, 29.)

1061 Karl Rahner, Das Christentum und der „neue Mensch“, in: Ders., Schriften zur Theologie, Band 5, 2. Auflage, Einsiedeln – Zürich – Köln 1964, 167.

1062 Karl Rahner, Weltgeschichte und Heilsgeschichte, in: Ders., Schriften zur Theologie, Band 5, 2. Auflage, Einsiedeln – Zürich – Köln 1964, 122.

1063 Vgl. Karl Rahner, Die Christologie innerhalb einer evolutiven Weltanschauung, in: Ders., Schriften zur Theologie, Band 5, 2. Auflage, Einsiedeln – Zürich – Köln 1964, 200.

1064 Ebd., 193: „[E]s soll ja in keiner Weise geleugnet oder verdunkelt werden, daß Materie, Leben Bewußtsein, Geist nicht dasselbe sind.“

es gibt das Wissen ungegenständlicher Art des formalen Horizontes, innerhalb dessen ein bestimmter erfaßter Gegenstand zu stehen kommt […].“[1065]

Bewusstsein ist weiterhin für Rahner grundsätzlich nicht ohne Gnade zu denken, bedarf ihrer und ist damit Ort des Eintritts von „übernatürlichen Existentialen“, die das „geistig-bewußte Dasein des Menschen mitstrukturieren“[1066]. Ob diese Existentiale für die vorliegende Arbeit mit den Archetypen oder *eternal objects* in Bezug zu bringen sind, kann an dieser Stelle nicht weiter erörtert werden.

Mit Rahner wird das Bewusstsein im Kontext der Theologie als ein Teil des menschlichen Wesens und ein Teilelement seines Entwicklungsprozesses gedacht. Die oben gemachte Aufzählung, was das Bewusstsein ist, macht es facettenreich und nicht leicht mit den Theorien Jungs und Whiteheads zu vergleichen. Bewusstsein ist, gemessen an Jesus Christus, ein Ort für die Selbstmitteilung Gottes in der ganzen menschlichen Person. Darin sind Parallelen zu Whitehead und Jung zu erkennen, die auf Grund der Archetypen und der *eternal objects* ebenfalls von einem göttlichen Wirken auf das Bewusstsein des Individuums ausgehen. Das Bewusstsein kann mit Rahners theologischer Deutung auch für diese beiden als lediglich einer von mehreren „Orten“ der Selbstmitteilung Gottes im Individuum betrachtet werden. Andere dieser Orte sind bereits weiter oben mit dem Bereich von *actual entities* außerhalb des Individuums und Erfahrung, die im Unbewussten des Individuums bleiben, dargestellt worden. Dennoch darf nicht übersehen werden, dass Rahner im Bewussten zumindest auch verdrängte Inhalte annimmt, die bei Jung Teil des Unbewussten sind, und damit greift Rahners Auffassung vom Bewusstsein an der Jungs und Whiteheads vorbei. Ihre Konzeption von Bewusstsein stellt im Vergleich mit Rahner eine eigene Interpretation dieses Anteils an der Psyche des Menschen für die Theologie und ihren wissenschaftlichen Diskurs dar.

1065 Karl Rahner, Dogmatische Erwägungen über das Wissen und Selbstbewußtsein Christi, in: Ders., Schriften zur Theologie, Band 5, 2. Auflage, Einsiedeln – Köln – Zürich 1964, 228.

1066 Karl Rahner, Zum theologischen Begriff der Konkupiszenz, in: Ders., Schriften zur Theologie, Band 1, 5. Auflage, Einsiedeln – Zürich – Köln 1961, 409.

5.5. Körper

5.5.1. Synopse

Whitehead betrachtet den menschlichen Körper als eine Organisationsform, die aus einzelnen *actual entities* besteht und eine komplexe Einheit darstellt.[1067] Diesen kann er von anorganischen Verbindungen unterscheiden, wobei der Unterschied in der Lebendigkeit der *society* zu suchen ist. Der Körper, in seinen ihn konstituierenden *actual entities*, hat eine Vergangenheit, da den *actual entities* als *superjects* Erfahrungen vererbt werden, die sie weitergeben. Er betont: „Unsere Körper sind weitgehend Vorrichtungen, durch welche irgendein zentrales wirkliches Ereignis diese grundlegenden Erfahrungen seiner vorausgegangenen Teile ererben kann. Daher werden die Teile organischer Körper durch eine besondere Lebendigkeit ihrer wechselseitigen Vererbung koordiniert."[1068]

Weiter oben wurde bereits herausgearbeitet, dass der Körper für Whitehead in seiner Erfahrungslehre unumgänglich ist. *Causal efficacy* und *presentational immediacy* bauen auf den physischen Pol der Wahrnehmung auf, so dass für Whitehead Körper und Seele[1069] als ungetrennt zu betrachten sind. Allerdings muss auch er sie in der Analyse seines Denkens voneinander lösen. Dennoch ist der Körper für drei Funktionen des lebenden Organismus Mensch wichtig. Hier sieht Whitehead den Körper als Element und Bindeglied zur Natur, als Ausgangspunkt der Emotionen und sensorischer Wahrnehmung, wie auch als Zentrum für die Bündelung aller Erfahrungen. Der Körper bindet den Menschen in die Natur ein, trägt Emotionen und

---

1067 Körper ist bei Whitehead ein umfassender Begriff, der sowohl anorganische Verbindungen, als auch organische Verbindungen erfasst. Der menschliche Körper stellt unter der Bezeichnung „Körper" nur eine von vielen möglichen körperlichen Formen dar. Alle Körper unterscheiden sich lediglich in der Fähigkeit zur Wahrnehmung, jeder Körper nimmt auf Grund der in ihm enthaltenen *actual entities* etwas wahr. Diese Idee belegt Whitehead mit einem Zitat von Francis Bacon in Whitehead 1988, 55f. Einen Querschnitt der naturwissenschaftlichen Wahrnehmung von Körpern der letzten Jahrhunderte ist an einzelnen Stellen in *Wissenschaft und moderne Welt* zu lesen (vgl. u.a. ebd., 60f. und 69f.). Auch den Streit über die Verbundenheit von Körper und Geist analysiert er in dieser Schrift (vgl. ebd., 96f.)

1068 Whitehead 1987, 334.

1069 Im Sinne von Psyche.

Erfahrungen weiter und bildet zugleich den Makrokosmos seiner Erfahrungen ab.[1070] Die Entwicklung von Bewusstsein im Zusammenspiel mit dem Körper trennt sein Verständnis vom menschlichen Körper von dessen rein biologischer Annahme.[1071]

Whitehead ist sich bewusst, dass er von der Idee eines Thomas von Aquin abweicht, wenn er nicht dem Geist die Leitung des Körpers überlässt, sondern die „Koordination hochgradiger wirklicher Ereignisse"[1072] als Steuerung des Körpers betrachtet.[1073] In einem komplexen System wie dem menschlichen Körper gibt es „Grade von Ereignissen"[1074], die *actual entities* hervorbringen, welche im Körper mehr Dynamik annehmen. Besonders weiß er hier das Gehirn hervorzuheben. Charakter und Persönlichkeit werden in den *actual entities* vererbt und wirken so, angereichert durch neue Erfahrungen, auf den ganzen Organismus ein. Aber selbst diese personale Deutlichkeit im Organismus Körper kann für Whitehead verloren gehen, wenn sich andere Entitäten im Körper einschalten und Einfluss auf den Organismus nehmen bzw. die Funktionsweise des Körpers sich wandelt[1075]. Dabei ist seine Theorie keinesfalls als Naturalismus zu verstehen, denn er erkennt: „Das Leben liegt in den Zwischenräumen jeder lebenden Zelle und in den Zwischenräumen des Gehirns verborgen."[1076] Der Organismus Mensch ist nie allein durch die materielle Ebene des Körpers zu erklären, dennoch gilt: „Die organistische Philosophie zieht die Schlußfolgerung, daß die grundlegende Wahrnehmungstatsache in der menschlichen Erfahrung das Einbeziehen der Objektivierung eines früheren Teils des menschlichen

1070 Vgl. Whitehead 2001, 150.
1071 Vgl. Whitehead 1971, 432.
1072 Whitehead 1987, 211.
1073 Das Ineinandergreifen der Teile eines Körpers bzw. Organismus mit der Umwelt und dem Gesamtorganismus beschreibt er in Whitehead 1988, 174: „Daher ist der Körper ein Stück aus der Umgebung des Teils, und der Teil ist ein Stück aus der Umgebung des Körpers; nur sind sie beide ganz besonders empfindlich für Modifikationen des jeweils anderen."
1074 Ebd.
1075 Vgl. ebd., 112.
1076 Whitehead 1987, 206.

Körpers mit derartigen Erfahrungen in das Datum ist."[1077] Der menschliche Körper ist daher als „komplexer ‚Verstärker'"[1078] zu betrachten.

Auch Jung betont die Unmöglichkeit, Körper und Seele voneinander trennen zu können, und verwendet fast identisch mit Whitehead den Terminus vom „lebendigen Organismus"[1079]. Die Idee vom Organismus aus Körper und Seele hat für Jung eindeutig therapeutische Bedeutung. So wie die Seele auf den Körper wirkt, kann der Körper Rückschlüsse auf den Zustand der Seele geben. In der Behandlung des einen gibt es eine Rückwirkung auf den anderen.[1080] Ebenso wenig wie Whitehead kann Jung die genaue Dynamik zwischen Körper und Seele beschreiben. Er erkennt diese Verbindung lediglich.

Der Körper wird Jung allerdings zum Ursprung für das Ich-Bewusstein eines Individuums. Vergleichbar mit der Erfahrungskategorie der einzelnen *actual entities* beschreibt Jung die Ichhaftigkeit des Individuums als „eine komplexe Gegebenheit, die vor allem aus der allgemeinen Wahrnehmung des Körpers, des ‚Daseins' besteht, und sodann aus den Gedächtnisinhalten"[1081]. Wie Whiteheads *actual entities*, die aus der eigenen Vergangenheit leben und mit den körperlichen Erfahrungen der *causal efficacy* und der *presentational immediacy* zum *superject* werden, beschreibt Jung das Ich der Psyche. Die „Vorstellung davon, gewesen zu sein, und [...] eine lange Reihe von Erinnerungen"[1082] zu haben, ist dem personalen Charakter bei Whitehead vergleichbar, und für Jung stellt es „die Hauptpfeiler dessen, was wir Ich nennen"[1083] dar. Das Ich erscheint als Angelpunkt einer weiteren gemeinsamen Lesart zwischen Whitehead und Jung, wenn es um die

1077 Ebd., 227.
1078 Ebd., 229.
1079 Jung 1971a, 588.
1080 Hierauf beruft sich die Analytische Körperpsychotherapie, die u.a. Jung als eine Quelle ihres theoretischen Arbeitens hervorhebt. Hans-Joachim Maaz erklärt zu dieser Therapierichtung: „Analytische Körperpsychotherapie arbeitet auf der Grundlage des Wissens- und Erfahrungsfundus der Psychoanalyse [...]. Die theoretische Begründung geht bis auf die Pioniere der Psychoanalyse zurück: C.G. Jung postulierte die Einheit von Körper und Seele [...]." (Hans-Joachim Maaz, Art. Analytische Körperpsychotherapie, in: Gerhard Stumm, Alfred Pritz (Hrsg.), Wörterbuch der Psychotherapie, Wien – New York 2007, 25f.)
1081 Jung 1981a, 27.
1082 Ebd.
1083 Ebd.

körperliche Ebene des Menschen bzw. des Individuums geht. Denn Jung kann mit Bezug auf die Entwicklung eines Kindes sagen: „Erst etwa im vierten Lebensjahr, oder etwas früher, so um das herum, entwickelt das Kind ein Gefühl für das Ich – ‚ich', ‚mir' – und das bezeichnet zuerst vor allem eine Identität mit dem eigenen Körper [...] Die Identität mit dem Körper ist also etwas vom Ersten, das zum Ich führt; es ist die räumliche Getrenntheit, die offenbar zum Begriff des Ich führt."[1084] Das Kind ist aber zu keinem Zeitpunkt seines Lebens als eine „*tabula rasa*" zu verstehen, sondern „kommt als höchst komplexer Organismus zur Welt und bringt schon existierende Determinanten mit sich, die durch das ganze Leben hindurch konstant bleiben und dem Kind seinen spezifischen Charakter verleihen."[1085] Jung bringt damit in die Theorie des Körperlichen die Idee ein, dass mit Beginn der Zeugung Entwicklung existiert und bereits im Uterus eine materielle (körperliche), wie auch eine geistige (psychische) Entwicklung des Individuums stattfindet. Diese Inhalte haben für den weiteren Lebens- und Entwicklungsverlauf des einzelnen Lebewesens eine Bedeutung. Die Dimension des Körpers und seiner Erfahrungen ist zudem unerlässlich für die Ich-Entwicklung des Individuums. Auf Grund dessen geht Jung von zwei Ebenen der Psyche aus: „Der eine ist der Umwelteinfluß, der andere ist die angeborene Charakterstruktur."[1086] Der Körper öffnet das Individuum,

---

1084 Evans, in: Hinshaw, Fischli 1986, 104. In diesem Interview führt Jung diesen Gedanken detaillierter aus: „Dies rührt von der Tatsache her, daß das Kind nicht als *tabula rasa* geboren wird – wie ich schon zuvor erwähnt habe -, sondern eine ganz bestimmte Mischung von Genen mit sich bringt. Obwohl die Gene vor allem dynamische Faktoren sind, ‚Anordner' für bestimmte Verhaltensweisen zu enthalten scheinen, sind sie doch auch für die Struktur der gesamten Psyche von höchster Bedeutung – dies natürlich erst, wenn die Psyche erkenntlich wird. Vorher kann man sie ja nicht studieren, aber wenn sie einmal zum Vorschein gekommen ist, so zeigen sich bestimmte Eigenschaften, gewisse Charakterzüge, welche nur von angeborenen Elementen im Kind stammen können. Bestimmte prägende Faktoren des menschlichen Verhaltens sind angeboren und bestimmen die weitere Entwicklung des Kindes.
Das ist die eine Seite. Andererseits lebt der Einzelne immer in einer Beziehung mit anderen in einer bestimmten Welt, welche die angeborene Mischung von Eigenschaften beeinflußt. Auch das ist ein sehr komplizierter Faktor, denn die umweltbedingten Einflüsse sind nicht einfach nur persönlicher Natur." (Ebd., 160f.)

1085 Ebd., 106.

1086 Ebd., 122.

gemäß diesem Gedanken, für die Einflüsse aus der Umwelt. Im Verlauf des individuellen Lebens wird letztlich erkennbar, „daß die Psyche eine Qualität ist, die sich im Stofflichen, in der Materie vorfindet."[1087] Ohne den Körper und seine Verbundenheit mit dem Unbewussten und dem daraus entstehenden Bewusstsein ist Individuation nicht zu denken.

So wie die *actual entities* andere *entities* oder *eternal objects* erfahren, so erlebt das Ich-Bewusstsein die Archetypen und seine Umwelt. Das Ich als „eine Art von Komplex"[1088] kann hier als *society* aus verschiedenen Erfahrungsinhalten von *actual entities* beschrieben werden, die Vergangenheit und Erinnerung auffassen. Die Individuation hin zur Entwicklung des Selbst wäre dann ein Übergang zu einem höheren Grad an Organismus.

Whitehead und Jung betonen zudem den emotionalen Charakter der körperlichen Erfahrungen. Sie sind „tief im Stoff des Körpers verwurzelt"[1089]. Whitehead erklärt die Emotionen zu einem zentralen Element im Verlauf der Wahrnehmung, wenn die *actual entity* sich selbst spürt und emotional ein Gegenüber in den beiden Grundmodi der Erfahrung erlebt.

Sind nun in der Untrennbarkeit von Körper und Seele die Gesellschaften von *actual entities* vergleichbar mit dem Ich-Bewusstsein in Jungs Theorie? An dieser Stelle ist im Versuch der Synopse beider Denkrichtungen noch unklar, wie dann das Selbst qua Archetyp entstehen kann. Da Jung den Archetyp des Selbst erst im späteren Alter bzw. im weiteren Verlauf der Individuation auftreten sieht, wäre der Organismus Mensch bis zur Ausfaltung des Selbst als selbst-los zu betrachten. Ist der dann mehr ich-behaftete Körper eine andere Form von *society*? Andererseits ist das Selbst bzw. der Prozess der Selbstwerdung auch nur in der intensiver werdenden Verbindung von Körper und Seele zu erkennen. Soll die Prozess-Anthropologie den ganzen Menschen beschreiben, ist das Selbst nach Jung die beste Form, um auch die unbewussten Prozesse in das Ganze des Menschen zu integrieren. Für Whitehead ist dies eine *living person*, eine lebende Person.[1090] In diesem

1087 Ebd., 123.
1088 Jung 1981a, 27.
1089 Ebd., 155.
1090 Vgl. Whitehead 1987, 208. Nach Cobb ersetzt der Begriff der *living person* bei Whitehead den Terminus *soul* (Vgl. Cobb 2015, 45.). Der Begriff Seele kann nach Whitehead auch synonym für die *actual entities* stehen (Vgl. Whitehead 1987, 266).

Sinn muss hier auch die Kritik an Jungs These, dass das Selbst sich erst an der Lebensmitte entwickelt, benannt werden. Hans Dieckmann arbeitet in seiner Einführung *Methoden der analytischen Psychologie* heraus, dass Schüler von Jung, wie Jolande Jacobi, Michael Fordham, Erich Neumann oder Edward Edinger die Individuation, und damit auch die Entwicklung des Selbst, schon in der ersten Lebenshälfte beginnen sehen.[1091] In der Folge der Gedanken dieser Autoren muss die Prozess-Anthropologie von einer Selbst-Entwicklung ab dem ersten Lebensmoment des Individuums im Sinne einer Whiteheadschen *living person* ausgehen.

Zusammenfassend kann an dieser Stelle eine Nähe beider Denker bestätigt werden. Beide gehen von einer Untrennbarkeit von Körper und Seele bzw. Psyche aus. Sie erkennen auch die Bedeutung der Emotionen im Organismus Mensch. Für eine weitere Synopse beider Denkrichtungen muss im Folgenden noch die Frage nach der Seele geklärt werden bzw. ob diese Körper und Psyche übergeordnet ist oder ein Teil des Organismus ist.

5.5.2. Theologische Reflexion

Wenn hier wieder Karl Rahner zuerst für die theologische Reflexion herangezogen wird, fällt es dennoch schwer, in seinen Schriften eine genaue Aussage zu der Frage nach dem menschlichen Körper zu finden. Mehrheitlich verwendet er in den *Schriften zur Theologie* den Begriff Leib, um auch die physische Realität des Menschen zu beschreiben, er spricht mit Blick auf die Auferstehung der Toten aber auch vom Fleisch. Zudem beschreibt er den Leib als „Realsymbol des Menschen“[1092], dessen substantielle Form, im aristotelischen und thomistischen Sinn, die Seele ist. Leib kann nicht gänzlich als die materielle Dimension des Menschseins verstanden werden, zu der nach Rahner immer auch die Seele bzw. Seele und Geist gehören.[1093] Eine konkretere Unterscheidung liefert er in seiner Schrift *Der Leib in der*

1091 Vgl. Hans Dieckmann, Methoden der analytischen Psychologie. Eine Einführung, Olten – Freiburg im Breisgau 1979, 130ff.

1092 Rahner 1961 c, 305.

1093 Vgl. Karl Rahner, Einige Thesen zur Theologie der Herz-Jesu-Verehrung, in: Ders., Schriften zu Theologie, Band 3, 2. Auflage, Einsiedeln – Zürich – Köln 1957, 392. Der Geist als quasi denkendes Prinzip der Seele wird weiter unten deutlicher werden.

Heilsordnung. Hier beschreibt er den Menschen als „im Grunde genommen nicht aus Leib und Seele, sondern aus Geist und materia prima, aus Geist und der leeren Andersheit, so könnte man etwa ‚übersetzen', aufgebaut […]. [D]as, was ich als die Leibhaftigkeit des Menschen erfahre, ist schon die Wirklichkeit des Geistes"[1094].

Der Leib ist symbolische Ausdrucksform der Seele bzw. „Selbstvollzug"[1095] und damit mehr als die Materie (materia prima), aus der die Welt aufgebaut ist, sondern besteht nach Rahner aus Teilen, die nicht additiv, aber doch in ihrem einzelnen Sein in Gradierung der Seele einen Ausdruck geben. Pate für diesen Gedanken steht mit 1 Kor 12,12–26 ein biblischer Hintergrund. Die Seele erst macht das einzelne Teil zum Teil der Gesamtheit des Leibes.[1096] Der Leib und seine Teile sind demnach „biologisch-physiologische Notwendigkeit einerseits und Symbolfunktion andererseits".[1097] Daraus zu folgern ist, dass die Seele den Leib erst zu einem Symbol macht.[1098] Der Leib ist demnach begeisterte/beseelte materia prima.

In der eschatologischen Frage danach, was alles vom Menschen zur Auferstehung gelangt, erkennt Rahner die eine Tradition im Christentum, die auf platonischen Gedanken ruhend dem Fleisch als Gegenüber zum Geist die Auferstehung nur schwerlich zusagen kann. Darin sieht er eine Dynamik von der „Auferstehung des Fleisches zu einem Blick auf die unmittelbare Gottesschau der Seele"[1099]. Der Mensch ist für ihn ein „plurales Wesen […] durch Materie und Geist, Natur und Person, Aktion und Passion usw."[1100] Der ganze Mensch besteht aus verschiedenen Dimensionen, die alle in der

---

1094 Rahner 1975, 421.

1095 Rahner 1961 c, 306.

1096 Vgl. ebd., 307: „[…],Gegenwart' der Seele bedeutet, daß sie den Teil *als* Teil des *Ganzen* gestaltet."

1097 Ebd., 308.

1098 Rahner erkennt den Leib sogar als fundamental für „das Denken über Gott" (Karl Rahner, Schuld und Schuldvergebung als Grenzgebiete zwischen Theologie und Psychotherapie, in: Ders., Schriften zur Theologie, Band 2, 2. Auflage, Einsiedeln – Zürich – Köln 1961, 286.) und sieht in der Möglichkeit von Schuld im Leben des Menschen, dass diese Schuld die „leiblich-physiologische usw. Verfassung des Menschen verändert". (Ebd., 285f.)

1099 Karl Rahner, Auferstehung des Fleisches, in: Ders., Schriften zur Theologie, Band 2, 5. Auflage, Einsiedeln – Zürich – Köln 1961, 214.

1100 Ebd., 219.

Auferstehung von Bedeutung sind. Darin ist die materielle Ebene des Individuums genau so von Bedeutung, wie die weiteren genannten.[1101] Dieser ganze Mensch ist wie die Welt durch seine Geschichte geprägt und findet mit der Welt selbst seinen Weg zur Vollendung. Er beschreibt den ganzen Menschen in *Auferstehung des Fleisches* auch als Geist bzw. „materieller, weltlicher, leibhaftiger, ja *inner*weltlicher Geist“[1102]. Das Körperliche oder das „Materielle [… ist, M.F.] nicht bloß das abzutuende Material, […] sondern ein Stück der wahren Wirklichkeit“[1103]. Ziel ist, mit Paulus gesprochen, eine neue Form von Leib, der pneumatische Leib, wie Paulus ihn in 1 Kor 15,44 beschreibt. Der Mensch ist demnach „beseelte[n] Leiblichkeit und leibliche[n] Seelenhaftigkeit“[1104].

Rahners Idee vom Leib ist somit in Analogie zu Whiteheads und Jungs Körperverständnis zu sehen. Sein Ansatz vom Leib aus den Teilen und von seinem Ganzen zu sprechen, entspricht dem Whiteheadschen Gedanken des Organismus. Auch wenn Rahner diese Teile mehr auf der Ebene von Hand, Fuß, Herz etc. denkt, wäre Whiteheads Annahme der einzelnen *actual entities* in *societies* auch in Rahners theologischer Interpretation der körperlichen Dimension der Menschen zu denken.[1105] Die Seele gibt bei Rahner dem Leib seinen Symbolcharakter, aber Leib und Seele sind Teil der Person des Individuums. Dem vergleichbar ist Whiteheads Rede von der *living person*, die auch die Person als zentralen Gedanken als Wesen

1101 Diese Haltung betont Chardin ebenfalls. Er hebt es als „christliche Auffassung“ hervor. Hier „*behält die Materie ihre kosmische Rolle als untere, aber uranfängliche und wesentliche Grundlage der Einigung*; und etwas von ihr ist dazu bestimmt, assimiliert durch den Leib Christi in die Grundfesten und Mauern des himmlischen Jerusalems einzugehen.“ (Chardin 1968 b, 73f.) Er findet keine Defintion, was das Etwas ist, das in das himmlische Jerusalem mit aufgenommen wird. Diese Frage wird Rahner ebenfalls nicht in Gänze klären.

1102 Ebd., 221.

1103 Ebd., 223.

1104 Rahner 1961 a, 287.

1105 In Rahner 1966 findet sich der Hinweis, dass die „‚Leiblichkeit‘ des Menschen […] in der Interkommunikation ihren Grund“ (Ebd., 31) hat. Rahner definiert hier den Menschen als „Wesen der Interkommunikation“ im Sinne der „Mitmenschlichkeit“ (Ebd.). Was Rahner hier noch auf die Dimension von Menschen untereinander bezieht, weitet Whitehead in den Kontext seiner *actual entities*. Dennoch denkt Rahner in die gleiche Richtung.

des Menschen vermittelt. Die Person verwirklicht sich in Rahners Entwurf in der Dimension ihres „seelischen Leibes und ihrer Umwelt“[1106] und steht wie die *living person* Whiteheads in all ihrer Wirklichkeit in Interaktion mit der Welt, die sie umgibt. Dennoch fällt die Differenz zwischen Rahner und Whitehead auf, wenn beide sich zu der Lehre des Thomas von Aquin positionieren. Wie oben bereits beschrieben, gibt Whitehead dem Geist im Menschen nicht die Herrschaft über den gesamten Menschen, sondern sieht die einzelnen *actual entities* als formgebend an. Rahner stellt sich hinter die aristotelisch-thomistische Tradition, die Seele als Formprinzip des Materiellen zu betrachten. Hier wird bereits ersichtlich, dass Whitehead den Körper bzw. den Menschen in seiner Organistischen Philosophie durchaus komplexer denken kann, als die Theologie es hergibt – zumindest komplexer als die theologische Tradition, die sich grundlegend auf das platonische oder das aristotelische Denken verlässt.

Versucht man einen Vergleich des Jungschen Körperverständnisses und des Rahnerschen Leibverständnisses, fällt besonders die Interpretation auf, dass nach Jung der Körper dem Ich-Bewusstsein und seiner Entwicklung dient und bei Rahner „die Leibhaftigkeit der ursprünglichen personalen Tat“[1107] mit Leid und Sünde in Verbindung steht. Auch hier erkennt man in Rahners Verständnis die aristotelische Auslegung, dass der Leib durch das Tun der Seele eine Form, in diesem Sinn eine sündhafte Form, erhält. Die anthropologische Idee des Unbewussten bzw. der Archetypen im oder in Verbindung mit dem Leib formuliert Rahner nicht. Dennoch spricht auch er von dem sündhaften Erfahren und darin einem leib-seelischen Erfahren, welches sich im Bewusstsein des Menschen von sich selbst niederschlägt.[1108] Denkbar wäre an dieser Stelle eine gemeinsame Lesart, wenn das Ich-Bewusstsein Jungs auch schuldig werden und darin prägend für den Körper des Individuums werden kann. Die Idee eines Äquilibriums zwischen Psyche

---

1106 Ebd., 288.

1107 Ebd., 289.

1108 Vgl. ebd., 290. An dieser Stelle erklärt Rahner auch deutlich, dass die Psychologie in allen „Weisen und Techniken“ (Ebd., 292.) zwar an die Frage der Schuld des Menschen herankommt, aber Gott allein bis in die Tiefe des Menschen schauen kann. Darin ist für ihn Leid auch innerweltlich einerseits zu behandeln, andererseits mit der Passion der Welt der Passion Christi anzuempfehlen, Schuld aber nur durch Gott zu überwinden (Ebd., 294f.).

und Körper, wie Jung es formuliert hat, passt damit in das Denken Rahners von der Verbindung von Körper und Seele im oben genannten Kontext. Diese Synopse zwischen Jung und Rahner wäre weiterhin auch auf den oben gemachten Versuch zu übertragen, zwischen der *society* von *actual entities* und dem Ich-Bewusstsein eine Verbindung zu erkennen. Unklar bleibt, ob durch mehrere *societies* aus *actual entities* auch mehrere Bewusstseinsebenen in einer *living person* existieren können. Aber generell können auch die einzelnen *actual entities* als schuldhafte Elemente gedacht werden, wenn diese Erfahrungsinhalte anderer Entitäten nicht aufnehmen bzw. aus dem Prozess der *concrescence* ausschließen.[1109] Whitehead versteht diesen Prozess als eine Realisierung von Werten bzw. *value*, wenn die *actual entity* aus einer Vielzahl von Optionen werthaft auswählt und sich neu entwirft.[1110]

Auch wenn die Ideen der drei Denker im Bereich des Körpers nicht einfach zu verbinden sind, fällt der letztdargestellte Versuch einer Synopse mit Bezug auf die Schuldhaftigkeit und Entwicklung bzw. im Prozess auf. Ob das Ich-Bewusstsein sich gegen Einflüsse des Unbewussten wehrt und damit schuldbeladene Komplexe errichtet, ob das Innere den Leib durch Schuld gestaltet oder ob eine *actual entity* in ihrer *concrescence* wertorientiert schuldig wird, alle drei Konzepte kommen in Verbindung mit dem Körper, sowie der noch darzustellenden Frage nach der Seele, nicht ohne eine ethische Komponente aus. Der Körper ist als Teil eines ganzheitlichen Denkens vom Menschen fundamental und für dessen Entwicklung nicht wegzudenken. Anderenfalls gibt es den Menschen nicht, und Person, Selbst oder *living person* wären nicht zu denken.

Ziehen wir bei der theologischen Reflexion auch Beispiele aus den Schriften Chardins hinzu, ergibt sich in diesen ein eigenes Verständnis des Körpers/Leibes im Sinne einer christlichen Anthropologie. Leben in seiner

---

1109 Rahner schreibt in *Grundentwurf* deutlich vom „Mensch als scheiternde[s, M.F.] Wesen“ (Rahner 1966, 34). Der Mensch in seiner „differenzierte[n, M.F.] Verfaßtheit“ erkennt in sich immer wieder ein Scheitern, so dass dieses für Rahner ein „‚Existential‘“ (Ebd., 35) ist. Auch wenn Rahner dies weniger auf die Ebene Whiteheadscher *actual entities* oder *societies* überträgt, so ist die Idee, dass das Scheitern „alle seine transzendentalen und regionalen Bezüge“ (Ebd.) umfasst neu interpretiert auf Whitehead hin zu lesen.

1110 Vgl. Whitehead 1948, 66.

Vielfalt versteht Chardin als „das kosmische Leben“[1111]. Die „*heilige*[*n*] *Evolution*“[1112] besteht in der Bündelung der Vielfalt an Materie und Seelen in die Entwicklung des einen kosmischen Christus. In seiner Frühschrift *Das kosmische Leben* entwickelt Chardin die Idee, dass die Vielzahl der Materie allem Leben als eine allen gemeinsame Materie zur Verfügung steht. Parallel dazu erkennt er, dass auch die Vielfalt der Seelen sich als Mikrokosmen im ganzen Kosmos auf die eine Seele hinentwickelt.[1113] Dazu greift er die alte philosophisch und theologisch bekannte Rede von der Weltseele auf.

Wie Whitehead es für die *actual entities* formuliert, so nimmt Chardin für die Materie an, dass die gesamte Geschichte des Kosmos in die Materie eingeschrieben wird. Ein vergleichbares Bild ist auch in Jungs Rede von den Archetypen und ihrer Vererbung bereits erarbeitet worden. Letztlich ergreift die Seele die Geschichte der Materie und geht mit dieser eine Verbindung ein. Die Seele ist das Kollektiv des Diachronen der materiellen Weltgeschichte: „Durch die Materie wirkt in jedem von uns die ganze Geschichte der Welt in einem Teil nach. Mag unsere Seele auch noch so selbstständig sein, sie ist doch die Erbin des Daseins, das vor ihr durch das Zusammenwirken aller irdischen Kräfte wunderbar bearbeitet wurde. Auf einer bestimmten Entwicklungsstufe begegnet sie dem Leben und vereinigt sich mit ihm.“[1114]

Wie bereits weiter oben benannt wurde, kann Chardin Geist und Materie getrennt denken, aber allein auf der rationalen Ebene. Der Mensch ist nicht Mensch, wenn nicht beide Ebenen miteinander verbunden sind. Chardin liegt es fern, die Materie unter den Geist herabzustufen, und er wendet sich schon in seinen frühesten Schriften gegen die Lehre, die Materie „reduktionistisch ‚auf einen Komplex aus Gesetzen zu reduzieren‘ “[1115]. Zugleich weist Becker nach, dass Chardin, wie auch bei Rahner weiter oben aufgewiesen wurde, in der Materie einen Wert erkennt, der von den Dogmen der Kirche bereits ausformuliert wurde. Eine Materievergessenheit zu Gunsten

1111 Chardin 1968 b, 9.
1112 Ebd., 14.
1113 Vgl. ebd., 16–24.
1114 Pierre Teilhard de Chardin, Der göttliche Bereich, 4. Auflage, Olten – Freiburg im Breisgau 1964, 40.
1115 Becker 1987, 203.

einer Betonung des Seelischen im Leben kann man weder Teilhard noch Rahner noch den Dogmen der Kirche unterstellen. Die Seele bündelt gemäß Chardin vielmehr das Viele in die Einheit des Menschen.[1116] Schon der Materie gehört „ein gewisser Grad von Bewusstsein und Geist zu[...]"[1117], wie weiter oben herausgearbeitet wurde. Allerdings bleibt Chardin in seiner Schrift *Der göttliche Bereich* im Bezug auf die Seele platonisch. Auch wenn er mit den Lehren der Philosophen und Theologen hadert, kann er sich an dieser Stelle von der platonischen Ausrichtung des Seelenverständnisses nicht ganz lösen.[1118] Neben diesem klassischen Strang der Theologie seiner Zeit widmet Chardin der Materie einen eigenen Hymnus, in dem er die Materie als Grundlage göttlicher Offenbarung preist, sowie sie zum Zwischen aller Seelen und der Umwelt erklärt[1119].

Wie Rahner, Whitehead und Jung kann Chardin den Menschen nicht ohne dessen körperliche bzw. materielle Dimension denken. Allerdings muss hinzugefügt werden, dass dies auch nicht ohne die Seele bzw. Psyche gelingt.[1120] Die Haltung zu dieser soll im folgenden Abschnitt dieser Arbeit bei den bereits genannten Autoren verglichen werden.

5.6. Seele und Psyche

5.6.1. Synopse

Im Kapitel über den Körper, in dem eine Synopse zwischen Whitehead und Jung zu diesem Thema versucht wurde, blieb die Frage nach dem Organismus des ganzen Menschen bei Whitehead an der Übertragung der

1116 Vgl. ebd., 205.

1117 Ebd., 206.

1118 Vgl. Chardin 1964, 42.

1119 „Gesegnet seist du, universelle Materie, grenzenlose Dauer, uferloser Äther – dreifacher Abgrund der Sterne, der Atome und der Generationen – du, die du, unsere engen Maße überflutend und auflösend, uns die Dimension Gottes offenbarst." (Pierre Teilhard de Chardin, Die geistige Potenz der Materie, in: Ders., Lobgesang des Alls, Olten – Freiburg im Breisgau 1961, 88.)

1120 „Es gibt in uns nichts Körperliches, das sich unabhängig von der Seele ernährt. Was immer der Leib annimmt und umgestaltet, muß auch von der Seele vergeistigt werden. Sie tut das natürlich ihrer Würde gemäß und auf eigene Weise. Aber sie kann sich dieser universellen Berührung und pausenlosen Verarbeitung nicht entziehen." (Chardin 1964, 41f.)

Bedeutung der Seele auf die *living person* in der Organistischen Philosophie offen. Gemäß Cobb wurde aufgezeigt, dass eine *living person* das Denken von der Seele neu erfasst. Die *living person* umfasst demnach alle Dimensionen menschlichen Lebens und Seins.[1121] Sie wird aus „hybriden erfassten Informationen“[1122] gebildet, die für Whitehead die Brücke zwischen der Newtonschen Trennung von Materie und Geist bilden. Mit den *hybrid feelings* schafft er eine neue Idee, wie Materie und Geist miteinander in Verbindung stehen, oder anders ausgedrückt: wie der physische und der psychische Pol in der Erfahrung aller Entitäten beschrieben werden kann. *Hybrid feelings* tragen darin die Qualität des Neuen und der Veränderung in das Wesen einer Entität ein.

Eine klare Definition, was die Seele ist, fehlt bei Whitehead, wie oben nachgewiesen werden konnte. In *Process and Reality* kann Seele auch mit *actual entity* beschrieben werden.[1123] In *Nature and Life* ist sie Zusammenfassung aller Wahrnehmung.[1124] Die Seele hat darin parallele Züge zu Jungs Archetyp des Selbst, der die Ganzheit des Menschen im Prozess der Individuation umfassen soll. Wie Whitehead von „the world is in the soul“[1125] spricht, ist bei Jung „die Einheit und Ganzheit der Gesamtpersönlichkeit“[1126] im Selbst. Die Jungsche Gesamtpersönlichkeit müsste dann mit der Idee der *living person* verglichen werden. Da diese Frage hier nicht zentral ist, kann diese Erarbeitung nicht erbracht werden.

Seele ist im Denken Whiteheads von der Psyche zu unterscheiden. Seine Wahrnehmungslehre basiert gerade in der Feststellung, dass eine Entität aus einem mentalen und einem physischen Pol besteht. Der Begriff der Psyche taucht in seinen Schriften am deutlichsten in *Abenteuer der Ideen* im platonischen Sinne auf. Die Psyche ist Naturerkenntnis[1127] und synonym mit dem englischen *mind*, dem Mentalen im Menschen, in den Schriften

---

1121 Vgl. Cobb 2015, 45.
1122 Whitehead 1987, 208.
1123 Ebd., 266.
1124 Whitehead 1968, 40.
1125 Ebd.
1126 Jung 1971a, 512.
1127 Whitehead 1971, 89.

Whiteheads zu vergleichen.[1128] Seele kann als Zusammenfassung aller Wahrnehmungsprozesse auch die Zusammenfassung aller mentalen Erfahrungswirklichkeiten sein. Die Differenz zu Jungs Verständnis bewusster und unbewusster Prozesse in der Psyche fällt direkt ins Auge. Auch wenn ein Wahrnehmungsprozess in der Organistischen Philosophie einer *society* gegenüber unbewusst verlaufen kann, so ist die *concrescence*, die auf dem physischen und mentalen Pol der Wahrnehmung aufbaut, immer eine Entwicklung zu einem neuen sich selbst bewussten *superject*. Was bei Jung mit der Psyche als ein Gesamtbegriff erscheint, ist bei Whitehead ein Teilprozess von Wahrnehmung.

Jung definiert die Seele hingegen als „einen bestimmten, abgegrenzten Funktionskomplex, den man am besten als eine ‚Persönlichkeit' charakterisieren kann."[1129] Die Seele ist hier nur eine Funktion der Psyche und nicht deren Überordnung. Sie ist eine „innere Einstellung"[1130] der Psyche und verschieden vom Bewusstsein[1131]. Darin weicht Jung ebenfalls von einer klassischen Seelendefinition ab. In der Ansicht, dass sie das Prinzip des Lebendigen im Menschen ist, trifft er wieder auf die Qualität des Neuen, das auch Whitehead in der Seele erkennt.[1132]

Der Unterschied beider Konzeptionen wird schon nach diesen wenigen Verweisen deutlich. Während für Whitehead die Seele ein übergeordnetes Prinzip im Sinne der *living person* ist und indem er den Begriff auf jede *actual entity* überträgt, hat jede Entität Seele und ist Seele. Er vermeidet den Begriff Seele in der Verwendung für ein lebensumfassendes Prinzip, da dieser bereits mit Gedanken vorheriger Denker behaftet ist, und betont hingegen das Lebendige und die Person als Kern des Werdenden in allem Lebendigen. Darin ist die Seele auch Prinzip der Neuheit, wenn sie den

---

1128 Vgl. Christoph Kann, Fußnoten zu Platon. Philosophiegeschichte bei A.N. Whitehead, Hamburg 2001, 44.

1129 Ebd., 503.

1130 Ebd., 507.

1131 Vgl. Carl Gustav Jung, Allgemeine Probleme der Psychotherapie, in: Ders., Praxis der Psychotherapie (Gesammelte Werke XVI), 3. Auflage, Olten 1979, 55.

1132 Vgl. Jung 1980a, 36: „Beseeltes Wesen ist lebendiges Wesen. Seele ist das Lebendige im Menschen, das aus sich selbst Lebende und Lebenverursachende. […] Die Seele verführt die nicht lebenwollende Trägheit des Stoffes mit List und spielerischer Täuschung zum Leben."

physischen und den psychischen bzw. mentalen Pol der *concrescence* in der *actual entity* darstellt.

Jungs Ansatz, dass die Seele nur ein Teil der psychischen Dynamik ist, entspricht dem nicht. In dem Sinne, dass jede *actual entity* Seele hat, wäre Jungs Idee wiederzuentdecken. Wobei die Jungsche Seelenidee übergeordnete Wirkungen auf die Psyche zeigt und Whiteheads Seele mehr im Sinne eines Status in der einzelnen Entität betrachtet werden kann, die in hybriden Gefühlen den physischen und den mentalen Pol umfasst. Darin ist die Seele bei Whitehead mehr als nur ein Jungscher Persönlichkeitskomplex. Persönlichkeit stellt, auf den Menschen hin gesprochen, die *living person* dar. Die Seele kann bei Jung nie identisch mit dem Gesamt des Menschen, mit dem Selbst, sein.

Für die vorher eröffnete Frage, ob der Mensch in den Dimensionen von Körper und Seele bei Whitehead und Jung zu einer gemeinsamen Lesart gebracht werden kann, muss hier nun eine abschließende Antwort gefunden werden. Es liegt nahe, Jungs Archetyp des Selbst, der sich im Individuum durch Individuation zeigt, mit der Idee der *living person* von Whitehead in Verbindung zu bringen. Die Seelenkonzeption beider Denker kann an dieser Stelle allerdings nicht zu einem gemeinsamen Ergebnis zusammengeführt werden. Dies zeigt sich letztlich auch in der Konzeption von göttlichem Sein in beiden Denkrichtungen. Während bei Whitehead die Erfahrungen aller *actual entities* in die Gesamtnatur Gottes aufgenommen werden, ist für Jung von Bedeutung, dass sich die Idee Gottes in den Archetypen in der Psyche des Menschen durchschlägt.

Die Seele ist bei beiden Autoren ein besetzter Begriff, für Whitehead philosophisch, für Jung letztlich theologisch. Die Umgangsweisen damit unterscheiden sich. Allerdings kann an dieser Stelle anerkannt werden, dass beide Autoren dem Miteinander von Körper und Psyche bzw. physischem und mentalem Pol eine hohe Bedeutung zumessen.

5.6.2. Theologische Reflexion

Im Denken Rahners, das sich an die aristotelisch-thomistische Tradition anschließt, sind Seele und Leib bzw. Körper einander ergänzende Ebenen des Menschen, ohne die Menschsein nicht möglich ist. Er wendet sich klar von einer Erhebung der Seele über den Leib ab, wie bereits weiter oben dargestellt wurde. In der theologischen Reflexion zu Whiteheads und Jungs Verständnissen vom Körper wurde die Seele auch in ersten Ansätzen erarbeitet und in Rahners Denken als Formprinzip des Leibes verdeutlicht.

Die Seele ist nach Rahner gottgeschaffen und gehört ebenfalls in das Wirken des Menschen als Mit-Schöpfer hinein.[1133] Matthias Beck erarbeitet in *Seele und Krankheit. Psychosomatische Medizin und theologische Anthropologie* eine ausdifferenzierte Übersicht über Rahners Seelenverständnis.[1134] Zusätzlich zur Seele als Formprinzip der Materie und deren göttlichen Ursprung führt er die Seele als sich selbst am Fremden kennenlernend und in sich selbst begründet auf. Damit gibt die Seele dem Menschen die Möglichkeit, sich am Anderen zu entwickeln, aber auch zu sich selbst zurückzukehren, gleich einem dynamischen Prinzip im Menschen. Beck nennt es „In-Sich-Ständigkeit“[1135], die die Materie nicht hat: „Der Mensch setzt sich also in seinem Denken und Urteilen von dem zu beurteilenden Gegenstand ab und setzt ihn sich und sich ihm gegenüber.“[1136] Dieses Erfassen passiert begrifflich und wird so ins Denken überführt – Sinnliches wird begrifflich.

Diese unterschiedlichen Aspekte geben Rahners vielfältiges Denken über die Seele wieder. Zusammenfassend können diese Gedanken mit dem folgenden Zitat von ihm dargestellt werden: „Die Seele des Menschen ist substantiales, individuales, geistiges und von daher unsterbliches Prinzip, das aus sich wirklich und wesentlich Form des menschlichen Körpers ist und deshalb mit dem Körper eine Natur und Substanz bildet.“[1137]

Grundsätzlich lässt sich an dieser Stelle sagen, dass alle drei Autoren die Seele als lediglich ein Element des ganzen Menschen erfassen. Die Differenz zwischen den Ansätzen Whiteheads und Jungs wurde weiter oben bereits deutlich. In die Nähe des Rahnerschen Seelenkonzeptes ist lediglich Whitehead zu bringen. Qualitativ entwickelt dieser in der Organistischen Philosophie die Einheit von Materie und Seele in den *hybrid feelings* weiter,

---

1133 Vgl. Rahner 1965 b, 82f.

1134 Vgl. Matthias Beck, Seele und Krankheit. Psychosomatische Medizin und theologische Anthropologie, Paderborn 2003, 128ff.

1135 Ebd., 139.

1136 Ebd.

1137 Karl Rahner, Tractatus De deo creante et elevante et de peccato originali, in: Ders., Der Mensch in der Schöpfung (Sämtliche Werke), Band 8, Zürich – Düsseldorf – Freiburg im Breisgau 1998, 41–511, 223.

was auch Rahner theologisch nicht leisten kann. Whitehead ist damit der einzige Denker unter den drei hier bisher dargestellten Autoren, der in die Tiefe der Verbindungen im Wesen des einzelnen Menschen eintaucht.

Gemeinsam ist allen drei Autoren zudem, dass die Seele ein Prinzip der Zusammenfassung im Individuum ist. Wenn Jung von der Seele als Komplex spricht, ist sie bei Whitehead das Kollektivprinzip aller Wahrnehmung und bei Rahner der Ursprung des Begrifflichen. Letztlich sind sich hier aber wieder Rahner und Whitehead am nächsten, da auch Whitehead das Begriffliche mit der Erfassung der Wirklichkeit in Verbindung bringt. Wenn dieses begriffliche Erfassen bei Whitehead mit dem mentalen Pol verbunden wird, könnte dies die Möglichkeit sein, das Whiteheadsche *mind* mit Rahners Geist als Dynamik der Seele in Verbindung zu bringen. Jung kann zu diesem Gedankengang nicht hinzugezogen werden, da er die Seele anders definiert.

Können Whiteheads *actual entities* in Rahners Denken der Seele eingebracht werden? Diese Frage ist zu kurz gedacht. Von der Konzeption der *actual entities* her muss die Frage auch auf die Dimension des Körpers/Leibes weitergedacht werden. Es erscheint an dieser Stelle durchaus möglich, die Idee des Menschen bei Rahner durch die Konzeption der Organistischen Philosophie aufzubauen. Allerdings stellt die Möglichkeit „vieler" Seelen im Sinne der Whiteheadschen Seele in jeder *actual entity* das christliche Verständnis von der einen Seele im Menschen, wie auch Rahner es vertritt, vor eine Herausforderung. In die Überlegung wäre sodann einzubeziehen, ob die Seele im christlichen Sinne auch in einer Dynamik gedacht werden kann, die der Komplexität einer *living person* aus verschiedenen *societies* von *actual entities* entspricht. Dies wäre die wissenschaftliche Formulierung einer neuen Deutung eines jahrundertealten Denkens von Seelenkonzeption im Christentum. Kann dementsprechend eine Vielfalt von Erfahrungseinheiten die eine Seele im Menschen ausmachen? Diese grundsätzliche Kontroverse kann hier nicht erarbeitet werden. Dennoch ist mit der Theorie Whiteheads ein Horizont eröffnet, der Seele und Körper in der theologischen Anthropologie des Christentums in eine neue Dimension führen kann. Für die Vielfalt von Lebensmöglichkeiten im Sinne einer Prozess-Anthropologie würde es den Menschen im christlichen Weltbild öffnen und die Komplexität des Lebens deutlicher machen. Dies wäre sodann auch im Denken und Handeln der Pastoralpsychologie zu reflektieren.

Die Seele ist im Denken Chardins bereits im Denken des Inneren in aller Materie zu erahnen. Nach Becker folgt Chardin der kirchlichen Haltung, dass die Seele von Gott geschaffen ist und dem (menschlichen) Leben zugefügt wird. Er betont jedoch auch, dass „[d]ie Seele [...] das Wichtigste im Menschen [ist, M.F.]: aber sie konstituiert nicht allein die Substanz des Menschen“[1138] und zitiert dies aus einem frühen Beitrag von Chardin.[1139] Die Geistbehaftetheit der Materie legt nahe, dass Chardin, wie Becker es auch betont, „[d]ie Begriffspaare Leib und Seele beziehungsweise Materie und Geist [...] weitgehend synonym“[1140] verwendet.

Becker greift zu diesen Beschreibungen auf einen Lexikonartikel von Chardin zurück, der im Deutschen bisher unveröffentlicht ist, und übersetzt diesen selber frei. In *L'homme devant les enseignements de l'Eglise et devant la philosophie spiritualiste* spricht Chardin von „zwei Erkenntnisweisen des Menschen, die Sinneswahrnehmung [...] und das Denken“[1141]. Beide machen die „‚Koexistenz‘ von Geist und Materie im Menschen“ deutlich“[1142]. Das Geistige bzw. die Seele macht die Materie bzw. den Körper lebendig, ist von Gott geschaffen, wie die klassiche Theologie bzw. Dogmatik auch erklärt, und ist von dieser untrennbar und dem Menschen eigen zu denken.

Die Seele ist bei Chardin nicht als fertiges, fixes oder abgeschlossenes Ganzes zu erfassen. Er beschreibt sie in *Der göttliche Bereich* als dynamisch, prozessual und entwicklungsfähig: „*Er* [der Mensch, M.F.] *schafft sich seine Seele* während der ganzen Dauer seiner irdischen Tage.“[1143] Sie ist das Element des Lebens, welches „sich dem Weltall rückhaltlos zuwendet, in

1138 Becker 1987, 212.

1139 Dieser Artikel wird im kommenden Absatz benannt und weiter untersucht werden. Im Gegensatz zu der klassisch kirchlichen Haltung, dass die Seele von Gott kommt, deutet Chardin in einer seiner frühen Schriften eine andere Haltung an. Der Kosmos und in ihm das evolutive Prinzip gebären die Seelen und geben diese dem Leben frei (Vgl. Chardin 1968 b, 51.). Ihre „Grundsubstanz“ beschreibt er jedoch auch hier als „die transzendente und gleichwohl immanente Gottheit“ (Ebd., 52f.).

1140 Ebd., 211.

1141 Ebd., 214.

1142 Ebd.

1143 Chardin 1964, 43.

dem sie überall den Ruf einer Gottheit vernimmt"[1144]. Darin ist es die Seele, die sich für das Göttliche im Menschen öffnen kann, sie ist Grundlage der bewussten Kommunikation zwischen Gott und Mensch.

Chardin spricht weiterhin von einer Verbundenheit aller Seelen, die an einem großen Prozess arbeiten, einer „‚Ontogenese' "[1145] der ganzen Welt. Die Seele ist im Prozess der Noogenese die „feine, wandlungsfähige Substanz"[1146], die den Geist mit Gott in Verbindung treten lässt. Es ist die Entwicklungsgeschichte des Geistes in der Materie, der diese durch die Seele auf ein Gemeinsames allen Lebens hin öffnet. Der Weg der Materie kann auch als Evolution des Personalen bzw. der Person im Menschen verstanden werden.[1147] Weiterhin ist der Prozess theologisch als Aufbau des Leibes Christi zu verstehen. Dieser „vollzieht sich *mit der Strenge und Harmonie einer natürlichen Evolution.*"[1148] Jene Entwicklung in einer Art Whiteheadscher *concrescence* soll im folgenden Kapitel näher untersucht werden. Denn was mit der Entwicklung des Geistes im Menschen beginnt, wird bis zur höchsten göttlichen Vereinigung des Kosmos gedacht. Für Chardin ist im evolutiven Prinzip des Kosmos deutlich zu erkennen: „Gott scheint durch, personifiziert sich in der Menschheit."[1149]

Damit muss die Seele im Sinne der Theologie relational, leiblich realisiert, dynamisch und für die Ganzheit des Menschen stehend verstanden werden. Die Seele umfasst das gesamte Werden des Menschen und führt ihn diachron bis in die Dimension des Eschaton ein. Darin kann sie auch als „personale Gottesrelation"[1150] verstanden werden, wie Casper Söling sie umschreibt.

1144 Pierre Teilhard de Chardin, Die Beherrschung der Welt und das Reich Gottes, in: Ders., Frühe Schriften, Freiburg – München 1968b, 85.

1145 Chardin 1964 43.

1146 Chardin 1968 b, 89.

1147 Chardin sieht hier gerade den Mehrwert der christlichen Religion. Auch wenn das Christentum die Individualisierung jedes einzelnen Menschen betont, so findet er in dessen Ausrichtung und Tradition einen kosmischen Aspekt der „eine Religion von Personen, die Religion der Seelen ist." (Ebd., 51.)

1148 Ebd., 55.

1149 Ebd., 69.

1150 Caspar Söling, Das Gehirn-Seele-Problem. Neurobiologie und theologische Anthropologie, Paderborn 1995, 246.

Der nachfolgende kurze Exkurs soll die Idee des Personalen bei Chardin umreißen und die Brücke zur letzten Synopse von Whitehead, Jung und der hier aufgegriffenen theologischen Auslegung bieten.[1151]

5.6.3. Exkurs: Das Personale als Ziel der menschlichen Entwicklung

In einem Brief an Léontine Zanta vom 23. August 1929[1152], wie auch in einem Reisebrief vom 16. September 1929 beschreibt Chardin einen neuen Gedanken. Die Evolution des Geistes in der Welt muss für ihn auch die Naturwissenschaften zu einer vertieften Untersuchung von diesem führen.[1153] Theologisch gesprochen führt die Evolution der Noosphäre alle Wissenschaften dazu, der „Unsterblichkeit der Seele und die der Persönlichkeit [... eine, M.F.] innerhalb der Baugestalt der Welt [...] wesenhafte Bedeutung“[1154] zu geben. Unter *Skizze eines personalen Universums* greift

---

1151 Chardin trennt die Wahrnehmung einer natürlichen von der einer übernatürlichen Entwicklung im Kosmos und im Menschen. „Vom ‚Natürlichen‘ her betrachtet [...] strebt das menschliche Bemühen eine Art kollektive Personalisation an, wodurch sich in den einzelnen ein gewisses Bewußtsein der Menschheit vollendet. Vom Übernatürlichen her betrachtet dagegen, äußert sich und gipfelt dasselbe Streben in einer Art Teilnahme am göttlichen Leben, in der jedes Individuum in seiner bewußten Vereinigung mit einem höchsten Personalen die Erfüllung seiner eigenen Personalität findet.“ (Pierre Teilhard de Chardin, Soziale Vererbung und Fortschritt, in: Ders., Die Zukunft des Menschen, Olten – Freiburg im Breisgau 1963, 51f.)

1152 Pierre Teilhard de Chardin, Briefe an Léontine Zanta, Freiburg – Basel – Wien 1968a, 91ff.

1153 Die weiter oben schon festgehaltene platonische Ausrichtung Chardins im Bezug auf den Geist bzw. die Seele tritt hier immer noch deutlich hervor.

1154 Pierre Teilhard de Chardin, Geheimnis und Verheißung der Erde. Reisebriefe 1923–1939, Freiburg – Basel – Wien 1968c, 139: „[...] daß die Wissenschaft von nun an [...] dazu kommen muß, ihre Erklärungen der Erfahrungswelt auf dem Geist aufzubauen. Das würde mich dazu führen, als ein Ganzes eine Art spirituelle Kosmogonie – also nicht eine Metaphysik – *der Person* vorzulegen. Es kommt mir vor, als würden, richtig gesehen, die Unsterblichkeit der Seele und die der Persönlichkeit [...] den Anschein zweckbestimmter und anthropomorpher Wahrheiten verlieren und innerhalb der Baugestalt der Welt eine wesenhafte Bedeutung gewinnen. Ich will versuchen, das festzuhalten, mindestens in Form eines ersten Entwurfes.“ Dieser Entwurf trägt den Titel *Skizze eines personalen Universums* und wurde von Chardin 1936 vorgelegt.

Chardin diesen Gedanken erneut auf und erklärt, dass „höhere Tiere [...] bereits die Personalität" aufweisen, „[i]m Menschen" aber das „vollendete[n] personale[n] *Molekül*[*s*]"[1155] deutlich festzuhalten ist.

Der Entwicklungsprozess der Personalität bzw. der Person ist der eigentliche Schlüssel zur Individuation bzw. *concrescence* bei Chardin. Die Vereinigung von Geist und Materie hat den Menschen „im Innern [...] personalisiert. Die Vereinigung im Äußeren wird uns nunmehr ‚supra-personalisieren.' "[1156] Das Persönliche führt den Menschen zu einer Individuation, die nicht als Individualismus, sondern vielmehr als eine kollektive Entwicklung zu erfassen ist. Das Prinzip der Vereinigung bzw. der Prozess des Lebens in der Evolution ist eine Entwicklung der Synthese allen Lebens. Die „*Bildung der Personalität*"[1157] fasst Chardins sowie Jungs und Whiteheads Denken zusammen. Der Weg der Individuation, der *concrescence* und der Personalität führt den Menschen erst zu dem Sein, das in ihm angelegt und im Miteinander mit der Umwelt im Entwurf ist. Aus den individuellen Erfahrungen des Lebens, auf der Ebene einer einzelnen *actual entity* oder auch jeder *society* oder *living person*, entsteht ein personales Universum.[1158]

1155 Chardin 1966, 79.

1156 Ebd., 84. In diesen Prozess des Verinnerlichens nach Innen und Außen kann Whiteheads Idee der *concrescence* hineingelesen werden. Die *actual entity*, die sich im Moment der *causal efficacy* ihrer selbst bewusst wird bzw. sich selbst fühlt, öffnet sich im Modus der *presentational immediacy* für das Außen einer anderen *actual entity* bzw. eines *eternal objects* und führt im Prozess der *superject*-Werdung das Außen zu seinem Neuwerden hinzu. Wenn die *actual entity* diesen Prozess aufgibt, verliert sie ihre Existenz und ist nicht mehr. Diese Dynamik erfasst Chardin ebenfalls: „Wenn sich das Element soweit wie möglich von den anderen zu trennen sucht, so individualisiert es sich wohl, doch es sinkt und sucht die Welt mit sich in die Vielheit, in die Materie hinabzureißen. In Wirklichkeit macht es sich geringer und richtet sich zugrunde. Um völlig wir selbst zu sein, müssen wir in der entgegengesetzten Richtung voranschreiten, im Sinn einer Konvergenz mit allen übrigen, zum andern hin. Unser endgültiges Wesen, der Gipfel unserer Einzigartigkeit, ist nicht unsere Individualität sondern unsere Person. Doch diese können wir, da die Evolution die Struktur der Welt bestimmt, nur in der Vereinigung finden. Kein Geist ohne Synthese, von oben bis unten durchwegs dasselbe Gesetz." (Chardin 1959, 257.)

1157 Chardin 1966, 85.

1158 „[D]as Universum [ist, M.F.] in der Richtung des Personalen, das heißt der Synthese, weiterzuführen." (Ebd., 89.)

Alle Prozesse der Evolution, das Entstehen der Materie, ihr Prozess der Bewusstseinsbildung, das Erfassen unbewusster Prozesse, das Entstehen indivuellen Lebens, das Auftauchen der Seele, die Entstehung von Religion und das Zusammenwachsen in einer personalen Weltseele, münden in Gott „als ein *Zentrum der Zentren*", in dessen „Komplexität [...] die Vollkommenheit Seiner Einheit"[1159] liegt.

Geist und Materie, wie auch Personales und Universales, bilden durch den Menschen einen Komplex aus Physischem und Moralischem. Darin versucht Chardin, die Entwicklung des Universums auf Basis von Werten und Moral zu beschreiben. Die Grundenergie des Universums ist die Liebe, die dieses aufbaut[1160]. Sie wird durch die Dynamik der „Kollektivisation"[1161] ergänzt. Beide Energien sind als „der kosmische Sinn"[1162] zu erklären. Zentrierung des Lebens hin zum Personalen ist eine Synthese zur Entwicklung des Individuellen, welches sich nach Chardin als „ein definiertes und grundlegendes Element der menschlichen Psychologie explizitieren wird."[1163]

Dieser Weg ist im Verständnis Chardins ein harter, da Synthese auch immer als Herausforderung zu verstehen ist: „Einswerdung ist eine Arbeit."[1164] Dennoch bleibt für ihn die Erkenntnis letztgültig, dass Entwicklung nicht ohne Veränderung möglich ist.[1165] In Chardins evolutivem Verständnis von Leben ist der Kern der hier zu erarbeitenden Prozess-Anthropologie als Mittelpunkt zu betrachten. Dasein, Leben, Menschwerdung, Gottes Sein – alle diese Aspekte sind als große Idee in einer Prozess-Anthropologie erfassbar. Im Aufnehmen dieser Idee des Personalen als Kernprozess der Evolution bei Chardin wird die Lehre Chardins bereits an dieser Stelle als der bestmögliche Schlüssel zur Einführung Whiteheads und Jungs in das Denken der Theologie betrachtet.[1166] Auch wenn Jung mehr vom Selbst als von der

---

1159 Ebd., 90.

1160 Vgl. Ebd., 95.

1161 Ebd., 107. Vgl. auch Ebd., 103ff.

1162 Ebd., 109.

1163 Ebd., 110.

1164 Ebd., 115.

1165 Vgl. ebd., 117: „[K]eine physische Wirklichkeit kann unendlich wachsen, ohne die Phase eines Zustandswechsels zu erreichen. [...] *Sie können nicht mehr wachsen, ohne sich zu wandeln.*"

1166 „ Das Universum – Persönlichkeitsbildend. *Personalisierung*: Mit dieser Vertiefung des Bewußtseins in Richtung auf das eigene Innere haben wir vorhin

Person spricht, wurde weiter oben schon die Vergleichbarkeit des Selbst mit der Whiteheadschen Idee der *living person* konstatiert. Das Jungsche Selbst tritt aus den unbewussten Bereich der Psyche hervor und wird zur Synthese aller menschlichen Lebensprozesse. Wie die *living person* das Gesamt aller menschlichen Erfahrung erfasst, so auch das Jungsche Selbst. Prozess-Anthropologie als kosmologische Entwicklung kann folglich als Individuation des Selbst, *concrescence* zur *living person* oder als Evolution des Personalen verstanden werden. Dementsprechend bekennt Chardin: „Ich glaube, das Universum ist eine Evolution. Ich glaube, die Evolution geht in Richtung des Geistes. Ich glaube, der Geist vollendet sich im Personalen. Ich glaube, das höchste Personale ist der Christus-Universalis."[1167] Damit zeigt sich am Verständnis Chardins von der Person das Zentrum seiner Metaphysik, welches mit dem Begriff des Unire im Gegensatz zu einer Metaphysik des Seins bereits weiter oben dargestellt wurde. Personsein bzw. Personalität ist Unire.

5.7. Religion und Gott

5.7.1. Synopse

Whiteheads Religionsbegriff ist einer, der auf Erfahrung basiert. Ebenso stellt Whitehead fest, dass Religionen ein evolutives Streben innewohnt und die Entwicklung von Religion in Verbindung mit dem Ansteigen von Bewusstsein unter Lebewesen in einem Verhältnis steht. Die Entwicklung von Ritualen über Mythen zu rationalem Denken durch die Weiterentwicklung von Glaubensinhalten ist für ihn in der Geschichte der Religionen beobachtbar. Religion ist ein universales, allgemeinmenschliches Verhalten, welches die Naturwissenschaften ergänzt und diese zu einer transzendenten

(Seite 159) das besondere Schicksal des Elementes charakterisiert, das durch die Erlangung des Ichbewußtseins sein völliges Selbst gefunden hat. – An diesem Punkt hatten wir unsere Untersuchung über das Schicksal der menschlichen Individuen vorläufig abgebrochen. – *Personalisierung*: dieselbe Art des Fortschritts zeigt sich nun aufs neue, doch diesmal bedeutet sie die kollektive Zukunft der zu einem Ganzen zusammengefaßten Denkeinheiten." (Chardin 1959, 253.)

1167 Pierre Teilhard de Chardin, Mein Glaube, in: Ders., Mein Glaube, Olten – Freiburg im Breisgau 1972, 116.

Ganzheit des Lebens führt.[1168] Allerdings ist die religiöse Erfahrung gemäß seiner Definition in *Religion in the making* eine dem Subjekt eigene Erfahrung, die erst dann ihren Ort in der Gemeinschaft allen Lebens findet.[1169] Wie er später in *Process and Reality* ausführen wird, erfährt das menschliche Subjekt Gott als Subjekt religiöser Kommunikation durch *eternal objects*, die jede *actual entity* in ihrem physischen und mentalen Pol ansprechen. So gesehen erfährt jede Entität Gott in einem ersten Schritt in einem unbewussten Zustand, bevor die Ansprache Gottes durch das *eternal object* symbolisiert bewusst wird.

Die ersten konkreten Gedanken, wie Gott Element im Denken seiner Organistischen Philosophie sein kann, führt Whitehead in *Process and Reality* aus und finalisiert diese in seinem Aufsatz *Immortality*.[1170] Diese Ausführungen wurden weiter oben bereits dargestellt. Zusammenfassend kann an dieser Stelle aber festgehalten werden, dass Gott dem Geschehen ein transzendentes Wesen ist, welches in seiner Existenz von zwei Naturen alle im Prozess der Superjektivierung vergehenden Entitäten in sich birgt und aufhebt. Das religiöse Geschehen in Whiteheads Philosophie trägt

---

1168 Vgl. Whitehead 2001, 140. „Wissenschaft beschäftigt sich mit den Fakten vergangener Übergänge. Geschichte richtet das Ziel auf Ideale aus. Und zwischen Wissenschaft und Geschichte liegt das Wirken des göttlichen Energieimpulses. Es ist der religiöse Impuls der Welt, der tote wissenschaftliche Tatsachen in ein lebendiges geschichtliches Drama verwandelt. Aus diesem Grund kann die Wissenschaft niemals die immerwährende Neuheit der Geschichte vorhersagen." Wissenschaft erfasst folglich lediglich die Vergangenheit der Einzelwesen bzw. derer *societies*. Neuheit und Impulse kommen durch die religiösen Impulse bzw. die *eternal objects* in die Welt und verändern diese. Diese ewigen Objekte sind die Impulse Gottes.

1169 Vgl. Whitehead 1986, 68. „Die wirkliche Welt, die Welt des Erfahrens, des Denkens und der physischen Aktivität, ist eine Gemeinschaft aus vielen verschiedenen Einzelwesen; und diese Einzelwesen tragen etwas zum gemeinsamen Wert der gesamten Gemeinschaft bei oder schaden ihm. Gleichzeitig sind diese wirklichen Einzelwesen selbst ihr eigener Wert für sich, sie sind individuell und voneinander trennbar. Sie tragen zum gemeinsamen Vorrat bei und leiden doch für sich. Die Welt ist eine Bühne des Solitärseins in der Gemeinschaft. Die Individualität der Einzelwesen ist ebenso wichtig wie ihre Gemeinschaft. Das Thema der Religion ist Individualität in der Gemeinschaft."

1170 Vgl. Kapitel 3.1.4.

pantheistische Züge, wenn die Idee des ständigen bzw. perpetuierenden Vergehens des gesamten Kosmos in Gott getragen wird.

Dieses Denken hebt Whiteheads Philosophie aus den Denkweisen des 20. Jahrhunderts heraus. Es unterscheidet ihn auch von theologischen Annahmen, die Gott als das Absolute beschreiben. Gott drängt auf Kreativität und *novelty* im Prozess des Werdens, hat aber die Entscheidung, wie die Entitäten mit den Impulsen der *eternal objects* umgehen, nicht in der Hand. Die Schöpfung bzw. der Kosmos sind freie Entscheidungsträger der Geschichte ihrer Entwicklung. Gott ist immer nur ein Impuls im Geschehen des Kosmos, da jedes Vergehen und Entstehen von neuen Entitäten im Prozess der Superjektivierung auch den Einflüssen des gesamten Kosmos ausgesetzt ist. Ob eine Entität im nächsten Prozess zum *superject* von einem *eternal object* oder von einer anderen Entität beeinflusst wird, ist Entscheidung dieser Entität.

Auch wenn die Verhältnisbestimmung des für das Whiteheadsche Denken wichtigen Elements der *creativity* und Gottes schwierig in die Tradition christlicher Theologie zu übertragen ist, „befindet [Gott, M.F.] sich im Einklang des Werdens mit jedem anderen kreativen Akt.“[1171] Gott und Welt sind aufeinander bezogen und untrennbar. Aussagen über die Kreativität, die diese als Prozesselement über der göttlichen Entität ansetzen, führen zu dieser erkannten Spannung.[1172] Cobb löst diese Spannung nicht völlig auf,

1171 Whitehead 1987, 616.

1172 Vgl. ebd., 621. „Es ist genauso wahr zu sagen, daß Gott beständig ist und die Welt fließend, wie zu behaupten, daß die Welt beständig ist und Gott fließend. Es ist genauso wahr zu sagen, daß Gott eins ist und die Welt vieles, wie zu behaupten, daß die Welt eins ist und Gott vieles. Es ist genauso wahr zu sagen, daß Gott im Vergleich mit der Welt höchst wirklich ist, wie zu behaupten, daß die Welt im Vergleich mit Gott höchst wirklich ist. Es ist genauso wahr zu sagen, daß die Welt Gott immanent ist, wie zu behaupten, daß Gott der Welt immanent ist. Es ist genauso wahr zu sagen, daß Gott die Welt transzendiert, wie zu behaupten, daß die Welt Gott transzendiert. Es ist genauso wahr zu sagen, daß Gott die Welt erschafft, wie zu behaupten, daß die Welt Gott erschafft. Gott und die Welt sind die im Kontrast stehenden Gegensätze, mit Hilfe derer die Kreativität ihre höchste Aufgabe erfüllt, die getrennte Vielheit, mit ihren im Gegensatz stehenden Verschiedenheiten, in die sich konkretisierende Einheit umzuwandeln, der Verschiedenheiten Kontraste bilden.“

wenn er sie wie folgt erklärt: „Accordingly, God is as metaphysically necessary for creativity as creativity is metaphysically necessary for God."[1173]

Nicht nur auf Grund dieser Spannung zwischen Gott und *creativity*, sondern auch durch die Lehre von den zwei Naturen Gottes, kann Whitehead Gott zwar als Entität, aber nicht als *living person* erfassen, wie er es z.B. mit den Menschen als *societies* tut.[1174] Während die Entitäten in den *societies* vergehen und in neue Entitäten übergehen, bleibt Gottes erste Natur, seine *primordial nature*, unbewegt und vergeht nicht. Die zweite Natur Gottes, seine *consequent nature*, ist das bewegliche Element im Dialog mit dem Kosmos. Gott muss folglich eine andere Art von Entität sein, die in einem Teil seiner Existenz unvergänglich und in einem anderen Sinn ewig oder *immortal* ist, im Gegensatz zu den Entitäten, die in seiner zweiten Natur aufgehoben werden und darin unsterblich sind. Entgegen der christlichen Tradition trägt Gott nicht die Züge einer Person, wie dies die Menschen in Whiteheads Konzeption erfüllen.

Wie bei Whitehead, so ist die Religion auch bei Jung eine Erfahrungskategorie: „Ich möchte deutlich machen, daß ich mit dem Ausdruck ‚Religion' nicht ein Glaubensbekenntnis meine. Es ist indessen richtig, daß jede Konfession sich einerseits ursprünglich auf die Erfahrung des Numinosen gründet, andererseits aber auf ‚pistis', auf Treue (Loyalität), Glauben und Vertrauen gegenüber einer bestimmten Erfahrung von numinoser Wirkung und der daraus folgenden Bewußtseinsveränderung [...]. Man könnte also sagen, der Ausdruck ‚Religion' bezeichne die besondere Einstellung eines Bewußtseins, welches durch die Erfahrung des Numinosum verändert worden ist."[1175]

1173 Cobb 2015, 72.

1174 Leo Scheffczyk hebt diese beiden Punkte als theologische Kritik an Whiteheads Organistischer Philosophie hervor, „daß W.s Erkenntnistheorie im Gegensatz zum transzendentalphilosophischen Ansatz und zur Auffassung von der Priorität des Selbstbewußtseins entwickelt ist. [...] Es ist die bei W. zum Vorschein kommende Vorordnung der ‚Kreativität' vor dem Wesen Gottes, welche die schöpferische Bewegung der Welt zum letzten metaphysischen Prinzip und damit zum ‚Gott über Gott' macht." Whiteheads Organistische Philosophie ist für ihn eine „Sonderart der ‚philosophischen Theologie' [...], die als Metaphysik mit der Theologie nicht gleichgesetzt werden kann". (Scheffczyk 1984, 95 u. 101.)

1175 Jung 1963, 5.

Religion ist bei Jung, wie bei Whitehead, ein evolutives Element, das mit einem Bewusstseins- bzw. Bewusstwerdungsprozess in Verbindung steht. Das Individuum erfährt ein Numinoses, welches im Bewusstsein des Einzelnen eine Veränderung hervorruft. Jung sieht diese Erfahrung sich in der Psyche des Menschen vollziehen. In Träumen, Visionen und diesen ähnlichen Ereignissen erlebt der Mensch Eindrücke des Numinosen, die schließlich auf Archetypen verweisen. Religion ist eine archaische Erlebniskategorie menschlicher Existenz und der Menschheit kollektiv. Die konkrete Erfahrung steht dem jedoch individuell gegenüber. Die religöse Haltung des Menschen kann auch im Sinne einer menschlichen Veranlagung verstanden werden. Das Organ religiöser Erfahrung der menschlichen Psyche stellt die Seele dar, die als Teilelement der Psyche diese für religiöse Äußerungen der Archetypen den Menschen öffnet.[1176]

Wie in den Darstellungen zu Jungs Theorie bereits betont wurde, möchte Jung keine theologischen Aussagen machen, sondern vielmehr die Erfahrungen der Psyche in Träumen und Symbolen beschreiben. Unklar bleibt deswegen auch, ob es Gott wirklich gibt oder ob jede religiöse Erfahrung allein auf Archetypen zurückgeht. Jung positioniert sich nicht eindeutig, ob ein Gott Ursprung dieser Archetypen im menschlichen Erleben ist. Egal woher die Archetypen religiöser Erfahrung kommen, sie werden lediglich symbolisch erfasst und im Miteinander von Bewusstsein und Unbewusstem zu Kategorien menschlicher Existenz. Die symbolische Äußerung des Archetyps wird durch die Psyche verarbeitet und in die Identität bzw. Person des Individuums überführt. Jung spricht auf Grund dessen von einem Bild Gottes, das in Menschen entsteht, nicht direkt von Gott.[1177] Im Gegensatz zu Whitehead bietet Jung eine Möglichkeit, die Komplexität des entstehenden Gottesbildes zu erklären. Nach Hark bildet sich dieses in der Psyche des Individuums durch „theologische[n] und kollektive[n] Vorstellungen über Gott“ sowie „durch die religiöse Erziehung der Eltern, die kirchliche Unterweisung und Verkündigung“[1178] aus. Auch hier kann es, wie bei Whitehead weiter oben schon zitiert, zu Bildern kommen, die positiv wie auch negativ auf das Individuum wirken. Ziel aller Religiosität des Menschen ist aber

---

1176 Vgl. Jung 1980b, 26f.
1177 Vgl. Jung 1981b, 713f.
1178 Hark 2003, 66.

letztlich die „Ganzheit und ergreift darum die vom Unbewußten dargebotenen Ganzheitsbilder, die, unabhängig vom Bewußtsein, aus den Tiefen der seelischen Natur aufsteigen.“[1179] Gottesbild und Selbst sind evolutive Elemente im Individuum, die dieses auf dem Weg seiner Individuation zur Weiterentwicklung führen.

Deutlicher als Whitehead sieht Jung das Individuum im Prozess des ganzheitlichen Vergehens. Religion ist die Wirklichkeit des Einzelnen, mit seiner Vergänglichkeit umzugehen. Wenn Whitehead die einzelnen Entitäten nach deren Vergehen in der zweiten Natur Gottes geborgen sieht, ist Religion für Jung der Modus, mit diesem Fakt biologisch-vergänglicher Existenz umzugehen. Was mit dem Menschen nach dessen Tod passiert, ist für Jung ohne Bedeutung. Sein gedanklicher Schwerpunkt zum religiösen Leben und Empfinden ist ein therapeutischer Umgang mit der individuellen Sterblichkeit. Religion ist ein Modus der ganzheitlichen Welt- und Lebensbewältigung im evolutiven Prozess des Kosmos, in dem das Individuum danach streben soll, es selbst zu werden und ein Gleichgewicht zwischen Unbewusstem und Bewusstsein zu erreichen und zu erhalten.

Kim zeichnet in *A comparison of Alfred North Whitehead's and Carl Gustav Jung's idea of religion* die wissenschaftlichen Ausgangspositionen beider Autoren nach. Diese führt Kim in einem Diskurs beider Ansätze. In diesem Beitrag wird hervorgehoben, dass die Leben beider Autoren einen religiösen Hintergrund haben und ihre Lehren für die damalige Zeit einen provokativen Ansatz von Transzendenzbezug in Philosophie und Psychologie konstatieren. Auch wenn die Erfahrungsgrundlagen, bei Whitehead die Spekulation und Erfahrung und bei Jung die Untersuchung von Träumen, der religiösen Dimension des Menschen unterschiedlich sind, kann man vergleichbare Ergebnisse beider Theorien entdecken.

Religion stellt in beiden Konzeptionen eine Dimension des Lebens dar, die sowohl kollektiv wie auch individuell ist. Jungs Archetypen sind in ihrer Komplexität kollektiver Erfahrungshorizont des Individuums, die dieses individuell psychisch verarbeiten muss, wobei Whiteheads *eternal objects* sich durch *values* auszeichnen, die jeder *actual entity* nur eines von vielen Erfahrungselementen im Prozess der *concrescence* darstellen. Der

1179 Jung 1963, 503.

kollektive Moment bei Whitehead ist Gott als Ursprung aller *eternal objects* für alle Entitäten. Bei Jung kann der Einfluss der Archetypen im Prozess der Werdung vom Individuum selber nicht abgelehnt werden. Das Individuum besitzt hier nicht die Freiheit, sich gegen diese zu wenden. Whiteheads Entitäten sind demgegenüber ungebundener in der Möglichkeit einer negativen Äußerung Gott gegenüber. In dieser leichten Abweichung beider Theorien voneinander liegt der Fokus des Religiösen dennoch auf der innerlichen und nicht auf der institutionell verfassten Dimension von Religion.[1180] Weiter oben wurde auch bereits der Versuch gemacht, Archetypen und *eternal objects* miteinander in den Vergleich zu bringen. Diese Diskussion soll an dieser Stelle nicht erneut aufgegriffen werden.

Beide Autoren erkennen in der religiösen Veranlagung des Menschen einen Zuwachs im Lauf der Evolution des Kosmos, jedoch betont Whitehead bereits die religiöse Dimension aller Entitäten im Kosmos, während Jung die Religiösität sich erst mit der Entstehung des Menschen verwirklichen sieht. Hier kann formuliert werden, dass Gott bzw. das Gottesbild erst mit dem Auftreten des ersten Menschen mit Bewusstsein erfolgt. Whitehead sieht den Kosmos in allen seinen Bestandteilen in einem ewigen Dialog mit dem Göttlichen. So findet Jung zu keiner direkten Aussage, die die eschatologische Dimension des Lebens betrifft. Er gibt, im Gegensatz zu Whitehead, keine ausführlichen Aussagen über die Unsterblichkeit der gemachten Erfahrungen im Kosmos. Jung kann so ein deutlicher Aktualbezug zugeschrieben werden, während Whitehead deutlicher eine Perspektive des Lebens in seiner diachronen Veranlagung beschreibt.

Grundlegend scheint auch die Haltung, auf welchen Ursprüngen Whitehead und Jung ihre Ideen über Gott entwickeln, die ihr Denken beeinflussen. Whitehead möchte metaphysische bzw. philosophische Aussagen über Gott machen. Jung lehnt dies radikal ab. Die Organistische Philosophie kann in ihrer Ausrichtung und ihren Ausführungen als ganzheitlicher

---

1180 „In a word, even though Whitehead and Jung understood religion in terms of different academic tradition, they have the same opinion that the essence of religion is not in the memory of doctrines but the experience of solitariness and *numinosum* which is always refreshing and extending the human's consciousness." (Kim 2002, 425.)

bzw. holistischer betrachtet werden als die Psychologie Jungs. Hier ist der Mensch allein in seiner Ganzwerdung/Individuation der Kern aller Formulierungen.

5.7.2. Theologische Reflexion

Religion ist nach Chardin die „Beseelerin und geborene Moderatorin dieses geistigen Überstiegs“[1181], der in der Geburt des Bewusstseins bzw. von Geist und Seele in der Noosphäre zu erkennen ist. Er widerspricht der modernen Wissenschaft, die in den Gesetzen der Natur und der Biologie einen Beweis gegen die Religion entdeckt. Religion ist hingegen dazu da, „die Moral zu begründen, indem sie der unruhigen und undisziplinierten Vielheit der reflektierten Atome ein dominierendes Ordnungsprinzip und eine Bewegungsachse liefert: Etwas Höchstes zu schaffen, zu fürchten oder zu lieben.“[1182] Sie ist ein Teil der Biologie, um die Energien des Kosmos in ein Konzept und einen Gesamtzusammenhang zu führen. Darin ist für Chardin die Religion der Interpretations- und Verstehensschlüssel aller evolutiven Prozesse und birgt eine Antwort auf die Frage nach dem theologischen Sinn dieses kosmischen Prozesses.

Wie Whitehead definiert Chardin in diesen Annahmen eine religiöse Dimension der Werte und die Weite des evolutiven Charakters des Lebens und dessen religiöser Veranlagung. Die kosmologische Perspektive seiner Theologie und Analyse der Evolution ist ein deutlicherer Bezug zu Whitehead als zu Jung. Gemeinsam mit Whitehead und Jung ist ihm die These, dass das Bewusstsein für die religiöse Entwicklung von Bedeutung ist.

Die „religiöse[r] Haltung“[1183] ist der Erkenntnisprozess der Seele, Gott zu schauen. Dieser gilt Chardin als „das ewige Sein an Sich“ und ist stets und „überall in Bildung *für uns*“[1184]. Gott ist „für uns die ewige Entdeckung und das ewige Wachstum“[1185]. Gott ist zugleich Person und ist bereits die

---

1181 Pierre Teilhard de Chardin, Das Christentum in der Welt, in: Ders., Wissenschaft und Christus, Olten 1970, 140.

1182 Ebd., 139.

1183 Pierre Teilhard de Chardin, Christus in der Materie, in: Ders., Lobgesang des Alls, Olten – Freiburg im Breisgau 1961, 67.

1184 Ebd.

1185 Chardin 1964, 168: „ Gott zeigt sich uns begrenzten Wesen nicht als eine ganz fertige Sache, die wir uns anzunehmen hätten. Vielmehr ist Er für uns die ewige

Realisierung dessen, wohin der Kosmos im Prozess der Evolution strebt. In diesem „scheint [Gott, M.F.] durch, personifiziert [er, M.F.] sich in der Menschheit."[1186] Dass Gott Person bzw. personal zu verstehen ist, durchzieht Chardins Werk von seinen frühen Schriften an. Er trägt das evolutive Prinzip und erweist sich als universell und personal. Gott ist ein „zu verwirklichender universeller Gott – und doch ein in der Liebe zu erfahrender personaler Gott, das ist […] der unentbehrliche Motor allen weiteren Fortschritts des Lebens."[1187]

Wie Whitehead seine Idee Gottes beschreibt, der den Prozess des Lebens im Gang hält, mit *eternal objects* auf die *actual entities* wirkt und Anteil am Prozess der Entitäten nimmt, ist auch bei Chardin Gott der bergende Grund allen vergangenen Lebens. Wie in der zweiten Natur Gottes bei Whitehead birgt das Gottesbild Chardins „unsere winzigsten Wünsche und Anstrengungen"[1188] und das Vergangene allen Lebens im Kosmos. In seiner Schrift *Der göttliche Bereich* tritt Whiteheads Gottesbild in vielen Details

---

Entdeckung und das ewige Wachstum. Je mehr wir Ihn zu begreifen glauben, um so mehr enthüllt Er sich als anderer. Je mehr wir Ihn zu halten glauben, um so mehr weicht Er zurück und zieht uns in die Tiefen Seiner selbst hinein."

1186 Chardin 1968 b, 69.

1187 Pierre Teilhard de Chardin, Das geistige Phänomen, in Ders., Die menschliche Energie, Olten 1966, 147.

1188 Chardin 1964, 130. Gleich einer Vision oder Meditation führt Chardin den Leser in eine Schau des göttlichen Seins und erforscht diesen ebenda: „Doch lassen wir die Oberfläche und versenken wir uns, ohne aus der Welt zu fliehen, in Gott! Dort und von dort her, in Ihm und durch Ihn werden wir alles fassen und alles beherrschen. Alle Blumen und alle Lichter, die wir verlassen müssen, um dem Leben treu zu bleiben, wir finden ihr Wesen und ihren Glanz dort eines Tages wieder. Die Wesen, die zu erreichen und zu beeinflussen wir verzweifelt aufgegeben hatten, sind dort in der verletzbarsten, empfänglichsten, bereicherndsten Spitze ihrer Substanz vereinigt. An diesem Ort sind auch unsere winzigsten Wünsche und Anstrengungen gesammelt und aufbewahrt und können augenblicklich alles Mark des Weltalls zum Schwingen bringen. Lassen wir uns im Göttlichen Bereich nieder. Wir werden uns dort im Innersten der Seelen und im Beständigsten der Materie befinden. Wir werden dort mit dem Zusammenfließen aller Schönheiten den ultra-lebendigen, den ultra-empfindlichen, den ultra-wirksamen Punkt des Weltalls entdecken. Und gleichzeitig werden wir spüren, wie sich in unserm Innern mühelos die Fülle unserer Kräfte zu handeln und anzubeten ordnet." (Ebd., 130f.)

deutlich hervor, bis zu Gottes emotionalem Involviertsein in den Prozess des Kosmos, der zur Regung von *eternal objects* in ihm führt. Alle Erfahrungen der *actual entities* mit den Anteilen der physischen und mentalen Pole erlangen in Gott Vollendung: Die Schöpfung findet „in Ihm die Erfüllung ihrer persönlichen Vollendung."[1189] Möglichkeit dieser Vereinigung des Menschlichen im Göttlichen scheint die personale Existenzweise beider zu sein, wenn er die „Teilhabe am göttlichen Leben, in der jedes Individuum in seiner bewußten Vereinigung mit einem höchsten Personalen die Erfüllung seiner eigenen Persönlichkeit findet"[1190] und mit Gott als „Zentrum der Zentren"[1191] verwirklicht sieht. Allein die Haltung Whiteheads, dass Gott auf Grund seiner unbeweglichen *primordial nature* nicht Person sein kann, unterscheidet beide Theorien.

Die hier aufgewiesene eschatologische Perspektive erfasst Chardin mit den Begriffen „der göttlichen Allmacht, der Loslösung und der Liebe". Diese drei Dynamiken stellen Gottes Wirken mit und im Kosmos dar und sind unlösbar mit der Evolution des Kosmos verbunden. Anders als Whitehead bzw. vielmehr die auf ihn zurückgreifende Tradition der Prozesstheologie, lehnt Chardin die Allmacht Gottes nicht ab und formuliert hier eine eschatologische Zukunft für den ganzen Menschen in Gott. Die Liebe als höchstes (moralisches) Prinzip teilen beide Autoren deutlich miteinander.[1192]

1189 Ebd., 132.

1190 Chardin 1963, 52.

1191 Chardin 1966, 90.

1192 Pierre Teilhard de Chardin, Gedanken über den Fortschritt, in: Ders., Die Zukunft des Menschen, Olten – Freiburg im Breisgau 1963, 108f.: „Muß nicht die Menschheit, um in Gott übervergeistigt zu werden, zuerst *in Übereinstimmung mit dem ganzen System*, das wir ‚Evolution' nennen, geboren werden und wachsen? Darauf ergibt sich, insbesondere für den Christen, eine uneingeschränkte Eingliederung der irdischen Werte in die für seinen Glauben grundlegendsten Begriffe der göttlichen Allmacht, der Loslösung und der Liebe. Der göttlichen Allmacht zunächst: Gott erschafft uns, Er wirkt auf uns durch die Evolution hindurch; wie könnte man sich vorstellen oder fürchten, Er würde willkürlich in den Prozeß eingreifen, in dem Sein Wirken seinen Ausdruck findet? Die Loslösung zweitens: Gott erwartet uns am Ziel der Evolution; die Welt überwinden heißt also weder sie verachten noch sie verwerfen, sondern durch sie hindurchgehen und sie sublimieren. Die Liebe schließlich: die Gottesliebe ist Ausdruck und Krönung der grundlegenden

Personal erfahrbar wird Gott im kosmischen und im universellen Christus. Auch wenn Chardin Christus in diese beiden Richtungen unterscheidet, bleibt es doch der eine Christus, wie ihn auch der Glaube der Kirche bezeugt. Der kosmische Christus ist der, der sich in der Evolution zu erkennen gibt. Er ist die treibende Kraft der Evolution, um diese auf sich selbst hinzuführen im Punkt Omega. In Christus wird Gott erfahrbar und wird „‚Element' " der Welt, „kraft des im Herz der Materie gefundenen Stützpunktes, [er, M.F.] die Führung und den Plan dessen übernimmt, was wir heute Evolution nennen. [...] Durch eine immerwährende Aktion von Kommunion und Sublimation sammelt er die gesamte Seelenkraft der Erde in sich. [...] Das Universum vollendet sich in einer Synthese der Zentren."[1193] Dieser kosmische Christus hat, neben dem historischen Christus, den Chardin stets betont, Anteil am universellen Christus. Dieser universelle Christus ist die „natürliche[r] Religion des Universums"[1194], die die Welt entdecken muss. In diesem Christus wird zudem deutlich, was Chardin unter der Ganzheit von Geist und Materie versteht: „Es hat einige Zeit scheinen können, der direkteste Weg zum Himmel sei jener, der auf schnellstem Weg die Erde hinter sich ließe. Hier nun läßt uns der Christus-universalis begreifen, daß der Himmel nur durch die Vervollständigung der Erde und der Welt erreichbar ist [die viel größer und unvollendeter geworden sind, als wir glaubten]; – und gleichzeitig gewinnen die grundlegendsten christlichen Haltungen, ohne vom Weg abzukommen, an Reichtum und ‚Dynamik'."[1195]

Affinität, die seit den Ursprüngen von Raum und Zeit die der Vergeistigung fähigen Elemente des Universums sammelt und konzentriert."

1193 Chardin 1959, 290.

1194 Pierre Teilhard de Chardin, Der moderne Unglaube, in: Ders., Wissenschaft und Christus, Olten 1970, 160.

1195 Pierre Teilhard de Chardin, Einige Bemerkungen über die Bekehrung der Welt, in: Ders., Wissenschaft und Christus, Olten 1970, 167. Vgl. ebd., Über den Christus-Universalis, 37: „Unter Christus-Universalis verstehe ich Christus als das organische Zentrum des ganzen Universums:

- als *organisches Zentrum*, das heißt als das Zentrum, an dem letzten Endes physisch die ganze, selbst die natürliche Entwicklung hängt;
- *des ganzen Universums*, das heißt nicht nur der Erde und der Menschheit, sondern des Sirius, der Andromeda, der Engel, aller Wirklichkeiten, von denen wir nah oder fern physisch abhängen [das heißt wahrscheinlich allen teilhabenden Seins];

Die christliche Perspektive fehlt Whitehead nicht, ist aber ihm gemäß durch die Kirchen in eine falsche Richtung gelenkt worden. Er nimmt ein Leben eines Jesus von Nazareth „im galiläischen Ursprung“[1196] an. Parallel zu Chardins Idee der Amorisierung des Kosmos betont er in diesem Sinne ebenfalls die Liebe als Wirkmächtigkeit in der Evolution und Botschaft dieser historischen Person.[1197] Für Jung ist die Idee des Christus lediglich als Archetyp zu betrachten. Er leugnet die Existenz einer historischen Person dieses Namens nicht, verlegt den Schwerpunkt christlicher Erfahrung allerdings in die Archetypen.

Mit Blick auf diese kurze Darstellung zur Religion und zum Göttlichen bei Chardin kommt die Frage auf, ob die zweite Natur Gottes, wie Whitehead sie versteht, als Leib Christi bzw. als kosmologischer Christus im Sinne Chardins zu betrachten ist.[1198] Diese Vermutung ist nicht ganz abwegig und bleibt der Interpretation offen. Die Beschreibung des Christus-Universalis erfasst nach Chardin alle Regungen des Lebens, die Geist und Materie erleben. Alle Entitäten gehen in diesen Christus-Universalis auf, indem die Welt für Chardin „ein großes, zusammenhängendes und organisch evolviertes Ganzes“[1199] ist. Zu eng gedacht ist die Gleichsetzung des Christus-Universalis mit der zweiten Natur der Whiteheadschen Gottesidee, wenn nach

- und noch einmal *des ganzen Universums*, das heißt nicht nur des sittlichen und religiösen Bemühens, sondern gleichfalls von all dem, was dieses Bemühen voraussetzt, nämlich von jeglichem Wachsen des Leibes und des Geistes. Dieser Christus-Universalis ist der, den die Evangelien und insbesondere der heilige Paulus und der heilige Johannes uns darstellen. Der, aus dem die großen Mystiker gelebt haben. Nicht immer der, mit dem sich die Theologie am meisten befaßt hat.“

1196 Whitehead 1987, 612.

1197 Ebd., 613.

1198 Chardin möchte in der These vom Christus-Universalis „die Theologie [Dogmatik, Mystik, Moral] einem notwendigen Neuguß unterwerfen.“ (Chardin 1970, 39.) In *Über die physische Vereinigung zwischen der Menschheit Christi und den Gläubigen im Laufe der Heiligung* beschreibt er den Leib Christis in paulinisch-biblischer Sprache als Pleroma bzw. als „Jesus, [...] der [...] *ein Milieu* [ist, M.F.], das vereint.“ (Pierre Teilhard de Chardin, Über die physische Vereinigung zwischen der Menschheit Christi und den Gläubigen im Laufe der Heiligung, in: Ders., Mein Glaube, Olten – Freiburg im Breisgau 1972, 27.

1199 Ebd., 40.

Chardin nur der „Wert der Seele *in se*“[1200] eine Rolle spielt. In Whiteheads Konzept stellt die vergehende *actual entity* den Wert dar, der unsterblich ist und in Gottes zweiter Natur geborgen wird. Ihr gehört die Seele zu, wie weiter oben dargestellt wurde, und die Idee der Person wird der *living person* zugerechnet.

In Chardins kurzer Schrift *Über den Christus-Universalis* klingt es, als würden die Seelen in Form des „Kosmos als ein Ganzes *per se*“[1201] in diesem aufgehen. Auch die These von der Unsterblichkeit der Persönlichkeit in einem Brief Chardins[1202], die er mit der Unsterblichkeit der Seele verbindet, lässt nicht den Raum, das Personale einer jeden *living person* auch mit der Seele und der Idee des Personalen bei Chardin in Verbindung zu bringen. Allein in der Unterscheidung, dass die Seele bei Whitehead die Gesamterfassung aller Wahrnehmungswirklichkeit und die *living person* das Gesamt des Personalen und zugleich aller Wahrnehmungswirklichkeiten eines Individuums darstellen, kann nur mit der Unterscheidung in Chardins Zitat zwischen „der Unsterblichkeit der Seele und die der Persönlichkeit“ eine Parallele erzeugen, nicht aber mit der Idee in der Schrift über den Christus-Universalis. Diese letztgenannte These würde vom folgenden Satz abweichen, der im gleichen Brief Chardins zu finden ist: „Das würde mich dazu führen, als ein Ganzes eine Art spiritueller Kosmogonie – also nicht eine Metaphysik – *der Person* vorzulegen.“[1203] Chardin hätte, wenn er Seele und Person unterscheidet, hier von einer Kosmogonie der Person und der Seele sprechen können. Oder erfasst die Person auch die Erfahrungen und Inhalte der Seele bei Chardin?

Hält man sich an die Rede vom Wert der Seele in der Darstellung über den Christus-Universalis, so ist die Seele als das Höchste und die Zusammenfassung allen Lebens im Menschen zu betrachten. Folglich ist die Seele das, was in Gott vollendet wird. Geht man der Spur des hier zitierten Briefes Chardins nach, könnte die Persönlichkeit das alles umfassende Prinzip

1200 Ebd., 41.
1201 Ebd.
1202 Vgl. Chardin 1968 c, 139.
1203 Ebd.

im Leben des Menschen sein und mit dieser Dynamik in die zweite Natur Gottes bzw. den kosmischen Christus eingehen.[1204]

Auf einer allgemeinen Verständnisebene können der kosmische Christus und die zweite Natur Gottes in Whiteheads These von Gott in eine Parallele gebracht werden. Was in diesen aufgeht bzw. welche Realitäten des Kosmos und wie diese dort aufgehen, bleibt wie gezeigt der Spekulation überlassen. Zumindest ist das, was bei Chardin im kosmischen Christus aufgenommen wird, nur als Synthese von Geist und Materie zu denken, wie auch bei Whitehead die *actual entities* in die zweite Natur Gottes aufgenommen werden und in ihrem physischen und mentalen Pol mit beiden Modi der Wirklichkeit dort Unsterblichkeit finden.

Auch die Frage nach der innertrinitarischen Dynamik, die die klassische Dogmatik formuliert, kann mit der These Whiteheads über die Natur(en) Gottes nicht geklärt werden. Whiteheads Denken liegt qua seiner Biografie ein christliches Gottesbild zugrunde, jedoch faltet er dieses in seinen Schriften nicht aus. Nur wenige Verweise deuten z.B. auf sein Verständnis von Jesus von Nazareth bzw. Jesus Christus. Allein auf der Ebene einer natürlichen Theologie, die sich aus den philosophischen Gedanken Whiteheads ableitet und die Chardin seinerseits aus den Schriften des Paulus und

---

1204 Die hier formulierten Gedanken sind rein spekulativ und auch unter Einbeziehung weiterere Textstellen in den Werken Chardins nicht klar in die eine oder die andere Auslegungsrichtung zu definieren. Chardins frühe Schrift *Das kosmische Leben* lässt auch für beide Richtungen Spekulationsraum. Einerseits spricht er von den Seele, vergleichbar mit Whiteheads *actual entities* (Vgl. Chardin 1968 b, 54: „[...] können die Seelen nicht denken, beten, handeln, sich bewegen, ohne daß Wellen, ausgehend von der unbekanntesten unter ihnen, die anderen aufrühren[...].“), auf der anderen Seite wird der kosmische Christus als göttlicher Einfluss beschrieben, der „einzig für die Seelen gekommen“ ist. Der Gedanke des Personalen taucht hier noch nicht deutlich auf und kann lediglich für Gott ausgesagt werden (Vgl. ebd., 69.). Auch in seiner Schrift *Der göttliche Bereich* findet die „geistige[r] Umwandlung“ so statt, dass „die Seelen gewissermaßen die weißglühende Oberfläche der in Gott eingetauchten Materie“ darstellen (Chardin 1964, 145f.). In einem Tagebucheintrag vom 15. März 1916 erfasst der kosmische Christus allerdings mehr als nur die Seelen, sondern auch „alle Bewegungen der Atome, der Zellen, der Seelen [...]“. (Pierre Teilhard de Chardin, Tagebücher I. Notizen und Entwürfe 26. August 1915 bis 22. September 1916, Olten -Freiburg im Breisgau 1974, 99.)

des Johannes herausarbeitet, kann zwischen diesen beiden Autoren eine gemeinsame Denkrichtung über Gott versucht werden.

Die bisherige Fokussierung dieser Ausführungen auf den Vergleich zwischen Chardin und Whitehead lässt erkennen, dass mehr Parallelen zwischen diesen beiden Denkern als zwischen Chardin und Jung zu erkennen sind. Jungs Perspektive auf die Ganzwerdung des Individuums kann nur als Teilaspekt der kosmologischen Theorien Whiteheads und Chardins verstanden werden. Dennoch eröffnet die Idee seiner Archetypen als wichtiges Element im Werden des Lebens und in der Selbstwerdung des Kosmos eine Möglichkeit, alle drei Denkansätze in einen Dialog zu bringen. Chardin ist wie Jung von der Annahme ausgegangen, dass es im evolutiven Denken des Lebens eine Form von „Vor-leben" gegeben haben muss, das unbewusster Natur ist bzw. von unbewussten Prozessen erfüllt war. Mit dem Auftauchen eines Archetyps verbindet Jung die Aufgabe, dass diese Äußerung des Unbewussten sich mit dem Bewusstsein des Individuums verbindet. Christus als Archetyp zu verstehen und ihn in den Selbstwerdungsprozess des Individuums zu überführen, kann parallel zu der Äußerung Chardins gelesen werden, der formuliert: „Christus ‚gleichförmig' werden heißt, durch teilweise Identität an dem grundlegenden einzigen, durch das Ganze gesetzten Akt teilhaben."[1205] Mit den Archetypen sprachlich vergleichbar gleichförmig zu werden entspricht dem theologischen Denken Chardins in der Verwirklichung des Pleroma. Unter diesem Chardinschen Aspekt der Pleromisierung des Kosmos ist den Archetypen Jungs die Macht zuzusprechen, die Chardin Christus in der Evolution gibt: „Christus lenkt von innen her den universellen Gang der Welt."[1206] Aber auch in der Frage bezüglich des Unbewussten sind die Formulierungen des Theologen eher mit Whitehead in Verbindung zu bringen, als mit Jung.[1207]

1205 Chardin 1972, 90.

1206 Ebd., 92. Er betont hier auch den kollektiven Aspekt, den Jung den Archetypen zuteilt: „Derzeit nehmen wir durch all unser Tun bereits alle an allem in ihm teil, dem wir uns fern glauben mochten, in dem wir alle tatsächlich ‚vivimus, movemur et sumus'." (Ebd.)

1207 Vgl. Pierre Teilhard de Chardin, Der Gott der Evolution, in: Ders., Mein Glaube, Olten – Freiburg im Breisgau 1972, 282f.

Nimmt man Rahners Aussagen zu Religion und Gott hinzu, so können diese in aller Kürze aus seinem Werk *Hörer des Wortes* gewonnen werden. Rahner untersucht die Möglichkeit von Offenbarung und kommt in dieser Schrift, die als seine letzte philosophische betrachtet werden kann, zu der Annahme, dass der Mensch als grundsätzlich für Offenbarungen Gottes offenes Wesen erfasst werden muss: „Und auch so muß noch (vorläufig wenigstens) fraglich bleiben, ob und in welchem Sinn der Mensch so etwas wie ein ‚Gehör' für die möglicherweise ergehende Offenbarung Gottes in sich entdecken könne, *bevor* er tatsächlich so etwas gehört hat und *dadurch* weiß, daß er hören kann [...]. Unsere Frage geht also von vornherein nicht auf den Menschen als wirklichen Theologen, sondern auf den Menschen als das Seiende, zu dessen Wesensmöglichkeiten es gehört, Theologe zu werden, *wenn* die freie, unberechenbare Botschaft Gottes an ihn ergeht."[1208] Religiosität ist ein Wesenszug des Menschen, in dem er Erkenntnis von Gott erlangen kann. Gottes Offenbarungen gehören, wie er weiter nach der hier zitierten Stelle ausführt, wesentlich zum Menschen, damit dieser Mensch sein kann. Rahner ringt an dieser Stelle mehr damit, wie Gott den Menschen fähig macht, für seine Offenbarungen empfänglich zu sein. Der Mensch ist hier, wie bei Whitehead und Jung, in seiner subjektiven bzw. individuellen Veranlagung für Begegnungen mit Gott bzw. dem Göttlichen offen. Diese Gnade, dass der Mensch offen ist für den Anruf Gottes, stellt für Albert Raffelt und Hansjürgen Verweyen „die Mitte der Theologie"[1209] Rahners dar. 1966 stellt Rahner einen weiteren Kontext her, wenn er in *Grundentwurf einer theologischen Anthropologie* schreibt: „Die Subjektivität ist geschichtliche Mitmenschlichkeit, die nicht eine nachträgliche Möglichkeit ist, die der Subjektivität (auch der theologischen)‚auch' zu Gebote steht, sondern ein inneres Konstitutivum ursprünglicher Art, ohne das diese Subjektivität nicht vollziehbar wäre."[1210] Der Mensch ist demnach Wesen der „Interkommunikation"[1211] in sich, mit den Mitmenschen und mit Gott. Offenbarung kann

1208 Karl Rahner, Hörer des Wortes. Zur Grundlegung einer Religionsphilosophie, in: Ders., Hörer des Wortes. Schriften zur Religionsphilosophie und zur Grundlegung der Theologie (Sämtliche Werke), Band 4, Solothurn – Düsseldorf – Freiburg im Breisgau 1997, 2–281, 18.

1209 Albert Raffelt, Hansjürgen Verweyen, Karl Rahner, München 1997, 56.

1210 Rahner 1966, 31.

1211 Ebd.

nur in diesen Dimensionen und in den Dynamiken zwischen diesen Instanzen der Wirklichkeit erfolgen. Der Mensch ist nicht allein als Subjekt zu denken, dass mit Gott in Kommunikation steht, sondern vielmehr in einem individuellen und zugleich mitmenschlichen Geschehen. Rahner geht es, gut 20 Jahre nach *Hörer des Wortes* um die „kollektive und individuelle Geschichte dieser transzendenten Interkommunikation“[1212] zugleich. „Zwischenmenschlichkeit“ gilt Rahner demnach als das „epochale Stichwort“[1213] an dem sich Offenbarung, Konstitution des Menschen und eine Grundthese einer theologischen Anthropologie entscheiden. So ist mit diesem Beitrag Rahners im *Handbuch für Pastoraltheologie* bereits eine Brücke zum holistischen Denken Whiteheads zu schlagen. Kommunikation mit Gott und Offenbarung können so in der direkten individuellen Erfahrung erfolgen oder auch über andere Subjekte, die in einer Offenbarung/Gotteserfahrung stehen.

Die Grundkonkretion zur Fähigkeit des Menschen Offenbarung zu erfahren bleibt in *Hörer des Wortes* zu finden: Die Veranlagung des Menschen, Geist zu sein, ist in Rahners Denken als Parallele zum Bewusstwerden des Religiösen in den Theorien Whiteheads und Jungs zu sehen: „Der Mensch ist als *geschichtliches* Wesen Geist. Der Ort seiner Transzendenz ist immer auch ein geschichtlicher Ort.“[1214] Dennoch ist die geistige bzw. bewusste Erfahrung Gottes nicht die alleinige Richtung, wie der Mensch für religiöse Erfahrungen offen ist. In seinem Aufsatz *Zum theologischen Begriff der Konkupiszenz* erkennen Raffelt und Verweyen bei Rahner die anthropologische Disposition auf „sinnlich-geistige[r] Weise“[1215] die Wirklichkeit zu erfassen. Der Mensch ist in seiner Veranlagung frei, wie er sich zu einem Gegenüber verhalten soll.[1216] Er ist dies auch Gottes Offenbarungen gegenüber. Mit der Beschreibung dieser Disposition sind Parallelen zu Whiteheads Idee der *concrescence* bzw. der Existenz der *actual entities* zu erkennen. Wie diese sich im Modus der *causal efficacy* selber erfährt und symbolisch den Einfluss einer weiteren Entität erfasst bis hin zur Integration in der Superjektivierung, scheint auch die Veranlagung des Menschen in sinnlich-geistiger

1212 Ebd.
1213 Ebd, 32.
1214 Rahner 1997, 173.
1215 Rahner 1961 a, 383. Vgl. Raffelt/Verweyen 1997, 67.
1216 Vgl. auch Rahner 1966, 28ff.

Weise Rahners eine Erfahrungsmöglichkeit der Wirklichkeit zu sein. Ob der Mensch darin Gottes Anruf annimmt und in sich integriert bzw. diesen hört oder ob er andere Erfahrungen zu seinem Seinshorizont hinzufügt, darin ist der Mensch auch bei Whitehead frei. Diese Freiheit ist Jung nicht bekannt, in dessen Denken der Mensch dem Archetyp religiöser Prägung fast fatalistisch ausgesetzt ist. Gerade der Faktor dieses freiheitlichen Verhaltens macht bei Rahner eben die Person des Menschen aus.[1217] Raffelt/Verweyen schreiben: „Diesen Gottesbezug hat er [der Mensch, M.F.] in Freiheit zu realisieren. Dabei gibt es einen religiös-ethischen Bereich, der auch der Kirche als rechtlicher Gemeinschaft entzogen ist."[1218]

Wie für Chardin und Whitehead stellt Rahners Idee von Gott auch die Dimension eschatologischer Erlösung bzw. Existenzweise des Menschen dar. Die „katholische Christologie" und die „evolutive Weltanschauung" sind in „eine mögliche Zuordnung" zu führen.[1219] Wie weiter oben bereits zitiert, will Rahner nicht der direkten Spur Chardins folgen, möchte aber dennoch „die Grundtendenz der Selbstfindung der Materie im Geist durch Selbstranszendenz zu ihrem definitivem Durchbruch"[1220] erkennen. Wie bei Chardin ist die Inkarnation auch Rahners Moment der „Vergöttlichung der Welt"[1221]. Die Freiheitsgeschichte des Menschen im Kosmos ist ihm als Erfahrung „der sich siegreich durchsetzenden Gnade Gottes [...] ihre Endgültigkeit als ganze auch Vollendung"[1222].

Diese kurzen Ausführungen zu Rahners Anthropologie und deren Verbindung zu seinen Ideen von Religion und Gott lassen zahlreiche Parallelen zu Whitehead und Chardin, sowie in indirekter Weise auch zu Jung, erkennen. Rahners anthropologische Grundgedanken waren, wie Raffelt und Verweyen aufgewiesen haben, mehr auf die Frage nach der Möglichkeit, wie der Mensch offen für göttliche Offenbarung sein kann, gerichtet. Chardin ermöglicht den Theorien Whiteheads und Jungs, mit der Betonung vor allem auf den Theorien Whiteheads, eine Übersetzung insbesondere der

1217 Vgl. Rahner 1961a, 393.
1218 Raffelt/Verweyen 1997, 71.
1219 Rahner 1976, 180.
1220 Ebd., 182.
1221 Ebd., 183.
1222 Ebd., 189.

Organistischen Philosophie in den Kontext religiöser Sprache und religiösen Denkens. Jungs religiöse Ansichten über Gott bzw. dessen allein erfassbaren Ausdruck in Archetypen und dessen traumhaften Symbolen erschweren die Übersetzung seines psychologischen Denkens in den Raum der theologischen Anthropologie. Letztlich kann die Übersetzung der Ideen der Theorien Jungs in den Kontext der hier skizzierten Theologie nur funktionieren, wenn die Archetypen als Äußerungen eines anzunehmenden Gottes als transzendent zu bestimmen sind. Bleiben diese, wie es Jung offen lässt, genetische bzw. biologische Größen göttlicher Anrede des Menschen, sind sie im Kontext von Natur und Gnade für die hier geführte theologische Diskussion eines transzendenten Gottes irrelevant. Dies bestätigt noch einmal die Entscheidung weiter oben, den offenen Raum Jungs über die Herkunft der Archetypen parallel zu den *eternal objects* Whiteheads in theologischer Manier in die Transzendenz Gottes zu überführen.

5.8. Zusammenfassende These

Anhand dieser skizzenhaften Wiedergabe ist zu erkennen, dass Whitehead und Jung Leben prozessual erfassen, dieses im Miteinander bewusster und unbewusster (Erfahrungs-)Vorgänge verstehen, die im Grundsatz symbolisch erfolgen und das Bewusstsein des Individuums prägen. Whitehead und Jung formulieren eigene Thesen zur Frage von Materie und Geist, die sich auch in den Darstellungen zum Körper- und Leibverständnis wie auch des Seelenverständnisses beider spiegeln, und ordnen den Menschen in eine religiöse Beziehung mit Gott ein.

Dennoch sind nicht alle aufgewiesenen Forschungsfelder in ein Miteinander zu bringen. Gerade die Fragen nach Gott, nach der Seele und dem Bewusstsein weisen auch deutliche Unterschiede beider Theorien auf. In der Erweiterung mit den Theorien von Chardin und Rahner ergibt sich, dass nicht alle untersuchten Aspekte in den Kontext der (römisch-katholischen) Theologie zu übertragen sind. Die deutlichsten Parallelen ergeben sich in den Sachfeldern zum *Prozesscharakter des Lebens,* in den Erkentnnissen zu *vor- bzw. unbewussten Bestandteilen der Erfahrung*, in der Analyse zum *Symbolverständnis* und in der Darstellung der Verständnisse zur *Körper- bzw. Leibdimension* des Lebens. Der Dialog von Whitehead, Jung und den hier ausgewiesenen christlichen Theologen führt zu Möglichkeiten, Whiteheads und Jungs Ideen des Unbewussten und dessen Erleben, das Leben als

Prozess an sich, die Symbolfähigkeit des Menschen und die Fokussierung auf den Menschen als ganzheitliches Wesen aller Erlebnisräume seines geistigen, psychischen und körperlichen Werdens in die Arbeit der Theologie und der Pastoralpsychologie einzuführen. Diese Möglichkeit ergibt sich vor allem in der Unklarheit bzw. Offenheit der Annahmen Jungs zum Ursprung der Archetypen, die über die Theorie der *eternal objects* von Whitehead einen philosophischen Ort finden. Die Lücke in seiner Theorie bzw. die Offenheit, die zwischen mehreren parallelen und ungeklärten Erklärungsansätzen entsteht, bietet dieser Arbeit die Möglichkeit, über Whitehead zur These einer theologisch begründeten tiefenpsychologisch orientierten Prozess-Anthropologie zu gelangen.

Das Zweite Vatikanische Konzil greift eine Theorie der Theologie auf, die sich auf das Wirken des sogenannten logos spermatikos bezieht. Nostra Aetate 1 und Lumen Gentium 16 artikulieren, dass Gott allen Menschen nahe ist, der Heilswillen Gottes in Jesus Christus alle Menschen umfängt und jedem Menschen ein Zugang zu Gott bereits innerlich ist. Diese Lehre ist die Möglichkeit, als Ausgangspunkt die Lehre Jungs von den Archetypen und die Lehre Whiteheads von den *eternal objects* in den Diskurs mit der Theologie zu bringen. Sind diese beiden Ideen aus dem Bereich der Komplexen Psychologie und der Organistischen Philosophie miteinander zu verbinden, wie im Exkurs oben versucht wurde, können diese, qua göttlichen Ursprungs, mit dem Wirken des logos und seiner spermata in Verbindung gebracht werden. Dieser theologische Gedankengang ist der spekulativen Theologie zuzurechnen und letztendlich nicht beweisbar bzw. aus der Schrift und der Offenbarung nicht letztgültig erkennbar.[1223] Das Konzil greift in seiner Anerkennung dieser Grundlage von Offenbarung Lehren der Kirchenväter Justin und Irenäus von Lyon auf, die die Lehre vom logos und seinem Wirken zu allen Zeiten in den damaligen Diskurs mit der Philosophie, abgeleitet aus den Lehren der Stoiker, gebracht haben. In Verbindung mit Jungs Lehre von den Archetypen tritt zu den theologischen Logoslehren der Kirchenväter und des Konzils ein tiefenpsychologischer Erklärungs- bzw. Deutungsansatz hinzu. Der Gedanke, dass Gott schon vor

1223 Vgl. Alexander Ganoczy, Art. Uroffenbarung, in: Wolfgang Beinert (Hg.), Lexikon der katholischen Dogmatik, Freiburg im Breisgau – Basel – Wien 1987, 529f.

den Lebzeiten eines Jesus von Nazareth durch den urständlichen logos in der Welt präsent und wirksam war, veränderte die christliche Anthropologie bzw. Soteriologie und die Idee vom göttlichen Wirken in der Welt. Diesem Gedankengang folgend, wird jeder Mensch zu einem Rezipienten göttlicher Offenbarungen und lebt mit dem christlichen Gott in einem ständigen Dialog. Hinzu tritt allenfalls die Frage, ob der Mensch die Freiheit hat, diese Worte Gottes in Freiheit anzunehmen oder abzulehnen.

Mit der Verbindung zur Komplexen Psychologie bzw. Tiefenpsychologie C.G. Jungs verändert dieser, im interdisziplinären wissenschaftlichen Austausch, nicht nur die Annahmen zur theologischen, sondern auch zur allgemeinen interdisziplinär begründeten Anthropologie zwischen Philosophie, Theologie und Psychologie. Weder Atheisten noch religionskritische Wissenschafter oder Naturwissenschaftler sind mit dem Ansatz dieser spekulativen These wohl von ihrem Gehalt zu überzeugen. Im Ansinnen eines interdisziplinären Ansatzes, der die Theologie in den Diskurs mit einbringt, verändert es allerdings das Denken vom Menschen zu einem ganzheitlicheren Menschenbild.

Die Frage nach eben diesen Erkenntnissen soll mit Whitehead und Jung auch eine vertiefende Bedeutung für das Menschenbild in der Theologie bzw. für die theologische Anthropologie aus pastoralpsychologischer Perspektive gewinnen und darin der ursprünglichen Forderung Scharfenbergs nach einer Anthropologie für die Pastoralpsychologie folgen.[1224] Jung, Whitehead und auch das heutige christliche Menschenbild sind geprägt von einer europäischen Geistesgeschichte, welche auf philosophischen Erkenntnissen verschiedener Jahrhunderte, der Empirie des modernen bzw. postmodernen Menschen und der ihn umgebenden Umwelt und der christlichen Offenbarung beruht.

In dem interdisziplinären Diskurs dieser Arbeit soll letztlich in einem eigenen Kapitel noch eine weitere Ebene benannt und umrissen werden, die in ihrem theologischen Denken ein weiterer Beitrag, teils auch eigener

---

1224 Ebenso wurden im Versuch der Synopse in diesem Kapitel Möglichkeiten deutlich, wie auch die tiefenpsychologische Schule bzw. durch diese die Psychologie der Forderung von Schwarz gemäß lernen kann, dass „[c]ulture is not confined to the structure of commonality, but includes all of the internalized derivatives of experience distributed among the members of a population. These derivatives are organized as the enculturative structure or idioverse of each individual, constituting the personality of that individual.“ (Schwartz 1995, 342f.)

interdisziplinärer Forschung, ist. In Folge der Organistischen Philosophie A. N. Whiteheads entstand vor allem im englischsprachigen Bereich die sogenannte Prozesstheologie, die sich in ihren Grundzügen auf Whiteheads philosophische Gedanken beruft. Dabei wird auch die Frage nach dem Menschenbild eines prozesstheologischen Denkens berührt. Dass die Neuformulierung des Gottesbildes durch die Prozesstheologie dabei vor allem ethische und moralische Fragen für eine christliche Anthropologie aufwirft, soll im folgenden Kapitel ebenfalls thematisiert werden. Da die Entwicklung einer Prozesstheologie allerdings zuerst eine Frage nach der Theo-Logie und erst in deren Nachfolge eine Frage der Anthropo-Logie ist, wird die Gottesfrage hier den meisten Raum einnehmen. Erst über die Frage zur Entstehung von Schöpfung kommt die weitere Frage zum Menschen prozesstheologisch, mit eigenen Akzentsetzungen und einer Verschiebung, in der der Mensch entgegen der bisherigen Deutung der biblischen Schöpfungsgeschichte in der Genesis allein nicht mehr Krone der Schöpfung ist, neu auf. Diese Weiterentwicklung fehlt in der oben genannten Spekulation von den logoi spermatikoi, ausgehend von den Kirchenvätern bis zum Zweiten Vatikanischen Konzil, gänzlich, die aber in der Whiteheadschen Lehre von den *actual entities* und folglich in der Prozesstheologie bereits enthalten ist.[1225]

1225 Auf Grund seiner prozesstheologischen Prägung und den Erfahrungen der Moderne wünscht sich der römisch-katholische Prozesstheologe Joe Holland eine „new global praxis of the Catholic Church contain[ing, M.F.] implicitly a vision of history as the creative yet rooted power of living tradition, of structure as the creativity of community, of the holy as experienced through human participation in the ongoing divine creation and re-creation, of governance as the institutional mediation of communal creativity, and beneath it all of a postmodern artistic root metaphor." (Joe Holland, The Postmodern Paradigm and Contemporary Catholicism, in: David Ray Griffin, William Beardslee, Joe Holland (Hrsg.), Varieties of Postmodern Theology, New York 1989, 23.) Die von Holland geforderte Praxisausrichtungen kirchlichen Handelns, basierend auf Geschichtsverbundenheit (history), dem Bewusstsein von gemeinschaftlicher Verbundenheit (structure), der Verbundenheit mit dem Heiligen (holy), Leitung und Begleitung von Menschen (governance) und dem Bewusstsein in einem Kosmos verwurzelt zu sein (root metaphor), werden auch in die in dieser Arbeit erfolgenden Konturen einer tiefenpsychologisch orientierten Prozess-Anthropologie und die daraus resultierenden Optionen für die Pastoralpsychologie einfließen.

6. Eine eigene theologische Antwort: Prozesstheologie – Die christliche Suche nach Gott und seinen Menschen in den Spuren von Alfred North Whitehead

Nachfolgend auf den Versuch einer Synopse von Whiteheads und Jungs Gedanken im Rahmen einer theologischen Antwort von Teilhard de Chardin und Karl Rahner auf das Wesen des Kosmos und des Menschen, darf nicht geleugnet werden, dass es auch einen eigenen theologischen Entwurf gibt, der sich der Philosophie Whiteheads verbunden fühlt. Beginnend mit seinen Schülern und auch bei weiteren Wissenschaftlern finden sich Konzepte zu einer sogenannten *Prozesstheologie*, die auch in deutschen Fachkreisen in Teilen bekannt ist. Allerdings hat die Prozesstheologie in Deutschland nie richtig Fuss fassen können und ist daher vor allem im US-amerikanischen und angelsächsischen Bereich vertreten. Die Gründe dazu sollen in diesem Kapitel kurz beleuchtet werden. Was Prozesstheologie ist und wie diese sich in der Nachfolge Whiteheads entwickelt hat, soll im Folgenden, inklusive einiger namhaften Vertiefungen, dargestellt werden.

Daran anschließend wird ein Zwischenstand zur theologischen Diskussion dieser Arbeit erfolgen. Mit diesem Zwischenstand wird sich zeigen, dass Gemeinsamkeiten und Differenzen zwischen der, verallgemeinernd gesagt, katholischen Theologie und der Prozesstheologie bestehen. Dennoch wird auch zu erkennen sein, dass die hier erarbeitete Prozessanthropologie, die in den Kapiteln 7 und 8 in ihren Konturen und Optionen skizziert wird, deutlich den theologischen Geist der Prozesstheologie trägt. Dieses Kapitel zur Prozesstheologie kann nicht als Exkurs, sondern vielmehr als Aufschlag zu einem Gesprächsangebot zwischen der klassischen katholischen Theologie und der hier vorgestellten Prozesstheologie verstanden werden, um den Annahmen einer tiefenpsychologisch orientierten Prozessanthropologie eine Brücke in das klassisch theologische Denken katholischer Theologie zu ermöglichen. Dieses Kapitel erscheint darin auch als mögliches Gegenüber der Theologie Teilhard de Chardin, als theologischen Anteil an der hier erarbeiteten Prozessanthropologie, und unter der These diesen prozesstheologisch zu lesen. Auch wenn Chardin nicht konsequent als impliziter Prozesstheologe zu verstehen ist, sind Parallelen ersichtlich.[1226]

6.1. Was ist Prozesstheologie?

In einer Arbeit, deren zweites Kapitel von Alfred North Whitehead als Prozess*philosoph* handelte, könnte man erwarten, dass eines der darauf folgenden Kapitel über die Prozess*theologie* sich vor allem auf Whitehead beruft. Dies ist keinesfalls falsch. Man darf aber Whitehead nicht als *den* Vorreiter einer Prozesstheologie verstehen. Es gibt schon gar nicht *die* Prozesstheologie, sondern eher Prozesstheologie*n*. Auch bringt die historische Entwicklung im Gedankengut prozessphilosophischen Denkens eine Vielfalt an Entwürfen prozesstheologischer Art mit sich.

Faber bringt die Frage nach der Prozess*theologie* auf eine längere und komplexe Zusammenfassung: „*Prozesstheologie ist die soteriologische Spiegelseite einer universalen ‚Kosmologie' (also ‚allgemeinen Theorie der Welt im Ganzen'), wie sie vor allem von Alfred N. Whitehead entworfen wurde., d.h. als Ausleuchtung der Welt hinsichtlich ihrer Sinnganzheit und im Hinblick auf die Möglichkeit universaler Versöhnung. In einer systematischen Anstrengung verbindet sie dafür vielfältige philosophische und theologische Traditionen des Abendlandes mit den Ergebnissen neuerer Naturwissenschaften (Quantenphysik, Relativitätstheorie, Evolutionstheorie) und mit östlichem (vor allem buddhistischem) Denken. Programmatisch*

1226 Hans Küng erkennt Parallelen zwischen dem Denken Teilhard des Chardins und Alfred North Whiteheads, er betont ebenso die Unterschiede, die z.B. in der These Chardins von einem linearen Verlauf des Werdens, die bei Whitehead in einem „nicht zielgerichteten Prozess" (Hans Küng, Existiert Gott? Antwort auf die Gottesfrage der Neuzeit, München 1978, 207) verläuft. Dennoch scheint Whitehead, in der Deutung Küngs, und die auf ihn folgende Prozesstheologie als eine mögliche Fortführung der Theologie und des interdisziplinären Forschungsansatzes von Chardins betrachtet werden zu können (Vgl. ebd., 201–214).

entwickelt sie daher neue, interdisziplinäre und nicht-dualistische Kategorien, die vor allem auf dem Werde- und Ereignischarakter aller Wirklichkeit basieren."[1227]

Prozesstheologie erscheint mit dieser Zusammenfassung als ein ganz neuer Interpretationsversuch der Welt und ihres Zusammenhanges mit Gott. Zwar hat es prozessphilosophische und prozesstheologische Thesen und Gedanken immer schon gegeben, aber mit Whitehead hat diese Denkrichtung einen neuen Anstoß erhalten. Der Genese des prozesstheologischen Gedankens und der Darstellung einzelner Inhalte soll im folgenden Kapitel nachgegangen werden.

6.2. Genese der Prozesstheologie

In zwei unterschiedlichen Publikationen unterscheidet Faber mögliche Systematisierungen der Prozesstheologie. Kürzer fällt die Unterscheidung von 2006 aus.[1228] Einer „*empirische*[n] *Theologie*" rechnet er Wissenschaftler wie „Henry Wieman, Bernard Loomer, Bernard Melland und Daniel Day Williams"[1229] zu. Hier ist Gott als der Ursprung der Kreativität in der Welt zu verstehen, der alles Entstehende in sich selber aufheben kann.

1227 Roland Faber, Gott als Poet der Welt. Anliegen und Perspektiven der Prozesstheologie, Darmstadt 2003, 12f. Diese längere Formel bringt er in derselben Publikation auch auf eine kürzere Formel: „*Prozesstheologie ist der Entwurf der Theologie des universalen Ereigniszusammenhangs, der die Welt ist, im prozesshaften Umschwung von kreativer Freiheit und ökologischer Evolution. In ihrem soteriologischen Zuordnen von Gott und Weltprozess haben die Kategorien des Relationalen (alles Ereignen ist auf alles bezogen), des Synthetischen (alles Ereignen ist ein Zusammenwachsen aus allem anderen) und des Kreativen (alles Ereignen ist ein spontan Neues gegenüber allem anderen) einen solchen organischen Zusammenhang, dass das Universum im Ganzen in den Blick tritt als ein Netzwerk von Entwicklungszusammenhängen, das den Menschen als erkennenden, freien und handelnden ermöglicht. In diesem Prozess umfängt die kreative und erlösende Liebe Gottes alles Weltgeschehen in einer Weise, dass sie diese Welt in ihrer Potentialität (Mentalität) freisetzt und in ihrer Welthaftigkeit (Physikalität) rettet.*" (Ebd., 13f.)

1228 Vgl. Roland Faber, Prozesstheologie, in: Carsten Barwasser, Theologien der Gegenwart. Eine Einführung, Darmstadt 2006, 182.

1229 Ebd.

Dem gegenüber steht die „*rationale Theologie*" mit Vertretern wie „Charles Hartshorne, John Cobb, Lewis Ford, David Griffin"[1230]. Sie betont vor allem den vorher letztgenannten Aspekt. Gott ist auch hier Quelle der Kreativität, aber er ist vor allem auch „die Versöhnung des Weltprozesses in einer Rationalität des letztendlichen Glückens"[1231]. Beide Richtungen unterscheiden sich in dieser grundsätzlichen Ausrichtung. Letztlich sind beide Richtungen für Faber Ausdruck einer „*konstruktive*[n, M.F.] *Theologie*"[1232], die mit Kreativität und harmonischer Zusammenführung der einzelnen Ereignisse in der Welt den Kern des prozesstheologischen Denkens bilden.

In *Gott als Poet der Welt* begründet er die Entwicklung der Prozesstheologie mit einer anderen Richtung. In dieser Darstellung geht es ihm eher um eine weitere Kategorisierung von Denkschulen. Vor allem versucht er hier, die Entwicklung der Prozesstheologie in unterschiedliche Richtungen darzustellen.[1233]

Diese beginnt in seiner Überzeugung mit einem Vortrag von Henry Wieman an der Chicagoer Divinity School über die Gedanken Whiteheads. Mit der Berufung Wiemans an die Chicagoer Fakultät im Jahr 1927 und die Besetzung der Philosophieprofessur durch Charles Hartshorne, einen ehemaligen Assistenten Whiteheads, im Jahr 1928 wird der Grundstein für die Entwicklung einer Richtung prozesstheologischen Denkens gelegt. Hartshorne war noch an der Weiterentwicklung Whiteheadscher Gedanken für die Religionsphilosophie interessiert und weniger an der Begründung der Prozessphilosophie als Grundlage christlicher Theologie. Letztlich wurde der Gedanke von den zwei Naturen Gottes in Whiteheads Werk aber auch für die christliche Theologie reizvoll.

Die erste theologische Richtung einer Prozesstheologie ist vom Empirismus inspiriert und beruft sich auf die Vermittlung der Gedanken Whiteheads durch Wieman im Kontext der „sozio-historischen Schule in Chicago"[1234]. Grundlegend ist hier die Erfahrung von Ereignissen in der Welt, die sich gegenseitig zu neuen Ereignissen beeinflussen und weiterentwickeln. Zu

1230 Ebd.
1231 Ebd.
1232 Ebd.
1233 Vgl. für die folgenden Darstellungen: Faber 2003, 19–43.
1234 Ebd., 26.

diesem Zeitpunkt hatte Whitehead Gott noch nicht als Ereignis verstanden, aber die Schüler Wiemans sollten Gott später auch als ein solches rezipieren.

Zwar gilt in vielen Publikationen Charles Hartshorne als der Begründer der Prozesstheologie, er hat dieser aber eher eine entscheidende Richtung gegeben. Hartshorne hatte in Deutschland Heidegger, Husserl und Hartmann studiert und diese in seine Lehre mit eingebracht, entwickelte aber nach Faber „drei Momente", die die Prozesstheologie weiterführten: „Rationalistische Theologie, neoklassischer Theismus und Panentheismus."[1235] In *The Divine Relativity. A Social Conception of God* ging es Hartshorne darum, die Rationalität der Existenz Gottes zu begründen und in der Differenz zwischen einer philosophischen Rede vom unbewegten Beweger und dem semitischen Gottesverständnis von der Sympathie Gottes herauszuarbeiten. So kommt er schließlich zu dem Ergebnis, dass der „absolute character [Gottes, M.F.] consists in a unique supereminent type of social relations"[1236]. Um beide Gedankenkonzepte von Gott mit dem Whiteheadschen Denken von den zwei Naturen Gottes in eine Übereinstimmug bringen zu können, setzt er die Urnatur Gottes mit den Zügen des unbewegten Bewegers und die Folgenatur mit dem sympathischen Gott, der auch Wandlungen erfahren kann, gleich.[1237] Faber subsumiert, dass dieses Gottesbild von „nahezu allen Prozesstheologen der zweiten Generation (jenseits der empirischen Schule) übernommen"[1238] wurde. Dieses Gottesverständnis grenzt Hartshorne als *panentheism* vom Verdacht des *pantheism* ab. Gott ist kontingent und wird von allen „additions" der Welt mitgeprägt und „taken as an actual whole, includes all relative items"[1239]. Gegenüber Whitehead betont Hartshorne deutlicher Gott als Prozess, der die Welt in sich birgt und in dem die Welt eins mit ihm ist. Darin ist Gott in seinem Denken „divine Person"[1240] und nicht mehr, wie im Whiteheadschen Entwurf, eine *actual entity*.[1241]

1235 Ebd., 30.

1236 Charles Hartshorne, The Divine Relativity. A Social Conception of God, 2. Auflage, New Haven – London 1964, 157.

1237 Vgl. dazu v.a. ebd., 116–158.

1238 Faber 2003, 31.

1239 Hartshorne 1964, 89.

1240 Ebd., 143. Vgl. ebd. „[…] it is the divine Person that contains the Absolute […]."

1241 Vgl. Whitehead 1987, 174f.

Bernard M. Loomer, Schüler von Wieman und Hartshorne, entwickelt ein dezidiert christliches Verständnis der Prozesstheologie. In seinem Aufsatz *Christian Faith and Process Philosophy* versucht er den christlichen Glauben und die Grundannahmen der Prozessphilosophie miteinander in Verbindung zu bringen.[1242] Dabei gilt es vor allem auf Kritiken zu reagieren, die der Vereinbarkeit beider Richtungen widersprechen. Sein Grundanliegen bleibt dabei, dass der Gedanke des Prozesses nicht nur das Leben, sondern auch die göttlichen Naturen erfasst. Der Prozessphilosophie unterstellt er dabei eine Art reinigende Wirkung, den christlichen Glauben von „interpretations of the Christian faith which contain hidden and uncriticized philosophical assumptions that operate under the guise of being essential ingredients of the faith" zu befreien. Aber auch die generelle „‚givenness' of the Christian faith must be qualified". Die Verbindung der Prozessphilosophie mit dem christlichen Glauben liegt in der Wahrnehmung der Welt und in der These von Gott als „fundamentally and intrinsically social in character" begründet.

Laut Faber sind es nach Loomer aber vor allem Schubert M. Ogden und John B. Cobb, die die christliche Ausrichtung der Prozesstheologie geprägt haben. Wie Hartshorne versteht Cobb Gott als Person und nicht mehr als *actual entity*.[1243] Auch er wendet sich von diesem Gedanken Whiteheads ab und sucht einen christlich-prozesstheologischen Zugang zum biblischen Gottesbild.[1244] Der Gott in der Konzeption von Cobb ist empirisch erfahrbar und zugleich rational begründet. Schubert Ogden hingegen versucht „einen neuen Theismus zu skizzieren", der „auch durch unsere gemeinsame Erfahrung im weiten Sinne begründet"[1245] ist. Der Gedanke seiner

---

1242 Die folgenden Zitate sind alle unter Bernard Loomer, Christian Faith and Process Philosophy, http://www.religion-online.org/showchapter.asp?title=2298&C=2238 (Stand: 11.02.2017) zu finden.

1243 „The functioning of the primordial nature of God is deeply personal in that it participates in shaping our experience moment by moment." (John Cobb, A Christian natural theology. Based on the Thought of Alfred North Whitehead, Zweite Auflage, Louisville – London 2007, 96.)

1244 Cobb wird im Folgenden noch weiter dargestellt werden. Deswegen wird darauf verzichtet ihn hier schon weiter darzustellen.

1245 Schubert Ogden, Die Realität Gottes, Zürich 1970, 33.

prozesstheologischen Gottesdarstellung ist, „daß der einzige Gott, dessen Wirklichkeit durch eine säkulare Bejahung impliziert wird, derjenige Gott ist, der der Grund des Vertrauens zu dem endgültigen Wert oder der Bedeutsamkeit unseres Lebens in die Welt ist“[1246]. Gott ist nur aus der Erfahrung der folglich säkularen Welt zu erkennen und bildet den Grund des Vertrauens in das Leben. Das Leben der Menschen hat nur aus diesem Gott heraus einen Sinn bzw. Wert. Damit wendet sich Ogden von einem streng absoluten Gott ab, der jenseits des Säkularen existiert bzw. diesem transzendent ist. Dieser, in Ogdens Sinn falsch verstandene, Gott ‚ist der Gott, der „nur als das Absolute der klassischen Philosophie“[1247] verstanden werden kann. Ein christlich geprägter neuer Theismus muss dieses transzendente Verständnis Gottes überwinden.

Eine wirkliche Weiterentwicklung stellt dann die Weiterführung der christlichen Prozesstheologie als „Spekulative Theologie“[1248] dar. Prozesstheologen wie Joseph A. Bracken oder Marjorie H. Suchocki folgen den Gedanken Cobbs und versuchen eine sich stetig weiterentwickelnde Synthese von Empirie und Ratio. Jeder neue Input vertieft die theologische Reflexion prozesstheologischer Gedanken und führt so zu immer neuen Erkenntnissen.

Suchocki entwirft eine „Relational Theology“[1249], da für sie sich die Analogie zwischen Welt und Glauben erschließt. Wenn die Welt durch „interrelationship, process, and relativity“[1250] geprägt sind, dann muss dies vom Glauben auch aufgegriffen werden. Gott wird dann vor allem durch die Vereinigung von *actual entities* verstanden.[1251] Bracken knüpft bei Hartshorne an und versteht Gott auch unter dem Personbegriff, allerdings trinitarisch als „triune symbol“[1252]. Darin sieht er sich eine „neo-Whiteheadian synthesis of Christian belief“[1253] entwickeln. Die Trinität versteht er als

1246 Ebd., 64.
1247 Ebd., 69.
1248 Faber 2003, 37.
1249 Marjorie Suchocki, God Christ Church. A Practical Guide to Process Theology, 2. Auflage, New York 1989, 1.
1250 Ebd.
1251 „[…] this unification is the expressed character of God.“ (Ebd., 31.)
1252 Joseph Bracken, The Triune Symbol. Persons, Process and Community, Lanham – New York – London 1985.
1253 Ebd., 6.

„community“, die er genauer als „interpersonal process, i.e., a community of three divine persons who are constantly growing in knowledge and love of one another and who are thus themselves in process even as they constitute the divine community as a specifically social process“[1254] beschreibt.

Eine vorletzte Denkrichtung der Prozesstheologie stellt in den Augen Fabers die „Postmoderne Prozesstheologie“[1255] dar. David R. Griffin und Catherine Keller analysieren die Realität der Welt und entwickeln aus diesen Betrachtungen eine Prozesstheologie als postmodernen Entwurf, der die „Vision von der *einen* Welt“[1256] hervorhebt. Keller sieht in der Prozessphilosophie und, ihr folgend, der Prozesstheologie eine Lehre, die „affirms an open system of theological metaphors.“[1257] Denn der „God of process theology resists stasis but also fragmentation.“[1258] Kellers Gottesbild ist eines im Prozess, das eine Vielzahl von Ansichten und Erkenntnissen, ein Grundzug der Bestimmung der Postmoderne, ausmacht. Sie betont „the creation and the eschaton are one process“[1259] sowie das Sein des Geistes/*spirit* in der Welt.

Faber versteht sein Arbeiten mit prozesstheologischen Gedanken als „*rekonstruktive* Theologie“[1260], denn „Prozeßtheologie [ist, M.F.] keine Verlängerung einer bestimmten, nämlich der Whiteheadschen Metaphysik [ist], sondern genuine Theoriebildung im Kontext rational vermittelter allgemeiner Kategorien.“[1261] Relation und Immanenz als Wechselspiel prozesstheoretischen Denkens geben einer Prozesstheologie die nötige Offenheit, „vielmehr mit keinem Modell“[1262] an die Rede von Gott heranzutreten bzw. „im Prozess der Dekonstruktion und Rekonstruktion“ Prozesstheologie als „*post-konstruktive Theologie*“[1263] zu verstehen. Prozesstheologie scheint

1254 Ebd., 7.
1255 Faber 2003, 39.
1256 Ebd., 40.
1257 Catherine Keller, On the Mystery. Discerning Divinity in Process, Minneapolis 2008, 23.
1258 Ebd., 24.
1259 Ebd., 170.
1260 Faber 2003, 42.
1261 Faber, Roland, Prozeßtheologie. Zu ihrer Würdigung und kritischen Erneuerung, Mainz 2000, 586.
1262 Ebd., 592.
1263 Faber 2003, 43.

im Sinne Fabers die beste Möglichkeit zu sein, alles Leben theologisch zu verstehen und frei von Zwängen die Rede von Gott immer wieder neu überprüfen zu können.

6.3. Vertiefungen

6.3.1. Charles Hartshorne (1897–2000)

6.3.1.1. Ein Neo-Theismus

Den größten Entwicklungssprung in der Gedankenführung zu einem Gottesbild in prozesstheologischem Denken macht wohl Charles Hartshorne. In vielen Gedanken schließt er sich der prozessphilosophischen Rede Whiteheads über Gott an, denkt diese aber (christlich) weiter. Hartshorne stellt dazu sechs Beschreibungen Gottes im klassischen Theismus in Frage.[1264] In der Herausarbeitung dieser Denkfehler über Gott und in einem Antwortversuch auf diese, arbeitet Hartshorne einen prozesstheologisch begründeten Neo-Theismus heraus. Dieser Neo-Theismus basiert letztlich auf einem dipolaren Gottesbild, das zwischen der absolut gedachten Transzendenz Gottes und einem Pantheismus verordnet werden muss.

Die sechs Denkfehler sind:

- Gott wird in Folge einer Tradition der griechischen Philosophie als absolut perfekt und unveränderbar beschrieben,
- Gott ist allmächtig,
- Gott ist allwissend,
- Gott fühlt nicht mit der Schöpfung, sondern ist dieser transzendent,
- Es gibt ein Leben nach dem Tod und
- Offenbarung ist unfehlbar.

1264 In *Omnipotence and other Theological Mistakes* zählt Hartshorne sechs Denkfehler des klassischen Theismus auf. In den folgenden Kapiteln kommt er explizit auf zwei weitere Denkfehler zu sprechen. Julia Enxing kommt in ihrer Untersuchung *Gott im Werden. Die Prozesstheologie Charles Hartshornes* auf insgesamt 14 Denkfehler bzw. „Vorurteil[en]“, wie sie Hartshorne zitiert. (Julia Enxing, Gott im Werden. Die Prozesstheologie Charles Hartshornes, Regensburg 2013, 156.) Im Folgenden sollen lediglich die sechs von Hartshorne ursprünglich aufgezählten Denkfehler des klassischen Theismus kurz dargestellt werden.

Hartshorne erkennt schon in der biblischen Sprache bzw. im semitischen Denken einen anderen Gott und stellt in der Übersicht der oben genannten Denkfehler eine Beziehungsmöglichkeit zwischen Gott und Schöpfung generell in Frage.[1265] Ein neues Gottesbild muss dieses erst ermöglichen. Daher kann Gott nicht mehr in den Gegenüberstellungen „finite-infinite, temporal-eternal, relative-absolute, contingent-necessary, physical-spiritual"[1266] gedacht werden. Hartshorne greift beide Seiten auf. Er betrachtet diese Gegenüberstellungen als gleichwertig in Gott enthalten und spricht deswegen von der „dual transcendence"[1267]. Anknüpfend an Platons zwei Götter und Whiteheads Rede von der *primordial* und der *consequent nature* Gottes, formuliert Hartshorne die These eines Gottes, der der Welt unveränderlich transzendent und zugleich zu ihr relational sein muss. So kann der unbewegte, absolute Teil Gottes in der *primordial nature*, der relationale Teil aber in der *consequent nature* gedacht werden. Letztlich versteht Hartshorne die Welt sogar als Teil Gottes, nicht aber im pantheistischen Sinn, sondern freier. Wenn Gott Beziehung ist, dann muss dies auch auf Schöpfung hin gesehen werden. „[...D]ass Gott *eine* (irgendeine!) Welt schaffen musste,"[1268] gehört fundamental zu seinem Wesen. In seiner relationalen Beziehung zur Welt hat Gott eine Beziehung „not only to human beings but to all creatures, and will apply to the soul-to-bodily-cells relationship and, in its ultimate generality, to all relationships of creature to creature, creature to Creator, Creator to creature."[1269] Gottes Leib ist sozusagen seine Schöpfung, ohne dieser die Freiheit der freien Entwicklung zu nehmen und ohne mit dieser gänzlich pantheistisch gleich zu sein.[1270]

1265 Vgl. Hartshorne 1984, 12 und 44ff.

1266 Ebd., 44.

1267 Ebd., 45. „The basic idea is in Whitehead and still others, but in some respects less sharply formulated. [...I]t offers a definite explanation of how the difference in the two respects is possible." (Ebd., 45.)

1268 Enxing 2013, 142.

1269 Hartshorne 1984, 63.

1270 „Gottes Körper ist als inklusiver Organismus zu verstehen, der sich nicht an seine Umwelt anpassen muss, da es für ihn keine (externe) *Um*-welt gibt." (Enxing 2013, 146.)

Wie in Whiteheads Gedanken zu Gott wirkt auch der Gott des Hartshorneschen Neo-Theismus durch *persuasion* auf die Welt ein. In aller Freiheit der Geschöpfe versucht Gott, die Welt mit seinen Überzeugungsversuchen zu einem Streben nach Höherem zu bewegen. Was die Geschöpfe dann aus diesem Überzeugungsversuch machen, wirkt wieder auf Gottes Natur ein und gestaltet diese mit. Hartshorne sieht hier einen Prozess, „it is by molding himself that God molds us“[1271]. Dieses Formen bzw. Überzeugen geschieht aber nicht in Form eines Indeterminismus. Enxing stellt die Freiheit im Denken Hartshornes in Form einer Gleichung (vgl. Abb. 9) dar, in der „das Ergebnis dieser Rechnung gering sein mag, so ist es dennoch größer Null.“[1272]

$$\text{Individuelle Freiheit} = \frac{\text{Momentane Erfahrung des Individuums}}{\text{Einflüsse der Vergangenheit auf das Individuum}}$$

Abbildung 9: Individuelle Freiheit des Menschen in der prozesstheologischen Theorie C. Hartshornes nach J. Enxing

Gottes *omnipotence* behandelt den Menschen nicht als Marionette eines determinierten Gottes-Körpers, sondern „the ultimate power is the power of sensitivity, the power of ideal passivity and relativity, exquisitely proportioned in its responsiveness to other beings as causes“[1273]. Würde Gott in allen Möglichkeiten als absolut absolut verstanden werden, wie der klassiche Theismus es nach Hartshorne tut, dann könnte er in keinster Weise Anteil nehmen und *sensitivity* zeigen. Er stände über allen Regungen in der Schöpfung und wäre selber regungs- bzw. bewegungslos.

6.3.1.2. Konsequenzen für das Menschenbild

Hartshorne kann Gott ohne eine Schöpfung nicht denken. Enxing stellt in ihrer Arbeit heraus, dass Hartshorne den Menschen und Gott, anders als

1271 Hartshorne 1964, 142.
1272 Enxing 2013, 72.
1273 Hartshorne 1964, 154.

Whitehead, als ein „Selbst, das aus zahlreichen Selbsten besteht“, versteht, aber „nicht als ‚actual occasion‘ “.[1274] Innertrinitarische Prozesse und Beziehungen sind so auch in Hartshornes Rede von Gott möglich. Hartshornes Fokus liegt aber auf der Beziehung Gottes zur Welt. Darin grenzt er sich sogar noch weiter von Whitehead ab, wenn „in Gottes Folgenatur [vergangene Ereignisse, M.F.] objektiviert“[1275] werden. In ihr ist die „subjektive Unmittelbarkeit eines jeden Ereignisses für alle Ewigkeit in Gott erhalten“[1276].

Es gehört zum eschatologischen Denken Hartshornes, dass der Mensch nach dem Tod vergeht, aber in Gott mit allen Ereignissen und allen „subjektiven Erfahrungsmomenten“[1277] Erinnerung findet. Ein direktes Leben nach dem Tod gibt es für den Menschen nicht. Er hat, mit der Einschränkung der oben dargestellten Freiheit, keine Möglichkeit, nach dem Tod weiter zu leben. Leben ist ein ganz weltliches, diesseitiges. Der Annahme des Todes widmet er deshalb einen eigenen Aufsatz.[1278] Der Mensch kann nicht darauf hoffen, nach dem Tod vollendet zu werden. So wie sein Leben verlaufen ist, wie er auf Gottes *persuasions* reagiert hat, sich den Menschen, der Schöpfung und Gott gegenüber verhalten hat, so geht er in Gott ein und lebt dort fort. Gott ruft den Menschen dazu auf, Gutes zu tun, aber alles real Gelebte lebt in Gott fort. Enxing subsumiert die Eschatologie Hartshornes im prozesstheologischen Verständnis, dass diese Haltung es ablehnt, sich „durch einige gute irdische Taten ein Leben im Himmelreich Gottes verdienen“[1279] zu können.

Gehen wir rückwärts von der Eschatologie zum Leben, bedeutet das in der Hartshorneschen Prozesstheologie, dass Gott keine Krankheiten und auch den Tod nicht bestimmt. Er spricht davon, dass Realitäten sich selbst arrangieren. Gott ruft den Menschen lediglich zu höherem Streben und nimmt dessen Lebensgeschichte in sein Wesen auf.[1280] Die Begrenzung des

---

1274 Enxing 2013, 230. Vgl. dazu auch Hartshorne 1964, 31.

1275 Enxing 2013, 226.

1276 Ebd.

1277 Ebd., 228.

1278 Vgl. Charles Hartshorne, The Acceptance of Death, in: Florence Hetzler, Austin Kutscher (Hrsg.), Philosophical Aspects of Thanatology, Band 1, New York, 1978, 83–87.

1279 Enxing 2013, 217.

1280 „Why did I fall sick in just this way? […] To suppose that all this was arranged by divine fiat is not simply false but nonsensical, according to process

Lebens ist keine moralische Strafe, sondern fördert im Menschen ein Verständnis von Werten: „Definiteness is necessary to beauty, and beauty is the final value. By beauty I mean experienced harmony in variety, unity in contrast."[1281] Der Mensch ist nicht zu einem Leben nach dem Tod gerufen, sein Leben ist ein Leben zur Umsetzung einer Werthaftigkeit in diesem Leben. Ästhetik, Harmonie und Schönheit sind die Ziele eines guten Lebens. Diesen Anklang an Whiteheads *Adventures of Ideas* bestimmt Hartshornes fort, wenn er ein Streben nach einem risikofreien Leben klar negativ betrachtet.[1282] Ein menschliches Leben untersteht immer der Prämisse, was ein Mensch in seinem Leben anderen Menschen hinterlässt – Hartshorne bezeichnet dies als *contributionalism*[1283] -, er hat aber nie die Möglichkeit, subjektive Unsterblichkeit zu erfahren.

Die Mensch-Gott-Beziehung bedingt sich wechselseitig. Hartshornes Denken eines Neo-Theismus befördert auch ein neues Denken über den Menschen, über dessen Freiheit, den Sinn des menschlichen Lebens und sein Weiterleben über den Tod hinaus. Nur ein Gott ohne „logical absurdity"[1284] kann von den Menschen noch geglaubt und verehrt werden. Dazu dient ihm die Annahme, dass „all life whatsoever, has social structure"[1285]. Etwas sehr positivistisch angenommen hält Hartshorne fest, dass „to depend upon others emotionally through sympathy is to change when they change"[1286]. Diese Grundhaltung seines sozialen Gottesverständnisses hat ihm auch den Vorwurf der Anthropomorphisierung Gottes eingebracht. Diesem hielt er aber entgegen, dass wirkliche Sympathie als Qualität Gottes nie dem Menschen zukommen kann. Nur Gott allein kann „sympathize with all life"[1287].

---

philosophy. Realities cannot be arranged; they must to some extent arrange themselves." (Charles Hartshorne, A Philosophy of Death, in: Florence Hetzler, Austin Kutscher (Hrsg.), Philosophical Aspects of Thanatology, Band 2, New York 1978, 81–89, 86.)

1281 Ebd., 82.

1282 Vgl. Ebd.,

1283 Hartshorne 1978 a, 84.

1284 Hartshorne 1964, 1.

1285 Ebd., 27.

1286 Ebd., 45.

1287 Ebd., 48.

Wie die Beziehung Gottes zum Menschen, so muss alles Leben als organisch angenommen werden.[1288] Relation ist und bleibt im Hartshorneschen Denken die Grundoption von Leben. Was in keiner Relation zu etwas anderem steht, lebt nicht, könnte man spitz formulieren. Die Entwicklung des Individuums Mensch und auch Gottes als Individuum ist schlechthin nur relational zu denken. Wie Gott an uns Freude hat, so haben wir diese auch an der Freude anderer an unserem Leben. Leben ist entscheidend als „enjoyment-of-being-enjoyed“[1289] zu verstehen. Es ist der Lebensantrieb schlechthin.[1290]

6.3.2. John B. Cobb (geb. 1925)

John Cobb denkt die Prozessphilosophie A. N. Whiteheads ebenfalls theologisch weiter. Er denkt diese sogar über den Theismus Hartshornes hinaus, denn er legt mit David Ray Griffin in *Process Theology. An Introductory Exposition/Prozess-Theologie. Eine einführende Darstellung* eine systematisierte Theologie mit Blick in verschiedene theologische Einzeldisziplinen vor. Grundlegend scheint seiner prozesstheologisch orientierten Theologie der Grundsatz zu sein, der einen Aufsatz von ihm einleitet: „Process thought can be understood as a philosophy or theology of love.“[1291] Was Hartshorne

---

1288 Vgl., ebd., 69.

1289 Ebd., 141.

1290 Vgl. ebd., 133f.: „But all these values, including the joy of serving them, would be viewed as contributory to one achievement, the enrichment of the divine life. For if we enjoy serving God, this our enjoyment of serving him is itself a service, since God, too, is a sympathetic being and delights in our delight. Thus in being utterly devoted, altruistic, in relation to God, we would include all the self-interest that has a right to be included in the ultimate purpose. We should be willing to be damned for the glory of God, but should know that in the very act of so willing, we should, for that moment, enjoy essential salvation.
But only for the moment? Yes and no. We must remember that the divine omniscience overcomes the seeming fragility of achievement and renders it immortal. Thus each moment of true salvation is a thing of beauty and a joy forever in the divine life. In Whitehead's sublime words, such moments 'perish, and yet live forevermore.'“

1291 John B. Cobb, The contribution of process thought to reflection of love, http://www.ctr4process.org/sites/default/files/pdfs/28_1%20Cobb.pdf (Stand: 28.02.2017).

vor allem mit *sympathy* umschreibt, deutet Cobb als *love*. Darin bezieht er sich auf Whitehead, der in *Process and Reality* ebenfalls von *love* „‚in the Galilean origin of Christianity‘ “[1292] spricht.

6.3.2.1. *Natural Theology*

Anfang der 1960er Jahre legt Cobb seinem Denken das schon zitierte Werk *A Christian natural theology. Based on the Thought of Alfred North Whitehead* zu Grunde. Cobb untersucht hier den Whiteheadschen Ansatz einer Theologie und versucht ihn letztlich, in weiteren Schriften, christlich zu deuten.[1293] Diese Untersuchung zielt auf das relationale Wesen des Menschen und Gottes. Ausgangspunkt der natürlichen Theologie ist aber die Seele, die Cobb gemäß relational ist.[1294] Ob diese Seele unsterblich ist, das ist für Cobb nur eine „*possibility* of life after death“ in Whiteheads Werk. „If a person continues to exist beyond death, it can be only as a new gift of life, and whether such a gift is given is beyond the province of natural theology to inquire.“[1295] Cobb legt hier, entgegen der Darstellung Hartshornes, nur eine Möglichkeit des Lebens nach dem Tod fest. Wie diese aussehen wird,

---

1292 Whitehead, Prozeß und Realität, zitiert nach: Cobb, Contribution.

1293 Theologie ist nach Cobb „any coherent statement about matters of ultimate concern that recognizes that the perspective by which it is governed is received from a community of faith.“ (Cobb 2007, 165.) Vor jeder Sanktionierung theologischen Denkens einer Gemeinschaft liegt die *natural theology*, die er in dieser Schrift gemäß der Whiteheadschen Philosophie auslegt. Steht aber die *community of faith* im Mittelpunkt der Definition einer Theologie, dann ist für Cobb der „originator of a community“ weniger bedeutsam. (Ebd., 168.) *Natural Theology* ist auch nicht unhistorisch, kein „result of neutral, objective reason“, sondern geschichtlich bedingt und ein „overlapping of two circles, the theological and the philosophical.“ (Ebd., 175.) Auf Grund der Historie, die das Leben von A. N. Whitehead geprägt hat, kann Cobb nur eine „Christian natural theology based on the philosophy of Alfred North Whitehead“ vorstellen. (Ebd., 176.) Sie ist kein reiner Whiteheadscher Gedanke, sondern „*heavily* dependent on Whitehead.“ (Ebd., 177.) In der gesamten Ausrichtung einer von Whitehead ausgehenden Theologie sieht Cobb sodann „many points of contact with the religious traditions of the East.“ (Ebd., 187.)

1294 Vgl. ebd., 23.

1295 Ebd., 35.

das wird noch zu erörtern sein. Für das irdische Leben hält er aber fest, dass, wie bei Hartshorne, „[…o]nly memory can serve […] to determine self-identity through time.“[1296] Erinnerung ist das diachrone Element der Seele, welches eine Kohärenz in der Selbsterfahrung eines Lebewesens ausmacht. In der Theorie, wo diese Seele aber verortet ist, weicht er von Whitehead ab. Während dieser die Seele in leeren Räumen des Gehirns angesiedelt hat, erweitert Cobb diese Lokalisierung durch die „regions occupied by many societies“[1297]. Damit ist die Seele nicht nur eine Erscheinung eines freien Raumes, sondern auch in den „regions that constitute the standpoints of other occasions“[1298] zu finden. Die Seele ist nach Cobb mit einem gewissen Anteil in diesen societies eher materiell und noch relationaler zu denken, als Whitehead es tut.

In sich kommt der Mensch dann an den Punkt, wo er nach der Ordnung aller Dinge fragen muss. Eine „deep human intuition“ legt ihm nahe, dass „some principle of order that cannot entirely be attributed to the entities that constitute the world“[1299], nämlich Gott, die Welt ordnet und erhält. Dieser Gott ist zusammen mit der „creativity […] and the world […] equally essential to the creative process.“[1300] Zwischen der Erstauflage von *A Christian natural theology* und der zweiten Auflage korrigiert Cobb eine Erkenntnis über den Zusammenhang der *prehensions* und des *initial aims*. Gott schenkt jeder *actual occasion* ein *initial aim*, welches Gottes „proposition with the subjective form of desire for its realization“[1301] enthält. Jede Entscheidung einer *actual occasion* enthält folglich ein *desire* Gottes, diese *actual occasion* zu einem höheren Wert zu führen. Diese Erkenntnis reifte erst zwischen den beiden Auflagen dieses Werkes. „The initial aim“ ist dann ein „hybrid feeling of eternal objects as ordered by God in graded relevance“[1302]. Gott gibt dem Menschen lediglich ein *propositional feeling*

1296 Ebd., 39.
1297 Ebd., 44.
1298 Ebd.
1299 Ebd., 107.
1300 Ebd., 119.
1301 Ebd., 131.
1302 Ebd., 132.

als *initial aim*, welches nur in Modus der *causal efficacy* erfahren bzw. empfunden werden kann. Die Anordnung der *graded relevance* der *eternal objects* hat sodann, wenn dieses *initial aim* in der Handlung der *actual occasion* realisiert wird, die Möglichkeit, die Erhöhung von *value* zu befördern. Der relationale Charakter Gottes und der Welt tritt auch bei Cobb deutlich hervor. In allen philosophischen Gedanken Whiteheads erkennt Cobb sodann „undoubtedly elements" von „religious experience"[1303]. Whiteheads Werk ist in dieser Denkrichtung relational durch seine eigenen Erfahrungen geprägt und kein rein logisches Werk.[1304]

Die Erfahrung Gottes kann in diesem Denken als *religious experience* oder als die Erfahrung eines *initial aims* beschrieben werden. Diese finden laut Cobb „only in the mode of causal efficacy" und damit in „this usually unconscious side of our experience"[1305] statt. Wie deutlich eine Situation als *religious experience* bzw. *initial aim* erfahren wird, hängt von „the subjective aim of the prehending occasion and by that of the prehended occasion"[1306] ab. Setzt die *actual occasion* sich als wichtiger voraus, dann wird die Erfahrung der anderen bzw. die Erfahrung Gottes geringer. Da auch „the subjective aim is formed [...] for the most part somewhere beneath the threshold of consciousness"[1307], ist das gesamte religiöse Erleben eines, welches im Unbewussten der *actual occasions* stattfindet.

Kehren wir an den Ausgangspunkt dieser *natural theology* zurück. Wenn die Seele das relationale Organ des Menschen ist, das mit Gott in einen Austausch treten kann und wenn diese Seele allein im Unbewussten mit Gott in der Form einer *religious experience* bzw. im Dialog des *subjective aim* mit dem *initial aim* Gottes auftritt, dann ist Religiosität im Kern ein unbewusstes bzw. unterbewusstes Erleben und auch eines, welches weniger der Logik bzw. eines logischen Denkens entspricht, als viele Theologen annehmen.

1303 Ebd., 146.

1304 So unterscheidet Cobb auch die Werke Whiteheads und Hartshornes. Das Werk des Ersteren wird als „highly rationalistic" beschrieben, Whiteheads Werk hingegen als eines, das „relied more on intuitions". (Ebd., 112.)

1305 Ebd., 153.

1306 Ebd.

1307 Ebd., 162.

6.3.2.2. Christian Theology

Auch in der Schrift *Prozess-Theologie. Eine einführende Darstellung* hält Cobb, zusammen mit Griffin, an der These fest, dass es auf der „präreflexiven Bewußtseinsebene [...] eine heilige Realität gibt“[1308]. Eine Ausprägung religiöser Denk- und Glaubenssysteme verortet er im Bewusstsein, das sich „nur auf einen kleinen Teil des Erlebens“ konzentiert und lediglich „ausgewählte[n, M.F.] Elemente[n, M.F.] eine besondere Bedeutung“[1309] gibt. Nur bestimmte Elemente einer Gotteserfahrung finden damit einen Weg in das Bewusstsein des Menschen. Der größte Teil der religiösen Erfahrungen verbleibt im Unbewussten des Menschen. Zudem beeinflusst die Geschichte die „Auswahl und Schwerpunktsetzung“[1310] einer religiösen Tradition. Die christliche Deutung dieser historischen Auswahl sieht Cobb, wie oben bereits angedeutet, vor allem unter dem Schlüsselbegriff der Liebe gekennzeichnet. In der biblischen Botschaft erkennen Cobb und Griffin zahlreiche Parallelen zwischen der Whiteheadschen These von der *persuasion* Gottes und der Heilsgeschichte des biblischen Gottesvolkes.[1311] Gemäß des johanneischen Gedankens, dass die Menschen das Leben in Fülle haben sollen, ist gemäß der Prozesstheologie „Gottes Hauptziel in der Vermehrung des Lebensgenusses jedes einzelnen Geschöpfes“[1312] zu suchen. Allerdings überlässt Gott den Lebewesen den Lauf der Dinge und steuert für eine bessere

---

1308 John B. Cobb, David R. Griffin, Prozess-Theologie. Eine einführende Darstellung, Göttingen 1979, 31.

1309 Ebd., 33.

1310 Ebd., 36.

1311 „Gott versucht jedes Geschehnis zu der Möglichkeit seiner eigenen Existenz zu überreden, die am besten für es wäre; Gott hat aber die Selbstverwirklichung des endlichen Geschehnisses nicht in der Hand. Das göttliche schöpferische Handeln schließt also ein Risiko ein. [...] Und obwohl das Ergebnis von Jesu Botschaft, Leben und Tod eine Neudefinition der Macht Gottes unter dem Aspekt der Liebe hätte bewirken sollen, geschah nichts dergleichen. Macht im Sinne von dirigierender Herrschaft blieb weiterhin die *wesentliche* Definition der Gottheit.“ (Ebd., 52.) Kernwesensmerkmal dieser Liebe ist für Cobb „compassion“. (Cobb, Contribution.) Daneben ist christliche Liebe durch „*agape*“ gekennzeichnet. (Ebd.) Beide Formen christlicher Liebe sind relational und nach Cobb „the subjective correlate of what physicists call energy. The intensity of emotion is the quantity of energy.“ (Ebd.)

1312 Ebd., 55.

Welt seine Ideen von dieser bei. Gott ist aber vom Verlauf der konkreten Geschichte frei zu sprechen, die „Existenz eines gegebenen Zustandes“ entspricht nicht immer „Gottes Wille[n, M.F.]“[1313].

Auch für Cobb und Griffin ist Gott nie von seiner Schöpfung zu trennen, und sie lehnen eine *creatio ex nihilo* ab. Sie stellen die These einer Schöpfung aus dem Chaos auf, in die im Lauf der Zeit bzw. in der Evolution Gott mit seinen *initial aims* eine Ordnung einführt. Dieser „Prozeß der Komplexifizierung“ mehrt die „Genußfähigkeit“ und „setzt eine vorhergehende Stufe voraus.“[1314] Individuation im Modus der Komplexifizierung ist ein evolutiv-schöpfungstheologisches Denken der Prozesstheologie, der auch ein immer größeres Maß an Freiheit ausbildet. Diese gibt die Möglichkeit „sich Gottes Zielen zu widersetzen“[1315]. Für Cobb/Griffin fühlt Gott sich „zu einem Teil verantwortlich für das meiste, was wir normalerweise als Übel bezeichnen“[1316]. Deswegen setzt Gott mit der Inkarnation in Jesus Christus ein deutliches Zeichen für seine *values* in der Schöpfung. Gegen eine Gottvergessenheit in der Welt „wurden die Christen [durch Jesus Christus, M.F.] dahin geführt, die Immanenz Gottes in der Welt zu behaupten“[1317]. Christlich gesprochen setzen Cobb/Griffin den „*inkarnierte*[n, M.F.] Logos“ mit Christus gleich und auch mit der „anstoßende[n, M.F.] Zielsetzung (*initial aim*)“[1318]. Damit „ist Christus in allen Dingen gegenwärtig“[1319]. Wie in der Darstellung der *Natural Theology* vorher schon im Prozess zwischen dem *initial aim* Gottes und des *subjective aim* einer *actual occasion* beschrieben, ist Christus „am vollkommsten in den Menschen gegenwärtig, wenn sie am vollkommsten für seine Gegenwart offen sind“[1320]. Christus ist

1313 Ebd., 59.
1314 Ebd., 67.
1315 Ebd., 72.
1316 Ebd., 73.
1317 Ebd., 95.
1318 Ebd., 97. Cobb gibt auch an, dass „process theologians often identify the Primordial Nature of God with what John calls the Word.“ (John Cobb, Jesus and Christ in Process Perspective, in: Jay McDaniel, Donna Bowman (Hrsg.), Handbook *of* Process Theology, St. Louis 2006, 30.)
1319 Cobb/Griffin 1979, 97.
1320 Ebd. Das Reich Gottes ist das Ziel dieser Verwirklichung in jedem Menschen: „Jesus called people to live towards that world in which God's

zugleich als Kern aller Neuheit in der Schöpfung zu betrachten, und er ist am deutlichsten „dort gegenwärtig und wirkungsvoll […], wo Menschen an schöpferische Transformation glauben, sie richtig verstehen, ihr vertrauen und sich ihr öffnen“[1321]. Eine christliche Prozesstheologie setzt allein auf die Umsetzung prozessphilosophischen Denkens im Denken einer Inkarnation Gottes in Jesus Christus als besonderes Beispiel einer Realisierung von Gottes *initial aim* bzw. Liebe in einem Menschen. Was Jesus dann mit Christus vereint, ist nach Cobb die Besonderheit, dass „the one person of Jesus can be understood as co-constituted by the presence within him, moment by moment, of both God and his personal past. […] We do not experience God's presence as co-constituting our selfhood.“[1322] Cobb stellt die Einzigkeit des Christus in Jesus im Kontrast zu uns heraus, indem er unterstellt, dass alle anderen Menschen Gott als Gegenüber erfahren, weil Gottes *initial aim* nie vollkommen mit unserem *subjective aim* übereinstimmt. In der Sprache Whiteheads erleben alle Menschen außer Jesus das *initial aim* Gottes immer im *contrast*, während Jesus diesen *contrast* nicht kennt. Nur so kann er zu der These kommen: „Process theology proposes, not only that Jesus is an incarnation of God in many important ways, but also that God is like Jesus in equally important ways.“[1323]

---

purposes will be fulfilled on earth as they are already fulfilled in heaven.“ (Cobb 2006, 26.)

1321 Cobb/Griffin 1979, 100. Die kirchliche Gemeinschaft und die Sakramente sind nach Cobb/Griffin das „Erhalten, Erweitern und Stärken des Kraftfeldes, das von Jesus ausgeht“. (Ebd., 106.) Wird ein Mensch Teil dieser Gemeinschaft, erkennt er dieses Kraftfeld als „konstituierendes Ereignis der eigenen Existenz“ an. (Ebd.) An dieser Stelle gestehen die beiden Autoren auch ein, dass es hier zu einer Spannung zwischen Prozessphilosophie und klassischer Trnitätstheologie kommt, wenn man den Heiligen Geist auslässt. Sie plädieren für einen freien Umgang mit der Zahl drei und erklären, dass „die Prozeßtheologie nicht daran interessiert [ist, M.F.], Unterscheidungen innerhalb der Gottheit zu formulieren, nur um sich damit traditionellen trinitarischen Vorstellungen anzuschließen. […] Unser Vorschlag ist, daß die hauptsächliche Unterscheidung, die hier zu machen ist, die zwischen der schöpferischen und der erwidernden Liebe Gottes ist.“ (Ebd., 109.)

1322 Cobb 2006, 32.

1323 Ebd., 36.

6.3.2.3. Konsequenzen für das Menschenbild

Mit Blick auf eine Anthropologie erklären Cobb/Griffin, dass die Seele vom Körper verschieden ist, diese aber vom Körper nicht getrennt gedacht werden kann, denn das „seelische Empfinden beruht [...] in erster Linie auf körperlichen Empfindungen.“[1324] Das Denken der Geschichte und der Evolution muss die Trennung zwischen Mensch und Natur aufheben und darf die „Verleugnung körperlicher Realität“[1325] nicht mehr länger verteidigen.[1326] „Was die Prozeßtheologie für die Gegenwart anstrebt, ist eine Form von menschlich-geschichtlichem Fortschritt, der gleichzeitig unseren realen menschlichen Bedürfnissen entspricht und die erneute Entwicklung einer reichen und komplexen Biosphäre ermöglicht.“[1327] Darin sieht die Prozesstheologie „eine noch größere Erweiterung des Empfindens der Teilhabe für nötig“[1328] an.

Eine christlich gedachte Prozesstheologie, wie sie Cobb/Griffin vertreten, setzt auf einen ganzheitlicheren Ansatz in der Anthropologie und in der Verwobenheit von Leben, Gott und Schöpfung, da alles miteinander in Relation steht. Die deutliche Betonung der körperlichen Dimension des Lebens ist eine Veränderung im christlich-theologischen Diskurs und zeigt einen spannenden zweiten Aspekt, neben der deutlichen Verortung der religiösen Erfahrung in den unbewussten Zustand des Menschen. Zentral ist in diesem Denken der Modus der *causal efficacy*, in der die religiöse Erfahrung erlebt und auch Emotion bzw. die Erfahrung von Liebe angesiedelt werden.

1324 Cobb/Griffin 1979, 116.

1325 Ebd., 147. Vgl. ebd. „Die Prozeßtheologie [...] zeigt, wie Genießen den Körper zur Voraussetzung hat und wie viel von unserm Genießen tatsächlich ein Genießen körperlichen Genusses ist.“

1326 Vgl. auch Cobb, Contribution: „The psyche is part of the same natural world as is the body. The causal efficacy [...] can be understood as the transmission of emotion or energy.“

1327 Ebd., 148.

1328 Ebd., 154.

6.3.3. Joseph Bracken (geb. 1930)

6.3.3.1 Eine prozesstheologische-neowhiteheadian Feldtheorie

Joseph Brackens Schrift *The triune symbol: Persons, Process and Community* von 1985 kann als ein besonderer Beitrag für die römisch-katholische Rezeption der Prozesstheologie gewertet werden. Er sieht sich darin in den Fußstapfen von Marjorie Suchocki, die er mit ihrer Schrift *God-Christ-Church* als Auslegung einer „Christian doctrine from within a strict Whiteheadian frame of reference“[1329] sieht. Bracken selber versteht seine Gedanken als *neo-Whiteheadian* und eher römisch-katholisch als protestantisch geprägt, wie es Suchocki ist.[1330] Dabei legt Bracken den Schwerpunkt auf die *neo-Whiteheadian* Auslegung der *societies*, denn es geht ihm vor allem um den Aspekt der „human community“, die „exists as part of the communitarian life of God.“[1331] Deutlich treten hier Züge des Panentheismus hervor und die Frage nach den *societies*. Wie diese strukturiert sind und wie ihre Dynamik innerhalb von Gott und in der menschlichen Gemeinschaft aussehen, legt Bracken in der oben genannten Schrift vor. Er setzt voraus, „that being is intrinsically social and processive, hence that individual entities (even the persons of the Trinity) exist as members of ‘parts’ of

---

1329 Bracken 1985, 6.

1330 Zugleich weiß Bracken um die Spannung, die zwischen der Prozesstheologie und der Lehre der römisch-katholischen Theologie besteht. (Vgl. Joseph Bracken, Christianity and Process Thought. Spirituality for a changing world, Philadelphia – London 2006, xvii.)

1331 Bracken 1985, 7. Vgl. auch Joseph Bracken, The World in the Trinity. Open-Ended Systems in Science and Religion, Minneapolis 2014, 86. Er ergänzt diese Annahme mit der Sicht auf die Wirklichkeit als *processive*: „[...] I believe that reality [...] is processive, and that community is the highest form of process, since it apparently constitutes the life of God.“ (Ebd., 20.) Außerdem ist für ihn *community* „a mega-process constituted by the fusion or merger of the mini-processes at work within its person-members.“ (Ebd., 21.) Diese *mini-processes* erkennt er auch in der Terminologie von Whitehead wieder, wenn dieser von *structured societies* spricht bzw. als „physical processes dominated by the spiritual process of temporal consciousness.“ (Ebd., 24.) Andererseits zitiert Bracken in *Christianity and Process Thought* Whitehead, der auch von Pflanzen, aber auch von „inanimate things like tables and chairs“ als „structured societies“ (Bracken 2006, 17.) spricht. Bedeutet das, dass auch diese einen Platz in Gottes *community* haben?

still more comprehensive, specifically social realities."[1332] Daraus möchte er eine „new socially-oriented systematic theology"[1333] entwickeln, die er in der Lehre des Panentheismus verwirklicht sieht.[1334] Gerade der Blick auf die *societies* oder, wie Bracken schreibt, *communities* wendet sich von einer klassischen Substanzmetaphysik ab. Ausgehend von der Dreifaltigkeit als *community* setzt Bracken damit die Referenzgröße für die Erklärung der gesamten Welt bzw. allen Lebens.

Community definiert Bracken als „a network of relationships between separate individuals who are first and foremost themselves and only in the second place associated with one another as a particular community"[1335]. Beides ist in seinen Augen korrelativ. Person ist nicht ohne Gemeinschaft, Gemeinschaft nicht ohne Individuen zu denken. Person ist man sogar nur im Kontext von einer Gemeinschaft, weil man sich nur in Gemeinschaft wechselseitig als Person anerkennen kann. Die Gemeinschaft fügt dem Individuum „a higher level of existence and activity"[1336] zu. Diese kann sich ein Individuum nicht geben. Die *community* ist dann aber keine „supra-individual person", sondern „a process"[1337]. So sieht er es auch für die drei

---

1332 Ebd., 10. Veränderung und Bewegung werden im Whiteheadschen Denken der „rapid succession" (Bracken 2014, 26.) von *actual entities* ebenfalls zu Kernbegriffen der *society*. Deshalb hält Bracken fest, dass „change is 'the name of the game' for the contemporary life in this world." (Ebd., 27.)

1333 Ebd. Im Whiteheadschen Denken wäre es auch möglich gewesen, eine *community* als *nexus* zu bezeichnen. Allerdings bevorzugt Bracken die Festigkeit der *society* gegenüber des *nexus*. Denn diese „is a nexus that endures in time." (Ebd., 97.) Ausgehend vom innertrinitarischen Zusammenhalt, ist allein die *society* ein passender Begriff, um die *community* von Menschen in den Kontext der Trinität zu bringen. Wie unten noch dargestellt werden wird, bildet der göttliche Sohn in Jesus von Nazareth das „common element of form in order to become a true member of the society." (Ebd., 97.) In den Augen des Autors dieser Arbeit ist dies aber zu kurz gedacht. Bevor der göttliche Sohn Inkarnation in Jesus von Nazareth wurde, muss es auch schon eine *society* mit Gott gegeben haben. Von dieser schreibt Bracken nicht. Maximal ist dies in den bereits in der Schöpfung existierenden *initial aims* des Vaters zu sehen, die er seit Beginn der Schöpfung an diese richtet.

1334 Bracken 2006, 8f.

1335 Bracken 1985, 16.

1336 Ebd., 18. Vgl. auch ebd., 27.

1337 Ebd., 20.

göttlichen Personen, die als „three individual processes of interpretation […] merge, more deeply that the members of any human community could ever imagine, to form the communal process of interpretation which is their reality as one God.“[1338] Eine Person, egal ob innertrinitarisch oder menschlich, ist immer ein *process*, der auf eine Gemeinschaft angewiesen ist. Nur die *community* von Vater, Sohn und Geist ist tiefer verbunden als alle anderen *communities*, die man sich (als Mensch) vorstellen kann. Jeder göttlichen Person bzw. jedem innertrinitarischen Prozess ordnet Bracken einen „own mind and will“[1339] zu. Jede der innertrinitarischen Prozesse ergreift die ganze Wirklichkeit, obwohl sein „consciousness simply the Father“[1340] oder jede andere der drei innertrinitarischen Prozesse bleibt. Zusammen formen sie aber ein „single *shared* consciousness which is perfect in all respects and which thus corresponds exactly to their communitarian reality as one God.“[1341] Was die innertrinitarische Gemeinschaft von anderen unterscheidet, ist das Maß der Perfektion, so dass die drei einzelnen *consciousness* zu einem einzigen zusammengefasst werden, obwohl darin alle drei einzelnen für sich bestehen bleiben. Dieses Zusammenfassen hat bei Bracken eine Richtung, die der Tiefe, und eine Qualität des Reichtums, da deren Erfahrungen als „never-ending exchange of ‚interpretations‘ to one another“[1342] bezeichnet werden. Den Unterschied in menschlichen Gemeinschaften und der innertrinitarischen Gemeinschaft erkennt Bracken darin, dass menschliche Individuen „worry that the common good will not truly include our personal good“[1343]. Hier scheint das Erbe der alten Substanzmetaphysik noch durchzuscheinen, da der einzelne Mensch der Gemeinschaft doch misstraut. Deswegen spricht Bracken auch von „‚individual‘“ als „static term, drawn from the traditional metaphysics of substance, which stands at least implicitly in opposition to ‘society’“[1344].

1338 Ebd., 24.
1339 Ebd.
1340 Ebd., 25.
1341 Ebd.
1342 Ebd., 26.
1343 Ebd., 28.
1344 Ebd., 29. An dieser Stelle übt Bracken auch Kritik an dem Begriff der Individuation, weil die letzten Jahrhunderte allein die Individualität der Gesellschaft gegenübergestellt haben. Davon unterscheidet er aber den „process of

Ausgehend von der Indidividuation als Prozess der Weiterentwicklung des Einzelnen in der Gemeinschaft verknüpft Bracken die Gemeinschaft der trinitarischen Personen mit der Schöpfung. Angelehnt an Rahners Werk *Grundkurs des Glaubens* kann nur die gesamte Gemeinschaft von Männern und Frauen der „apex or climax of a world in process“ sein bzw. „the total Christ, Jesus together with all his brothers and sisters throughout history“ – das „true image of the triune God“[1345]. Bracken entwickelt eine Grafik (Abb. 10), die diesen Zusammenhang darstellt.

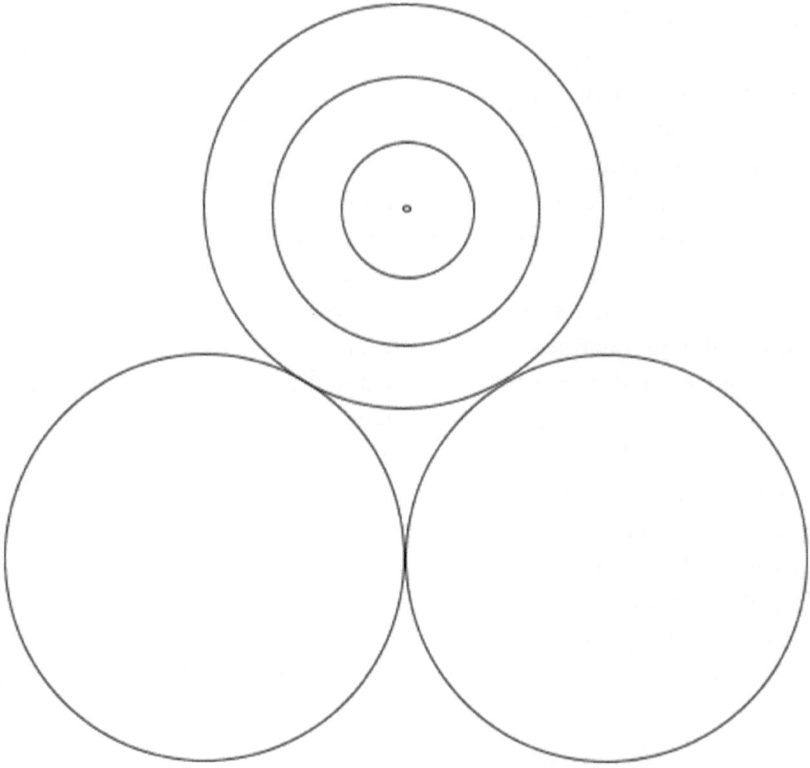

Abbildung 10: Darstellung von J. Brackens "triune god" (MF nach Bracken 1985, 53.)

individuation“, der das Ziel hat eine Person zu werden bzw. ein Prozess zu sein, was, wie oben belegt, nur in Gemeinschaft geht (Vgl. ebd., 29f.).

1345 Ebd., 36.

Die drei Kreise der Darstellung geben die drei trinitarischen Personen bzw. Prozesse von Vater, Sohn und Geist wieder. Die Dynamik zwischen den Dreien ist „[s]hared love, rather than mutual love" und auch als „truly self-giving love, the hallmark of genuine community"[1346]. Der Sohn, oben, trägt, symbolisiert durch den äußeren Kreis in seinem Prozess, die Schöpfung als Prozessanteil seines Seins und darin die menschliche Gemeinschaft, als Teil der Schöpfung und seines Prozessseins. Beide sind Teil des „inner life of the divine Son who is himself involved in the ultimate process, the communitarian life of the three divine persons"[1347]. In diesen Prozessen gibt es keinen Individualismus, da streng nach Whitehead gedacht jede *actual entity* durch *prehensions* bereits Teil hat bzw. nimmt an der Dynanik von *communities*. Dies erfährt sie gemäß Bracken „subconsciously"[1348], als Datum im Modus von *causal efficacy* und *presentational immediacy*. Ebenfalls kann hier festgehalten werden, dass Bracken, wie auch schon andere Prozesstheologen vor ihm, die in dieser Arbeit dargestellt werden, den Modus der *causal efficacy* als den Zugang Gottes zum Menschen betrachtet.[1349]

Ausgehend von dieser Darstellung des Prozesses im Sohn benennt Bracken Gott als „a structured society of three subsocieties", als je eigene „society of actual entities"[1350]. Gemeinsam sind ihnen aber vor allem die *eternal objects* in der *primordial nature* und die Wahrnehmung der Schöpfung in der *consequent nature*. Die Dynamik eines Prozesses benennt er mit dem Whiteheadschen Begriff der *creativity*, der ein Zweifaches bewirkt: „to empower individual actual entities not only to become themselves but at the same time to become members of those same societies."[1351] Diese *creativity* wird als Dynamik der Trinität verstanden, die er als „the principle of (divine) intersubjectivity"[1352] versteht. Die Entwicklung einer jeden *actual entity* ist damit geführt von einer göttlichen Kraft der Intersubjektivität, die die Schöpfung und die Trinität selber antreibt, sich zu entwickeln und

1346 Ebd., 38.
1347 Ebd.
1348 Ebd., 41.
1349 Vgl. Bracken 2006, 85.
1350 Bracken 1985, 44.
1351 Ebd., 45.
1352 Ebd., 46.

dennoch Gemeinschaft zu bilden. Diese Kraft der *intersubjectivity* geht nach Bracken vom Vater aus und wird auch als *initial aim* verstanden. Der Geist ist sodann als „mediating person-principle“[1353] zu verstehen, indem er der Gemeinschaft dient und alles zusammenhält.[1354] *Creativity* ist als göttliche Dynamik in der Schöpfung „what makes us (and indeed all of creation) godlike“[1355]. Wenn die Schöpfung diese aber nicht in der göttlich gedachten Richtung lebt, dann „it is likewise the root cause of the destructive and even demonic features of this world“[1356]. *Creativity* enthält in sich folglich noch keine Qualität, zu etwas Besserem zu streben, bzw. ihre Qualität als *initial aim* kann von den *actual entities* abgelehnt werden. Dennoch tritt hier ein neuer Kontext in das innertrinitarische Wesen Gottes mit hinein. Je nachdem, wie die *actual entities* sich verhalten, ist in Gott auch Böses, weil er den ganzen Prozess der Schöpfung in sich lebendig weiß. Damit kann jede (!!!) *actual entity* Böses in den Schöpfungsprozess einbringen, nicht nur die Menschen. Damit sind alle *communities* eine Mischung aus Gut und Böse.

Der Sohn wiederum hat Anteil an dieser Schöpfung als Jesus von Nazareth. In der Inkarnation wurde der Sohn noch einmal ganz anders Teil der Schöpfung und Gott ganz anders Teil dieses Prozess von *intersubjectivity* und holte damit „human experiences into a context appropriate to his own divine understanding of things“[1357]. Deswegen wird dieser Jesus mit dem

---

1353 Ebd.

1354 „The action of the Spirit, then, was (and still is) to make the individual Christian like Jesus in his own relation to the Father, to draw that human being, in other words, into the flow of life and love passing between the Father and the Son within the divine community.“ (Ebd., 115.)

1355 Bracken 2006, 27.

1356 Ebd.

1357 Bracken 1985, 49. Die Inkarnation wurde aber auch nötig, da die Welt an die Bedeutung der *initial aims* und an die „collective power of good in the world“ (Ebd., 92.) erinnert werden musste. Damit verändert sich aber auch die Definition von Wahrheit, wie sie bisher in der kirchlichen Lehre und in der Welt definiert wurde. Alle Erfahrungen haben einen Ort in Gottes *consequent nature* und gelten dort als Teil der „community of interpretation“ (Ebd., 144f.), die schon innertrinitarisch gilt und dann auch in der *community* von Schöpfung und Menschen im Gottessohn. Wie schon vorher bei Keller

Punkt im oberen Kreis der Grafik identifiziert. Dieser Punkt symbolisiert die Inkarnation des Sohnes im Prozess der Schöpfung. Diese Grafik gibt auch die Dynamik des Panentheismus wieder, da der Vater den Sohn in der Schöpfung weiß, er ruft uns aber nicht in die gleiche Existenz „of Jesus, namely, to be the Christ, the Saviour of the world“[1358], wenn dieser Gottes *initial aims* bzw. *creativity* in vollem Maß lebt. Wie Cobb, so versteht Bracken das Leben des Jesus von Nazareth als vollkommen identisch mit Gottes *initial aims*, obwohl dieser nie ganz wusste, dass er der göttliche Sohn war. Aber dadurch, dass der göttliche Sohn in Jesus von Nazareth das Zentrum des menschlichen Zirkels in der Grafik des göttlichen Sohnes und der ganzen Schöpfung ist, haben diese schon Anteil an Tod und Auferstehung des Gottessohnes. Die gesamte Schöpfung ist damit Teil der *consequent nature* Gottes, in der Jesus von Nazareth ein Bild des Königtums Gottes ist und die Schöpfung aufruft zu diesem Königtum zu werden.[1359] Jede *society* ist

dargestellt, verändert sich die Definition von Wahrheit in der Prozesstheologie hin zu einer größeren Gemeinschaft von Interpretation. Da jede *actual entity* ein Maß an Wahrheit besitzt, ist die Schöpfung eine Herausforderung für die drei göttlichen Prozesse bzw. „a trial which, so to speak, brings out the best in themselves and in their (rational) creatures.“ (Ebd., 173.) Oder mit anderen Worten: „Objective reality […] simply does not exist“ (Bracken 2006, 71.), weil es nur eine „communitarian dimension of truth“ (Ebd., 73) gibt.

1358 Bracken 1985, 54. Dennoch stellt Bracken 2014 in *The World in the Trinity* die Inkarnation als „Key to the Argument of Panentheism“ (Bracken 2014, 115.) dar. Inkarnation ist die Schlüsseldynamik zwischen dem Göttlichen und der Schöpfung. Ob Gott sich in den Menschen Jesus von Nazareth inkarniert oder eine Existenz in jeder *actual entity* der Schöpfung sucht, alles versteht Bracken als Inkarnation.

1359 Vgl. Bracken 1985, 86ff. Dieses „kingdom of god is simply the unity of the world process from moment to moment.“ (Ebd., 104.) In der Frage nach einem Leben nach dem Tod tut sich Bracken mit einer Antwort schwer. Gemäß der oben schon dargestellten Ansicht Whiteheads, dass es die *objective immortality* wirklich gibt, kann er die *subjective immortality* als nicht beweisbar, sondern allein auf Glauben basierend betrachten. (Vgl. Bracken 2014, 223.) Deswegen rät er auch davon ab die Lehre der christlichen Eschatologie allein auf die zukünftige Weiterführung des irdischen Lebens hin zu denken und der Frage nach dem Überleben des Körpers und aller irdischen Dimensionen nachzugehen. Wichtiger ist ihm „one’s relation to God here und now“(Ebd., 231.).

dementsprechend ein „unified field of activity for its constituent actual entities“[1360].

6.3.3.2 *Konsequenzen für das Menschenbild*

Die panentheistische Sichtweise Brackens beinhaltet, dass der Mensch ein eigenständiger und doch integrierter Anteil des trinitarischen Seins ist. Für die Frage nach dem Wesen des Menschen bedeutet dies einerseits eine besondere Stellung, andererseits auch eine Entwertung von der Annahme „Krone der Schöpfung“ zu sein. Der Mensch ist als Individuum in der Welt geschaffen[1361], aber Menschen wissen auch, dass sie „are born into and sustained by participation in various social systems“[1362]. Darin haben sie Anteil an dem „all-comprehensive system of the divine life, the kingdom of God.“[1363] In diesem System findet der Menschen, neben allen anderen Lebewesen, seinen Platz und hat mit ihnen und Gott einen gleichberechtigten Anteil an allen Geschehnissen dieser Welt – im Guten, wie im Bösen.[1364] Bracken führt keine tiefgründige Anthropologie oder anthropologische Annahmen aus, die sich mit der Frage nach Körper, Seele oder Geist beschäftigen. Er ordnet dem Menschen eine besondere Entwicklungsstufe in der Evolution des Bewusstseins zu, aber stellt ihn mit anderen „members of other higher-order animal species“[1365] gleich.

Die Perspektive Brackens bezieht sich vielmehr auf alles Lebendige, dass Anteil am göttlichen Sein hat und sieht in ihnen ebenso ein „open-ended system“ existent, wie auch in Gott selbst. Bracken möchte so die Freiheit der Entscheidung zu Gut und Böse erfassen, wie auch die Frage der Kausalitäten bei Aristoteles und Thomas von Aquin philosophisch und theologisch neu denken.[1366] Jedes Lebewesen ist „constituted by the ongoing interplay of

1360 Bracken 1985, 189.
1361 Bracken 2014, 81.
1362 Ebd.
1363 Ebd., 76.
1364 Vgl. Joseph Bracken, Divine-Human Intersubjectivity and the Problem of Evil, in: Open Theology 2018, Band 4, Ausgabe 1, 60–70, hier 69.
1365 Ebd., 68.
1366 Vgl. ebd., 60–65.

multiple parts of members (brain, nervous system, heart, lungs, stomach, digestive system, etc.)“[1367].

Joseph Bracken geht es darum mehr die Schöpfung und die Entwicklung der Schöpfung in Gott, also panentheistisch, zu beschreiben, als einzelne anthropologische Aussagen zu treffen. Jedes Lebewesen hat Anteil am göttlichen Sein und in diesem Anteilhaben und Kokreatorensein alles Lebendigen, werden diese gottähnlich: „Creativity is what makes us [...] godlike.“[1368] Der Mensch ist lediglich ein „hierarchically ordered system“ in „the all-inclusive system“[1369] Gottes.[1370]

Letztlich ist es für Bracken eine Frage der Spiritualität, alles ist in einem Prozess zu betrachten, der nicht mehr von der Permanenz bzw. Perfektion Gottes und der angelegten Perfektion der Schöpfung spricht.[1371] Er entwickelt eine neue Idee der Perfektion all dessen und bietet so eine neue Form von Spiritualität an, die dem modernen naturwissenschaftlichen Weltbild einerseits eine entsprechende Antwort ist. Das Menschenbild dieser Spiritualität und dieses Weltbildes stellt andererseits auch eine Provokation moderner Menschenbilder dar, die den Menschen gerne unter einem Absolutheitsanspruch betrachten.

6.3.4. Catherine Keller (geb. 1953)

6.3.4.1 *Eine tehomic theology – die Theologie aus der Tiefe der tehom*

Wenn man der *causal efficacy* einen Ort bzw. eine Dynamik geben will, dann liegt sie qua These ihrer unbewussten Annahme, wie Cobb und Griffin

1367 Ebd., 65.

1368 Bracken 2006, 27.

1369 Bracken 2014, 76.

1370 Mit Blick auf das Böse in der Welt bedeutet dies aber auch, dass nicht allein der Mensch oder die in Freiheit gesetzte Schöpfung die Verantwortung für moralisch oder ethisch Böses tragen. Auch Gott trägt seinen Anteil an diesen Geschehnissen und versucht qua Whiteheads Idee der „divine ‚initial aims‘“ (Bracken 2018, 69) zu intervenieren. Diese schöpfungstheologische und anthropologische Frage wirft neue Deutungen für die Frage der Soteriologie auf.

1371 John Haught, Foreword, in: Bracken 2006, IX. Vgl. ebd., X: „Christian spirituality still remains emotionally fastened to the pillar of permanence stamped into our consciousness long before the coming of modern science.“

diese beschrieben, wohl in der Tiefe des Menschen verborgen. Von dieser Tiefe spricht auch Catherine Keller, wenn sie eine *tehomic theology*[1372] entwickelt. Keller würdigt in ihrem Werk *Face of the deep. A Theology of Becoming* Genesis 1,2, in dem eine *creatio ex profundis* entgegen der theologisch weit verbreiteten *creatio ex nihilo* entworfen wird. Für diesen Weg setzt sie biblisch, aber auch bei Whitehead und weiteren Theologen und Philosophen wie Augustinus oder Deleuze an. Keller gilt mit ihren Arbeiten als eine Wissenschaftlerin, die sich der constructive theology verbunden fühlt.[1373] Das Prozessdenken allen Lebens, dass von der Philosophie Whiteheads kommt und in der Prozesstheologie weiterentwickelt wurde, denkt sie als *becoming*.[1374] Gemäß der bereits vorgestellten Prozessphilosophie und -theologie ist auch Gott im Prozess zu verstehen.[1375] Prozessdenken sieht sie in der Verpflichtung, die Menschen daran zu erinnern, dass auch Glaube ein Prozess ist. Das Problem von Glaube und Theologie ist, „when that truth becomes absolutized as 'the faith'"[1376]. Dies bedeutet keinen Relativismus von Glaube und Theologie, aber „a *relationism* of: everything flows."[1377] In diesem Sinne sieht sie auch die biblische Erzählung über Jesus von Nazareth, der „is not claiming the truth", aber die „Johannine truth is an action: ‚do the truth' "[1378]. Damit ist die Wahrheit der Theologie und des Glaubens „a truth of right relation, to be embodied and enacted"[1379].

Diese Wahrheit im Prozess entwickelt Keller an Hand der „bottomless deep, the *tehom* of Genesis 1:2"[1380]. Hinter dem Begriff der *tehom* versteckt sich für Keller bereits die Frage nach dem Werden allen Seins. Für sie gibt

---

1372 Vgl. Keller 2004, 7.
1373 Vgl. ebd., xvii.
1374 Vgl. Keller 2008, xii.
1375 Vgl. ebd.
1376 Ebd., 7. Sie sieht in der Theologie ein befreiendes Prinzip, wenn sie schreibt: „Theology as process becomes a resource [...] for nonviolent conflict resolution at all levels." (Ebd., 11.)
1377 Ebd., 14. Theologie wird dann zu einer „open-systems theology" (Ebd., 17) und zu einem „truth-process, not a set of truths." (Ebd., 21) „[...] it affirms an open system of theological metaphors" (Ebd., 23), im Sinne einer Theo-Logie.
1378 Ebd., 31.
1379 Ebd., 37.
1380 Ebd., 46.

es keinen Moment, der jemals statisch war, sondern nur Momente der Bewegung und des Werdens, die allesamt als *tehomic theology* in Raum und Zeit stattfinden.[1381] Dass dies die Wahrheit im Prozess widerspiegelt, wird deutlich, wenn sie diese Auslegung der *creatio ex profundis* als „one possible interpretation of the text and of the universe“[1382] bezeichnet.[1383] Eine *tehomic theology* kann am Besten mit ihrer eigenen Übersetzung von Genesis 1,2 belegt werden: „In beginning: a plurisingularity of universe, earth echoing chaos, dark deep vibrating with spirit, creates.“[1384] Das Zitat belegt, dass sich bei Keller alles um die *tehom*, Gottes Werden, *creativity*, die Tiefe der *tehom*, ein Entfalten der Schöpfung, Panentheismus und die Trinität dreht. Die Gottheit selbst ist in der *tehom* aus Genesis 1,2, die sich entfaltet und in der sich Schöpfung entfaltet, die mit Vers 3 spricht, damit alles werde. Diesem Sprechen gibt die Genesis den Namen *elohim*.[1385] Mit diesem *elohim*, der spricht, erhält die Aktivität der Inkarnation Einzug in das Sein, und alle Materie hat die Möglichkeit zur Inkarnation, zum

1381 Vgl. Keller 2004, 157. An dieser Stelle kann auch auf C.G. Jung und seine Theorie der Komplexen Psychologie als „*Tiefentheologie*“ (Wehr, Tiefentheologie, 180), wie Wehr sie nennt, verwiesen werden. Aus der Tiefe der Psyche erwächst dem Menschen eine Ahnung Gottes, die sich bei Jung in den Archetypen zeigt. Kein individueller Entwicklungsprozess eines Individuums kann ohne die Beteiligung der Archetypen gedacht werden, die den einzelnen Menschen inspirieren und ihm in ihren Bildern einen Inhalt vermitteln, der kreativ verarbeitet werden muss. Wo Selbst wird, wo etwas entsteht, wird auch Selbstentfaltung des Individuums, kann Schöpfung eine Möglichkeit ihres Selbst werden. So wird Keller es auch in der gesamten Schöpfung aus ihrer Idee der *tehomic theology* heraus entdecken (Vgl. Keller 2004, 161).

1382 Keller 2008, 47.

1383 Schon die Bibel hadert, ob *tehom* positiv oder negativ zu bewerten ist. Keller erkennt im biblischen Wesen des Leviathan eine Rede von der *tehom* bzw. eines Wesens aus der Tiefe und weist mit Psalm 74 und Psalm 104 je eine *tehomophobe* und eine *tehomophile* Haltung dem Leviathan gegenüber nach (Vgl. Keller 2004, 25ff.).

1384 Ebd., 238.

1385 „[…] ‘*in*’ *whom unfolds* the universe can be theologized as Tehom, the ocean of divinity, the divinity *who unfolds ‘in’* the all is called by such biblical names as Elohim, Sophia, Logos, Christ. […] So the names Tehom and Elohim may henceforth designate, if not ‘persons’, two *capacities* of an infinite becoming.“ (Ebd., 219.) Aber: „the Deep, is never simply identifiable with ‘God’ or ‘Creator’.“ (Ebd., 39)

Werden.[1386] Inkarnation findet aber in Freiheit statt, denn *elohim* lässt allem, was entsteht, die Freiheit, sich selbst zu entwickeln und gibt keine Richtung vor.[1387] So entkommen Schöpfung und Gott der Gefahr, in einem Pantheismus gedacht zu werden. Um der Gefahr dieses theologischen Gedankens zu entkommen, bleibt Keller dabei, dass *tehom* mehr als Gott selbst, nämlich „the depth of ‚God' "[1388] ist.

Diese Tiefe Gottes erfährt die Schöpfung durch die *ruach elohim.* Sie schließt die Gedanken zur Entfaltung Gottes ab. Denn in Gottes Sprechen, im Aussprechen der ersten Worte, was werden soll und was gut ist im Schöpfungsbericht, tritt zu *tehom* und *elohim* die *ruach elohim* hinzu. Diese drei bilden für Keller das Verständnis der Trinität ab.[1389] *Tehom*, *elohim* und *ruach elohim* sind aber nur das, was im Schöpfungsbericht von Gott erkannt werden kann, denn Gott ist tiefgründiger als das Erkannte. Deswegen nennt Keller die Untersuchung zu Genesis 1,2 auch *Face of the deep*, um damit die *bottomless surface* zu umschreiben. Sie belegt die Tiefe mit der Unterscheidung von *bereshit/beginning* und *origin. Origin* geht tiefer, ist dem Begriff *beginning* vorgeordnet. Die erste Entfaltung der Gottheit in *tehom* liegt im biblischen *bereshit/beginning*, nicht im *origin.*[1390]

Wenn *elohim* spricht, wird danach aus der *tehom* das Wasser und alles weitere Geschöpf. Gott spricht zum ersten Mal erst nach *bereshit.*[1391] Gemäß der oben zitierten Übersetzung von Keller von Genesis 1,2 ist die *tehom* eine *plurisingularity*, die eins ist, aber aus der Vieles wird, wenn sie in *bereshit* liegt. Mit anderen Worten Kellers ist Gott: „The Deep, the Difference and the Spirit"[1392] und diese Dreieinheit muss um die Schöpfung ergänzt werden.

1386 Vgl. ebd., 221.

1387 Keller sieht die Freiheit gerade in der Gottesrede des ersten Schöpfungsberichtes belegt, wenn es dort um eine „dichotomy of ‚making' and ‚letting be' [geht, M.F.] that Genesis precludes. How else does Elohim *make* – but *by* letting be: 'And God said: *let* there *be*…'?" (Ebd., 17.)

1388 Ebd., 227. Sie ergänzt „We do not come to *know* this infinity. Yet we sometimes unblock it in meditation or music, in loss, prayer, love and breath. Its *ruach* breathes with 'sighs too deep for words'." (Ebd., 227f.)

1389 Vgl. ebd., 231.

1390 Vgl. ebd., 157ff.

1391 Vgl. ebd., 165.

1392 Ebd., 235.

Die Tiefe, die als chaotisch bezeichnet und damit negativ besetzt in der Geschichte der Theologie eingezogen ist, hat ein großes Potential, welches *the difference* durch das Wort entfaltet[1393] und bezeichnet bzw. ins Leben ruft.[1394] Keller sieht in dieser chaotischen Grundannahme der Schöpfung eine Verbindung zu einer „chaos theory of creation“[1395] und zugleich eine „matrix: a between-space in which possibilities *matter*. A place not *differentiated but differential*. Such a *matrix of possibilities* translates the topos of the deep into a place not before but *of* beginning.“[1396] Schöpfung enthält etwas Vibrierendes, einen Rhythmus und eine Flüssigkeit.[1397] Hierin kann man Whiteheads Idee der *creativity* erkennen, die die Schöpfung und Gott vorantreibt, aneinander zu wachsen und im Prozess zu leben. Neues entsteht und Gott beteiligt sich mit seinen *lures* am Schöpfungsgeschehen.[1398]

1393 Die Begriffe der *difference* und der Entfaltung bezieht Keller auf den Philosoph Gilles Deleuze, der die Welt in einer sich immer wieder entfaltenden Dimension betrachtet und sie sich darin differenzieren sieht. Tiefe bekommt damit eine „dimensionality“ (Ebd., 168). Deleuze bezieht sich, gemäß Keller, darin auch direkt auf Whitehead und seine Kosmologie (Vgl. ebd., 169).

1394 Die *tehom* darf nicht als *evil* bezeichnet werden. Der Prozess der Entfaltung der Schöpfung in Freiheit enthält erst „suffering and evil“ (Keller 2008, 54), aber die Assoziation des Bösen mit *tehom* erkennt Keller erst in der Verbindung des alten Mythos von Enuma Elish, in dem Tiamat Marduk gegenübergestellt wird und eine negative Konnotation erhält, mit dem biblischen ersten Schöpfungsbericht. *Tehom* an sich ist positiv zu sehen. Keller spricht sogar von einer *tehomophobia*, die sich aufgrund der Weiblichkeit Tiamats im alten Mythos auf alles Weibliche überträgt. Sie vermutet darin die Entwicklung hin zur männlichen Redeweise im Bezug auf die Gottheit des biblischen Monotheimus. (Vgl. ebd., 56ff. und Keller 2004, 28ff.) Zeitlich sieht sie diese Entwicklung parallel zur Verbreitung des Christentums im ersten Jahrhundert nach Christus entstehen. Sie belegt dies mit Ovid und Hesiod, die die „philosophical version of creation from an unformed matter“ (Ebd., 14) bezeugen. Eine Theologie der *creatio ex nihilo* kommt Keller gemäß nach dem späten zweiten Jahrhundert auf, parallel „with it settled the dogmas of omnipotence“ (Ebd., 15). Mit dem ausklingenden zweiten Jahrhundert entwickelt sich folglich ein Denken, gegen das sich die Prozesstheologie stellt. Dies wurde bereits mit den Darstellungen Hartshornes weiter oben aufgezeigt.

1395 Keller 2008, 50.

1396 Keller 2004, 161.

1397 Vgl. Keller 2008, 51.

1398 Vgl. Keller 2004, 195.

Für Keller ist die Genesis als *process of becoming* eine *„genesis collective“*[1399], da Gott und Welt miteinander den *process of becoming* gestalten. Darin liegt eine Entwicklung vom Chaos zur Ordnung, wenn die *lures* zu einer Fortentwicklung in der Schöpfung rufen. Dies ist gemäß Keller ein Schlüssel, den sie mit einem Rhythmus hin zu *„repetition with a difference“* beschreibt bzw. als *„self-similarity“*[1400]. Aus dem Chaos wird eine „chaoplexity“, die der Schöpfung als Antrieb zur Inkarnation, zur Ordnung bzw. zur „self-organization“[1401] eingeschrieben ist.

Die *tehomic theology* stellt letztendlich auch eine „deconstruction of the *light supremacy* of the western spirit“[1402] dar. Licht wird im ersten Schöpfungbericht aus der Dunkelheit geschaffen und es wird keine Konkurrenz zwischen beiden aufgebaut. Keller zieht daraus mit Bezug auf Roland Faber und Nikolaus von Kues den Rückschluss, dass weder zwischen Licht und Dunkelheit, noch zwischen dem einen Gott und den Vielen eine Opposition aufgebaut werden kann.[1403] Zusammen mit der positiven Wertung der Tiefe in Gott, die als Mysterium erfahren werden kann (s.o.), kommt auch Keller wie Cobb, in der vorherigen Darstellung, auf den Bewusstseinsrand der Wahrnehmung in der Wahrnehmung Gottes zu sprechen: „Where the rays of perception brush the dark face of divinity, drops of brilliant color condense.“[1404] Gott scheint auch bei Keller, mit Whitehead gesprochen, durch *causal efficacy* wahrnehmbar. Der Erfahrungsmodus der *causal efficacy* berührt Gott dann in „meditation or music, in loss, prayer, love and breath“[1405] und darin besonders *elohims ruach.*

6.3.4.2 Konsequenzen für das Menschenbild

In *On the mystery* gesteht Catherine Keller ein, dass sie in den bisherigen Ausführungen dieses Werkes den Menschen aus dem Blick verloren hat.[1406] Der Mensch ist im Denken der Prozesstheologie, mit Blick auf eine

1399 Keller 2008, 62.
1400 Keller 2004, 186.
1401 Ebd., 188.
1402 Ebd., 201.
1403 Vgl. ebd., 206.
1404 Ebd., 217.
1405 Ebd., 228.
1406 Vgl. Keller 2008, 63.

neue Theologie und einem neuen Verständnis der Genesis zu einem neuen Selbstbewusstsein gekommen. Dieses Selbstbewusstsein kann korrumpieren, wenn es mehr ein *Selbst*bewusstsein ist ohne die Komplexität von Leben zu betrachten und ein egoistisches Bewusstsein wird.[1407] Es kann aber auch ein Selbstbewusstsein sein, dass sich auf die Komplexität alles Lebendigen und auf Gottes Wirklichkeit hin öffnet. Dann entsteht Kokreativität, wie sie in der Genesis beschrieben wird. Diese Kokreativität wird von Keller bis in die Frage der Gender überführt.[1408] Für Keller stellt die Inkarnation den Schlüssel für ein Verständnis der Kokreativität und Schöpfungsverantwortung des Menschen dar, die aus der Genesis erwächst: „The universe as the body of God makes our creation in God's image all the more plausible [...]."[1409] Die Vielfalt der Menschen entspricht der Vielfältigkeit Gottes, der dem alttestamentlichen, im Plural stehenden, Gottesnamen *Elohim* gemäß, in der Vielfätigkeit der Menschen und der ganzen Schöpfung sein Ebenbild findet.[1410] Dies aber vor allem im Menschen und seiner „sexual difference"[1411].

Der Mensch ist aber nicht nur der Geschaffene, der Teil der göttlichen Leibes im Universum ist. Gott nimmt sich selber der Geschaffenheit des Menschen an und steigt in die „incarnational vulnerability"[1412] des Menschen hinab und nimmt teil an der „human sensitivity and pain".[1413] Gott betont dadurch, dass es ihm um Beziehungen in der Schöpfung geht und er von diesem Beziehungsgeschehen nicht ausgenommen sein kann und

---

1407 Hier erklärt Keller, dass sie sich der Deutung von Marjorie Suchocki anschließt und Sünde sieht, wenn diese sich „manifests [...] in our violence toward the creation" (Ebd., 80).

1408 Vgl. ebd.

1409 Ebd., 64.

1410 „Multiplicity is a many folded together as a complexity. The divine multiplicity hints at a complexity in the creator that unfolds into [...],the pluralistic universe'. [...] A tehomic theology of creation celebrates [...] the fecund mystery of multiplicity". (Ebd.)

1411 Ebd.

1412 Ebd., 85.

1413 Ebd.

will.[1414] Darin ist Schöpfung für Keller „the lapping and overlapping of influences flowing upon the face of the deep“[1415] und der Mensch wird „part of Godself.“[1416]

Catherine Keller betont den Ursprung alles Lebendigen in der Entfaltung der Schöpfung aus der Tiefe. Der Mensch ist in seiner Vielfältigkeit selber Spiegel, *imago dei*, des Schöpfergottes, der den Menschen in Kokreativität an seiner Schöpfung und am Prozess des bleibenden Schaffens beteiligt. Er tut dies nicht, um den Menschen als Krone der Schöpfung darzustellen. Dem Menschen kommt einfach eine besondere Rolle im Prozess des Werdens zu. Um die Relationalität Gottes mit der Schöpfung und besonders auch mit dem Menschen zu betonen, wird er in Jesus Christus zudem selber Mensch, um alles Menschliche mit allen Menschen teilen zu können. Darin hat der Mensch seinen Anteil an Gottes Reich und dem Werden alles Geschaffenen in Gott: „we *participate* in the new creation, in the renewal that is the *basileia*: it *begins*.“[1417]

6.4. Der Mensch im prozesstheologischen Geschehen

Der Mensch wird in allen prozesstheologischen Analysen als Teil des Schöpfungsgeschehens und auch des panentheistischen Denkens betrachtet, ist aber nur eine *society* von vielen, die in Gott eine Existenz haben. Ob der Mensch, wie bisher theologisch konstatiert, als Krone der Schöpfung gelten kann, muss prozesstheologisch in Frage gestellt werden.[1418] Worin sich der

---

1414 „The relationships composing our memory, body, family, community, ecology, and world form the material, largely unconscious, of our ongoing genesis.“ (Ebd., 106)

1415 Ebd., 89.

1416 Ebd., 108.

1417 Ebd., 147.

1418 David Ray Griffin erkennt in der Enzyklika *Laudato Si* von Papst Franziskus Züge prozesstheologischen Denkens. Dass die Menschen nur eine von vielen *societies* im Kosmos sind, erkennt Griffin, wenn der Papst in dieser Schrift von einem *value* in allen Lebewesen spricht. Papst Franziskus benennt es „an intrinsic value independent of their usefullness“ (Vgl. David Ray Griffin, Protecting our Common, Sacred Home: Pope Francis and Process Thought, Anoka 2016, 59.). Er hält in dieser Enzyklika fest, dass „[e]verything is related, […] woven together by the love of God“ (Vgl. ebd., 58.). Für Griffin ist hier ein deutliches Zeugnis eines Panentheismus zu erkennen. Diese Nähe

Mensch von allen anderen *actual entities* und den aus ihnen bestehenden *societies* unterscheidet, kann allein in der „added quality of self-awareness or self-consciousness“[1419] festgehalten werden. Die höchste Form von Bewusstsein in der Schöpfung wird prozesstheologisch allein dem Menschen zugesprochen. Da aber auch andere Lebewesen über Formen von Bewusstsein verfügen, steht der Mensch nicht über diesen. Bracken gibt der menschlichen *community* zwar einen zentralen Ort bzw. Raum im *subprocess* des Sohnes in der innertrinitarischen Dimension, aber dies ist den prozesstheologischen Darstellungen anderer Autoren gegenüber auffällig. Gerade wenn Gott, nach Whitehead gedacht, <u>allen</u> *actual entities* seine *initial aims* zukommen lässt, spielen die *actual entities* eine große Rolle im Panentheismus. Kernprozess ist nicht die Menschwerdung in der Schöpfung, sondern vielmehr die Inkarnation des Göttlichen im gesamten Kosmos, wie auch Bracken es grundsätzlich beschrieben hat. Die Menschwerdung des göttlichen Sohnes in Jesus von Nazareth ist dann nur eine von vielen Formen der Inkarnation. Die menschliche Existenz gehört zur Fülle in den Kontext der ganzen Schöpfung bzw. des Kosmos und kann von diesem nicht getrennt werden. Eine prozesstheologisch orientierte Anthropologie ist zudem immer dem Prinzip der Evolution verpflichtet.[1420]

---

des Papstes zum Prozessdenken führt er auf den Einfluss von Pierre Teilhard de Chardin zurück, der wiederum, wie Whitehead, von Henri Bergson als Prozessphilosoph geprägt wurde (Vgl. ebd., 24.).

1419 Norman Pittenger, The Lure of Divine Love. Human Experience and Christian Faith in a Process Perspective, New York 1979, 59.

1420 Besonders ausführlich und mit Verweisen in die Theologie belegt Sander diese prozesstheologische Perspektive auf den Menschen. Er sieht die prozesstheologische Anthropologie in der Nachfolge der anthropologischen Wende der Theologie und reiht sie in die offenen Stellen bzw. in die Fortführung der Gedanken Rahners ein. Sander lehnt das Herrschaftsverhältnis zwischen Mensch und Welt ab und entwickelt so aus der anthropologischen Wende eine „Fundamentaltheologie kreativer Existenz“ und verlässt darin den „eingeschränkten Subjektivitätsbegriff Rahners“ bzw. ersetzt diesen mit dem Prozessdenken (Hans-Joachim Sander, Natur und Schöpfung – die Realität im Prozeß. A.N. Whiteheads Philosophie als Paradigma einer Fundamentaltheologie kreativer Existenz, Frankfurt am Main – Bern – New York – Paris 1991, 313). Darin wird „[d]em Menschen […] nichts zugeschrieben, das ***formal*** nur ihm allein zukäme.“ (Ebd., 315.) Darin geht die *Fundamentaltheologie*

Es gilt aber, dass allein die menschliche Wahrnehmung dem Menschen als Grundlage zur Beurteilung und zur Interpretation des Erlebens in der Welt dienen kann. Darin erkennt der Mensch, dass „human personality is a ‚becoming‘ rather than some static essence“[1421]. Diese menschliche Erfahrung wird im religiösen Kontext mit den Erfahrungen der Offenbarung angereichert, um eine religiöse Struktur aufbauen zu können. Aus der Perspektive des Christentums gesprochen bestätigt sich so die grundsätzliche prozessphilosophische Annahme, dass die Welt allein aus Beziehung/Relation existiert. Was nicht in Beziehung ist, existiert auch nicht. Deswegen ist auch die Prozesstheologie auf die genuine Erfahrung der Menschen von sich selber und deren Erfahrung der Welt angewiesen. Für alle Menschen ist der Kontext der menschlichen Wahrnehmung und Erfahrung primär, selbst wenn sich diese in den Kontext aller *actual entities* und *societies* einreihen müssen. Deswegen gilt für jede Anthropologie in der Prozesstheologie, dass „human experience is indeed organic with the natural order in its ongoing movement“ und „[e]verything we know can make its contribution“[1422].

Mellert erklärt das Menschenbild der Prozesstheologie als „own interpretation“[1423], Epperly als „holistic vision of human existence“[1424]. Das Selbst des Menschen baut sich aus den Erfahrungen von Körper und Seele auf, welche selber aus Prozessen und sich organisierenden *societies* bestehen. Pittenger nennt den menschlichen Körper in Whiteheadscher Nachfolge einen

---

kreativer Existenz einen Mittelweg zwischen einer reinen Anthropozentrik oder der reinen Kosmozentrik.

1421 Pittenger 1979, 3.

1422 Ebd., 19. Vgl. auch ebd., 20: „We come out at a vision of reality in which there is dynamic movement, with a societal or interrelational quality that pervades the whole, and with a genuine place for decisions that count. We come out with a recognition that the basic constituents seen in that vision are not *things*, fixed entities shuffled about in this way or that but rather 'energy events', instances of ‘energetic activity’ and ‘emotional intensity’.“

1423 Robert Mellert, What is Process Theology?, New York – Paramus – Toronto 1975, 64.

1424 Bruce Epperly, Process Theology. A Guide for the Perplexed, London – New York 2011, 83. Denn „[h]umankind is profoundly social and embedded – body, mind, and spirit – in the evolutionary process.“ (Ebd.)

„coordinated nexus of actual occasions in space and time“[1425]. Der Mensch hat mit diesem Körper und seiner Seele die Fähigkeit, sich selbst in Bezug zu seiner Vergangenheit zu setzen und so ein „self through history“[1426] zu erkennen. Dieses *self* setzt er mit der Seele gleich bzw. spekulativer „what corresponds most closely to the Christian concept of soul“[1427].

Der Mensch nimmt im Laufe seines Lebens allerdings nicht alles, was ihn umgibt, als Veränderung wahr. Lediglich einzelne Geschehnisse, die bedeutend genug sind, erreichen das Bewusstsein des Selbst. Kommen diese Geschehnisse auf die Ebene des Bewusstseins, werden diese mit der Vergangenheit des Menschen in Verbindung gebracht, und es entsteht eine Synthese. Mellert kann so recht pointiert sagen, dass der Mensch „is free to construct what he will become from the data available to him“[1428]. Damit trägt er aber auch die Verantwortung für alles Handeln, das er entwirft.

Pittenger definiert deshalb acht Grundsätze, die den Menschen in prozesstheologischer Perspektive ausmachen und die eigene Interpretation des Menschen in dieser Denkrichtung begründen:

> „(1) Human existence is a dependent one [...].
> (2) Human existence is an unfulfilled existence [...].
> (3) Human existence is social in nature [...].
> (4) Humans are neither soul alone, nor mind alone, but organisms compounded of soul-mind-body [...].
> (5) We are sexual creatures, in a much deeper sense than other creatures [...].
> (6) Humanity is sadly in defection of its deepest intentionality and unable to achieve proper fulfillment [...].
> (7) We can be given wholeness of life, rightly integrated and thus fulfilled [...].
> (8) Nobody can be totally fulfilled without reference to God, in whose reception and employment of humanity our destiny is achieved [...].“[1429]

Diese acht Thesen sollen in den folgenden drei Aspekten einer prozesstheologischen Anthropologie vertieft werden.

1425 Mellert 1975, 66.
1426 Ebd.
1427 Ebd., 67.
1428 Ebd., 72.
1429 Pittenger 1979, 142f.

6.4.1. Ästhetik und Liebe als Maß einer prozesstheologischen Anthropologie

Prozesstheologie kann nichts als absolute Wahrheit annehmen. In ihrem Kern ist sie eine konstruktivistische Theologie.[1430] Nicht nur die menschliche Perspektive trägt etwas zum Prozess der Wahrheitsgewinnung bei, sondern alles Leben hat mit seinem Erleben Anteil an einem Weg hin zur Wahrheit. Vielmehr sind prozesstheologisch Stufen von Wahrheitsfindung im Kosmos anzunehmen. Für Pittenger ist es wichtig zu betonen, dass „ordinary knowledge" und „aesthetic awareness is [...] subjective-objective"[1431]. In dieser subjektiv-objektiven Wahrnehmung der Wirklichkeit, die nach Whitehead als Ästhetik bzw. als ästhetisches Empfinden definiert wird, treten Grundsätzlichkeiten hervor, die er prozesstheologisch als „[d]ynamism, interrelationship, persuasion or love, and freedom with responsibility in decision"[1432] bezeichnet und die die Identität des Menschen prägen.[1433] Diese Grundsätzlichkeiten einer prozesstheologischen Anthropologie beruhen nicht nur auf der Ratio des Menschen, sondern greifen auch auf dessen Anlagen zu „feelings, desires, appreciation, valuation, and response to the lovely or beautiful in its many manifestations"[1434] zurück. Whiteheads Annahme, dass der Mensch ein ästhetisches Wesen ist, die er besonders in *Abenteuer der Ideen* herausarbeitet, teilt die Prozesstheologie folglich auch. Davon ausgehend spielen Moral und Ethik auch in der prozesstheologischen Anthropologie eine große Rolle. Theologisch gesprochen öffnet die ästhetische Grundannahme der Prozesstheologie den Menschen vor allem für die Liebe als grundlegende Emotion und Kraft, die den Menschen antreibt, von ihm ästhetisch empfunden wird und die sich auch in der biblischen Rede

---

1430 Diese These wird in Kapitel 6.6. präzisiert werden.

1431 Pittenger 1979, 27. Diese prozesstheologische Haltung zur Wahrheit wurden oben u.a. schon bei Keller und Bracken in den Kapiteln 6.3.3 und 6.3.4 aufgezeigt.

1432 Ebd., 44.

1433 Die Identität des Menschen kann auch in der Prozesstheologie nur aus dem Erbe der Vergangenheit, dem Leben im hier und jetzt bzw. der Gegenwart und im Streben nach einer guten Zukunft gebildet werden.

1434 Ebd., 51. An anderer Stelle beschreibt Pittenger den Menschen als „supremely sensitive, desiring, feeling, appreciating, and valuing" (Ebd., 50.).

von Gott als Gottesbild wiederfinden lässt.[1435] Cobb definiert die Prozesstheologie als „a philosophy or theology of love“[1436]. Werden und Relation des Menschen, ja der gesamte Prozess Gottes mit der Schöpfung, werden von der Liebe als ästhetisches Maß geprägt, und wenn es ein Absolutes in der Dynamik des Kosmos gibt, dann ist es für die Prozesstheologie mit der Liebe gleichzusetzen. Der Mensch hat die Möglichkeit und die Aufgabe, sich immer mehr zum Bild Gottes zu entwickeln und damit dem biblischen Schöpfungszuspruch gerecht zu werden. Er bewegt sich immer mehr auf dieses Ziel zu, „to be [...] a richer existence as created, finite, and inevitable defective lovers.“[1437] Von diesen Punkten aus lassen sich Ethik und Moral prozesstheologisch als Frage nach dem rechten Verhalten den Nächsten, sich selbst und Gott gegenüber definieren.

Angetrieben werden beide von zwei Richtungen der Liebe in Gott, denn Keller erkennt eine „Passion in Process“[1438] im Gang. Für sie offenbart sich die Liebe als „personal face and force of God“[1439]. Gerade die Annahme einer tiefen Liebe steht für sie in Verbindung mit der „unknowable deep of reality“[1440], die schon oben mit Blick auf die Tiefe der *tehom* dargestellt wurde. Von hier aus liebt Gott auf zwei Weisen. Sie spricht von der „‚creative love of God‘ “ und „‚the responsive love of God‘ “[1441], die beide

1435 Theologisch gesprochen entstehen Sünde und Böses dort, wo der Mensch die Liebe als Maß des ästhetischen Miteinanders aufgibt bzw. rein individualistisch betrachtet. Dort, wo der Mensch die Selbstliebe in den Vordergrund stellt, fällt er aus der gemeinsamen Dynamik der ganzen Schöpfung heraus. Dies gilt aber auch für die anderen *actual entities* in der Schöpfung. Dort wo sich eine *actual entity* als Individuum vom Zusammen aller *actual entities* trennt, ist der ästhetische Wert der Liebe geschmälert. Bracken formuliert eine These, die auf dieses Denken aufbaut und den Menschen bzw. die ganze Schöpfung gerade in einer emotionalen Verbundenheit zu Gott annimmt. Durch die *initial aims* Gottes tritt er mit den Menschen in Beziehung und lässt die Menschen spüren, wie er gerade sozusagen fühlt. Ein *initial aim* in Richtung Frieden und Gemeinschaft zeigt Gottes Trauer über Krieg und Zwist unter den Menschen (vgl. Bracken 1985, 110f oder 172f.).

1436 Cobb, Contribution.

1437 Pittenger 1979, 65.

1438 Keller 2008, 91.

1439 Ebd.

1440 Ebd., 97.

1441 Ebd., 98.

zu einem „dual love-concept“[1442] gehören. Die *creative love* ist der Eros Gottes, die die *actual entities* in den *initial aims* bzw. in Gottes *lures* zu einer besseren Welt verspüren können. Damit wirbt Gott bei allen *actual entities* zu einem Streben nach Harmonie und Frieden. Diese Art der Liebe Gottes zur Schöpfung trägt den Logos, der in der Welt Inkarnation sucht. Folglich teilt sich in jedem *initial aim* der Gottessohn selber mit und ruft jeden Menschen zu den Möglichkeiten, die er in seinem Leben hat.[1443] In traditioneller Theologie ist dies mit „the power of the creator or the will of God“[1444] gleichzusetzen. Die *responsive love* setzt Keller mit der alten Bezeichnung der Liebe als *agape* gleich. Die *agape* ist das Gefühl Gottes, mit dem er wahrnimmt, wohin sich die *actual entities* entwickeln, sein Gespür für Freude und Verletzung in der Welt. Die *responsive love* Gottes ist folglich die Möglichkeit Gottes zum Mitgefühl, zur Mitleidenschaft. Cobb nennt *agape* auch „focus on other love“ bzw. erkennt in der *agape* die Bedeutung von der biblischen Rede über „compassion“[1445]. Mitleid bzw. *compassion* öffnet den Menschen für andere Menschen und nimmt ihn in die Liebe Gottes zur Schöpfung mit hinein. Beide Gefühle der Liebe sind untrennbar voneinander.[1446]

Ziel aller Ethik im Sinne von *eros* und *agape* ist nicht die Entwicklung des einzelnen Menschen allein, sondern der Mensch als politisches Wesen, da der Eros, nach Keller, „invites a coordination of self and influent others“[1447]. Pittenger hält fest, dass eine solche Ethik „will be very different from a static and legalistic law ethic; it will be personalized and socialized“[1448].

1442 Ebd., 99.

1443 Keller spricht in diesem Kontext mehrmals von „called“ und die Vermutung liegt nahe, dass hier ein Konzept von Berufung gemeint ist. Folglich kann angenommen werden, dass jeder Mensch zu etwas in seinem Leben gerufen ist und dass Berufung ein stets aktuales Geschehen ist. Berufung ist dann Inkarnation des Logos bzw. des *initial aims* Gottes (Vgl. ebd., 99ff.).

1444 Ebd., 104.

1445 Cobb, Contribution.

1446 Vgl. ebd., 99f.

1447 Ebd., 113. „We will then help to foster the spiritual growth from personal to political love.“ (Vgl. ebd., 122.)

1448 Pittenger 1979, 60.

Jedes *initial aim* ist personalisiert und an eine ganz bestimmte *actual entity* gerichtet. Damit hat jedes *initial aim* auch eine Verbindung zur *agape* Gottes, wenn auf dieses Mitgefühl Gottes zu einer einzelnen *actual occasion* hin ein *initial aim* Gottes geliebt wird. Die *agape* „holds open a solidaristic space" und „widens the context of our relationships."[1449] Die *agape* führt damit auch tiefer in das Selbst des Menschen und zu seiner individuellen Geschichte davon, wer er ist und woher er kommt. Die *agape* trainiert sozusagen unsere soziale Verbundenheit zur ganzen Schöpfung Gottes und entwickelt in uns das moralische und ethische Wesen unseres Menschenwerdens.[1450] Dieses bedingt auch wiederum die gesamte Schöpfung, denn „the self I become in this moment will then flow into the collectivity of my relations as part of *their* future."[1451] Gerade in diesem Punkt erkennt die Prozesstheologie die „co-creativity to which we are together lured"[1452].

Den Kreislauf der Entstehung von Ethik und Moral im Menschen, der zwischen *actual entities* bzw. dem Mensch und Gott sich bewegt, kann am Besten wie folgt zusammengefasst werden: „The divine Eros calls us to act, to actualize the possible; and the agape picks up the pieces of our limited efforts. It gathers us in. The oscillation between the intensity of passion and the width of com/passion is the figure of the divine life in its relationship to us at any moment."[1453] Hier bekommt die Darstellung Brackens von den drei Kreisen, die die göttlichen Personen und die die Einbindung der Schöpfung in den Prozess der innergöttlichen Personen darstellen, einen deutlichen Ausdruck. Letztlich wird betont, dass ausgehend von der Whiteheadschen Metaphysik, die ganze Welt emotional gedacht werden kann, weil jede *actual entity* in ihr Empfindung hat.[1454]

Sander stellt den Menschen zudem als ethisch und moralisch verantwortliches Wesen in den Kontext der Natur. Die „Natur ist ein eigener

---

1449 Keller 2008, 114.

1450 „Agape [...] regenerates a common life. [...] Agape does not give up pleasure, it stretches it. It stretches *you*. [...] Love *becomes* you." (Ebd., 116.)

1451 Ebd., 117.

1452 Ebd., 124f.

1453 Ebd., 124.

1454 Cobb, Contribution: „Emotion is the subjective correlate of what physicists call energy. The intensity of emotion is the quantity of energy."

Pol"[1455], und der Mensch ist gerufen, in einer „Partnerschaft Mensch-nicht-menschliche Natur"[1456] zu leben und dort die ihm gegebene Emotionalität zu erfahren. Denn der Mensch ist gerufen, sich selbst als Existenz im Modus der „Welt-Loyalität" zu erkennen. Verhält er sich nicht dieser Beziehung entsprechend, fällt er aus dem Sinn der von Gott gewollten Entwicklung der Schöpfung heraus: „Er [der Mensch, M.F.] ist der Ökologe der Natur, oder er verfehlt seinen Schöpfungsauftrag."[1457] Sander betont dieses Verhältnis dann sogar als Berufung des Menschen hin zur Gottesebenbildlichkeit.[1458] Diese Berufung geht in Folge prozesstheologischen Denkens so weit, dass der Mensch aus der Dynamik der kreativen Entwicklung der Schöpfung niemals herausgenommen werden kann. Kern alles ethischen und moralischen Denkens ist das Bild vom neuen Menschen, der im Prozess der neuen Schöpfung entsteht. Nur dann ist er Ebenbild Gottes in all seinem Verhalten.[1459] Die Gottesebenbildlichkeit erweist sich sodann im Leben aus der „Weltherrschaft" als „relational power"[1460], die auch die Form der Macht Gottes in der Welt ist. Gottes Liebe, in *eros* und *agape*, sind als die beiden Modi dieser *relational power* zu verstehen.

6.4.2. Gotteserfahrung und Christsein in der Welt

Donna Bowman beschreibt die Art der Erfahrung von Gottes Liebe bzw. seiner Anwesenheit im Leben der *actual entities* und damit auch der Menschen als *society* von *actual entities* bereichert mit der Ebene des Gefühls.[1461]

1455 Sander 1991, 357.

1456 Ebd., 356. In „Solidarität mit der Natur zu leben" ist für Sander gleichbedeutend mit dem Bau am Reich Gottes in der Welt (Vgl. ebd., 399.).

1457 Ebd., 391.

1458 Vgl. ebd., 365: „Der Mensch ist Teil der Natur und in ihr zu einem besonderen Verhältnis von Gott berufen." Sowie ebd., 390: „Darum hat Gottesebenbildlichkeit einen prozessualen Sinn – sie ist eine Gabe, die nur im Entwurf einzuholen ist."

1459 Vgl. ebd., 376f.

1460 Ebd., 393.

1461 „It is within the power of every human being, every creature of any kind, in fact, to feel God." (Donna Bowman, God for Us. A Process View of Divine-Human Relationship, in: Jay McDaniel, Donna Bowman (Hrsg.), Handbook *of* Process Theology, St. Louis 2006, 17.) Für Busch ist gerade dies der große Gewinn der Philosophie Whiteheads, „daß er unser wissenschaftliches

Mit dem Gefühl Gottes, also der Wahrnehmung eines *initial aims*, beginnt das Wissen um Gott in der Welt.[1462]

Der Prozesstheologie ist es in dieser Dynamik wichtig zu betonen, dass Gott und die gesamte Schöpfung immer nur in der Gegenwart wahrgenommen werden können. Die Vergangenheit spielt in den *actual entities* eine Rolle, wenn sie über ein Gewissen verfügen. Aber die Zukunft ist in der Beziehung Gottes zu seiner Schöpfung immer offen. Die *initial aims* können auch nicht als Direktive Gottes zu einer besseren Schöpfung verstanden werden, sondern sind immer Angebote im Sinne einer Möglichkeit: „it is not possible to know what *will* happen, with certainty, even if one [Gott, M.F.] knows perfectly all the circumstances and possibilities of present and past moments."[1463] Die *co-creativity* aller *actual entities* liegt gerade darin, dass diese die Schöpfung mit gestalten und Gott ihnen *initial aims* anbietet, um die Schöpfung auf Grund dieser vielen Entscheidungen zu einer größeren Harmonie zu führen.[1464] Die These des klassischen Theismus von einer Allwissenheit Gottes muss, wie oben bereits bei Hartshorne dargestellt, verneint werden bzw. wenn Gott als der Allwissende beschrieben wird, dann kann er dies nur insofern sein, dass er lediglich alles Potenzielle wissen kann.

Das Abenteuer des Lebens, auf all seinen Ebenen, hat damit Anteil an Gottes Existenz. Wie bei Keller mit dem *dual love-concept* dargestellt, kann der Mensch Gott durch seinen Körper, auf der Ebene des Fühlens, und durch das Unbewusste erfahren. In der Gesamtheit von „experience, conscious, unconscious, and relational"[1465] erfährt der Mensch Gott. Damit betont die Prozesstheologie auch den Körper als ausdrücklichen Erfahrungsort Gottes. Bereits in den Darstellungen der einzelnen Prozesstheologen wurde deutlich, dass der Ansatzpunkt der *initial aims* Gottes das Unbewusste bzw. *unconscious* ist. Da Gott aber mit allen *actual entities* kommuniziert und ihnen *initial aims* zukommen lässt, betont Epperly gerade die körperliche

---

Weltverständnis durch die Tiefe und Weite des emotionalen Charakters der Wirklichkeit ergänzt" (Busch 1993, 121.) hat.

1462 Vgl. Bowman 2006.

1463 Ebd., 18.

1464 Vgl. ebd., 20: „Creaturely control over what comes to pass, therefore, cannot be gainsaid by any other power."

1465 Epperly 2011, 87.

Dimension des Menschen als Zugangsebene seiner Relationalität im Bezug auf die gesamte Schöpfung. Deshalb ruft er dazu auf, dass der Mensch „as much of the world as possible in relationship to the values, tradition, choices, and adventures that characterize one's evolving self“[1466] begegnen bzw. umarmen soll. Die Lebendigkeit des Menschen wird gerade erst in der Beziehung zur Welt erfahren und entsteht aus der Vielfalt der Welt, die den Menschen umgibt.

Epperly gesteht dabei ein, dass ein Mensch nie zur ganzen Fülle der Umsetzung eines *initial aims* Gottes kommen kann. Allein weil der Mensch bzw. die einzelne *actual entity* es zu seinem *subjective aim* machen muss, kann dies nicht mehr Gottes *initial aim* sein. Für ihn ist es ein „innovative response that adds something new to the world“[1467]. Theologisch fortführend gedacht muss dann gefolgert werden, dass Abweichungen von Gottes *initial aims*, die in der Sprache der Theologie als Sünde bezeichnet werden, im Spielraum zwischen dem göttlichen Original des *initial aim* und desen Rezeption durch den Menschen bzw. eine *actual entity* liegt. In diesem Gedankengang hat nicht der Mensch, wie in der biblischen Schöpfungsgeschichte bzw. in der Genesis berichtet, die Sünde in die Welt gebracht, sondern diese gehört im Abweichen von Gottes *lures* elementar zur Evolution der Schöpfung bzw. zum Umgang der Schöpfung mit Gottes *initial aims* dazu. Das Abweichen von Gottes Ruf zur „creative transformation“[1468] ist allein als Sünde der gesamten Schöpfung zu betrachten.

Bewusst, also auf der Ebene seiner *consciousness*, nimmt der Mensch Gott in seinen Offenbarungen und in der Gemeinschaft der Glaubenden wahr. Auch das „Jesus-event is accessible through all of the Sacraments“[1469]. Für Lee ist gerade die emotionale Ebene einer Gottesbegegnung von zentraler Bedeutung, die mit dem Bewusstsein des Menschen zu tun hat. Streng nach Whiteheadscher Lehre ist die erste Wahrnehmung eines Sakramentes oder der Offenbarung eine *prehension*, die wie oben dargestellt erst einmal einen „affective tone“[1470] enthält. Offenbarung lebt vor allem im „influence

1466 Ebd., 86.
1467 Ebd., 88.
1468 Ebd., 91.
1469 Bernard Lee, The Becoming of the Church. A Process Theology of the Structures of Christian Experience, New York – Paramus – Toronto 1974, 277.
1470 Ebd., 278.

of individual Christians" weiter, die auf andere Menschen wirken. Daraus formuliert Lee eine deutliche Bitte im Sinne einer prozesstheologischen Pastoral: „I am making a strong pastoral plea for keen attention to the emotive factor in religious experience."[1471] Egal ob durch ein Sakrament, die Offenbarung oder durch einen anderen Christen, eigenes Christsein ist erst dann im Menschen vorhanden, wenn ein Mensch in seiner „personhood is importantly constituted by his own appropriations of the Jesus-event"[1472].

Auch dieses Christsein ist nur relational zu verstehen. Die Menschen als Begegnungsform für das *Jesus-event* oder die Begegnung Gottes in den Sakramenten, sie alle rufen dazu auf an einer Identität zu bauen, „which is larger than individual actions"[1473]. Gleichzeitig geht das Individuelle des Glaubens eine Verbindung mit der Gemeinschaftsform des Glaubens ein und vermittelt „a deeper sense of the plasticity of the Church. [...] The pluralism developing within the Church is but one expression of this century's keener sense of historical and cultural relativity."[1474] Weiterhin gilt für Lee und alle anderen Prozesstheologen, dass ein Lebewesen als *society*, wie auch keine einzige *actual entity* jemals ohne die Gegenwart Gottes sein kann. Dies beruht schon auf dem Grundsatz, dass in der Prozesstheologie alles, was ist, in Beziehung ist bzw. alles, was nicht ist, auch nicht relational ist.

6.4.3. Körperliche Erfahrung, Sexualität und menschliche Beziehungen

Die oben dargestellte Betonung des menschlichen Körpers und dessen darin enthaltene Würdigung als Ort der Offenbarung und des durchweg positiv betrachteten relationalen Geschehens des Menschen mit der Welt legt einen neuen Blick auf die körperlichen Erfahrungen, die Sexualität und die menschlichen Beziehungen nahe. Auch die Betonung der Aufhebung des alten philosophischen und theologischen Problems mit dem *mind-body-concept* führt zu einem neuen Verständnis des Menschen in seiner Ganzheit[1475].

1471 Ebd., 281.
1472 Ebd., 256.
1473 Ebd., 257.
1474 Ebd., 286f.
1475 Gerade die Idee der Ganzheit legt nahe den Körper, wenn hier der englische Begriff *body* übernommen wird, eher als Leib zu verstehen. Um dem englischsprachigen Original der Prozesstheologen nahe zu bleiben, soll in

Beispielhaft sollen die Darstellungen Kathlyn Breazeales einen Ausgangspunkt in diese prozesstheologische Sichtweise geben, denn Sexualität spielt bei ihren Untersuchungen eine Rolle für den ganzheitlichen Kontext des Menschseins und kann nicht mehr allein der Zeugung von Nachkommenschaft zugeordnet werden. Sexualität hat in der Prozesstheologie etwas mit der Anerkennung und Wahrnehmung des vollen Menschseins, begründet auf der Anerkennung der vollen körperlichen Dimensionen des Menschseins, zu tun.[1476]

Grundlage einer prozesstheologisch begründeten Beziehungstheologie und eines aus dieser Tradition erwachsenden Verstehens von Sexualität gründet darauf, dass „both partners are empowered through the practice of relational power“[1477]. Dominanz oder Unterordnung des einen Partners über bzw. unter den anderen dürfen in Bereich der Liebe und der Sexualität keine Rolle mehr spielen. Dieses Ideal entspricht für Breazeale auch dem neuen, nicht mehr klassisch theistischen Verständnis von Gott. Wenn Gott den Menschen zu einem *co-creator* seiner *consequent nature* macht, dann ruft er den Menschen auf „to risk a relationship of creative process with a human partner“[1478].

---

den folgenden prozesstheologischen Darstellungen des Menschen weiterhin allerdings vom Körper gesprochen werden.

1476 Pittenger erklärt, dass der Mensch den biblischen Auftrag hat ein Abbild Gottes zu sein. Wenn folglich im prozesstheologischen Denken Gott die Liebe ist, hat der Mensch den Auftrag selber Liebe bzw. ein Liebender zu werden. Dies kann der Mensch aber nur mit seiner ganzen Existenz und somit bedeutet dies, dass „the business of becoming a lover includes our embodied, psychosomatic, and socially conditioned natures.“ (Pittenger 1979, 65.)

1477 Kathlyn Breazeale, Toward a process theology of partnership: Redemption through intimacy and mutual empowerment, http://www.ctr4process.org/sites/default/files/pdfs/26_3%20Toward%20a%20Process%20Theology%20of%20Partnership%20by%20Breazeale.pdf (Stand: 03.04.2017).

1478 Ebd. Beide Formen der Liebe, wie sie oben bei Keller dargestellt wurden, kommen hier zusammen. Keller spricht deswegen auch in der zwischenmenschlichen Beziehung von *passion/eros* und *compassion/agape*. Dabei ist *eros* viel weiter zu verstehen als reine Sexualität. Aber diese beiden Formen der Liebe, die von Gott ausgehen, fließen auch in die menschliche (Beziehungs-)Dynamik von Liebe mit ein. Die körperliche Dimension aus der Dynamik von *eros* und *agape* auszuschließen, ist für Keller nicht logisch (vgl. Keller 2008, 115f.).

Weiterhin erkennt Breazeale die zentrale Rolle des Körpers in der Selbstwerdung eines jeden Geschöpfes an und dies spielt auch eine große Rolle für die menschliche Sexualität. Da die Seele allein nur auf die Erinnerung eines Menschen zurückgreifen kann, ist der Körper der Zugang zur Welt und allen Erfahrungen, die die Vergangenheit eines Menschen ausmachen. Damit hat der Körper die Möglichkeit, die Seele zu leiten und ihr neue Erfahrungen zu ermöglichen. Die Welt „is a factor in the constitution of the soul“[1479].

Der Körper wird auch in der Theologie von McFague zu einem besonderen Ort. Die Welt wird hier prozesstheologisch nicht nur als Körper Gottes verstanden, auch der menschliche Körper verpflichtet den Menschen, dass „eine körperbewusste Theologie entwickelt werden [muss, M.F.]“[1480], so Enxing über diesen Ansatz. Für sie wird deutlich, dass die „Theologie des 21. Jahrunderts [...] Vermittlerin der Schöpfung sein [muss, M.F.]“[1481].

In diesem prozesstheologischen und körperzentrierten Ansatz bauen zwei Menschen in ihrer Beziehung und Sexualität den anderen Menschen mit auf und „influence the becoming of each other for good or evil“[1482]. Das Relationale zwischen Menschen wird prozesstheologisch zum Kriterium einer guten Beziehung. Die Sexualität ist ein elementares Gut in der Dimension des Relationalen und hat laut Pittenger folgende Aufträge, damit das Gute darin verwirklicht werden kann. Er erklärt Sexualität zu einer guten Sache an sich und auch die „sexual acts in themselves“[1483]. Dies bleibt die Sexualität aber nur, wenn sie 1.) andere Personen nicht für die eigene Belohnung ausnutzt, 2.) eine andere Person nicht als Objekt behandelt wird, 3.) eine andere Person nicht als Besitz betrachtet wird und einen Schaden von der Beziehung erfährt, 4.) eine andere Person nicht für die Selbsterbauung

1479 Breazeale, Partnership. Dabei spielt die Rolle der Geschlechtlichkeit für Breazeale keine übergeordnete Rolle. Grundlage ist, dass jeder Körper die ihm zugehörige Seele mit aufbaut.

1480 Julia Enxing, Die ökologische Krise aus panentheistischer Sicht. Ein Antwortversuch mit der Theologin Sallie McFague, in: Karlheinz Ruhstorfer (Hg.), Das Ewige im Fluss der Zeit. Der Gott, den wir brauchen, Freibung im Breisgau 2016, 74.

1481 Ebd.

1482 Ebd.

1483 Pittenger 1979, 67.

missbraucht wird und 5.) nicht nur die körperliche Dimension eine Rolle spielt.[1484] Mit einer solchen Positionierung „the process perspective challenges the church to be concerned about the ‚wider framework' in which both homosexual and heterosexual relations take place"[1485]. Ohne Homosexualität zu verteufeln, erkennt Breazeale in allen (sexuellen) Beziehungen der Menschen die Gefahr von Sünde und die Aufgabe zur Vergebung an. Sie bleibt dabei, dass „sexual expression should be ordered toward the good of the fullest possibilities for all in the community"[1486].

Prozesstheologie geht in Fragen zu Körperlichkeit und Sexualität über jede Frage nach Neigung und Gender hinweg. Gerade die Körperlichkeit und die Verwiesenheit der Menschen auf einander und auf Gott in dieser Dimension weisen die Prozesstheologie als eine Theologie der Perichorese auf. Diese ist Prinzip des Relationalen, in dem sich Menschen untereinander, aber darin auch Gott und Mensch durchdringen. Dabei tritt die biblische Dimension des Heils in den Blick, die gerade auf Grund der Relationalität alles Lebendigen im Kosmos von Bedeutung ist und die sich nach Bruce Epperly in „the impact of our visions of God on our health"[1487] ausdrückt. Bezogen auf Fragen der Medizin erinnert der prozesstheologische Ansatz Mediziner daran, dass der Mensch „as a whole is the ultimate locus of concern, and not merely her or his physical ailment or the preservation of somatic existence"[1488]. Der Mensch in seiner Ganzheit ist Verwirklichungsort und -zeit „of *shalom*, God's reign of wholeness and justice that embraced personal well-being, economic structures, social justice, an governmental policy"[1489]. Die biblische Rede vom Shalom bzw. vom Heil inkarniert sich im individuellen Leben des einzelnen Menschen, wodurch dieser in seiner

---

1484 Vgl. ebd., 70f. Darin macht Pittenger auch keinen Unterschied zwischen hetero- oder homosexuellen Paaren.

1485 Kathlyn Breazeale, Process Perspectives on Sexuality, Love, and Marriage, in: Jay McDaniel, Donna Bowman (Hrsg.), Handbook *of* Process Theology, St. Louis 2006, 127.

1486 Ebd., 135.

1487 Bruce Epperly, Process Theology and the Healing Adventure. Reflections on Spirituality and Medicine, in: Jay McDaniel, Donna Bowman (Hrsg.), Handbook *of* Process Theology, St. Louis 2006, 94.

1488 Ebd., 97.

1489 Ebd., 96.

Relationalität mit dem Kosmos und mit Gott als ein Ort der Gottesherrschaft aufleuchtet. Jesus scheint dies, gemäß Epperly, besonders verstanden zu haben und unternahm es, einzelne Menschen zu heilen, diese wieder in die Gemeinschaft der Menschen zurückzuführen und der Menschheit die Erfahrung von Gottes Herrschaft unter ihr zu verdeutlichen. Der christliche Gott strahlt in der prozesstheologischen Erkenntnis dessen gerade als „the ultimate image of hope“[1490] auf.

6.5. Zusammenfassung

Wenn die Prozesstheologie versucht, eine eigene prozesstheologische Anthropologie zu entwickeln, dann ist die Rede vom Menschen grundsätzlich nicht von der Theologie, der Gottesrede, zu trennen.[1491] Beide sind, ausgehend von der Prozessphilosophie Whiteheads, so eng miteinander verbunden, dass beide, mit Enxing gesprochen, nur aufeinander bezogen werden können: denn „[d]er Kosmos ist also eine *evolvierende Einheit* und weder *über* noch *gegenüber* von Gott. Die *Interaktionen finden zwischen den Teilen und dem Ganzen statt*, nicht *zwischen* dem Ganzen und sich selbst.“[1492] Prozesstheologie ist im Allgemeinen und auch in der Rede über den Menschen zutiefst eine relationale Theologie. Nichts, was ist, ist außerhalb von Beziehung. Oder wie Cobb/Griffin es schreiben: „Bei keinem Geschehnis läßt sich eine einzige Ursache isolieren.“[1493]

Allerdings bleiben bei der Prozesstheologie auch Fragen offen. Zwischen den einzelnen Prozesstheologen wird deutlich, dass Fragen bezüglich der Unsterblichkeit der Seele nicht einheitlich beantwortet werden können. Manche halten sich eng an die Whiteheadsche Prozessphilosophie, andere gehen deutlicher auf andere christliche Traditionen ein, die neue Akzente mit in die Theologie des Prozesses einbringen.[1494] Auch wenn dem Ansatz

1490 Ebd., 99.
1491 Vgl. Cobb/Griffin 1979, 140.
1492 Enxing 2016, 73.
1493 Cobb/Griffin 1979, 152.
1494 Müller gibt eine gute Übersicht dieser Diskussion wieder und stellt die Frage nach der subjektiven bzw. objektiven Unsterblichkeit einander gut gegenüber (Vgl. Müller 2009, 271ff.). Die Frage nach dem Leben und dem Überleben der Seele in der Prozesstheologie „als Weiterführung des personalen lebenden Geschehnis-Strangs“ (Ebd., 274.) geht er hier tiefgründig nach und kommt

der philosophischen Theologie Whiteheads bereits eine Nähe zum christlichen Gottesbild zugesprochen wird, so kann dieses je nach Theorie der unterschiedlichen Prozesstheologen noch deutlich biblischer, dogmatischer oder spiritueller akzentuiert werden. Bei allen ist die christliche Veranlagung des Whiteheadschen Gottesbegriffes aber nie in Frage gestellt worden. Van der Veken hebt deswegen auch besonders die „‚brief Galilean vision'"[1495] Whiteheads hervor.

Besondere Betonung muss vor allem die Idee von der *co-creativity* von Gott und Mensch erfahren. Dies ist in den Augen des Autors dieser Arbeit eine hervorzuhebende Größe in der Idee der Prozesstheologie. Auch wenn dies nicht nur kritiklos unter Forschern gewürdigt wird[1496], so stellt es in den Augen des Autors dieser Arbeit einen neuen Akzent dar, der einer modernen Theologie einen besonderen Schwerpunkt verleiht. Diese Tendenz in der Prozesstheologie steht in Spannung mit der Idee, dass der Mensch eine *society*, bestehend aus *actual entities*, unter vielen *societies* und *actual entities* in der Welt ist. In der Evolution der Schöpfung bzw. des Kosmos nimmt er so eine besondere, qua höchster Form von Bewusstsein, Stellung im Evolvieren des Kosmos ein. Er ist aber auch nur eine von vielen Formen von *societies* in der Welt. Er entspringt, wie auch alle anderen Geschöpfe, der unendlichen Tiefe Gottes, und in ihm inkarniert sich das Wort Gottes ebenso wie auch in allen anderen *societies* und *actual entities*. Besonders Bracken hat dem Menschen, vor allem in der grafischen Darstellung seines Trinitätsverständnisses, einen zentralen Ort gegeben.

---

selber auf drei Möglichkeiten, die Unsterblichkeit der Seele zu denken, zurück. Letztendlich sieht er alle Theorien sich von der grundlegenden Darstellung Whiteheads lösen (Vgl. ebd., 294.).

1495 Jan van der Veken, Whitehead's God is not „whiteheadian" enough, in: Ernest Wolf-Gazo (Hg.), Whitehead und der Prozessbegriff. Erstes Internationales Whitehead-Symposion in Bonn (August, 25.-28. 1981), Bonn 1981, 89.

1496 Vgl. Welker, der dies als eine „Vergottung der Welt" betrachtet und diesen Ansatz kritisch würdigt. (Michael Welker, Whiteheads Vergottung der Welt. Der Zusammenhang von Gottesgedanke, vollentwickeltem Prozeßbegriff und Idee der Einheit der Welt in Whiteheads Kosmologie, in: Ernest Wolf-Gazo (Hg.), Whitehead und der Prozessbegriff. Erstes Internationales Whitehead-Symposion in Bonn (August, 25.-28. 1981), Bonn 1981, 76f.)

Die Prozesstheologie ist aber auch der Versuch eines ganzheitlichen bzw. holistischen Ansatzes der Welterklärung. Besonders die Betonung des Körpers – die Welt als Körper Gottes bzw. die Körper der Geschöpfe – fällt in den Darstellungen der Prozesstheologen auf. Dieser Dimension sollte in der Theologie des neuen Jahrhunderts ein breiterer Raum eingeräumt werden. Dass der Körper ein solch signifikanter Erkenntnisort von Gottes Wirken bzw. Herrschaft ist, der der Seele in keinster Weise unterzuordnen sei, das macht die Darstellung der Prozesstheologie besonders deutlich. Der ganze Mensch soll Heilsort bzw. *shalom* Gottes in der Relationalität mit allem Lebendigen sein.

Die Gottesrede der Kirche, wie auch alle öffentlichen Verlautbarungen der Institution, sollten an der Prozesstheologie Maß nehmen, wie Griffin schon in der zitierten Darstellung der Enzyklika *Laudato si* von Papst Franziskus nachzuweisen versucht. Die Kirche muss der Ort werden, der die Entwicklung des Menschen vor jeder Verteidigung von Wahrheit im Sinn hat. Wenn Kirche die Entwicklung von Menschen einschränkt, beschneidet sie auch die Entwicklung Gottes bzw. seiner *consequent nature*. Kirche kann unter diesem Blickwinkel allein die Bedeutung des Relationalen betonen und als Maß allen Miteinanders allein den gerechten und liebevollen Umgang miteinander ansetzen. Diese Idee wurde oben bereits in der Darstellung einer guten Beziehung und Sexualität deutlich. Damit kann vor allem die Moral und Ethik der Kirche aus prozesstheologischer Sicht angefragt werden.

In allen diesen Fortführungen fühlt sich die Prozesstheologie der Prozessphilosophie bzw. der Organistischen Philosophie Whiteheads verpflichtet. Der holistische Ansatz spiegelt sich in der Anthropologie auch in Whiteheads Rede davon, dass alle Zustände menschlicher Erfahrung eine Berücksichtigung in der Rede von der Welt finden müssen.[1497] Gerade die Betonung der Emotionalität der Schöpfung, die sich von der Vergangenheit über die Gegenwart in die Zukunft ausspannt, muss darin hervorgehoben werden.[1498]

1497 Vgl. Whitehead 1971, 401f.: „[…] müssen wir an die Gegebenheiten aller möglichen Erlebnisse appellieren. Nichts darf ausgelassen werden, alles muß zu seinem Recht kommen […].“

1498 Whitehead 1968, 44: „Life lies below this grade of mentality. Life is the enjoyment of emotion, derived from the past and aimed at the future.“

Der körperlichen Dimension, die vor allem rationalen Bewusstsein liegt, wird eine bedeutende Rolle in der Wahrnehmung der Welt gegeben. Aber auch diese unterliegt der Annahme bzw. der „doctrine of mutual immanence, each side lending to the other a factor necessary for its reality."[1499].

6.6. Offener Zwischenstand zur theologischen Diskussion

An dieser Stelle, im Anschluss an die Erörterungen zu einer Darstellung prozesstheologischen Denkens, das sich an die organistische Philosophie A. N. Whiteheads anschließt, stellt sich die Frage, wie dieses in den Dialog mit den vorherigen Untersuchungen der Synopse zwischen Whitehead, Jung, (Rahner) und Teilhard de Chardin und deren theologische Reflexionen zu bringen ist. Diese Darstellung soll bewusst als offener Zwischenstand der theologischen Diskussion dieser Arbeit verstanden werden. „Offener Zwischenstand" soll dafür stehen, dass diese Arbeit sich vorenthält, ein abschließendes Resümee von (theologischer) Wahrheit zu formulieren, sondern vielmehr einer Theologie der Konstruktion bzw. im Ansatz einer komparativen Theologie[1500]. In diesem Sinne ist der generelle Ansatz dieser

---

1499 Whitehead 1948, 71.

1500 Klaus von Stosch beschreibt den Begriff einer komparativen Theologie, der sich aus der Haltung der Komparatistik der Sprachwissenschaften entwickelt als „noch sehr schillernd [...] und aus sehr unterschiedlichen Interessen heraus gefüllt" (Klaus von Stosch, Komparative Theologie als Herausforderung für die Theologie des 21. Jahrhunderts, in: Zeitschrift für Katholische Theologie 130 (2008), 401–422, 401). Komparative Theologie hat darin keine allgemeine Definition, wird vom Autor dieser Arbeit aber als Ansatz verstanden, der in der systematischen Theologie die Öffnung der eigenen christlich-katholischen Denkformen und -inhalte in den Diskurs mit anderen Konfessionen und Religionen bringt, über das Andere dieser Traditionen näher und anders zu sich selber finden kann und in diesem Ansatz interdisziplinär ebenso offen ist und am „Einzelfall den Grundmotiven beider Konzeptionen Rechnung" (Ebd., 411) trägt und damit auf „konkrete Sprachspielkontexte[n]" (Ebd., XX) eingeht. Die komparative Theologie ist ein Konstruktionsprozess, da diese „je neu im Vertrauen auf die gemeinsame menschliche Handlungsweise und über die Grenzen von Sprachspielen und Lebensformen hinweg nach Wegen des Verstehens und damit auch nach Möglichkeiten des Vergleichens" sucht (Klaus von Stosch, Zur Rolle und zur Methode des Vergleichens in der Komparativen Theologie, in: Christine Freitag (Hrsg.), Methoden des Vergleichs. Komparatistische Methodologie und Forschungsmethodik in

Forschungsarbeit, aus Sicht der systematischen Formulierung katholischer Theologie, als einer von komparativer[1501] Haltung zu verstehen, der dieser

---

interdisziplinärer Perspektive, Opladen/Berlin/Toronto 2014, 51–72, 57). An anderer Stelle beschreibt von Stosch den Ansatz komparativer Theologie dynamischer als „Osmoseprozess" (Ebd., 58), der in der Tradition des Theologen Robert Neville als ein Denken „aus allen religiösen und säkularen Traditionen" (Ebd., 61) zu definieren und zu praktizieren sei. Diesem Ansatz fehlt die Perspektive des *trans*disziplinären, wie er in dieser Arbeit bereits beschrieben wurde und am Ende dieser Arbeit noch aufgefasst werden soll, sieht den Weg der komparativen Theologie aber hin zu einer „öffentlichen Theologie" (Ebd., 62), die der „öffentlichen Kritik nachhaltig standhalten" (Ebd., 63) muss. Von Stosch sucht deshalb nach einer „Kontrollinstanz"(Ebd., 65), die eine „Bindung ans Konkrete" (Ebd., 64) vorsieht und garantieren soll und darin an „die Fragen, Probleme, Sorgen und Nöte von konkreten Menschen einer bestimmten Zeit und Kultur" (Ebd., 68) erinnern möge. Auf der rein wissenschaftlichen Ebene ist hier der Grundsatzentwurf einer komparativen Theologie im Dialog mit Kunst von Anna Heiny zu würdigen (Vgl. Anna Heiny, Kunst und Komparative Theologie, was wird hier wie verglichen?, in: Christine Freitag (Hrsg.), Methoden des Vergleichs. Komparatistische Methodologie und Forschungsmethodik in interdisziplinärer Perspektive, Opladen/Berlin/Toronto 2014, 140–157). Heiny weitet den Kontext der Erfahrung und des wissenschaftlichen Erkenntnisgewinns durch die dialogische Öffnung der systematisch-theologischen Tradition auf die Kunst hin.

1501 John Sheveland, versteht den Ansatz einer komparativen Theologie, religionswissenschaftlich, als eine Art Polyphonie. Er entlehnt diesen Begriff der Musikwissenschaft, um daran den Dialog, den Diskurs und den Respekt voreinander, aber auch, mit der katholischen Soziallehre gesprochen, das Prinzip der Solidarität in der komparativen Theologie zu betonen (Vgl. John Sheveland, Solidarity through Polyphony, in: Francis Clooney, The new comparative theology. Interreligious Insights from the Next Generation, London/New York 2010, 171–190, 177). Der musikwissenschaftliche Begriff der Polyphonie sieht er als „interdisciplinary model by which theologians can be comparative, that is, aware of theological differences contrapuntally and aesthetically rather than antagonistically, and in so doing help us to move toward the transformative experiences of intellectual and moral solidarity to which our traditions rightly call us" (Ebd., 190). Komparative Theologie wird hier noch als ein religionswissenschaftliches Prinzip verstanden, dass zwischen Theologen einen Diskurs mit Respekt und Interesse skizzieren und in die Praxis überführen soll. So sehen es auch manch andere Autoren, die sich Gedanken zu einer komparativen Theologie gemacht haben. Die Haltung *komparativ* zu sein öffnet das theologische Denken der – katholischerseits – systematischen Theologie, hin zu einer, wie Mittelstraß es nennt,

allerdings eine geweitete Bedeutung gibt. Diese Forschungsarbeit weitet die Idee der komparativen Theologie aus dem rein systematischen und religionsvergleichenden Kontext auf die Ebene mit anderen Wissenschaften, wie es in Gaudium et Spes 62 auf bestimmte Bereiche human- und gesellschaftswissenschaftlicher Forschung bereits für die pastoral ausgerichtete und praktisch-verortete Theologie gefordert wird. Komparative Theologie ist in diesem Sinne als begrüßenswerte Weiterentwicklung systematischer Theologie zu verstehen, die diese in ihrer Methodik öffnet und in ihrem Ansatz noch nach ihrer Ausrichtung suchend und lernend, aber gleichrangig neben die Ansätze des Dialogs der praktischen Theologie zu setzen ist.

Dem entsprechend wird im Dialog der hier interdisziplinär vergleichenden Ansätze aus Philosophie, Psychologie und Theologie von einem Versuch der *Synopse* gesprochen. Denn, wie Ulrich Winkler für die *komparative Theologie*, allerdings noch als Entwurf einer *Religionstheologie*, feststellt, so gilt auch für diese Arbeit, dass ihre Methodik und Grundsätze im theologischen Kern der Analyse prozessanthropologischer Reflexion eine interdisziplinäre Offenheit gegenüber anderen anthropologischen Thesen und Denkweisen hat und in diesem Sinne nicht apologetisch spricht.[1502] Andere wissenschaftliche Denkweisen und Traditionen werden in ihrem Sosein respektiert, „wahr und ernst genommen“[1503] und „prozesshaft“[1504]

---

interdisziplinären Wissenschaft, bzw. hier Theologie, die den interdisziplinären Austausch und Dialog sucht. Die von Sheveland beschriebenen Haltungen komparativer Theologen, die Überwindung von „superficiality“ (Ebd., 186), das Aushalten von Unterschieden in „incommensurability“ (Ebd., 187) und die Freiheit von gegenseitiger „reception“ (Ebd., 188), bilden für ihn die Ausformung der Solidarität, dass unterschiedliche Traditionen unter der Idee der Polyphonie einer komparativen Theologie „represent the promise of consonant voices, the promise of dissonant voices finding consonance in the one chord, and the promise associated with multiple voices sounding togehter complexly and richly in such a was as to change how all voices are heard“ (Ebd., 190). Komparatistik gibt dem gemeinsamen Ansatz und Anliegen ein größeres Gewicht im Diskurs vieler Stimmen in der Welt.

1502 Vgl. Ulrich Winkler, Zum Projekt einer komparativen Theologie, in: Ders., Wege der Religionstheologie. Von der Erwählung zur komparativen Theologie, Innsbruck 2013, 361–391, hier: 381.

1503 Ebd.

1504 Ebd.

sowie „kreativ, bei dem auf eher intuitivem Weg originelle Bezüge hergestellt werden“[1505], rezipiert. Komparative Theologie ist damit unabgeschlossen, da sie stets frei aus einem Fundus neuer Quellen schöpfen kann, um sich mit diesen ins Gespräch zu bringen. Teilhard de Chardin (und Rahner) in diesem Sinne interdisziplinär mit Whitehead und Jung zu verbinden, ist ein Ringen um eine Richtung theologischer Anthropologie mit anthropologischen Annahmen zweier anderer wissenschaftlicher Richtungen, wobei dieser Ansatz den rein religionstheologischen der komparativen Theologie übersteigt. Dennoch scheint für den Autor dieser Arbeit in der Haltung und Ausrichtung einer komparativen Theologie jene Haltung auf, die im wissenschaftlichen Diskurs Interdisziplinarität, im Sinne von Mittelstraß, bedeutet und gemäß von Stosch „am Einzelfall den Grundmotiven beider Konzeptionen Rechnung“[1506] trägt. Diese Haltung von Stoschs muss mit der hier zugrundeliegenden Arbeit auf die Ebene dreier bzw. aller hier relevanten Konzeptionen bezogen werden, wenn Grundmotive unterschiedlicher anthropologischer Traditionen beleuchtet und miteinander diskutiert werden. Dennoch muss festgehalten werden, dass ein rein wissenschaftlicher Diskurs komparativer Theologie bzw. von Komparatistik in den Wissenschaft noch nicht dem Anliegen der weitere oben skizzierten Haltung der Trandisziplinarität entspricht.[1507]

Ähnlich versteht sich auch die Prozesstheologie letztlich in ihrer postmodernen Ausrichtung, wie Faber diese beschreibt. Er fasst die Ausrichtung dieser nach David Griffin als konstruktive Theologie und Catherine Kellers Lesart als dekonstruktive Theologie bezeichneten Theologie zusammen zu einem *postmodernen Ansatz rekonstruktiver Theologie*.[1508] Leider bleibt

---

1505 Ebd., 382.

1506 Klaus von Stosch, Komparative Theologie als Herausforderung für die Theologie des 21. Jahrhunderts, 411.

1507 Dieser ist am ehesten im bereits zitierten Aufsatz von Stoschs zu finden (Vgl. von Stosch, Zur Rolle, 59–69).

1508 Vgl. Faber 2003, 42: „[…] schlage ich vor, Prozesstheologie als ein Unternehmen zu verstehen, das auf den Intentionen konstruktiver und dekonstruktiver Methoden in der Prozesstheologie aufbaut und zugleich die drei älteren methodischen Ausformungen in den empiristischen, rationalistischen und spekulativen Prozesstheologien aufnimmt – allerdings in veränderter Form, nämlich als *rekonstruktive* Theologie“. Auch wenn Keller, wie oben beschrieben, sich selber der *constructive theology* zugehörig versteht, beschreibt Faber

Faber bei dieser theologischen Lesart im rein theologischen Kontext bei der Suche „nach dem *Anderen* in der Gottessprache der Prozesstheologie“[1509] stehen und betont, dass man dieses Andere „nur *in* ihr […] finden kann“[1510]. Die Perspektive des Interdisziplinären scheint hier (noch) nicht enthalten zu sein. In diesem Sinne ist Fabers Interpretation prozesstheologischer Arbeit wirklich ein re-konstruktiver Ansatz, der Gottessprache, also Theologie, in einer theologischen Denkrichtung sucht. Keller beschreibt ihren Ansatz in der Entwicklung einer *tehomic theology* ebenfalls als einen, der erst auf die „deconstruction“[1511] bestehender theologischer Annahmen zielt und dann im Sinne einer relecture „initiates a constructive theology […] as it returns to the texts of the deconstruction itself“[1512]. Auch hier fehlt der Einfluss anderer Disziplinen auf diese rein (prozess-)theologischen Betrachtungen. Prozesstheologie in ihrer de-, re- und konstruktivistischen Ausrichtung ist folglich nicht als interdisziplinär zu betrachten.

Wie aber verhält es sich zu den Denkweisen, die (Rahner und) Teilhard de Chardin präsentiert? Jan Heiner Tück sieht Chardin als mögliche Hilfe für den interdisziplinären Dialog der Theologie mit anderen Wissenschaften.[1513] Innertheologisch betont er die (indirekte) Rezeption Chardins durch Rahner[1514] und arbeitet die interdisziplinäre Ausrichtung von Teilhard de

---

sie als inhaltliche Vertreterin einer dekonstruktiven Ausrichtung, der gegenüber Griffen mehr als konstruktiv zu erfassen sei. Dennoch sind diese Theologen als postmodern in ihren Gedanken zu betrachten. Denn sie, wie auch Faber selber, erkennen in der Whiteheadschen Philosophie als Grundlage der Prozesstheologie trotz deren „inneren Brüche[n]“ (Ebd.) ihre „theologische Weite“ (Ebd.), sowie die „Versöhnung von Natur und Geist, Wissenschaft und Weisheit, Vernunft und Geschichte“ (Ebd.), wie auch die „Relativierung der Vernunft“ (Ebd.).

1509 Ebd., 43.

1510 Ebd.

1511 Keller 2004, 158.

1512 Ebd.

1513 Vgl., Jan-Heiner Tück, Wie der Jesuit Teilhard de Chardin den Glauben mit der Wissenschaft vereinen wollte, https://www.nzz.ch/feuilleton/der-kosmische-christus-ld.1346422 (Stand: 26.07.2018).

1514 Ebd.: „Rahner ging in seinem vielbeachteten Aufsatz ‚Christologie in einer evolutiven Weltanschauung‘ weiter und hat die Entstehung des Menschen als ‚Selbsttranszendenz der Materie‘ beschrieben. Damit hat er, ohne den Namen zu nennen, Teilhards Anliegen konstruktiv aufgenommen.“

Chardins Denken „als Verdienst […] [heraus, M.F.], die naturwissenschaftliche Beschreibung evolutiver Prozesse als theologische Herausforderung angenommen zu haben“[1515]. Teilhard de Chardin muss als interdisziplinärer Denker zwischen Naturwissenschaft und Theologie betrachtet werden. Wie weit er darin den Ansprüchen der komparativen Theologie für den dort benannten religionstheologischen Ethos entspricht, kann an dieser Stelle nicht weiter erörtert werden. Karl Rahner ist daneben als interdisziplinär arbeitender Wissenschaftler zwischen Philosophie und Theologie zu betrachten. Gerade seine Hauptwerke und Auseinandersetzungen mit dem Denken Martin Heideggers legen dies nahe.

Die theologische Synopse aus Kapitel 5 dieser Forschungsarbeit und die prozesstheologischen Darstellungen von Kapitel 6 sollen dennoch hier miteinander in ein weiterführendes Gespräch gebracht werden. Ausgehend von den oben beschriebenen Grundtendenzen der Prozesstheologie ergeben sich die folgenden Gedanken:

Ein großer Unterschied, der zwischen den theologischen Reflexionen beider Kapitel besteht, ist die Haltung gegenüber der Stellung des Menschen im Kosmos bzw. im Prozessgeschehen. Die prozesstheologische Haltung, dass jede *actual entity* Empfänger von Gottes *initial aims* ist und damit die gesamte Schöpfung eine gleichwertige Bedeutung im Prozessgeschehen des Kosmos hat, kann die Theologie Teilhard de Chardins so nicht teilen.[1516] Auch er nimmt verschiedene Formen und Stufen von Bewusstsein bzw. Bewusstwerden in der Schöpfung/Materie an, allerdings „ist der Mensch Mitte […] in dem *Bau* des Universums.“[1517] Der Mensch ist hier noch – im Sinne der klassischen Theologie seiner Zeit – Krone bzw. Mitte und Höhepunkt des Kosmos bzw. der Schöpfung. Der gesamte Verlauf von Schöpfung und Evolution zielt auf ihn hin. Diesen Gedanken kann die Prozesstheologie, wie sie oben dargestellt wurde, in ihren Grundannahmen nicht teilen, und somit verschiebt sich auch die Möglichkeit der Theologie als Gottessprache, wie Faber diese nennt. Zwar kann nicht jede einzelne *actual entity*

1515 Ebd.

1516 Die theologischen Gedanken Teilhard de Chardins und Rahners werden im Folgenden dieses Unterkapitels vereinfacht als „klassische Theologie“ bezeichnet.

1517 Chardin 1959, 5.

auf ihre je persönliche Gotteserfahrung als theologische Aussage befragt werden, dennoch ergibt sich zwischen diesen beiden theologischen Annahmen der Bruch, wieviel Kommunikation Gott mit den Bestandteilen seines Kosmos hat und wie diese Kommunikation zu denken ist. Die klassische Theologie folgt der Linie des Bewusstseins bzw. der Bewusstwerdung von Kommunikation mit Gott im Kosmos und ordnet hierarchisch aufsteigend dem höchsten Bewusstsein, also dem Menschen, die intensivste bzw. höchste Form an Kommunikation mit Gott zu. Die Prozesstheologie stellt in ihrer Grundannahme einer gleichwertigen Kommunikation Gottes mit der gesamten Schöpfung eine andere Ausgangslage für die Theologie dar.

Beiden theologischen Denkrichtungen ist gemeinsam, dass sie Leben nur in Relation bzw. Beziehung verstehen können. Leben wächst in der Relation zu anderen Lebensformen und auch der Mensch an sich, der in beiden Theologien allein die Grundlage für eine Theologie/Gottessprache sein kann, ist ein Prozessgeschehen oder vielmehr Beziehungsgeschehen. Er wächst aus den Relationen in sich selbst zwischen Körper, Geist und Seele, aber auch innerhalb dieser Größen seiner Existenz zwischen den Atomen, Molekülen und Zellen, zwischen Vernunft und Bewusstsein, zwischen Bewusstem und Unbewusstem. Eine der wichtigsten Relationen ist die zwischen dem einzelnen Menschen und Gott. Wo die klassische Theologie mehrheitlich eine Kommunikation Gottes mit dem Bewusstsein des Menschen bzw. dessen Vernunft als Funktion des Geistes und der Seele annimmt, greift die Prozesstheologie tiefer und erkennt die Kommunikation Gottes mit radikal allen Bestandteilen menschlicher Einzelexistenz an; bis dahin, dass einzelne *actual entities* als Bestandteil eines menschlichen Organismus sich frei und eigenständig in einem Kommunikationsprozess mit Gott befinden können und so auf den gesamten Organismus eines menschlichen Wesens wirken. Damit ist der Ansatzpunkt göttlicher Offenbarung im Geschehen der Prozesstheologie holistischer zu fassen als im Geschehen der klassischen Theologie. An dieser Stelle muss zudem deutlich hervorgehoben werden, dass weder die klassische noch die Prozesstheologie Vertreterinnen eines radikalen Konstruktivismus sind, sondern vielmehr in die Richtung eines sozialen Konstruktivismus tendieren, wie ihn Gergen und Gergen beschrieben haben.[1518] Die Idee des sozialen Konstruktivismus greift die

1518 Vgl., Gergen/Gergen 2009, 10ff.

Annahme der Kommunikation von Lebewesen auf, die darin gemeinsam die Entscheidung treffen müssen, dass etwas real ist. Die Grundidee von Offenbarung, ob durch einen Logos, ein *initial aim* oder andere Kommunikationsweisen, baut genau auf dieser Annahme auf, dass der Mensch bzw. prozesstheologisch gesprochen jede einzelne *actual entity* in Freiheit die Kommunikationsangebote und -inhalte Gottes annimmt oder ablehnt und sich so Offenbarung Gottes im Kosmos ereignet. Die Konstruktion des Kosmos ist in beiden Denkrichtungen nie gottlos zu erfassen und damit nie allein ein innermenschliches oder intermenschliches Geschehen. Darin vertreten beide theologischen Richtungen die Haltung, dass der Mensch kreativer Mitschöpfer am Werden des Kosmos ist. Jedoch kennt Chardin die Ebene des Gefühls in der Offenbarung Gottes bzw. in der Offenbarung eines *initial* aims nicht.[1519] Offenbarung findet für ihn, wie Adolf Haas in seinem *Teilhard de Chardin-Lexikon* zusammenfasst, als „Selbstmitteilung Gottes" statt, die *„die einmalige Sonderstellung des Menschen*, in dem Gott gnadenhaft den Menschen befähigt, die personale Selbsterschließung Gottes überhaupt annehmen [...] zu können"[1520], ist. Hierin unterscheidet sich der Akt der Offenbarung der beiden theologischen Denkrichtungen. Theologie müsste in beiden Auffassungen dennoch als semi-konstruktivistisch, mit Bezug auf eine radikal konstruktivistische Annahme, bzw. von der Relation her gedacht als ko-konstruktivistisch, bezeichnet werden. Damit greift sie über einen rein komparativen Ansatz hinaus, da sie in sich selbst und im theologischen Denken von Wirklichkeit das kreative und schaffende Element annimmt und hervorhebt.

Treibende Kraft ist in dieser Sicht auf den Menschen die Liebe, die beide Denkrichtungen als etwas Göttliches im Werden des Kosmos betrachten. Gottes *initial aims* sind in der Prozesstheologie *lures* der Liebe Gottes, um die Schöpfung reicher zu machen und ihren Weg zu einem harmonischen Ganzsein zu gestalten. Menschen bewegen sich im kosmischen bzw. kreativen Prozess auf Gott zu, „who *is* Love"[1521]. Darin wird der ganze Mensch

1519 Er kennt das Gefühl nicht als eine grundlegende Offenbarungskategorie und auch nicht in der Tiefe, wie Bernard Lee diese beschreibt. Vgl. Lee 1974, 281.
1520 Haas 1971b, 207.
1521 Pittenger 1979, 65.

in allen seinen Existenzweisen Gottes Geliebter bzw. Liebender: „the business of becoming a lover includes our embodied, psychosomatic, and socially conditioned nature."[1522] In diese Beziehungsebene gehört für Pittenger deutlich die Ebene der Sexualität mit hinein, wie er als anthropologische Grundannahme formuliert: „We are sexual creatures, in a much deeper sense than other creatures […]."[1523] Die Prozesstheologie scheut sich nicht, die Dimension der Sexualität in die direkte Gottesbeziehung des Menschen aufzunehmen. Die klassische Theologie scheint weniger mutig zu sein, wenn sie zum Beispiel zu Beginn des Unterkapitels über die „Förderung der Würde der Ehe und der Familie" in der Pastoralkonstitution *Gaudium et Spes* von der Liebe in der Ehe spricht, aber hinter der Formulierung von der „Würde dieser Institution"[1524] vor allem Abweichungen von der kirchlichen Moral beschreibt. Erst später wird die „Liebe" im „Vollzug der Ehe" auch in den „Akte[n des, M.F.] […] Übereignetseins"[1525] beschrieben. Der Sexualität eine Würdigung zu geben ist nur in einzelnen Aussagen der Kirche und nur in Bezug auf die Relation zweier Menschen bzw. die eheliche Gemeinschaft deutlich zu finden. Diese Sprachform findet Papst Franziskus in seinem Schreiben *Amoris Laetitia* mit deutlichen Bezügen zur Heiligen Schrift, zu *Gaudium et Spes* und in seinen eigenen Fortführungen.[1526] Eine Würdigung der Sexualität an sich findet hier ebenfalls nicht statt. Gemäß dem Register im *Teilhard de Chardin-Lexikon* von Adolf Haas sind Begriffe wie Sexualität oder Geschlechtlichkeit nicht als zentrale Schlagwörter in den Werken Teilhard de Chardins zu finden. Liebe im rein sexuellen Sinne zu denken, beschränkt diese zu eindimensional. So ordnet Chardin diese lediglich in *Skizze eines personalen Universums* als Teilgeschehen des kosmischen Liebesprozesses ein.

1522 Ebd.

1523 Ebd., 142.

1524 Rahner/Vorgrimler 1994, 497, GS 47.

1525 Ebd., 500, GS 49.

1526 Vgl. Deutsche Bischofskonferenz (Hg.), Nachsynodales Apostolisches Schreiben AMORIS LAETITIA des Heiligen Vaters Papst Franziskus, Bonn 2016, 50–58. Hierin betont der Papst jedoch die Perspektive auf die Sexualität als „zwischenmenschliche Sprache" (Ebd., 107.). Allein die „Akte der geschlechtlichen Vereinigung der Ehegatten entsprechen dem gottgewollten Wesen der Sexualität" (Ebd., 109.).

Liebe ist, auch als treibende Kraft im Sinne des prozesstheologischen Ethos, die „Energie der Personalisation“[1527], da sich schon in ihrem „geschlechtliche[n] Sinn“[1528] ihre Funktion der Ergänzung und der Bedürftigkeit von „*drei* Gliedern: der Mann, die Frau und Gott“[1529] zeigt. Liebe, auch in ihrer geschlechtlichen bzw. sexuellen Dimension, ist die Kraft, die bei Teilhard de Chardin Beziehung, Relation und den Kosmos bestimmt. Eine Würdigung der Sexualität an sich, im Sinne der Formulierungen Pittengers oder auch Breazeales in Bezug auf Gender und Neigung, fehlt aber auch hier. Provokativ kann man an dieser Stelle die These formulieren, dass der kirchlichen Tradition eine Würdigung der Sexualität als Dimension des einzelnen Menschen eine zu große Zusage an die Menschlichkeit wäre.

Ausgehend von den für und in Kapitel 6.4 ausgewählten und zusammengefassten Themen anthropologischer Grundzüge im prozesstheologischen Geschehen, konnten bereits die Themen der Offenbarung sowie der Kommunikation Gottes mit den Einzelwesen des Kosmos bzw. mit dem Menschen, die Frage der Relation und der Liebe als Grundkategorien prozesstheologischen Denkens sowie die Frage der Körperlichkeit in Grundzügen und der Sexualität in Gemeinsamkeiten und Unterschieden erarbeitet werden. Die Themen, die die theologische Synopse von Kapitel 5 auf Grund der Parallelen zwischen Whitehead und Jung untersucht, müssen im Folgenden noch aufgegriffen werden. Sie überschneiden sich allerdings teilweise mit den schon bisher erarbeiteten Inhalten. Dies betrifft vor allem das Thema der *eternal objects*, der *actual entities* und der *societies*. Offen bzw. noch nicht ausreichend dargestellt sind die in Kapitel 5 behandelten Themen des Prozesscharakters, des Symbols, des Bewusstseins, des Körpers, von Seele und Psyche sowie Religion und Gott.

Was Chardin als Theologe und Naturwissenschaftler als Evolution im Prozess der Schöpfung erkennt und was Rahner als Offenheit der Schöpfung versteht, findet sich auch in der Annahme der kreativen Offenheit der Schöpfung im evolutiven Denken der Prozesstheologie wieder. Für Faber gilt der Grundsatz, dass „the universe is united *as* a process“[1530].

1527 Chardin 1966, 94.
1528 Ebd., 96.
1529 Ebd., 101.
1530 Faber 2017, 43.

Eine Vielzahl von Prozessen die sich begegnen, überschneiden, bereichern und ergänzen, bilden die „unity of the universe“, das „of a mutuality of relationality“[1531] besteht. „[C]reativity“ ist die Kraft, die als „immanent reality of becoming“[1532] dem Kosmos die Richtung der Entwicklung gibt. Der Prozess des Werdens des Kosmos, wird von Gottes *initial aims* bzw. von seinen „divine potentials for actualization“[1533] begleitet, und es liegt an den einzelnen Entitäten im Kosmos diese anzunehmen oder abzulehnen. Auch auf Grund dieser göttlichen *potentials* entwickelt sich der Kosmos weiter zu komplexeren Entitäten bzw. „Aktualitäten“[1534], wie Cobb/Griffin diese nennen. Damit erklären beide, dass „[d]er evolutionäre Prozeß [...] im ganzen auf komplexere Aktualitäten ausgerichtet“[1535] ist. Wohlgemerkt geht es hier um Aktualitäten bzw. Entitäten, nicht allein um den Menschen als Krone der Schöpfung. Keller erkennt in Gottes *lures* zur Entwicklung des Kosmos eine „Creative Wisdom“, die zu einer „self-organizing complexity“ und einem „process of cosmic collaboration“[1536] ruft. Die Grundannahme von evolutivem Geschehen und der Weiterentwicklung des Kosmos nehmen folglich beide Denkrichtungen der Theologie an.

Diese Kommunikation von Entwicklung findet im Prozess von Symbolisierungen statt. Eine Erfahrung einer Entität wird von dieser wahrgenommen, aber subjektiv verarbeitet bzw. negiert. Das in ihr entstehende Symbol für die gemachte Erfahrung vermittelt der Entität den persönlichen Eindruck von Welterfahrung und damit eine Form subjektiver Wahrheit. Vor allem Faber arbeitet diese Ebene aus dem Werk Whiteheads heraus, stellt dies aber immer im Rahmen der Reflexion von Prozessphilosophie dar. Die Frage von Symbolen scheint für das rein prozesstheologische Denken wenig von Bedeutung zu sein. Er erklärt: „Living bodies are more than perceptions, but they are [...] always connected through them.“[1537] Wenn Symbolisierung der Grundmodus aller Wahrnehmung und Kommunikation im Kosmos ist,

1531 Ebd.
1532 Ebd.
1533 Ebd., 49.
1534 Cobb/Griffin 1976, 62.
1535 Ebd.
1536 Keller 2008, 62.
1537 Faber 2017, 75.

dann ist diese immer subjektiv – auch in der Wahrnehmung göttlicher *lures* bzw. *initial aims*. Um in symbolischen Wahrnehmungen Wahrheit finden zu können, brauchen diese folglich „experience to be tested“[1538]. Für den Bereich der Theologie folgert Faber, dass „religious symbolism, as much as social symbolism, can never stay the same, but its change should follow the prophecy of ever-new successful symbolic transfers of its truths. It is through such ‚change‘ [...] we may gain evermore sensitivity to the even faint environments we find ourselves in and the unknown future we want to welcome as creative realization“[1539]. Wie in Kapitel 5.3 erwähnt, kann bei Chardin kein explizites Symbolverständnis herausgearbeitet werden. Als Hilfe dient hier die Theologie Karl Rahners, der zu dem hier erarbeiteten Symbolverständnis von (Whitehead bzw.) Faber Gemeinsamkeiten aufweist. In der Frage des Realsymbols treffen sich beide theologischen Denkrichtungen auf einer gemeinsamen Ebene. Für viele Theologen ist besonders in der Definition der Sakramentenlehre der Begriff des Realsymbols als Grundbegriff konstitutiv geworden. Denn dieses erfasst in der Frage der Sakramente die Ganzheitlichkeit des Individuums, gerade in dessen Leiblichkeit, und realisiert in der Vielfaltigkeit von Leben eine konkrete Erfahrung des Göttlichen. So hält Gerhard Ludwig Müller fest, dass die heutige Zeit „Ausdruck eines tiefen Unvermögens des modernen Menschen [ist, M.F.], die gesamte Lebenswirklichkeit symbolisch zu erfassen.“[1540] Auch wenn der Schritt des Symbolisierens in der Prozessphilosophie und damit auch als Grundbegriff aller Entwicklung in der Prozesstheologie ein göttliches *initial aim* erfasst, so doch allein in der subjektiven Wahrnehmung der Entität. Diese Haltung steht der Kritik Müllers gegenüber. Vielmehr könnte man prozessphilosophisch mit Müllers Kritikansatz von einem Symbolverlust bewussten Denkens sprechen. Symbolisierung bleibt auf Ebene der Kognition Grundbestandteil der kognitiven Wahrnehmungsfähigkeit und Verarbeitung. Damit ist und bleibt das Realsymbol Träger der gesamten göttlichen Realität, die in dieses hineingelegt wird. Zu unterscheiden ist hier natürlich, dass die Realsymbole der klassischen Theologie zumeist im Sinne

1538 Ebd., 80.

1539 Ebd., 81.

1540 Gerhard Ludwig Müller, Katholische Dogmatik. Für Studium und Praxis der Theologie, 5. Auflage, Freiburg im Breisgau 2005, 650.

eines Sakramentes gedacht werden und damit größere Symbolträger als ein Eindruck auf z.B. eine einzelne *actual entity* sind. Dennoch scheint auch inhaltlich in beiden Symbolbegriffen eine Nähe, aber keine völlige Parallele, erkennbar zu sein. Die Theorie des Realsymbols erscheint holistischer als die der Symbolisierung im prozessphilosophischen bzw. prozesstheologischen Erkenntnisprozess. Dies scheint auch an der Annahme zu liegen, dass das Symbol im prozessphilosophischen bzw. -theologischen Denken eines im konstruktivistischen Wahrheitsdenken ist und in der klassischen Theologie die reine Wahrheit schon im (Real-)Symbol erfahrbar wird.

Für diese Erfassung der Realität braucht der Mensch unter anderem seine geistigen Fähigkeiten und damit auch seine Kraft des Bewusstseins. Beide theologischen Richtungen sehen das Bewusstsein des Menschen aus dem Prozess der Evolution erwachsen. Wie dies genau passiert, darüber können Chardin und die Prozesstheologen lediglich spekulieren. Beide verwenden dafür die Beschreibung „Prozeß der Komplexifizierung“[1541], den Cobb/Griffin sogar direkt auf Chardins Werke beziehen. Für die klassische Theologie wurde bereits in Kapitel 5.4.2 formuliert, dass der Begriff des Bewusstseins dort eher durch den Begriff der Vernunft ersetzt wird. Inhaltlich trifft es aber auf das zu, was Cobb/Griffin für die Prozesstheologie über das Wachsen und Werden des Bewusstseins sagen: „Die Prozeßtheologie hofft, daß, wenn wir dieses Element [gemeint ist die Relationalität des Lebens, M.F.] in unserem präthematisierten Bewußtsein zu voller begrifflicher Klarheit und Aussage heben, unser Bewußtsein gegenseitiger Teilhabe erhöht wird, so daß es dann unsere Spontaneität und unser Reagieren auf andere wieder formen kann.“[1542] Das Bewusstsein der Entitäten, hier speziell auf den Menschen als *society* bezogen, prägt die Relationalität des Kosmos mit. Im Bewusstsein dürfen wir erkennen, was „uns unser präreflexives Fühlen“ schon längst vermittelt hat, „daß wir nämlich nicht nur um unseres eigenen Genießens willen leben, sondern auch für das Ganze, dessen Teile wir sind.“[1543] Durch das Bewusstsein wird der Mensch sozusagen deutlicher befähigt, den Kosmos als Ko-Schöpfer mitzugestalten, mit dem Ziel einer höheren Komplexität. Dabei steht für die prozesstheologische

---

1541 Cobb/Griffin 1979, 67.
1542 Ebd., 154.
1543 Ebd., 151.

Konzeption das Bewusstsein, aber auch in Konkurrenz zu den präreflexiv erfahrbaren Inhalten der Wirklichkeit. Denn die Seele prägt mit eigenen Wahrnehmungsinhalten die Erfassung der Wirklichkeit und überlagert die Wahrnehmung der unbewussten Zugänge.[1544] Dies deckt sich mit der weiter oben bereits zitierten Rahnerschen Annahme, dass das Bewusstsein ein „unendlich vieldimensionaler Raum" ist: „es gibt reflex Bewußtes und Randbewußtes, Bewußtes und ausdrücklich Bemerktes, ein gegenständlich begriffliches Bewußtsein und ein transzendental und unreflex am subjektiven Pol des Bewußtseins angesiedeltes Wissen, es gibt Gestimmtheit und satzhaftes Wissen, es gibt zugelassenes und verdrängtes Wissen, es gibt seelische Vorkommnisse im Bewußtsein und deren reflexe Interpretation, es gibt das Wissen ungegenständlicher Art des formalen Horizontes, innerhalb dessen ein bestimmter erfaßter Gegenstand zu stehen kommt [...]."[1545]

Die Erfahrung von Wirklichkeit geschieht durch „den Körper als den uns am nächsten liegenden Teil der Umwelt"[1546]. Es ist als ein großer Beitrag der Prozessphilosophie Whiteheads zu betrachten, dass der Körper eine unhintergehbare Größe im Prozess des Werdens ist und nicht mehr der Bifurkation der Wirklichkeit zum Opfer fällt. Bereits in den Darstellungen zu Fragen von Sexualität und Leiblichkeit konnte dies für die Prozesstheologie erarbeitet werden. So gilt für Cobb/Griffin, „daß wir Körper *sind*"[1547]. Der Körper ist von der Seele nicht zu trennen – hier ist jeder cartesianische Dualismus überwunden. Auch wenn die Frage der Sexualität als Dimension von Leiblichkeit bzw. körperlicher Erfahrung in der Prozesstheologie anders bewertet wird als in der klassischen Theologie, so kann auf den Körper als Teil der menschlichen Ganzheit, verstanden als Leib, mit Chardin gefolgert werden: Es „*behält die Materie ihre kosmische Rolle als untere, aber uranfängliche und wesentliche Grundlage der Einigung*; und etwas von ihr ist dazu bestimmt, assimiliert durch den Leib Christi in die Grundfesten und Mauern des himmlischen Jerusalems einzugehen."[1548] Der Materie kann sogar schon eine Form von Unbewusstem unterstellt werden, auch zu dem

1544 Vgl. ebd., 116.
1545 Rahner 1964, 228.
1546 Cobb/Griffin 1979, 116.
1547 Ebd., 115.
1548 Chardin 1968 b, 73f.

Zeitpunkt, als das Bewusstsein im Lauf der Evolution noch nicht ausgeprägt war.[1549] Die Prozesstheologie erscheint so als die mutige Einladung für die klassische Theologie, ihr Verhältnis zum Körper als Dimension des menschlichen Leibes konkreter zu formulieren. In Bezug auf die evolutive Entwicklung und Erfahrung der Wirklichkeit durch den Körper stehen sich beide theologischen Denkrichtungen in nichts nach.

In direkter Verbindung zum Körper steht die Seele, die für Chardin ein prozessuales Geschehen ist, welches sich im Lauf des Lebens entwickeln kann: „*Er* [der Mensch, M.F.] *schafft sich seine Seele* während der ganzen Dauer seiner irdischen Tage.“[1550] Für die Prozesstheologie ist es hingegen schwerer, eine klare Beschreibung zu geben, was die Seele ist. Denn schon Whitehead gibt keine genaue Definition von ihr. Die Psyche erwächst im Lauf der Evolution, wie auch das Bewusstsein, aus dem Komplex des „seelisch-körperlichen Organismus“[1551]. Damit ist die Psyche, wenn sie denn in der Prozesstheologie von der Seele unterscheidbar ist, von höherem Rang als die Seele oder der Körper zu denken, wenn für die Prozesstheologie der Leitgedanke zählt: „Die Evolution bewegte sich auf größere Zentralisation zu.“[1552] Hier wird deutlich, dass die Seele bereits in jedem „enduring object where there is a single center of experience that coordinates functioning of the organism as a whole“[1553] ist. Die Seele entwickelt sich auch hier im Prozess des Lebens und Werdens als „an extraordinary type of occasion.“[1554] Sie entspricht keinesfalls dem klassischen theologischen Denken einer „underlying substance“, sondern ist eine „sequence of experience that constitute[s, M.F.] it.“[1555] Die Seele im Verständnis der klassischen Theologie erfasst

1549 „Durch die Materie wirkt in jedem von uns die ganze Geschichte der Welt in einem Teil nach. Mag unsere Seele auch noch so selbstständig sein, sie ist doch die Erbin des Daseins, das vor ihr durch das Zusammenwirken aller irdischen Kräfte wunderbar bearbeitet wurde. Auf einer bestimmten Entwicklungsstufe begegnet sie dem Leben und vereinigt sich mit ihm.“ (Chardin 1964, 40.).

1550 Ebd., 43.

1551 Cobb/Griffin 1979, 87.

1552 Ebd., 85.

1553 Mellert 1975, 68.

1554 Cobb 2007, 19.

1555 Ebd.

Whitehead und mit ihm auch Cobb als eine „living person"[1556]. Wie schon in der Synopse von Kapitel 5.6 deutlich wurde, ist hier keine Gemeinsamkeit zwischen der klassischen Theologie und der Prozesstheologie zu erkennen.

In der Prozesstheologie kommuniziert Gott nicht allein mit der Seele und ihren – klassisch betrachtet – Anteilen an der Vernunft und dem Verstand des Menschen, sondern mit der ganzen *actual entity* bzw. allen Anteilen des menschlichen Organismus. Deswegen kann Mellert sehr einfach festhalten, dass „[r]eligion is the way in which man establishes his relationship with God"[1557]. Die gesamte Realität des Kosmos macht dann Gott erfahrbar und verweist den Menschen darauf, dass er zuerst „religious, and a believer second"[1558] ist. Religiöse Erfahrung liegt einem Glauben als System voraus. Deswegen kann für die Prozesstheologie letztlich die Annahme gelten, dass „[p]eople do seem naturally religious"[1559]. Da die Prozesstheologie in diesen grundlegenden Formulierungen, wie Religion zu betrachten ist, Whitehead folgt, kann an dieser Stelle bereits auf den Vergleich zwischen Whitehead und Chardin in Kapitel 5.7.2 verwiesen werden. Die Annahme Cobbs, dass die Erfahrungen Gottes letztlich „in the mode of causal efficacy"[1560] stattfinden, ist ein Hinweis an die klassische Theologie, wie Gottes Offenbarung bzw. Kommunikation auch in dieser Tradition zu präzisieren bzw. durch die Dimension des Vor- bzw. Unbewussten zu erweitern ist. Gott selbst wird in der Prozesstheologie als „holy or by union or communion"[1561] erfahren. Darin bleibt die Andersheit Gottes erhalten, wird aber im Modus der Relation erfahren. Dennoch ist die Erfahrung von Gott von reiner Sinneserfahrung der geschaffenen Umwelt zu unterscheiden.[1562] Diese Form der Relation, ausgehend von den prozessphilosophischen Annahmen Whiteheads, führt letztlich zu einem Panentheismus, der dem Konzept des klassischen Theismus bzw. seiner Gottessprache/Theologie nicht fremd sein

1556 Ebd., 39.
1557 Mellert 1975, 37.
1558 Ebd.
1559 Cobb 2007, 148.
1560 Ebd., 151.
1561 Ebd., 155.
1562 Vgl. ebd., 157.

dürfte. Mit Chardin kann der Panentheismus allerdings als legitime Denkweise theologischer Sprache thematisiert werden.[1563]

Im Vergleich der theologischen Synopse von Kapitel 5 und den prozesstheologischen Ausführungen in Kapitel 6 fallen Parallelen auf, aber ebenso auch Differenzen. Klare Abweichungen zwischen der klassischen und der prozesstheologischen Denkrichtung der Theologie sind zum Beispiel in den Fragen der Seele, der Sexualität und im Verständnis vom Aufbau des Kosmos aufgetaucht – wobei Letzteres zu sehr genuin prozessphilosophisch bzw. prozesstheologisch ist. Dennoch gibt es z.B. im Themenkomplex von Leben als Relation deutliche Gemeinsamkeiten. Auffällig bleibt für eine Arbeit, die nach einem anthropologischen Entwurf für die Pastoralpsychologie sucht, dass es gerade im Hinblick auf die Stellung des Menschen im Kosmos, wie es weiter oben formuliert wurde, fundamentale Unterschiede zwischen beiden Konzeptionen theologischer Sprache gibt. In den Augen des Autors dieser Arbeit kann die klassische Theologie noch viel von der Idee der Prozesstheologie lernen, die alle Realitäten des Kosmos in einer radikalen Verbundenheit sieht. Dass diese Gedankenrichtung der Prozesstheologie eine Bedeutung für das pastoralpsychologische Denken und Handeln hat bzw. diesem eine Erklärungshilfe im interdisziplinären Dialog zwischen Theologie und Psychologie sein kann, soll in den folgenden zwei Kapiteln herausgearbeitet werden.

1563 Tück steht dieser Haltung Chardins allerdings kritisch gegenüber und tendiert eher zur Haltung des Theismus, dass Gott der Welt gegenüber radikal transzendent zu denken ist: „Überdies hat Teilhard Aussagen der klassischen Gotteslehre einer Revision unterzogen. Wenn Gott selbst in den Prozess der Evolution involviert ist, dann kann er nicht mehr der ewige und allmächtige Schöpfer sein, der seiner Schöpfung einfach gegenübersteht. Alles ist in Gott – und die Entwicklung des Alls läuft darauf zu, dass Gott alles in allem werde. Ob ein solcher «Panentheismus» mit dem personalen Gottesverständnis der Bibel vereinbar ist, bleibt zu fragen. Bei Teilhard wird die Differenz zwischen Gott und Welt unscharf, das hat zur Folge, dass auch die Grundlagen für eine Interaktion zwischen göttlicher und menschlicher Freiheit brüchig werden." (Tück 2018.).

7. Konturen einer tiefenpsychologisch orientierten Prozess-Anthropologie in 17 Stichworten

Der Versuch, gemeinsame Lesarten einiger Gedanken von A.N. Whitehead, C.G. Jung und P. Teilhard de Chardin zu erbringen, ist in den Bereich zur Prozessualität des Lebens, zum Unbewussten und zur Frage nach dem Körper/Leib zu positiven Ergebnissen gekommen. Dabei darf nicht vergessen werden, dass alle drei Entwürfe aus dem Bereich der spekulativen Wissenschaft der jeweiligen Tradition bzw. Disziplin kommen und darin lediglich Modelle sind, um die Realität des Menschen und des Kosmos besser verstehen zu können. Beispielhaft sei hier Jung genannt, der dies in einem Interview 1957 besonders im Bezug auf das Unbewusste betonte: „Da wir nämlich nur Rückschlüsse ziehen können, müssen wir uns eine Art Modell von der möglichen Struktur des Unbewußten machen, denn wir können es nicht direkt wahrnehmen.“[1564]

Der folgende Entwurf einer Prozess-Anthropologie kann, um diesen Entwurf für die Pastoralpsychologie nutzbar zu machen, auch nur ein Modell von Konturen bzw. Reflexionskategorien sein. Er soll aber später für das pastoralpsychologische Handeln eine Auswertung finden.

1. <u>Werden:</u> Eine tiefenpsychologisch-orientierte Prozess-Anthropologie geht von der Entwicklung des Menschen vom Moment seiner Zeugung bis zu seinem Tod aus. Zu keinem Zeitpunkt seines Lebens gibt es Momente, in denen die Dynamik von Werden und Neuentwerfen nicht stattfindet. Leben kann nur als ein hochkomplexes und dauerhaft-dynamisches Geschehen betrachtet werden. Darin unterliegt der Mensch der identischen Dynamik, die auch den gesamten Kosmos bestimmt.

1564 Evans, 100, in: Hinshaw/Fischli 1986. Auch vom Selbst spricht Jung in Form einer Hypothese bzw. dass dieses ein „hypothetisches Zentrum“ (Miguel Serrano, Gespräch mit Miguel Serrano, in: Robert Hinshaw, Lela Fischli (Hrsg.), C.G. Jung im Gespräch. Interviews, Reden, Begegnungen, Zürich 1986, 251.) sei. Allein, dass es den Ausdruck psychischer Dinge gibt, dies bezeichnet Jung als „Tatsachen“ (Evans, 123, in: Ebd.).

Damit wird alles Lebendige im Prozess des Werdens verstanden und nicht im Moment des Seins. Prozessanthropologisches Denken wendet sich damit gegen eine Metaphysik des Seins und ist als ein teleologisches Denken zu erkennen.[1565]

2. Subjekt-, Person- und Selbstwerdung (Identitätsfindung): Die Entwicklung des Menschen hat im Lauf der Evolution verschiedene Momente durchlaufen, die ihn kognitiv, körperlich und psychisch/seelisch vorangebracht haben. Im Sinne aller drei hier analysierten Autoren muss aber festgehalten werden, dass die Prozessualität des Lebens stets der Subjekt-, Person- bzw. Selbstwerdung (Identitätsfindung) in Auseinandersetzung mit den gemachten Erfahrungen und der Umwelt unterliegt. Whitehead erkennt und elaboriert dies deutlich basaler als Jung und Chardin, indem jede Entität schon ein Selbst seiner *concrescence* ist. Wo es bei Jung und den Nachfolgern seiner Theorie noch den Dissens darüber gibt, ob das Selbst sich erst in der zweiten Lebenshälfte entwickelt, kann mit Whitehead mit dem Moment der Zeugung menschlichen Lebens bereits der Beginn der Selbstwerdung angenommen werden. Der weitere Verlauf der einzelnen Entität im Vollzug der *concrescence* wie auch die Entwicklung eines mit Subjekthaftigkeit und Persönlichkeit erfolgenden Selbstentwurfs eines einzelnen Menschen, sowie auch aller lebendigen Wesen im Kosmos, muss als ein Prozess der Identitätsfindung all dieser Anteile im Werdensprozess des Kosmos mit Gott verstanden werden. Prozessanthropologisch zu denken geht damit davon aus, dass der Mensch immer schon ein Wesen bzw. ein Selbst hat und darin als Subjekt bzw. Person im Entwurfprozess seiner Identität zu erkennen ist.
3. Geschichtliche Anthropologie: Das Werden des Menschen ist im Horizont der je persönlichen Geschichte seiner Lebenselemente im Entwurf der Gegenwart in die Zukunft hinein zu sehen. Auch wenn die Vergangenheit aller Wesensebenen des Menschen diesem nicht bewusst sein

---

1565 In der Synopse von Whitehead, Jung und Chardin bleibt offen, worauf die Teleologie einer Prozessanthropologie zielt. Während Whitehead Gott/das Göttliche nicht als das finite Ziel beschreibt, erwähnt Jung dieses als Ergebnis der Selbstwerdung und Chardin betont Gott als das Ziel in seiner Formulierung einer Christogenese in der Evolution.

mögen, so haben sie dennoch eine Wirkung auf die gesamte Entwicklung des Lebens. Damit definiert die Vergangenheit die Zukunft des einzelnen Menschen und engt die Entwicklungsmöglichkeiten zudem ein. Dennoch steckt in der Gegenwart aller Entitäten und Wesensebenen eine Multiperspektivität, in denen die Entitäten bzw. der ganze Mensch sich entscheiden muss. Prozessanthropologisches Denken geht zu jedem Lebensmoment von einer Vielfalt von Möglichkeiten der Entscheidung aus, die immer im Kontext der subjektiven Vergangenheit zu machen sind.

4. Prämisse des Fühlens: Entwicklung geschieht in der Annahme prozessanthropologischen Denkens nicht zuerst durch eine rationale Entscheidung, sondern wird in einem ersten Schritt radikal emotional erfahren. Prozessanthropologie ist in diesem Sinne als eine empirische Deutung des Lebens zu beschreiben. Entitäten und Organismen erfahren die Umwelt und die Entwicklung von Leben zuerst auf der Basis von Faktoren, die in ihnen Emotionen auslösen und die deshalb einen Wert für sich haben, da die Entitäten alles Lebendige zuerst fühlen. Diese werden danach erst mental erfasst und in einem Modus der Symbolbildung verarbeitet.
5. Bewusste und unbewusste Anteile des Lebens: Dem Menschen sind nicht alle vergangenen Anteile seines Lebens bewusst. Ebenso hat die Geschichte des Kosmos und der gesamten Menschheit stets unbewusst die Möglichkeit zum Einfluss auf den Entwurf von Leben. Bewusste situative Momente des Lebens und der Erfahrung bilden kognitiv die dominante Verstehensbasis der Realität. Unbewusste Einflüsse wirken dennoch ebenso auf die psychischen und physischen Ebenen des Lebens ein. Prozessanthropologie ist ein Entwurf, das Leben losgelöst von einer reinen Ratio- bzw. Vernunftverbundenheit des Lebens zu betrachten und rechnet mit zahlreichen Einflüssen des Physischen und des Unbewussten auf jede Einzelentscheidung des Menschen bzw. der ihn aufbauenden Entitäten.
6. Materielle und psychische Ebene des Lebens: Der Entwurf einer Prozessanthropologie stellt die These auf, dass die materielle/physische und die psychische/seelische Ebene allen Lebens untrennbar miteinander in Verbindung stehen. Es kann keinen Moment im Leben des Menschen bzw. der Entitäten geben, die nur aus der Erfahrung und der

Entwicklung einer der beiden Ebenen bestehen. Mit der Umschreibung des Menschen als der „lebende Körper" in seiner Ganzheit, wird diese Ganzheit im Sinne Whiteheads als „das lebendige Organ unserer Erfahrung"[1566] verstanden. Prozessanthropologisches Denken wendet sich gegen die wissenschaftlichen Strömungen, die das Leben auf Grund von Ideen des Materialismus, Psychismus oder der Naturalisierung verstehen. Vielmehr eröffnet die vom Prozess her gedachte Anthropologie den Dialog mit den Naturwissenschaften, die auf der Quantenphysik aufbauen.[1567]

7. Das Einzelne in Verbundenheit mit dem Vielen: An dieser Stelle wird deutlich, dass Prozessanthropologie ein Denken vom Menschen in der Komplexität des Lebens ist. Das Einzelne seines Wesens steht in einem dauerhaften Kontakt mit dem ganzen Organismus und der ihn umgebenden Umwelt. Alle lebenden Körper, wie Whitehead sie versteht, sind Organismen höchster Individualität, die sich aus den einzelnen Bausteinen, Momenten bzw. Entitäten seiner Existenz bilden. Prozessanthropologie kann nur als eine relationale bzw. multilogische Anthropologie des Werdens verstanden werden.
8. Moment des Äquilibriums: Die Komplexität der Prozessanthropologie zielt im Sinne Whiteheads und Jungs auf einen Ausgleich, der den lebenden Körper wieder in ein Gleichgewicht bringt. Chardin erkennt diesen Ausgleich im Zielpunkt der Evolution, in der Christogenese. Der Ausgleich zwischen unbewussten und bewussten Momenten, wie auch der Ausgleich zwischen den Entitäten eines lebenden Körpers, „diese [...] Aktivitäten sind es, in denen das menschliche Erleben (und die sich in ihm ansammelnde Erfahrung) ihren Ursprung hat."[1568] Whitehead erfasst dieses Ziel der Ausgeglichenheit mit dem Wertbegriff der *Harmonie*.

1566 Whitehead 1971, 400.

1567 „[Q]uantische[n] Denk*möglichkeiten* sind kurzlebig, ambivalent und sprunghaft, aber dafür mehr ganzheitlich, freier und kreativer umsetzbar, und sie können oft Weichen für den weiteren Denkprozess stellen." (Frido Mann, Christine Mann, Es werde Licht. Die Einheit von Geist und Materie in der Quantenphysik, 2. Auflage, Frankfurt am Main 2017, 161.)

1568 Ebd.

9. Die religiöse Dimension: Alle drei Theorien, die den Thesen einer Prozessanthropologie zu Grunde liegen, kommen ohne eine religiöse Dimension bzw. einen Transzendenzbezug nicht aus. Die Kommunikation mit Gott/dem Göttlichen gehört zu einem der Grundzüge prozessanthropologischen Denkens. Gott/Das Göttliche ist ein Faktor prozessanthropologischen Denkens, der als Umwelt des Lebens mit allen Entitäten und den Subjekten/Menschen in Kontakt steht und diesen Anreize zur Lebensentwicklung gibt.[1569] Darin ist er dem Leben im Kosmos zugleich transzendent und immanent und der freiheitlichen Annahme alles Lebendigen unterworfen. Gott bzw. das Göttliche kann sogar selber als werdend im Prozess des Kosmos verstanden werden. Gott verändert sich nicht, aber er wird mit den vielfältigen Prozessen von Leben.[1570]
10. Werden im Dialog mit der Umwelt: Die Entwicklung alles Lebendigen geschieht in einem unüberschaubar großen Kontext von Entitäten und Faktoren. Eine Entität, wie auch der Mensch als größere Ordnung von Entitäten, erfährt die Welt durch die zwei Pole von Physis/Materie und Psyche/Seele. Dieser Dialog wird gespeist durch Erfahrungen, die aus der der Entität eigenen Umwelt im Austausch mit der Vergangenheit der Entität bestehen. Die Umwelt enthält Möglichkeiten des Dialogs mit der Entität, die teils unbewusst sind. Dabei schlägt die Entität bewusst und unbewusst die Aufnahme von Informationen und Erfahrungen in Freiheit aus. Diese negativ bzw. positiv erfolgenden Freiheitsentscheidungen bleiben in der Entität erhalten und wirken auch auf den Dialogpartner fort. Prozessanthropologisches Denken ist in diesem Sinne als ein holistischer Ansatz des Werdens des Kosmos zu erfassen, den Teilhard de Chardin als *Konvergenz* benennt.

1569 Whitehead beschreibt diese *potentialities* als *eternal objects*, Jung als Archetypen.

1570 Prozesstheologisches Denken schließt sich der prozessphilosophischen These an, dass „events do ‚become‘, but they do *not* ‚change‘. As facts, they rather indicate unique space-time characters or historical facts, as it were.“ Selbst „God ‚becomes‘, instead of which one uninformed of this difference often hears (and fears): God ‚changes‘.“ (Roland Faber, The becoming of God. Process Theology, Philosophy, and Multireligious Engagement, Eugene 2017, 25.)

11. Ko-Kreativität von Entitäten, Kosmos und Gott: In diesem Verständnis von Kosmos und Entwicklung sind alle Entitäten des Kosmos, wie auch die höheren Ordnungen von Entitäten und Gott, als Dialogpartner kokreativ am Prozess des Werdens alles Lebendigen beteiligt. Alles Lebendige unterliegt dem Prozess des Werdens, an dem eine Vielzahl von Akteuren beteiligt sind. Prozessanthropologie geht davon aus, dass die Entität, die sich nicht an einem kokreativen Prozess beteiligt, auch nicht existiert. Kokreativität ist eine Wesenseigenschaft lebendiger Wesen.
12. Scheitern und Vergehen als Teilelement der Ko-Kreativität: Werden im prozessanthropologischen Sinn beinhaltet auch den Moment, in dem etwas vergeht bzw. neu wird. Im Sinne der Rede Fabers vom *becoming* wird die vorhergehende Entwicklungsstufe im Prozess des Werdens zur Vergangenheit der neuen Gegenwart einer Entität bzw. des Menschen. Mit ethischer Sprache ausgedrückt enthält das Werden und Vergehen sodann auch die Konnotation der Entwicklung und des Scheiterns. Alle Prozesse existieren in dieser Spannung. Keiner ist davon ausgenommen.
13. Entscheidungen setzen Tatsachen für das weitere Leben: Jede Entität, die wird bzw. vergeht, setzt für den weiteren „Lebensverlauf" der neu entstehenden Entität Tatsachen, die als Konkretion von Leben aufzufassen sind. Whitehead spricht in diesem Sinne von *concrescence* als Bewegung des Konkretwerdens. Jung formuliert seine Theorie der Komplexe, die in einer Prozessanthropologie diesen Gedanken ebenfalls aufgreifen. Alle Entscheidungen vergangener Entitäten bleiben in der Erinnerung einer Entität bzw. eines Organismus erhalten.
14. Multiperspektivität und Komplexität des Lebens als Gewinn und Überforderung: Die Vielfalt von Entscheidungen von Entitäten und Organismen steht unter dem Diktum der Freiheit bewusster und unbewusster Qualität, stellt aber auch eine Herausforderung dar. Werden bzw. *becoming* kann nur durch Entscheidung erfolgen. Die Möglichkeit, Erfahrungen auszuschlagen, ist die Kehrseite der Freiheit in Form der Überforderung von Entitäten bzw. Organismen. Diese Möglichkeit weist die Entitäten und Organismen als Lebensmomente im Status des Fragmentarischen auf. Ihre zeitlich kurze Existenz wie auch die vereinzelte Existenzweise der Entitäten bilden

nur Fragmente der Realität von Leben. Prozessanthropologie erkennt, dass Lebensentscheidungen bzw. Werdeentscheidungen auch mit dem Beigeschmack der Überforderung geschehen – sie ist keine Theorie von Freiheitsverklärung. Ambiguität von Wirklichkeit entspricht der Idee des Konstruktivismus von Leben und ist ein zentrales Motiv, welches „zur *conditio humana* gehört“[1571]. Prozessdenken und seine Anwendung auf den Menschen/die Anthropologie ist Anwalt dafür, dass Leben nur in der Mehrdeutigkeit von Leben geschehen kann, in der das Individuum eine Wahl treffen muss, die aus dem durch die Umwelt und das Selbst bedingten Moment und durch die Geschichte des Individuums heraus geschieht.

15. Organismen als Einheit aus gemeinsamer Geschichte: Was Chardin als Prinzip der Evolution unter Konvergenz bezeichnet, ist bei Whitehead die Idee der Entwicklung von *living persons*. Die gemeinsame Geschichte von Entitäten führt sie zu Gemeinschaften/*societies* bzw. Organismen zusammen. Diese gemeinsame Geschichte kann im Sinne Jungscher Annahmen kollektiv oder auch individuell erfasst werden. An dieser Stelle schreibt sich der Gedanke prozessanthropologischer Annahmen in einer diachronen Verbundenheit einzelner Entitäten fort, die eine gemeinsame Geschichte als verbindend erkennen. Einzelne Entscheidungen, die den Organismus aufbauenden Entitäten beeinflussen, beeinflussen immer den gesamten Organismus und diese werden zur Geschichte des ganzen Organismus.
16. Prozessanthropologie als Prinzip der Evolution und einer Entwicklung in fluiden „Stufen“: Alle drei untersuchten Autoren (Whitehead, Jung und Chardin) gehen explizit von der Entwicklung des Lebens in mehr oder weniger statischen (und evolutiven) „Stufen“ aus. Ob die Entwicklung von Menschen als Ziel dieser Evolution zu erfassen ist, hält die Prozessanthropologie offen. Der Mensch ist ein Ergebnis dieser diachronen Entwicklung von Leben und wird als Fakt der Evolution erkannt. Die Stufen des evolutiven Prozesses haben alle ihren Einfluss in die Entitäten des menschlichen Organismus gefunden, müssen aber

1571 Thomas Bauer, Die Vereindeutigung der Welt. Über den Verlust der Mehrdeutigkeit und Vielfalt, 5. Auflage, Stuttgart 2018, 91.

als fluide betrachtet werden. Dem Gedanken liegen analytisch „Stufen“ als erreichte Momente in der Evolution zugrunde. Diese können nicht auf alle Menschen synchron oder abschließend als feste Stufen erfasst werden. Prozessanthropologie ist somit ein nie endender Prozess ohne Stasis.

17. Symbolfähigkeit: Die gemeinsame Lesart der Theorien Whiteheads, Jungs und Rahners als Vertreter theologisch anthropologischen Denkens führte zu dem Ergebnis, dass der Umgang des Menschen mit der Welt und sein Umgang mit Ansprachen ausgehend vom Göttlichen auf der Sprache von Symbolen beruht. Die wirkliche Botschaft wird in Form von Bildern ausgedrückt, die für das Bewusstsein des Indviduums zu erfassen sind. Diese Fähigkeit des Menschen ermöglicht es ihm, selber in Symbolen zu sprechen und Leben symbolhaft zu erfassen. Symbole sind als allgemein prozessanthropologische Konstante im Leben des Menschen zu begreifen.

8. Zehn Pastoralpsychologische Optionen auf Grund tiefenpsychologisch orientierten prozessanthropologischen Denkens

„We think in generalities, but we live in detail. To make the past live, we must perceive it in detail in addition to thinking of it in generalities."[1572]

Welche Optionen lassen sich aus den Umrissen einer tiefenpsychologisch orientierten Prozess-Anthropologie für die Pastoralpsychologie gewinnen? Welche Optionen können, gemäß einer solchen Prozess-Anthropologie als Modell, zu den Werkzeugen eines Pastoralpsychologen gehören?

1.) Transdisziplinarität

An diesem Punkt muss zur Ausgangsthese dieser Arbeit zurückgeblickt weden, dass die Pastoralpsychologie eine *transdisziplinär* ausgerichtete Wissenschaft ist und sich aus dem Wissen der Theologie, der Psychologie und vieler weiterer Wissenschaften speist. Sie ist erst dann wirklich *trans*disziplinär, wenn sie sich den Lebens- und Glaubensgeschichten der Individuen von Pastoralpsychologen und den Menschen öffnet, die sich pastoralpsychologisch arbeitenden Menschen mit ihrer Lebens- und Glaubengeschichte anvertrauen. Das Verständnis einer Prozess-Anthropologie, wie sie hier beschrieben wurde, kann nur auf dem Trialog (dem Gespräch der dialogisch orientierten Pastoralpsychologie im Sinne der Transdisziplinarität) zwischen Theologie (Pierre Teilhard de Chardin und Karl Rahner), Psychologie (Carl Gustav Jung) und der Philosophie Alfred North Whiteheads aufbauen und diesen in die vielen komplexen Realitäten von Leben übersetzen. Dabei sind Dissense, aber auch Ergebnisse im Gespräch entwickelt worden, die neue Zugänge zum Menschen eröffnen. Eine prozessanthropologisch ausgerichtete Pastoralpsychologie muss im Bereich der Wissenschaften offen sein für das Gespräch mit weiteren Wissenschaften, die ihr

1572 Whitehead 1948, 26.

Recht auf Wissensgewinn für ihre Disziplin, aber auch das Charisma des Rates und der Wissensweitergabe für den Pastoralpsychologen haben.[1573] Weiterhin braucht sie die Offenheit für die Menschen, die Seel-Sorge suchen und aus dem *inter*disziplinär gewonnenen Erkenntnissen begleitet werden und mit ihren Erfahrungen, über den Rahmen reiner Wissenschaftlichkeit hinaus, das Wissen und Handeln prozessanthropologisch denkender und handelnder Pastoralpsychologen bereichern. So ergeben sich die folgenden Kategorien, Begleit- und Lernfelder, die immer unter der Prämisse der Diskursoffenheit stehen. Sie betonen u.a. die Individualität eines jeden Menschen, die Komplexität des Lebens, welche nicht in einfachen Definitionen des Menschseins zu erfassen sind, die Verbundenheit alles Lebendigen untereinander, die Vielschichtigkeit der Erfahrungsformen und -möglichkeiten von Lebewesen.

*Trans*disziplinarität ist so als eine Form von Wissensgewinn zu betrachten, welche die *inter*disziplinär gewonnenen Erkenntnisse in den Horizont der Begleitung von Menschen stellt und lernt die gemachten Annahmen zu veri- oder falsifizieren. Das Begleitung suchende Individuum kann aktiv und passiv an der *trans*disziplinären Haltung des Pastoralpsychologen teilhaben. Letztendlich ist damit Seelsorge und jede Form pastoralpsychologischer Handlung *trans*disziplinär ausgerichtet.

1573 Ein weiterer Impuls, der in den Diskurs für die Idee einer Prozess-Anthropologie mit der Konzeption der Organistischen Philosophie Whiteheads einzubringen wäre, ist die These der Biologen Tobias Rees, Thomas Bosch und Angela Douglas, dass körpereigene Mikroben im menschlichen Individuum auf die Gestaltung des Selbst Einfluss nehmen, indem diese das Immunsystem, das Gehirn und das Genom mitgestalten (Vgl. Tobias Rees, Thomas Bosch, Angela Douglas, How the microbiome challenges our concept of self, PLoS Biol 16 (2018), https://doi.org/10.1371/journal.pbio.2005358 (Stand: 27.04.2018)). Bei Teilhard de Chardin, Karl Rahner und C. G. Jung finden wir keine Aussage, die sich mit dieser These bereits befasst hat, sie kann lediglich über ihre Annahmen zur Umwelt-Relation des Individuums angenommen werden. Was diese Theorie für die Psychologie, die Pastoralpsychologie und die Theologie bedeutet, kann an dieser Stelle nicht näher erörtert werden. Sie ist jedoch ein weiterer Einblick in die Notwendigkeit Wissenschaftlichkeit transdisziplinär zu betreiben.

2.) Individuelles Werden im Modus des *becoming*

Der prozessanthropologisch ausgerichtete Pastoralpsychologe versteht den Menschen in seiner kosmologischen Umwelt als Lebewesen, das qua Erkenntnis über sich und über seinen Gott Auskunft geben kann. Jeder Mensch ist ein Offenbarungsort Gottes und zeigt in seinem *individuellen Werden* eine von unendlich vielen Antworten auf das *becoming of god.*[1574] Darin spiegelt der einzelne Mensch nur einen Teil des Werdens Gottes wieder, welches sich an jedem Ort und zu jeder Zeit des gesamten Kosmos vollzieht. Der einzelne Mensch ist in sich und für den Kosmos, wie auch für Gott, ein Patchwork im Entwurf bzw. Werden von Leben. Pluralität in Relationalität stellt den Inhalt der einzelnen Identitätsentwürfe aller lebendigen Bestandteile des Kosmos und eines Wesensteiles in Gott dar. Jeder Mensch entwirft in seiner Selbst- bzw. Identitätsentwicklung Stile, die ihn zu weiteren Entwicklungen führen. So verstanden beschreibt Heinz Streib die Entwicklung eines Menschen als „concept of *style*", das eher als ein Konzept der Entwicklung in Stufen (cf. Erikson, Kohlberg oder Fowler) „emphasis on the factors of life history and life world"[1575] legt. Bestimmte biologische Entwicklungsstufen prägen den Menschen weiterhin, aber Theorien über die Entwicklung kognitiver, also auch, wie bei Streib formuliert, religiöser Inhalte müssen weitergedacht werden. Enge Stufenfolgen, wie noch bei Kohlberg oder Fowler, sind zu hinterfragen. Streib formuliert mit seinen eigenen Worten unbewusst, wie Prozess-Anthropologie auf allen Ebenen von Leben definiert werden kann: „At a certain time in life, a certain

---

1574 Faber nennt das Universum aufgrund seiner Event- und Werdestruktur ein *multiverse*, das „is an expression of the infinity of divine potentials for actualization through the creativity of the world, but its actuality, and God's reception of it's actuality, is not just a product of divine mentality [...]. Hence, the insistence of Whitehead that the multiverse consist of the mutual immanence of events, and that all events exhibit the dipolarity of mentality and physicality, subjectivity and objectivity, concrescence and transition. Hence, also Whitehead's insistence that God is not just mind (or the universal mind) or the world soul but an *event* – also with a dipolarity of mentality and physicality." (Faber 2017, 49.)

1575 Heinz Streib, Faith development theory revisited. The religious styles perspective, in: International Journal for the Psychology of Religion 11 (2001), 143–158, 146.

style appears to be prevalent and to structure most of the religious activity and correspondingly most of one's interpersonal and social relationships. Beyond the surface of everyday praxis and reconstruction, however, the previous styles are not eliminated, but rather they have disappeared and may have been forgotten."[1576] Leben im Modus des Werdens bzw. *becoming* ist ein Entwerfen von Identität und Individualität unter organischer Sichtweise und offenbart dabei eine individuelle Wahrnehmung und Erfahrung von Gott zugleich.[1577]

Einer tiefenpsychologisch orientierten Prozessanthropologie entsprechend ist hervorzuheben, dass von Anna-Katharina Szagun in ihrer Langzeitstudie mit Kindern der Versuch gemacht wurde „Denken und Empfinden"[1578] auf Gottesvorstellungen hin zu untersuchen. Strukturgenetische Studien und Darstellungen stehen unter dem Verdacht eher „kognitive[n] Theorien"[1579] zu sein. Die drei untersuchten Autoren der hiesigen Studie postulierten den Menschen ganzheitlich zu erfassen und ihn in Physis und Psyche zu verstehen und darin den Menschen von seiner Kognition, aber auch von seiner leiblich-emotionalen Wahrnehmung her zu begreifen. Dieser Ansatz ist in den Untersuchungen von Szagun, wie auch von Streib zu hervorzuheben und mit der folgenden Option „Die leiblich-körperliche Dimension und die Erlebniskategorie der Emotionen" in Einklang zu sehen. Es entspricht auch der folgenden Option dieses Kapitels entgegen strukturgenetischen Erklärungen von Glaubensentwicklung mit Szagun und Streib die „Relationalität" im Leben eines jeden Menschen mit allem Lebendigen, das

1576 Ebd., 153.

1577 Auf die Gottes- und Glaubensvorstellungen von Kinder bezogen scheint sich dieses Ergebnis der hier vorgestellten Prozessanthropologie mit den Ergebnissen der Langzeitstudien von Anna-Katharina Szagun in Einklang bringen zu lassen. Szagun erklärt, dass ihre Rostocker Studie „Befunde [aufweist, M.F.], dass Kinder in unterschiedlichen Lebenssituationen unterschiedliche Gotteskonzepte aktualisieren. In ihrem Denken und Empfinden scheint also nicht ein in sich geschlossenes Konstrukt vorhanden zu sein, sondern verschiedene Konstrukte und Muster von Beziehungen nebeneinander" (Anna-Katharina Szagun/Anton Bucher, Wie „misst" man Gotteskonzepte von Kindern?, in: Katechetische Blätter 134 (2009), 368–378, 369).

1578 Ebd.

1579 Ebd.

diesen umgibt, anzunehmen und so auch Gottesvorstellungen entgegen den strukturgenetischen Konzepten in Verbundenheit mit der folgenden Option „Komplexität des Lebens und dessen Werden" zu verbinden. Gerade nicht von festgelegten Stufen auszugehen ist die Annahme des Werdens im dynamischen Verständnis einer prozessanthropologischen Perspektive in der Pastoralpsychologie. Wenn der Theorie Streibs von Stilen gemäß vorherige Erfahrungen und Stile nicht überwunden, sondern in die kommenden integriert und weitergelebt werden, entspricht dies der Annahme von Whiteheads *prehension* oder auch der Jungschen These von Vergangenheit, die in Archetypen oder auch in Schatten, selbst wenn diese bearbeitet sind, immer noch auf das Individuum wirken. Entsprechen Glaubensvorstellungen und Gottesvorstellungen der Annahme, dass sie direkt mit der persönlichen Lebensgestaltung zusammenhängen, muss auch die Frage von *becoming* auf beiden Ebenen multifaktoriell beantwortet werden.[1580] Alles andere wäre wieder als eine Art cartesianische Verengung zu sehen. Religiöse Entwicklung kann damit nicht rein kognitiv oder auch nicht rein endogenistisch erfasst werden. Das Menschenbild der Prozessanthropologie erkennt Werden des Einzelnen in der Komplexität alles Lebendigen mit Gott, das individuelle Wege geht und nicht determiniert ist. Dazu zählen dann auch die Angebote, die unbewusst bzw. implizit vom Individuum erfasst werden, wie Edward Bailey sie analysiert, wenn er von Religion als solcher spricht, die „was implicit religion made explicit"[1581].

1580 Auch wenn Bucher das Vorgehen und die Ergebnisse der Rostocker Studie Szaguns kritisiert und den strukturgenetischen Modellen den Vorzug geben möchte, muss er letztlich der Studie Szaguns den Erkenntnisgewinn zusprechen erkannt zu haben, „dass jedes Kind [...] einzigartig und unverwechselbar ist" (Ebd., 378.) Mit diesem Fazit ist der Punkt der Einmaligkeit und Komplexität von individuellem Werden im Modus des *becoming* ohne eine hierarchische Abfolge von Stufen konkret erfasst.

1581 Edward Bailey, The secular faith controversy. Religion in Three Dimensions, London – New York 2001, 87. Diese Annahme einer impliziten Religion oder besser Religiosität, im Sinne einer Ahnung von Gottesvorstellung, entspricht der weiter oben formulierten Synopse von Whiteheads *actual entities*, die durch *lures* Gottes zuerst unbewusst Göttliches erfassen, wie auch die Archetypen Jungs aus dem Unbewussten auf das Individuum und seine Weise der bewussten Lebensdeutung wirken. Auch hier sind Korrespondenzen zur weiter oben postulierten bzw. skizzierten Prozessanthropologie zu erkennen.

Mit Bailey kann auf dieser Grundlage von einer dreiteiligen Struktur der Wirklichkeit gesprochen werden, denn alle Realität des Lebens hat Anteile des Numinosen und des Säkularen sowie des Profanen.[1582] Der Gott des hier formulierten prozessanthropologischen Denkens ist darin die Basis für multioptionale und multireligiöse Identitätsentwürfe, die allesamt auf die jüdisch-christliche Idee des Heils zielen. Warum der Pastoralpsychologe, der sich der Prozess-Anthropologie verbunden fühlt, ein Anwalt dieser jüdisch-christlichen Idee des Heils sein sollte, wird weiter unten erklärt werden. An dieser Stelle ist er jedoch schon als Befürworter der verbundenen Identitätsfindung von Mensch und Gott zu postulieren, da beide in ihren Prozessen des *becoming* miteinander organisch verbunden sind.

3.) Relationalität

Das Werden des Menschen, des Kosmos und Gottes ereignet sich demnach in der *Relationalität* aller Wesensbestandteile des individuellen Seins alles Lebendigen. Pastoralpsychologie hat im Sinne der Prozess-Anthropologie Sorge zu tragen, dass sie der Dynamiken, die Relationalität ausmachen, gewiss wird und diese rational, emotional und leibhaftig erfahrbar macht bzw. Zugänge zu diesen Dimensionen der Relationalität eröffnet. Pastoralpsychologie führt und begleitet Menschen, als Klienten des pastoralpsychologischen Handelns, an und in ihren Grenzen bzw. zu Grenzerfahrungen, die den Horizont des eigenen Werdens weiten und neue Erlebnisse ermöglichen und verleugnet nie die Interdependenz von Individuen. Pastoralpsychologen sind auf Grund ihrer transdisziplinären Kenntnisse „boundary leaders", die jede Form von „relationship between the humans involved in the system"[1583], mehr noch von allem Lebendigen im Kosmos, in neue

1582 Edward Bailey unterscheidet drei Ebenen der Wirklichkeit, die miteinander im Gespräch stehen, auch wenn sie nicht immer direkt alle wahrgenommen werden. Es ist ein Versuch, die volle Erfahrung von Wirklichkeit mit der Realität von „the sacred, the secular and the profane" (Ebd., 63.) zu deuten. Auf Grund seiner Untersuchung kann er zu dem Schluss kommen, dass *„all three are necessary, to understand both its current use and the phenomenon itself"* (Ebd., 64.). Darin geht es letztlich um „sensing the sacred, encountering the holy and commitment to the human" (Ebd., 101.).

1583 Gary Gunderson, Boundary Leaders. Leadership skills for People of Faith, Minneapolis 2004, 60.

Erfahrungsräume führen und die Grunddynamik menschlicher Entwicklung in der Spanne „from self, to the whole, and back" erkennen. Darin wird den Menschen sichtbar, dass es um ein „[l]iving on the margins of their own core culture"[1584] geht und hinter den sozial, kulturell oder persönlich errichteten Grenzen der Persönlichkeit Räume von neuer Entwicklungsweite liegen. Dazu braucht es die Grundhaltung „things as ambiguous, fluid, emergent, and contested" zu betrachten und selber „comfortable with complexity and ambiguity"[1585] zu sein. Pastoralpsychologen, die mit einer Anthropologie im Prozess rechnen, sind Grenzgänger, die die Größe alles Lebendigen erkennen und mit der Mehrdeutigkeit des Lebens rechnen. Gerade in der Komplexität von Leben stellt sich die Wahrheit alles Lebendigen im Sinne der oben skizzierten Prozess-Anthropologie dar.

4.) Bewusstseinsformen

Prozessanthropologisch orientierte Pastoralpsychologen rechnen mit allen *Formen des Bewusstseins*, auch jenen, die unbewusst in allem Lebendigen sind. Dem Bewusstsein kann in der Tradition Whiteheads und Chardins der Vorrang gegeben werden, jedoch nicht bei Jung. Die hier vorgeschlagenen Konturen einer Prozess-Anthropologie nehmen keine Wertung vor, welchem Zustand von Un-, Vor- oder Bewusstem die „Krone der Erfahrung"[1586] zuzurechnen ist. Vielmehr drückt sich hier eine Haltung aus, die mit allen diesen Erlebnispotentialen des Individuums rechnet und die tiefenpsychologische Ausrichtung in der skizzierten Prozess-Anthropologie betont: „Beim durchschnittlichen, extravertierten Westeuropäer ist ein außergewöhnlich großer Betrag an Energie im Bewußtsein gebunden und wird in der äußeren Welt ausgelebt. Wenn jedoch innere Prozesse angeregt werden sollen, muß die Energie vom Bewußten zum Unbewußten fließen. Daher ist es wichtig, daß der Klient nicht mit jedermann über das, was sich in ihm vollzieht, redet, da die emotionale Energie sonst verpufft. Die Bilder der inneren Wandlung sollten nicht in der äußeren Welt ausgelebt werden, sondern gleichsam den Treibstoff für den inneren Individuationsprozeß liefern. Die

1584 Ebd., 92.
1585 Ebd., 103.
1586 Whitehead 1987 486.

Arbeit auf dieser Ebene ist relativ schwierig. Sie setzt eine Begabung zur Introversion voraus und die Fähigkeit, psychische Spannungen zu ertragen, ohne immer gleich konkrete Resultate zu sehen."[1587] Prozessanthropologisch orientierte Pastoralpsychologen sind Anwälte des Unbewussten, das sich in vielen Formen ausdrückt und dem gerade im Gespräch und in der Begleitung von Menschen ein geschützter Raum geboten werden muss. Nur so kann die Dynamik der Selbstwerdung des jeweiligen Menschen ein besonders ganzheitliches Maß an Aufmerksamkeit gegeben werden. Sie sind zudem Anwälte eines Seelenbegriffes, der entgegen der naturwissenschaftlichen Haltung des heutigen wissenschaftlichen Diskurses die Psyche in der Seele mitdenken, da letztere für die theologische und einige philosophische Forschungsrichtungen die Fähigkeit zum Transzendenzbezug nicht verloren hat bzw. abgesprochen werden kann.[1588] Pastoralpsychologen führen Menschen so zu inneren Bildern, vergangenen Erinnerungen und Erfahrungen, die zudem einen Weg mit dem Göttlichen darstellen, und auch zu den Erlebnissen, die die Menschheit an sich ausmachen, und sie eröffnen so neue Erfahrungs- und Verstehenshorizonte für das individuelle Erleben menschlicher Wirklichkeit im Dialog mit allen ihnen bewussten Anteilen von Leben.[1589]

5.) Die leiblich-körperliche Dimension und die Erlebniskategorie der Emotionen

Dabei darf die Erfahrungsebene des *Leiblich-Körperlichen* in der Grundhaltung eines prozessanthropologisch arbeitenden Pastoralpsychologen nicht fehlen. Hier wird erstmal von der leiblich-körperlichen Dimension des Menschen im Sinne von Gabriel Marcel gesprochen, dessen Gedanken

1587 Ole Vedfelt, Dimensionen der Träume. Ein Grundlagenwerk zu Wesen, Funktion und Interpretation, Zürich – Düsseldorf 1997, 112.

1588 Vgl. Patrick Becker, Die Seele. Zur Aktualität eines vergessenen Konzeptes, in: Ders., Christiane Heinrich (Hrsg.), Theonome Anthropologie? Christliche Bilder von Menschen und Menschlichkeit, Freiburg im Breisgau 2016, 213ff.

1589 Vgl. „Pastoralpsychologie ist das noch konturenhafte *Traumbild einer Theologie*, in die das Wissen um die abgedunkelten Seiten, die unbewußten und mythenbildenden Kräfte des Menschen und die Schwierigkeit seiner Selbstannahme ganz selbstverständlich integriert ist." (Baumgartner 1990, 88.)

mit der These „Diesen Körper habe ich; ich bin aber mein Leib."[1590] für die hier formulierte prozessanthropologische Option für die Pastoralpsychologie passend ist. Die im Deutschen und unter deutschsprachigen Wissenschaftlern schwierige bzw. umstrittene korrekte Unterscheidung zwischen Körper und Leib kann mit Marcels Fokussierung treffender die prozessanthropologischen Gedanken zu diesem Thema aufgreifen. Denn während für Marcel der Leib immer die gesamte Geschichtlichkeit des Individuums erfasst[1591], die sich zwischen dessen Vergangenheit und Zukunft ausspannt[1592], braucht der Körper die diachrone bzw. das zeitlich ausspannende Verständnis nicht[1593]. Er ist im Moment, wie Whiteheads *society*, die aus *actual entities* besteht, und erst der Leib wird in seiner Relationalität „als das Organ und die Gestalt der universalen Kommunion verstanden"[1594].

Der Mensch im Sinne der in dieser Arbeit skizzierten Prozess-Anthropologie ist nur ein Individuum, wenn der Horizont des Leiblich-Körperlichen einbezogen wird, „der das Ergebnis einer mehrdimensionalen Morphogenese aus den Wechselwirkungen zwischen ökologischen, genetischen, zerebralen, sozialen und kulturellen Faktoren"[1595] und, wie bei Marcel, auch des Werdens mit und an Gott ist. Physische Prozesse stehen im Austausch mit mentalen/seelischen Prozessen und beeinflussen sich wechselseitig, eben

---

1590 Gabriel Marcel, Leibliche Begegnung. Notizen aus einem gemeinsamen Gedankengang, in: Hilarion Petzold (Hg.), Leiblichkeit. Philosophische, gesellschaftliche und therapeutische Perspektiven, Paderborn 1985, 17.

1591 Vgl. ebd.

1592 Vgl. ebd., 34.

1593 Vgl. ebd., 35.

1594 Ebd., 43. So führt Marcel weiter aus: „Diese Kennzeichnung meines Körpers als *dieser da* betrifft jedoch nicht nur meinen Körper, sondern in gleicher Weise jeden Gegenstand meiner Umwelt. Die *Zusammengehörigkeit* meines Körpers mit der Umwelt macht meinen Leib aus. Doch das Denken muß noch einen Schritt weitergehen. Diese Zusammengehörigkeit ist lediglich *ein* Aspekt der Leibhaftigkeit. Wie gesagt worden ist, Leben sei immer mehr als Leben, so läßt sich auch sagen, der Körper als dieser mein Körper ist immer mehr als nur Körper; dieses ‚mehr' ist Entfaltung und Beziehung: es ist mein Leib. Denn als die Gestalt meiner lebendigen Anwesenheit in Zeit ist mein Leib immer schon einbezogen: die leidvoll, aber auch verheißungsvoll *offene* Beziehung zu allen." (Ebd., 45.)

1595 Christoph Wulf, Anthropologie. Geschichte, Kultur, Philosophie, Reinbek bei Hamburg 2004, 139.

auch mit der psychischen und spirituellen Haltung des individuellen Menschen. Der gesamte Kosmos korrespondiert mit der leiblich-körperlichen Dimension des einzelnen Menschen bzw. der materiellen Grundlagen aller Entitäten, und so muss auch die Begegnung und die Arbeit des Pastoralpsychologen diese Ebene allen Werdens mit in sein Handeln einschließen. An dieser Stelle ist vor allem die leiblich-körperliche Dimension der Emotionen der Entitäten und Organismen im Kosmos mitzubedenken. Der hier skizzierte Ansatz einer Prozess-Anthropologie gibt der emotionalen Erfahrung den Primat im Zugang alles Lebendigen zur Welt.[1596] Gefühle sind im prozessanthropologischen Denken als elementar zu betrachten. Deswegen kann mit den Worten Klaus Winklers, die ursprünglich für den „tiefenpsychologisch orientierten Seelsorger"[1597] formuliert wurden, auch für den prozessanthropologisch orientierten Pastoralpsychologen folgende Option eröffnet werden: Es wird ihm „nicht darum gehen, mit direkten Verhaltensweisen auf [...] drängende[n] Fragen einzugehen."[1598] Er fragt „vielmehr nach den *Gefühlen*"[1599], und „[e]r fordert die Ratsuchende[n, M.F.] im Zusammenhang mit den zentralen Punkten ihres Problemberichtes dazu auf, die begleitenden Gefühlsmomente bzw. ihre affektive Stimmungslage zur Sprache zu bringen. Diese werden damit deutlicher wahrgenommen oder überhaupt erst einmal als wesentlicher Faktor des Geschehens ‚entdeckt'."[1600] Ein Individuum fühlt die Realität und hat bzw. entwickelt ein Gespür für die Potentialität seines Werdens.[1601] Der Pastoralpsychologe

---

1596 Für Reiner Wiehl sind Gefühle „in kreativen und rationalen Zusammenhängen" (Reiner Wiehl, Whiteheads Kosmologie der Gefühle zwischen Ontologie und Anthropologie, in: Ders., Zeitwelten. Philosophisches Denken an den Rändern von Natur und Geschichte, Frankfurt am Main 1998, 99.) zu verorten.

1597 Klaus Winkler, Tiefenpsychologisch orientierte Seelsorge, in: Joachim Scharfenberg (Hg.), Freiheit und Methode. Wege christlicher Einzelseelsorge, Wien – Freiburg im Breisgau – Basel – Göttingen 1979, 106.

1598 Ebd.

1599 Ebd.

1600 Ebd., 107.

1601 Die Option einer solchen Ausrichtung von Prozess-Anthropologie für die Pastoralpsychologie folgt der, u.a. philosophischen, Wiederentdeckung des Körpers. Michael Peters fasst diese wie folgt zusammen und hebt dabei den für die Prozess-Anthropologie grundsätzlichen Gedanken des *becoming*

erkennt diese als konkret an und nimmt sie in den gemeinsamen Prozess mit seinem Gegenüber als Realität auf, da die Gefühle in der prozessanthropologischen Option den basalen und der Kognition vorausliegenden Wert von Realitätserfahrung darstellen. Der prozessanthropologisch orientierte Pastoralpsychologe stellt diese, nach der Feststellung des subjektiven Eigenwertes, in den Kontext der möglich erfassbaren Umwelt, da die Gefühle lediglich die subjektive Dimension einer Situation erfassen. Für den relationalen Kontext der Empfindung eines Individuums bringt der Pastoralpsychologe die Umwelt bzw. den Kosmos mit in die vorliegende Fragestellung ein. So wird der Fokus von der subjektiv erfahrenen Realität in den Zusammenhang mit der Umwelt des Kosmos gebracht. Dabei darf nicht übersehen werden, dass im Sinne der tiefenpsychologischen Lehre von Übertragung und Gegenübertragung auch die Emotionen des Pastoralpsychologen und ebenso seine leiblich-körperliche Dimension eine Rolle spielen. Bezogen auf das seelsorgliche Gespräch spricht Heribert Wahl davon, „Ratsuchenden ein empathisches Milieu bereitzustellen“[1602], in dem nicht nur die emotionale Erfahrung des einen Gesprächspartners eine Rolle spielt. Die Emotionen des hörenden Seelsorgers, wie in der Beschreibung bei Wahl zu finden, sind ebenso relevant für den gesamten Begegnungs- und Relationsprozess. Der jeweilige Umgang des Hörenden mit den wahrgenommenen und den eigenen Emotionen und der leiblich-körperlichen Dimension bestimmt den weiteren Verlauf der Relation.

Weiterhin muss die Übertragung und Gegenübertragung in der tiefenpsychologischen Ausrichtung einer Prozess-Anthropologie mit den beiden Formen von Inhalten rechnen, die man bei Jung sowohl als persönliche und auch als archetypische Übertragung verstehen kann.[1603] Unter der

---

hervor: „In this view the body is not a natural biological material or essence. It is the play of forces, both mutable and endlessly transformable. This shifts the emphasis away from *being* to *becoming* […].“ (Michael Peters, Bodies of Knowledge and Knowledges oft he Body, in: Ders., Alicia De Alba (Hrsg.), Subjects in Process. Diversity, Mobility, and the Politics of Subjectivity in the 21st Century, Boulder – London 2015, 147.)

1602 Heribert Wahl, Tiefenpsychologische Aspekte des seelsorglichen Gesprächs, in: Wilfried Engemann (Hg.), Handbuch der Seelsorge. Grundlagen und Profile, 3. Auflage, Leipzig 2016, 317.

1603 Vgl. Hark 2003, 63f.

persönlichen Übertragung versteht Jung die Übertragung individuell persönlicher Inhalte des Lebens eines Individuums auf ein anderes. Dies kann ein Komplex oder eine einfache Erfahrung sein. Erfolgt eine archetypische Übertragung, wird ein vom Individuum erfahrenes archetypisches Urbild auf das Gegenüber übertragen. Folgen wir der Annahme der oben gemachten Synopse bezüglich der *eternal objects* und der Archetypen, dass in beiden, aber vor allem auch in den archetypischen Regungen, ein göttliches Wirken immanent sein kann, dann ist auch in diesem tiefenpsychologisch orientierten Prozess ein religiöses Geschehen zu erkennen. Die Frage nach dem Heil des jeweiligen Individuums, wenn dies die Intention Gottes in diesem Geschehen ist und wie weiter unten noch dargestellt werden soll, ist sodann eine, die alle beteiligten Personen in diesem Geschehen betrifft.

Ohne Scheu sollte die Pastoralpsychologie auf Grund der hier formulierten prozessanthropologischen Erkenntnisse mutig die Sexualität jedes Individuums anerkennen, diese würdigen und sodann erst in den Kontext der Relation stellen. Die Scheu der katholischen Kirchen die Würdigung der individuellen sexuellen Bedürfnisse anzuerkennen wurde weiter oben unter 6.6. dargestellt. Im Sinne der Empirie eines von Whitehead her abgeleiteten Prozesses gehört das Gefühl der *causal efficacy* auch auf die Sexualität eines Individuums bezogen. Das Selbstgefühl seiner Sexualität muss als Form eines prozessanthropologisch gedachten Selbstbewusstseins immer berücksichtigt werden. In Relation wird sich das Individuum dessen bewusst und bringt diese selbstverantwortlich in den Prozess allen Werdens mit ein. Auch dieser Fokus hat Relevanz für die leiblich-körperliche Dimension des Menschen.

6.) Komplexität des Lebens und dessen Werden

Wie auch die bewussten und unbewussten Prozesse, so ist sich der Pastoralpsychologe dieser transdisziplinären Konzeption dessen bewusst, dass er nie die Ganzheit aller Prozesse, die ein Individuum ausmachen, erfassen und dafür seine Dienste anbieten kann. Er muss aber über die Ambiguitätstoleranz verfügen, mit diesen zu rechnen und diese, wenn sie in seinem pastoralpsychologischen Handeln und Denken auftauchen, zu ertragen. In der Begleitung eines einzelnen Menschen oder einer Gruppe werden vielleicht weitere Prozesse deutlich, die neben dem Hauptanliegen dieser, die auf einen Pastoralpsychologen treffen, in diesem bzw. diesen agieren.[1604] Die Wirklichkeit alles Lebendigen ist dennoch weitaus komplexer als das Augenscheinliche – Leben und Werden von Leben ist ein Prozess der *Komplexität*, der auch aleatorisch verstanden werden kann.[1605] Die Offenheit, das Zufällige im Prozess der Selbstwerdung zu erwarten, ist als die Offenheit zu betrachten, dass es stets mehr und auch unerwartete Optionen gibt, die augenscheinlich dem Leben Richtungen anbieten. Jung nannte dieses Potential der Realität Synchronizität. Davon muss der Pastoralpsychologe dieser anthropologischen Konzeption ein Gespür in seinem Denken und Handeln haben und dieses als Realität annehmen.[1606] Am Beispiel des Gesprächs

---

1604 Hans Dieckmann empfiehlt auf Grund dessen, dass „[f]ür den Patienten […] in der analytischen Situation ein leerer Raum vorhanden sein" (Dieckmann 1979, 194.) muss. Hier erst können sich „seine Phantasien möglichst ungehemmt und möglichst ungehindert ergießen […] und […] die Symbole seines Unbewußten […] zur Entfaltung" (Ebd.) kommen. Grundannahme des bei Dieckmann skizzierten Gesprächs ist, dass zumindest die „Zweiheit oder Gegensätzlichkeit" (Ebd., 196.) beider anwesenden Gesprächspartner den Raum füllen. Modelle, wie diese Gesprächssituationen im Respekt voreinander und wertvollen Umgang miteinander aussehen können, führt Dieckmann ebenfalls an (Vgl. ebd., 201ff.)

1605 Die Forschungsgruppe The Boston Change Process Study Group hat in ihrem Beitrag *Das Implizite erklären: Die lokale Ebene und der Mikroprozeß der Veränderung in der analytischen Situation* explizit darauf hingewiesen, dass es in jeder Begegnung zwischen mindestens zwei Menschen auch „[d]as implizite Beziehungswissen" (The Boston Change Process Study Group, Das Implizite erklären: Die lokale Ebene und der Mikroprozeß der Veränderung in der analytischen Situation, in: Psyche 58 (2004), 935–952, 950.) gibt, welches „zum Großteil nicht auf die Ebene des reflexiven Bewußtseins gelangen" (Ebd., 939.) muss. Die Gruppe verdeutlicht, wie viele Einflüsse auf die (therapeutische) Begegnung einwirken können und diese affektiv und auch kognitiv verarbeitet werden, so dass es zu einem relationalen Geschehen kommen kann. Die Terminologie und Inhalte des Aufsatzes ähneln stark denen, mit denen Whitehead den Prozess und die Inhalte der *concrescence* erfasst.

1606 Joachim Scharfenberg greift die Gedanken Dieckmanns zum Gespräch bzw. zum Gespräch in der Analytischen Psychologie auf und überträgt dieses in die Seelsorge (Vgl. Joachim Scharfenberg, Seelsorge als Gespräch. Zur Theorie und Praxis der seelsorgerlichen Gesprächsführung, 5. Auflage, Göttingen 1991.). Scharfenberg hält fest, dass dieses Gespräch von Freiheit geprägt ist, da niemand die Führung im Gespräch hat, denn „Rede und Gegenrede bewirken ein Fortschreiten" (Ebd., 42.), auch wenn „eine gewisse Asymmetrie"

wird wiederum deutlich, dass nur eine Offenheit für alle Richtungen und (verborgenen) Inhalte im Relationsgeschehen einen wirklichen Gewinn für die Begegnungssituation zwischen zwei Individuen darstellen kann. Vorausdenkendes und vorausahnendes Zuhören stellt keine Option dar. Tiefenpsychologisch orientierte Prozess-Anthropologie geht davon aus, dass unter Annahme der Synchronizität ein „Zuhören mit dem Ziel, etwas zu erfahren, das wir noch nicht wissen“[1607], mehr dem Charakter des gemeinsamen Prozesses entspricht als die Planung von dessen Verlauf.

7.) Dimension des Heils

Pastoralpsychologen, die gemäß der hier skizzierten Prozess-Anthropologie handeln und denken, sind, theologisch gesprochen, am *Heil* des Menschen und des gesamten Kosmos interessiert. Heil umfasst nicht nur die defizitären Anteile im Prozess der Selbstwerdung eines Menschen oder gar nur die physische oder die psychische/seelische Seite seiner Existenz. Der Gedanke vom Heil geht tiefer bzw. ist weiter zu fassen. Er ist größer als die Annahme, dass der Mensch rein kognitiv auf der Suche nach Sinn ist. Das persönliche Heil eines Individuums umfasst auch radikal die Anteile der Person, die als positive gedacht werden, die leiblich-körperlichen Prozesse im Werden des individuellen Lebens und umfasst ebenso auch den Horizont, der größer ist als lediglich die individuelle Perspektive auf das Leben eines Menschen. Daran ist zu erkennen, dass der Begriff des Heils nicht nur zu einer Sehnsucht nach Heilung oder zu dem Wunsch nach Bewältigung negativer Erfahrungen in Korrelation steht. Zum Heil gehören zum Beispiel auch die positiv

(Ebd.) zwischen beiden Gesprächspartner besteht. In dieser grundsätzlichen Gleichwertigkeit der mindestens zwei anwesenden Gesprächspartner ergeben sich auf Grund dieser Freiheit „Möglichkeiten, an die keiner der beiden Partner vorher gedacht hatte.“ (Ebd., 43.) Weiterhin nimmt er für „[j]edes Gespräch“ an, dass es „durch die Lebens- und Erfahrungsgeschichte beider Partner, die sich mehr oder weniger unbewußt in die gegenwärtige Situation eindrängt“ (Ebd., 65.), geprägt ist.

1607 Evelyn Schwaber, Das Ringen ums Zuhören, in: Psyche 60 (2006), 31–56, 33. Schwaber ermahnt mit der Idee von einem „Ringen ums Zuhören“ nicht nur Psychologen, sondern gerade auch Pastoralpsychologen, dass das Zuhören in Gesprächssituationen Dimensionen und Inhalte mit sich trägt, die schnell überhört werden können.

erworbenen Ressourcen oder die positiv erfahrenen Relationen des Einzelnen, die den Blick von einer Krisenorientierung von Leben und Werden abwenden. Wie für die Ebene des Individuellen, so umfasst auch die Weite der Relationen des Individuums die Formen alles Bewussten und Vor- bzw. Unbewussten. Heil kann damit ebenfalls im persönlichen oder kollektiven Unbewussten liegen. So dass auch unbewusste Anteile des Einflusses auf das Individuum im Kontext der individuellen Geschichten wie auch im Kontext aller sozialen Dimensionen auf die Idee des Heils des Menschen wirken. Der prozessanthropologisch orientierte Pastoralpsychologe versteht sein Wirken in dem Sinne, wie Wittrahm und Baumgartner eine Grundorientierung der Pastoralpsychologie erfassen.[1608]

Unter theologischer Perspektive liegt das Heil zudem auch besonders in der Kommunikation und der Relation des Einzelnen, wie auch der sozialen Konstrukte von Leben, mit Gott. Deshalb kann die Betonung, die Gary Gunderson gerade auf die „relationships and circumstances whose cumulative weight presses on the person, defining the length and quality of their prospects“[1609] legt, auch auf die Beziehung des Einzelnen und des Kosmos mit Gott übertragen werden. Heil, im Sinne von Heil-ung finden, braucht Gunderson gemäß „the social environment, physical environment, genetic endowment, individual response (behavior and biology), health care, disease, health and function, well-being, and prosperity.“[1610] Heil für das Individuum und für alle Formen der Gemeinschaft zu finden, ist in diesem Sinne eine Aufgabe, die auch die Bibel kennt und die im hebräischen Wort des *shalom* wiederzufinden ist. Der Begriff des shalom ist ein ganzheitlicher, der sowohl die physische Dimension des Einzelnen wie auch die Dimension ganzer Völker im Sinne von Frieden und Wohlergehen (cf. *prosperity* bei Gunderson) beschreiben kann. Er übersteigt den Horizont der rein kognitiv gedachten Sinnstiftung und erfasst in seiner Ganzheitlichkeit die psychische, seelische und leibliche Dimensionen des Individuums und seiner Entwicklung der Heil-ung bzw. Heil-werdung, die auch als Ganz- bzw. Selbstwerdung verstanden werden kann. Denn die biblische Rede vom

---

1608 Vgl. Wittrahm 2001, 214 und Baumgartner 1990, 39.

1609 Gary Gunderson, Deeply Woven Roots. Improving the Quality of Life in Your Community, Minneapolis 1997, 5.

1610 Ebd., 6.

shalom bzw. Heil akzeptiert die Existenz des Einzelnen als Patchwork bzw. in seiner Fragmentarität mit allen positiv und negativ empfundenen Anteilen des individuellen Lebens und hofft auf ein Wohlergehen des Einzelnen bzw. des Volkes. Als ein Zeuge für die Vielfalt des biblischen shaloms seien die Schriften des Propheten Jesaja genannt (vgl. Jes 2,2–4; 9,5–6; 54,10; 57,14–19). Pastoralpsychologen sehen sich im Dienst dieser biblischen Heilszusage für den Menschen und seine Relationen mit dem gesamten Kosmos und Gott und können über ihre eigene Verwurzelung in der christlichen Tradition Helfer für die spirituelle Begleitung des Einzelnen in seinem Identitätsprozess sein. Damit brauchen Pastoralpsychologen für prozess-anthropologisches Denken und Handeln ein jüdisch-christliches spirituelles Profil, und sie profilieren sich als spirituelle Experten für die individuelle Tiefenbohrung des Gegenübers auf seiner Suche nach Ganzheitlichkeit bzw. Heil. Das Gegenüber des hier beschriebenen Pastoralpsychologen ist als einzigartiges Patchwork seines Lebens und seiner Religiosität im Modus des Heilsuchens zu betrachten. Auch wenn der Pastoralpsychologe von der Wahrheit der jüdisch-christlichen Tradition überzeugt ist, so ist die dogmatisch beschriebene Vollform irdisch nie einzuholen und eher nach der Frage der Authentizität des Heilwerdens des Individuums in der Relationalität mit den Heilsansprüchen des Kosmos und Gottes abzustimmen. In diesem Sinne kann es, psychologisch gesprochen und biblisch falsch verstanden, nicht um eine vollkommene Heilung negativer Erfahrungen, sondern vielmehr um die Integration und die Verwirklichung von heilsamen Prozessen und Momenten gehen, die auf den (positiv erworbenen) Ressourcen und den negativen Erfahrungen eines Individuums aufbauen.

8.) Symbol- und Ritualkompetenz

Dieses Heil und alle Realität kommuniziert und erfährt das Individuum auf der Ebene des Symbolischen. Auch wenn im Versuch der Synopse der hier analysierten Autoren keine direkte Gemeinsamkeit im Symbolbegriff erfasst werden konnte, so muss dem Individuum in einem Modell der Prozess-Anthropologie dennoch eine Symbolkompetenz zugesprochen werden.[1611]

1611 Zur pastoralpsychologischen Reflexion der Notwendigkeit und der Bedürftigkeit menschlicher Existenz nach Symbolen und symbolischer Erfahrung kann das umfassende Werk von Heribert Wahl *Glaube und symbolische Erfahrung.*

Diese befähigt ihn, in Akten und Gedanken die Möglichkeit zu deren Ritualisierung zu erfahren und in Ritualen die Möglichkeit von Dimensionen des Heils bzw. der Selbstwerdung und Identitätsfindung zu erleben. Jedem Menschen kommt die Kompetenz zu als „‚Selbstobjekt‘“[1612] die Realitäten des Lebens symbolisch zu deuten. Symbole, die für das Werden im Sinne der hier beschriebenen Prozess-Anthropologie hilfreich sind, erfassen das Individuum in der Ganzheitlichkeit seiner Wesenselemente: Physis/Materie und Psyche/Seele. Mit der Seite der Leiblichkeit tritt auch die emotionale Dimension zur Symbolkompetenz des Menschen hinzu.[1613] Der prozessanthropologisch orientierte Pastoralpsychologe verfügt, wie auch sein Gegenüber, über die Fähigkeit zur Symbol- und Ritualkompetenz, um mit seinem Gegenüber Dimensionen des Heils erfahren zu können.[1614] Auf der Ebene

---

Eine praktisch-theologische Symboltheorie zugrunde gelegt werden (Vgl. Heribert Wahl, Glaube und symbolische Erfahrung. Eine praktisch-theologische Symboltheorie, Freiburg – Basel – Wien 1994). Wahl kontrastiert unterschiedliche Symbolverständnisse mit psychoanalytischen Traditionen und ihrer Verwendung bzw. Tradition des Symbolgebrauches und leitet darauf folgend Ergebnisse für die theologische Praxis ab. Wenn Wahl von der „anthropologischen Wendung der Theologie“ hin zu einer „funktional-empirische[n, M.F.] Theorie religiöser Erfahrung“ (Vgl. ebd., 568) spricht, dann hängt das Anthopologische untrennbar mit Symbolen und dem Erfahrungshorizont des Menschen zusammen. Daraus ist zu schließen: Menschsein ist ohne das Symbolische nicht zu denken. Dies hat sodann Konsequenzen für die Theologie als Wissenschaft, die sich auch von der Erfahrung des Menschen her versteht (vgl. Transdisziplinarität der Pastoralpsychologie).

1612 Ebd., 615.

1613 Vgl. ebd., 548.

1614 Wahl deutet den Prozess der sogenannten „Symbolagogik“ (Ebd., 579, 600 und 610) bzw. „Symbololose“ (Ebd., 508) als einen triadischen Prozess, der die beiden Personen bzw. Gruppen, die miteinander symbolisch kommunizieren, noch ein Drittes zuordnet (Vgl. ebd., 243). Dies kann theologisch fortgeführt der Heilige Geist oder Gott selbst sein (Vgl. ebd., 581). Der einzelne Mensch bzw. die Gruppe ist dann im Sinne Rahnerscher Theologie als „‚cooperator‘ [zu verstehen, der, M.F.] das für sich erschaffen und erfinden lässt, was ihm – als Gottes frei zuvorkommende Gnade – immer schon vorausliegt, vorgegeben und geschenkt ist.“ (Ebd., 604). Symbolagogik ist ein Offenbarungsprozess, in dem an Hand von tradierten Zeichen, von Wort und eigener Lebensgeschichte eine neue Ebene von Erfahrung möglich wird (Vgl. ebd., 602). Dieser Prozess ist mit Erkenntnissen der Psychoanalyse vertieft worden.

von Symbolen entsteht ein Prozess eigener Kommunikation und Schöpfung von Deutungen des Lebens, den Wahl als „szenisch-kommunikatives, ‚nicht-privates' Beziehungsgeschehen"[1615] beschreibt.[1616]

Rituale haben aber nicht nur eine für das Individuum zugängliche Dimension. Rituale haben grundlegend eine „produktive soziale Rolle", die dem Individuum und der Gemeinschaft „zur Kompensation des Verlusts von Identität und Gemeinschaft, Ordnung und Sicherheit beitragen"[1617] und ein diachrones Potential in sich tragen, um Kontinuität in Raum und durch die Zeit zu gewährleisten. Symbol- und Ritualkompetenz stellen somit Eigenschaften dar, die den Pastoralpsychologen mit dem Konzept der Prozess-Anthopologie und deren Thesen zum Menschen in Verbindung bringen.[1618]

1615 Ebd., 508.

1616 Die Entstehung eines Symbols erinnert dabei in der Beschreibung Wahls stark an Whiteheadsche Prozessbeschreibungen: „Wenn jede Beziehungserfahrung zum Symbol erst dadurch wird, daß wir – wie gezeigt – *fremde, andere* Erfahrungszeugnisse mit den eigenen Modellszenen selbstobjektal verbinden, neue Erfahrungen also anhand der alten szenischen Repräsentanz ‚wiedererkennen', emotional denken und verstehen können, so ist es dieses differenzielle Zusammenpassen (fitting), das die Differenz im Gleichen wahrt und das Symbol im Vollsinn – das Gesamtgeschehen der Symbolose zwischen Erfahrungssubjekt und Symbol-Zeichen – erst schafft" (Ebd., 506). Diese Prozessbeschreibung kann in ihren Aussagen gut neben die Beschreibung Whiteheads zur *concrescence* gehalten werden, so dass Parallelen erkennbar sind. Wahls psychoanalytische und theologische Studie und Whiteheads Philosophie sind prozesslogisch grundlegend vereinbar. Vgl. dazu ebenfalls die Prozessbeschreibung Wahls, die für ihn hinter dem Wort *Symbol* zu finden ist (Vgl. ebd., 79).

1617 Wulf 2004, 191. Die in dieser Arbeit gemachte Feststellung, dass die Symboltheorien der untersuchten Autoren sich voneinander unterscheiden, deckt sich sodann mit der These Wulfs, dass auch „keine allgemein akzeptierte Theorie des Rituals gibt" (Ebd., 192.). Er vermutet allerdings auch, dass gerade „mehrdimensionale[r] Symbolisierungs- und Konstruktionsprozesse" (Ebd.) Rituale ausmachen können. So tragen Rituale in sich schon die Kraft zu verbinden, auch über divergierende Symbole und Symboltheorien hinweg.

1618 Wahl legt in seiner Untersuchung *Glaube und symbolische Erfahrung* einen triadischen Ansatz, in Abgrenzung zu einem Ansatz „dyadischer Subjekt. Objekt-Beziehung" (Wahl, Glaube, 589) vor, der das Resümee aus den gewonnenen Erkenntnissen der Prozessanthropologie dieser Studie zu übersteigen scheint. Was Jung auf die Archetypen bezieht und Whitehead als *eternal objects* sprechen lässt, entsteht bei Wahl „in der besonderen Gestalt

9.) Spiritualität des Pastoralpsychologen

Die theologische Begründung des prozessanthropologisch denkenden und handelnden Pastoralpsychologen wird sich demnach, gemäß dem hier beschriebenen Gottes- und Weltbild, in seiner *Spiritualität* wiederfinden. Gott stellt die Grundlage des Lebens und dessen Werdens dar, der nie aus dem Prozess des Lebens wegzudenken ist. Diese Spiritualität, die eine theologische ist, ist davon überzeugt, dass das Leben eine Perspektive hat und diese fundamental braucht. Der Entwurf zur Selbstwerdung ist ein Entwurf in die Zukunft alles Lebendigen. Diese Zukunft ist auf eine Zukunft der Relation aufgebaut. Alles Lebendige kommt aus der Relation und ist prozesstheologisch (vgl. Kellers Entwurf der einer prozesstheologisch begründeten Schöpfungslehre) auf die Relation mit allem Lebendigen im Kosmos und mit Gott ausgerichtet. Die Zukunft des Lebendigen kann allerdings nicht ohne die Vergangenheit des Kosmos und dessen gegenwärtige Situation gedacht und erlebt werden. Die private Spiritualität des Pastoralpsychologen ist immer im Kontext des Ganzen des Lebens zu betrachten. Sie ist sodann nie von der individuellen Spritualität des ihm begegnenden

---

des Zwischen- und Übergangsbereichs, der sie [die Glaubenssymbole, M.F.] hervorbringt und trägt und den sie zugleich aktuell erst bilden und erfahrbar machen“ (Ebd., 582). Ritualkompetenz kann mit Wahls Studienergebnissen geweitet bedeuten, dass der gemeinsame kommunikative Raum für ein Entdecken der Glaubenssymbole beider sich begegnenden Personen bzw. Gruppen offen gehalten wird und sich gegenseitig die Verständnisse kommuniziert. Im Dazwischen leuchtet Wahrheit auf. Allerdings sagt er deutlich, dass das Christentum nicht über „eine überkulturell-transhistorisch („archetypische“), sondern eine geschichtlich kontingente Ausformung“ (Ebd., 547) verfügt. Christliche Symbolik wird und vergeht in immer neuen Deute- und Lebensprozessen, die durch Worte an die gemeinsame Geschichte gebunden werden. Auf die Symbole des Glaubenslebens in der Liturgie bzw. den Sakramenten bezogen teilt Baumgartner diese Dynamik, erklärt aber kürzer und weniger ausführlich als Wahl, „daß die Symbole der Sakramente keineswegs von sich aus zugänglich und identifizierbar sind. Es bedarf erst der *Teilnahme an jender diakonisch-handelnden, bezeugend-erzählenden und gemeindlich-feiernden Traditionsgemeinschaft*, in der Symbole gewachsen sind und die die Grundlage für die in den Symbolen aufgehobene religiöse Erfahrung bildet“ (Baumgartner, 654). Wahls Auslegung einer Symboltheorie und deren Praxis in der Kirche ist ausführlicher, dialogischer und triadischer formuliert als die Ausführungen Baumgartners.

Lebenden zu trennen und tritt mit dieser in Relation. In diesem Sinn ist die Spiritualität des prozessanthropologisch orientierten Pastoralpsychologen in paulinischer Sprache im Einklang mit der zukunftsgewandten Sehnsucht der gesamten Schöpfung als ein Seufzen (Röm 8,22–25) zu betrachten. Der Pastoralpsychologe, der alles Lebendige und auch den Menschen im Prozess erkennt, lebt eine Spiritualität, die diachron und radikal relational auf ein Werden mit Gott ausgerichtet ist. Mit dem tiefenpsychologischen Verständnis von Leben kann die individuelle Spiritualität des so beschriebenen Pastoralpsychologen im Sinne Hermann Stengers als „transpersonal-archetypische Kompetenz"[1619] beschrieben werden, die wie alle Bestandteile seiner bzw. aller Identitäten, angefangen bei den kleinsten Entitäten bis zu Gott, aus vielen Anteilen besteht, und greift damit auch das philosophische Denken Whiteheads auf.

10.) Ressourcen des Pastoralpsychologen

Der prozessanthropologisch handelnde Pastoralpsychologe braucht eigene *Ressourcen*, die ihm dieses Handeln mit Sicherheit ermöglichen und die unter den vorherigen Punkten erfasst wurden. Dazu zählen die Fähigkeit zur kritischen Selbstreflexion, eine Spiritualität, die dem Lebendigen und Leben einen Ermöglichungsraum schenkt und Gott im Werden alles Lebendigen vermutet, eine Ambiguitätstoleranz, die um die Weite von Leben weiß und damit rechnet, eine Freude immer neue Möglichkeiten an Lebensentwürfen zu entdecken und die vielleicht noch unbewusste Multioptionalität des Lebens zu betonen, den Optimismus, in allen biografischen Brüchen die Chance für neue Schritte ins Leben zu entdecken, ganzheitliche Rituale anzubieten, die das Physische, Mentale, Psychische und Spirituelle einbeziehen, und den Willen, selber immer in Relationen zu leben, damit diese Quelle der Begeisterung seines Handelns nicht versiegt.

1619 Hermann Stenger, Wenn wir so wenige sind. Die Sorge um die personal-redemptive Kompetenz des Priesters in einer Zeit wie dieser, in: Solidaritätsgruppe katholischer Priester in der Diözese Speyer (Hg.), Gemeinde ohne Priester – Kirche ohne Zukunft?, Frankfurt am Main 1983, 60. Auch wenn Stenger hier 1983 diese Kompetenz allein auf den Priester bezieht, kann diese für die heutige Zeit als Merkmal aller Seelsorgeberufe bzw. als Merkmal des seelsorglich engagierten Pastoralpsychologen verstanden werden.

9. Nachwort

Die Frage nach dem Menschen ist Grundlage und die Antwort darauf Ziel vieler Forschungen und darin auch der hier interdisziplinär verbundenen Wissenschaften Philosophie, Theologie und Psychologie. Aus ihren je eigenen Perspektiven suchen sie nach einer Antwort auf die Frage „Wer ist der Mensch?“. Aufgrund der wissenschaftseigenen Erkenntnisse und Methoden kommt es so zu unterschiedlichen Antwortversuchen.

Die hier in den Diskurs gebrachten Beispiele von Whitehead, Jung, Teilhard de Chardin und Rahner teilen allerdings gemeinsame Interessen und Fokussierungen, wie in dieser Arbeit nachgewiesen wurde. Einige inhaltliche Felder bleiben offen oder unvermittelt nebeneinander in ihren je eigenen Ansichten stehen.

Der interdisziplinäre Diskurs dieser Arbeit eröffnet dennoch den Blick auf den Menschen als Individuum im Werden und stellt ihn als höchst variantenreiches, lebendiges und dennoch verwurzeltes Wesen dar. Diesem Wesen und seinen hier erfassten Beschreibungen muss sich die Theologie und darin im Entwurf einer tiefenpsychologisch orientierten Anthropologie die Pastoralpsychologie als theologische Disziplin stellen.

Ich hoffe, dass der hier begonnene Diskurs weitere Überlegungen für die Frage nach dem Menschen eröffnet.

10. Literatur- und Abbildungsverzeichnis

10.1. Kirchliche Dokumente

Deutsche Bischofskonferenz (Hg.), Nachsynodales Apostolisches Schreiben AMORIS LAETITIA des Heiligen Vaters Papst Franziskus, Bonn 2016.

Die Bibel. Einheitsübersetzung der Heiligen Schrift, hrsg. im Auftrag der Bischöfe Deutschlands, Österreichs, der Schweiz, des Bischofs von Luxemburg, des Bischofs von Lüttich, des Bischofs von Bozen-Brixen, Stuttgart 1985.

Franziskus, Laudato si'. Über die Sorge für das gemeinsame Haus. Die Umweltenzyklika mit Einführung und Themenschlüssel, Stuttgart 2015.

Rahner, Karl/Vorgrimler, Herbert (Hrsg.), Kleines Konzilskompendium. Sämtliche Texte des Zweiten Vatikanums, 26. Auflage, Freiburg im Breisgau – Basel – Wien 1994.

Darin enthalten: Erklärung über das Verhältnis der Kirche zu den nichtchristlichen Religionen „Nostra Aetate", 355–359. [= NA]

Die dogmatische Konstitution über die Offenbarung „Dei Verbum", 367–382. [= DV]

Die pastorale Konstitution über die Kirche in der Welt von heute „Gaudium et spes", 449–552. [= GS]

10.2. Primärliteratur zu Alfred North Whitehead

Anshen, Ruth Nanda (Hg.), Alfred North Whitehead. His Reflections on Man and Nature, New York 1961.

Darin enthalten: Whitehead, Alfred North, Meaning, 32–45.

Whitehead, Alfred North, The Relatedness of Nature, 46– 70.

Whitehead, Alfred North, An Enquiry concerning the Principles of Natural Knowledge, London – New York – Bombay – Calcutta – Madras – Toronto – Tokyo 1919.

Whitehead, Alfred North, The Function of Reason, Princeton 1929.

Whitehead, Alfred North, Essays in Science and Philosophy, New York – Melbourne – Sydney – Cape Town 1948.

Whitehead, Alfred North, The Concept of Nature, Cambridge 1964.

Whitehead, Alfred North, Nature and Life, New York 1968.

Whitehead, Alfred North, Abenteuer der Ideen, Frankfurt am Main 1971.

Whitehead, Alfred North, Wie entsteht Religion?, Frankfurt am Main 1986.

Whitehead, Alfred North, Prozeß und Realität, Frankfurt am Main 1987.

Whitehead, Alfred North, Wissenschaft und moderne Welt, Frankfurt am Main 1988.

Whitehead, Alfred North, Kulturelle Symbolisierung, Frankfurt am Main 2000.

Whitehead, Alfred North, Denkweisen, Frankfurt am Main 2001.

Whitehead, Alfred North, Principle of Relativity, New York 2005.

Whitehead, Alfred North, Die Ziele von Erziehung und Bildung und andere Essays, Berlin 2012.

Whitehead, Alfred North, Liberty and the Enfranchisement of Women, http://www.religion-online.org/showarticle.asp?title=2442 (Stand: 12.01.2017)

10.3. Primärliteratur zu Carl Gustav Jung

Hinshaw, Robert/Fischli, Lela (Hrsg.), C.G. Jung im Gespräch. Interviews, Reden, Begegnungen, Zürich 1986.

Darin enthalten: De Angulo, Ximena/Progoff, Ira, Kommentare zu einer Dissertation, 61–75.

Evans, Richard, Houston Filme, 94–178.

Serrano, Miguel, Gespräch mit Miguel Serrano, 249–263.

Jaffé, Aniela (Hg.), Erinnerungen, Träume, Gedanken von C. G. Jung, 2. Auflage, Olten – Freiburg im Breisgau (Sonderausgabe) 1984.

Jung, Carl Gustav, Seelenprobleme der Gegenwart, Zürich 1931.

Jung, Carl Gustav, Zur Psychologie westlicher und östlicher Religion (Gesammelte Werke XI), Zürich – Stuttgart 1963

Darin enthalten: Jung, Carl Gustav, Psychologie und Religion, XVII-117.

Jung, Carl Gustav, Versuch einer psychologischen Deutung des Trinitätsdogmas, 119–218.

Jung, Carl Gustav, Das Wandlungssymbol in der Messe, 219–323.

Jung, Carl Gustav, Über die Beziehung der Psychotherapie zur Seelsorge, 355–376.

Jung, Carl Gustav, Antwort auf Hiob, 385–506.

Jung, Carl Gustav, Yoga und der Westen, 571–580.

Jung, Carl Gustav, Zur Psychologie östlicher Meditation, 603–621.

Jung, Carl Gustav, Antwort an Martin Buber, 657–665.

Jung, Carl Gustav, Zu *Antwort an Hiob*, 685–687.

Jung, Carl Gustav, Zwei Schriften über Analytische Psychologie (Gesammelte Werke VII), Zürich – Stuttgart 1964.

Darin enthalten: Jung, Carl Gustav, Über die Psychologie des Unbewussten, 1–135.

Jung, Carl Gustav, Die Beziehungen zwischen dem Ich und dem Unbewußten, 131–264.

Jung, Carl Gustav, Die Dynamik des Unbewussten (Gesammelte Werke VIII), Zürich – Stuttgart 1967.

Darin enthalten: Jung, Carl Gustav, Über die Energetik der Seele, 1–73.

Jung, Carl Gustav, Allgemeines zur Komplextheorie, 105–120.

Jung, Carl Gustav, Psychologische Determinanten des menschlichen Verhaltens, 131–145.

Jung, Carl Gustav, Instinkt und Unbewusstes, 147–159.

Jung, Carl Gustav, Theoretische Überlegungen zum Wesen des Psychischen, 185–267.

Jung, Carl Gustav, Allgemeine Gesichtspunkte zur Psychologie des Traumes, 269–318.

Jung, Carl Gustav, Geist und Leben, 361–383.

Jung, Carl Gustav, Das Grundproblem der gegenwärtigen Psychologie, 385–406.

Jung, Carl Gustav, Die Lebenswende, 441–460.

Jung, Carl Gustav, Seele und Tod, 461–474.

Jung, Carl, Gustav, Synchronizität als ein Prinzip akausaler Zusammenhänge, 475–577.

Jung, Carl Gustav, Über Synchronizität, 579–591.

Jung, Carl Gustav, Psychologische Typen (Gesammelte Werke VI), 9. Auflage, Olten – Freiburg im Breisgau 1971. [= Jung 1971 a]

Darin enthalten: Jung, Carl Gustav, Allgemeine Beschreibung der Typen, 357–443.

Jung, Carl Gustav, Psychologische Typologie (1928), 568–586.

Jung, Carl Gustav, Das Typenproblem in der Dichtkunst, 177–292.

Jung, Carl Gustav, Definitionen, 444–528.

Jung, Carl Gustav, Über die Beziehungen der analytischen Psychologie zum dichterischen Kunstwerk, in: Ders., Über das Phänomen des Geistes in Kunst und Wissenschaft (Gesammelte Werke XV), Olten – Freiburg im Breisgau 1971, 75–96. [= Jung 1971 b]

Jung, Carl Gustav, Ein moderner Mythus: Von Dingen, die am Himmel gesehen werden, in: Ders., Zivilisation im Übergang (Gesammelte Werke X), Olten – Freiburg im Breisgau 1974, 337–474.

Jung, Carl Gustav, Mysterium Coniunctionis. Untersuchungen über die Trennung und Zusammensetzung der seelischen Gegensätze in der Alchemie (Gesammelte Werke XIV.1), 3. Auflage, Olten – Freiburg im Breisgau 1978. [= Jung 1978 a]

Jung, Carl Gustav, Mysterium Coniunctionis. Untersuchungen über die Trennung und Zusammensetzung der seelischen Gegensätze in der Alchemie (Gesammelte Werke XIV.2), 3. Auflage, Olten – Freiburg im Breisgau 1978. [= Jung 1978 b]

Jung, Carl Gustav, Praxis der Psychotherapie. Beiträge zum Problem der Psychotherapie und zur Psychologie der Übertragung (Gesammelte Werke XVI), 3. Auflage, Olten – Freiburg im Breisgau 1979.

Darin enthalten: Jung, Carl Gustav, Grundsätzliches zur Praktischen Psychotherapie, 1–20.

Jung, Carl Gustav, Ziele der Psychotherapie, 38–56.

Jung, Carl Gustav, Psychotherapie und Weltanschauung, 82–89.

Jung, Carl Gustav, Medizin und Psychotherapie, 90–99.

Jung, Carl Gustav, Die Psychotherapie in der Gegenwart, 100–117.

Jung, Carl Gustav, Die praktische Verwendbarkeit der Traumanalyse, 148–171.

Jung, Carl Gustav, Die Psychologie der Übertragung, 173–345.

Jung, Carl Gustav, Die Archetypen und das kollektive Unbewußte (Gesammelte Werke IX.1), 4. Auflage, Olten – Freiburg im Breisgau, 1980. [= Jung 1980 a]

Darin enthalten: Jung, Carl Gustav, Über die Archetypen des kollektiven Unbewussten, 11–51.

Jung, Carl Gustav, Der Begriff des kollektiven Unbewußten, 53–66.

Jung, Carl Gustav, Über den Archetypus mit besonderer Berücksichtigung des Animabegriffes, 67–87.

Jung, Carl Gustav, Die psychologischen Aspekte des Mutterarchetypus, 89–123.

Jung, Carl Gustav, Zur Psychologie des Kinderarchetypus, 163–195.

Jung, Carl Gustav, Bewusstsein, Unbewusstes und Individuation, 291–307.

Jung, Carl Gustav, Mandalas, 409–414.

Jung, Carl Gustav, Psychologie und Alchemie (Gesammelte Werke XII), 3. Auflage, Olten – Freiburg im Breisgau, 1980. [= Jung 1980 b]

Darin enthalten: Jung, Carl Gustav, Einleitung in die religionspsychologische Problematik der Alchemie, 15–54.

Jung, Carl Gustav, Traumsymbole des Individuationsprozesses, 59–260.

Jung, Carl Gustav, Die Erlösungsvorstellungen in der Alchemie, 265–537.

Jung, Carl Gustav, Über die Grundlagen der Analytischen Psychologie, in: Das symbolische Leben. Verschiedene Schriften (Gesammelte Werke XVIII.1), Olten – Freiburg im Breisgau 1981. [= Jung 1981 a]

Jung, Carl Gustav, Das symbolische Leben. Verschiedene Schriften (Gesammelte Werke XVIII.2), Olten – Freiburg im Breisgau 1981. [= Jung 1981 b]

Darin enthalten: Jung, Carl Gustav, Geleitwort zu Erich Neumann „Depth Psychology and a new Ethic“, 659–666.

Jung, Carl Gustav, „Religion und Psychologie“. Eine Antwort auf Martin Buber, 710–717.

Jung, Carl Gustav, Memorandum für die UNESCO, 648–656.

Jung, Carl Gustav, Jung und der religiöse Glaube, 754–801.

Jung, Carl Gustav, Über die Entwicklung der Persönlichkeit (Gesammelte Werke XVII), 6. Auflage, Olten – Freiburg im Breisgau 1988.

Darin enthalten: Jung, Carl Gustav, Über Konflikte der kindlichen Seele, 11–47.

Jung, Carl Gustav, Vom Werden der Persönlichkeit, 189–211.

Jung, Carl Gustav, Briefe III. 1956–1961, 3. Auflage, Olten – Freiburg im Breisgau 1990.

Darin enthalten: Jung, Carl Gustav, An Herrn G. Krüger (1961), 379–380.

Jung, Carl Gustav, To Hugh Burnett (1959), 275.

Jung, Carl Gustav, An Rudolf Jung (1956), 24.

Jung, Carl Gustav, Aion. Beiträge zur Symbolik des Selbst (Gesammelte Werke IX.2), 8. Auflage, Olten – Freiburg im Breisgau 1992.

10.4. Weitere Literatur

Aigner, Maria Elisabeth/Bucher, Rainer/Hable, Ingrid/Ruckenbauer, Hans-Walter (Hg.), Räume des Aufatmens.Pastoralpsychologie im Risiko des Aufatmens (Festschrift zu Ehren von Karl Heinz Ladenhauf), Wien/Münster 2010,

Darin enthalten: Kießling, Klaus, Interdisziplinär empirisch und mitleidenschaftlich spirituell. Pastoralpsychologie als Grundmuster Praktischer Theologie, 9–31.

Findl, Hubert, Religion, Psychologie – und Pastoralpsychologie: Wohin geht die Reise?, 32–42.

Körner, Bernhard, Für eine psychologisch sensible Seelsorge und eine theologisch verantwortete Psychologie, 43–56.

Panhofer, Johannes, Pastoralpsychologische Bildung – Pflicht, Kür oder Luxus? Eine unverzichtbare theologische Disziplin und ihre neuen Herausforderungen, 57–79.

Aigner, Maria Elisabeth, Wut, Mut und Verletzlichkeit. Zur gegenwärtigen Lage der Pastoralpsychologie in Theologie und Kirche, in: Praktische Theologie 46 (2011), 219–224.

Bailey, Edward, The secular faith controversy. Religion in Three Dimensions, London – New York 2001.

Balmer, Heinrich, Die Archetypentheorie von C. G. Jung. Eine Kritik, Berlin – Heidelberg – New York 1972.

Bauer, Thomas, Die Vereindeutigung der Welt. Über den Verlust der Mehrdeutigkeit und Vielfalt, 5. Auflage, Stuttgart 2018.

Baumgartner, Isidor, Pastoralpsychologie. Einführung in die Praxis heilender Seelsorge, Düsseldorf 1990.

Beck, Matthias, Seele und Krankheit. Psychosomatische Medizin und theologische Anthropologie, Paderborn 2003.

Becker, Thomas, Geist und Materie in den ersten Schriften Pierre Teilhard de Chardins, Freiburg im Breisgau 1987.

Becker, Patrick, Die Seele. Zur Aktualität eines vergessenen Konzeptes, in: Ders./Heinrich, Christiane (Hrsg.), Theonome Anthropologie? Christliche Bilder von Menschen und Menschlichkeit, Freiburg im Breisgau 2016, 202–219.

Beelitz, Thomas, Die dynamische Beziehung zwischen Erfahrung und Metaphysik. Eine Untersuchung der Spekulativen Philosophie von Alfred North Whitehead im Interesse der Theologie, Frankfurt am Main – Bern – New York – Paris 1991.

Beinert, Wolfgang, Die Leib-Seele-Problematik in der Theologie, Köln 2002.

Benedetti, Gaetano, Symbol, Traum, Psychose, Göttingen 2006.

Berve, Aljoscha, Spekulative Vernunft, symbolische Wahrnehmung, intuitive Urteile. Höhere Formen der Erfahrung bei A. N. Whitehead, Freiburg – München 2015.

Bohm, David, Wholeness and the Implicate Order, London – New York 1980.

Bracken, Joseph, The Triune Symbol. Persons, Process and Community, Lanham – New York – London 1985.

Bracken, Joseph, Christianity and Process Thought. Spirituality for a changing world, Philadelphia – London 2006.

Darin enthalten: Haught, John, Foreword, IX–XI.

Bracken, Joseph, The World in the Trinity. Open-Ended Systems in Science and Religion, Minneapolis 2014.

Bracken, Joseph, Divine-Human Intersubjectivity and the Problem of Evil, in: Open Theology 2018, Band 4, Ausgabe 1, 60–70.

Breazeale, Kathlyn, Toward a process theology of partnership. Redemption through intimacy and mutual empowerment, http://www.ctr4process.org/sites/default/files/pdfs/26_3%20Toward%20a%20Process%20Theology%20of%20Partnership%20by%20Breazeale.pdf (Stand: 03.04.2017).

Busch, Elmar, Viele Subjekte, eine Person. Das Gehirn im Blickwinkel der Ereignisphilosophie A. N. Whiteheads, Würzburg 1993.

Cain, Susan, Still. Die Kraft der Introvertierten, 3. Auflage, München 2013.

Chenu, Marie-Dominique, Die Theologie als Wissenschaft im 13. Jahrhundert, Ostfildern 2008.

Christian, William, An Interpretation of Whitehead`s Metaphysics, Westport 1977.

Cobb, John B./Griffin, David R., Prozess-Theologie. Eine einführende Darstellung, Göttingen 1979.

Cobb, John B., A Christian natural theology. Based on the Thought of Alfred North Whitehead, 2. Auflage, Louisville – London 2007.

Cobb, John B., Whitehead Word Book. A glossary with alphabetical index to technical terms in *Process and Reality*, Anoka 2015.

Cobb, John B., The contribution of process thought to reflection of love, http://www.ctr4process.org/sites/default/files/pdfs/28_1%20Cobb.pdf (Stand: 28.02.2017).

De Chardin, Pierre Teilhard, Der Mensch im Kosmos, 4. Auflage, München 1959.

De Chardin, Pierre Teilhard, Lobgesang des Alls, Olten – Freiburg im Breisgau 1961.

Darin enthalten: De Chardin, Pierre Teilhard, Christus in der Materie, 43–69.

De Chardin, Pierre Teilhard, Die geistige Potenz der Materie, 71–92.

De Chardin, Pierre Teilhard, Die Zukunft des Menschen, Olten – Freiburg im Breisgau 1963.

Darin enthalten: De Chardin, Pierre Teilhard, Soziale Vererbung und Fortschritt, 41–55.

De Chardin, Pierre Teilhard, Gedanken über den Fortschritt, 87–111.

De Chardin, Pierre Teilhard, Der göttliche Bereich, 4. Auflage, Olten – Freiburg im Breisgau 1964.

De Chardin, Pierre Teilhard, Die menschliche Energie, Olten 1966.

Darin enthalten: De Chardin, Pierre Teilhard, Skizze eines personalen Universums, 70–124.

De Chardin, Pierre Teilhard, Das geistige Phänomen, 125–151.

De Chardin, Pierre Teilhard, Die menschliche Energie, 152–219.

De Chardin, Pierre Teilhard, Briefe an Léontine Zanta, Freiburg – Basel – Wien 1968. [= Chardin 1968 a]

De Chardin, Pierre Teilhard, Frühe Schriften, Freiburg – München 1968. [= Chardin 1968 b]

Darin enthalten: De Chardin, Pierre Teilhard, Das kosmische Leben, 9–82.
De Chardin, Pierre Teilhard, Die Beherrschung der Welt und das Reich Gottes, 83–107.

De Chardin, Pierre Teilhard, Geheimnis und Verheißung der Erde. Reisebriefe 1923–1939, Freiburg – Basel – Wien 1968. [= Chardin 1968 c]

De Chardin, Pierre Teilhard, Wissenschaft und Christus, Olten 1970.

Darin enthalten: De Chardin, Pierre Teilhard, Über den Christus-Universalis, 37–43.
De Chardin, Pierre Teilhard, Das Christentum in der Welt, 137–154.
De Chardin, Pierre Teilhard, Der moderne Unglaube, 155–160.
De Chardin, Pierre Teilhard, Einige Bemerkungen über die Bekehrung der Welt, 161–172.

De Chardin, Pierre Teilhard, Mein Glaube, Olten – Freiburg im Breisgau 1972.

Darin enthalten: De Chardin, Pierre Teilhard, Über die physische Vereinigung zwischen der Menschheit Christi und den Gläubigen im Laufe der Heiligung, 21–27.
De Chardin, Pierre Teilhard, Über den Begriff der schöpferischen Transformation [Transformatio creatrix], 28–32.
De Chardin, Pierre Teilhard, Über die Weisen des göttlichen Wirkens im Universum, 33–46.
De Chardin, Pierre Teilhard, Pantheismus und Christentum, 71–92.
De Chardin, Pierre Teilhard, Mein Glaube, 116–158.
De Chardin, Pierre Teilhard, Einige allgemeine Ansichten über das Wesen des Christentums, 159–164.

De Chardin, Pierre Teilhard, Christentum und Evolution. Anregungen für eine neue Theologie, 207–223.

De Chardin, Pierre Teilhard, Die Kontingenz des Universums und die menschliche Lust zu überleben, 263–271.

De Chardin, Pierre Teilhard, Der Gott der Evolution, 281–288.

De Chardin, Pierre Teilhard, Tagebücher I. Notizen und Entwürfe 26. August 1915 bis 22. September 1916, Olten – Freiburg im Breisgau 1974.

De Chardin, Pierre Teilhard, Die Entstehung des Menschen, 2. Auflage, München 1981.

De Chardin, Pierre Teilhard, Das Herz der Materie, Olten/Freiburg im Breisgau 1990

Delbrêl, Madeleine, Der Ball des Gehorsams, in: Ders., Gott einen Ort sichern. Texte, Gedichte, Gebete, Ostfildern 2002, 71–74.

Dieckmann, Hans, Methoden der analytischen Psychologie. Eine Einführung, Olten – Freiburg im Breisgau 1979.

Drewermann, Eugen, Das Matthäusevangelium. Bilder der Erfüllung (Band 1), Olten – Freiburg im Breisgau 1992.

Eisendrath, Craig, The Unifying Moment. The Psychological Philosophy of William James and Alfred North Whitehead, Cambridge 1971.

Enxing, Julia, Gott im Werden. Die Prozesstheologie Charles Hartshornes, Regensburg 2013.

Enxing, Julia, Die ökologische Krise aus panentheistischer Sicht. Ein Antwortversuch mit der Theologin Sallie McFague, in: Ruhstorfer, Karlheinz (Hg.), Das Ewige im Fluss der Zeit. Der Gott, den wir brauchen, Freibung im Breisgau 2016, 53–76.

Epperly, Bruce, Process Theology. A Guide for the Perplexed, London – New York 2011.

Etheber, Alfred, Offenbarung und Psyche. Eine fundamentaltheologische Untersuchung des tiefenpychologischen Verständnisses der Offenbarung bei C. G. Jung, Paderborn – München – Wien – Zürich 1998.

Faber, Roland, Prozeßtheologie. Zu ihrer Würdigung und kritischen Erneuerung, Mainz 2000.

Faber, Roland, Gott als Poet der Welt. Anliegen und Perspektiven der Prozesstheologie, Darmstadt 2003.

Faber, Roland, Prozesstheologie, in: Barwasser, Carsten, Theologien der Gegenwart. Eine Einführung, Darmstadt 2006, 179–197.

Faber, Roland, The becoming of God. Process Theology, Philosophy and Multireligious Engagement, Eugene 2017.

Fetz, Reto Luzius, Whiteheads Begriff einer Religion im Werden und die Theorie der Moderne. Eine Interpretation Whiteheadscher Religionstheorie im Kontext gegenwärtiger Sozialwissenschaft, in: Holzhey, Helmut/Rust, Alois/Wiehl, Reiner (Hrsg.), Natur, Subjektivität, Gott. Zur Prozeßphilosophie Alfred N. Whiteheads, Frankfurt am Main 1990, 278–300.

Freitag, Christine (Hrsg.), Methoden des Vergleichs. Komparatistische Methodologie und Forschungsmethodik in interdisziplinärer Perspektive, Opladen/Berlin/Toronto 2014.

Darin enthalten: Von Stosch, Klaus, Zur Rolle und zur Methode des Vergleichens in der Komparativen Theologie, 51–72.

Heiny, Anna, Kunst und Komparative Theologie, was wird hier wie verglichen?, 140–157.

Fröbe-Kapteyn, Olga (Hg.), Eranos-Jahrbuch 18 (1950).

Darin enthalten: Bänziger, Hans, Der Glaube als archetypische Haltung. Versuch einer Amplifikation, 377–412.

Portmann, Adolf, Das Problem der Urbilder in biologischer Sicht, 413–432.

Ganoczy, Alexander, Art. Uroffenbarung, in: Beinert, Wolfgang (Hg.), Lexikon der katholischen Dogmatik, Freiburg im Breisgau – Basel – Wien 1987, 529f.

Gerdes, Adele, Die Selbstorganisation dynamischer Systeme. Whiteheads Beitrag zur Philosophie des Geistes, Berlin 2013.

Gergen, Kenneth J./Gergen, Mary, Einführung in den sozialen Konstruktivismus, Heidelberg 2009.

Gerster, Georg, Eine Stunde mit…, Frankfurt am Main 1956, 7–20.

Goldbrunner, Josef, Individuation. Selbstfindung und Selbstentfaltung. Die Tiefenpsychologie von Carl Gustav Jung, 3. Auflage, Freiburg im Breisgau 1964.

Griesl, Gottfried (Hrsg.), Praktisches Wörterbuch der Pastoralanthropologie. Sorge um den Menschen, Wien/Freiburg/Basel/Göttingen 1975.

Darin enthalten: Griesl, Gottfried, Vorwort, V–VII.

Griesl, Gottfried, Art. „Anthropologie“, 54–58.

Griffin, David Ray (Hg.), Archetypal Process. Self and Divine in Whitehead, Jung, and Hillman, Evanston (IL) 1989.

Darin enthalten: Griffin, David Ray, Archetypal Psychology and Process Theology. Complementary Postmodern Movements, 1–76.

Sellery, J'nan Morse, The Necessity for Symbol and Myth. A Literary Amplification, 93–103.

Griffin, David Ray, Protecting our Common, Sacred Home: Pope Francis and Process Thought, Anoka 2016.

Gunderson, Gary, Deeply Woven Roots. Improving the Quality of Life in Your Community, Minneapolis 1997.

Gunderson, Gary, Boundary Leaders. Leadership skills for People of Faith, Minneapolis 2004.

Haas, Adolf, Teilhard de Chardin-Lexikon. A-H Grundbegriffe – Erläuterungen – Texte, Freiburg im Breisgau 1971. [= Haas, 1971a.]

Haas, Adolf, Teilhard de Chardin-Lexikon. A-H Grundbegriffe – Erläuterungen – Texte, Freiburg im Breisgau 1971. [= Haas, 1971b.]

Hampe, Michael/Maaßen, Helmut (Hrsg.), Prozeß, Gefühl und Raum-Zeit. Materialien zu Whiteheads ‚Prozeß und Realität‘ (Band 1), Frankfurt am Main 1991.

Darin enthalten: Hampe, Michael, Whiteheads Metaphysik und das philosophische Selbstverständnis der Gegenwart, 10–31.

James, William, Gibt es das ‚Bewußtsein‘?, 191–206.

Hampe, Michael, Alfred North Whitehead, München 1998.

Hark, Helmut (Hg.), Lexikon Jungscher Grundbegriffe. Mit Originaltexten von C.G. Jung, 5. Auflage, Zürich – Düsseldorf 2003.

Hartshorne, Charles, The Divine Relativity. A Social Conception of God, 2. Auflage, New Haven – London 1964.

Hartshorne, Charles, The Acceptance of Death, in: Hetzler, Florence/Kutscher, Austin (Hrsg.), Philosophical Aspects of Thanatology, Band 1, New York, 1978, 83–87.

Hartshorne, Charles, A Philosophy of Death, in: Hetzler, Florence/Kutscher, Austin (Hrsg.), Philosophical Aspects of Thanatology, Band 2, New York 1978, 81–89.

Hartshorne, Charles, Das metaphysische System Whiteheads, in: Wolf-Gazo, Ernest (Hg.), Whitehead, Freiburg – München 1980, 28–44.

Hartshorne, Charles, Omnipotence and other Theological Mistakes, Albany 1984.

Hauskeller, Michael, Alfred North Whitehead zur Einführung, Hamburg 1994.

Holland, Joe, The Postmodern Paradigm and Contemporary Catholicism, in: Griffin, David Ray/Beardslee, William/Holland, Joe (Hrsg.), Varieties of Postmodern Theology, New York 1989, 9–27.

Jacobi, Jolande, Der Weg zur Individuation, Olten 1971.

Jacobi, Jolande, Die Psychologie von C. G. Jung, 7. Auflage, Olten 1976.

Jacoby, Mario, Individuation and narcissism. The psychology of the Self in Jung and Kohut, London – New York 2006.

Johnson, Allison, Whitehead's Philosophy of Civilisation, New York 1962.

Jonas, Hans, Materie, Geist und Schöpfung, Frankfurt am Main 1988.

Kann, Christoph, Fußnoten zu Platon. Philosophiegeschichte bei A.N. Whitehead, Hamburg 2001.

Kast, Verena, Die Dynamik der Symbole. Grundlagen der Jungschen Psychotherapie, Olten – Freiburg im Breisgau 1990.

Kathar, Regine, Person. Die Begründung menschlicher Identität, Darmstadt 2007.

Keller, Catherine, Face of the deep. A Theology of Becoming, London – New York 2004.

Keller, Catherine, On the Mystery. Discerning Divinity in Process, Minneapolis 2008.

Kießling, Klaus (Hg.), In der Schwebe des Lebendigen, Ostfildern 2012.

Darin enthalten: Fuchs, Ottmar, Stand und Perspektive der Pastoralpsychologie, 33–46.

Wahl, Heribert, Was ist und wozu brauchen wir heute die Pastoralpsychologie?, 47–60.

Kießling, Klaus, Der Mensch – Leibeigener seines Hirns? Psychologische Anthropologien im Widerstreit, in: Ders./Schmidt, Heinz (Hrsg.), Diakonisch Menschen bilden. Motivationen – Grundierungen – Impulse, Stuttgart 2014, 91–118.

Kim, Chae Young, A comparison of Alfred North Whitehead's and Carl Gustav Jung's idea of religion. Special reference to their lectures on religion, in: Journal of Dharma 27 (2002), 417–428.

Klessmann, Michael, Pastoralpsychologie. Ein Lehrbuch, Neukirchen-Vluyn 2004.

Klibengajtis, Thomas, „Total in God – total in oneself.". The Teilhardian vision of unification of the world and God and its roots in European philosophical-theological tradition, Norderstedt 2006.

Kline, George L., Alfred North Whitehead. Essays on His Philosophy, Englewood Cliffs 1963.

Darin enthalten: Leclerc, Ivor, Whitehead and the Problem of Extension, 117–123.

Lowe, Victor, The Concept of Experience in Whitehead's Metaphysics, 124–133.

Knoepffler, Nikolaus, Teilhard de Chardin und Karl Rahner, in: Leiner, Martin/Knoepffler, Nikolaus/Birx, James (Hrsg.), Teilhard de Chardin. Naturwissenschaftliche und theologische Perspektiven seines Werkes, Göttingen 2005, 29–43.

Köhler, Lotte, Psychoanalyse und menschliche Entwicklung. Was Freud entdeckte und was er noch nicht wusste, in: Michael Ermann (Hg.), Was Freud noch nicht wusste. Neues über Psychoanalyse, 2. Auflage, Frankfurt am Main 2009, 39–52.

Kohlberg, Lawrence, The Philosophy of Moral Development, San Francisco 1981.

Küng, Hans, Existiert Gott? Antwort auf die Gottesfrage der Neuzeit, München 1978.

Lee, Bernard, The Becoming of the Church. A Process Theology of the Structures of Christian Experience, New York – Paramus – Toronto 1974.

Loichinger, Alexander, Pierre Teilhard de Chardin (1881–1955). Zum 50. Todestag, in: Theologische Revue 101 (2005), 107–123.

Loomer, Bernard/Hiltner, Seward, Some Implications of Process Philosophy für Psychotherapeutic Theory, Chicago 1952, unveröffentlichtes Manuskript.

Loomer, Bernard, Christian Faith and Process Philosophy, http://www.religion-online.org/showchapter.asp?title=2298&C=2238 (Stand: 11.02.2017).

Lotter, Maria-Sibylla, Die metaphysische Kritik des Subjekts. Eine Untersuchung von Whiteheads universalisierter Sozialontologie, Hildesheim – Zürich – New York, 1996.

Lowe, Victor, Alfred North Whitehead. The Man and His Work, Volume I: 1861–1910, Baltimore 1985.

Lowe, Victor, Alfred North Whitehead. The Man and His Work, Volume II: 1910–1947, Baltimore 1990.

Maaz, Hans-Joachim, Art. Analytische Körperpsychotherapie, in: Stumm, Gerhard/Pritz, Alfred (Hrsg.), Wörterbuch der Psychotherapie, Wien – New York 2007, 25f.

Maclachlan, Lorne, Whitehead's Theory of Perception, http://www.religion-online.org/showarticle.asp?title=2839 (Stand: 02.01.2017).

Marcel, Gabriel, Leibliche Begegnung. Notizen aus einem gemeinsamen Gedankengang, in: Petzold, Hilarion (Hg.), Leiblichkeit. Philosophische, gesellschaftliche und therapeutische Perspektiven, Paderborn 1985, 15–46.

McDaniel, Jay/Bowman, Donna (Hrsg.), Handbook *of* Process Theology, St. Louis 2006.

Darin enthalten: Bowman, Donna, God for Us. A Process View of Divine- Human Relationship, 11–24.

Cobb, John, Jesus and Christ in Process Perspective, 25–36.

Epperly, Bruce, Process Theology and the Healing Adventure. Reflections on Spirituality and Medicine, 91–102.

Breazeale, Kathlyn, Process Perspectives on Sexuality, Love, and Marriage, 120–135.

Mead, George Herbert, Mind, Self, and Society. From the Standpoint of a social Behaviorist, 18. Auflage, Chicago – London 1972.

Mellert, Robert, What is Process Theology?, New York – Paramus – Toronto 1975.

Menke, Karl-Heinz, Symbol V. Theologiegeschichtlich u. systematisch-theologisch, in: Kasper, Walter/Baumgartner, Konrad/Bürkle, Horst/Ganzer, Klaus/Kertelge, Karl/Korff, Wilhelm/Walter, Peter (Hrsg.), Lexikon für Theologie und Kirche, Band 9, Sonderausgabe, 3. Auflage, Freiburg im Breisgau 2009, 1158–1160.

Merkur, Dan, Jung's Ethics. Moral Psychology and his Cure of Souls, London – New York 2017.

Mesle, Robert, Process-Relational Philosophy. An introduction to Alfred North Whitehead, West Conshohocken 2008.

Mittelstraß, Jürgen, Transdisziplinarität – wissenschaftliche Zukunft und institutionelle Wirklichkeit, Konstanz 2003.

Müller, Gerhard Ludwig, Katholische Dogmatik. Für Studium und Praxis der Theologie, 5. Auflage, Freiburg im Breisgau 2005.

Müller, Tobias, Die ethische Dimension von Alfred North Whiteheads Prozessphilosophie, in: Heil, Joachim (Hg.), Dimensionen Praktischer Philosophie. Texte zur philosophischen Ethik und Anthropologie, London – Kirchtellinsfurt 2004, 183–206.

Müller, Tobias, Gott – Welt – Kreativität. Eine Analyse der Philosophie A.N. Whiteheads. Paderborn – München – Wien – Zürich 2009.

Müncker, Theodor, Die psychologischen Grundlagen der katholischen Sittenlehre, Band 2, 2. Auflage, Düsseldorf 1953.

Nannen, Els, Carl Gustav Jung. Der getriebene Visionär, Bielefeld 2003.

Neumann, Erich, Tiefenpsychologie und neue Ethik, München 1964.

Obrist, Willy, Tiefenpsychologie als Basisdisziplin einer integralen Humanwissenschaft, in: Mertens, Wolfgang/Obrist, Willy/Scholpp,

Herbert, Was Freud und Jung nicht zu hoffen wagten... Tiefenpsychologie als Grundlage der Humanwissenschaften, Gießen 2004, 55–120.

Obrist, Willy, Tiefenpsychologie und Theologie. Aufbruch in ein neues Bewußtsein. Eine Einführung, Olten 1993.

Ogden, Schubert, Die Realität Gottes, Zürich 1970.

Pannenberg, Wolfhart, Was ist der Mensch? Die Anthropologie der Gegenwart im Lichte der Theologie, 8. Auflage, Göttingen 1995.

Peters, Michael, Bodies of Knowledge and Knowledges of the Body, in: Ders./De Alba, Alicia (Hrsg.), Subjects in Process. Diversity, Mobility, and the Politics of Subjectivity in the 21st Century, Boulder – London 2015, 131–150.

Pirker, Viera, fluide und fragil. Identität als Grundoption zeitsensibler Pastoralpsychologie, Ostfildern 2013.

Pittenger, Norman, The Lure of Divine Love. Human Experience and Christian Faith in a Process Perspective, New York 1979.

Pompey, Heinrich, Aufgaben und Möglichkeiten einer Pastoralpsychologie, in: Diakonia 3 (1972), 378–385.

Pompey, Heinrich, Pastoralpsychologie – die Entwicklung der ältesten Teildisziplin der Angewandten Psychologie, in: Psychologie und Praxis 16 (1972), 168–175.

Pompey, Heinrich, Religionspsychologie, Pastoralpsychologie und Moralpsychologie. Eine wissenschaftstheoretische Ortsbestimmung, in: Wege zum Menschen 24 (1972), 385–388.

Pongratz, Ludwig J., Hauptströmungen der Tiefenpsychologie, Stuttgart 1983.

Portmann, Adolf, Die Biologie und das Phänomen des Geistigen, in: Fröbe-Kapteyn, Olga (Hg.), Eranos-Jahrbuch 14 (1946), 521–567.

Price, Lucien, Dialogues of Alfred North Whitehead, Boston 1954.

Raffelt, Albert/Verweyen, Hansjürgen, Karl Rahner, München 1997.

Rahner, Karl, Anthropologie. Theologische Anthropologie, in: Höfer, Josef/Rahner. Karl (Hrsg.) Lexikon für Theologie und Kirche, Band 1, 2. Auflage, Freiburg im Breisgau 1957, 618–627. [= Rahner 1957 a]

Rahner, Karl, Einige Thesen zur Theologie der Herz-Jesu-Verehrung, in: Ders., Schriften zu Theologie, Band 3, 2. Auflage, Einsiedeln – Zürich – Köln 1957, 391–415. [= Rahner 1957 b]

Rahner, Karl, Zum theologischen Begriff der Konkupiszenz, in: Ders.: Schriften zur Theologie, Band 1, 5. Auflage, Einsiedeln – Zürich – Köln 1961, 377–414. [= Rahner 1961 a]

Rahner, Karl, Schriften zur Theologie, Band 2, 5. Auflage, Einsiedeln – Zürich – Köln 1961. [= Rahner 1961 b]

Darin enthalten: Rahner, Karl, Auferstehung des Fleisches, 211–225.

Rahner, Karl, Schuld und Schuldvergebung als Grenzgebiete zwischen Theologie und Psychotherapie, 279–297.

Rahner, Karl, Zur Theologie des Symbols, in: Ders., Schriften zur Theologie, Band 4, 2. Auflage, Einsiedeln – Zürich – Köln 1961, 275–311. [= Rahner 1961 c]

Rahner, Karl, Schriften zur Theologie, Band 5, 2. Auflage, Einsiedeln – Zürich – Köln 1964.

Darin enthalten: Rahner, Karl, Weltgeschichte und Heilsgeschichte, 115–135.

Rahner, Karl, Das Christentum und der „neue Mensch", 159–179.

Rahner, Karl, Die Christologie innerhalb einer evolutiven Weltanschauung, 183–221.

Rahner, Karl, Dogmatische Erwägungen über das Wissen und Selbstbewußtsein Christi, 222–245.

Rahner, Karl, Die Einheit von Geist und Materie im christlichen Glaubensverhältnis, in: Ders., Schriften zur Theologie, Band 6, Einsiedeln – Zürich – Köln 1965, 185–214.

Rahner, Karl, Die Hominisation als theologische Frage, in: Overhage, Paul/ Ders. (Hrsg.), Das Problem der Hominisation, 3. Auflage, Freiburg im Breisgau 1965, 13–90.

Rahner, Karl, Grundentwurf einer theologischen Anthropologie, in: Arnold, Franz Xaver/Rahner, Karl/Schurr, Viktor/Weber, Leonhard M., Handbuch der Pastoraltheologie. Praktische Theologie der Kirche in ihrer Gegenwart, Bd. II/1, Freiburg/Basel/Wien 1966, 20–38.

Rahner, Karl, Theologie und Anthropologie, in: Ders., Schriften zur Theologie, Band 8, Einsiedeln – Zürich – Köln 1967, 43–65.

Rahner, Karl, Schriften zur Theologie, Band 10, Zürich – Einsiedeln – Köln 1972.

Darin enthalten: Rahner, Karl, Die Theologie im interdisziplinären Gespräch der Wissenschaften, 89–103.

Rahner, Karl, Zum Verhältnis zwischen Theologie und heutigen Wissenschaften, 104–112.

Rahner, Karl, Der Leib in der Heilsordung, in: Ders., Schriften zur Theologie, Band 12, Zürich – Einsiedeln – Köln 1975, 407–427.

Rahner, Karl, Grundkurs des Glaubens. Einführung in den Begriff des Christentums, 3. Auflage, Freiburg – Basel – Wien 1976.

Rahner, Karl, Hörer des Wortes. Zur Grundlegung einer Religionsphilosophie, in: Ders., Hörer des Wortes. Schriften zur Religionsphilosophie und zur Grundlegung der Theologie (Sämtliche Werke), Band 4, Solothurn – Düsseldorf – Freiburg im Breisgau 1997, 2–281.

Rahner, Karl, Tractatus De deo creante et elevante et de peccato originali, in: Ders., Der Mensch in der Schöpfung (Sämtliche Werke), Band 8, Zürich – Düsseldorf – Freiburg im Breisgau 1998, 41–511.

Rees, Tobias/Bosch, Thomas/Douglas, Angela, How the microbiome challenges our concept of self, PLoS Biol 16 (2018), https://doi.org/10.1371/journal.pbio.2005358 (Stand: 27.04.2018).

Rensma, Ritske, Analytical psychology and the ghost of Lamarck: did Jung believe in the inheritance of acquired characteristics?, in: The Journal of Analytical Psychology 58 (2013), 258–277.

Riffert, Franz, Whiteheads Prozessethik, in: Freiburger Zeitschrift für Philosophie und Theologie (Separatum) 50 (2003), 171–187.

Riffert, Franz, Whiteheads Wahrnehmungstheorie im Lichte empirischer Befunde der Mikrogenese und Perzeptgenese-Forschung, in: Koutroufinis, Spyridon (Hg.), Prozesse des Lebendigen. Zur Aktualität der Naturphilosophie A. N. Whiteheads, Freiburg 2007, 183–216.

Riffert, Franz, Towards a Process-Psychology – Convergencies between Whitehead and Piaget, https://www.sbg.ac.at/erz/salzburger_beitraege/fruheling99/riffert1_99.htm (Stand: 31.10.2016).

Rohmer, Stascha, Einführung, in: Whitehead, Alfred North, Denkweisen, Frankfurt am Main 2001, 7–42.

Rosenberg, Gregg, A Place for Consciousness. Probing the Deep Structure of the Natural World, Oxford – New York – Auckland – Bangkok – Buenos

Aires – Cape Town – Chennai – Dar es Salam – Delhi – Hong Kong – Istanbul – Karachi – Kolkata – Kuala Lumpur – Madrid – Melbourne – Mexico City – Mumbai – Nairobi – Sao Paulo – Shanghai – Taipei – Tokyo – Toronto 2004.

Roth, Gerhard, Persönlichkeit, Entscheidung und Verhalten. Warum es so schwierig ist, sich und andere zu ändern, 10. Auflage, Stuttgart 2015.

Roy, David, Toward a Process Psychology. A Model of Integration, Fresno – Cedar Grove 2000.

Roy, David, The Value of the Dialogue Between Process Thought and Psychotherapy, http://www.religion-online.org/showarticle.asp?title=2594 (Stand: 26.06.2016).

Roy, David, The clinical use of Whitehead's anthropology, http://ww.religion-online.org/showarticle.asp?title=3009 (Stand: 14.11.2016).

Rugel, Matthias, Materie – Kausalität – Erleben. Analytische Metaphysik des Panpsychismus, Münster 2013.

Samuels, Andrew, Jung and the Post-Jungians, London – New York 2005.

Sander, Hans-Joachim, Natur und Schöpfung – die Realität im Prozeß. A.N. Whiteheads Philosophie als Paradigma einer Fundamentaltheologie kreativer Existenz, Frankfurt am Main – Bern – New York – Paris 1991.

Sautermeister, Jochen, Selbstgestaltung als Selbstbindung an das Gute. Das Gewissen als praktische Orientierungsinstanz aus moralpsychologischer Perspektive, in: Internationale Katholische Zeitschrift Communio 46 (2017), 510–519.

Scharfenberg, Joachim, Seelsorge als Gespräch. Zur Theorie und Praxis der seelsorgerlichen Gesprächsführung, 5. Auflage, Göttingen 1991.

Scharfenberg, Joachim, Einführung in die Pastoralpsychologie, 2. Auflage, Göttingen 1994.

Scheffczyk, Leo, Prozeßtheismus und christlicher Gottesglaube, in: Münchener Theologische Zeitschrift 35 (1984), 81–104.

Schlagheck, Michael (Hg.), Theologie und Psychologie im Dialog über ihre Menschenbilder, Paderborn 1997.

Schwaber, Evelyn, Das Ringen ums Zuhören, in: Psyche 60 (2006), 31–56.

Schwartz, Theodore/ White, Geoffrey/Lutz, Catherine (Hrsg.), New directions in psychological anthropology, Cambridge – New York – Melbourne 1995.

Darin enthalten: Harkness, Sara, Human development in psychological anthropology, 102–122.

Schwartz, Theodore, Anthropology and psychology: an unrequited relationship, 324–349.

Sheveland, John, Solidarity through Polyphony, in: Francis Clooney, The new comparative theology. Interreligious Insights from the Next Generation, London/New York 2010, 171–190.

Skrbina, David, Panpsychism in the West, Cambridge – London 2007.

Söding, Thomas, Symbol IV. Biblisch-theologisch, in: Kasper, Walter/Baumgartner, Konrad/Bürkle, Horst/Ganzer, Klaus/Kertelge, Karl/Korff, Wilhelm/Walter, Peter (Hrsg.), Lexikon für Theologie und Kirche, Band 9, Sonderausgabe, 3. Auflage, Freiburg im Breisgau 2009, 1156–1158.

Sölch, Dennis (Hg.), Erziehung, Politik und Religion. Beiträge zu A. N. Whiteheads Kulturphilosophie, Freiburg – München 2014.

Darin enthalten: Riffert, Franz, Whitehead on Cycles of Learning and on Cycles of Research – A Synopsis and Two Consequences 73–100.

Berve, Aljoscha, Die Struktur des Politischen bei Whitehead, 129–155.

Maaßen, Helmut, Ontologie, Ethik und Politik bei Gandhi und Whitehead, 156–184.

Seghal, Melanie, Zur Bedeutsamkeit religiöser Erfahrung. A. N. Whiteheads zivilisationstheoretische Perspektive auf Religion, 185–216.

Sölch, Dennis, Prozessphilosophien. Wirklichkeitskonzeptionen bei Alfred North Whitehead, Henri Bergson und William James, Freiburg – München 2014. [= Sölch 2014]

Söling, Caspar, Das Gehirn-Seele-Problem. Neurobiologie und theologische Anthropologie, Paderborn 1995.

Stenger, Hermann, Wenn wir so wenige sind. Die Sorge um die personal-redemptive Kompetenz des Priesters in einer Zeit wie dieser, in: Solidaritätsgruppe katholischer Priester in der Diözese Speyer (Hg.), Gemeinde ohne Priester – Kirche ohne Zukunft?, Frankfurt am Main 1983, 57–93.

Streib, Heinz, Faith development theory revisited. The religious styles perspective, in: International Journal for the Psychology of Religion 11 (2001), 143–158.

Suchocki, Marjorie, God Christ Church. A Practical Guide to Process Theology, 2. Auflage, New York 1989.

Szagun, Anna-Katharina/Bucher, Anton, Wie „misst“ man Gotteskonzepte von Kindern?, in: Katechetische Blätter 134 (2009), 368–378.

The Boston Change Process Study Group, Das Implizite erklären: Die lokale Ebene und der Mikroprozeß der Veränderung in der analytischen Situation, in: Psyche 58 (2004), 935–952.

Tück, Jan-Heiner, Wie der Jesuit Teilhard de Chardin den Glauben mit der Wissenschaft vereinen wollte, https://www.nzz.ch/feuilleton/der-kosmische-christus-ld.1346422 (Stand: 26.07.2018).

von Stosch, Klaus, Komparative Theologie als Herausforderung für die Theologie des 21. Jahrhunderts, in: Zeitschrift für Katholische Theologie 130 (2008), 401–422.

Wahl, Heribert, Pastoralpsychologie – Eine Grunddimension praktischer Theologie. Ein Dialogvorschlag zum Streit um Eugen Drewermanns „tiefenpsychologische“ Remythisierung christlicher Lehre und Praxis, in: Münchner Theologische Zeitschrift 39 (1988), 23–46.

Wahl, Heribert, Pastoralpsychologie – Teilgebiet und Grunddimension Praktischer Theologie, in: Baumgartner, Isidor (Hg.), Handbuch der Pastoralpsychologie, Regensburg 1990, 41–61.

Wahl, Heribert, Glaube und symbolische Erfahrung. Eine praktisch-theologische Symboltheorie, Freiburg – Basel – Wien 1994.

Wahl, Heribert, Tiefenpsychologische Aspekte des seelsorglichen Gesprächs, in: Engemann, Wilfried (Hg.), Handbuch der Seelsorge. Grundlagen und Profile, 3. Auflage, Leipzig 2016, 303–329.

Wehr, Gerhard, Der Begriff der Individuation bei Jung, in: Eicke, Dieter (Hg.), Die Psychologie des 20. Jahrhunderts. Freud und die Folgen (II) … bis zur allgemeinärztlichen Psychotherapie (Band III), Zürich 1977, 787–799.

Wehr, Gerhard, C. G. Jung in Selbstzeugnissen und Bilddokumenten, 9. Auflage, Reinbek bei Hamburg 1980.

Wehr, Gerhard, Tiefenpsychologie und Christentum. C.G. Jung, Augsburg 1990.

Wiehl, Reiner, Zeitwelten. Philosophisches Denken an den Rändern von Natur und Geschichte, Frankfurt am Main 1998.

Darin enthalten: Wiehl, Reiner, Zeitwelten. Philosophisches Denken an den Rändern von Natur und Geschichte, 7–28.

Wiehl, Reiner, Whiteheads Kosmologie der Gefühle zwischen Ontologie und Anthropologie, 96–128.

Wingenfeld, Bernhard, Die Archetypen der Selbstwerdung bei Carl Gustav Jung, Pfullendorf 1955.

Winkler, Klaus, Tiefenpsychologisch orientierte Seelsorge, in: Scharfenberg, Joachim (Hg.), Freiheit und Methode. Wege christlicher Einzelseelsorge, Wien – Freiburg im Breisgau – Basel – Göttingen 1979, 102–112.

Winkler, Klaus, Ambivalenz als Grundmuster der Seele, in: Ders., Grundmuster der Seele. Pastoralpsychologische Perspektiven, Göttingen 2003, 95–100.

Winkler, Ulrich, Zum Projekt einer komparativen Theologie, in: Ders., Wege der Religionstheologie. Von der Erwählung zur komparativen Theologie, Innsbruck 2013, 361–391.

Wischmann, Tewes, Der Individuationsprozess in der analytischen Psychologie C. G. Jungs – eine Einführung, 2. Auflage, Heidelberg 2006.

Wittrahm, Andreas, Seelsorge, Pastoralpsychologie und Postmoderne. Eine pastoralpsychologische Grundlegung lebensfördernder Begegnungen angesichts radikaler postmoderner Pluralität, Stuttgart – Berlin – Köln 2001.

Wolf-Gazo, Ernest (Hg.), Whitehead und der Prozessbegriff. Erstes Internationales Whitehead-Symposion in Bonn (August, 25.-28. 1981), Bonn 1981.

Darin enthalten: Kline, George L., The systematic ambiguity of some key whiteheadian terms, 23–25.

Wolf-Gazo, Ernest, Mind and Mindness as actual entity and experienced process. Notes towards a Process Theory of Mind based on A. N. Whitehead and Samuel Alexander, 26–31.

Wiehl, Reiner, Prozesse und Kontraste als Kategorien der philosophischen Ästhetik und Kunsttheorie, 32–37.

Rensch, Bernard, The meaning of panpsychistic identism for a universal evolutionary picture, 44–45.

Welker, Michael, Whiteheads Vergottung der Welt. Der Zusammenhang von Gottesgedanke, vollentwickeltem Prozeßbegriff und Idee der Einheit der Welt in Whiteheads Kosmologie, 76–79.

Van der Veken, Jan, Whitehead's God is not „whiteheadian" enough, 87–90.

Wrede, Michael, Geist und Materie bei Teilhard de Chardin, in: Münchener Theologische Zeitschrift 17 (1966), 267–276.

Wulf, Christoph, Anthropologie. Geschichte, Kultur, Philosophie, Reinbek bei Hamburg 2004.

Ziemer, Jürgen. Seelsorgelehre. Eine Einführung für Studium und Praxis, 4. Auflage, Göttingen – Bristol 2015[4].

10.5. Weitere Quellen

3 sat, Unterschied zwischen Trans- und Interdisziplinarität, https://www.3sat.de/wissen/scobel/unterschied-zwischen-trans-und-interdisziplinaritaet-100.html, (Stand: 05.10.2019).

10.6. Abbildungsverzeichnis

10.7. Tabellenverzeichnis

Pastoralpsychologie und Spiritualität

Begründet von Karl Frielingsdorf (†)
Herausgegeben von Klaus Kießling

Band 1 Martin Lörsch: Systemische Gemeindeentwicklung. Ein Beitrag zur Erneuerung der Gemeinde im Geist des Zweiten Vatikanischen Konzils. 1999.

Band 2 Angelika M. Eckart: Bezogene Individuation in der Ehe. Eine pastoralpsychologische Studie über den Beitrag systemischer Therapiemodelle für die institutionelle katholische Eheberatung. 1999.

Band 3 Peter Egenolf: Identitätsfindung im Ordensleben. Eine Auseinandersetzung mit L. M. Rulla über die spirituelle und psychosoziale Dynamik in der Ausbildung zum Ordensleben. 2000.

Band 4 Jürgen Langer: Auf Leben und Tod. Suizidalität bei Jugendlichen als Herausforderung für die Schulseelsorge. 2001.

Band 5 Roland Sabel: Der Gottesbezug als grundlegende Lebensausrichtung. Zugangswege zum "Prinzip und Fundament" der "Geistlichen Übungen" des Ignatius von Loyola für Menschen am Beginn des 21. Jahrhunderts. 2003.

Band 6 Klaus Kießling: Religiöses Lernen. Multidisziplinäre Zugänge zu religionspädagogischer Theorie und Praxis. 2003.

Band 7 Margarita Ueffing: Der Umgang mit Angst auf dem Weg menschlicher Reifung. Ein pastoralpsychologischer Beitrag vor dem Hintergrund der Psychologie von Verena Kast und der Spiritualität von Teresa von Avila. 2004.

Band 8 Beate Glania: Zuhören verwandelt. Ein pastoralpsychologischer Beitrag zur Telefonseelsorge auf bibeltheologischer und personzentrierter Grundlage. 2005.

Band 9 Marek Szymański: Die heilende Dimension des Sakramentes der Versöhnung. Zum Verständnis und zur Pastoral des Bußsakramentes. 2005.

Band 10 Renata Zinkevičiūtė: Karl Rahners Mystagogiebegriff und seine praktisch-theologische Rezeption. 2007.

Band 11 Andreas Gautier: Spiritualität und Event. Eine empirische Auswertung des ignatianischen Programms zum Weltjugendtag 2005 mit einer theologischen Reflexion. 2007.

Band 12 Kristina Wolf: Wenn Gelübde Gestalt gewinnen. Ein pastoralpsychologischer Beitrag zur Lebens-Bindung im Dialog zwischen Gestalttherapie und Ordenstheologie. 2008.

Band 13 Norbert Jaroslav Žuška: Beziehung, die wirkt. Geistliche Begleitung im Dialog mit Carl R. Rogers und Teresa von Avila. 2009.

Band 14 Dirk Klaas: Pastoralpsychologie und Transzendenzerfahrung. Impulse für eine diakonische Seelsorge im Werk von Karlfried Graf Dürckheim. 2011.

Band 15 Andreas Bergmann SJ: Wie viel Psychologie braucht die Geistliche Begleitung? Der Versuch einer Verhältnisbestimmung von Geistlicher Begleitung und Psychotherapie. 2011.

Band 16 Sebastian Sehr: Negative Selbstbilder Jugendlicher als Herausforderung für eine zukunftsträchtige Schulpastoral. Grundlagen und Impulse. 2012.

Band 17 Peter Jingnong Du: „Ich wollte einfach nicht weiterleben." Plädoyer für eine interdisziplinär verantwortete Seelsorge bei Depressivität und Suizidalität von Frauen in China. 2012.

Band 18 Augustine N. Nkwain: Cultural Diversity and its Challenges to Evangelization in Cameroon. A Multidisciplinary Approach with Pastoral Focus of a Church in a Multicultural African Society. 2013.

Band 19 Daniel Gerte: Authentische Spiritualität in den Gefängnisbriefen Dietrich Bonhoeffers. Kriterien für Geistliche Begleitung heute. 2014.

Band 20 Andreas Gautier: Pilgern und Wallfahren in der Schule. Eine Option für Schule und Schulpastoral. 2017.

Band 21 Peter Claver Narh: Interkulturelles Zusammenleben in einer Ordensgemeinschaft am Beispiel der Steyler Missionare. 2019.

Band 22 Matthias Fritz: Prozessanthropologie. Ein transdisziplinärer pastoralpsychologischer Entwurf. 2020.

www.peterlang.com

www.ingramcontent.com/pod-product-compliance
Ingram Content Group UK Ltd.
Pitfield, Milton Keynes, MK11 3LW, UK
UKHW041827290926
8980IPUK00002B/122

9 783631 818886